大连商品交易所丛书

OPTION VOLATILITY AND PRICING
Advanced Trading Strategies and Techniques, 2nd Edition

期权波动率与定价
高级交易策略与技巧
（原书第2版）

［美］谢尔登·纳坦恩伯格（Sheldon Natenberg） 著
大连商品交易所 译

机械工业出版社
CHINA MACHINE PRESS

图书在版编目（CIP）数据

期权波动率与定价：高级交易策略与技巧（原书第2版）/（美）谢尔登·纳坦恩伯格（Sheldon Natenberg）著；大连商品交易所译．—北京：机械工业出版社，2018.2（2025.5重印）
（大连商品交易所丛书）

书名原文：Option Volatility and Pricing: Advanced Trading Strategies and Techniques

ISBN 978-7-111-58966-2

I. 期… II. ①谢… ②大… III. 期权定价理论—研究 IV. F830.9

中国版本图书馆CIP数据核字（2018）第005356号

北京市版权局著作权合同登记　图字：01-2017-9170号。

Sheldon Natenberg. Option Volatility and Pricing: Advanced Trading Strategies and Techniques, 2nd Edition.

ISBN: 0-07-181877-4

Copyright © 2015 by McGraw-Hill Education.

All Rights reserved. No part of this publication may be reproduced or transmitted in any form or by any means, electronic or mechanical, including without limitation photocopying, recording, taping, or any database, information or retrieval system, without the prior written permission of the publisher.

This authorized Chinese translation edition is published by China Machine Press in arrangement with McGraw-Hill Education (Singapore) Pte. Ltd. This edition is authorized for sale in the Chinese mainland (excluding Hong Kong SAR, Macao SAR and Taiwan).

Translation Copyright © 2018 by McGraw-Hill Education (Singapore) Pte. Ltd and China Machine Press.

版权所有。未经出版人事先书面许可，对本出版物的任何部分不得以任何方式或途径复制传播，包括但不限于复印、录制、录音，或通过任何数据库、信息或可检索的系统。

此中文简体翻译版本经授权仅限在中国大陆地区（不包括香港、澳门特别行政区及台湾地区）销售。

翻译版权 © 2018 由麦格劳-希尔教育（新加坡）有限公司与机械工业出版社所有。

本书封面贴有McGraw-Hill Education公司防伪标签，无标签者不得销售。

期权波动率与定价：高级交易策略与技巧（原书第2版）

出版发行：机械工业出版社（北京市西城区百万庄大街22号　邮政编码：100037）
责任编辑：黄姗姗　张晗　　　　　　　　责任校对：李秋荣
印　　刷：固安县铭成印刷有限公司　　　版　　次：2025年5月第1版第12次印刷
开　　本：185mm×260mm　1/16　　　　印　　张：35
书　　号：ISBN 978-7-111-58966-2　　　定　　价：128.00元

客服电话：(010) 88361066　68326294

版权所有·侵权必究
封底无防伪标均为盗版

献给 Leona

感谢她在我整个职业生涯中的支持与鼓励

献给 Eddie

让我始终感受到作为一个父亲有多么自豪

序　言
Option Volatility and Pricing

历经 20 多年的积极探索，我国大宗商品衍生品市场在品种创新、发挥市场功能、防范化解风险、探索服务产业等方面取得了长足发展，走出了一条从无到有、从小到大、独具特色的发展道路，在全球衍生品市场中发挥着日益重要的作用。

2017 年中国大宗商品衍生品市场也步入了新的快速发展时期：商品期权工具推出，完善了商品衍生品的产品体系；"保险+期货"试点业务不断扩大，有效地促进了市场功能发挥，持续拓展了期货市场服务实体经济的能力，呈现出期货期权、场内场外、期货现货多元共融发展的新局面。

大连商品交易所作为国内四大期货交易所之一，在实现稳步健康发展的同时，积极借鉴海外经验，紧紧围绕拓展服务实体经济的广度和深度进行探索和创新，不断加大新品种、新工具的研发上市力度，加快建设多元、开放的综合性衍生品交易所。2017 年 3 月 31 日豆粕期权在大连商品交易所成功上市，结束了我国商品衍生品市场只有单一期货工具的历史，标志着我国商品衍生品交易体系迈出了历史性的一步。商品衍生品的发展在丰富金融市场的平台和层次、深化期货市场、为实体经济运行提供综合性风险管理服务等方面具有重要意义，有助于完善期货市场价格发现功能，为产业企业提供多样化、精细化的风险管理工具，丰富企业套期保值手段，促进产业升级。同时从服务"三农"的角度看，商品衍生品的发展可以为期货市场服务"三农"注入新动力，有利于期货市场在实体经济中"深耕细作"，为我国农产品价格市场化改革提供新思路。

随着我国国民财富的增长和市场规范化程度的提高，随着企业对风险管理的重视和金融机构风险对冲需求的提升，商品衍生品市场也将吸引越来越多的投资者。作为市场的重要参与者，投资者的结构和素质对市场发展质量有着至关重要的影响。与国外不同的是，尽管期权在国际市场早已经得到广泛运用，但对于我国投资者而言还是一个全新的工具，大多数投资者对期权仍缺乏深层次的认知。因此，期权知识普及、投资者教育依旧任重道远。我们在推动期权上市的过程中，不仅向市场提供了期权仿真交易平台，供投资者亲身体验期权交易，还持续进行了大量期权知识培训和专题研讨，同时组织翻译了系列期权丛书，以便能让我国更多的投资者接触到国外先进的期权交易理念，逐步建立起系统的期权知识体系。在商品期权刚刚启航的当下，我们组织翻译了《期权波动率与定价》，对于弥补期权投资领域的部分空白，深入理解期权定价和波动率交易具有积极意义。我们也希望通过本书的翻译出版以及大连商品交易所系列译丛的发行，能够为市场提供优秀的投资者教育材料，以进一步推进中国资本市场的投资者教育工作。

我国商品衍生品市场的健康发展需要各方共同努力。从2002年期权上市研究在我所正式启动以来，15年来相关理论研究、规则制定、系统建设、市场培育和风险防控等各项工作稳步推进，整个过程得到了党中央、国务院领导的亲切关怀，凝聚了各方各界多年的心血。在未来，随着更多期权产品的推出，中国商品衍生品市场也将逐步实现从量的扩张向质的提升的转变，价格发现和风险管理的作用将更加凸显，我们希望依旧能够得到各界的支持，我们也将一如既往地推动市场平稳运行，推动交易所向多元、开放的综合性衍生品交易所迈进，在服务国家战略、服务产业、服务实体经济方面做出更大贡献。

大连商品交易所总经理：王凤海
2017年12月18日

中文版序
Option Volatility and Pricing

期权 1973 年开始在美国交易的时候，没有人知道结果会怎样。这种新型工具会给运行和清算带来困难么？交易员会充分理解期权的特性吗？当然，这些特性不仅限于期权所带来的丰富策略，也包括这些策略所蕴含的风险。实际上，为了简化交易，期权上市前 3 年，交易所只挂牌了看涨期权，看跌期权直到 1976 年才开始挂牌交易。

正如人们所担心的，期权交易还是出现了一些始料未及的问题。不过随着这些问题的最终解决，期权市场逐步发展成为一个平稳、高效、功能发挥良好的市场。出人意料的是，期权市场获得了巨大的成功，期权合约已经成为交易版图中不可或缺的一部分。

我在着手撰写本序的时候，ETF 期权交易已成功推出，商品期货期权也已在中国成功挂牌上市。这些期权的上市都未遇到任何重大问题，主要得益于监管层和交易所工作人员的通力合作，对期权的特性以及交易所在期权市场监管和市场培育中应承担的角色等问题有着深刻的理解。

但是，一个期权市场要想获得真正的成功，在交易所打好根基的同时，还需要套利者、套保者和做市商在内的市场参与者，努力全面了解这些期权合约，积极履行责任。只有全面理解期权风险和收益特性的市场参与者，才能充分利用期权，达到自己的目的。

本书旨在尝试为期权市场的参与者提供一些必要的知识，虽然主要是从专业交易员的角度出发，但对期权交易的初学者和交易、清算的监管者也具有一定的借鉴意义。

本书受到了英语国家交易员的广泛认可，我希望这一中文版同样对大家有所帮助。期权交易在美国等国家获得了成功，我相信本书及其他书籍的面世，将与中国交易所提供的投资者教育资料一道，助力中国期权市场取得同样的成功！

谢尔登·纳坦恩伯格
2017 年 7 月

前言
Option Volatility and Pricing

一个作者过了20年才去修订一本专业书籍，而这本书在此期间还不断地重印，这听起来可能有点奇怪。对于那些一直期待新版的读者，我只能向你们致歉了，由于其他要务缠身，我无法及时进行本书的修订。

在过去的20年里，期权市场发生了很大变化。现在大多数市场都已是完全电子化的了，还能在交易池里交易的日子已经屈指可数了。只有美国的期权交易池还存在，但也不可避免地要让位于电子化交易。20年前，有组织的期权市场仅存在于主要的工业化国家中。作为投资工具和风险管理工具的衍生品，当其重要性逐渐被人们认识后，新的期权市场才开始在世界各国陆续出现。目前，期权不仅以传统的产品（如股票、利率、商品及外汇）作为标的物，还将一些令人眼花缭乱的新产品（如房地产、污染、天气、通货膨胀和保险）作为标的物。许多交易所对传统产品进行了创新，开发了如短期和中期曲线（midcurve）期权、弹性期权、价差期权、隐含波动率和已实现的波动率等合约。

不仅期权市场的数量有了显著的增长，市场交易者的经验也愈加丰富。当本书第1次出版的时候，只有专业交易衍生品的公司——做市公司、对冲基金、投资银行和其他自营交易公司，才具有掌握专业知识的交易者。现在，许多散户都具有与专业交易者相当的专业知识。同时，各高校也都在增加或扩展在金融工程上的教学计划。多数情况下，选择从事衍生品交易的交易者都已对期权定价的数学知识有了较为深入的了解。

期权市场在过去的20年中发生了很大的变化，但很多也并未改变。当然仍有些核心内容需要认真的期权交易者掌握，不过这些核心内容几乎一直未发生变化。本书的前一版尝试将这些内容以易于被读者接受的方式展示出来，不需要读者熟悉高等数学知识。这一版保留了这一方式。为了更好地解释或澄清某个概念，一些内容可能会有所变化，但保留了之前版本中所有重要的章节。

在这一版中有哪些新内容呢？在第 1 版中，我尝试使用最简单直观的方式而不是数学方法来解释重要的概念。不过，想要充分理解众多期权概念还是需要熟悉更多的高等数学知识。因此，新版对一些解释进行了扩展，包括对相关的数学知识进行了讨论，但避开了许多读者不熟悉的数学概念。新版也对诸多章节进行了扩展，对相关主题进行了更为详细的讨论。此外，该版中增加了远期定价、动态风险、布莱克-斯科尔斯模型、二叉树期权定价和波动率合约这几个全新的章节。

与任一种正在使用的语言一样，市场术语或者说期权术语随着时间的推移已经发生了变化。在第 1 版中出现过的一些常用术语现在已经不再使用或完全消失了，在此之前没出现过的其他术语却已经被人们广泛接受。这些都会从书中所用词汇的变化上反映出来。

我们几乎无法跟上期权可用信息的更新节奏，不仅新书以更快的频率出版，交易者也能通过互联网即时获得相关资讯。因此本书删掉了参考书目，但这不应成为读者不再查阅其他资料的理由。本书仅代表了期权交易的一种方法——专业交易者的方法。优秀的期权相关书籍有很多，为了理解期权交易的各种方法，有抱负的期权交易者应该广泛查阅资料。对于那些对期权定价的数学原理感兴趣的人来说，这本书也绝无意取代知名高校的金融工程教科书。

本书没有真正新的东西，所有概念不论以哪种形式出现，对于大多数有经验的期权交易者来说都会是熟悉的。作为期权讲师，我将尽力尝试以清晰并且容易接受的方式来介绍这些概念。这本书的内容不仅基于我自己在职业生涯中学到的知识，还包括很多同事的知识和经验，能与他们共事是我的荣幸。特别是我的同事 Tim Weithers 和 Samuel Kadziela 向我提供了许多有益的意见和见解，让我避免了一些令人尴尬的错误。如果还有个别错误，就完全是我自己的原因了。

我并不认为自己已经找到了成功交易期权的秘诀，寻求这种秘诀的读者只能另寻他路了。如果说真有秘诀的话，那就是不断学习并将所学到的知识运用到实践当中，然后分析自己成功和失败的原因。

谢尔登·纳坦恩伯格（Sheldon Natenberg）

目录
Option Volatility and Pricing

序言

中文版序

前言

第 1 章　金融合约 / 1
  1.1　买入与卖出　/ 5
  1.2　远期合约的名义价值　/ 6
  1.3　结算流程　/ 6
  1.4　市场诚信　/ 10

第 2 章　远期定价 / 12
  2.1　实物商品（粮食、能源产品、贵金属等）　/ 14
  2.2　股票　/ 15
  2.3　债券与票据　/ 16
  2.4　外汇　/ 17
  2.5　股票与期货期权　/ 18
  2.6　套利　/ 19
  2.7　股利　/ 21
  2.8　卖空　/ 23

第 3 章　合约规范与期权术语 / 25
  3.1　合约规范　/ 25
  3.2　期权价格的构成　/ 31

第 4 章　期权到期损益 / 36
  4.1　平价关系图　/ 37

第 5 章　理论定价模型 / 49

5.1　概率的重要性 / 50

5.2　一种简单的方法 / 54

5.3　布莱克-斯科尔斯模型 / 58

第 6 章　波动率 / 66

6.1　随机游走和正态分布 / 66

6.2　均值和标准差 / 70

6.3　远期价格作为分布的均值 / 72

6.4　波动率作为标准差 / 73

6.5　按时间衡量波动率 / 74

6.6　波动率和观测到的价格变化 / 76

6.7　关于利率产品 / 77

6.8　对数正态分布 / 78

6.9　解释波动率数据 / 81

第 7 章　风险度量 I / 92

7.1　Delta / 95

7.2　Gamma / 100

7.3　Theta / 103

7.4　Vega / 105

7.5　Rho / 107

7.6　风险度量的解释 / 108

第 8 章　动态对冲 / 114

8.1　初始对冲 / 117

第 9 章　风险度量 II / 129

9.1　Delta / 129

9.2　Theta / 134

9.3　Vega / 138

9.4　Gamma / 142

9.5　Lambda (Λ) / 147

第10章 价差导论 / 150
10.1 什么是价差 / 150
10.2 期权价差 / 156

第11章 波动率价差 / 161
11.1 跨式期权 / 161
11.2 宽跨式期权 / 163
11.3 蝶式期权 / 165
11.4 鹰式期权 / 168
11.5 比例价差 / 170
11.6 圣诞树形期权 / 174
11.7 日历价差 / 175
11.8 时间蝶式期权 / 182
11.9 利率和股利变化的影响 / 183
11.10 对角价差 / 186
11.11 选择一个恰当的策略 / 189
11.12 调整 / 192
11.13 价差指令输入 / 193

第12章 牛市价差与熊市价差 / 201
12.1 裸头寸 / 201
12.2 牛、熊比例价差 / 201
12.3 牛、熊蝶式期权与牛、熊日历价差 / 203
12.4 垂直价差 / 205

第13章 风险因素 / 219
13.1 波动率风险 / 220
13.2 现实的考虑 / 227
13.3 误差限度是多少 / 232
13.4 股利与利息 / 232
13.5 什么是好的价差 / 235

第14章 合成头寸 / 245
14.1 合成标的合约 / 245

14.2　合成期权　/ 247
14.3　价差策略中的合成头寸　/ 251
14.4　铁蝴蝶期权和铁鹰式期权　/ 252

第15章　期权套利　/ 256

15.1　期货期权　/ 259
15.2　锁定的期货市场　/ 262
15.3　股票期权　/ 262
15.4　套利风险　/ 265

第16章　美式期权提前行权　/ 285

16.1　套利边界　/ 285
16.2　股票看涨期权提前行权　/ 292
16.3　股票市场提前执行看跌期权　/ 295
16.4　卖空提前行权股票的影响　/ 297
16.5　期货期权的提前行权　/ 298
16.6　保护价值与提前行权　/ 300
16.7　美式期权的定价　/ 301
16.8　提前行权策略　/ 310
16.9　提前行权的风险　/ 312

第17章　利用期权套保　/ 313

17.1　保护性看涨期权和看跌期权　/ 314
17.2　持保立权　/ 316
17.3　领子期权　/ 320
17.4　复杂套保策略　/ 323
17.5　降低波动率套保　/ 325
17.6　投资组合保险　/ 327

第18章　布莱克-斯科尔斯模型　/ 330

18.1　$n(x)$ 与 $N(x)$　/ 336
18.2　一种有用的近似估算方式　/ 342
18.3　Delta　/ 344
18.4　Theta　/ 344

18.5 Gamma、Theta 和 Vega 的最大值 / 346

第 19 章　二项式期权定价 / 349

19.1　一个风险中性的世界 / 349
19.2　期权估值 / 351
19.3　Delta / 356
19.4　Gamma / 358
19.5　Theta / 359
19.6　Vega 与 Rho / 359
19.7　u 值与 d 值 / 360
19.8　Gamma 值的租赁 / 361
19.9　美式期权 / 361
19.10　股息 / 363

第 20 章　再论波动率 / 371

20.1　历史波动率 / 372
20.2　波动率预测 / 382
20.3　隐含波动率是对未来波动率的预测 / 385
20.4　远期波动率 / 393

第 21 章　头寸分析 / 400

21.1　关于做市的一些想法 / 417
21.2　配股 / 427

第 22 章　股指期货与期权 / 431

22.1　什么是指数 / 431
22.2　股指期货 / 439
22.3　股指期权 / 447

第 23 章　模型与真实世界 / 453

23.1　市场是无摩擦的假设 / 454
23.2　期权有效期内利率不变的假设 / 456
23.3　期权有效期内波动率不变的假设 / 458
23.4　交易连续假设 / 462

23.5 到期跨式期权 / 467
23.6 波动率与标的合约价格大小无关假设 / 468
23.7 到期时标的合约价格呈对数正态分布 / 469
23.8 偏度与峰度 / 471

第24章 波动率倾斜 / 475

24.1 对倾斜建模 / 480
24.2 偏度和峰度 / 486
24.3 倾斜风险测度 / 489
24.4 波动率的移动 / 491
24.5 偏度与峰度策略 / 492
24.6 隐含分布 / 496

第25章 波动率合约 / 502

25.1 已实现的波动率合约 / 503
25.2 隐含波动率合约 / 505
25.3 交易VIX / 514
25.4 复制波动率合约 / 524
25.5 波动率合约运用 / 526

写在最后 / 528

附录A 期权术语表与相关专有名词 / 529

附录B 一些有用的数学知识 / 538

译后记 / 543

第 1 章
Option Volatility and Pricing

金 融 合 约

我的朋友杰里从出生以来一直住在小镇里。杰里的父母已经去世了，他的很多朋友也离开了小镇，所以杰里正在认真考虑要不要搬到一个大点的城市去。但是最近杰里听说了一个要修建大型公路的计划，这条公路将从杰里的家乡经过。杰里想到大型公路将给小镇带来新的生机和新的商业机遇，于是他开始重新考虑搬家计划。

杰里家多年经营餐厅，现在他想在公路进小镇的主要十字路口旁开一家餐厅。如果要修建餐厅就要拥有一块在公路沿线的土地。幸运的是杰里已经找到了一处修建餐厅的绝佳之所，而这块地目前为史密斯所有，目前似乎在闲置，杰里希望史密斯会愿意将其出售。

如果史密斯的确愿意将土地出售，那么杰里如何才能获得这块地然后在上面修建餐厅呢？首先，杰里必须知道史密斯想以什么价格出售这块地，假设是 10 万美元。如果杰里认为这个价格是合理的，那么他就会愿意支付这笔钱从而获得土地的所有权。在这个例子中，杰里和史密斯将进入一个**现货**（spot）或者**现金交易**（cash transaction）。

在现货交易中，双方就条款达成一致，然后用资金换取商品。交易所股票交易通常也被认为是一种现货交易：买方和卖方就价格达成一致，买方向卖方支付资金，卖方出让股票。这两种行为基本上是同时发生的。（必须承认，在大部分股票交易所，股票价格达成一致与股票转让和资金支付之间存在一个结算时间，但是结算时间相对来说非常短暂，所以大部分交易者认为这是现货交易。）

但是，杰里也想到修建公路可能要好几年，他想在公路开通时开始餐厅营业，因此他不需要提前好几年开始修建餐厅，也就没有必要即刻就拥有这块地——这块地至少会空置 1 年。在充分考虑了修建计划之后，杰里决定向史密斯提出一个稍有不同的建议。杰里将同意史密斯 10 万美元的要价，但是他建议交易在 1 年之后完成，1 年之后史密斯将收到支付款，而杰里拥有这块土地。如果双方达成一致，那么杰里和史密斯将进入 1 个**远期合约**（forward contract）。在 1 份远期合约中，双方当前就项目条款达成一致，但是直到合约**到期日**（maturity）或**截止日期**（expiration date）才进行资金和商品的交换。

如果杰里和史密斯进入远期合约，那么 1 年之后史密斯对这块土地的要价不可能和现在的价格一样，因为资金支付和商品的转移都被推迟了，所以可能一方受益而另外一方受损。史密斯会提出如果现在就收到全额支付的 10 万美元，那么他立刻就能存到银行获取相应利息。但是在 1 份远期合约中，他不得不放弃利息收入。因此史密斯会坚持与杰里商定一个考虑了利息损失的 1 年期**远期价格**（forward price）。

远期合约通常运用于当潜在的买方需要在未来的某个时间买入商品或者一个潜在的卖方知道自己要在未来生产一定规模的商品用于销售。一个面包店可能需要阶段性供应小麦以满足日常经营。目前可能需要一定量的小麦，但是面包店也十分清楚未来还会定期需要小麦。为了规避小麦价格上涨的风险，面包店可以在远期市场上买入小麦——现在就价格达成一致，但是直到一段时间以后才进行小麦的交割或货款的支付。同样地，如果农民知道小麦日后将会丰收，那么为了防止价格的下降，他会选择在远期市场上出售小麦。

当 1 份远期合约在有组织的期货交易所进行交易时，一般是指 1 份**期货合约**（futures contract）。为了使交易更方便快捷，期货交易所会对远期合约中的具体条款进行标准化，指定交割商品的数量、质量、交割日期和地点以及支付手段。另外，交易所还保证合约的诚信。如果买方或者卖方违约，交易所将承担远期合约中的履约责任。

最早的期货交易所保护了谷物、贵金属、能源等实物商品的生产者和使用者，使他们规避了价格波动带来的风险。最近很多交易所开始在股票、股票指数、利率合约以及外汇等金融工具中引入期货合约。虽然现在依然有大量实物商品的交易，但是交易所内金融工具交易的总价值已经远远超过了实物商品交易的总价值。

回到杰里的例子，他现在发现了新的问题。政府虽然已经表明了修建公路的意愿，但是项目运行的资金还没有获批。由于要和很多其他的公共项目竞争，而项目经费是有限的，整个公路项目最终可能被取消。那样的话，杰里就只能考虑最初的搬走计划。要做出明智的决定，杰里需要等等看政府会怎么做，如果公路确定要建，杰里就想要买入史密斯的土地，如果不修建公路，杰里希望自己搬走而不承担任何责任。

杰里认为一年之内他能够确切得知公路项目是否会被批准通过。因此，他向史密斯提出了一个新的建议，他们商定了一个 1 年期的土地远期价格，而杰里有 1 年的时间决定是否买入土地。1 年之后，杰里要么按照商定的远期价格买入土地，要么搬走但是不承担责任和罚款。

1 年内可能发生很多事情，如果没有什么优惠条件，史密斯是不可能同意这个提议的。有人可能会出更高的价格买入这块地，史密斯也不能出售，因为他必须为杰里留着这块地，以备杰里决定买入，接下来的 1 年，史密斯将被杰里的最终决定所左右。

杰里了解史密斯的困境，所以他提出商议 1 份单独的报酬来补偿史密斯所面临的不确定性。实际上，杰里提议的是一个是否稍后买入土地的选择权，不论杰里最终的决定是什么，史密斯都将获得这份单独的报酬。如果双方同意这份单独的报酬以及之前商定好的远期价格，那么他们将进入 1 份**期权合约**（option contract）。1 份期权合约向一方提供延迟决定的权利。在这个例子中，杰里是**看涨期权**（call option）的买方，他获得了之后决定是否购买土地的权利，而史密斯是期权的卖方。

决定是否购买土地来修建餐厅并不是杰里面临的唯一问题。他有 1 栋父母留下来的房子，之前他打算卖掉它后搬走。在听说高速公路项目之前，他已经在门前立了一个"出售"的牌子。一对年轻的夫妇看到了广告，非常感兴趣，想买下这栋房子，但是之后出现了公路项目，杰里不知如何是好。如果政府推进这个公路项目，他就打算修建餐厅，房子就不卖了，反之，他将卖掉这栋房子。由此，杰里向这对年轻夫妇提出了一个类似于向史密斯提出的建议。他们就房子的价格达成一致，但是杰里将有 1 年的时间来决定是否出售这栋房子。

与史密斯一样，这对年轻夫妇最初也是不同意的。如果他们同意杰里的建议，那么在接下来的 1 年中他们需要做临时性的住房安排。即使找到另外 1 栋中意的房子他们也不能购买，因为最终他们可能要按要求购买杰里的房子。这一年，他们也将被杰里的最终决定所左右，处于不确定的状态。

同史密斯的情况一样，杰里理解这对夫妇的困境，对于带来的不便，他愿意支付双方都能接受的经济补偿。无论杰里最终的决定是什么，他们都将获得这部分资金，如果双方能就相应条款达成一致，杰里就从这对夫妇手中购买了 1 份**看跌期权**（put option）。看跌期权使一方拥有延迟决定是否出售的权利。

也许我们最为熟悉的期权合约的形式就是保险，从多方面来看，1份保险合同可以类比为1份看跌期权。购买保险合同的房主有权决定在日后将整个房屋或房屋的一部分卖给保险公司。如果房子被全部烧毁，房主会告知保险公司他现在想按照已投保的金额将房屋卖给保险公司。尽管现在房子已经不复存在了，保险公司还是要向房主支付，就像保险公司实际购买到房屋一样。当然，如果房子没有被烧毁，甚至可能升值，房主也没有义务将房屋卖给保险公司。

与保险合同一样，购买期权涉及支付**权利金**（premium），这部分由买卖双方协商决定，不论买方接下来做出什么样的决定，卖方都将拥有这部分权利金。

保险合同中的许多条款都与期权合约十分相似。同保险合同一样，期权合约有1个**到期日**（expiration date）。房主是想选择6个月期还是1年期的保险合同呢？保险合同还会指定1个**行权价格**（exercise price），也就是当某些事件发生时，房主将获赔的金额。而该行权价格也可能包含了一定的免赔额，它类似于1个协定的远期价格。

期权合约定价的逻辑与保险合同十分类似。房屋被烧毁的可能性有多大？司机发生交通事故的概率有多大？一个人死亡的概率又有多大？通过估计不同事件发生的概率，保险公司试图来判定保险合同的公允价值。保险公司希望以高于公允价值的价格，将保险卖给客户从而获取利润。同样地，交易所内交易的投资者也会问："合约增值的概率有多大？合约贬值的概率有多大？"通过确定不同结果发生的概率，就可能判定合约的公允价值。

在接下来的章节中我们将进一步了解远期、期货、期权的定价。目前，我们认为它们的价格可能取决于或源于某些**标的**（underlying）资产的价值。当我的朋友杰里打算签订一个1年期的远期合约向史密斯购买土地时，远期合约的价值由这块土地当前的价格所决定。当杰里考虑从史密斯手中购买看涨期权时，期权价值取决于远期合约的价值。当杰里考虑出售房屋时，看跌期权的价值取决于房屋的当前价值。因此，远期、期货、期权通常被称为**衍生品合约**（derivative contract），简称**衍生品**（derivatives）。

还有另一种常见的衍生品合约。**互换**（swap）是一种交换现金流的合约。最常见的互换是**普通利率互换**（plain-vanilla interest-rate swap），它是一种将固定利率支付与浮动利率支付进行交换的合约。交易双方几乎任何形式的现金流协议都可以组成互换合约。由于互换不是标准化合约，所以通常不在交易所内交易，在本书中，我们将讨论范围限制在最普通的衍生品——远期、期货以及期权上。

1.1 买入与卖出

一般我们假设出售一件商品的前提是我们必须首先拥有它。大部分正常的交易顺序是先买入然后再卖出。但是，在衍生品市场，这个顺序可能是相反的，不是先买后卖，而是先卖后买。买入和卖出的收益独立于交易发生的次序，无论先低买后高卖，还是先高卖后低买，都会从中获得收益。

有时我们可能想明确交易发生的先后顺序。无论最开始的交易是买还是卖，这是1个**开仓交易**（opening trade），结果得到1份**开仓头寸**（open position）。随后的交易会与最初的交易方向相反，这是1个**平仓交易**（closing trade）。**持仓**（open interest）量，也就是在交易所交易中未被平仓的合约数量，是应用最广泛的衡量场内衍生品合约交易活跃程度的指标。从逻辑上讲，由于每一个买方必定对应一个卖方，所以多头未平仓合约数量与空头未平仓合约数量应该是相等的。

如果交易者先买入合约（开仓交易），则他是合约**多头**（long）；如果交易者先卖出合约（也是开仓交易），他是合约**空头**（short）。一旦持有头寸，空头和多头都试图去描述该头寸，但是交易者也将这种开仓交易的行为称为**做多**（going long）（买）或**做空**（going short）（卖）。

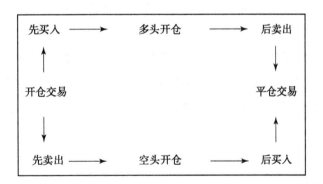

1个多头头寸通常会带来资金支出（买入时必须支付账款），1个空头头寸通常会带来资金收入（卖出时希望收到账款）。接下来我们会发现，这些术语也会用于多个合约的交易中，即同时买入某些合约并卖出其他合约。如果总的交易结果会带来资金支出，就是多头头寸；如果总的交易结果会带来资金收入，就是空头头寸。

术语**多头**（long）和**空头**（short）也指交易者希望价格是上涨还是下跌。股票市场的多头交易者希望股价上涨，而股票市场空头交易者则希望股价下跌。但是，当涉及衍生品时，这些术语可能会有歧义，因为1个买入或做多衍生品的交易者，可能实际上希望标的市场的价格下跌。为了避免混淆，我们要么指的是期权合约头寸的多头或空头（对应买入或者卖出合约），要么指的是看多或看空市场头寸（希望标的市场的价格上涨或下跌）。

1.2 远期合约的名义价值

远期合约是指在未来某日交换资金与商品的协议，因此在远期合约交易最开始时，没有资金的换手。由于没有现金流产生，从某种意义上说，这份合约没有相应的现金价值。但是该远期合约却有一个**名义价值**（notional value）或**票面价值**（nominal value）。对实物商品而言，远期合约的名义价值等于交割时的单位数量乘以单位价格。如果1份远期合约要以75美元/单位的价格交割1 000单位，合约的名义价值就是75美元×1 000＝75 000美元。

对一些远期合约来说，实物交割是不现实的。例如，许多交易所交易股票指数期货合约，但是无法实际交割股票指数，因为要以精准的比例交割股指中所有股票，在某些情况下意味着要交割非整数的股数。金融期货一般通过实物交割进行结算，合约的名义价值等于指数或工具的现金价格乘以点值。交易的股票指数是825.00，点值是200美元，股指期货合约的名义价值等于825.00×200美元＝165 000美元。

股票指数或者类似的合约点值是由交易所设定的，交易合约的名义价值应是适于交易的。如果点值过高，对大多数市场参与者来说合约交易风险将太大。如果点值过低，交易成本可能又非常高，因为需要交易大量的合约才能实现预期目标。

1.3 结算流程

在交易所进行合约交易时会发生些什么呢？结算流程（使合约的支付和所有权的转移变得更加便利的方式）取决于交易所的交易规则和交易合约的类型。

假设一个交易者在交易所买入了100股价格为50美元的股票，股票的总价值为100×50美元＝5 000美元，买方需要向卖方支付全部金额。交易所作为中间机构，从买方收到5 000美元，再将这笔钱转给卖方。同时，将股票由卖方转入买方。这本质上是通过交易所进行交割和支付的现金交易。

假设股票最开始的买入价格是每股 50 美元，随后价格上升到 60 美元，买方会做何感想？他当然会非常开心，同时可能心里记录下了 1 000 美元的收益（100 股乘以每股增加的 10 美元）。但是他实际上并不能花费这 1 000 美元的盈利，因为这部分盈利是**未实现的**（unrealized）——它仅仅是呈现在账面上（术语为**账面盈利**（paper profit））。如果买方想要使用这 1 000 美元，就要回到市场上将这 100 股股票以每股 60 美元的价格卖给其他的交易者之后，才能实现盈利。这种**股票型结算方式**（stock-type settlement）要求即刻全额支付，直至头寸平仓才能实现全部的收益和损失。

再来看看在交易所交易的期货合约会发生什么状况。由于期货合约就是一个远期合约，不会立刻进行商品的资金交换。买方不支付资金，卖方就收不到货款。但是一旦进入远期合约，买方和卖方已经都承担了未来的义务。当合约到期时，卖方有义务交割，买方有义务支付。期货交易所要保证买卖双方都能履行义务。为了做到这一点，交易所要求买卖双方交纳**保证金存款**（margin deposit），作为防止买方或卖方违约的保障。保证金的数量与交易所的风险相一致，并取决于合约的名义价值以及期货合约存续期内价格波动的可能性。交易所设置的保证金要求必须足够高，才能达到防止违约的效果，但是又不能太高，否则会抑制交易。

例如，商品期货合约以每单位 75 美元的价格交易，交割单位为 1 000，则合约的名义价值是 75 000 美元。如果交易所要求该合约的保证金为 3 000 美元，那么在合约交易时，买卖双方必须即刻将 3 000 美元保证金存入交易所。

如果随后商品的价格上升到 80 美元会怎样？现在买方获得 5 美元 × 1 000 = 5 000 美元的收益，卖方则损失相同的金额。因此，交易所要将卖方账户的 5 000 美元转入到买方账户中。只要持仓仍然存在，期货合约价格的变动就会导致每日资金的收入或支出**变动**（variation）。**期货型结算**（futures-type settlement），是指这种先存入初始保证金随后进行每日现金划转，也被称为**变动保证金结算**（margin and variation settlement）。

期货交易者有 2 种方法平仓：一是在期货合约到期之前，可以进行对冲——卖出最初买入的期货合约，或者买回之前卖出的期货合约。如果通过反向买入或卖出平掉仓位，需支付最终价格变动的部分，保证金会退还到交易者的账户。

二是交易者可以选择持有头寸至到期，到期时会进行**实物交割**（physical settlement）。卖方必须进行交割，买方必须支付给卖方与商品当前价值相等的货款。在完成交割与支付后，保证金将退还到双方的账户。在该例中，最初的交易价格是 75 美元，如果商品价格到期时上涨到 90 美元，买方将支付 90 美元 × 1 000 = 90 000 美元。

看起来买方在最初交易价格 75 美元的基础上每单位多支付了 15 美元，但是回想下期货合约的价格从 75 美元上升到 90 美元，买方从价格变动中获取了每单位 15 美元的收入，90 美元的最终价格减去变动的 15 美元，支付的总价刚好等于每单位 75 美元的合约价格。

期货合约中的股指期货，虽然不是以实物进行交割结算，但仍然可以持有至到期。在此例中，基于到期日标的指数价格会产生一个最终的变动支付。这时，保证金也会退还到双方账户。这种不进行实物交割但持有至到期的期货被称为**现金结算**（cash-settled）的期货。

期货交易者必须有充足的资金来满足任一交易的保证金要求，还要满足变动保证金的要求。如果头寸向不利的方向变动，而又没有足够的资金，交易者可能会被迫提前平仓。

保证金和变动保证金之间存在重要的区别。保证金⊖是交易所为了保证交易者在市场价格发生不利变动时能够履行未来的财务义务。尽管保证金存放在交易所，但仍然属于交易者，因此能给交易者带来利息。变动保证金是由于期货合约价格变动带来的资金支出或资金收入。变动保证金带来资金收入时能产生利息收入，带来资金支出时则会产生利息损失。

图 1-1 和图 1-2 分别显示的是一系列股票或期货交易带来的现金流、收益或损失。在每个例子中，我们都假设开仓交易是以第 1 天的结算价格进行的，这样在第 1 天日终时没有收益也没有损失（即损益为 0），为了简便，我们还忽略了所有资金收入带来的利息收入和资金支出带来的利息损失。

	股票价格（美元）	交易	现金流 资金收入（+） 资金支出（-）（美元）	当前股票头寸	累计已实现损益（美元）	未实现损益（美元）
第 1 天（开仓交易）	53	买入 1 200 股	-53×1 200 = -63 600	多头 1 200 股	0	0
第 2 天	57	卖出 500 股	+57×500 = +28 500	多头 700 股	(57-53)×500 = +2 000	(57-53)×700 = +2 800
第 3 天	51	无交易	0	多头 700 股	2 000	(51-53)×700 = -1 400
第 4 天（平仓）	54	卖出 700 股	+54×700 = +37 800	0	+2 000+(54-53)×700 = +2 000+700 = +2 700	0

图 1-1 股票型结算

⊖ 专业交易者在交易所交易的股票期权的保证金有时指**抵扣**（haircut）。

	期货价格 （每单位） （美元）	交易	当前 期货头寸	保证金要求 （美元）	变动保证金 （美元）	累计实现的 损益（美元）
第1天 （开仓交易）	75	卖出9份 期货合约	9份期货 合约空头	9×3 000 =27 000	0	0
第2天	77	无交易	9份期货 合约空头	9×3 000 =27 000	(77-75)×(-9) ×1 000=-18 000	-18 000
第3天	74	买入2份 期货合约	7份期货 合约空头	7×3 000 =21 000	(74-77)×(-9) ×1 000=+27 000	-18 000+27 000 =+9 000
第4天	70	买入4份 期货合约	3份期货 合约空头	3×3 000 =9 000	(70-74)×(-7) ×1 000=+28 000	9 000+28 000 =+37 000
第5天 （平仓）	80	买入3份 期货合约	0	0	(80-70)×(-3) ×1 000=-30 000	+37 000-30 000 =+7 000

图1-2 期货型结算

之所以将股票类型结算和期货类型结算进行比较，是因为有些合约像股票一样进行结算，而有些合约像期货一样进行结算。不出所料，股票就是采用了股票型结算方式，期货就是采用了期货型结算方式。期权又是怎样结算的呢？目前，北美所有在交易所内交易的期权，不论是股票期权、股指期权、期货期权还是外汇期权采用的都是股票型结算。期权必须即刻全额支付，直至头寸平仓才能获得所有收益和损失。在股票期权市场中，所有的标的合约和期权合约都使用同一结算方式结算，所以这种做法既符合逻辑又前后一致。但在美国期货期权市场上，标的合约采用的是一种结算方式（期货型结算），而期权合约采用的是另一种结算方式（股票型结算）。当交易者买入或卖出期权合约为期货头寸套保时可能会产生一些问题。即使期权头寸的收益刚好足以抵消期货头寸的损失，但是由于期权的结算方式类似股票，收益也只是未实现的账面利润。而为了满足变动保证金要求，期货头寸的损失需要立刻支出现金。如果交易者没有意识到这两种结算方式的差异，有时就会遇到意想不到的现金流问题。

北美之外的大部分期货交易所都采用期权合约与标的合约一致的结算方法。如果标的合约是股票型结算方式，期权也会采用同样的股票型结算方式。如果标的合约是期货型结算方式，期权也采用同样的期货型结算方式。这样交易者已套保的头寸就不会面临意外的变动保证金要求。

本书在介绍期权的例子时，通常假设结算方法按照北美的惯例，即所有的期权采用股票型结算方式。

1.4 市场诚信

所有的市场参与者都需要确定**对手方**（counterparty）会履行合约条款中的义务。买方希望卖方能够按时进行交割，卖方希望买方能够进行支付。交易者都不想在交易对手方很可能发生违约的市场上进行交易。为了保证交易所交易合约的诚信，交易所承担了交割和支付的责任。在交易所进行交易时，买方和卖方间的联系就立刻被打破，取而代之的是两段新的联系。交易所成为所有卖方的买方，当买方违约时，交易所将完成支付；交易所也成为所有买方的卖方，当卖方违约时，交易所将保证交割。

为了防止自身的违约，交易所会建立**清算所**（clearing house）。清算所可以是交易所的一个分支机构或者是一个完全独立的实体，它的职责是处理和保证在交易所达成的所有交易。⊖ 清算所承担了保证所有交易所交易合约诚信的最终责任（如图1-3所示为清算流程）。⊜

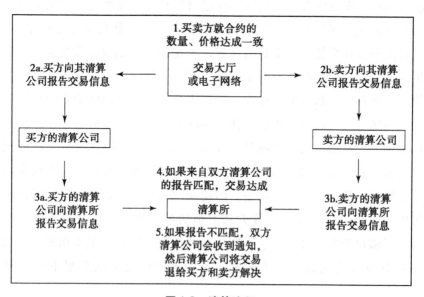

图1-3 清算流程

清算所由**清算公司**（clearing firms）会员组成，清算公司处理由个人交易者

⊖ 美国最大的两个衍生品清算所分别是：美国期权清算公司（负责所有的股票期权交易清算）和CME清算所（负责所有CME集团的交易清算）。对于美国交易所衍生品之外的其他产品，如股票、债券等，由存管信托及清算公司（DTCC）为其提供清算服务。

⊜ 虽然交易所与清算所是独立的机构，但是为了方便，我们偶尔也交叉使用这些术语。

达成的交易，并且同意承担所有交易过程中出现的资金履约责任。如果其中一个交易者违约，那么清算公司将确保该交易者的义务得到履行。交易者如果未事先与清算公司建立联系，就不能在交易所交易。

作为其责任的一部分，清算公司向每个交易者收取交易要求的保证金，并且将保证金存入清算所账户。㊀ 在某些情况下，清算所允许清算公司将其所有交易者的头寸进行加总。在同一合约中，由于一些交易者持有多头头寸而另一些交易者持有空头头寸，清算所可能会降低对清算公司存入的保证金要求。根据市场条件，清算公司会要求交易者存入比清算所要求的更多的保证金。

目前的担保体系（个体交易者、清算公司、清算所）有效保证了交易所交易合约的诚信。在美国，尽管偶尔也会发生个别交易者和清算公司不能履约的情况，但是清算所从来没有出现过破产倒闭的问题。

㊀ 在之前我们注意到，从理论上讲，保证金存款是没有利息损失的。而实际上，保证金存款的利息支付金额会随清算公司变化，通常是由清算公司和单个客户商议确定。

第 2 章
Option Volatility and Pricing

远期定价

远期合约的合理价格应该是多少？通过对比现在买入与未来某一时点买入的成本和收益，就可以回答这个问题。在远期合约中，成本与收益并没有消失，只是推迟了，因此它们的价值应该反映在远期价格中。

远期价格 = 当前的现金价格 + 现在的买入成本 − 现在的买入收益

让我们回到第 1 章的例子：我的朋友杰里想要一块地来建餐厅。他有两种购买方式：一种是现金购买，另一种是购买一个 1 年期的远期合约。如果他选择远期合约，那么以这块地为标的的 1 年期远期合约的合理价格又是多少呢？

如果杰里想要现在买入这块地，他将必须支付史密斯 100 000 美元的要价。然而杰里研究了一下 1 年期远期合约的可行性，得到如下信息：

（1）资金成本：当前借贷的年利率为 8%[⊖]；

（2）土地所有人必须缴纳 2 000 美元的地产税，税金须在 9 个月后支付；

（3）这块地上有个每月产值 500 美元的小油井，石油的收入于每月末到账。

如果杰里决定现在买下这块地，那么相较于一年以后买入，会有哪些成本呢？首先，杰里需要从当地银行借入 100 000 美元，按照 8% 的年利率，一年后的利息成本为：

$$8\% \times 100\,000 = 8\,000(美元)$$

其次，杰里还有在 9 个月后支付 2 000 美元地产税的义务。为了支付这笔税金，他需要在远期合同的最后 3 个月，从银行借入额外的 2 000 美元。

$$2\,000 + \left(2\,000 \times 8\% \times \frac{3}{12}\right) = 2\,000 + 40 = 2\,040(美元)$$

现在买入的总成本就是土地现价的贷款利息、地产税以及地产税利息的

⊖ 在这里，我们假定对所有交易而言，借贷利率均相同。但实际上对于交易者来说，一般借款利息成本要高于贷款利息收入。

总和。
$$8\ 000 + 2\ 040 = 10\ 040(美元)$$

而现在买入的收益又有哪些呢？如果杰里现在买下这块地，那么在每月末都能有 500 美元的石油收入，在持有远期合同的 12 个月中，他将会收到：
$$12 \times 500 = 6\ 000(美元)$$

此外，杰里还能赚得石油收入的利息。从第 1 个月月末开始，他会将 500 美元的石油收入以 8% 的年利率投资 11 个月；在第 2 个月月末，他会将 500 美元的石油收入以 8% 的年利率投资 10 个月。依此类推，石油收入的利息总收入为：
$$\left(500 \times 8\% \times \frac{11}{12}\right) + \left(500 \times 8\% \times \frac{10}{12}\right) + \cdots + \left(500 \times 8\% \times \frac{1}{12}\right) = 220(美元)$$

因此，现在买入土地的总收益为石油收入加上其再投资的利息收入：
$$6\ 000 + 220 = 6\ 220(美元)$$

如果不考虑其他因素，1 年期土地的远期合约的合理价格应为：

目前的现金价格	100 000 美元
加上：现在买入的成本	+ 10 040 美元
减去：现在买入的收益	− 6 220 美元
	103 820 美元

假设杰里和史密斯同意以上所有计算过程，那么对于杰里而言，无论是现在以 100 000 美元的价格买入，还是签订 1 份远期合约，在一年后以 103 820 美元的价格买入，都没有差别，这两个交易在本质上是相同的。

在远期或期货合约中的交易者有时会涉及**基差**（basis），即现货价格与远期价格的差值。在我们的示例中，其基差是
$$100\ 000 - 103\ 820 = -3\ 820(美元)$$

在大多数情况下，基差会是个负值，因为现在买入的成本一般会高于现在买入的收益。然而在我们的示例中，当油价上涨得足够高时，基差将会变为正值。如果一年油价的收入与其利息的总和大于现在的买入成本 10 040 美元，那么远期价格将会低于现金价格，因此基差将会为正。

我们应该如何计算场内交易的期货合约的合理价格呢？这取决于与标的合约头寸相关的成本和收益。对于一些常见期货的成本与收益如下表所示：

工 具	当前的买入成本	当前的买入收益
实物商品	现价的再投资利息 储存成本 保险成本	便利收益（有待讨论）

(续)

工　具	当前的买入成本	当前的买入收益
股票	股票价格的利息	股利（如果有） 股利利息
债券和票据	债券或票据价格的利息	息票支付 息票支付利息
外汇	借入本币的利息	外汇利息收益

2.1　实物商品（粮食、能源产品、贵金属等）

如果现在买入实物商品，需要支付现价及其利息。此外，还需要将实物商品储存起来直到远期合约到期，为了避免储存时可能发生的损失，最好还应为商品购买保险。

C = 商品价格⊖

t = 远期合约的到期时间

r = 利率

s = 每单位商品储存一年的成本

i = 每单位商品投保一年的成本⊖

那么远期价格 F 应记为：

$$F = C \times (1 + r \times t) + (s \times t) + (i \times t)$$

起初，购买实物商品似乎并没有收益，因此其基差总是为负值。在一个正常或又称**远期升水**（contango）的商品市场中，长期的期货合约较短期合约而言，一般存在溢价。但是相反的情况有时也会发生——期货合约较现货存在折价。如果商品的现货价格高于其对应的期货价格，这个市场被称为**远期贴水**（backward 或 in backwardation）。由于利息和仓储成本一般为正，因此这种市场状态看起来不符合逻辑。假设一个公司需要某商品来维持工厂的运转，但如果该公司无法获得该商品，公司可能必须采取临时关闭工厂这样的极端措施。对公司来说，这种措施的代价太大了。为了避免这种情况，公司就会愿意现在以较高的价格买入商品。如果商品供给紧张，公司必须要支付的价格就会导致远期贴水市场——现货价格将高于期货合约价格。现在获得商品就能得到的收益，有时被称为**便利收益**

⊖ 仅在此章我们用字母 C 来表示商品价格。在本书其余各章，C 都代表看涨期权的价格。

⊖ 对于实物商品而言，仓储费和保险费用一个总价格报价。

(convenience yield)。

要确定便利收益的确切价值是很困难的,但如果利息成本、仓储成本以及保险成本都是已知的,交易者就能通过观察现货价格与期货价格的关系,推断出便利收益。例如,假设有一个 3 个月期的远期商品合约。

3 个月期远期价格 $F = 77.40$ 美元

利率 $r = 8\%$

每年仓储费 $s = 3.00$ 美元

每年保险成本 $i = 0.60$ 美元

那么现货价格 C 是多少呢?

假设

$$F = C \times (1 + r \times t) + (s \times t) + (i \times t)$$

则

$$C = \frac{F - (s + i) \times t}{1 + r \times t} = \frac{77.40 - (3.00 + 0.60) \times 3/12}{1 + 0.08 \times 3/12} = \frac{76.50}{1.02} = 75.00 (美元)$$

如果市场上的现货价格实际为 76.25 美元,便利收益就应为 1.25 美元。这是为立即获得商品的收益,使用者愿意额外支付的金额。

2.2 股票

如果现在买入股票,将支付股票的现价和其利息的总额。作为回报,我们将在远期合约的存续期内收到股利及其股利利息。假设

S = 股票价格

t = 远期合约的到期时间

r = 远期合约存续期内的利率

d_i = 预期在远期合约到期前支付的每笔股利

t_i = 每笔股利支付后的剩余到期时间

r_i = 从股利支付起至远期合约到期时适用的利率(**远期利率**⊖)

⊖ 远期利率是在未来某个时点起的某个具体时间段内适用的利率。远期利率通常用月份来表示。
  1×5 远期利率　从未来 1 个月起的 4 个月期的利率
  3×9 远期利率　从未来 3 个月起的 6 个月期的利率
  4×12 远期利率　从未来 4 个月起的 8 个月期的利率
  远期利率协议(forward-rate agreement,FRA)是指从未来某时点起,在固定时期内借贷资金的协议。1 个 3×9 的 FRA 是指从未来 3 月起借入 6 个月资金的协议。

那么远期价格 F 被记为：

$$F = S + (S \times r \times t) - [d_1 \times (1 + r_1 \times t_1)] - \cdots - [d_n \times (1 + r_n \times t_n)]$$
$$= [S \times (1 + r \times t)] - \sum [d_n \times (1 + r_n \times t_n)]$$

示例

股票价格 $S = 67.00$ 美元

到期时间 $t = 8$ 个月

利率 $r = 6.00\%$

半年支付股息 $d = 0.33$ 美元

下一次支付股利时间 $= 1$ 个月

由此，我们可以得到

$$t_1 = 8 \text{ 个月} - 1 \text{ 个月} = 7 \text{ 个月}$$
$$t_2 = 8 \text{ 个月} - 1 \text{ 个月} - 6 \text{ 个月} = 1 \text{ 个月}$$

如果

$$r_1 = 6.20\%$$
$$r_2 = 6.50\%$$

那么一个 8 个月期股票远期的合理价格应该是

$$F = [67.00 \times (1 + 0.06 \times 8/12)] - [0.33 \times (1 + 0.062 \times 7/12)]$$
$$- [0.33 \times (1 + 0.065 \times 1/12)]$$
$$= 69.68 - 0.3419 - 0.3318 = \mathbf{69.0063}$$

除了长期的股票远期合约，通常股利支付次数都是有限的，且每笔股利的利息收益数额是很小的。因此为了简化，我们用 D 表示在远期合约期内所有预期股利的总和，并且忽略股利利息收益。那么股票远期价格可被记为：

$$F = [S \times (1 + r \times t)] - D$$

则该 8 个月期股票远期的近似价格应为

$$67.00 \times (1 + 0.06 \times 8/12) - (2 \times 0.33) = \mathbf{69.02}$$

2.3 债券与票据

如果我们将息票支付视为股息，那么我们可以用类似于股票远期的估值方法来为债券与票据估值。购入债券时，我们必须支付债券价格及其利息成本。而作为回报，我们将收到固定息票支付并赚取利息。假设

$B = $ 债券价格

t = 远期合约的到期时间

r = 远期合约存续期内的利率

c_i = 预期在远期合约到期前收到的每笔票面利息

t_i = 每笔票面利息支付后的剩余到期时间

r_i = 从股利支付起至远期合约到期时适用的利率

那么远期价格 F 被记为：

$$F = B + (B \times r \times t) - [c_1 \times (1 + r_1 \times t_1)] - \cdots - [c_n \times (1 + r_n \times t_n)]$$

$$= [(B \times (1 + r \times t)] - \sum [c_n \times (1 + r_n \times t_n)]$$

示例

债券价格 B = 109.76 美元

到期时间 t = 10 个月

利率 r = 8.00%

半年支付票面息率 c = 5.25%

下一次支付股利时间 = 2 个月

由此，我们可以得到

$$t_1 = 10 \text{ 个月} - 2 \text{ 个月} = 8 \text{ 个月}$$

$$t_2 = 10 \text{ 个月} - 2 \text{ 个月} - 6 \text{ 个月} = 2 \text{ 个月}$$

如果

$$r_1 = 8.20\%$$

$$r_2 = 8.50\%$$

那么一个 10 个月期股票远期的合理价格应为

$$F = [109.76 \times (1 + 0.08 \times 10/12)] - [5.25 \times (1 + 0.082 \times 8/12)]$$

$$- [5.25 \times (1 + 0.085 \times 2/12)]$$

$$= 117.077\,3 - 5.537\,0 - 5.324\,4 = 106.215\,9$$

2.4 外汇

在外汇远期合约中，我们需要处理两种不同的利率：一个是用本币购买外汇时，所必须支付的本币利率，另一个是持有外汇生息所用到的外汇利率。不幸的是，如果用即期汇率加上本币利息成本，再减去外汇收益，我们将得到一个用不同的单位表示的结果。为了计算外汇的远期价格，我们首先将即期汇率 S 表示为一个分数——表示一单位外汇的本币价格单位 C_d 除以一单位外汇 C_f

$$S = \frac{C_d}{C_f}$$

假定本币利率为 r_d,外汇利率为 r_f,在到期日 t 的远期汇率应该是多少呢?如果我们以 r_f 的利率投资 C_f,且以 r_d[⊖] 的利率投资 C_d,则在到期日 t 的远期汇率应为

$$F = \frac{C_d \times (1 + r_d \times t)}{C_f \times (1 + r_f \times t)}$$

$$= \frac{C_d}{C_f} \times \frac{1 + r_d \times t}{1 + r_f \times t}$$

$$= S \times \frac{1 + r_d \times t}{1 + r_f \times t}$$

例如,假定 €1.00 = \$1.50. 那么,

$$S = \frac{1.50}{1.00} = 1.50$$

如果,

$$美元利率 \ r_\$ = 6.00\%$$
$$欧元利率 \ r_€ = 4.00\%$$

则 6 个月期的远期价格为

$$F = \frac{1.50 \times (1 + 0.06 \times 6/12)}{1.00 \times (1 + 0.04 \times 6/12)}$$

$$= \frac{1.50}{1.00} \times \frac{1 + 0.06 \times 6/12}{1.00 \times (1 + 0.04 \times 6/12)}$$

$$= \frac{1.50 \times 1.03}{1.02}[⊜] = 1.5147$$

2.5 股票与期货期权

在本书中,我们主要关注两种最常见的交易所内交易的期权——股票期权和期货期权。[⊜]虽然在场外市场(OTC),[⑲]还有一些实物商品、债券、外汇的期权交易,但是在交易所内交易的期权几乎都是以这些金融资产为标的期货期权。交易者在交易所内交易的原油期权实际上交易的是原油期货的期权。类似地,交易者

⊖ 原文为 r_f,打字错误。——译者注
⊜ 原文为 1.30,打字错误。——译者注
⊜ 在后面的第 22 章中,我们也会看到股指期货与期权。
⑲ OTC(over-the-counter)市场是用来指发生在有组织的交易所之外的交易的相关术语。

在交易所内交易的债券期权实际上交易的是债券期货的期权。

对于股票期权和期货期权，它们的价值都取决于标的合约的远期价格。我们已经知道如何计算股票的远期价格，但是期货合约的远期价格又是什么呢？一个期货合约就是一个远期合约，因此一个期货合约的远期价格就是期货价格。如果1份3个月期的期货合约的交易价格是75美元，1份3个月期的远期合约的价格就是75美元。如果1份6个月期的期货合约的交易价格是80美元，1份6个月期的远期合约的价格就是80美元。从某些方面来讲，这使得期货期权的估值要比股票期权更为容易，因为确定远期价格不需要额外的计算。

2.6 套利

如果要让一个交易者来定义**套利**（arbitrage），他可能会描述为"一个能获得无风险收益的交易"。是否存在无风险收益还值得讨论，因为总是有些事会出错。就我们的目的而言，我们将套利定义为在不同市场同时买入和卖出相同或关联紧密的品种，以从明显的错误定价中获利的行为。

比如，假定某商品在伦敦以每单位700美元的价格交易，而在纽约却以每单位710美元的价格交易，忽略交易成本和任何外汇风险，我们就可以通过在伦敦买入该商品，同时在纽约卖出该商品来套利。该套利会产生10美元的收益吗？或者说还有其他因素是必须要考虑的吗？一个因素可能就是运输成本。纽约的买家会希望收到商品并卖掉。假设商品购于伦敦，该商品从伦敦运到纽约的运费超过每单位10美元，那么任何的套利收益都会被运输成本所抵消。即使运输成本低于每单位10美元，还需要考虑保险成本，毕竟没有人愿意承担商品从伦敦运往美国的过程中（无论空运还是海运）发生损耗的风险。当然，任何一个专业的商品交易者都应该知道运输和保险成本。因此，套利收益是否可行立即一目了然。

在外汇市场中，交易者可能会试图通过借入较低利率的本币，用于购买高利率的外汇，因为他们希望在支付低利率的同时赚得高利率。然而，这种**套息交易**（carry trade）并非没有风险。因为在该交易策略的存续期内，利率不一定是固定的，投资者需要支付的本币利率可能会上升，同时其赚得的外汇利率也可能会下降。而且汇率也不是固定的，在某时，投资者需要偿还其借入的本币，而他希望以其持有的外币进行偿还，如果外汇相对本币价值下降，他将要花费更多的成本来购入本币偿还贷款。这种套息交易有时被认为是**套利**，但事实上，由于这种交易承担了很多风险，因此套利这个名词可能被误用了。

现货市场和期货市场有很强的关联性，因此常见的**期现套利**（cash-and-carry arbitrage）是指在现货市场买入，然后在期货市场卖出，并持有该头寸至到期。

回到我们之前的股票示例中：

$$股票价格\ S = 67.00\ 美元$$

$$到期时间\ t = 8\ 个月$$

$$利率\ r = 6.00\%$$

$$预期股利\ D = 0.66\ 美元$$

忽略股利的利息收益，8个月期的远期价格应为：

$$67.00 \times (1 + 0.06 \times 8/12) - 0.66 = 69.02$$

假设在某一远期合约市场中，该股票的远期合约价格为69.50美元，交易者将会怎么做呢？如果交易者相信该合约仅值69.02美元，他会以69.50美元卖出一个远期合约，同时在现货市场中买入价值67美元的该股票。那么该期现套利的收益应为：

$$69.50 - 69.02 = 0.48$$

为了确认上述计算，我们列出了与该交易相关的所有现金流，值得注意的是在合约到期时，交易者会在交付股票的同时收到协议的远期价格为69.50美元。

以6%的利率借入67美元8个月的成本（67.00 × 0.06 × 8/12）	-2.68
买入股票的成本	-67.00
股利支付	+0.66
到期时收到的远期价格	+69.50
总现金流	+0.48

无论股票还是期货合约的价格波动都不会影响该结果。因为最初的股票价格（67美元）与期货合约到期时支付的股票价格（69.50美元）都是固定不变的。

即使股票和期货合约的价格波动不代表风险，其他的因素还可能会影响该策略的结果。如果利率上升，则与买入股票相关的利息成本就会上升，从而减少潜在收益。⊖ 此外，除非公司已经宣告了一定数额的股利，否则预期的股利支付只能通过公司历史股利支付的情况来估计。如果公司突然减少股利，套利的收益就会降低。

给定一个有明显错误定价的期货合约，交易者也许会质疑自己的估值：69.02

⊖ 如果资金以固定利率借入或贷出，就没有利率风险。然而，大多数交易者都以浮动利率借贷，就会导致在远期合约的存续期内，存在利率风险。

美元是准确的远期价格么？6%的利率会不会太低了，或者0.66美元的股利会不会太高了？

我们最初是通过即期价格、时间、利率和股利来计算远期价格 F：

$$F = [S \times (1 + r \times t)] - D$$

如果知道远期价格 F，但其余的值有一个未知，我们就可以通过该式计算得出。如果知道远期价格、到期时间、利率和股利，我们可以求出 S（标的合约的**隐含即期价格**（implied spot price））：

$$S = \frac{F + D}{1 + r \times t}$$

如果除了利率 r，其余都已知，则可以求出**隐含利率**（implied interest rate）：

$$r = \frac{[(F + D)/S] - 1}{t}$$

如果除了股利 D，其余都已知，则我们可以求出**隐含股利**（implied dividend）：

$$D = [S \times (1 + r \times t)] - F$$

隐含价值是一个我们将频繁提及的重要概念。如果交易者认为合约被合理定价，那么隐含价值代表的就是市场对未知值的一致估计。

回到我们 8 个月远期合约的例子中，假设我们认为除了利率的所有值都是准确的，那么隐含的利率应该是多少呢？

$$r = \frac{[(F + D)/S] - 1}{t} = \frac{[(69.50 + 0.66)/67.00] - 1}{8/12} = 0.070\,7，即 7.07\%$$

如果我们知道除股利外的所有值，则隐含股利应为：

$$D = [S \times (1 + r \times t)] - F = [67.00 \times (1 + 0.06 \times 8/12)] - 69.50 = 0.18$$

如果预期在远期合约存续期内会发 2 次股利，市场就会预期有 2 笔 0.09 美元的股利支付。

2.7 股利

为了对股票衍生合约进行估值，交易者需要对股票未来股利现金流有一个估计。交易者通常需要估计未来股利发放的数额及时间。先对股利发放过程中的一些重要术语进行定义，可能会帮助我们更好地理解股利。

1. 宣告日

宣告日指公司宣告发放股利的数额及其支付时间的日子。一旦公司宣告了股利，至少在下一次股利支付前，股利风险都被消除了。

2. 登记日

登记日是指在这一天收盘后仍然持有股票的投资者将有权获得股利。不管股票的购买日是哪一天，股票的所有权到**结算日**（settlement date）才能正式生效，结算日是股票买方正式获得股票所有权的日子。在美国，股票结算日一般是交易后的 3 个工作日（有时也用 $T+3$ 表示）。

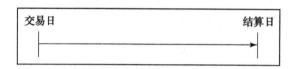

3. 除息日（Ex-Date）

除息日指可以交易股票但无权享受股利权利的第 1 个交易日。在美国，要想获得股利，最晚应该是在登记日的 3 个工作日前购买股票。除息日是在登记日之前的 2 个工作日。

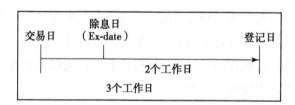

在除息日，股票报价会表明该股票是**除息的**，并且所有发布的报价将股息从股票价格中扣除。如果在除息日前一天，股票的收盘价是 67.50 美元，接下来一天（除息日）的开盘价是 68.25 美元，股利是 0.40 美元，那么该股票的价格读为：

$$68.25 + 1.15 \text{ 除息 } 0.40$$

如果该股票开盘价没变，除息的股价就是前一天的收盘价 67.50 美元减去股利 0.40 美元，即为 67.10 美元。而开盘价为 68.25 美元时，股票价格上涨了 1.15 美元。

4. 支付日

支付日是指给合格股票持有人（在登记日持有股票的投资者）支付股利的日子。

股利支付的数额通常可以根据该公司过去的股利支付情况来估计。如果一个公司按季度发放股利（这在美国很常见），并且在过去的 10 个季度中，每次都支付了 25 美分，那么可以合理假定公司未来会继续按 25 美分支付股利。

我们通常会忽略股利可赚得的利息，因此股利的具体发放时间就不那么重要了。但是如果预期股利将在衍生品合约快到期时支付，即使计算股利支付日微小偏差，都会引起衍生品价值的显著变化。

2.8 卖空

很多衍生品策略都涉及股票或期货合约的买卖。除了**锁定**（locked）⊖的市场外，期货合约的买卖是没有限制的。买入或卖出已拥有的股票也是没有限制的。然而，在有些情况下，交易者希望**卖空**（sell short）股票，也就是说卖出他并未拥有的股票，并且希望在今后以更低的价格买回股票。

根据交易所或当地规章制度的要求，可能在卖空的具体条件上有不同的规定。但是在任何情况下，一个交易者想要卖空，都必须先借入股票。这也是可行的，因为有很多机构都愿意将其持有的股票借出，以促成一个卖空交易。持有客户股票的中介公司在客户同意借出股票的前提下，可以借出该客户的股票。但这并不意味着我们总是能借到股票。有时借入股票很困难甚至是不可能的，就会导致**空头股票逼仓**（short-stock squeeze）。但交易最活跃的股票相对来说更容易借入，这些股票的借入一般由交易者所在的清算公司办理。

假设交易者从中介公司借入 900 股股票，想要以 68 美元/股的价格卖出，买方就要向该交易者支付 68×900，即 61 200 美元，交易者将以其借入的股票进行交割。股票购买者并不在乎该股票是被卖空还是卖多（无论卖方是借入的股票还是其实际拥有的股票），购买者在乎的是他现在是股票的持有者了。

借来的股票最终都要归还给借出者，在本例中就是归还给中介公司。作为履行责任的保证，中介公司将持有卖出获得的 61 200 美元。从理论上来讲，这 61 200 美元是属于交易者的，因此中介公司应向交易者支付利息。同时，交易者有义务向中介公司支付卖空期间应计的股利。

中介公司作为证券的借出者，如何从该交易中盈利呢？借出公司之所以能够盈利，是因为他只向交易者支付了 61 200 美元的部分利息，而确切的支付金额取决于借到股票的难易程度。如果容易借到股票，交易者得到的利率就会略微低于在一般现金贷款中得到的利率。然而，如果可借出的股票很少，交易者可能只会

⊖ 一些期货交易所对期货合约每天的价格有涨跌幅限制。当期货合约达到该界限时，市场就称为**被锁定了**（locked）或**锁定涨跌幅**（locked limit）。如果市场在**上限**或**下限**上，那么在价格回到界限内前，交易不能继续进行（所以人们愿意以低于或等于上限的价格卖出，以高于或等于下限的价格买入）。

收到正常利率的一小部分。在最极端的情况下，借入股票非常困难，交易者可能还得不到利息。交易者在卖空股票交易中收到的利率，有时也称为**空头股票折扣率**（short-stock rebate）。

我们可以对**多头利率**（long rate）r_l（一般的借贷利率）和**空头利率**（short rate）r_s（股票卖空交易中适用的利率）做一个区分。其中借入成本 r_{bc} 是指多头利率和空头利率的差异：

$$r_l - r_s = r_{bc}$$

在之前的例子中，我们得出股票的远期价格是：

股票价格 $S = 67.00$ 美元

到期时间 $t = 8$ 个月

利率 $r = 6.00\%$

预期股利 $D = 0.66$ 美元

忽略股利的利息收益，8 个月的远期价格应该为：

$$67.00 \times (1 + 0.06 \times 8/12) - 0.66 = 69.02$$

如果 8 个月远期合约的价格是 69.50 美元，就存在一个套利机会——卖出远期合约并且买入该股票。假设 8 个月远期合约的交易价格是 68.75 美元，就存在一个套利机会——买入远期合约并且卖出该股票。如果一个交易者已经持有该股票，就会有 69.02 - 68.75 = 0.27 美元的盈利。然而，如果该交易者并未持有该股票，为了执行该策略，只能卖空该股票，他就不能收到 6% 的全部利息。如果借出公司以 2% 作为借入成本，那么该交易者只能收到 4% 的空头利率。因此该远期价格应为：

$$67.00 \times (1 + 0.04 \times 8/12) - 0.66 = 68.13$$

如果交易者想要通过卖空执行该套利，他就会有损失，因为

$$68.13 - 68.75 = -0.62$$

对于没有持有该股票的交易者，只有在远期价格低于 68.13 美元或高于 69.02 美元时，才有套利收益。而在 68.13 美元到 69.02 美元之间，是没有套利机会的。

期权交易中适用什么利率呢？期权不同于股票，它不是一个可交付的证券，而是一种建立在买卖双方之间的合约。即使并未持有某一期权，交易者也不必为了交割而"借入"该期权。因此，对于买卖期权而产生的现金流，我们通常使用普通的长期利率。

第 3 章
Option Volatility and Pricing

合约规范与期权术语

期权市场将具有不同预期目标与目的的交易者和投资者汇聚到一起。有些投资者进入期权市场是因为他们对价格变动方向有了判断；有些投资者是利用期权对现有头寸进行套保以防止价格的不利变动；有些投资者是利用相似或相关产品的价格差异来进行套利；有些投资者则扮演中介的角色，即作为其他市场参与者的交易对手方，从买卖报价差异中获利。

尽管预期和目标不同，每个交易者都必须了解期权合约规范，掌握期权市场中使用的术语。只有清楚地理解期权合约术语与合约的权利和义务，交易者才能更好地使用期权，并为期权交易面临的真实风险做好准备。没有期权术语的帮助，交易者将难以在期权市场上表达其买卖意愿。

3.1 合约规范

合约规范涉及很多方面。

3.1.1 类型

在第 1 章，我们介绍了两种期权。**看涨期权**（call option）是在指定日期或之前对特定资产以约定价格买入或持有多头的权利。**看跌期权**（put option）是在指定日期或之前对特定资产以约定价格卖出或持有空头的权利。

期权合约与期货合约存在着明显的不同。期货合约要求按约定价格进行交割，买卖双方均有必须履行的义务，卖方必须交货，买方必须接货。期权合约的买方则有选择权，他可以选择接货（看涨期权）或者交货（看跌期权）。如果期权买方选择接货或者交货，期权卖方就必须选择作为另外一方。在期权交易中，权利均在买方而义务均在卖方。

3.1.2 标的

期权合约术语中被买卖的资产称为**标的资产**（underlying asset）或简称**标的**（underlying）。如果直接从银行或其他交易商处购买期权，标的的数量可以根据买方的需求定制。如果从交易所购买期权，标的的数量由交易所预先设定。在股票期权交易所，标的通常为 100 股股票⊖。看涨期权的持有者有权利买入 100 股；看跌期权的持有者有权利卖出 100 股。然而，当标的股票的价格过低或过高时，交易所可以调整标的合约的股数，使股票合约的大小适合于在交易所交易⊖。

在所有的期货期权交易中，标的均是期货合约。看涨期权的持有者有权利买入期货合约；看跌期权的持有者有权利卖出期货合约。通常，期货期权合约的标的是与期权到期月份相同的期货合约。如：4 月期货期权的标的是 4 月期货合约；11 月期货期权的标的是 11 月期货合约。但是，交易所也可能选择**上市序列期权**（serial options）——期权到期没有相应的期货到期月份，这时，期权的标的合约是期权到期后最近的期货合约。

例如，金融期货是以季度为上市周期，如 3 月、6 月、9 月以及 12 月期货。3 月期权的标的是 3 月期货合约；6 月期权的标的是 6 月期货合约。如果还有序列期权，那么

　　　　1 月或 2 月期权的标的是 3 月期货合约

　　　　4 月或 5 月期权的标的是 6 月期货合约

　　　　7 月或 8 月期权的标的是 9 月期货合约

　　　　10 月或 11 月期权的标的是 12 月期货合约

除了上市长期期货合约的长期期权，一些利率期货市场（如芝加哥商品交易所的欧洲美元、伦敦国际金融交易所的短期英镑和欧元银行同业拆借）也可以上市长期期货合约的短期期权。两年后到期的 3 月期货合约可能是 2 年后到期的 3 月期权合约的标的。而该期货合约也可能是 1 年后到期的 3 月期权合约的标的。以长期期货合约为标的的短期期权被称为**中期曲线期权**（midcurve options），该期权可以是 1 年期的中期曲线期权（以至少 1 年到期的期货合约为标的的短期期权）、2 年期的中期曲线期权（以至少 2 年到期的期货合约为标的的短期期权）或 5 年期的中期曲线期权（以至少 5 年到期的期货合约为标的的短期期权）。

　　⊖ 100 股有时指 **1 手**（a round lot）。一个买卖低于 100 股的指令被称为**散股**（odd lot）。

　　⊖ 许多交易所也允许**灵活期权**（flex options）的交易。买卖双方可以商议合约规范，如标的数量、到期日、行权价格以及行权方式。

3.1.3 到期日

到期日是指期权持有者必须做出是否买入标的（持有看涨期权）或者卖出标的（持有看跌期权）的最终决定的日期。期权到期后，期权合约的所有权利和义务都不复存在。

许多股票期权交易所，其股票期权和股指期权到期日通常是到期月第3个星期五[1]。大部分交易者更重视**最后交易日**（last trading day），即到期日前的最后一个可以在交易所买卖期权的工作日。对于很多股票期权来说，到期日和最后交易日是相同的，即到期月第3个星期五。然而，耶稣受难日是很多国家的法定假日，偶尔会在4月的第3个星期五。当这种情况发生时，之前的周四就是最后的交易日。

当美国引入股票期权时，将期权合约的到期日定为到期月第3个星期五。但许多衍生策略需要持有一个可对冲的股票头寸，并在股票期权到期时可以将股票头寸平仓。结果，在平仓交易接近期权到期日（到期月第3个星期五）时，交易所发现有大量股票的买卖订单，这些订单常常在到期日扰乱交易或扭曲价格。

为了缓解在到期日出现大量不平衡订单的问题，一些衍生品交易所和股票交易所达成一致，在最后交易日为衍生合约设定一个到期值，这个到期值基于最后交易日标的合约的开盘价而不是收盘价。股指合约普遍使用**上午到期日**（AM expiration）。个股期权使用传统的**下午到期日**（PM expiration），即期权的价值由标的股票最后交易日的收盘价格所决定。

虽然股票期权的到期日是相对一致的，但是期货期权的到期日是变化的，这种变化取决于标的商品或金融工具。对于商品期货，如能源或农产品，可能需要几天的时间进行到期交割。因此，商品期货期权通常会在期货合约到期日的前几天或前几周到期。最普遍的到期时间是期货到期月份的前1个月份。如以3月到期的期货合约为标的的期权将在2月到期；以7月到期的期货合约为标的的期权将在6月到期；以11月到期的期货合约为标的的期权将在10月到期。交易者需要查阅各自交易所的日历以了解准确的期权到期日。

3.1.4 行权价格或敲定价格

行权价格或敲定价格是指期权持有者选择行使权利买入或卖出标的，所进行

---

[1] 在早期的期权交易中，交易所交易的期权经常在非工作日到期，一般是在周六。这给交易所留出额外的一天来处理到期期权的文书工作。

交割的价格。期权行权时，看涨期权的持有者需要按行权价格支付，看跌期权的持有者会按行权价格获得标的。

期权交易所可交易的期权行权价格是由交易所设定的。通常，按照相等间距分割标的合约的市场价格。如果开始交易期权时，标的合约的价格为62，交易所会设定50、55、60、65、70和75的行权价格。之后随着标的价格的上下变动，交易所可以增加其他的行权价格。如果标的价格上涨到70，交易所可能增加80、85和90的行权价格。另外交易所也会引入中间行权价格，如52½、57½、62½和67½，来促使交易达成。

以交易所交易的期权为例，纽约商品交易所（New York Mercantile Exchange）1份10月行权价格为90美元的原油期货看涨期权的买方，拥有在10月到期日或之前以每桶90美元（行权价格）的价格买入1份10月到期的1 000桶原油期货合约（标的）的权利。芝加哥期权交易所（Chicago Board Options Exchange）1份3月行权价格为30美元的通用电气公司股票看跌期权的买方，拥有在3月到期日或之前以每股30美元（行权价格）的价格卖出100股通用电气股票（标的）的权利。

期权合约规范将会在图3-1中进一步介绍。

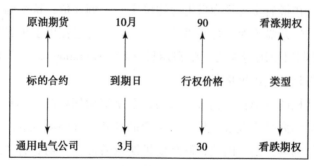

图3-1　期权合约规范

3.1.5　行权与指派

持有看涨期权和看跌期权的交易者拥有在到期日前行权的权利。对于看涨期权，就是将期权转化为标的资产的多头头寸；对于看跌期权，就是将期权转化为标的资产的空头头寸。执行1份10月行权价格为90美元的原油期货看涨期权，就是选择持有价格为每桶90美元的10月原油期货合约多头头寸；执行1份3月行权价格为30美元的通用电气股票看跌期权，就是选择持有价格为每股30美元的100股通用电气股票空头。期权一旦行权就不复存在，同样也允许期权到期不行权而过期失效。

交易者要执行期权必须先提交行权通知，从交易商处买入的期权要通知卖方，从交易所买入期权要通知交易所。只有提交有效的行权通知后，期权的卖方才能被指派。根据不同的期权类型，卖方必须以约定的行权价格持有标的资产的多头或空头头寸。

合约在交易所一经成交，买卖双方的关系就被打破了，交易所成为所有交易的对手方。当交易者行权时，交易所必须指派某人以约定的行权价格买入或卖出标的合约。交易所是如何做出这个决定的呢？被指派的一方一定是还未对冲平仓的期权卖方。除此之外，交易所指派哪个期权卖方的决定是随机的，也就是说，交易者被指派的概率是一样的。

新的交易者有时会对行权和指派结果应该是多头头寸（买入标的合约）还是空头头寸（卖出标的合约）而感到困惑。以下总结也许会有所帮助：

  执行看涨期权 你选择了以行权价格**买入**标的合约
  被指派看涨期权 你必须以行权价格**卖出**标的合约
  执行看跌期权 你选择了以行权价格**卖出**标的合约
  被指派看跌期权 你必须以行权价格**买入**标的合约

根据标的合约，交易所交易的期权行权时，可以被结算为：
(1) 实物标的；
(2) 期货头寸；
(3) 现金。

3.1.5.1 结算为实物标的

如果1份看涨期权结算为实物标的，那么行权方需要以行权价格买入标的。如果1份看跌期权结算为实物标的，那么行权方需要以行权价格交割标的。股票期权总是结算为实物标的。

当执行1份1月行权价格为110美元的股票看涨期权
  你必须支付 $100 \times 110 = 11\,000$ 美元以得到100股股票
当被指派6份4月行权价格为40美元的股票看涨期权
  你必须交割600股股票以得到 $600 \times 40 = 24\,000$ 美元
当执行2份7月行权价格为60美元的股票看跌期权
  你必须交割200股股票以得到 $200 \times 60 = 12\,000$ 美元
当被指派3份10月行权价格为95美元的股票看跌期权
  你必须支付 $300 \times 95 = 28\,500$ 美元以得到300股股票

值得注意的是，实物标的结算的现金流只取决于行权价格。在我们的例子中，无论股票的行权价格是 10 美元还是 1 000 美元，看涨期权的行权方只需要根据行权价格而不是股票价格进行支付。看跌期权的行权方只会收到行权价格的款数。当然，股票价格和最初买入期权的价格共同决定了期权交易的利润或损失，而行权的现金流是独立于这些因素的。

3.1.5.2 结算为期货头寸

如果期权结算为期货头寸，相当于行权方以行权价格买入或卖出期货合约，头寸立即按期货型方式结算，按要求缴纳保证金和变动保证金。

标的期货合约以 85 美元的价格（点值为 1 000 美元）交易，保证金为每份合约 3 000 美元。

当执行 1 份 2 月行权价格为 80 美元的看涨期权

你将立即持有 1 份价格为 80 美元的多头期货合约

你必须支付交易所要求的 3 000 美元的保证金，并会有 $(85-80) \times 1\,000 = 5\,000$ 美元的变动资金流入

当你被指派 6 份 5 月行权价格为 75 美元的看涨期权

你将立即持有 6 份价格为 75 美元的空头期货合约

你必须支付交易所要求的 $6 \times 3\,000 = 18\,000$ 美元的保证金，并会有 $(75-85) \times 1\,000 \times 6 = -60\,000$ 美元的变动资金流出

当执行 4 份 8 月行权价格为 100 美元的看跌期权

你将立即持有 4 份价格为 100 美元的空头期货合约

你必须支付交易所要求的 $4 \times 3\,000 = 12\,000$ 的保证金，并会有 $(100-85) \times 1\,000 \times 4 = 60\,000$ 美元的变动资金流入

当被指派 2 份 11 月行权价格为 95 美元的看跌期权

你将立即持有 2 份价格为 95 美元的多头期货合约

你必须支付交易所要求的 $2 \times 3\,000 = 6\,000$ 美元的保证金，并会有 $(85-95) \times 1\,000 \times 2 = -20\,000$ 美元的变动资金流出

3.1.5.3 现金结算

指数合约进行交割是不现实的，所以使用现金方式对指数合约进行结算。将 1 份期权结算为现金，不会产生标的头寸。在交易日结束时，支付的现金等于行权价格和标的价格之间的差。

标的指数在交易日结束时定为 300，交易所赋予每个指数点 500 美元的价值。

当执行 3 份 3 月行权价格为 250 美元的看涨期权

不会产生标的头寸，同时账户被贷记 $(300-250)\times 500 \times 3 = 75\,000$ 美元

当被指派 7 份 6 月行权价格为 275 美元的看涨期权

不会产生标的头寸，同时账户被借记 $(300-275)\times 500 \times 7 = 87\,500$ 美元

当执行 2 份 9 月行权价格为 320 美元的看跌期权

不会产生标的头寸，同时账户被贷记 $(320-300)\times 500 \times 2 = 20\,000$ 美元

当被指派 4 份 12 月行权价格为 340 美元的看跌期权

不会产生标的头寸，同时账户被借记 $(340-300)\times 500 \times 4 = 80\,000$ 美元

3.1.6 行权方式

除标的合约、行权价格、到期日、期权类型外，期权可以根据行权方式（如**欧式**（European）或**美式**（American））来进一步识别。欧式期权是只能在到期日行权的期权。在实践中，欧式期权的持有者必须做出是否在到期前的最后一个工作日行权的最终决定，而美式期权可以在到期前任何时间内被提前行权。

指定期权行权方式为欧式期权或美式期权与地理位置无关。许多在美国交易的期权是欧式期权，而许多在欧洲交易的期权是美式期权⊖。一般来说，期货期权与个股期权多为美式期权，指数期权多为欧式期权。

3.2 期权价格的构成

在任何竞争性的市场中，期权的价格或权利金都是由供需决定的。买方和卖方在市场中竞争报价，当买入价和卖出价相同时达成交易。

支付的权利金可以分成两部分：**内在价值**（intrinsic value）与**时间价值**（time value）。具有内在价值的期权能够让期权持有者以低价买入且高价卖出，或者以高价卖出且低价买入，内在价值是期权的行权价格与行权时标的资产市场价格之间的差。比如，标的合约的交易价格是 435 美元，行权价格为 400 美元的看涨期权的内在价值就是 35 美元。对于该看涨期权的持有者而言，如果以 400 美元的行权价格买入，并以 435 美元的市价卖出，就能获得 35 美元的盈利。再比如，标的合约以 62 美元的价格交易，行权价格为 70 美元的看跌期权的内在价值是 8 美元。如果看跌期权的持有者以 70 美元的行权价格卖出股票，并以 62 美元的市价买入股票，他就能每股获利 8 美元。

⊖ 在美国交易的第 1 份可以提前行权的期权，被称为术语**美式期权**（American option）。

只有在行权价格小于标的资产市场价格的情况下，看涨期权才有内在价值，因为没有人会选择高买低卖；只有在行权价格大于标的资产市场价格的情况下，看跌期权才有内在价值，因为没有人会选择低卖高买。看涨期权的内在价值是市场价格减去行权价格；看跌期权的内在价值是行权价格减去市场价格。期权的内在价值不会小于零。如果 S 代表标的合约的现货价格，X 代表行权价格，那么，

看涨期权的内在价值 = 0 或 $S - X$ 之间的最大值

看跌期权的内在价值 = 0 或 $X - S$ 之间的最大值

值得注意的是，期权的内在价值与到期日是互相独立的。比如，标的合约的价格为 83 美元，1 份 3 月行权价格为 70 美元的看涨期权与 1 份 9 月行权价格为 70 美元的看涨期权的内在价值都是 13 美元。1 份 6 月行权价格为 90 美元的看跌期权与 1 份 12 月行权价格为 90 美元的看跌期权的内在价值都是 7 美元。

市场上的期权价格通常要大于期权的内在价值。权利金中超出内在价值的部分是交易者为期权**时间价值**（time value）支付的费用，也被称为期权的**时间溢价**（time premium）或**外在价值**（extrinsic value）。市场参与者愿意支付这部分溢价是因为期权能对标的资产多头头寸或空头头寸进行保护。

权利金一定等于内在价值与时间价值相加。图 3-2 列举了内在价值与时间价值的例子。如果市场价格为 435 美元，行权价格为 400 美元的看涨期权交易价格为 50 美元，那么看涨期权的时间价值必为 15 美元，因为该期权的内在价值为 35 美元，二者相加就是权利金 50 美元。如果股票市场价格为 62 美元，行权价格为 70 美元的股票看跌期权交易价格为 11 美元，那么该看跌期权的时间价值就是 3 美元，因为该期权的内在价值为 8 美元，二者相加就是权利金 11 美元。

权利金总是等于内在价值加上时间价值，但二者均可能为零。如果期权没有内在价值，那么期权价格只包含时间价值；如果期权没有时间价值，那么期权价格只包含内在价值。后一种情况称期权在**平价**（parity）水平上交易。

虽然期权的内在价值不可能小于零，但欧式期权可能存在负的时间价值（将在第 16 章讨论美式期权的提前行权时详细展开），这种情况下期权的价格低于平价水平。不过通常情况下，期权权利金将反映正的时间价值部分。

3.2.1 实值期权、平值期权、虚值期权

根据期权行权价格与标的合约价格之间的关系，期权可以分为实值期权、平值期权和虚值期权。具有内在价值的期权被称为**实值期权**（in the money），实值额就是内在价值。当股价为 44 美元时，1 份行权价格为 40 美元的看涨期权的实

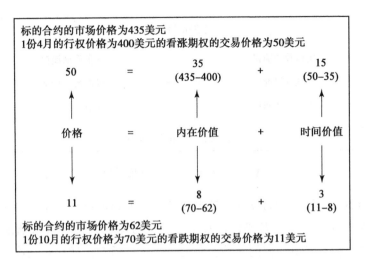

图 3-2 内在价值与时间价值

值额为 4 美元。同样地,当股价为 44 美元时,1 份行权价格为 55 美元的看跌期权的实值额为 11 美元。没有内在价值的期权被称为**虚值期权**(out of the money),虚值期权的权利金仅由时间价值组成。期权为实值期权的条件是看涨期权(看跌期权)的行权价格低于(高于)标的合约的市场价格。注意:如果看涨期权是实值期权,那么具有同样行权价格与标的合约的看跌期权一定是虚值期权;相反,如果看跌期权是实值期权,具有同样行权价格与标的合约的看涨期权必然是虚值期权。在我们的例子中,当股价为 44 美元时,1 份行权价格为 40 美元的看跌期权的虚值额为 4 美元,1 份行权价格为 55 美元的看涨期权的虚值额为 11 美元。

最后,如果期权的行权价格与标的合约的市场价格相同,则被称为**平值期权**(at the money)。从技术的角度来说,这种期权也是虚值期权,因为它没有内在价值。之所以区分平值期权与虚值期权,是因为平值期权具有很特殊的特性,且通常交易非常活跃。

确切来讲,平值期权的行权价格与标的合约的市场价格必须完全一致。然而,对于交易所交易的期权而言,平值期权也被用于指行权价格接近于标的合约市场价格的情况。如果股票市场价格为 74 美元,交易所交易期权的行权价格间距固定为 5 美元(如行权价格分别为 65 美元、70 美元、75 美元、80 美元等),那么行权价格为 75 美元的看涨期权和看跌期权也被视为平值期权,因为这些看涨期权和看跌期权的行权价格最接近于标的合约的市场价格(如图 3-3 所示)。

3.2.2 自动行权

在到期日,实值期权总会有一些内在价值。交易者可以通过在到期日前卖出

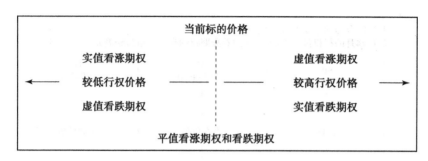

图 3-3　实值、平值、虚值期权

期权或者行权，同时立即将标的头寸平仓来获得期权的内在价值。当交易所交易的期权最初引入时，交易者要行权必须先向交易所正式提交**行权通知**（exercise notice）。如果持有实值期权的交易者忘记提交行权通知，期权将会在未行权的情况下过期，交易者也会失去期权的内在价值。这是任何理性交易者都不会接受的结果。而在早期期权交易中，这种结果时有发生，原因各异，如交易者没有意识到他们需要提交行权通知、交易者与交易所之间缺乏沟通因而不能提交行权通知，以及清算公司在处理行权通知时出现错误。

为了避免发生让交易者和交易所都尴尬的情况，即实值期权在未被行权就过期，许多交易所制定了**自动行权的原则**（automatic exercise policy）。在到期日，即使没有提交行权通知，交易所也会代任何实值期权的持有者行权。对于不同的交易所和期权持有者，自动行权的标准也可能不同。例如，出于对交易成本的考虑，一些实值额较低的期权是不值得被行权的。因此，交易所可能只会自动执行高于预设门槛的实值期权。如果自动行权的门槛是 0.05，该期权必须有至少 0.05 的实值额，交易所才会自动行权。如果该期权是实值期权但只有 0.03 的实值额，交易者必须提交行权通知才可以行权。相反，如果该期权是实值期权且有 0.06 的实值额，但交易者认为该期权不值得行权，那么他需要向交易所提交**不行权通知**（do not exercise notice）。否则，交易所会自动代表交易者行权。

专业交易者和散户拥有不同的成本结构，所以交易所对其有不同的自动行权门槛要求。散户的门槛可能是 0.05，而专业交易者的门槛可能仅为 0.02。交易所通常使用具体的标准来区分投资者类别。

3.2.3　期权保证金

根据不同交易所和标的合约的类型，期权可分为股票型结算法（stock-type settlement）和期货型结算法（futures-type settlement）。但是，一旦期权进行交易，清算所必须考虑额外的风险，如期权头寸的风险是有限的还是无限的？如果是无限的，清算所如何保护自己？

当期权头寸的风险有限时，交易者向清算所缴纳的保证金不超过头寸的最大风险。期权买方的风险永远不会超过期权的价格，同时清算所也不会要求交易者上缴超过期权价格的保证金。不论期权头寸有多复杂，只要头寸存在一个最大风险，它就会有一个最高保证金要求。

然而，有些期权头寸具有无限的风险。对于这样的头寸，清算所必须考虑与各种不同结果相关的风险。之后，清算所可以要求交易者上缴与所认知风险相匹配的保证金。与期货保证金不同，清算所可以为每 1 份期货头寸设定固定的保证金，但没有一个单一的方法来确定组合期权头寸的保证金。不过所有的方法都是**基于风险**（risk-based）的，即需要在一系列市场条件下对头寸风险进行分析。在美国，期权清算公司为股票期权和指数期权研发了基于风险的保证金系统。在期货交易所，由芝加哥商品交易所研发的**标准组合风险分析系统**（Standard Portfolio Analysis of Risk，SPAN）是最广泛使用的保证金系统。这两种保证金系统都可以建立一个针对标的价格和标的价格改变速度的可能结果的数组。同时，清算所也可以使用这个数组来决定合理的保证金要求⊖。

⊖ 对于 SPAN 保证金系统的描述，可以在 http://www.cmegroup.com/clearing/risk-management 上找到。对于期权清算公司使用的基于风险的保证金系统的描述，可以在 http://www.optionsclearing.com/risk-management/margins/ 上找到。

第4章
Option Volatility and Pricing

期权到期损益

当交易者第一次进入期权市场时，可能会发现自己面临着一种合约震惊。股票或期货市场的交易者只需要在有限的投资工具中进行选择，而期权交易者通常要与让人眼花缭乱的、各种各样的合约打交道。期权交易者常常会面对大量不同的期权合约：多个到期月份、每个月份对应多个行权价格，每一个行权价格对应着看涨期权和看跌期权。在这么多的选择下，交易者需要一些符合逻辑的方法来判断哪些期权合约具有真正的盈利机会？哪个该买？哪个该卖？哪些是应该避开的？选择如此之多，即使很有潜力的期权交易者也会在挫折中选择放弃。

一开始，交易者可能常会问：一个期权值多少钱？问题可能很显而易见，而答案却并非如此，因为期权价格受很多不同市场力量的影响。然而，在期权的存续期内，有个所有人能就期权价值达成一致的时间点。到期时，期权的价值正好等于它的内在价值：如果是虚值期权，期权的价值就是零；如果是实值期权，那么期权的价值就是标的资产价格与行权价格之差。

下表是一系列标的资产价格和到期日的2个期权（1份行权价格为95美元的看涨期权和1份行权价格为110美元的看跌期权）的价值：

标的价格	行权价格为95美元的看涨期权	行权价格为110美元的看跌期权	标的价格	行权价格为95美元的看涨期权	行权价格为110美元的看跌期权
80	0	30	105	10	5
85	0	25	110	15	0
90	0	20	115	20	0
95	0	15	120	25	0
100	5	10	125	30	0

对于该看涨期权，如果在到期日，标的资产的价格为95或以下，那么该看涨期权是虚值期权，因此没有价值。但是如果标的资产的价格上升到95或以上，该看涨期权就是实值期权，只要标的资产价格高于95一个点，期权价值就会增加一

个点。对于该看跌期权而言，如果在到期日，标的资产的价格为110或以上，该看跌期权是虚值期权，因此没有价值。但是如果标的资产的价格下降到110或以下，该看跌期权就是实值期权，只要标的资产价格低于110一个点，期权价值就会增加一个点。

4.1 平价关系图

对于买入期权的人而言，内在价值表示一个正的价值，期权的买方能够买低卖高。对于卖出期权的人而言，内在价值表示一个负的价值，期权的卖方不得不高买低卖。我们可以用期权的内在价值来表示其到期日期权头寸的价值，然后画出期权价值与其标的合约价格的函数关系。图4-1是看涨期权多头的图像。标的价格在行权价格以下，该期权没有价值。标的价格在行权价格之上，标的价格每上升一个点，期权价值就会增加一个点。

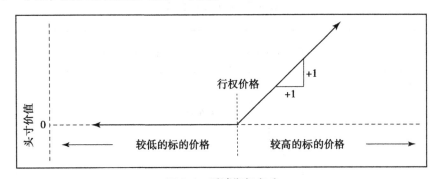

图4-1　看涨期权多头

图4-2表示在到期日看涨期权空头的价值。如果该期权是实值期权，那么该头寸的价值为负。在行权价格之上，只要标的资产价格上升一个点，该头寸价值就会损失一个点。

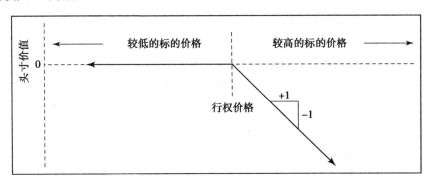

图4-2　看涨期权空头

同样地，我们可以得出在到期日看跌期权多头和空头头寸的图像，如图4-3和图4-4所示。对于一个看跌期权的多头或空头来说，如果标的资产的价格高于行权价格，其头寸的价值都为零。对于看跌期权的多头来说，标的资产价格每下降一个点，该头寸的价值就增加一个点。而对于看跌期权的空头来说，标的资产价格每下降一个点，该头寸的价值就损失一个点。

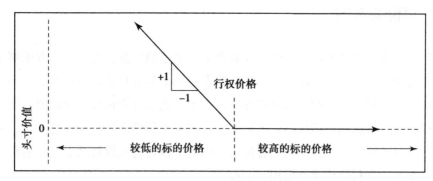

图4-3　看跌期权多头

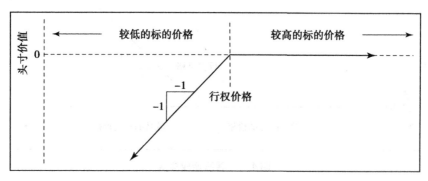

图4-4　看跌期权空头

平价图（parity graph）描述了在到期日期权头寸的价值，换言之，**平价就是指内在价值**。根据其形状，交易者有时将4种基本的平价图（看涨期权的多头和空头以及看跌期权的多头和空头的平价图）称为**曲棍球杆图**（hockey-stick diagrams）。

这4种基本的平价图突显了期权交易最重要的特征。期权的买方承受有限风险（其损失不会超过期权的价格），却获得无限潜在收益；期权的卖方获得有限的潜在收益（其收益不会超过期权价格），却要承担无限的风险。⊖

⊖ 一般认为，在传统的股票或商品市场中，因为标的合约不会跌到零以下，所以看跌期权对买方来说并不代表其具有无限潜在收益，对卖方来说也不代表其具有无限的风险。但是实际操作上，大多数交易者认为看涨和看跌期权都具有无限的潜在收益。

对这种风险与收益明显不匹配的交易，期权交易新手总会有同样的反应：为什么并不是所有人都去买期权呢？买入期权就是获得一个有限风险、无限收益的头寸，看起来确实要比卖出期权获得有限收益但无限风险的头寸更为理想。但是，在每一个期权市场中，都有交易者愿意卖出期权。为什么面对明显的风险与收益不匹配，他们还愿意这么做呢？答案就是我们不能仅仅考虑事件发生的最好与最坏的结果，还要考虑这些情况发生的可能性。当然，期权的卖方确实暴露在无限的风险之下，但是只要期权费足够高并且其认为的风险足够低，交易者可能就愿意承担这个风险。在后面的章节中，我们会看到概率在期权定价中的重要性。

4.1.1 斜率

在平价图中，我们可以看到虚值期权的价值不会受标的合约价格变化的影响。而实值期权的价值却会随标的合约价格的变化而变化。平价图中的斜率就是期权头寸价值的变动相对于标的合约价格的变动，通常用分数表示：

$$斜率 = \frac{头寸价值的变动}{标的价格的变动}$$

我们对基础头寸斜率的总结如下：

头 寸	斜 率	头 寸	斜 率
虚值期权的多头或空头	0	实值看跌期权多头	−1
实值看涨期权多头	+1	实值看跌期权空头	+1
实值看涨期权空头	−1		

除了单个期权的平价图，还可以通过将单个头寸的斜率相加来构建由多个头寸组成的平价图。图 4-5 是由具有相同行权价格的 1 份看涨期权的多头和 1 份看跌期权的多头构成的头寸的平价图。我们可以算出总斜率如下：

低于行权价格	斜 率	高于行权价格	斜 率
看涨期权为虚值	0	看跌期权为虚值	0
看跌期权为实值	−1	看涨期权为实值	+1
低于行权价格的总斜率	−1	高于行权价格的总斜率	+1

无论标的价格是向行权价格之上还是之下变动，该组合头寸的价值都会增加。这是一种典型的期权策略头寸，它对标的合约价格变动的幅度敏感，而对价格变动的方向不敏感。

有些期权策略将期权和标的合约组合起来，因此我们也要考虑标的头寸的斜率。如图 4-6 所示，标的多头的斜率总是 +1，而标的空头的斜率总是 −1，且该斜率是常数,而与标的价格无关。这也是期权头寸和标的头寸之间的重要区别。期权具有保险的特征,因此一个期权头寸的平价图总是在行权价格处弯曲。

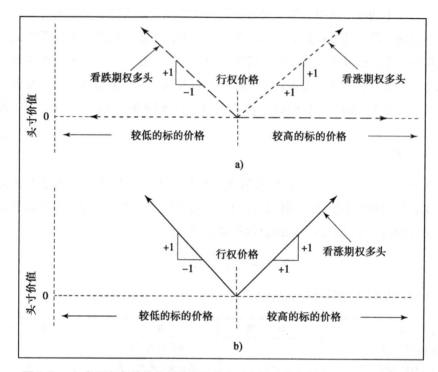

图4-5 a)相同行权价格的看涨期权的多头和看跌期权的多头,b)组合头寸

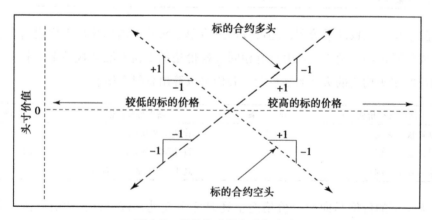

图4-6 标的头寸的多头和空头

图4-7是2份行权价格相同的看涨期权多头和1份标的合约空头的组合头寸的平价图。在行权价格之下时,总斜率是-1(其中,虚值看涨期权的斜率是0,标的合约空头的斜率是-1)。在行权价格之上时,总斜率是+1(其中,实值看

涨期权的斜率是 +2，标的合约空头的斜率是 -1）。这与图 4-5 中头寸的平价图是相同的，也就意味着一种相同的期权策略可以通过多种方式实现。这也是期权的一个重要特征，在第 14 章我们会更细致地讲解。还需要注意的是标的头寸的位置与平价图无关。无论标的价格是多少，只要持有标的多头，斜率就是 +1。反之，持有标的空头，斜率就是 -1。

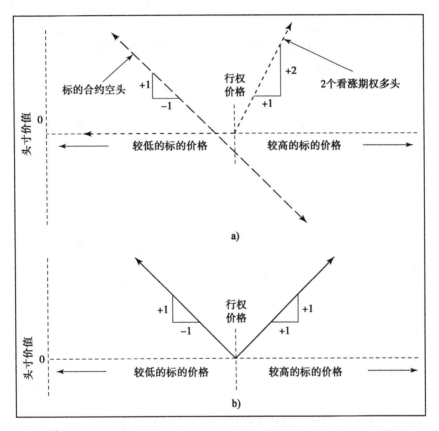

图 4-7　a）2 份看涨期权多头头寸和 1 份标的合约的空头头寸，b）组合头寸

图 4-8 是相同行权价格的 1 份看涨期权多头与 1 份看跌期权空头的平价图。在行权价格之下时，总斜率是 +1（其中，虚值看涨期权多头的斜率是 0，实值看跌期权空头的斜率是 +1）。在行权价格之上时，总斜率也是 +1（其中，实值看涨期权多头的斜率是 +1，虚值看跌期权空头的斜率是 0）。这个组合头寸的斜率始终是 +1，这与持有一个标的合约多头完全一致。

如果一个头寸由许多不同的合约构成，包括不同标的合约、各种行权价格的看涨和看跌期权，那么其平价图就会变得非常复杂。但是图像的构造过程是一样的：找出低于最低行权价格、高于最高行权价格以及介于中间的行权价格部分的斜率,然后再将所有的线段连接起来。

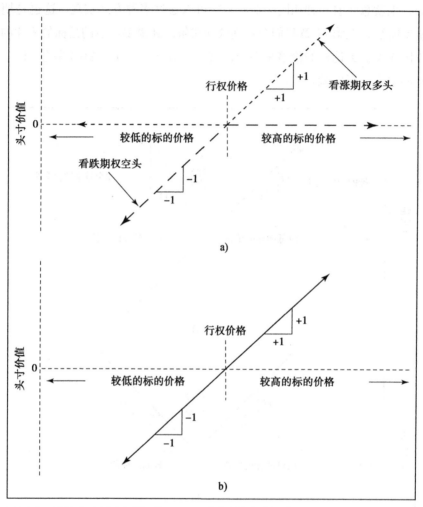

图4-8 a)相同行权价格的看涨期权多头头寸和看跌期权的空头头寸,b)组合头寸

思考以下头寸:

-4 标的合约

+3 65看涨期权　　+2 65看跌期权

+2 70看涨期权　　-4 70看跌期权

-6 75看涨期权　　+3 75看跌期权

+4 80看涨期权　　-2 80看跌期权

这个头寸的平价图应该是怎样的呢?

为了求出该复杂头寸的斜率,先将所有区间内的单个合约的斜率列在表中,然后我们再将每个区间的单个斜率加起来得到总斜率。

合　　约	低于65	65~70	70~75	75~80	高于80
+3 65看涨期权	0	+3	+3	+3	+3
+2 65看跌期权	-2	0	0	0	0
+2 70看涨期权	0	0	+2	+2	+2
-4 70看跌期权	+4	+4	0	0	0
-6 75看涨期权	0	0	0	-6	-6
+3 75看跌期权	-3	-3	-3	0	0
+4 80看涨期权	0	0	0	0	+4
-2 80看跌期权	+2	+2	+2	+2	0
-4 标的合约	-4	-4	-4	-4	-4
总计	-3	+2	0	-3	-1

图4-9是该头寸整体的平价图。值得注意的是该图像没有 y 轴，由于期权买卖的行权价格不同，因此要在图像中确定 y 轴不大可能。尽管如此，该平价图还是能告诉我们一些头寸的特征。从图中我们可以看出，价格下降带来的潜在收益和价格上升带来的潜在损失都是无限的。

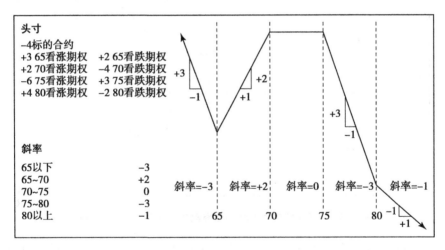

图 4-9

4.1.2 期权到期损益

平价图说明了期权头寸在到期日时的特征，而头寸的损益也同样重要。头寸带来盈利还是损失，取决于合约的买卖价格。买入期权会形成资金支出，卖出期权则会形成资金收入。对于一个简单期权头寸，到期损益图（P&L）就是将平价图下移资金支出的数量或上移资金收入的数量。

当标的合约的交易价格为98.00时，考虑以下期权的价格：

	85	90	95	100	105	110	115
看涨期权	14.25	9.75	6.25	3.50	1.75	0.75	0.25
看跌期权	0.25	1.00	2.25	4.50	7.75	11.75	16.25

图 4-10 是一个行权价格为 100 的看涨期权多头的平价图。假设该期权的价格是 3.50，我们就可将整体的平价图向下平移 3.50 个单位，得到到期损益图。如果到期时，标的价格低于 100，期权就没有价值，那么该头寸就会损失 3.50；标的价格高于 100，由于斜率为 +1，那么标的价格每上升一个点，期权价值就会增加一个点。我们也可以清楚看到**盈亏平衡价格**（breakeven price），恰好就在期权头寸刚好值 3.50 的地方。从逻辑上讲，这一定是发生在标的价格为 103.50 之处。

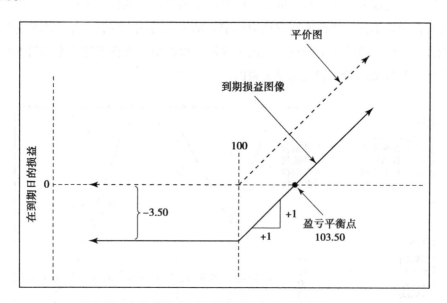

图 4-10　行权价格为 100 的看涨期权多头价格的是 3.50

图 4-11 是行权价格为 95 的看跌期权空头的平价图。假设该期权的价格是 2.25，我们就可将整体的平价图向上平移 2.25 个单位，得到到期损益图。如果在到期时，标的价格高于 95，期权就没有价值，那么该头寸就会盈利 2.25；如果标的价格低于 95，由于斜率为 +1，那么标的价格每下降一个点，期权价值就会下降一个点。当看跌期权的价格恰好是 2.25 时，该头寸的盈亏平衡价格是 92.75。

图 4-12 显示了不同行权价格（95、100 和 105）的看涨期权多头头寸到期时的相对价值。图 4-13 显示了不同行权价格的看跌期权多头头寸到期时的相对价值。较低行权价格的看涨期权的价值更高（持有者能够以更低的价格买入），反之，较高行权价格的看跌期权的价值更高（持有者能够以更高的价格卖出）。

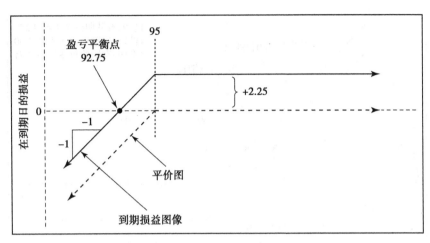

图4-11 行权价格为95的看跌期权空头的价格是2.25

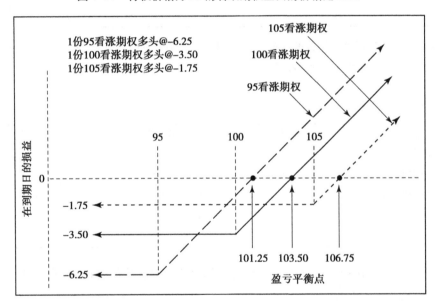

图4-12 1份95看涨期权多头@ −6.25;1份100看涨期权多头@ −3.50;1份105看涨期权多头@ −1.75

对于更复杂的头寸而言,可能无法立刻弄清楚头寸会带来资金收入还是资金支出。在本例中,我们可以首先确定图中所有区间的斜率,然后就能算出某一点的损益,从这个损益点出发,利用斜率确定其他所有点的损益,最终得到到期损益图。

考虑如下头寸:

头寸	合约价格	头寸	合约价格
+1 95看涨期权	6.25	−2 105看跌期权	7.75
−1 105看涨期权	1.75	−2 标的合约	98.00

46　期权波动率与定价

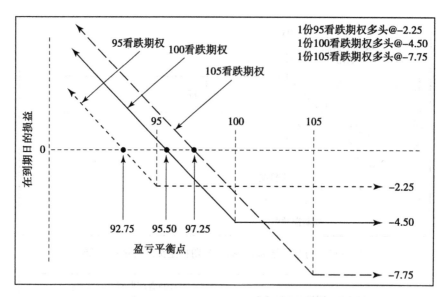

图4-13　1份95看跌期权多头@-2.25；1份100看跌期权多头@-4.50；1份105看跌期权多头@-7.75

头寸的斜率为：

合　约	低于95	95~105	高于105
+1 95看涨期权	0	+1	+1
-1 105看涨期权	0	0	-1
-2 105看跌期权	+2	+2	0
-2 标的合约	-2	-2	-2
合计	0	+1	-2

通常来说，在行权价格处最容易得出其损益，因此我们就用95的价格。在标的价格为95时，损益为：

头　寸	合约价格	在95的合约价值	在95的合约损益	合约损益总计
+1 95看涨期权	6.25	0	-6.25	-6.25
-1 105看涨期权	1.75	0	+1.75	+1.75
-2 105看跌期权	7.75	10.00	-2.25	-4.50
-2 标的合约	98.00	95.00	+3.00	+6.00
在95的总损益				-3.00

图4-14是该头寸整体的到期损益图。在95以下时，图像斜率为0，因此损益总是-3.00。在95~105时，斜率是+1，因此在105处（高10个点）的损益为-3.00+10.00=+7.00。在105以上时，斜率为-2，当标的价格上升1个点时，

该头寸会损失 2 个点^㊀。

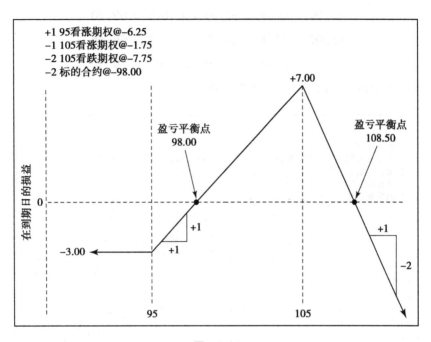

图 4-14

该头寸有两个盈亏平衡点，一个在 95～105，另一个在 105 以上。由于在 95 的损益为 -3，且 95～105 的斜率都为 +1，因此第 1 个盈亏平衡点为

$$95.00 + (3.00/1) = 98.00$$

由于在 105 的损益为 +7.00，且高于 105 的斜率为 -2，因此第 2 个盈亏平衡点为

$$105.00 + (7.00/2) = 108.50$$

最后，让我们回到图 4-9 的平价图头寸中。假设标的到期价格为 62.00，那么该头寸会有 2.10 的盈利。如果标的到期价格为 81.50，该损益又是多少呢？通过斜率我们可以算出 62.00～81.50 的损益。

区　　间	初始损益	斜　　率	最终损益
62.00～65.00	+2.10	-3	+2.10 - (3×3) = -6.90
65.00～70.00	-6.90	+2	-6.90 + (2×5) = +3.50
70.00～75.00	+3.10	0	+3.50
75.00～80.00	+3.10	-3	+3.50 - (3×5) = -11.90
80.00～81.50	-11.90	-1	-11.90 - (1×1.50) = -13.40

当标的价格为 81.50 时，该头寸会有 13.40 的损失。我们还能看到该头寸的

㊀ 原文为 1 个点，打字错误。——译者注

第3个盈亏平衡价格：

$$62.00 \sim 65.00 \quad 62.00 + 2.10/3 = 62.70$$
$$65.00 \sim 70.00 \quad 65.00 + 6.90/2 = 68.45$$
$$75.00 \sim 80.00 \quad 75.00 + 3.10/3 \approx 76.03$$

图4-15中显示了该头寸所有重要的点。

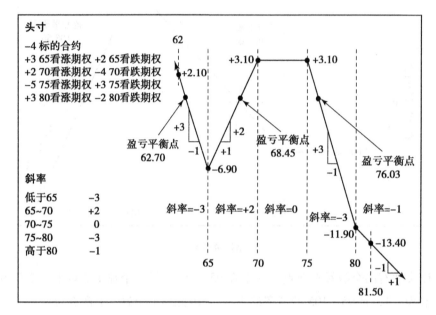

图 4-15

第5章

Option Volatility and Pricing

理论定价模型

在第4章中，我们讨论了到期日期权的价值和期权策略的盈亏情况。根据到期日的损益图，我们可以清晰地看到在选择期权交易策略时，标的资产市场价格的变动方向是一个重要的考虑因素。交易者如果认为标的资产市场价格将上涨，他会倾向于买入看涨期权或卖出看跌期权。交易者如果认为标的资产市场价格会下跌，他会倾向于买入看跌期权或卖出看涨期权。在以上情况下，标的市场的方向性变动将会增加策略获利的可能性。

但是，期权交易者还面临另一个问题：市场价格变动的"速度"。假如我们忽略利息和股利的因素，交易者认为在特定时间区间内股票价格会上涨，如果他判断正确的话就能获利。他可以买入股票，等股票价格上涨到他认为的目标价格，再卖出股票获得收益。

对于期权交易者而言，情况就不那么简单。假如交易者认为在未来5个月股票价格会从当前的100美元上升到115美元，并假设3个月后到期的行权价格为110美元的看涨期权价格为2美元。如果股票在期权快到期时上涨到115美元，买入行权价格为110美元的看涨期权将获得3美元的利润（5美元的内在价值减去2美元的期权价格），但这部分盈利是确定的吗？如果股票在接下来的3个月都低于110美元，并只在期权到期后上涨至115美元，那么期权到期时就没有价值，交易者将会损失2美元的投资成本。

也许交易者买入1份6个月后到期的行权价格为110美元的看涨期权情况会更好些。现在，他能确定当股票上涨到115美元后，看涨期权至少有5美元的内在价值。但如果6个月后到期的期权价格为6美元，交易者仍会面临损失。即使标的资产价格上涨到目标价位115美元，也难以保证行权价格为110美元的看涨期权的投资收益会超过5美元的内在价值。

标的市场的交易者仅关心市场价格变动的方向，而期权交易者除了对价格变动方向敏感外，还要认真考虑市场价格变动的速度。如果一个股票交易者和一个期权交易者都在各自的投资工具上看多，并且市场价格也确实上涨，股票交易者能确定获得收益，而期权交易者可能会产生投资损失。如果市场价格变动不够快，有利的价格方向性变动可能并不足以抵消期权损失的时间价值。投机者通常根据自己喜好的风险/收益特征买入期权（有限的风险、无限的收益），但他对市场价格变动方向判断正确的同时，还要对市场价格的变动速度判断正确，两方面都正确才能保证期权交易获得收益。如果说判断市场价格变动方向已经很难的话，同时正确判断价格变动方向与价格变动速度几乎超过了绝大多数交易者的能力。

价格变动速度的概念在期权交易中非常重要，一些期权交易策略甚至仅考虑标的资产市场价格变动速度而不考虑其价格变动方向。事实上，如果交易者精于预测标的资产市场价格变动方向的话，他可能更适合于交易标的资产。只有对价格变动速度有了感觉后，交易者才有望顺利进入期权市场。

5.1 概率的重要性

任何人都无法确定未来的市场状况，所以几乎所有的交易决定都是基于对概率的估计。我们经常用"很可能"（likely）、"比较可能"（good chance）、"可能"（possible）等词汇来表达对概率的看法。但在期权估值时，我们需要更具体的表达方式。为了做出更明智的市场决定，我们需要更好地定义概率，以计算期权价值。如果能做到这点，我们将会发现概率的大小和策略的选择之间是相辅相成的。如果交易者认为一个交易策略所对应的盈利的概率很高且损失的概率很低，那么当他获得潜在的小额收益时，他会对此感到满意，因为这份收益很可能是相当安全的。相反，如果盈利的概率很低，当市场形势发展有利时，交易者将会希望获得较大的收益。概率因素在决策过程中非常重要，因此考虑一些简单的概率概念是很有意义的。

5.1.1 期望收益

如果我们有机会掷一个六面的骰子，每掷一次我们能得到与朝上那一面数字相同数量的美元，也即如果掷出 1 得到 1 美元，掷出 2 得到 2 美元……掷出 6 得到 6 美元。如果我们可以无限次地掷下去，平均来讲，我们每掷一次骰子能得到多少美元？

我们可以利用简单的算术原理计算一下结果。可能的结果是 6 个数字，并且它们出现的可能性相同。如果我们将6种可能的结果相加1+2+3+4+5+6=21并除以面数6就得到21/6=3½。就是说，平均来讲每掷一次骰子能得到3½美元，这是平均或**期望收益**（expected value）。如果要对掷骰子的权利进行收费，我们愿意支付多少？如果购买一次掷骰子权利的费用低于3½美元，长期来看我们会成为赢家；如果高于3½美元，长期来看我们会成为输家；如果我们支付的费用正好等于3½，我们会盈亏平衡。请注意这里的限定词是"长期来看"。只有允许掷无数次骰子，3½美元的期望收益才能实现。如果只允许掷一次骰子，我们不能肯定会得到3½美元的回报。事实上，任何一次掷骰子都不能得到3½美元的回报，因为骰子的6个面中没有一个面的数字是3½。然而，哪怕有一次掷骰子的费用低于3½美元，由于费用小于期望收益，从概率的角度上对我们来说都是有利的。

同样的道理，我们可以来分析轮盘赌。轮盘上有38格，分别标注数字1～36、0和00[⊖]。假设赌场规则是玩家先选择数字，如果轮盘转动结束后显示的数字与玩家所选数字相同，玩家得到36美元；如果轮盘转动结束后显示的数字与玩家所选数字不相同，玩家一无所得。这种情况下玩家的期望收益是多少？轮盘上共有38格，每格出现的概率相同，但只有选中其中正确一格的玩家才能得到36美元。如果用其中一个结果，即玩家赢得的36美元的收益除以轮盘上的38格，结果是36/38=0.9474美元，约为95美分。如果玩家为选择轮盘上一个数字的权利支付95美分的话，长期来看他会盈亏平衡。

当然，没有赌场会将每次下注的赌资定为95美分，要是这样赌场就赚不到钱。在现实世界中，玩家需要支付超过期望收益的赌资才能参与下注，上述的美国轮盘赌赌资通常为1美元。95美分期望收益与1美元赌资之间5美分的差异就是赌场的潜在收益，或称**胜算**（edge）。长期来看，轮盘赌中的每1美元赌资，赌场平均能获得5美分的利润。

在以上条件下，玩家想要获得盈利，只能与赌场互换位置，也就是以1美元卖出价值95美分下注的权利，从而获得5美分的期望收益。或者，他可以寻找每次下注赌资低于期望收益95美分的赌场，比如是88美分，就能得到7美分的收益。

5.1.2 理论价值

理论价值（theoretical value）是交易者愿意现在支付而长期来看正好能不盈

[⊖] 这里是根据美国轮盘赌的情况，美国轮盘中通常有38格。世界其他地方的轮盘可能没有00格，这会改变概率。

不亏的价格。至此我们考虑的决定头寸价值的唯一因素是期望收益。利用这一概念我们可以计算出每次轮盘赌的公平价格是 95 美分。

假设赌场决定稍稍改变下注规则，现在玩家每次可以按期望收益 95 美分参与轮盘赌，如果玩家输了，像以前一样赌场会立即收取 95 美分。如果玩家赢了，在新规则下赌场将在 2 个月后向玩家支付 36 美元的获利。在这样的条件下，对于赌场和玩家来说，还是能不盈不亏么？

玩家参与轮盘赌的 95 美分赌资是从何而来的呢？直观上，他是从口袋里取出了 95 美分。但仔细观察显示，玩家在进入赌场之前先从银行账户中取出了 95 美分。由于他将在 2 个月之后才能真正得到盈利，他就必须考虑如果将 95 美分存入银行账户 2 个月所能产生的利息收入。理论价值可以看作期望收益的现值，即将 95 美分的期望收益进行折现。假设年化利率为 12%，理论价值为：

$$95 \text{ 美分} / (1 + 0.12 \times 2/12) \approx 93 \text{ 美分}$$

即使玩家每次以赌资 95 美分（期望收益）参与轮盘赌，由于 95 美分在 2 个月内的利息成本为 2 美分，玩家还是要损失 2 美分。另一方面，赌场会把这 95 美分存入银行的计息账户，2 个月后得到 2 美分的利息收入。在新的规则下，如果玩家为每次轮盘赌支付 93 美分的赌资，2 个月后取得盈利，长期来看无论玩家还是赌场都是不盈不亏的。

期权估值中最常考虑的 2 个因素就是期望收益和利息。当然，还可能存在其他一些考虑因素。假设玩家表现不错，赌场决定从现在开始，给玩家每月发放 1 美分的红利。玩家就要将额外 1 美分收入加到前面得到的 93 美分理论价值中去，得到新理论价值 94 美分。这与向上市公司股东分红的效果类似。事实上，股利也是在对股票期权定价中需要考虑的另一个因素。

如果赌场以 1 美元出售期望收益为 95 美分的轮盘赌，这会保证赌场盈利么？如果该赌场可以"长期"生存下去，它就会盈利，因为在长时间内好运气和坏运气出现的概率是相等的。不幸的是，在赌场达到可以长期生存之前，必须保证它能在短期内生存下来。玩家参与轮盘赌，连续 20 次下注，全都出现了他下注的数字，很明显，这不太可能，但概率法则认为这是可能发生的。如果玩家的好运气会导致赌场倒闭，赌场就不可能长期生存。

期权定价的目的是利用理论定价模型来决定期权的理论价值。交易者就能据此判断市场上的期权价格是被高估还是被低估、理论胜算是否足以让交易者进场交易。但是，确定期权的理论价值只是问题的一半。因为期权的理论价值是基于概率法则的，而这只有在长期才是可靠的，所以交易者也必须考虑风险的问题。

即使交易者能够正确地计算出期权的理论价值，他该如何控制伴随概率计算会出现的短期坏运气呢？在现实生活中，期权的理论价值问题一直存在争议。因此，交易者管理风险的能力与其计算理论价值的能力一样，都很重要。

5.1.3 关于模型

模型是什么？模型是对现实世界的缩小或简化描述。有些模型是物理实体的，比如飞机模型或建筑物模型；模型也可以是数学的，比如一个公式。无论哪种形式，模型都能帮助我们更好地理解我们所生活的世界。然而，假设模型与其代表的现实世界在各个方面均完全相同是不明智的，有时甚至是危险的。模型可能非常好，但难以精确复制现实世界。

所有有效的模型，都需要我们提前对现实世界做出一些假设。数学模型要求输入的数据是这些假设的量化指标。如果我们输入模型的数据是错误的，得到的结果必然是对现实世界的错误描述。每个模型使用者都要意识到：输入垃圾，输出也必然是垃圾。

这些关于模型的常识同样适用于期权定价模型。一种期权模型不过是在特定条件下对期权价值的衡量方法。无论模型本身还是输入模型的数据，都可能是错误的，因此不能保证模型计算出的结果就是准确的，也不能保证模型计算结果与市场实际价格相同。

期权交易新手第一次进入市场时就像进入一个黑屋子，没有任何指引的交易者就只能在黑暗中摸索，希望最终能找到他想要的东西。对期权定价理论有了基本了解的交易者就像手里有了一根小蜡烛，拿着蜡烛进入同样的黑屋子时他就能看到屋子的大概轮廓。但由于蜡烛的光过于昏暗，使他看不清屋子中的细节。而且闪烁的烛光还会使他所看见的东西发生扭曲。对于交易者而言，"蜡烛"尽管存在很多局限，但有"蜡烛"总会比没有一点光亮更容易找到目标[一]。

理论定价模型的真正问题发生在交易者积累了一定经验之后。交易者积累经验获得信心后，就会扩大交易量。此时，由于交易者不能看到屋子中的细节，并且烛光闪烁会导致视觉扭曲，都会对交易者的交易结果产生重大影响。此时，因为任何误判在期权市场上都会被放大，交易者对自认为所见到东西的任何错误解读都会导致财务损失。

规避这一结果的明智的方法是，交易者在使用期权理论定价模型时，能够清

[一] 也有人会认为，拿着"蜡烛"（理论定价模型）的交易者可能会失手掉了"蜡烛"并烧毁整个房屋。当很多交易者都同时掉了"蜡烛"时，金融危机就爆发了。

楚意识到模型能做什么和不能做什么。期权交易者会发现，理论定价模型对于理解期权定价是非常有用的工具，大多数成功的期权交易者都依靠某种期权理论定价模型。但要更有效地利用理论定价模型，期权交易者必须清楚模型的局限与优势，否则比在黑屋子中摸索好不了多少⊖。

5.2 一种简单的方法

如果将期望收益和理论价值的概念应用到期权定价中，会产生怎样的结果？假设标的合约在未来到期时可能会出现5种价格之一：80美元、90美元、100美元、110美元或120美元，并假设每种价格出现的概率都是20%。每种价格及其相应的概率如图5-1所示。

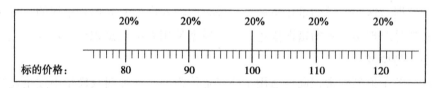

图 5-1

该合约到期时的期望收益是多少呢？有20%的概率，合约价值为80美元；有20%的概率，合约价值为90美元；依此类推，有20%的概率，合约价值为120美元：

$$(20\% \times 80) + (20\% \times 90) + (20\% \times 100)$$
$$+ (20\% \times 110) + (20\% \times 120) = 100(美元)$$

到期时，合约的期望收益是100美元。

现在假设我们持有1份行权价格为100美元的看涨期权，标的价格和概率都与上面的例子相同。通过在概率分布上覆盖看涨期权的平价图，我们更容易看到看涨期权的价值，如图5-2所示。如果标的合约到期价格为80美元、90美元或100美元，看涨期权到期后的价值为0。如果标的合约到期价格为110美元或120美元，看涨期权的价值为其内在价值10美元或20美元。

$(20\% \times 0) + (20\% \times 0) + (20\% \times 0) + (20\% \times 10) + (20\% \times 20) = 6(美元)$

⊖ 关于模型的局限性，有些有趣的讨论，如：Fischer Black, "The Holes in Black Scholes," *Risk* 1(4): 30-33, 1988; Stephen Figlewski, "What Does an Option Pricing Model Tell Us about Option Prices?" *Financial Analysts Journal*, September-October 1989, pp. 12-15; Fischer Black, "Living Up to the Model," *Risk* 3(3):11-13, 1990; and Emanuel Derman and Paul Wilmott, "The Financial Modelers' Manifesto" (January 2009), http://www.wilmott.com/blogs/paul/index.cfm/2009/1/8/Financial-Modelers-Manifesto.

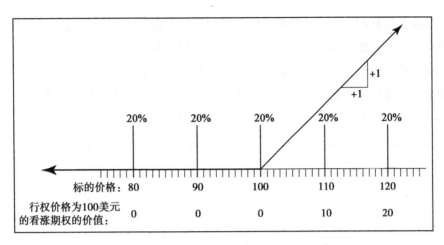

图 5-2

如果利用这种方法来开发期权理论定价模型，我们需要对到期时标的合约的可能价格及其发生概率做出假设。在每个到期价格下，计算出期权相应的内在价值，再将这个值乘以相应的发生概率，并将所有结果相加，就得到期权的期望收益。到期时期权的期望收益为：

$$\sum_{i=1}^{n} p_i \max(S_i - X, 0)$$

其中，每个 S_i 是到期日可能的标的价格，p_i 是相应的概率。看跌期权的期望收益为：

$$\sum_{i=1}^{n} p_i \max(X - S_i, 0)$$

在上述简单的例子中，我们只列举了 5 种可能出现的价格结果，而且 5 种价格出现的概率相同。显然，这是非常不现实的。为了开发出能准确反映现实情况的模型，我们需要做出怎样的调整？首先，我们需要了解期权的结算过程。如果期权是股票型结算方式，我们必须全额支付期权的价格。如果行权价格为 100 美元的看涨期权在到期日的期望收益为 6 美元，它的理论价值将是 6 美元的现值。如果年利率为 12%（月利率为 1%）、期权在 2 个月后到期，那么期权的理论价值为：

$$\frac{6.00}{1 + (0.12 \times 2/12)} = \frac{6.00}{1.02} \approx 5.88 (美元)$$

我们还需要考虑哪些因素？我们假设所有 5 种价格的出现概率相同，这种假设符合现实情况么？假如有人告诉你到期时只有 2 种价格最可能出现：110 美元和 250 美元。如果标的合约的当前价格接近 100 美元，你认为哪个价格最可能出现？经验告诉我们，与当前价格差别不大的价格比远离当前价格的极端价格出现的概率更大。因此，110美元比250美元出现的概率更大。可能我们的概率分布应该更集中于标的合约当前价格附近，以反映出这种情况。图5-3展示了一种可能的分布，使用这些新的概率，行权价格为100美元的看涨期权的期望价值为：

（0%×0）+（20%×0）+（0%×0）+（20%×10）+（10%×20）= 4（美元）

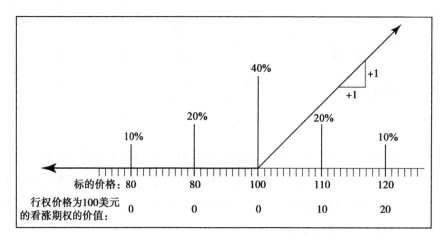

图 5-3

如果与之前一样，期权为股票型结算，那么它的理论价值为：

$$\frac{4.00}{1.02} \approx 3.92（美元）$$

注意，新的概率没有改变标的合约的期望收益。因为概率是围绕100美元对称分布的，所以到期日时标的合约的期望收益依然是100美元。

无论如何分配概率，我们都希望标的合约的期望收益代表其最可能的（或平均的）到期日时的价值。标的合约最可能的远期价值是多少？事实上，这是没办法知道的。但我们会问市场认为最可能的价值是多少。回想一下，如果远期理论价格与市场中的远期合约的实际价格不同，会发生什么呢？每个人都会执行一个套利策略，即通过买入或卖出远期合约的同时在现货市场中持有相反头寸。在某种意义上，市场必须认为远期价格代表标的合约最可能的远期价值。如果我们假设标的市场是**无套利市场**（arbitrage-free），那么标的合约的期望收益一定等于远期价格。

假如在我们的例子中，标的合约是以100美元的价格交易的股票，并且在到期日之前没有发放任何股利，那么该股票2个月之后的远期价格为：

100 × [1 + (0.12 × 2/12)] = 100 × 1.02 = 102（美元）

如果股票的期望收益是 102 美元，我们可能想要将概率围绕 102 美元而不是 100 美元对称地分配，图 5-4 展示了这种分布。此时行权价格为 100 美元的看涨期权的期望收益为：

$$(10\% \times 0) + (20\% \times 0) + (40\% \times 2)$$
$$+ (20\% \times 12) + (10\% \times 22) = 5.40(美元)$$

同时理论价值为：

$$\frac{5.40}{1.02} \approx 5.29(美元)$$

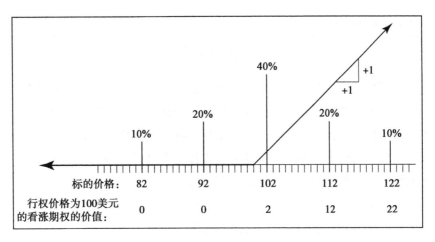

图 5-4

到目前为止的例子中，我们假设了一种对称概率分布。但是只要期望收益等于远期价格，就不需要对称分配概率。图 5-5 展示了一种可能的分布，到期价格不是以远期价格为中心，概率也不是对称分布。然而，标的合约的期望收益依然等于 102 美元。

$$(6\% \times 83) + (15\% \times 90) + (39\% \times 83) + (33\% \times 110) + (7\% \times 123)$$
$$= 4.98 + 13.5 + 38.61 + 36.30 + 8.61 = 102(美元)$$

使用这些概率，行权价格为 100 美元的看涨期权的理论价值为：

$$\frac{(33\% \times 10) + (7\% \times 23)}{1.02} = \frac{3.30 + 1.61}{1.02} = \frac{4.91}{1.02} \approx 4.81(美元)$$

标的合约的远期价格在所有期权定价模型中具有核心作用。对于欧式期权，只有当标的合约的当前价格转化成远期价格时，当前价格才变得重要。因此，交易者有时把期权分为平值期权（行权价格等于当前标的价格）和**平值远期**（at the forward，行权价格等于到期日标的的远期价格）。在许多市场中，平值远期是交易最活跃的，同时该期权经常被交易者当作基准来评估和交易其他期权。

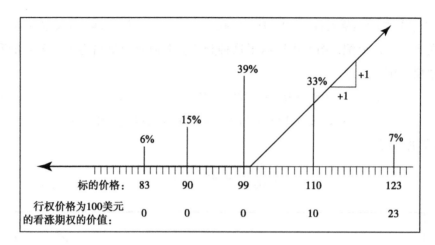

图 5-5

即使假定标的市场为无套利市场,我们依然需要克服一个主要的障碍。在简化的定价模型中,我们只假定了有 5 个可能的价格,而在现实世界中,会出现无穷多的可能价格。为使模型更接近现实世界,我们需要构建一条包括所有可能价格及其相应概率的概率分布曲线。这看上去像是个难以逾越的障碍,但在后续的章节中我们将看到如何能接近这样的概率分布。

我们来总结一下开发定价模型时的必要步骤:

(1) 列出到期时标的合约的一系列可能价格;

(2) 对每一价格结果赋予相应的概率,同时假设标的合约市场为无套利市场,即标的合约的期望收益必须等于远期价格;

(3) 根据步骤 1、步骤 2 中的价格及其概率和所选的行权价格,计算期权的期望收益;

(4) 最后,根据期权的结算程序,计算期权期望收益的现值。

5.3 布莱克-斯科尔斯模型

1877 年,查尔斯·卡斯泰利(Charles Castelli)首次尝试编写了描述交易期权的小册子 *The Theory of Options in Stocks and Shares*,并在伦敦出版⊖。这本册子包括了对一些常用对冲和交易策略的描述,如:"再次购买权"(call-of-more)和"看涨和看跌期权"。如今,这些策略被称为**持保立权**(covered-write)和**跨式期权**(straddle)。

⊖ 卡斯泰利编写的小册子的影印本现在可以在公共网域中找到,如 books. google. com。

现代期权定价理论的起源可以追溯到 1900 年。法国数学家路易斯·巴施里耶（Louis Bachelier）在他出版的《投机理论》（The Theory of Speculation）中首次尝试将高等数学应用到期权合约的定价中[一]。尽管巴施里耶的论文是一个有趣的学术研究，但因为当时没有一个有组织的期权市场，所以缺乏一定的实用性。但是 1973 年，与 CBOE 的成立几乎同步，芝加哥大学的费希尔·布莱克（Fischer Black）和麻省理工学院的迈伦·斯科尔斯（Myron Scholes），在巴施里耶及其他专业学者的学术成果的基础上开发了第一个实用性非常强的期权理论定价模型——布莱克-斯科尔斯模型[二]。由于**布莱克-斯科尔斯模型**（Black-Scholes model）[三]计算简单、输入变量有限且数据容易获得，被美国新兴期权市场的交易者认为是理想的期权定价工具。虽然后续一些模型弥补了布莱克-斯科尔斯模型中的缺陷，但布莱克-斯科尔斯模型仍是使用最广泛的期权定价模型。

最初，布莱克-斯科尔斯模型是用来对无股利支付股票的欧式期权（不允许提前执行）进行估值的。引入后不久，布莱克和斯科尔斯意识到很多股票都是支付股利的，因此在原模型的基础上增加了股利因素。1976 年，费希尔·布莱克对原模型做出微调，使其适用于标的为期货的期权[四]。1983 年，加州大学伯克利分校的马克·加曼（Mark Garman）和史蒂文·科尔哈根（Steven Kohlhagen）对布莱克-斯科尔斯模型做出几次调整，使模型适用于标的为外汇的期权[五]。适用于期货期权和外汇期权的布莱克-斯科尔斯模型分别被称为**布莱克模型**（Black model）和**加曼-科尔哈根模型**（Garman-Kohlhagen）。但最初适用于股票期权的布莱克-斯科尔斯模型、适用于期货期权的布莱克模型、适用于外汇期权的加曼-科尔哈根模型等估值方法都非常类似，所以它们都被简单地称为**布莱克-斯科尔斯模型**。各种模型之间的区别仅在于标的合约远期价格的计算和期权结算程序的不

[一] 参考 Louis Bachelier's *Theory of Speculation*, Mark Davis and Alison Etheridge, trans. (Princeton, NJ: Princeton University Press, 2006). A translation of Bachelier's treatise also appears in *The Random Character of Stock Market Prices*, Paul Cootner, ed. (Cambridge, MA: MIT Press, 1964).

[二] Fischer Black and Myron Scholes, "The Pricing of Options and Corporate Liabilities," *Journal of Political Economy* 81 (3): 637-654, 1973.

[三] 罗伯特·默顿（Robert Merton）与迈伦·斯科尔斯一样，也就职于麻省理工学院。罗伯特也做了很多促进布莱克-斯科尔斯模型发展的工作。如他的论文："The Rational Theory of Option Pricing," 刊登在 *Bell Journal of Economics and Management Science* 4 (Spring): 141-183, 1973。为纪念默顿的贡献，该模型有时也称为布莱克-斯科尔斯-默顿模型。斯科尔斯和默顿在 1997 年被授予诺贝尔经济学奖。不幸的是，费希尔·布莱克在 1995 年去世。

[四] Fischer Black, "The Pricing of Commodity Contracts," *Journal of Financial Economics* 3: 167-179, 1976.

[五] Mark B. Garman and Steven W. Kohlhagen, "Foreign Currency Option Values," *Journal of International Money and Finance* 2 (3): 239-253, 1983。我们这里所指的期权是基于外汇实物的期权，而不是基于外汇期货的期权。后者可以用布莱克模型定价。

同。期权交易者只要简单地选择感兴趣的标的工具及适用于此的期权模型即可。

鉴于布莱克－斯科尔斯模型的广泛应用，以及它对于开发其他期权定价模型的重要性，我们暂时只限于讨论布莱克－斯尔克斯模型及其各种形式。后续的章节中，我们会考虑提前行权的问题，也会在对布莱克－斯科尔斯模型基本假设条件存在质疑时，考虑其他替代的定价模型。

布莱克－斯科尔斯模型的推导过程与本章前述期权定价的简单方法类似。布莱克和斯科尔斯最初是对看涨期权进行定价，但看跌期权价值可以用几乎同样的方法推导出来。另外，之后我们会看到，对于欧式期权来说，在标的合约和有着相同行权价格与到期日的看涨期权及看跌期权之间有一种独有的定价关系。这种关系使我们可以仅仅从看涨期权价值就能得到对应的看跌期权的价值，反之亦然。

为利用布莱克－斯科尔斯模型计算期权的理论价值，我们至少要知道期权及其标的合约的 5 个输入变量：

（1）期权的行权价格；
（2）剩余到期时间；
（3）标的合约当前市场价格；
（4）期权存续期间适用的利率；
（5）标的合约价格的波动率。

最后一项输入波动率对于交易新手来讲相对陌生。我们会在第 6 章中详细讨论波动率输入变量，但读者从本书前面的讨论中可以推测出它与市场价格变动速度相关，或者与不同价格发生的概率相关。

如果我们知道每个变量的取值，代入布莱克－斯科尔斯理论定价模型中就能得到期权的理论价值（见图 5-6）。

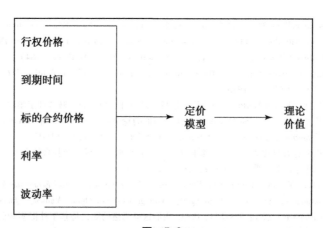

图 5-6

布莱克和斯科尔斯在其模型中引入**无风险对冲**（risk-less hedge）的概念。对于每个期权头寸，理论上都对应一个相应的标的合约头寸。随着标的合约其市场价格的微小变动，期权头寸会产生与对应标的合约头寸同比例的收益和损失。为了从理论上定价错误的期权上获利，通过用理论上等价的标的合约现货头寸抵消期权头寸来建立无风险对冲是有必要的。就是说，无论持有何种期权头寸，必须在标的合约市场上持有方向相反的头寸。为构建无风险对冲所需的标的合约数量比例由**套保比率**（hedge ratio）来决定。

为什么需要无风险对冲？回顾在我们简化了的方法中，期权的理论价值取决于标的合约不同到期价格的发生概率。当标的合约价格变动后，每一种价格出现的概率也会随之发生变化。如果标的合约价格现在是 100 美元，上涨到 120 美元的概率为 25%，当标的合约价格下降到 90 美元时，120 美元的概率就会下调至 10%。通过一开始构建无风险对冲头寸，并根据市场条件变化调整相应的套保比率，就能将这种概率变化纳入到考虑范围之内。

从这个角度来说，期权头寸可以被视为相应标的合约头寸的替代。看涨期权是对标的合约多头头寸的替代，看跌期权是对标的合约空头头寸的替代。持有期权合约是否比持有标的合约更有利，取决于期权的理论价值和期权的市场价格。如果看涨期权能以低于（高于）理论价值的价格买入（卖出），长期来看通过买入（卖出）看涨期权持有多头（空头）比买入（卖出）标的合约更有利；同样地，如果看跌期权能以低于（高于）理论价值的价格买入（卖出），长期来看通过买入（卖出）看跌期权持有空头（多头）比卖出（买入）标的合约更有利。

在后面的章节中，会对无风险对冲概念做详细的介绍。现在，我们简单地总结 4 个基本的期权头寸，与之相对应的市场头寸以及适当的对冲方式：

期权头寸	对应的市场头寸	适当的对冲方式	期权头寸	对应的市场头寸	适当的对冲方式
买入看涨期权	多头	卖出标的合约	买入看跌期权	空头	买入标的合约
卖出看涨期权	空头	买入标的合约	卖出看跌期权	多头	卖出标的合约

了解以下这条规律对交易新手来说是很有帮助的，即我们总是对看涨期权和标的合约做出反向的交易，如买入（卖出）看涨期权，卖出（买入）标的合约；对看跌期权和标的合约做出同向的交易，如买入（卖出）看跌期权，买入（卖出）标的合约。尤其是对看跌期权，不少新手最初都做出了反向交易，买入（卖出）看跌期权，卖出（买入）标的合约，这样就没有了对冲的效果。

由于利用理论定价模型得到期权理论价值依赖于模型的输入变量，我们有必要对每个变量逐一进行讨论。

5.3.1 行权价格

对于期权合约的行权价格一般不会存在任何疑问,因为行权价格是期权合约中清楚写明的,并且在期权存续期内不会发生改变⊖。1份3月行权价格为60的看涨期权不可能突然变为3月行权价格为55的看涨期权。1份9月行权价格为100的看跌期权不可能变为9月行权价格为110的看跌期权。

5.3.2 到期时间

与行权价格类似,期权的到期日是固定的,不会发生改变。1份3月行权价格为60的看涨期权不会突然变为4月行权价格为60的看涨期权。同样,1份9月行权价格为100的看跌期权不会变成8月行权价格为100的看跌期权。当然,每过一天,期权合约离到期日越来越近,所以某种意义上说到期时间越来越短。然而,就像行权价格一样,到期日是由交易所固定下来的,并且是不会发生变化的。

在金融模型中,一年通常是标准的时间单位。因此,布莱克-斯科尔斯模型中的到期时间应以年化变量输入。如果以天数来表示时间,那么我们就必须做出适当调整,即用到期日前的剩余天数除以365。常用的计算机期权定价程序都已内置转换功能,我们仅需要输入正确的剩余到期天数。

对于输入模型的天数似乎很难确定。之所以需要剩余天数,有两个原因:一是计算标的合约价格变动可能性的需要,二是计算利息的需要。对于前者来说,我们只关心发生价格变动的交易日的天数。对于交易所交易的合约,它只会发生在交易日。这需要将期权合约剩余时间中的周末和节假日去掉。另外,为计算利息我们要将期权合约到期时间剩余的每一天都计算在内,因为如果借入或借出资金,利息每天都会增加,包括交易日和非交易日。

但这实际上不是问题。在计算标的合约价格变动的可能性时,我们可仅关心交易日,因为价格变化只可能在交易日发生,然后在输入模型前先对观测天数做调整即年化处理。结果就是输入模型实际的剩余到期天数,模型能对输入做出正确识别。

虽然交易者经常用天数来表示到期时间,但是交易者也可能想要使用不同的计量方法。尤其是随着到期日的临近,交易者可能倾向于用小时甚至分钟来表示。

⊖ 有时交易所在股票拆分的情况下也会调整期权合约的行权价格。但实际上这并没有改变行权价格,因为行权价格与股价间的对应关系并没有改变。期权合约特征本质上并没有变化。

理论上，更精细的时间增量应该能获得更准确的值。但使用很小的时间增量会有实际的局限性。随着时间的流逝，我们输入理论定价模型中的离散的时间增量可能无法准确地表示现实生活中连续的时间流逝。大多数交易者通过经验认识到由于输入变量不太可靠，所以使用理论定价模型的可信度也在降低。的确，越临近到期，很多交易者都不再使用模型获得的结果。

5.3.3 标的合约价格

与行权价格和到期时间不同，正确的标的合约价格通常难以确定。事实上，市场在任何时间点上都存在着买价和卖价（**买卖价差**，bid-ask spread），通常难以确定应该使用二者中的哪一个，或两个价格中间的某个价格。

假设标的市场中最新成交价为 75.25，但当前显示的买卖价差为：

$$75.20 - 75.40$$

如果交易者使用理论定价模型来评估市场中的期权，他该用什么价格呢？一种可能是用最新成交价 75.25[⊖]。另一种可能是用买卖价差的中间价 75.30。

虽然我们在讨论使用理论定价模型，但应该强调一下没有法律规定交易者必须依靠理论定价模型来做交易决定。交易者可以简单地买入或卖出期权并期待交易能如己所愿。但是对于一个使用理论定价模型且有纪律的交易者来说，他需要对期权头寸构建反向标的合约头寸进行对冲。因此，输入理论定价模型中的标的合约价格应该是能够达成反向标的交易的价格。如果我们想买入看涨期权或卖出看跌期权，两种情况都是市场多头，需要卖出标的合约进行对冲，此时应该使用标的市场买入报价，因为只有在此价格上我们才能卖出标的合约；相反地，如果我们想卖出看涨期权或买入看跌期权，两种都是市场空头，需要买入标的合约进行对冲，此时应该使用标的市场卖出报价，因为只有在此价格上我们才能买入标的合约。

在实际操作中，如果标的市场**流动性很好**（liquid），具有较窄的买卖价差并且在每个价位上都有许多可供买卖的合约量，那么交易者要做出快速决定，很可能会使用接近中点的价格，因为中间价可能代表着标的合约能够进行买卖的合理估值。但是，在**流动性较差**的市场中，买卖价差很大，每个价位上可供买卖的合约量很少，交易者必须对合适的标的价格多加思考。在这样的市场中，尤其是当价格快速变化时，按报价来执行小量订单可能都是很困难的。

⊖ 原文为 72.25，打字错误。——译者注

5.3.4 利率

由于期权交易会在交易者的银行账户上产生资金收入或资金支出，现金流产生的利息因素也会对期权定价产生影响。利息取决于期权剩余期限内的利率水平。

利率因素在期权理论定价过程中会产生两个方面的影响：一是影响标的合约的远期价格，如果标的合约是股票型结算模式，提高利率就相当于提高远期价格，从而使看涨期权价值增加、看跌期权价值降低；二是利率水平会影响期权的现值，如果期权是股票型结算模式，提高利率水平就相当于降低期权合约现值。尽管利率会影响远期价格和现值，多数情况下同一利率水平能反映两种影响，因此输入模型的是一个利率值。但在某些模型中需要根据两种影响输入不同利率水平，比如在外汇期权（外国货币利率产生一种作用，本国货币利率产生另外一种作用）理论定价模型中需要输入两种利率水平，这就是布莱克-斯科尔斯模型的Garman-Kohlhagen 版本所需要的。

期权定价中，交易者应该使用哪一种利率水平呢？教科书上常常建议使用**无风险利率**（risk-free rate），也就是适用于最有信誉的借款人的利率。在大多数市场中，政府被认为是最安全的借款人。因此，与期权到期期限相近的政府债券的收益率通常作为基准利率。60 天期限的以美元标价的期权，我们使用 60 日美国国库券收益率；对于 180 天期限的期权，我们使用 180 日美国国库券收益率。

在实践中，没有个人能够与政府同样的利率借入或借出资金，因此使用无风险利率是不现实的。为了确定一个现实的利率，交易者可能会关注自由交易市场中的利率合约。在这方面，交易者经常使用**伦敦银行同业拆借利率**（London Interbank Offered Rate，LIBOR）⊖或欧洲货币市场来决定适用的利率。对于以美元标价的期权来说，在芝加哥商品交易所交易的欧洲美元期货常被用来决定基准利率。

大多数交易者以不同的利率借入和借出资金使得情形变得更加复杂，因此理论上，正确的利率取决于交易会引起资金收入还是支出。在前一种情况下，交易者会对借款利率感兴趣；在后一种情况下，交易者会对贷款利率感兴趣。然而，在模型的输入变量（如标的价格、到期时间、利率和波动率）中，利率的作用相对最不重要。使用"合乎情理"的利率通常是个合理的办法。当然，对于较大头寸或长期期权来说，利率的较小变化会带来巨大的影响，但对大多数交易者来

⊖ **伦敦银行同业拆借利率**（LIBOR）是指伦敦银行为美元存款支付的利率，它反映了美元自由市场的利率。LIBOR 是指在芝加哥商品交易所交易的欧洲美元期货标的。伦敦那些最大的银行用 3 个月 LIBOR 的均值来决定这些合约到期时的价值。

说，得到精确的利率通常不是主要的考虑因素。

5.3.5 股利

我们没有在图 5-5 中将股利因素列为输入变量是因为它只对股票期权理论定价产生影响，而且只有在期权剩余期限内标的股票发放股利时才会产生影响。为了对股票期权进行定价，模型必须准确地计算出股票的远期价格。这就要求交易者预估股利发放数量和股利发放日。在实践中，期权交易者倾向于关注**除息日**（ex-dividend date）而不是股利的发放日，在除息日交易的股票无权享有股利。确切的股息支付日期对于计算股利支付和更精确的远期价格是很重要的。但对于拥有股票的交易者来说，收到股利才是主要考虑因素。深度实值期权虽然具有很多与股票类似的特征，但只有股票的所有者才有获得股利的权利。

在缺少其他信息的情况下，绝大多数交易者倾向于假设上市公司会延续以前的股利政策。如果上市公司以前每季度发放 75 美分的股利，未来很可能将延续这一做法。然而，情况并不一定总是这样。上市公司有时增加或降低股利，或者有时就不发放股利了。如果上市公司的股利政策可能发生变化，交易者需要考虑这种变化对期权估值的影响。除此之外，如果预计除息日恰好就在期权到期日前，延迟几天就会导致除息日落后于到期日。对期权估值而言，这就意味着与没有股利的情况是一样的。因此，在类似情况下交易者应该尽可能地确定除息日日期。

5.3.6 波动率

在期权定价所需的所有变量中，波动率对于交易者而言是最难理解的。但同时，波动率在实际交易中起到的作用也是最重要的。关于波动率假设条件的变化会对期权定价产生重大影响，市场对波动率的评估方式也对期权价格具有显著影响。基于以上原因，我们将在第 6 章中详细讨论波动率。

第6章
Option Volatility and Pricing

波 动 率

什么是波动率，为什么它在期权定价中如此重要？期权交易者与标的交易者一样，也对市场价格变动方向感兴趣。但与标的交易者不同的是，期权交易者还对市场价格变动的速度非常敏感。如果标的合约市场价格下跌速度不够快，那么基于该标的合约的期权价值将会降低，因为标的合约市场价格达到期权行权价格的概率降低了。在某种程度上，波动率是市场价格变化速度的测度。价格变化较慢的市场是低波动率市场，价格变化较快的市场是高波动率市场。

读者可能凭直觉猜测到一些市场的波动率比其他市场更大。2008年年初原油价格为每桶99美元，7月原油价格上升到每桶144美元，年底价格却降到每桶45美元。在这期间，价格先上升了58%，又下降了69%。然而，很少有交易者会想象到主要的股票指数，如标准普尔（S&P）500指数，也会在一年内有着相似的波动。

如果我们知道一个市场的相对波动程度更大或者更加平稳，而且可以把这个信息输入到理论定价模型中去，那么与忽视波动率相比，对于基于这个标的合约市场的期权估值都会更加精准。因为期权理论定价模型是基于数学公式的，我们需要一些方法将波动率定量化，以便于将波动率以数值形式输入到数学模型中去。

6.1 随机游走和正态分布

让我们暂时考察如图6-1所示的弹球迷宫游戏。在小球由于重力作用从顶部穿过很多钉子掉落进迷宫的过程中，小球碰到每根钉子都有50%的概率向右边滑落、有50%的概率向左边滑落。然后球会掉落至新的一层后又遇到另一个钉子。最后，在迷宫底部，球掉进其中一个槽里。

小球穿过各层钉子落入迷宫下落，遵循**随机游走**（random walk）。一旦小球进入迷宫后，我们不能做任何事情来人为改变它的路径，也不能在一开始就预测出小球经过迷宫的路径（见图6-1）。

如果有足够多的小球滑落进迷宫，我们将会得到小球的分布，如图6-2所示。大多数小球会集中在迷宫的中间区域，远离中间区域的小球数会越来越少。如果很多小球落入迷宫，会形成一个钟形分布（bell shaped distribution）或者**正态分布**（normal distribution）。

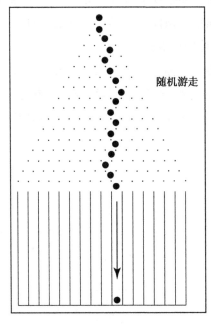

图6-1　随机游走

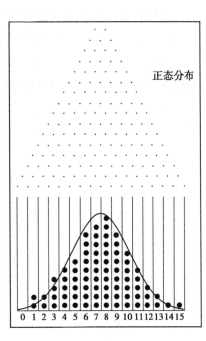

图6-2　正态分布

如果无数个小球滑落到迷宫内，那么最终分布结果就非常接近正态分布，就像图6-2中连接小球顶部的分布曲线那样。这样的分布曲线是对称的（如果我们把它从右向左翻转过来，看起来是一样的），它的峰值在中间，尾部逐渐下移并且远离中央。

正态分布曲线被用来描述随机事件的可能结果。例如，图6-2中的分布曲线也可以表示抛掷15次硬币的结果。每个结果或槽里都可以表示每抛掷15次硬币正面朝上的数量。在第0个槽里的结果表示正面朝上的次数为0，正面朝下的次数为15次；在第15个槽里的结果表示15次正面朝上，0次正面朝下。当然，抛掷15次硬币，所有的结果都是正面朝上或正面朝下会让人感到吃惊。假设硬币为完美对称，一些结果将更可能出现，例如8次正面朝上7次正面朝下或者9次正面朝上6次正面朝下。

假如我们稍微改变一下迷宫，每一次当遇到一个钉子，小球会向左边或右边滑落，然后必须再降两层才能遇到另一个钉子。如果向迷宫中投放足够多的小球，我们可能会看到与图6-3分布相似的曲线。由于小球向左右两边的运动受限，所以与图6-2中的分布曲线相比，峰值会更高、尾部会更窄。尽管形状改变了，分布特征也产生了轻微的差异，但曲线依然为正态分布曲线。

最后，我们可以再次把两个钉子中间的区域阻挡起来，使得小球每次需要向左、向右经过两个钉子才能滑落到新的一层。如果我们投放了足够多的小球到迷宫里，就能得到一个如图6-4所示的分布曲线。该曲线仍然是正态分布曲线，但相对于图6-2和图6-3，其峰值较低、尾部伸展得更快⊖。

假设现在将小球向左右两边的运动视为一个标的合约价格的上涨或下跌，把小球向下的运动当作时间的流逝。如果标的合约价格的变动符合随机游走过程，那么图6-2、图6-3、图6-4分别表示可能的中波动率、低波动率和高波动率的价格分布。

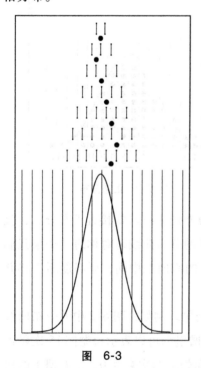

图 6-3

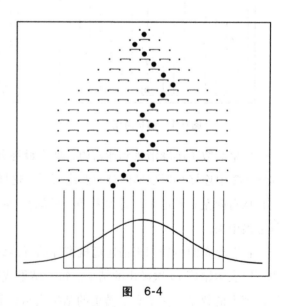

图 6-4

⊖ **弹球迷宫**（quincunx）或称**高尔顿钉板**（Galton board），在这些例子中的图片常被用来展示基本的概率理论。高尔顿钉板运动的例子可以在以下网站中找到：
http：//www.teacherlink.org/content/math/interactive/flash/quincunx/quincunx.html
http：//www.mathsisfun.com/data/quincunx.html
http：//www.jcu.edu/math/isep/Quincunx/Quincunx.html

在本章的前面，我们建议给不同的标的价格指派概率来研究期权理论定价。这些概率是如何被指派的呢？一种可能性是，假设标的价格在到期日时是正态分布的。既然有许多不同的正态分布，那么我们对分布的选择会如何影响期权的定价呢？

由于所有的正态分布都是对称的，分布的选择看起来似乎与期权的定价是不相关的。波动率的上升会增加价格向上大幅变动的可能性，但同时也会增加价格向下大幅变动的可能性，两者会相互抵消。然而，期权头寸与标的资产头寸相比有很重要的区别。标的合约的预期收益取决于所有可能出现的价格结果，而期权的预期收益只取决于可以使期权变为实值的标的合约的价格结果。其他的价格结果都不起作用。

在图6-5中，我们看到3种围绕着标的合约当前价格可能出现的价格分布曲线。假设我们想要估计一个具有较高行权价格的看涨期权的价值，那么看涨期权的价值取决于行权价格右侧分布的数量。可以看出，当我们从低波动率分布移向中波动率分布，再移向高波动率分布时，更多可能出现的价格分布在行权价格的右侧。这样，期权的价值就会越来越大。

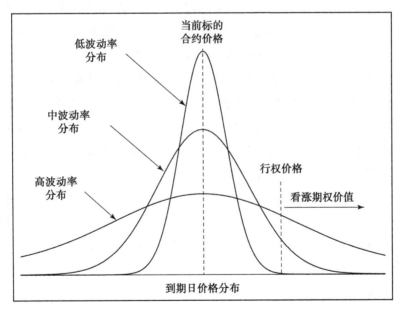

图 6-5

我们也可以考虑一个具有较低行权价格的看跌期权的价值。如果我们假设运动是随机的，那么相同的高波动率分布会增加看涨期权和看跌期权的价值。在看跌期权的情况下，分布会更多集中在行权价格的左侧。因为分布是对称的，所以在高波动率市场中，所有的期权（不论看涨期权还是看跌期权，较高行权价格还是较低行权价格）都会有更高的价值。同理，在低波动率市场中，所有期权的价值都会降低。

6.2 均值和标准差

如果我们假设了价格是正态分布的，就需要用一个方法在期权理论定价模型中恰当地描述正态分布。幸好所有的正态分布都可以用两个变量来描述，即**均值**（mean）和**标准差**（standard deviation）。如果我们知道分布是正态的，也知道这两个变量的取值，我们就知道了分布的所有特征。

在正态分布图中，我们可以把均值理解为分布曲线峰值所在的位置，把标准差理解为曲线向左右两边展开的速度。如果分布曲线如图6-4所示那样迅速向两边展开，说明具有较高的标准差；如果分布曲线如图6-3那样缓慢向两边展开，说明具有较低的标准差。

从数值上看，均值仅仅是价格结果的平均数，这是许多交易者都熟悉的概念。为了计算均值，我们将所有的结果加起来，然后除以结果发生的次数。计算标准差就没有这么简单，我们稍后会对此进行讨论。这里更重要的是如何解释这些数字，尤其是均值和标准差在描述价格运动中代表什么含义。

让我们回到图6-2，考虑底部的0~15号槽。我们已阐述了这些数字可以代表每抛掷15次硬币中正面朝上的次数。另外，它们也可以代表小球遇到钉子后，向右滑落穿过迷宫到不同槽中的次数。第一个槽取值为0说明所有到达那里的小球在遇到钉子的时候都朝左方掉落。最后一个槽取值为15说明所有到达那里的小球在遇到钉子的时候都朝右方掉落。

假设我们知道图6-2中的均值和标准差分别是7.50和3.00⊖，它告诉了我们这个分布的哪些信息呢？均值告诉我们平均结果。如果我们把所有的结果相加并除以发生的次数，那么结果就是7.50。从各个槽的角度来看，平均结果很可能落在7号槽和8号槽（当然，这并不是一个真实的概率。我们在第5章中论述过，平均结果不必是任意一次结果的真实概率）。

标准差不仅描述了分布曲线是以多快的速度展开，它还告诉了我们一些关于一个小球掉落在某个槽或者是几个槽中的概率信息。特别是，标准差告诉了我们

⊖ 对均值和标准差熟悉的读者和想要检查算术结果的读者，会发现实际均值和标准差分别是7.49和3.02。为了简单起见，我们取了它们的近似值，四舍五入后为7.50和3.00。

一个小球掉落在距均值特定距离的槽内的概率。例如，我们可能想知道一个小球掉落在5号槽左边或10号槽右边的概率。通过考察该球必须距离均值多少个标准差，再确定与标准差对应的概率，就可以回答这个问题。

不同标准差所对应的精确概率值可以在大部分统计或概率书中找到。除此之外，这个概率也可以使用最常用的计算机电子表格程序容易地计算。对于期权交易者来说，下列近似值将会非常有用：

±1倍标准差大约覆盖了68.3%（约为2/3）的结果。
±2倍标准差大约覆盖了95.4%（约为19/20）的结果。
±3倍标准差大约覆盖了99.7%（约为369/370）的结果。

注意到每个标准差前面都有正负号。这是由于正态分布曲线是对称的，向上和向下变动的概率是相等的。每一个标准差所对应的概率通常是用十进制来表示，但是表示在括号里的分数的近似值通常对交易者更有用。

现在让我们来回答小球落在5号槽左边的槽内或10号槽右边的槽内的概率。我们可以将7号槽和8号槽之间的位置指定为7½号槽，作为均值。如果标准差是3，哪些槽是处于均值附近1倍标准差之内呢？距离均值两边1倍标准差是7½±3，即4½~10½。我们把1/2视为槽的中间位置。可以发现5号槽至10号槽落在距离均值1倍标准差的范围内。我们知道1倍标准差覆盖大约2/3的结果，因此我们可以推断出在每3个滑落槽里的小球中，应有2个将落在5号槽和10号槽之间。剩余的小球，3个小球中的1个将落在0~4号槽或11~15号槽中。因此，我们最初的问题（一个小球落在0~4号槽或11~15号槽中的概率）的答案大约是1/3，或约为33%（确切的答案是100% - 68.3% = 31.7%）。该结果如图6-6所示。

我们来进行另一个计算，这次我们可以把它作为一个打赌的问题。如果有人提出30∶1的赔率让我们扔球但只能让小球落入14号槽或者15号槽。我们值得打这个赌吗？标准差的一个特点是可加性。在我们的例子中，如果1倍标准差是3，2倍标准差就是6。距离均值2倍标准差的区间就是7½±6，或者1½~13½。我们可以从图6-6中发现14号槽和15号槽在2倍标准差以外。由于一个取值落入2倍标准差之内的概率大约是19/20，那么取值落在2倍标准差以外的概率就为1/20。因此，30∶1的赔率好像看起来非常合适。但是回忆一下，2倍标准差之外还包括了0号槽和1号槽。由于正态分布是对称的，一个小球落入14号槽或15号槽的概率一定是1/20的一半，即1/40。这样看来30∶1的赔率必然是一个糟糕的选择，因为赔率不够补偿打赌所冒的风险。

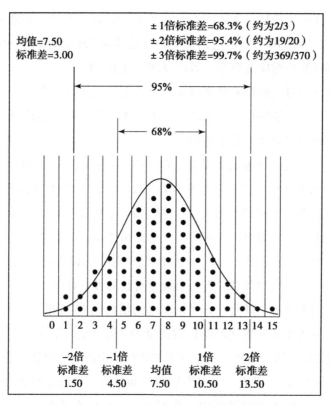

图 6-6

在第 5 章中我们提出，一个非常准确的期权理论定价模型，需要我们为标的合约无限可能的价格分配相应的概率。然后，如果我们把所有可能的价格与对应的概率相乘，并将结果相加后就可以得到期权的理论价值。但问题在于处理无限种可能并不是件容易的事。幸运的是，正态分布的特征已经广为人知，并且已经开发出了计算公式，可以非常方便地计算出正态分布曲线上任意一点的概率，还有任意分布区域所对应的概率值。如果我们假设标的价格是正态分布的，我们就可以利用正态分布的相关公式计算期权的理论价值。

路易斯·巴舍理耶是假设标的合约的价格是正态分布的第一人。正如我们看到的，这种假设还存在一些逻辑问题。因而这些年来，为了和现实世界的情况一致，该假设不断地被修正。修正后的正态分布假设仍然是许多理论定价模型的基础，包括布莱克－斯科尔斯模型。

6.3 远期价格作为分布的均值

如果我们要用与正态分布一致的方法为价格分配概率，应该怎样将分布输入到理论定价模型中去呢？由于所有的正态分布都可以用均值和标准差来描述，我们就要通过一些方法把这两个数值输入到理论定价模型中去。

在第 5 章中，我们建议分布应该集中在到期日最有可能的标的价格附近。虽然我们不能准确地知道价格会是多少，但是如果我们假设标的合约没有套利机会，那么标的合约的远期价格将是一个合理的猜想。如果我们假设远期价格代表分布的均值，那么以标的合约当前价格进行的交易长远来看将达到盈亏平衡。各种形式的布莱克－斯科尔斯模型的主要不同点就在于它们是如何计算远期价格的。基于标的合约的类型，无论是股票、期货还是外汇，理论定价模型会根据标的合约的当前价格、到期日、利率（如果标的合约是股票，还有股利）计算出标的资产的远期价格，该远期价格就是分布的均值。

6.4 波动率作为标准差

除均值外，我们还需要标准差来充分地描述正态分布曲线。当我们把波动率输入到理论定价模型时，实际上是在输入标准差。波动率只是交易者称标准差的术语。因为希腊字母 Sigma(σ) 是代表标准差的传统符号，所以在本书中我们依然使用相同的符号来代表波动率。

如果我们现在给波动率下一个定义，将会很有帮助，但稍后我们会略微调整这个定义。我们将假定输入到定价模型中的波动率代表在 1 年的时间里一个标准差的价格变化，用百分比表示。例如，考虑一个 1 年后的远期价格为 100 的合约，它的波动率为 20%（之后我们会讨论这个数字是如何得来的）。1 年之后这份合约将以 68% 的概率在 80～120（100×(1±20%)）之间的价格交易，将以 95% 的概率在 60～140（100×(1±(2×20%))）之间的价格交易，将以 99.7% 的概率在 40～160（100×(1±(3×20%))）之间的价格交易。这些是与 1 倍、2 倍、3 倍标准差相关的概率。

这次不指定远期价格，我们假设标的是一只当前价格为 100 美元、波动率为 20% 的股票。为了确定 1 年的概率，我们必须首先确定 1 年的远期价格，因为该价格代表分布的均值。如果利率是 8%，且股票不支付股利，1 年后的远期价格将会是 108 美元。此时 1 倍标准差的价格变化为 20%×108＝21.60 美元。因此 1 年后，我们期望该股票交易价格将以约 68% 的概率在 86.40～129.60（108±21.60）美元之间的价格交易，以约 95% 的概率在 64.80～151.2（108±2×21.60）美元之间的价格交易，以约 99.7% 的概率在 43.20～172.80（108±3×21.60）美元之间的价格交易。

回到我们远期价格为 100 的合约的例子，假设在 1 年后，我们认为具有 20%

波动率的合约的交易价格为35。这是否意味着20%的波动率假设是错误的？大于3倍标准差的价格变化也许不大可能，但不应该混淆不大可能和不可能。抛掷一个重量完全均衡的硬币15次，有可能出现15次正面朝上，尽管这个发生的概率要小于1/32 000。如果20%是正确的波动率，1年内合约价格从100下降到35的概率小于1/1 500。但1/1 500并不是不可能的，合约价格可能就是以1/1 500的概率确实出现35。当然，波动率也可能是错误的。但是我们只有在观察大量合约价格的变化，从而有了一个代表性的价格分布后，才能确定这样的波动率取值是否正确。

6.5 按时间衡量波动率

与利率一样，波动率总是用年化数值来表示。如果有人说利率为6%，没有人会问这个利率是表示每天6%，每周6%，还是每月6%。因为大家都知道它表示每年6%。这也同样适用于波动率。

我们照理可能会问，对于短期内价格变化的可能性，年化波动率会告诉我们什么信息呢？虽然利率与时间成比例（我们简单地用利率乘以时间），但是波动率是与时间的平方根成比例。要计算一段时间而不是1年的波动率或标准差时，我们必须用年化波动率乘以时间的平方根，这里的时间段 t 是以年为单位来表示的

$$\text{波动率}_t = \text{波动率}_\text{年} \times \sqrt{t}$$

交易者通常通过定期观察价格变化来计算标的合约的波动率。假设我们计划在每天结束时观察价格变化。因为一年有365天，所以每年价格可能会改变365次。然而，在这本书中，我们主要关注在交易所交易的合约。大部分交易所在周末和节假日是关闭的，所以，如果我们在每天结束时观察标的合约的价格，实际上价格不会每年改变365次。根据交易所的不同，每年可能会有250~260个交易日⊖。我们需要交易日天数的平方根，为了方便起见，许多交易者假设一年有256个交易日，因为256的平方根是整数16。如果我们做出了这样的假设，那么

$$\text{波动率}_\text{日} = \text{波动率}_\text{年} \times \sqrt{1/256} = \text{波动率}_\text{年} \times 1/16 = \frac{\text{波动率}_\text{年}}{16}$$

为了近似估计每日波动率，我们可以用年化波动率除以16。

回到交易价格为100，波动率为20%的合约，从一天到下一天1倍标准差的

⊖ 随着全球市场一体化程度的加深和电子交易的来临，确定一天占一年中多少变得更加困难，这取决于合约和交易所，有时观察365天中每天的价格是合理的。

价格变化是多少呢？答案是20%/16=1¼%，因此1倍标准差每日的价格变化是1¼%×100=1.25。我们期望看到在每3个交易日中约有2个交易日的价格变化为1.25或者更小，在每20个交易日中约有19个交易日价格变化为2.50或更小。在20个交易日中只有1个交易日，我们期望看到价格变化大于2.50。

对于每周的标准差，我们可以做同样的计算。现在我们必须确定如果每周观察一次价格，每年价格会变动多少次？没有哪一周是完全没有交易发生的，所以我们必须用一年中所有的52个交易周来进行计算。因此，

$$波动率_周 = 波动率_年 \times \sqrt{1/52} \approx 波动率_年 \times 1/7.2 = \frac{波动率_年}{7.2}$$

为了近似估计每周标准差，我们可以用年化波动率除以7.2。用20%的年波动率除以52的平方根或约7.2，我们得到20%/7.2≈2.78。对于交易价格为100的合约，我们期望在每3周中有2周价格变化为2.78或更小，在每20周中有19周价格变化是5.56或更小，在20周中只有1周价格变化可能大于5.56。

如果我们想要得到尽可能准确的结果，当估计每日或每周标准差时，应该先计算标的一日或一周的远期价格。但在短期内，远期价格接近于当前价格。所以，为了方便起见，大部分交易者假设一日或一周的价格变化是围绕当前价格分布的。

假设股票以每股45美元的价格交易，年化波动率为37%，那么股票价格每天或每周的1倍标准差和2倍标准差的价格变化大约是多少？对于一天，我们可以用年化波动率除以16（一年256个交易日，取256的平方根）

$$45 \times \frac{37\%}{16} \approx 1.04(美元)$$

1倍标准差和2倍标准差的每日价格范围大约为

$$45 \pm 1.04 \approx 43.96 \sim 46.04(美元)(1倍标准差)$$
$$45 \pm (2 \times 1.04) \approx 42.92 \sim 47.08(美元)(2倍标准差)$$

对于一周，我们可以用年化波动率除以7.2（一年交易周的数量，取52的平方根）

$$45 \times \frac{37\%}{7.2} = 2.31(美元)$$

1倍标准差和2倍标准差的每周价格范围大约为

$$45 \pm 2.31 \approx 42.69 \sim 47.31(美元)(1倍标准差)$$
$$45 \pm (2 \times 2.31) \approx 40.38 \sim 49.62(美元)(2倍标准差)$$

当按照时间比例计算波动率时，相同的概率仍然适用。价格约有68%的概率落入1倍标准差的范围内，有95%的概率落入2倍标准差的范围内。

6.6 波动率和观测到的价格变化

为什么交易者通过年化波动率来估计日波动率和周波动率呢？波动率是理论模型输入变量中的一个，却不能被直接观测到。而许多成功的期权交易策略，都需要对波动率有较为准确的估计。因此，一个期权交易者需要某种方法来判断他所估计的波动率是否经得起市场的检验。不像方向性交易策略那样，成功与失败可以立刻通过当前价格判断，没有当前的波动率这样的指标来判断成功与失败。交易者通常必须自己衡量是否在理论定价模型中使用了合理的波动率。

之前，对于价格为 45 美元，年化波动率为 37% 的股票，其 1 倍标准差的价格变化大约为 1.04 美元。假设在 5 个交易日里，交易者注意到连续 5 个结算价变化为：
$$+0.98,\ -0.65,\ -0.70,\ +0.25,\ -0.85$$
这 5 个价格变化与 37% 波动率一致吗？

我们期望 3 天中有 1 天价格变化大于 1.04 美元（1 倍标准差）。在 5 天中至少有 1 天或 2 天价格变化大于 1 倍标准差。然而在这 5 天的价格变化中，我们没有一次看到价格变化大于 1 倍标准差。据此可以得出什么结论呢？有一点是肯定的，5 天内的价格变化与 37% 的波动率假设是不相符的。

在做决定之前，我们应该考虑任何可能会影响观测价格变化的特殊情况。也许这周是假期，它不能反映正常的市场活动。如果这是我们的结论，那么 37% 依然是一个合理的波动率估计。另一方面，可能没有合理的理由认为市场会像 37% 波动率预测的那样剧烈地波动，我们可能只是使用了一个错误的波动率假设。如果得出了这样的结论，那么我们可能应该考虑使用一个更低的波动率使之与观测到的价格变化相一致。如果继续使用与实际价格变化不一致的波动率，我们就使用了一个错误的波动率。使用错误的波动率会得到错误的概率，从而得到错误的理论价值，这样一开始就使理论定价模型无效了。

诚然，5 天对价格变化来说是一个非常小的数量，同时交易者不太可能非常依赖这样一个小样本。如果我们抛掷一枚硬币 5 次，每一次都是正面朝上，我们可能不会得出任何明确的结论。但是如果我们抛掷一枚硬币 50 次，每一次都是正面朝上，那么可能的结论就是这枚硬币有些问题。同样，大部分交易者倾向于观察更多的价格样本，可能是 20 天、50 天或者 100 天，然后再得出关于波动率的重要结论。

在前面的例子里，5 个价格变化到底对应多大的波动率呢？在没有进行相关计算的前提下是难以确定的（实际上是27.8%）。然而，如果交易者对预期价格变化有一定判断的话，他可以很容易发现5天价格变化与37%的波动率假设是不相符的[一]。

我们已经在波动率估计中使用了**价格变化**的表述方式。价格变化的确切含义是什么？是指一段时间内的最高价与最低价之间的变化？还是指一段时间内的开盘价与收盘价之间的变化？或者还有其他的解释？虽然计算波动率有多种方法，但是传统的波动率计算方法是计算结算价之间的价格变化。使用这个方法时，当我们说"每日1倍标准差价格变化是1.04美元"时，意味着某日结算价与次日结算价之间的变化是1.04美元。最高价与最低价、开盘价与收盘价之间的价格变化可能会大于或小于这个值，但我们关注的是结算价之间的变化[二]。

6.7 关于利率产品

对于一些利率产品，主要是欧洲货币利率期货，挂牌合约价格代表着与合约相关的利率，等于100减去与该利率，常用整数来表示[三]。如果伦敦银行同业拆借利率，即在美国以外的美元存款利率，为7.00%，那么在芝加哥商品交易所交易的欧洲美元期货合约将以 $100-7.00=93.00$ 的价格进行交易。如果欧元银行同业拆借利率，即在欧洲经济联盟以外的欧元存款利率，为4.50%，那么在伦敦国际金融期货交易所交易的欧元利率期货合约将以 $100-4.50=95.50$ 的价格进行交易。这些合约的波动率是使用合约利率（**利率波动率**）而不是合约价格（**价格波动率**）来计算的。

如果欧洲美元期货交易价格是93.00，波动率为26%，那么每日和每周价格变化的1倍标准差大约为

$$(100-93) \times \frac{26\%}{16} \approx 0.11(每日的1倍标准差)$$

[一] 在20次中，会出现1次价格变化大于2倍标准差的情况。1个月大约有20个交易日，作为一个额外的基准，大部分交易者期望1个月出现1次日价格变化大于2倍标准差的情况。

[二] 当交易是连续的或没有一个很好定义的每日结算价时，就提出了另一个评估波动率的方法。例如，Michael Parkinson, "The Extreme Value Method of Estimating the Variance of the Rate of Return," *Journal of Business* 53（1）：61-64，1980；Mark B. Garman and Michael J. Klass, "On the Estimation of Security Price Volatilities from Historical Data," *Journal of Business* 53（1）：67-78，1980；and Stan Beckers, "Variance of Security Price Returns Based on High, Low, and Closing Prices," *Journal of Business* 56（1）：97-112，1983.

[三] 引用欧洲货币合约的方法是为了使欧洲货币合约价格的变动可以模仿债券价格的变动。如果利率上升，那么债券价格和欧洲货币期货都会下降；如果利率下降，那么债券价格和欧洲货币期货都会上升。

$$(100 - 93) \times \frac{26\%}{7.2} \approx 0.25(每周的1倍标准差)$$

同理，如果我们从 100 开始计算欧洲美元期货价格，那么我们也必须从 100 开始行权价格。因此，在我们的定价模型中，93.00 的行权价格实际上应为 7.00%（=100－93.00）的行权价格。这还需要我们把期权类型反转，即把看涨期权转化为看跌期权，把看跌期权转化为看涨期权。为解释原因，让我们来看一个行权价格为 93.00 的看涨期权的例子。该期权要变为实值期权，标的合约价格必须上涨超过 93.00。但这需要利率水平低于 7.00%。因此，从利率的角度而言，行权价格为 93.00 的看涨期权等于行权价格为 7.00% 的看跌期权。基于欧洲美元期货或其他指数化利率合约的期权定价模型将会自动完成这种变换，即 100 减去标的合约价格以及行权价格，同时挂牌的看涨期权被看作看跌期权，看跌期权被看作看涨期权。

这种转换对于大部分债券和票据并不是必需的。在不同票据利率水平下，这些产品的价格范围可能没有上限，经常超过 100。交易所交易的债券和票据期货期权大多数时候可用传统理论定价模型定价，但是利率产品表现的其他问题可能需要特殊的定价模型。

持有债券等类似投资工具时，可以基于市场价格计算债券的当前收益率。如果使用一系列价格来计算一系列收益率，我们就可以计算出**收益率的波动率**（yield volatility），即基于收益率变化的波动率。然后就可以用该值来计算标的为债券的期权合约的理论价值。为了保持一致，我们也需要按收益率的方式指定行权价格。因为可能使用两种不同的方法来计算利率产品的波动率，所以利率产品交易者经常区分收益率波动率（根据标的资产价格计算的当前收益率的波动率）和价格波动率（根据标的资产市场价格计算出来的波动率）。

6.8 对数正态分布

到目前为止，我们假设标的资产价格为正态分布，这个假设合理吗？抛开真实世界中价格的确切分布，正态分布假设还有个致命的缺陷，即正态分布曲线是对称的。在正态分布的假设下，对于标的资产价格每个可能的向上变动，必定有一个相同幅度的向下变动。假设我们允许现在价格为 50 美元的合约价格上涨 75 美元到 125 美元，我们也必须允许该资产价格下降 75 美元到 －25 美元。但是，传统股票和商品显然不可能出现价格为负的情况。

我们将波动率定义为标的资产价格变动的百分比。从这个角度来说，利率和波动率是相似的，因为它们都代表了**收益率**（rate of return）。利率和波动率的主要区别是利率一般为正的利率，而波动率则是既可为正也可为负的收益率。如果我们以固定利率进行投资，本金的价值总会增加。但是，如果投资在一个波动率不为0的标的资产上，该资产价格既可以上升也可以下降，从而获得盈利（正收益率）或者带来亏损（负收益率）。

收益率的计算不仅必须详细说明正在使用的利率，还需要详细说明计算收益率的时间间隔。假设我们以12%的年化利率投资1 000美元，一年后我们会得到多少收益？答案取决于12%的年化利率是如何支付的。

支付利率	1年后的价值（美元）	总收益率（%）	支付利率	1年后的价值（美元）	总收益率（%）
12%一年支付一次	1 120.00	12.00	12%/52 每周支付一次	1 127.34	12.73
6%一年支付两次	1 123.60	12.36	12%/365 每天支付一次	1 127.47	12.75
3%每3个月支付一次	1 125.51	12.55	12%连续复利支付	1 127.50	12.75
1%每月支付一次	1 126.83	12.68			

尽管年化利率始终为12%，但是当利息支付更频繁时，投资的总收益率会增加。当利息是连续支付时，总收益率是最大的。在这种情况下，利息就像每时每刻都在支付一样。

虽然负利率不大常见，但我们可以使用负利率做同样的计算。例如，假设我们投资的1 000美元以12%的年化利率亏损（利率= -12%）。年底我们的投资将会变为多少？答案还是取决于损失发生的频率。

支付利率	1年后的价值（美元）	总收益率（%）	支付利率	1年后的价值（美元）	总收益率（%）
12%一年损失一次	880.00	-12.00	12%/52 每周损失一次	886.80	-11.32
6%一年损失两次	883.60	-11.64	12%/365 每天损失一次	886.90	-11.31
3%每3个月损失一次	885.29	-11.47	12%连续复利损失	886.92	-11.31
1%每月损失一次	886.38	-11.36			

在负利率的情况下，尽管年化利率始终为-12%，但在损失更频繁的情况下，总的损失更小，总的负收益也更小。

与利率可以按不同的时间间隔进行复利计算的原理类似，波动率也可以按不同的时间间隔进行复利计算。布莱克-斯科尔斯模型是一个**连续时间**（continuous time）模型。它假设波动率是按连续复利计算的，就像标的合约价格涨跌是按合约相应的波动率水平连续发生变化的。当价格变化被假设为正态分布时，这些价格变动的连续复利将使到期价格的分布为**对数正态分布**（lognormally distributed）。

这样的分布如图 6-7 所示。整个分布是右偏的，这是因为在绝对数上由正收益率引起的价格上涨比由负收益率引起的价格下跌的可能性更大。在我们利率的例子中，按年化 12% 的连续复利 1 年后将产生 127.50 美元的利润，按年化负 12% 的连续复利 1 年后仅产生 113.08 美元的损失。如果 12% 是波动率，那么 1 年后价格向上变动 1 倍标准差后是 +127.50 美元，向下变动 1 倍标准差后是 -113.08 美元。尽管收益率都是 12%，12% 的连续复利产生了价格上涨和价格下跌的不同变化。

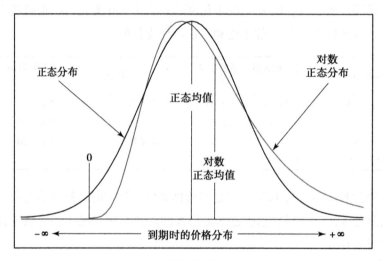

图 6-7

在图 6-7 中，还需要注意分布均值的位置。均值可以被理解为分布的"平衡点"。在正态分布中，分布的峰值和均值都在同一位置，即在分布的正中间。但是，在对数正态分布中，开口的右尾比以零为边界的左尾长。因为在峰值的右侧有更多的"重量"，所以对数正态分布的均值必须位于峰值的右侧。

连续的收益率可以用指数函数来计算[⊖]，指数函数表示为 $\exp(x)$ 或者 e^x。在之前的例子中，

$$1\,000 \times e^{0.12} = 1\,127.50(\text{美元}),\ 1\,000 \times e^{-0.12} = 886.92(\text{美元})$$

无论负利率有多大，连续复利计算排除了投资低于零的可能性，因为损失不可能超过全部投资额。这样，在对数正态分布中，标的资产的向下的价值就以零为边界。很明显，与正态分布相比，这是对真实世界更现实的体现。

考虑以下例子，6 个月到期的标的合约的远期价格为 100，波动率为 30%，通过比较行权价格为 90 的看跌期权和行权价格为 110 的看涨期权的价值，我们可

⊖ 熟悉指数函数 [e^x 或 $\exp(x)$] 和它的反函数即对数函数 [$\ln(x)$] 的性质，对期权交易者来说是很有用的。这些函数可以在代数和金融教材中找到。

以看到使用对数正态分布与正态分布的不同效果。

合　　约	如果价格变化服从 正态分布，合约的价值	如果价格变化服从对数 正态分布，合约的价值
行权价格 90 的看跌期权	4.37	4.00
行权价格 110 的看涨期权	4.37	4.74

假设价格变动是正态分布的，行权价格为 110 的看涨期权和行权价格为 90 的看跌期权都是 10% 的虚值期权，那么它们的理论价值应是相同的。但是，在布莱克－斯科尔斯模型对数正态分布的假设下，行权价格为 110 的看涨期权的价值总会大于行权价格为 90 的看跌期权的价值。行权价格为 110 的看涨期权具有向上无限上涨的可能性，而对于行权价格为 90 的看跌期权，它的最大价值只能上涨到 90，因为标的合约的价格永远不能低于 0。

当然，前面例子中的价值只在理论上是正确的。没有规定说行权价格为 90 的看跌期权的价格不能大于行权价格为 110 的看涨期权价格。确实，由于各种各样的原因，这样的价格关系发生在许多市场中，我们稍后会对此进行讨论。但是，一种可能的解释就是市场与模型的假设不一致，也许市场认为对数正态分布未能准确地表现价格，而市场可能是正确的！

6.9　解释波动率数据

当交易者讨论波动率时，即使是有经验的交易者也可能会发现他们讨论的并不总是同一个东西。当交易者认为波动率为 25% 时，这种说法具有很多种含义。如果我们对交易者谈及的波动率给出一些不同的定义，就可以在接下来的讨论中避免出现困惑。首先，我们将波动率分为两类——与标的合约关联的**已实现波动率**（realized volatility），以及与期权关联的**隐含波动率**（implied volatility）。

6.9.1　已实现波动率

已实现波动率是指在一段时间内，标的合约价格变化百分比的年化标准差。⊖ 当我们计算已实现波动率时，我们必须详细说明测量价格变化的时间间隔与用来计算价格变化的间隔次数。例如，我们可能会谈论标的合约 50 天的波动率，或者谈

⊖ 为了使价格变化变为连续复合的回报，交易者通常使用对数价格的变化来计算波动率。对数价格的变化，是用当前的自然对数价格除以前一价格。在大多数情况下，价格变化的百分比与对数价格变化的百分比之间几乎没有实际的区别。

论标的合约52周的波动率。在前一种情形中，我们依据每日价格的变化来计算50天的波动率。⊖ 在后一种情形中，我们依据每周价格的变化来计算52周的波动率。

在已实现波动率的图上，每一个点都代表了一个特定时间内的波动率，根据具体时间间隔内价格的变化得到。如果我们用图来表示50天标的合约的波动率，那么图上每一个点都代表了之前50天内每日价格变化的年化标准差。如果我们用图来表示52周标的合约的波动率，那么图上每一个点都代表了之前52周内每周价格变化的年化标准差。

交易者可能会参考**未来已实现波动率**（future realized volatility）与**历史已实现波动率**（historical realized volatility）。每一个交易者都想知道未来已实现波动率——这个波动率是对标的合约价格变化的未来分布情况的最佳描述。理论上，在期权存续期间内，我们需要将未来已经实现波动率输入到理论定价模型中。如果交易者知道未来已实现波动率，他就知道了正确的"胜算"。当交易者把这个波动率输入到理论定价模型中时，由于交易者有了正确的概率，就能生成准确的理论价值。就像在赌场上一样，交易者可能会由于短期的坏运气输钱。但长期看来，胜算在他那一边，交易者就可以相当肯定地获得收益。

显然，没有人知道未来会发生什么。然而，如果一个交易者倾向于使用理论定价模型，他就必须尝试着对未来已实现波动率做出一个评估。与其他的原则一样，在期权估值中，历史数据是一个很好的起点。合约的历史已实现波动率通常为多少呢？在过去的10年中，如果合约的波动率从来没有低于10%或者高于30%，那么猜测未来波动率为5%或40%是不合情理的。但这并不意味着这两个极端值是不可能的。而基于过去的表现，在非极端特殊情况下，猜测波动率在历史极限内（10%~30%）比猜测波动率超出极限更为现实。当然，10%~30%依然是一个很大的范围。但历史数据至少提供了一个起点，其他的信息可能会有助于进一步缩小估值范围。

交易者正逐步意识到波动率的重要性，波动率作为定价模型的输入变量，其预测模型已被开发出来用于准确地预测未来已实现波动率。如果交易者能获得一个他认为可靠的**预测波动率**，他就会想用该预测对未来已实现波动率做出一个更好的决定。我们会在后面的章节中讨论波动率预测的一些方法。

当我们在给定时间内计算波动率时，我们依然需要对衡量标的合约价格改变的时间间隔进行选择。交易者可能会考虑，在相同的时间段内，时间间隔的选择

⊖ 对于交易所交易的合约来说，通常是只用工作日的每日时间间隔来计算波动率，因为价格只在工作日时发生变化。如果每周有5个交易日，那么50天的波动率会覆盖大约10周的时间。

是否会影响波动率计算的结果。例如，我们可以看下合约250天的波动率、52周的波动率以及12个月的波动率。这些波动率都是涵盖了大概一年的时间，但是这3个波动率分别是根据每日价格变化、每周价格变化以及每月价格变化计算得来的。

对于大部分标的合约来说，所选取的时间间隔不会过多地影响结果。虽然合约可能每日都有较大的波动，但也可能在一周结束时毫无变化。不过到目前为止这是个例外的情况，一个每日都波动的合约可能每周或每月也都同样波动。图6-8显示了2003~2012年，标普500指数250天的历史波动率。这些波动率是根据3种不同间隔（每日、每周以及每4周）的价格变化计算得到。3条曲线不完全相同，但它们看上去有着相似的特征。没有明显的证据表明使用哪一种间隔会始终得到较高或者较低的波动率。

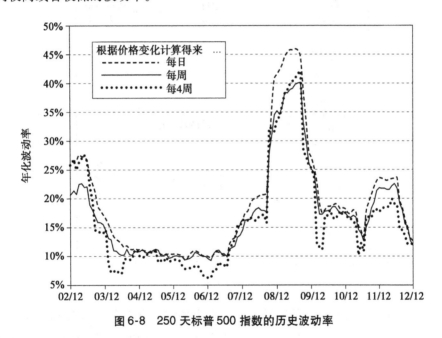

图6-8 250天标普500指数的历史波动率

6.9.2 隐含波动率

已实现波动率是根据标的合约中价格的变化而计算得出的。不同于已实现波动率，隐含波动率来自于期权的市场价格。在某种意义上，隐含波动率描述的是在期权的存续期间内，市场认为标的合约未来已实现波动率会是多少。

假设标的股票不分红，有一个距离到期时间3个月，行权价格为105的看涨期权。如果我们对买入该看涨期权感兴趣，可能用定价模型来确定期权的理论价值。为简单起见，假设期权为欧式期权（不提前行权），我们使用布莱克-斯科尔斯模型。除了行权价格、到期时间、期权类型外，我们还需要股票的价格、利率以及波动率。假设目前股价为98.50，3个月的利率为6.00%，对接下来3个月波动率的最好估计是25%。当我们把这些数据输入到模型中时，会发现期权的理论价值为2.94（见图6-9）。然而，当我们查看期权的市场价格时，会发现行权价格为105的看涨期权在3.60的价格上的交易非常活跃。我们认为该期权的价值为2.94，但是市场上其他人认为其价值为3.60，对此该如何解释呢？

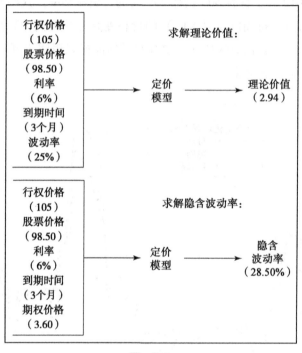

图 6-9

这可不是一个容易回答的问题，因为在市场中，有许多影响因素不易被识别或量化。但是，我们可能会使用一个方法来回答这个问题，就是假设每个期权交易者都使用相同的理论定价模型来进行交易。如果我们做出这样的假设，那么造成差异的原因一定是交易者对模型的某个或者多个输入变量持有不同的观点。哪些输入变量是最可能造成差异的原因呢？

不太可能是由到期时间和行权价格引起的，因为这些输入变量在期权合约中是固定的。是标的合约的价格为98.50引起的吗？买卖报价价差的宽度可能是我们对股票价格错误估计的原因。然而，对于大多数交易活跃的标的合约来说，其买卖价差不会宽到引起0.66的期权价值差异。对于行权价格为105的看涨期权，为了得到3.60的理论价值，我们必须将股价提升到100.16，而这个价格几乎是远在股票买卖报价价差之外了。

也许我们问题的症结在于 6% 的利率。但是，利率一般在理论定价模型的输入变量中是最不重要的。事实上，为了得到 3.60 的理论价值，我们必须在利率这个输入变量上做出巨大的调整，即从 6.00% 调到 13.30%。

这样造成差异的可能原因就只有波动率了。在某种程度上，市场看上去在使用不同于 25% 的波动率。为了确定市场上正在使用的波动率，我们可以试问：如果所有其他的输入变量都保持不变（如：到期时间、行权价格、标的合约价格以及利率），我们要向模型输入多大的波动率才能使所得到的期权理论价值等于期权的市场价格呢？在我们的例子中，我们想要确定某个波动率水平使行权价格为 105 的看涨期权的价值为 3.60。很明显，波动率要高于 25%，因此我们可能会提高模型中输入的波动率。这样我们会发现，当输入波动率为 28.50% 时，行权价格为 105 的看涨期权的理论价值是 3.60。这样，行权价格为 105 的看涨期权的隐含波动率就是 28.50%，它是通过市场在对期权定价时所隐含的标的合约的波动率。

当求解期权的隐含波动率时，我们假设期权的理论价值（期权的价格）以及除波动率之外的其他输入变量都是已知的。实际上，我们是在使用理论定价模型来反向求解未知的波动率。在实践中，说起来容易做起来难，因为大部分的理论定价模型不能进行反向求解。不过当已知其他所有的输入量时，还是有些相对简单的算法能很快地算出隐含波动率。

隐含波动率不仅取决于理论定价模型的输入变量，还取决于正在使用的理论定价模型。对于一些期权来说，使用不同的模型得出的隐含波动率明显不同。当输入量不是同时发生的时候，会引发一些问题。如果一个期权在一段时间内没有交易，而市场情况在这段时间内发生了变化，那么使用一个过期的期权价格就会得出误导性的或者不准确的隐含波动率。假设在我们的例子中，行权价格为 105 的看涨期权的市场价格 3.60 反映了最后交易价，但是最后一笔交易发生在 2 个小时之前，当时的标的股票的价格是 99.25。如果标的股票的价格是 99.25，价格为 3.60 的期权的隐含波动率实际上是 26.95%。这表明在计算隐含波动率时，输入变量的准确性与同时性是多么重要。

经纪公司和数据服务商在为客户提供的期权分析中经常包含隐含波动率的数据。该数据可能包含以同一合约为标的每个期权的隐含波动率，或者以一个隐含波动率的形式代表特定标的市场的期权。在后一种情况下，单一的隐含波动率通常是对各个隐含波动率按照一定的标准赋予相应的权重得到，这些权重标准包括期权交易量、持仓量或是最常见的对平值期权赋予最大的权重。

由于期权价格和其他市场条件不断变化，市场的隐含波动率也在不断地变化。就像市场在不断地在进行民意测验，对每个标的合约得到一致同意的波动率水平。当然这不是真正意义上的民意测验，因为交易者没有相互商量最终投票得出正确的波动率，而是通过买卖报价，期权的交易价格会体现供给与需求之间的平衡。这种平衡可以用隐含波动率来表达。

术语**权利金**（premium）是指期权的价格。隐含波动率是由期权的价格衍生而来，因此交易者有时会将权利金和隐含波动率互换使用。如果当前的隐含波动率高于历史水平或者高于标的合约近期的历史波动率，那么交易者可能会说权利金水平偏高；如果隐含波动率低于正常水平，那么交易者可能会说权利金水平偏低。

期权交易的新手学习卖出高估期权、买入低估期权是十分明智的做法。通过以高于理论价值的价格卖出期权或者以低于理论价值的价格买入期权，交易者获得了一个正的理论胜算。但是，交易者应该如何判断期权的价格是被高估还是被低估了呢？这好似是个容易回答的问题。错误定价的总额不是等于期权的价格与价值之间的差异吗？但是问题在于不止一种方法可以被用来衡量这种差异。回到行权价格为 105 的看涨期权的例子中，当期权理论价值为 2.94 而市场价格为 3.60 时，我们可以说行权价格为 105 的看涨期权被高估了 0.66。但是，从波动率的角度来看，期权被高估了 3.50%，这是因为理论价值是基于 25% 的波动率（我们估计的波动率）计算出来的，而市场价格是基于 28.5% 的波动率（隐含波动率）计算出来的。由于期权具有不寻常的特征，对交易者来说，从隐含波动率的角度而不是从价格点数的角度来看待期权价格会更加实用。

交易者经常使用隐含波动率来比较期权的相对定价。在我们的例子中，行权价格为 105 的看涨期权市场价格为 3.60，隐含波动率为 28.50%。假设在相同的条件下，行权价格为 100 的看涨期权市场价格为 5.40。在价格总点数上，行权价格为 100 的看涨期权明显比行权价格为 105 的看涨期权要贵（5.40 与 3.60 相比）。但是，如果行权价格为 100 的看涨期权市场价格为 5.40，波动率为 27.51%，大部分交易者会认为行权价格为 100 的看涨期权要比行权价格为 105 的看涨期权便宜几乎 1% 个点（27.51% 与 28.50% 相比）。实际上，交易者在谈论隐含波动率时，就好像把它当作期权价格一样。交易者以 5.40 的市场价格买入行权价格为 100 的看涨期权，可能会说自己是以 27.51% 买入期权的。以 3.60 的市场价格卖出行权价格为 105 的看涨期权的，可能会说自己是以 28.50% 卖出期权的。当然，期权是通过使用适当的货币来进行买卖的。但是，从一个期权交易者的角度来看，与用货币单位表示实际价格相比，用隐含波动率来表示期权价格通常是更为有效的表示方式。

即使行权价格为 100 的看涨期权的隐含波动率为 27.51%，而行权价格为 105 的看涨期权的隐含波动率为 28.50%，也并不意味着交易者应该买入行权价格为 100 的看涨期权并卖出行权价格为 105 的看涨期权。交易者应该考虑如果对波动率的估值错误会发生什么。在期权的存续期间内，如果未来已实现的波动率为 25%，那么行权价格为 100 的看涨期权与行权价格为 105 的看涨期权都会被高估，在理论上，卖出这两个期权中的任一个都会盈利。但是，如果交易者对波动率的估值是错误的，未来已实现的波动率应为 32%，又会发生什么呢？现在卖出任何一个期权都会造成亏损。对波动率错误的估值，是一个重要的考虑因素，我们会在后面的章节中对此进行深入的探讨。但是如果不考虑其他因素，那么行权价格为 100 的看涨期权的隐含波动率更低，从而可能会有更大的价值。

虽然期权的交易者有时会对波动率做出多种多样的解释，但是其中两种是非常重要的，即未来已实现波动率与隐含波动率。标的合约的未来已实现波动率决定了基于该合约的期权合约的**价值**。隐含波动率反映了期权的价格。不仅期权交易者会关注价值与价格这两个数值，其他交易者也都会关注它们。如果一个合约的价值很高但价格很低，交易者就会买入。如果一个合约的价值很低但价格很高，交易者就会卖出。对于期权交易者来说，这通常意味着要将期望的未来已实现波动率与隐含波动率进行比较。如果与期望的未来已实现波动率相比，隐含波动率较低，那么交易者会愿意买入期权；如果隐含波动率较高，那么交易者会愿意卖出期权。当然，由于未来波动率是未知的，交易者会参考可用的历史数据来预测未来波动率，以对未来做个明智的猜想。但在最后的分析中，期权的价值还是由未来已实现波动率所决定。

为了帮助交易新手更好地理解波动率的作用，一个常用的类比方法就是把波动率想象成天气。假设住在芝加哥的交易者在 7 月的某天早晨起床，他必须决定当天要穿什么衣服。他会穿厚重的冬季大衣吗？这也许不是一个符合逻辑的选择，因为他知道**历史**上 7 月的芝加哥并没有冷到需要他穿冬季大衣的程度。接下来，他可能会打开收音机或者电视来收听天气预报。天气预报正在预报今天天气晴朗、气温 90 华氏度（约 32 摄氏度）。基于这些信息，交易者决定今天穿一件短袖衬衫，而不需要穿毛衣或者夹克，并且不用带雨伞。但为了确认一下，他决定看看窗外的过路人都穿什么。令他吃惊的是，每个人都穿着大衣，带着雨伞。外面的人们通过衣着暗示了与预报不同的天气。基于这些矛盾的信息，交易者应该穿什么衣服呢？他必须做出决定，但他应该相信谁呢？是相信天气预报还是相信街上的人们呢？对此交易者没有确切的答案，因为只有过完今天之后，他才会知道今天的天气。答案更多地取决于交易者对当地情况的了解。也许交易者住在离天气预报观测地很远的地方，那么他就必须更加看重当地的情况。

穿什么衣服的决定有如做出交易决策，取决于很多因素。不仅取决于最好的可用信息，还取决于出错的概率。还要考虑决定正确有什么好处，决定错误有什么后果？如果一个交易者在下雨天没有带雨伞出门，但是公交车正好能将他从家门口送到单位门口，那么对该交易者来说，这个决定就没什么不良后果。相反，如果他必须在雨中走几条街区，那么他可能会因此感冒而耽搁几天的工作。做决定是困难的，只能希望自己的决定长期看来能有个好的结果。

改变波动率的假设常常会对期权的估值产生巨大的影响。图6-10显示了2012年7月31日的几种黄金期权的价格、理论价值以及隐含波动率。图6-11具体关注的是当我们将波动率从14%提高到18%时，理论价值是如何变化的。先来看一下看涨期权的价值，虽然所有期权的价值都增加了，但是行权价格为1 600的看涨期权（即平值期权），价值增加得最多，即从41.65增长到51.60，总共增加了9.95。同时，行权价格为1 800的看涨期权显示了最大的百分比增长。它的价值增长了3倍，即从0.78增长到3.05，总共增加了291%。后续我们会讨论这些重要的原则，但现在还是值得先说明一下。

（1）以价格点数的形式，波动率的变化对平值期权的影响将大于相应的实值期权或虚值期权。

（2）以百分比形式，波动率的变化对虚值期权的影响将大于相应的实值期权或平值期权。

这些原则同样适用于看涨期权和看跌期权。行权价格为1 600的看跌期权在价格总点数上增长最多，从29.26上升到39.21，增长了9.95。行权价格为1 400的看跌期权按百分比增长最多，从0.13到0.89，增长了585%。

无论使用哪种衡量方法，实值期权对波动率的变化都是最不敏感的。随着期权变成深度实值期权，该期权对标的价格的变化越来越敏感，而对波动率的变化也越来越不敏感。因为投资者和交易者进入期权市场时，寻求的主要是波动率特征，所以期权市场中绝大部分交易量都集中在对波动率变化最为敏感的平值期权和虚值期权上，对此我们不应感到意外了。

在图6-12和图6-13中，我们可以看出这样的原则也同样适用于长期期权。平值期权（12月行权价格为1 600的看涨期权和看跌期权）在价格总点数上变化最大，而虚值期权（12月行权价格为1 800的看涨期权和行权价格为1 400的看跌期权）按百分比变化最大。正如我们所预期的，对于相同行权价格的期权，12月期权的价值总是大于10月期权的价值。但是当我们改变波动率时，再来观察一下变化的幅度。对于相同行权价格的期权，12月（长期）期权总是比10月（短期）期权在价格总点数上变化更大。这就引出了期权估值的第三个原则。

2012年7月31日
10月黄金期货价格=1 612.4
距离10月到期的时间=8周（56天）
利率=0.50%[①]

行权价格	结算价格	隐含波动率	在以下波动率条件下的期权理论价值		
			波动率=14%	波动率=18%	波动率=22%
10月看涨期权					
1 400	215.2	22.36%	212.37	213.13	214.98
1 500	122.5	19.01%	116.05	121.01	127.34
1 600	50.8	17.68%	41.65	51.6	61.57
1 700	16.1	18.42%	8.08	15.28	23.49
1 800	5.3	20.46%	0.78	3.05	7
10月看跌期权					
1 400	2.9	22.26%	0.13	0.89	2.74
1 500	10.2	19.02%	3.74	8.7	15.02
1 600	38.4	17.68%	29.26	39.21	49.18
1 700	103.7	18.45%	95.61	102.82	111.03
1 800	192.8	20.50%	188.23	190.51	194.46

① 图6-10和图6-12中的价格是在利率非常低的时段发生的。

图6-10 黄金8周（40个交易日）的历史波动率

2012年7月31日
10月黄金期货价格=1 612.4
距离10月到期的时间=8周（56天）
利率=0.50%

行权价格	波动率=14%	波动率=18%	价值的净变化	价值的变化百分比
10月看涨期权				
1 400	212.37	213.13	0.76	<1%
1 500	116.05	121.01	4.96	4.00%
1 600	41.65	51.6	9.95	24.00%
1 700	8.08	15.28	7.2	89.00%
1 800	0.78	3.05	2.27	291.00%
10月看跌期权				
1 400	0.13	0.89	0.76	585.00%
1 500	3.74	8.7	4.96	133.00%
1 600	29.26	39.21	9.95	34.00%
1 700	95.61	102.82	7.21	8.00%
1 800	188.23	190.51	2.28	1.00%

图 6-11

2012年7月31日
12月黄金期货价格 = 1 614.6
距离12月到期的时间 = 17周（119天）
利率 = 0.50%

行权价格	结算价格	隐含波动率	在以下波动率条件下的期权理论价值		
			波动率=14%	波动率=18%	波动率=22%
12月看涨期权					
1 400	226.3	22.00%	216.03	220.06	226.3
1 500	142.7	20.17%	126.41	136.59	148.05
1 600	78.8	19.51%	58.78	73.31	87.86
1 700	40	19.93%	20.71	33.52	47.1
1 800	20.4	21.07%	5.44	13.03	22.84
12月看跌期权					
1 400	11.9	21.92%	1.78	5.81	12.04
1 500	28.2	20.14%	12	22.18	33.64
1 600	64.2	19.50%	44.2	58.74	73.25
1 700	125.3	19.94%	105.98	118.79	132.36
1 800	205.5	21.07%	190.54	198.13	207.94

图 6-12

2012年7月31日
12月黄金期货价格 = 1 614.6
距离12月到期的时间 = 17周（119天）
利率 = 0.50%

行权价格	波动率=14%	波动率=18%	价值的净变化	价值的变化百分比
12月看涨期权				
1 400	216.03	220.06	4.03	2%
1 500	126.41	136.59	10.18	8%
1 600	58.78	73.31	14.53	25%
1 700	20.71	33.52	12.81	62%
1 800	5.44	13.03	7.59	140%
12月看跌期权				
1 400	1.78	5.81	4.03	226%
1 500	12.00	22.18	10.18	85%
1 600	44.20	58.74	14.54	33%
1 700	105.98	118.79	12.81	12%
1 800	190.54	198.13	7.59	4%

图 6-13

（3）与行权价格相同的短期期权相比，波动率的变化将对长期期权产生更大的影响。

在前面的图中，读者可能已经注意到一些有趣的地方。第一，虽然不同行权价格的期权的隐含波动率可能不同，但是具有相同行权价格和到期时间的看涨期权和看跌期权却有着非常相似的隐含波动率。第二，当波动率变化时，具有相同行权价格和到期时间的看涨期权和看跌期权的变化量近似相等。这是由于具有相同行权价格的看涨期权和看跌期权之间存在一个重要的关系⊖，这个关系导致了上述的这些特征。在第15章中，我们会进一步探究。

最后，我们可能会问在8周的时间内，黄金的波动率会变化多少呢？4%的变化是可能的吗？事实上，通过图6-14中观察从2009年1月到2012年7月的3年半的时间里，8周的历史波动率，我们可以看到这样的变化是很常见的。

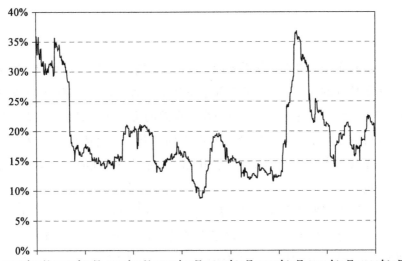

图6-14 黄金8周（40个交易日）的历史波动率

波动率如此重要，严谨的期权交易者花费大量时间来思考波动率也就不足为奇了。交易者根据历史波动率、预测波动率以及隐含波动率，必须对未来波动率做出合理判断。由此，他要尝试选择相应的期权策略，在判断正确时将会盈利，在判断错误时不会带来严重的损失。由于波动率预测的难度，交易者总要选择将会留出最大误差限度的策略。如果交易者寻求的策略是基于未来波动率为20%的估计值，当波动率实际上变为18%或22%时，该交易策略会导致巨大的损失，在这种情况下，没有交易者能长久地生存下来。对于波动率这样的变动，为错误预留2%的空间等于没有误差余地。

我们还没有对波动率的讨论做出结论。在做出结论之前，学习期权特征、交易策略以及风险因素是非常有用的。然后，我们可以站在一个更好的角度来更详细地探究波动率。

⊖ 有些读者可能已经熟悉这种关系，即"看跌-看涨平价关系"。

第 7 章
Option Volatility and Pricing

风险度量 I

市场中的每个交易者都必须平衡两个对立的因素——回报与风险。交易者希望自己对市场情况的分析是正确的，并希望基于正确的分析能够构建可盈利的交易策略。但是，任何交易者都无法忽视存在误差的可能性。如果交易者的判断错误，市场条件向不利于交易者所持头寸的方向变化，他将因此承受多大的损失呢？如果一个交易者无法考虑到与头寸相关的各种风险，他的职业生涯注定是短暂且不愉快的。

一个购买股票或期货合约的交易者，他几乎只关心市场的变动方向。如果交易者持有多头头寸，他面临着市场价格下跌的风险。如果交易者持有空头头寸，他将面临市场价格上升的风险。然而期权交易者需要应对的风险并没有这么简单，很多因素都会影响期权的价值。如果交易者使用理论定价模型对期权进行估值，则模型的任何输入变量都意味着风险，因为总存在着对输入变量估计错误的可能性。即使在当前市场条件下输入变量是正确的，但是随着时间的推移，市场条件也有可能向不利于期权头寸价值的方向变动。正因为多种因素共同影响着期权的价值，即使是最有经验的交易者也可能因价格出乎意料的变化而感到惊讶。由于交易者需要快速做出决策，有时这种决策无法借助于计算机。因此，期权交易者要学习的知识中，很大一部分内容涉及市场条件变化对期权价值的影响，以及与期权头寸相关的风险。

首先，考虑期权一些基本的风险特征，如图 7-1 所示。在不考虑期权种类的条件下，能够得出标的价格、波动率、到期时间等的变化对期权价值的总影响。但是利率对期权价值的影响因标的合约价格和结算程序的不同而有所差异。

利率的变化可以在两方面影响期权价值。第一，它可能会改变标的合约的远期价格。第二，它可能会改变期权的现值。在股票期权市场中，利率的上升会使远期价格上升，进而造成看涨期权价值上升，看跌期权价值下降。同时，更高的利率会降低看涨期权和看跌期权的现值。因此，在两种效应的作用下，可以明显看出看跌期权价值会下降。而对于看涨期权而言，两种效应相反：更高的远期价格会使看涨期权价值上升，但却会使看涨期权的现值下降。因为股价一般高于期权价格，所以远期价格上涨的影响要大于现值减少的影响。因此，股票看涨期权的价值将随利率上升而上升，随利率下降而下降。而看跌期权恰好相反，随着利率上升其价值下降，随着利率下降其价值上升。

如果……	看涨期权将……	看跌期权将……
标的合约价格上涨	上升	下降
标的合约价格下降	下降	上升
波动率上升	上升	上升
波动率下降	下降	下降
随时间推移	下降[1]	下降[1]

[1] 在一些非正常情况下，即使其他市场条件不变，期权合约的价值也有可能随时间推移而上升。产生这种结果的市场情况将在后面的论述中讨论到。

图 7-1　市场条件的变化对期权价值的影响

股票期权的价值还取决于交易者持有的是股票多头头寸还是空头头寸。如果交易者持有的期权头寸还包含一个股票空头头寸，那么卖空股票所需的借贷成本，可以有效降低利率（详见第 2 章"卖空"部分）。这将会降低远期价格，从而降低看涨期权价值，增加看跌期权价值。结果，持有股票空头的交易者会愿意以更低的价格卖出看涨期权或以更高的价格买入看跌期权。如果交易者卖出看涨期权或买入看跌期权，他会购入股票来对冲，将其股票的空头头寸抵消。

期权价值取决于交易者是否要对冲股票多头或空头头寸，而大多数交易者更愿意避免该类复杂情况。这就引出了对股票期权交易者有用的法则：

无论何时，交易者都应该避免一个股票空头头寸。

作为推论，很多有经验的期权交易者更喜欢持有一些股票多头来作为头寸的一部分。如果交易者必须通过卖出股票来对冲头寸，较卖空而言，他更喜欢直接将股票多头平仓。交易者不需要担心利率的变化，因为任何多头股票交易一般就意味着做多利率。并且他也不需要担心卖空股票的任何规章限制。

虽然股票期权通常被假设为股票型结算方式（即期权交易产生立即的现金支付），但是期货期权合约的结算程序可能因交易所不同而有所差异。在美国的交易所，期货期权是股票型结算方式，而在美国以外的交易所，期货期权通常是期货型结算方式。而在期货型结算方式中，无论期权或标的期货合约是否成交，都没有现金易手。这时利率就变得不那么相关了——远期价格和现值都不会受到影响。由于期货期权是期货型结算,因此对利率的变化不敏感。但如果期货期权是股票型结算方式,那么利率上升时,远期价格不变但是该期权的现值会减少。最终,看涨期权和看跌期权的价值都会下降。但是除非该期权是深度实值的,否则这种影响通常会很小,因为期权价值与标的合约价值的相关性很小。因此,较股票期权而言,期货期权对利率变化更不敏感。

当所考虑的期权为外汇期权时⊖,情况将更为复杂。因为交易者此时必须应对两种利率——国内利率与外国利率。让我们回到第2章的远期定价关系式中,用 S 表示即期汇率。我们能看出如果外国利率上升(分母变大),外汇的远期价格将下降;如果外国利率下降(分母变小),外汇的远期价格则会上升。

$$F = S \times \frac{1 + r_d \times t}{1 + r_f \times t}$$

这就意味着如果外国利率上升,看涨期权价值将会下降,而看跌期权价值会上升。

我们也能看到如果本国利率上升(分子变大),本国货币的远期价格会上升。如果本国利率下降(分子减小),本国货币的远期价格会下降。但是对于股票结算方式的期权而言,本国利率的上升也会减少期权现值。与股票期权一样,远期价格的上涨会占主导。因此,随着本国利率的上升,看涨期权价值会上升,而看跌期权价值会下降。利率变化的影响如图7-2、图7-3的总结。

	如果国内利率上升	如果国内利率下降	如果外国利率上升	如果外国利率下降
股票看涨期权将……	价值上升	价值下降	(不适用)	(不适用)
股票看跌期权将……	价值下降	价值上升	(不适用)	(不适用)
期货合约看涨期权(股票型结算)	价值下降	价值下降	(不适用)	(不适用)
期货合约看跌期权(股票型结算)	价值下降	价值下降	(不适用)	(不适用)
期货合约看涨期权(期货型结算)	不影响	不影响	(不适用)	(不适用)
期货合约看跌期权(期货型结算)	不影响	不影响	(不适用)	(不适用)
外汇看涨期权	价值上升	价值下降	价值下降	价值上升
外汇看跌期权	价值下降	价值上升	价值上升	价值下降

图7-2 利率变化对期权价值的影响

⊖ 此处提到的是外汇的期权,而不是外汇期货的期权。后者的特征与任何的期货期权都相同。

	如果股利增加	如果股利减少
股票看涨期权将……	价值下降	价值上升
股票看跌期权将……	价值上升	价值下降

图 7-3 股利变化对期权价值的影响

如果我们要估值的股票期权，在其存续期内会发放股利，那么股利的变化也会影响期权的价值，因为它会改变股票的远期价格。股利的增长会使远期价格下降，进而使看涨期权价值下降，看跌期权价值上升。股利的下降会使远期价格上升，进而使看涨期权价值上升，看跌期权价值下降。

即使我们能概括出市场条件变化对期权价值的影响，但仍需确定风险的幅度。如果市场条件改变，对期权价值的影响是大还是小？代表了主要风险还是次要风险？还是介于二者之间？幸运的是，定价模型除了能够得出理论价值，还提供了许多其他参数。利用这些参数，我们能够确定市场变动的方向和幅度。这些参数有各种名称：比如希腊字母（Greeks）（因为它们通常是希腊字母的简写）、风险度量（risk measures），或（从数学意义来看）偏导数（partial derivatives）。尽管这些参数不能回答与市场条件变化相关的所有问题，但掌握它们有助于我们更好地评估与单个及复杂期权头寸有关的风险。

7.1 Delta

Delta（Δ）是用来衡量与标的合约价格方向性变化相关的期权风险。一个具有正 Delta 值的头寸意味着希望标的合约价格正向变动。一个具有负 Delta 值的头寸意味着希望标的合约价格反向变动。Delta 在期权中有多种解释，每种释义对交易者执行的策略都各有用处。

7.1.1 变化率

在到期日，期权的价值就是其内在价值。然而在到期日之前，随着期权变为深度实值或深度虚值，其理论价值是一条趋近于内在价值的曲线，如图 7-4 所示。随着标的价格的上升，曲线的斜率会趋近于 +1；随着标的价格的下降，曲线的斜率会趋近于 0。在任一给定的标的价格下，看涨期权的 Delta 值是该曲线的斜率——期权价值相对于标的价格的变化率。

假定其他所有市场条件不变，看涨期权价值增加或降低的速度不可能比标的资产的价格增减速度更快，它的变动方向也不可能与标的市场相反。如果看涨期权是深度实值，则其 Delta 值存在上限，为 1.00。如果看涨期权是

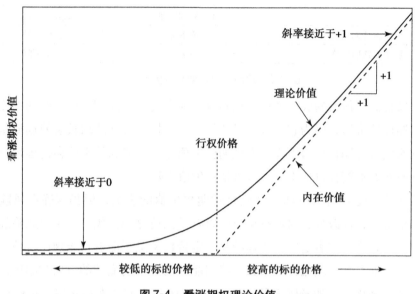

图7-4 看涨期权理论价值

深度虚值,则其Delta值也存在下限,为0。因此大多数看涨期权的Delta值会在0到1.00之间,其价值变化慢于标的资产价格变化。如果看涨期权的Delta值为0.25,那么它的价值变化速度将是标的资产价格变化率的25%,当标的资产价格上升(下跌)1.00,期权价值将上升(下跌)0.25。如果看涨期权的Delta值为0.75,那么它的价值变化速度将是标的资产价格变化率的75%,当标的资产价格上升(下跌)0.60,该期权价值将获益(亏损)0.45。Delta值接近0.50的看涨期权的价值涨跌幅度刚好是标的资产变化率的一半左右。

看跌期权与看涨期权的特征相似,只是看跌期权价值的变动方向与标的市场变动方向相反。在图7-5中,我们可以看到当标的价格上升时,看跌期权价值会下降;当标的价格下降时,看跌期权价值会上升。正因为如此,看跌期权的Delta值总为负数,其变动区间为0(对应深度虚值看跌期权)到-1.00(对应深度实值看跌期权)。正如看涨期权的Delta值一样,看跌期权的Delta也是度量期权价值如何随标的资产价格变化的指标,但前面的负号表明期权价值的这种变动是与标的市场价格变化方向相反的。如果看跌期权的Delta值为-0.10,其价值变化速度将是标的资产价格变化率的10%,不过变化方向是相反的。当标的资产价格上升(下降)0.50时,该看跌期权价值将亏损(获益)0.05。Delta值为-0.50的看跌期权的价值变化速度大约是标的资产价格变化率的一半,但变化方向相反。

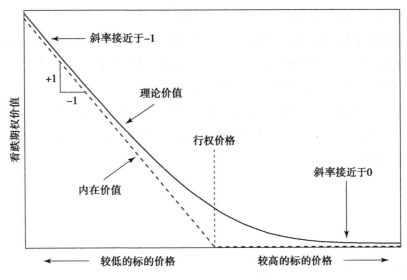

图 7-5 看跌期权理论价值

期权头寸通常与标的合约的头寸结合在一起，为了确定该组合头寸的总风险，我们需要给标的合约赋一个 Delta 值。从逻辑上来讲，标的价格变化多少，标的合约头寸价值也变化多少。因此，不管标的资产是股票、期货还是其他工具，标的合约的 Delta 都是 1.00。

虽然看涨期权的 Delta 值是从 0 到 1.00，看跌期权的 Delta 值是从 -1.00 到 0，但通常期权交易者都会用去掉小数点的整数来表示 Delta 值。在本书中⊖我们也将遵从这一惯例。在该格式下，看涨期权的 Delta 值是从 0 到 100，看跌期权的 Delta 值是从 -100 到 0。标的资产的 Delta 值总是 100。

7.1.2 套保比率

在第 5 章中，我们曾介绍过**无风险**（riskless）或称**中性**（neutral）套保的概念，即在价格小幅变化中，某头寸的价值不会随着标的合约价格的上升或下降而改变。标的合约的 Delta 值总是 100，所以用 100 除以期权的 Delta 值即可得到这一适当的套保比率。一个看涨期权的 Delta 值为 50，因此适当的套保比率就是 100/50，或 2/1。每买入（卖出）2 份期权就需要卖出（买入）1 份标的合约以建立中性对冲。对于 Delta 值为 40 的看涨期权，每买入（卖出）5 份期权就需要

⊖ 该惯例起源于美国的股票期权市场，在该市场中的期权交易者通常将一个 Delta 值与 1 股股票对应起来。由于标的合约都是由 100 股股票组成，因此交易者给标的合约赋 Delta 值为 100。很多期货期权交易者也用这种整数模式来表示 Delta 值。

卖出（买入）2 份标的合约，即 100/40 = 5/2。

由于看跌期权 Delta 值为负，对冲买入的看跌期权头寸需要买入标的合约。对于 Delta 值为 -75 的看跌期权，每买入（卖出）4 份看跌期权就需要买入（卖出）3 份标的合约，也即 100/ -75 = 4/ -3。

如果头寸的 Delta 值总和为零，那么该头寸即是 **Delta 中性**（delta neutral）的。如果我们买入 2 个 Delta 值为 50 的看涨期权，且卖出 1 份标的合约，那么头寸的 Delta 值总和为：

$$+ 2 \times 50$$
$$\underline{- 1 \times 100}$$
$$0$$

如果我们卖出 4 份 Delta 值为 -75 的看跌期权，且卖出 3 份标的合约，那么头寸的 Delta 值总和为：

$$- 4 \times -75$$
$$\underline{- 3 \times 100}$$
$$0$$

因此，两个头寸都是 Delta 中性的。⊖

一个 Delta 中性的头寸对标的合约价格的上升或下降没有偏好。虽然交易者可能会选择他认为合适的 Delta 头寸——牛市（Delta 值为正）或熊市（Delta 值为负），但在第 8 章我们将会看到，一个想要捕捉到期权理论价值的交易者必须从一开始并且在期权整个存续期内保持头寸的 Delta 中性。

7.1.3 理论或等效的标的合约头寸

很多期权交易者进入期权市场之前都曾参与过标的合约的交易。期货期权交易者往往是通过买卖期货合约开始其职业生涯的；股票期权交易者通常是通过买卖股票开始其职业生涯的。如果交易者已经习惯于利用买卖标的合约的数量（无论是期货合约数量或股票数量）来评估风险，他可以使用 Delta 值来将期权头寸的方向性风险与标的市场类似头寸的风险程度等同起来。

由于标的合约的 Delta 值总为 100，所以 Delta 值为 100 的期权头寸理论上等同于 1 份标的合约。持有 1 份 Delta 值为 50 的期权交易者相当于买入或控制了约 1/2 份的标的合约。如果交易者持有 10 份 Delta 值为 50 的期权，则他相当于持有

⊖ 习惯上，买入合约或在合约前加"＋"，代表持有合约多头；卖出合约或在合约前加"－"，代表持有合约空头。

Delta 值为 500 的多头头寸，或相当于 5 份标的合约。如果标的合约是 1 份股票合约（包括 100 股股票），则理论上相当于他买入了 500 股该股票。如果交易者卖出 20 份 Delta 值为 -25 的看跌期权，由于 (-20) × (-25) = (+500)，那么他也相当于构建了类似前述 Delta 值为 500 的理论头寸。

要重点强调的是，按 Delta 值将期权等同于标的合约头寸，只是理论上的解释。期权不仅是标的合约头寸的替代品。事实上，标的合约头寸基本上只受标的合约市场价格变动方向的影响。虽然期权头寸也受标的价格方向性变动的影响，但同时它还受到其他市场条件变化的影响。如果期权交易者只关注 Delta 值，那么他也许会忽略其他可能对期权头寸造成更大影响的风险因素。期权交易者必须意识到，只有在界定非常严格的条件下，期权头寸 Delta 值才能表示等效的标的合约数量。

Delta 值有 3 种解释：理论价值变化率、套保比率以及等效的标的合约头寸，而交易者应该选择何种解释？Delta 主要取决于交易者打算如何使用 Delta。举例来说，假设交易者头寸的 Delta 值为 +500，他知道理论上他持有 5 份标的合约多头（Delta 值作为等效标的合约头寸解释）。如果交易者希望持有 Delta 中性的头寸，则他必须卖出 5 份标的合约（Delta 值作为套保比率解释）。最后，如果他维持了 +500 的 Delta 值水平，他的头寸价值变化速度将是标的合约市场变化率的 5 倍或 500%（Delta 值作为变化率解释）。如果标的合约价格上升了 2.00，则交易者的该头寸会获益约 10.00。如果标的合约价格下降了 1.25，则交易者的该头寸会损失约 6.25。从数学上来讲，这些解释的本质都是相同的，交易者选择哪一种取决于他的交易方式。

7.1.4 概率

还有一种关于 Delta 的解释，虽然可能不实用，但也值得一提。如果我们忽略 Delta 的符号（看涨期权为正，看跌期权为负），那么 Delta 值约等于期权到期是实值期权的概率。比如一个 Delta 值为 25 的看涨期权或 Delta 值为 -25 的看跌期权，在到期日就有约 25% 的可能性是实值期权。一个 Delta 值为 75 的看涨期权或 Delta 值为 -75 的看跌期权，在到期日就有约 75% 的可能性是实值期权。随着看涨期权的 Delta 值接近 100 或看跌期权的 Delta 值接近 -100 时，该期权越来越可能在到期日是实值期权。随着期权的 Delta 值接近 0 时，该期权越来越不可能在到期日是实值期权。这也就解释了为什么平值期权的 Delta 值接近于 50，如果我们假定价格随机变化，市场价格会有一半的概率上涨（期权成为实值），一半

概率下降（期权成为虚值）。⊖

当然，Delta 值只是一个近似的概率，因为利率因素和股票期权的股利都可能会扭曲这种解释。而且，大多数期权策略不仅取决于期权到期时是否为实值，还取决于其实值的程度。如果交易者卖出 Delta 值为 10 的期权并且认为 10 次中有 9 次都会毫无价值地到期，那么他的判断可能会是正确的。但如果第 10 次他损失的金额大于其他 9 次期权无价值到期而获得的权利金，则交易的期望收益为负。为了明智地交易期权，我们不仅需要考虑交易策略获利或亏损的频率，还需要考虑该策略获利或亏损的程度。在对于损失的态度上，即使大额收益出现的次数很少，但如果其能够抵消多次的小额损失，那么经验丰富的交易者也愿意为等待大额收益而承担多次小额损失。同样，有经验的交易者不希望使用能产生很多小额获利，但偶尔会造成灾难性损失的策略。⊜

7.2 Gamma

图 7-6 是用整数表示的看涨期权和看跌期权的 Delta 值。虽然看涨期权的 Delta 值的变动区间是 0~100，看跌期权的 Delta 值的变动区间是 -100~0，但是其图像并不是直线。随着标的价格上升或下降，图像的斜率会随之变动，且在两端接近于 0。如果事实并非如此，那么看涨期权的 Delta 值会下跌至 0 以下，或者上升至 100 以上，同理，看跌期权的 Delta 值会下跌至 -100 以下，或者上升至 0 以上。当标的价格接近于期权行权价格时，斜率达到最大。

Gamma 值（Γ）有时也被称作期权的**曲率**（curvature），它是标的合约价格变化时期权 Delta 值的变化率。Gamma 值通常被表述为当标的合约每变动 1 个点时 Delta 值的增加或减少的部分，当标的合约价格上升时，Gamma 值为 Delta 值的增加的数量，当标的合约价格下降时，Gamma 值为 Delta 值的减少数量。对于 Gamma 为 5 的期权，标的合约价格每上升（下降）1 个点，期权 Delta 值将增加（减少）5。⊜ 若该期权的初始 Delta 值为 25，当标的合约上升（下降）1 个点时，

⊖ 由于期权价值基于标的合约的远期价格，因此行权价为远期价格的期权的 Delta 值接近于 50。这就是 Delta 值大于 50 的期权更可能是虚值的原因之一。在股价为 100，到期日为 1 年，利率为 10% 且股票远期价格为 110 的条件下，110 的看涨期权的 Delta 值会接近于 50，而 105 的看涨期权的 Delta 值会高于 50。

⊜ 事实上，Delta 值只是期权到期时是实值的近似概率。稍后我们会用布莱克-斯科尔斯模型生成一个能更精确反映该概率的数值。

⊜ 事实上，Delta 值只是期权到期时是实值的近似概率。稍后我们会用布莱克-斯科尔斯模型生成一个能更精确反映该概率的数值。

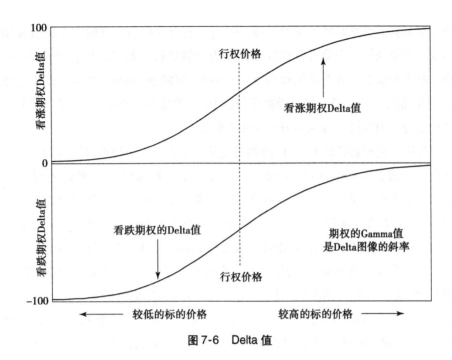

图 7-6 Delta 值

期权的新 Delta 值将变为 30（20）；如果标的合约价格再上升（下降）1 个点，新 Delta 值将进一步变为 35（15）⊖。

从图 7-6 中我们可以看出，看涨期权和看跌期权 Delta 值的图像形状基本一样，并且图像的斜率总为正值。这说明具有相同行权价格与到期时间的看涨期权和看跌期权的 Gamma 值是相同的，并且总为正值。而这可能会使交易新手感到困惑，因为他们在使用 Delta 值的过程中，已经习惯将看涨期权与正数、看跌期权与负数联系起来。但是，无论看涨期权或看跌期权，我们总在标的合约价格上升时在原有 Delta 值上加上 Gamma 值，在标的合约价格下跌时在原有 Delta 值上减去 Gamma 值。当交易者持有期权多头，无论看涨期权还是看跌期权，他都持有 Gamma 多头头寸。

举例来说，假设有 1 份 Delta 值为 50 的平值看涨期权和 1 份 Delta 值为 -50 的平值看跌期权，两者的 Gamma 值均为 5，那么其 Delta 值会随标的合约价格如何变化呢？如果标的合约价格上升 1 个点，则对看涨期权的原有 Delta 值 50 **加上** Gamma 的数值 5，得到新 Delta 值为 55。为得到看跌期权的新 Delta 值，也对看跌期权的原有 Delta 值 -50 **加上** Gamma 的数值 5，得到看跌期权的新 Delta 值为

⊖ 为了简化，我们假定此处的 Gamma 值为常数。实际上，Gamma 值如所有的风险测度指标一样会随市场条件的改变而改变。

−45。这与我们直觉判断的结论一致——当标的合约价格上升时，平值看涨期权逐渐变为实值期权，平值看跌期权逐渐变为虚值期权。如果标的合约价格下降1个点，对于看涨期权和看跌期权而言，原Delta值**减去**Gamma数值，使得看涨期权的Delta值变为50 − 5 = 45，看跌期权的Delta值变为 −50 − 5 = −55。此时，看涨期权变为虚值期权，看跌期权变为实值期权。

因为所有期权各自的Gamma值都为正值，那么我们可以通过买入看涨期权或看跌期权来构造Gamma值为正的头寸，通过卖出看涨期权或看跌期权来构造Gamma值为负的头寸。对于由不同期权构成的复杂头寸而言，我们可以对照单个期权Gamma值的方法解释——在标的合约价格上升时，在原有Delta值上加上Gamma值；在标的合约价格下降时，减去Gamma值。Gamma为正值的头寸，在市场价格上升时会使Delta值增加（我们会加上一个正数），在市场价格下降时会使Delta值减小（我们会减去一个正数）。而Gamma为负值的头寸的表现则恰恰相反：在市场价格上升时会使Delta值减少（我们会加上一个**负数**），而市场价格下降时会使Delta值增加（我们会减去一个**负数**）。而且，Delta的变化率取决于头寸的Gamma值的大小。交易新手常被告诫要避免Gamma值较高的头寸，特别是Gamma值为负的头寸，因为Delta所表示的方向性风险的速度会发生变化。

虽然Delta值是度量标的合约价格变化时期权价值如何变化的指标，但是要记住它只是一个瞬时指标。只有在标的价格变动幅度很小时，该度量才有效。如果标的合约价格有较大的变动，那么用固定的Delta值来估计期权的新价值就会不可靠。但是如果我们把Gamma值考虑进去，该估计就会更为可靠。

假定行权价格为S_1的看涨期权的理论价值为C，Delta值为Δ，Gamma值为Γ。如果标的合约的价格从S_1变成S_2，那该期权的新价值应为多少呢？一种简单的方法可能就是用价格的变化$S_2 - S_1$乘以Δ，再加上其原值C

$$C + [\Delta \times (S_1 - S_2)]$$

但这种计算方法是假定Delta值不变，而实际上并非如此。随着标的合约价格从S_1变成S_2，期权的Delta值也会随之变化。当标的合约价格变成S_2时，期权新的Delta值为：

$$\Delta + (S_1 - S_2) \times \Gamma$$

我们应该在计算中用哪一个Delta值呢？是其原值（Δ）还是其新值 [$\Delta + (S_1 - S_2) \times \Gamma$] 呢？答案是两个都不用。从逻辑上来讲，应该使用标的合约价格从S_1变成S_2过程中的平均Delta值：

$$\text{平均Delta值} = [\Delta + \Delta + (S_1 - S_2) \times \Gamma]/2 = \Delta + (S_1 - S_2) \times \Gamma/2$$

但这也并非一个精确的答案,因为在标的合约价格变化的过程中,Gamma 值也会变化,不过这还是比用不变的 Delta 值来估计更为准确。通过用平均 Delta 值进行估计,期权的新价值应约⊖为:

$$C + (S_1 - S_2) \times [\Delta + (S_1 - S_2) \times \Gamma/2] = C + [(S_1 - S_2) \times \Delta] + [(S_1 - S_2)^2 \times \Gamma/2]$$

这种方法同样适用于看跌期权,不过需要注意的是看跌期权的 Delta 值是负值。

举例来说,假定标的合约价格为 97.50,其看涨期权的理论价值为 3.65,Delta 值为 40,Gamma 值为 2.5。如果标的合约价格上升到 101.50,那该期权的新价值应为多少呢?

在新标的合约价格为 101.50 时,该期权的 Delta 值为:

$$40 + 4 \times 2.5 = 50$$

随着标的合约价格从 97.50 上升到 101.50,其平均 Delta 值为:

$$(40 + 50)/2 = 45$$

通过平均 Delta 值可得新期权价值近似为

$$3.65 + (4.00 \times 0.45) = 5.45$$

7.3 Theta

期权的价值由内在价值和时间价值构成。随着时间流逝,时间价值会逐渐减少,并在到期日完全消失,这时期权的价值就是其内在价值。该过程如图 7-7 和图 7-8 所示。

Theta(Θ),或称**时间衰减**(time decay),是指在其他市场条件保持不变的情况下,随时间流逝期权价值减少的速度。Theta 通常表示为期权价值每日下降的点数。在其他市场条件不变时,Theta 值为 0.05 的期权的价值每天下降 0.05。如果该期权今天的理论价值为 4.00,那么明天它的价值为 3.95,后天它的价值为 3.90。

几乎所有期权的价值都会随时间流逝而减少。因此,我们通常用负值来表示 Theta 值,在本书中我们也将遵循这一惯例。在市场其他条件不变的情况下,一个 Theta 值为 -0.05 的期权,其价值每天都会减少 0.05。

在第 9 章中我们会看到关于 Theta 更为详细的介绍。现在来介绍 Theta 一个非常重要的特征:随着时间推移,平值期权的 Theta 值(指绝对值,下同)会上升。

⊖ 当运用 Delta 值估计期权价值变动时,我们需谨记其为 0 到 1.00 的小数值。

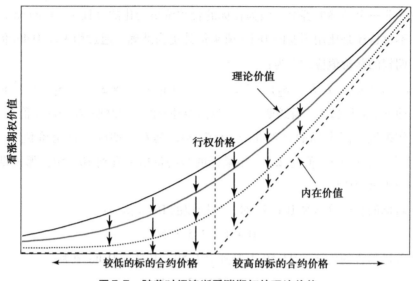

图7-7 随着时间流逝看涨期权的理论价值

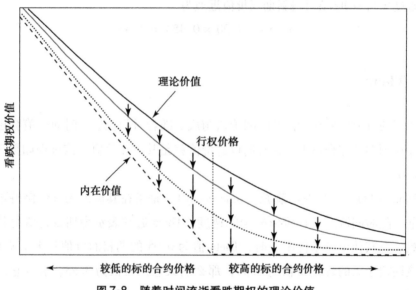

图7-8 随着时间流逝看跌期权的理论价值

假设1个剩余到期时间为3个月的平值期权的 Theta 值为 -0.03。那么在距到期日还有3周时，如果该期权仍然为平值，它的 Theta 值可能为 -0.06。距到期日还有3天时，该期权的 Theta 值可能为 -0.16。随着到期日临近 Theta 值会逐渐变大。

在其他条件不变的情况下，期权的 Theta 值有可能为正吗，即该期权明天的价值会比今天更高吗？事实上，由于存在利率的贬值效应（depression effect），这种情况是可能发生的。假设1个行权价格为60的看涨期权，其标的合约当前的价格为100。如果我们知道在到期日标的合约价格仍然为100，那么该看涨期权的价值为多少呢？到期时，该期权的内在价值为 40。如果该期权使用股票型结算方式，其当前的价值应为 40 的现值，比如说是 39。如果随着时间流逝标的合约价格保持在 100，则期权的价值一定会从 39（今天的价值）上升到 40（到期日的内在价值）。该期权实际上有负的时间价值，因此其 Theta 值为正。随着时间一天天过去，其价值会慢慢增加（如图 7-9 所示）。

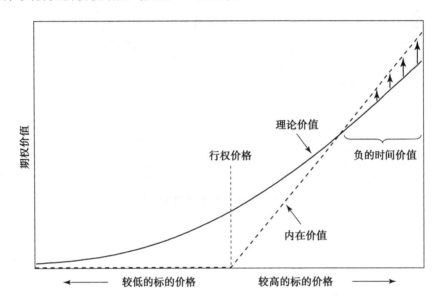

图 7-9　如果期权的时间价值为负，它的 Theta 值将为正；随着时间推移，期权价值会向着内在价值的方向增加

具有负的时间价值，即正的 Theta 值的期权的例子是相对少见的。这样的期权至少要是采用股票型结算方式，并且是深度实值的，同时是不能提前行权的欧式期权。如果是美式期权，那么所有人都会选择在今天执行期权，以赚得内在价值的利息收入。在我们研究美式期权的提前行权问题时，会深入讨论这种情形。

7.4　Vega

我们关注了标的合约价格变动对期权价值的影响（Delta）以及时间流逝对期权价值的影响（Theta），而波动率的变动也会对期权价值造成影响。这种影响如图 7-10 和图 7-11 所示。虽然交易者都会使用 Delta、Gamma 和 Theta 等术语，但有关期权理论价值对波动率变化的敏感性却缺乏普遍接受的术语。交易圈中最常用的术语是 Vega，这也是本书所采用的表达方法，但这并非意味着在其他领域也同样如此。Vega 并不是希腊字母，而学术圈中的表达偏好希腊字母，因此学术文

献中更常使用希腊字母 Kappa（K）来表示。[⊖]

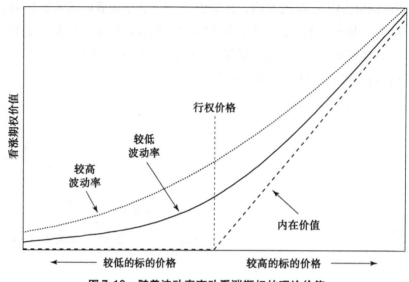

图 7-10　随着波动率变动看涨期权的理论价值

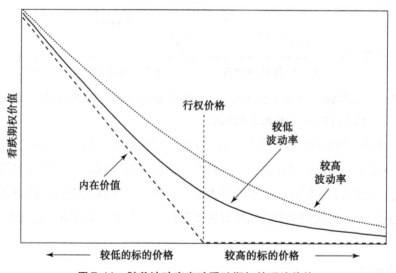

图 7-11　随着波动率变动看跌期权的理论价值

期权 Vega 值通常是指波动率每变动 1 个百分点时期权理论价值的变化。由于所有期权都会因波动率增加而价值上升，所以看涨期权与看跌期权的 Vega 值均为正数。对于 Vega 值为 0.15 的期权而言，波动率每上升（下降）1 个百分点，该期权的理论价值将增加（减少）0.15。如果波动率为 20% 时该期权的理论价值为

⊖ 交易者更喜欢用术语 Vega，因为其首字母是 v，因此方便提醒交易者这与波动率相关。而且 Vega 的希腊字母缩写形式是 ν（发音为 nu），这也与字母 v 相似。

3.25，那么波动率为 21% 时期权的理论价值将为 3.40，波动率为 19% 时期权的理论价值将为 3.10。

7.5 Rho

期权理论价值对利率变动的敏感性用 Rho（P）来度量。与其他敏感度指标不同，我们无法对 Rho 值一概而论，因为 Rho 的特性取决于标的资产类型与期权合约的结算方式。利率变动对期权价值的一般影响已经归纳在图 7-2 中。注意，与期货期权需要交割期货合约不同，外汇期权要求货币交割，因此它同时受到本国与外国利率的影响。外汇期权因而具有两种利率敏感度指标——Rho_1（本国利率敏感度）与 Rho_2（外国利率敏感度）。后者有时以希腊字母 Phi（Φ）来表示。

如果标的合约与期权合约都采用期货型结算方式，则 Rho 值也一定为零，因为无论标的合约的交易还是期权合约的交易都不会产生现金流。当期货期权采用股票型结算方式时，看涨期权与看跌期权的 Rho 值均为负数。由于利率上升增加了期权的持有成本，使此类期权的价值下降。对于股票期权而言，看涨期权的 Rho 值为正数（利率上升会使看涨期权比买入股票更有利），看跌期权的 Rho 值为负数（利率上升将使卖出股票比看跌期权更有利）。

尽管利率变化会影响期权的理论价值，但利率通常是理论定价模型中最不重要的输入变量。基于这一原因，Rho 值通常排在其他更重要的敏感度指标（Delta、Gamma、Theta、Vega）之后。实际上，很少有交易者会重视 Rho 值。但是那些拥有很大期权头寸的公司或交易者至少应该认识到与该头寸相关的利率风险。对于任何的风险而言，只要其变得很大，都有必要采取措施减少风险。由于 Rho 值的重要性较低，我们通常在分析期权策略和管理风险时，忽略它的影响。

我们知道标的合约的 Delta 值总为 100，但其 Gamma 值、Theta 值、Vega 值和 Rho 值是多少呢？Gamma 值是标的合约价格变化时期权 Delta 值的变化率。不管价格如何变动，标的合约的 Delta 值总是 100。因此，其 Gamma 值一定为 0。由于标的合约不发生衰减，其 Theta 值也一定为 0。标的合约也不受波动率的影响，因此其 Vega 值也一定为 0。最后，利率的变动不会影响标的合约的价值，因此其 Rho 值也一定为 0。⊖ 因此，与标的合约相关的风险度量指标除了 Delta 值以外，其余都为 0。标的合约、看涨期权、看跌期权的风险度量的符号已经归纳在图 7-12 中。

⊖ 交易者也许会认为利率的涨跌会影响远期价格，进而影响期权的价值。但从期权交易者的角度来看，标的合约价格不会受利率变化的直接影响。

如果	Delta 头寸为	Gamma 头寸为	Theta 头寸为	Vega 头寸为	Rho 头寸为
标的合约多头	+	0	0	0	0
标的合约空头	−	0	0	0	0
看涨期权多头	+	+	−	+	+（股票期权） −（期货期权）①
看涨期权空头	−	−	+	−	−（股票期权） +（期货期权）①
看跌期权多头	−	+	−	+	−（股票期权） −（期货期权）①
看跌期权空头	+	−	+	−	−（股票期权） +（期货期权）①

①这适用于股票型结算方式的期货期权。如果期货期权是期货型结算方式，那么有效 Rho 值为 0。

图 7-12

7.6 风险度量的解释

如果交易者的头寸仅仅由少数几个期权构成，可能就没有必要进行详细的风险分析。因为他已对各种情况下与期权相关的潜在风险与收益有了非常清晰的了解。但是如果头寸比较复杂，由具有不同到期日和行权价格的众多期权组成，交易者便不可能对其所承担的风险一目了然，此时分析头寸风险的切入点便是考虑与头寸相关的风险度量。

图 7-13 是一系列假设的标的合约价格为 100 的股票期权的理论估值表。图 7-14 展示了几个不同头寸的 Delta 值、Gamma 值、Theta 值、Vega 值以及 Rho 值。我们假定每个头寸由报价发起。

首先要注意的是所有的风险度量指标都容易让人过度依赖。为了确定某头寸的总风险度量，我们会用合约数量乘上每一个风险度量指标（用加号表示买入，减号表示卖出），然后再加总。

让我们先来思考图 7-14 中头寸 1 的风险。在此之前，我们也许应该问一个更为基础的问题：为什么会有人在一开始持有这样一个头寸呢？与所有的交易者一样，期权交易者希望达成能盈利的交易。为了能尽可能实现这一目标，期权交易者会构造一个有正理论胜算的头寸，即以低于理论价值的价格买入或以高于理论价值的价格卖出。虽然这并不能保证该头寸最终会盈利，但交易者认为正的理论胜算具有有利于他的概率，这与赌场的盈利模式是相似的。因此，交易者应该首先考虑该头寸是否有正的理论胜算。

股票价格 = 99.50	距离 6 月到期日的天数 = 91 天				
波动率 = 25%	预期股利 = 0		利率 = 6%		

6 月看涨期权						
行权价格	看涨期权价格	理论价值	Delta 值	Gamma 值	Theta 值	Vega 值	Rho 值
90	12.30	11.96	87	2.0	−0.029	0.122	0.178
95	8.55	8.33	71	2.8	−0.034	0.170	0.155
100	5.55[①]	5.44	56	3.2	−0.035	0.196	0.124
105	3.15	3.32	40	3.1	−0.032	0.192	0.091
110	1.80	1.90	27	2.6	−0.027	0.163	0.062

6 月看跌期权						
行权价格	看跌期权价格	理论价值	Delta 值	Gamma 值	Theta 值	Vega 值	Rho 值
90	1.45	1.12	−16	2.0	−0.014	0.122	−0.043
95	2.63	2.42	−29	2.8	−0.019	0.170	−0.078
100	4.55[②]	4.45	−44	3.2	−0.019	0.196	−0.121
105	7.10	7.26	−60	3.1	−0.015	0.195	−0.167
110	10.70	10.77	−73	2.6	−0.009	0.163	−0.209

图 7-13

头寸	理论胜算	Delta 值	Gamma 值	Theta 值	Vega 值	Rho 值
1. 10 份 6 月 95 看涨期权空头 7 份标的合约多头	10 × +0.22 0 +2.20	−10 × 71 +7 × 100 −10	10 × 2.8 0 −28	−10 × −0.034 0 +0.34	−10 × 0.170 0 −1.70	−10 × 0.155 0 −1.55
2. 10 份 6 月 100 看涨期权多头 10 份 6 月 100 看跌期权多头	10 × −0.11 10 × −0.10 −2.10	+10 × 56 +10 × −44 +120	+10 × 3.2 +10 × 3.2 +64	+10 × −0.035 +10 × −0.019 −0.54	+10 × 0.196 +10 × 0.196 +3.92	+10 × 0.124 +10 × −0.121 +0.30
3. 10 份 6 月 105 看跌期权多头 20 份 6 月 95 看跌期权空头	10 × +0.16 20 × +0.21 +5.80	+10 × −60 −20 × −29 −10	+10 × 3.1 −20 × 2.8 −25	+10 × −0.015 −20 × −0.019 +0.23	+10 × 0.192 −20 × 0.170 −1.48	+10 × −0.167 −20 × −0.078 +0.11
4. 10 份 6 月 100 看涨期权多头 10 份 6 月 90 看涨期权空头	10 × −0.11 10 × +0.34 +2.30	+10 × 56 −10 × 84 −280	+10 × 3.2 −10 × 2.0 −12	+10 × −0.035 −10 × −0.029 −0.06	+10 × 0.196 −10 × 0.122 +0.74	+10 × 0.124 −10 × 0.178 −0.54
5. 10 份 6 月 100 看跌期权空头 20 份 6 月 105 看跌期权多头 10 份 6 月 110 看跌期权空头	10 × +0.10 20 × +0.16 10 × −0.07 +3.50	−10 × −44 +20 × −60 −10 × −73 −30	−10 × 3.2 +20 × 3.1 −10 × 2.6 +4	−10 × −0.019 +20 × −0.015 −10 × −0.009 −0.02	−10 × 0.196 +20 × 0.192 −10 × 0.163 +0.25	−10 × −0.121 +20 × −0.167 −10 × −0.209 −0.04

图 7-14

在头寸 1 中，我们以 8.55 的价格卖出在 10 份 6 月到期、行权价格为 95 的看涨期权，但是该期权的理论价值为 8.33，因此该卖出构建了每份期权 0.22 的理论胜算。那关于标的合约交易的理论胜算又是多少呢？从一个期权交易者的角度来看，标的合约的理论价值就是其交易时刻的价格。因此，任何标的合约交易的

[①] 原文为 5.35，应为 5.55，打字错误。——译者注
[②] 原文为 4.35，应为 4.55，打字错误。——译者注

理论胜算都是 0。所以该头寸总的理论胜算就是 +2.20。

头寸 1 的总 Delta 值为 -10。虽然这意味着对市场下降的轻微偏好，但就实际而言，几乎所有的交易者都会认为该头寸是风险中性的。

该头寸的总 Gamma 值为 -28。我们知道正的或负的 Delta 值表明了对标的合约价格上升或下降的期望，那正的或负的 Gamma 值表明了什么样的期望呢？思考一下如果标的股票价格开始上涨，我们的 Delta 头寸会怎样呢？对单个期权而言，标的合约价格每上涨一个点，我们都能通过给原 Delta 值加上一个 Gamma 值而得到新的 Delta 值。但在此处我们是加上一个负数（-28）。如果股票价格上升一个整点到 100.50，那么其 Delta 值为：

$$-10 + (-28) = -38$$

如果股票价格再上升一个点到 101.50，那么其 Delta 值为：

$$-38 + (-28) = -66$$

随着市场价格上升，其 Delta 值会变成一个更大的负数。因为一个负的 Delta 值表明了对市场下降的预期，因此市场上升得越多，我们就越期望它会下降。

现在思考一下如果标的股票价格开始下跌，我们的 Delta 头寸会怎样呢？每下降一个点，我们就从原 Delta 值中减去其 Gamma 值。如果股票价格下降一个整点到 98.50，那么其 Delta 值为：

$$-10 - (-28) = +18$$

如果股票价格再下降一个点到 97.50，那么其 Delta 值为：

$$+18 - (-28) = +46$$

随着市场价格上升，其 Delta 值会变成一个更大的正数。基于同样的原因我们不希望股票价格上涨（在上升市场中我们会构建一个更大的 Delta 负值），同时也不希望股票价格下跌（在下降市场中我们会构建一个更大的 Delta 正值）。如果我们既不希望市场上涨也不希望市场下跌，那就只有一种合适的结果：我们一定希望市场保持不变。事实上，一个 Gamma 值为负的头寸表明了交易者希望标的市场不变或只是缓慢变动。一个 Gamma 值为正的头寸表明了交易者希望标的市场出现大幅显著的变动。

鉴于 Delta 值是衡量方向性风险的指标，那么 Gamma 值可以看作衡量**风险量级**（magnitude risk）的指标。那我们是希望更小的量级变动（一个负的 Gamma 值）还是更大的量级变动（一个正的 Gamma 值）呢？或者，Gamma 值还可以看作我们期望市场变动速度的指标。那我们是希望标的价格变动得慢（一个负的 Gamma 值），还是变动得快（一个正的 Gamma 值）呢？综上所述，Delta 值和

Gamma 值告诉了我们变动方向和速度的信息，而这可能会有利于或有损于我们的头寸。在头寸 1 中，我们希望标的合约价格缓慢（负的 Gamma 值）向下（负的 Delta 值）变动，而最差的情景就是市场迅速向上变动。如果是这样，我们就错误估计了市场变动的方向和速度。

如果股价维持在 99.50 附近，我们的头寸又会如何呢？从负的 Gamma 值我们知道，我们希望市场能够相对稳定。如果市场正如我们所期望的一样，那么我们预期该头寸会盈利。而该盈利又从何而来呢？该盈利会来自于 +0.34 的 Theta 值。在标的价格不变的情况下，随着时间的推移，该头寸会有接近 0.34 的盈利。这里强调了期权风险分析的一个重要原则，Gamma 值和 Theta 值一般符号相反。⊖ 一个正的 Gamma 值一般对应一个负的 Theta 值，反之亦然。而且风险的量级一般是相关的。大的 Gamma 值对应大的 Theta 值，只是符号相反。小的 Gamma 值就对应小的 Theta 值。但期权交易者不能两者兼得，要么市场变动有利于该头寸（正的 Gamma 值），要么时间流逝有利于该头寸（正的 Theta 值）。

头寸 1 的 Vega 值是 -1.70。这表明了对波动率下降的预期。波动率每下降一个点，该头寸价值会从最初的 +2.20 增加 1.70。每上升一个点，其价值会下降 1.70。这似乎与我们的 Gamma 风险相关。如果我们的 Gamma 值为负，我就希望市场保持相对平稳，这是否就是说我们希望一个更低的波动率呢？但是大多数交易者都会将 Gamma 值和 Vega 值区分开来。Gamma 值度量的是我们是否想要一个更高或更低的**已实现的**波动率（我们是否希望标的合约更加波动或平稳）。而 Vega 值度量的是我们是否想要一个更高或更低的**隐含**波动率。虽然标的合约的波动率和其隐含波动率的变动通常是相关的，但情况并非总是如此。在一些情况下，在隐含波动率下降时，标的合约会波动剧烈。在另一些情况下，在隐含波动率上升时，标的合约会波动平稳。在第 11 章常见的波动率价差中，我们将会看到造成此结果的情形。

假设我们将图 7-13 中 25% 的波动率提升到 26%。那现在我们理论的盈利应该是多少呢？我们知道波动率每上升一个点，我们就需要在原价值（+2.20）上加上其 Vega 值（-1.70）从而得到新的价值。那么在 26% 波动率下，我们理论的盈利会是：

$$+2.20 + (-1.70) = +0.50$$

如果我们将波动率再提升一个点到 27%，那我们理论胜算会变为负：

⊖ 利率有时候可能会使头寸的 Gamma 值和 Theta 值符号相同。但是在这样的情况下，该数值可能会很小。

$$+0.50 + (-1.70) = -1.20$$

我们可以看出该头寸**盈亏平衡**的波动率近似为：

$$25(\%) + (-2.20/-1.70)(\%) = 25(\%) + 1.29(\%) = 27.29(\%)$$

当然，盈亏平衡的波动率更为常用的名字就是隐含波动率。虽然交易者一般将隐含波动率与单个期权联系起来，但我们可以把这一概念应用到更复杂的头寸上。从理论上讲，某头寸的隐含波动率是在其存续期内会使该头寸盈亏平衡时的波动率。我们可以对头寸的隐含波动率进行一个粗略的估计：用总的理论胜算除以总的 Vega 值再加上估值该头寸所用的波动率。

头寸 1 最后一个风险度量指标 Rho 值为 -1.55。利率每下降一个百分点，该头寸就会有 1.55 的额外盈利。利率每上升一个百分点，该头寸的盈利就会减少 1.55。Rho 值为负并不意外，因为股票多头头寸不可避免地会控制现金流，造成一个资金支出。如果利率下降，会减少借方的持有成本。如果利率上升，会增加持有成本。

图 7-15 总结了与每种类型风险度量指标相关的风险与收益。读者需要花点时间看看图 7-14 中其他头寸的风险特征。何种市场条件的组合（例如标的合约价格的变动、时间、隐含波动率以及利率）最有利于每个头寸呢？何种市场条件的组合又会最有损于每个头寸呢？

如果 Delta 头寸为……	希望标的合约……
正	价格上涨
负	价格下跌
如果 Gamma 头寸为……	希望标的合约……
正	变动剧烈或变动迅速
负	不变或变动缓慢
如果 Theta 头寸为……	时间流逝通常会……
正	增加头寸价值
负	降低头寸价值
如果 Vega 头寸为……	希望隐含波动率……
正	上升
负	下降
如果 Rho 头寸为……	希望利率……
正	上升
负	下降

图 7-15

有心的读者可能会注意到头寸 2 有点奇怪：它有一个**负的理论胜算**（negative theoretical edge）。这并不是打字错误，它表明如果该模型的输入变量是正确的，在长期来看，该策略会亏钱。当然，没有交易者会故意持有这样的头寸，但在一个各种条件持续变化的市场，一开始看上去明智的头寸在新的条件下可能会是一个损失的策略。这种情况发生时，交易者就应尽可能地平掉这个头寸。交易者持有该头寸时间越长，造成损失的可能性就越大。⊖

对于潜在的交易者，还有最后一点评论。本章讨论的所有数值，包括理论价值、Delta、Gamma、Theta、Vega 和 Rho 等，都处于不断变化之中，因而不同交易策略下的获利能力和风险水平也在不断变化。风险分析的重要性不论怎样强调都不过分。绝大部分失败的期权交易者之所以交易期权不成功，是因为他们未能完全了解风险并对其进行有效管理。但是也存在这样一类交易者，他们试图分析每种可能的风险。但要这样做，交易者会发现自己难以做出任何交易决策，他陷入了**分析型瘫痪**（paralysis through analysis）。交易者过度关注风险时，无论他对期权理解得多么深入，都会害怕进行可能无法获利的交易。交易者只要进入市场，他就选择了承担一定的风险。Delta、Gamma、Theta、Vega 等数值能够帮助交易者识别风险，但无法消除风险。明智的交易者会使用这些数值帮助自己，从而事先研判出哪些风险可以接受，哪些风险不能接受。

⊖ 从理论上讲，交易者不会构建一个理论胜算为负的头寸，至少在初始交易时不会。但是，头寸一旦被建立，鉴于一个更大的总体头寸，交易者有时可能会有意执行一个理论胜算为负的交易。交易者可能会为了使其余潜在收益更加安全而愿意放弃一小部分的理论收益。当然这就是套期保值的整体目标。

第 8 章
Option Volatility and Pricing

动态对冲

从截至目前的讨论看来，严谨的期权交易者会使用理论定价模型的原因是显而易见的。首先，模型会告诉我们一些关于期权价值的信息。我们可以将该价值同其市场价格相比较，并基于此选择出合适的交易策略。其次，一旦我们建立一个头寸，该模型可以帮助我们量化期权交易相关的很多风险。通过对这些风险的理解，在市场条件对我们不利时，能够更好地使损失最小化；在市场条件对我们有利时，能够更好地使盈利最大化。

在讨论理论定价模型的表现时，需要注意的是所有的模型都是基于概率的。即使我们假定所有的输入变量和模型都正确，也无法保证在任何交易中都能够盈利。通常实际的结果都会偏离理论定价模型的预测，有时候甚至是显著不同。只是大量交易结果的平均水平会接近于理论定价模型的预测结果。

但是期权定价理论也指出，对于单个期权交易而言，存在可以减少结果波动的方法从而使真实结果更接近理论定价模型的预测值。通过将期权的存续期看成连续而不是单个的下注过程，该模型可以用作复制长期概率理论。

思考如下情况：

$$\text{股票价格} = 97.70 \text{ 美元}$$
$$\text{距 6 月到期日的时间} = 10 \text{ 周}$$
$$\text{利率} = 6.00\%$$

假定我们运用理论定价模型对该 6 月到期的股票期权估值。模型中已经有 3 个输入变量——标的价格、到期时间以及利率，但我们还需要 3 个额外的输入变量——行权价格、期权类型和波动率。假定我们可以选择行权价格和期权类型（看涨期权或看跌期权），那么我们还缺一个不可观察的输入变量——波动率。理论上，我们想要知道在接下来的 10 周，该标的股票的未来已实现波动率。显然，我们不可能预知未来，但假想我们有一个可以预知未来的水晶球。看着水晶球时，我们看到该股票在未来 10 周的波动率将是 37.62%。

由于 6 月行权价格为 100 的看涨期权接近于平值期权，交易活跃，因此我们重点分析该期权合约。将变量输入到布莱克－斯科尔斯模型中，会得到该看涨期权的理论价值为 5.89。当我们在市场上观察它的价格时，发现该期权的卖价是 5.00，那我们该如何利用该偏差盈利呢？

显然，我们首先应该买入这个被低估了 0.89 的看涨期权。可是，我们就这样保持头寸至合约到期就一定能够获利吗？在之前对理论定价模型的讨论中，我们注意到买入或卖出理论上定价错误的期权，都需要在其标的合约上建立一个方向相反的头寸，来实现中性对冲。如果做法正确，那么当标的合约的价格发生微小变动，期权价值的增加或减少，会与标的合约反向头寸的价值减少或增加刚好抵消。对于标的合约价格的方向性变动，这样的对冲策略是无偏的、中性的。

为了建立适当的无风险对冲，需要确定 6 月行权价格为 100 的看涨期权的 Delta 值。利用理论定价模型计算得知，该期权的 Delta 值为 50，即每买入 1 份该看涨期权，就须卖出半份标的合约。因为通常不能买入或卖出小于 1 份的标的合约，假定买入的是 100 份 6 月行权价格为 100 的看涨期权，并卖出 50 份标的合约。⊖ 那么现在我们持有的 Delta 中性的头寸如下：

头 寸	合约 Delta	Delta 头寸
100 份 6 月行权价格为 100 看涨期权多头	50	＋5 000
50 份标的合约空头	100	－5 000

假定一周后股票价格上升到 99.50。这时，我们将新的市场条件输入到理论定价模型当中：

$$股票价格 = 99.50$$
$$利率 = 6.00\%$$
$$距 6 月到期日的时间 = 9 周$$
$$波动率 = 37.62\%$$

值得注意的是我们对利率和波动率都没有做任何改变。理论定价模型一般假定在期权的存续期内这两个输入变量为常数。⊜ 基于新的输入变量，我们算出该期权新的 Delta 值为 54。

⊖ 大多数股票期权的标的合约都是 100 份股票。因此该适当的对冲相当于卖出 5 000 份股票。
⊜ 实际上这是否是一个现实的假设，我们留待之后讨论。

头寸	合约 Delta	Delta 头寸
100 份 6 月行权价格为 100 看涨期权多头	54	+5 400
50 份标的合约空头	100	−5 000

现在总头寸的 Delta 值是 +400。我们可以将此看作一次下注的结束，紧接着另一次下注即将开始。

我们每开始一次新的下注都需要回到 Delta 中性头寸。在上面的例子中，有必要将该头寸的 Delta 值减少 400。实现的方法虽然很多，为了使现有计算过程尽量简便并与理论定价模型假设保持一致，且由于标的合约的 Delta 值总为 100，我们通常通过买卖标的合约来完成头寸 Delta 值的调整。在上例中通过卖出 4 份标的合约使总头寸回到 Delta 中性。现在我们的头寸为：

头寸	合约 Delta	Delta 头寸
100 份 6 月 100 看涨期权多头	54	+5 400
54 份标的合约空头	100	−5 400

我们又回到了 Delta 中性并即将开始一次新的下注。跟之前一样，新的下注只取决于标的合约的波动率而与其价格变动方向无关。

额外卖出的 4 份标的合约就是对总头寸的**调整**（adjustment）。在期权交易中，调整是指交易者为了确保头寸保持 Delta 中性所进行的交易。在我们的例子中，额外卖出的 4 份标的合约对交易者理论上的胜算没有影响，因为从期权交易者的角度来看，标的合约是没有理论价值的。这种交易只是单纯为了将我们的头寸调整至 Delta 中性。

在第 17 章中，我们将会看到如何用期权来为头寸做保值。该保值策略通常使用**静态对冲**（static hedge）过程，也就是在不同的合约间建立反向的市场头寸，并持有整体头寸至固定的到期日。为了捕捉期权理论定价模型中的错误定价，需要我们使用**动态对冲**（dynamic hedge）策略。我们必须定期对头寸进行重新估值，才能确定头寸新的 Delta 值，然后通过买入或卖出适当数量的标的合约来保持其 Delta 中性。在期权整个存续期内都需要遵循这一流程。

因为假定波动率是以复利的方式连续计算的，所以理论定价模型假定头寸调整也是连续的，并且每时每刻都在通过对冲进行调整。在现实世界中交易者只能间歇性地在离散的时间段内进行交易，因此这种连续的调整是不可能的。通过定期做出调整，我们尽可能遵循理论定价模型中的原则。

如图 8-1 所示，在我们的对冲中，整个动态对冲过程每周调整一次。在每个区间末，通过剩余到期时间、标的合约当前价格、6% 的利率以及 37.65% 的波动率，对该 6 月行权价格为 100 的看涨期权的 Delta 值进行重新估计。注意即使其他市场条件可能改变，我们也视作波动率不变。跟利率一样，假定波动率在期权存续期内为常数。[○]

股票价格=97.70			距到期日 6 月的时间=10 周 利率=6.00%		波动率=37.62%		
6 月 100 看涨期权			价格=5.00（隐含波动率=32.40%） 理论价值=5.89		Delta 值=50		
周	股价	100 看涨期权 的 Delta 值	总 Delta 头寸	调整 （合约）	总调整	调整 现金流	调整利息
0	97.70	50	0				
1	99.50	54	+400	卖 4	做空 4	+398.00	+4.12
2	92.75	35	-1 900	买 19	做多 15	-1 762.25	-16.22
3	95.85	43	+800	卖 8	做多 7	+766.80	+6.18
4	96.20	43	0	无	做多 7	0	0
5	102.45	62	+1 900	卖 19	做空 12	+1 946.55	+11.20
6	93.30	28	-3 400	买 34	做多 22	-3 172.20	-14.60
7	91.15	17	-1 100	买 11	做多 33	-1 002.65	-3.46
8	95.20	27	+1 000	卖 10	做多 23	+952.00	+2.19
9	102.80	72	+4 500	卖 45	做空 22	+4 626.00	+5.32
10	103.85			买 22		-2 284.70	

图 8-1

在 10 周后期权到期时，我们会如何处理头寸呢？到时候我们计划按照以下过程平仓：

(1) 对所有虚值期权自动过期；

(2) 按平价（内在价值）卖出所有实值期权，或者执行这些期权，冲抵其标的合约；

(3) 以市场价格平掉所有持有的标的合约。

让我们一步一步按该流程过一遍，看看我们对冲的完整结果。

8.1 初始对冲

在 6 月到期日（第 10 周），标的合约价格为 103.85，我们可以以 3.85 的价格卖出该 6 月行权价格为 100 的看涨期权或执行该看涨期权并卖出标的合约。这两种方法都将为我们的账户带来 3.85 的资金流入。因为我们最初为每个期权付出

○ 事实上，随着新的信息产生，交易者会因为利率和波动率的变动而不断地改变他们的期权。在此处为了与期权定价理论保持一致，我们假定利率和波动率不变。

5.00，那么对每个期权头寸我们将损失

$$100 \times (3.85 - 5.00) = 100 \times (-1.15) = -115.00$$

作为初始对冲的一部分，我们也以 97.70 的价格卖出了 50 份标的合约。在到期时，为了平掉该头寸，我们必须以 103.85 的价格买回，则每份合约将损失 6.15。因此，在标的合约的交易中，我们总损失为

$$50 \times (97.70 - 103.85) = 50 \times (-6.15) = -307.50$$

将其与我们的期权损失相加，该原始对冲的总损失为

$$-115.00 - 307.50 = -422.50$$

这明显不是一个成功的交易。我们期望在该头寸上挣钱，然而却是一笔相当大的亏损。

8.1.1 调整

幸运的是，初始对冲不是我们唯一的交易。为了在该期权 10 周的存续期内，保持头寸的 Delta 中性，我们不得不买入、卖出标的合约。在第 1 周周末，我们持有头寸的 Delta 值为 +400，所以我们需要以 99.50 的价格卖出 4 份标的合约。在第 2 周周末，我们持有头寸的 Delta 值为 -1 900，所以我们需要以 92.75 的价格买入 19 份标的合约，如此循环直到第 10 周周末。在到期时，我们需要以 103.85 的价格买入 22 份在第 9 周周末卖出的标的合约。

在这个例子中，每次标的价格上涨时，整体头寸的 Delta 值都会变为正数，所以我们不得不卖出标的合约，而每次标的价格下跌时，整体头寸的 Delta 值都会变为负数，所以我们不得不买入标的合约。因为调整仅仅取决于整体头寸的 Delta 值，这样就间接实现了每个交易者都想达成的目标：低买高卖。

为了保持头寸的 Delta 中性，所有调整交易的结果是实现了 467.55 的盈利。（读者可以通过加总图 8-1 中所有交易调整列的现金流来确认该数值。）该盈利超过了初始对冲中的损失。

8.1.2 期权头寸的利息损失

最初我们以每份 5.00 的价格买入 100 份 6 月到期看涨期权，总支出为 500.00。假定利率为 6%，在该头寸 10 周（70 天）的存续期内买入该期权的融资成本为

$$-500.00 \times 6\% \times 70/365 = -5.75$$

8.1.3 股票头寸的利息收入

为了建立最初对冲,我们以每份 97.70 的价格卖出 50 份标的合约,总的资金收入为 4 885.00。在该对冲的存续期内,我们可以赚得的利息总收入为

$$+4\ 885 \times 6\% \times 70/365 = +56.21$$

8.1.4 调整产生的利息

为保持 Delta 中性,每周我们都需要买入或卖出标的合约。因此就会发生因需要支付利息而产生资金支出,或者因赚得利息而产生资金收入的情况。比如,在第 1 周周末,我们需要以每份 99.50 的价格卖出 4 份标的合约,因此总的资金收入为 $4 \times 99.50 = 398.00$。在剩余的 9 周中该收入所赚得的利息为

$$+398.00 \times 6\% \times 63/365 = +4.12$$

在第 2 周周末,我们需要以每份 92.75 的价格买入 19 份标的合约,因此总的资金支出为 $19 \times 92.75 = 1\ 762.25$。在剩余的 8 周中该支出需支付的利息为

$$-1\ 762.25 \times 6\% \times 56/365 = -16.22$$

将所有调整的利息加总,我们得到一个总值 −5.28。

8.1.5 股利

为了使得我们的例子相对简单,我们假定在期权的存续期内股票不支付股利。如果该股票支付股利,那么因初始对冲或调整过程而持有的股票多头都将会收到股利。任何股票头寸的空头都将会支出股利。而在股利发放日到期权到期日间,我们可能还需要考虑利率对股利的影响,其是否会造成利息收入或利息支出。该股利和股利利息最终会成为总盈亏的一部分。

在整个对冲的 10 周内,总现金流是什么样的呢?图 8-2 所示,该总数值为 +90.24。当然,这代表了在第 10 周周末的现金流。为了得到初始价值或现值,需要以 6% 的利率将现金流折现回 10 周前。我们便得到一个最终价值或总盈亏(P&L)

$$\frac{90.24}{1 + 0.06 \times 70/365} = 89.21$$

该终值 89.21 如何与我们的预测盈亏进行比较呢?我们以每份 5.00 的价格买入 100 份 6 月到期的看涨期权,但该期权的理论价值为 5.89,因此理论盈利为

$$100 \times (5.89 - 5.00) = +89.00$$

动态对冲结果		
原始对冲盈亏:		-422.50
期权盈亏	100 × (3.85 - 5.00) = -115.00	
股票盈亏	50 × (97.70 - 103.85) = -307.50	
调整盈亏:		+467.55
持有期权（利息）:		
	100 × -5.00 × 6.00% × 70/365 = -5.75	-5.75
持有股票（利息）:		
	50 × +97.70 × 6.00% × 70/365 = +56.21	+56.21
调整的利息:		-5.27
总现金流:		+90.24
折现现金流:	90.24/ (1 + 0.06 × 70/365) = 89.21	+89.21
预测盈亏:	100 × (5.89 - 5.00) = 100 × 0.89 = 89.00	+89.00

图 8-2

在我们的例子中，该盈亏由五部分组成。其中有两部分是正值（调整以及股票所赚的利息收入），而其余三部分都是负值（初始对冲、期权持有成本、调整的利息）。情况总是会这样吗？由于标的合约价格的变动被假定是随机的，因此在事前确定哪部分会盈利是不可能的。要构建一个初始对冲盈利而调整不盈利的例子也是有可能的。关键的一点在于如果交易者的输入变量是正确的，在某些组合中，他希望能够有与理论定价模型预测相近的盈利或损失。

在所有的输入变量中，波动率是唯一一个不能直接观察而得到的。那我们37.62%的波动率数值是从何而来呢？显然，我们不可能知道未来的波动率。在我们的例子中，图8-1中的10个价格变动实际上都代表了年化波动率为37.62%。该假设是很多金融模型的基础。在无摩擦的市场中，我们假定

（1）交易者可以无限制地自由买卖标的合约；
（2）所有交易者能在同一个利率水平上借入、借出资金；
（3）交易成本为0；
（4）不考虑税收因素。

交易者很快就会意识到现实中的期权市场并不是无摩擦的，因为每一个假设都或多或少有违于现实。在我们的例子中，我们需要卖出股票来发起初始对冲。如果我们并未拥有股票，就需要通过先借入股票再进行交割的方式来实现**卖空**（sell short）。在一些市场中，由于交易所或监管的限制，卖空交易可能很难实现。而且，即使卖空是可以的，交易者一般也不会收到卖空过程中的全额利息。

再来看看期货期权，在一些市场中，期货合约的日内价格变动幅度是有限制的。当达到该波动限制时，市场就被**锁**定了，期货合约价格在波动限制外时，交易

便不能继续进行。显然在这样的市场中，标的合约并非总是能被自由买卖。

至于利率，不同市场参与者适用的利率不同。个人交易者适用的利率与大的金融机构所适用的利率会有所不同。而且，即使是同一个交易者在不同的交易所适用的利率也会不同。如果一个交易者借入资金，他要为借入的资金付出更多的成本；如果他贷出资金，他也不会得到获得同等的收入。这就是交易者借入和贷出资金的差价，有时这个差价可能会很大。幸运的是，利率通常是理论定价模型中最不重要的输入变量。即使交易者间适用的利率可能会不同，但一般来说，相较其他输入变量而言其对总盈亏的影响也是很小的。

另一方面，交易成本也是一个现实的考虑。如果该成本很高，那图 8-1 中的对冲策略就可能行不通，所有的盈利都会被佣金和交易费所吞噬。一个理想的策略不仅取决于交易者初始的交易成本，还取决于后续的调整成本。该调整成本是交易者保持 Delta 中性愿望的函数。要想时刻保持头寸 Delta 中性，交易者就会更频繁地调整，而更多的调整就意味着更多的交易费用。

如果交易者发起一个对冲，但很少调整或者根本不调整，这将会如何影响结果呢？因为期权的理论估值是基于概率法则的，所以交易者发起理论上有盈利胜算的对冲交易还是很有希望获得收益的。虽然在某次对冲中他可能会损失，但是如果能够在正的理论胜算下重复同样的对冲操作，从平均来看，他的盈利应该是理论定价模型的预测数额。调整过程通过让交易者以同样的胜算进行多次下注，有效平滑了收益和损失。不愿意做调整的交易者没有意识到在其任一对冲的未实现盈利上面临着更多的风险。调整本身并不改变整体的期望收益，仅仅是降低短期内好运和厄运的影响。

基于前面的讨论，散户和专业交易者即使都能理解并运用理论定价模型的预估价值，他们的期权交易方式也可能不同。特别是专业交易者，如果是交易所会员，他会有相对较低的交易成本。因为调整成本相对于其对冲头寸的理论期望收益微不足道，所以他会倾向于更频繁地进行调整。相反，一个建立相同对冲头寸的散户，会更少频度地调整或不倾向于调整，因为任何调整都会减少该头寸的盈利。懂得概率法则的散户会认识到他的头寸与专业交易者的头寸有着相同的获利概率，同时，他也应认识到他的头寸对短期内的好运和厄运的影响更为敏感。虽然有时散户较专业交易者会经历更大的损失，但有时也会经历更多的盈利。长期平均来看，两者最终会有近乎相同的收益。⊖

⊖ 当然，这忽视了职业交易者能以标价买并以要价卖的真实优势。而一个散户却不可能基于该优势达到其盈利，他也不应该这样做。

税收可能也是期权策略估值的一个影响因素。头寸何时建立、何时平仓、头寸之间的重叠以及不同工具之间（即期权、股票、期货、实物商品等）的关系都可能造成不同的税金。不同的税收结果可能会影响一个多样化投资组合的价值，正因为此，投资组合的管理者就必须重视投资策略的税收因素。因为每个交易者有其关于税收因素的独特考虑，而本书旨在对期权估值和策略做一般性讨论，所以我们简单假定每个交易者都希望最大化其税前收益，之后才会考虑税收问题。

在我们的例子中，理论的损益与真实的损益很接近，这似乎是一个幸运的巧合。实际上，图 8-1 中是为了阐述动态对冲过程的重要性而精心构建的示例。在现实世界中，任何对冲的真实结果都不太可能与理论结果如此匹配。

图 8-3 用图像展示了动态对冲的过程。在标的合约价格为 97.70 处我们确定了期权的初始 Delta 值（实线），然后建立了标的合约的反向 Delta 头寸（虚线）。对标的合约价格的微小变动，一个头寸的盈利可以抵消一个头寸的损失。随着标的合约价格向任何方向变动扩大，由于期权的曲率（其 Gamma 值），两个头寸间会有错配。随着标的合约价格的下降，期权头寸价值减少的速度开始降低；随着标的合约价格的上升，期权头寸价值增加的速度开始上升。在图 8-3a 中，我们可以看到在标的合约价格为 99.50 时，两个头寸的错配，即未对冲的数额。

当标的合约价格为 99.50 时，我们可以通过将头寸调整至 Delta 中性来捕捉该错配的价值。如图 8-3b 所示，在标的合约新的价格下，我们重新计算 Delta 值并持有一个新的标的合约的相反头寸。当标的合约价格降为 92.75 时，又产生了未对冲数额的错配。

通过每周对该头寸进行对冲操作，我们能够捕捉到一系列由于期权变动的 Delta 值与标的合约的固定 Delta 值的错配而产生的盈利。当然，由于时间的流逝，我们还应该考虑利率。但是大多数期权的价值取决于再对冲过程所赚取的数额。理论上，如果我们忽略利率，所有这些小的盈利（图 8-3 中未对冲的数额）的总和应该近似于该期权价值

$$\text{期权理论价值} = \{\cdot\} + \{\cdot\} + \{\cdot\} + \cdots + \{\cdot\} + \{\cdot\} + \{\cdot\}$$

在我们的例子中，一系列对冲发生在离散的时间点上，相当于做了有限次相同的具有正理论胜算的下注。如果我们想完全复制该期权的理论价值，我们就需要无限次的下注。而理论上只有在每个可能的时点连续地对冲该头寸才能实现。如果这样的过程是可能的，并且该模型基于的所有假设都满足，那么该重复对冲过程就能够完全复制该期权的价值。

当然，在现实世界中连续的对冲是不可能的。模型所有假设都完全成立也是

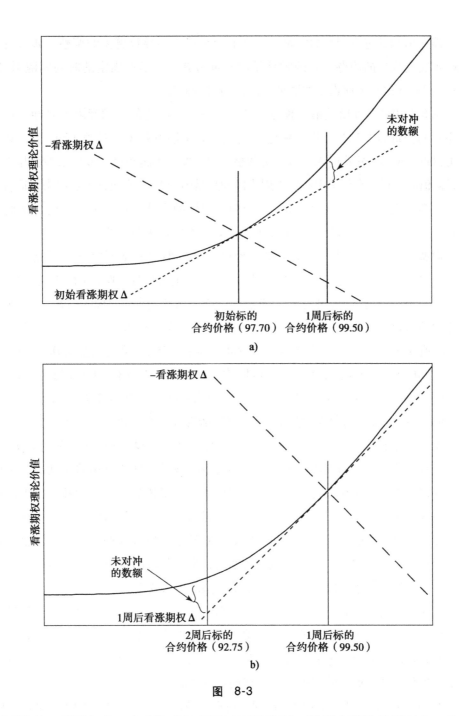

图 8-3

不可能的。尽管如此,大多数交易者通过实践发现:即使在离散的区间内,动态对冲策略也是捕捉期权价格与其理论价值差异的最好方法。

既然连续的对冲是不可能的,那交易者应该多久进行一次对冲呢?答案取决于每一个交易者的成本结构和风险容忍度。我们已经注意到了交易者的交易成本很可能会影响其进行调整的频率。更高的交易成本会导致更少的调整。如果我们忽略掉交易成本的问题，有两种常见的对冲方式：一是按固定的时间间隔对冲；二是当 Delta 值与事前设定的数值不匹配时进行对冲。

图 8-1 中的头寸就是第一种方式的例子——在固定的时间间隔内对冲。在例子中我们于每周末对头寸进行调整。当然，如果愿意频繁地计算 Delta 值，我们也可以每日末甚至每小时末进行一次调整。对冲发生得越频繁，最终结果就与模型的预测值越相近。在例子中我们以周为区间只是因为 10 行在页面上看起来更适合。

大多数交易者不会一直保持完全 Delta 中性的头寸。在一定范围内，他们愿意接受一些方向性的风险。交易者愿意接受的方向性风险越多，调整得就越不频繁。而调整得越不频繁，真实结果与理论定价模型中的预测值就差得越多。比如，如果一个交易者愿意接受 Delta 值高达 +500 的方向性风险，1 周末（Delta 值为 +400）就不需要进行再对冲。如果一个交易者愿意接受 Delta 值高达 +1 000 的方向性风险，1 周末（Delta 值为 +400）、3 周末（Delta 值为 +800）、8 周末（Delta 值为 +1 000）都不需要再进行对冲。如果一个交易者愿意接受 Delta 值⊖高达 +1 500 的方向性风险，1 周末（Delta 值为 +400）、3 周末（Delta 值为 +800）、7 周末（Delta 值为 -1 100）、8 周末（Delta 值为 +1 000）都不需要进行再对冲。在每种情况中，由于较低的对冲频率，其真实的结果更可能与该预测值有所差异。

需要注意的是在图 8-1 中的对冲发起后，在期权市场中没有做后续的交易。交易者只关注标的合约市场真实的波动率或价格波动。这些价格的波动决定了调整的规模和频率，而在最终分析中，这些调整决定了该对冲的盈利性。以理论定价模型为评断标准，我们将对冲视为该期权时间价值的损失与调整所产生现金流的竞赛。在该模型的假设之下，如果以低于其理论价值买入期权，那么调整会赢得这场竞赛；如果以高于理论价值买入期权，那么其时间价值的损失会赢得这场竞赛。该场竞赛的条件取决于该理论定价模型的输入变量。

在我们的例子中假定未来波动率为已知的 37.62%。如果波动率不是 37.62% 那结果会怎样呢？例如假定波动率是高于 37.62% 的，更高的波动率意味着更大的价格波动，就会导致更多和更大的调整。在我们的例子中，更多的调整意味着更多的盈利。这与更高的波动率会增加期权价值的原理相一致。

如果波动率低于 37.62% 会怎样呢？更低的波动率意味着更小的价格波动，就会导致更少和更小的调整，这会减少盈利。如果波动率足够低，那么调整的盈利会

⊖ 这些所选的 Delta 数值仅是为说明在事前所定的 Delta 风险下再对冲带来的影响。即使是 Delta 值为 500 的方向性风险也是很多交易者难以接受的。

与其他部分抵消，因此对冲的总盈利就正好是零。该**盈亏平衡波动率**（breakeven volatility）就是在初始交易价格下该期权的隐含波动率。通过布莱克－斯科尔斯模型，我们可以找出价格为 5.00 的 6 月行权价格为 100 的看涨期权的隐含波动率是 32.40%。在该波动率下，调整的盈利与该期权时间价值的损失之间的竞赛刚好打成平手。当波动率高于 32.40% 时，我们预期该对冲（含调整和其利息）会盈利；当波动率低于 32.40% 时，我们预期该对冲会损失。

因为我们需要通过调整来实现盈利，所以在到期前每一个盈利的对冲都需要我们保持其头寸。在实践中，这可能并非必要。假定在我们建立对冲后，期权市场的隐含波动率马上就从 32.40%（我们买入该 6 月行权价格为 100 的看涨期权时的隐含波动率）增长到 37.62%（我们预期标的合约在期权存续期内的已实现波动率）。该看涨期权的价格会如何变动呢？其价格会从 5.00（隐含波动率为 32.40%）上升到 5.89（隐含波动率为 37.62%）。然后我们可以卖出该看涨期权，获得每份期权合约 0.89 的即时收益。当然，如果我们想将了结该对冲交易，还必须买回 50 份最初卖出的标的合约。隐含波动率的变动对标的合约价格变动有什么影响呢？隐含波动率是与期权相关的特征，与标的合约无关。因此，我们预期该标的合约仍以其初始价格 97.70 交易。通过 97.70 的价格购买 50 份未平仓的标的合约，我们将从该对冲中立即实现 89.00 的总盈利，这恰好就是理论定价模型所预测的数值。如果我们能实现这些，就没有理由持有该头寸整整 10 周。

隐含波动率从 32.40% 上升到 37.62% 的可能性有多大呢？虽然隐含波动率的迅速变动偶有发生，但通常都在一段时间内逐步变动，而且也是标的合约价格波动率逐步变动的结果。随着标的合约波动率的变动，期权的需求会上升和下降，而该需求的变动与隐含波动率的上升或下降相一致。在我们的例子中，如果标的合约价格开始以高于 32.40% 的波动率波动时，我们会预期隐含波动率上升。如果隐含波动率达到了我们的目标波动率 37.62%，我们仅凭卖出看涨期权并买入标的合约，即使不持有该头寸整 10 周也能实现预期收益 89.00。但是期权价格受到很多尚未理论化市场力量的影响，不能保证重新估计隐含波动率后就能高达 37.62%。在该例中，为了实现盈利我们将必须在整个 10 周内持有该头寸并持续调整。

每一个交易者都希望重估的隐含波动率能尽快实现他的目标值。这不仅能使他更快地实现盈利，还能消除长期持有该头寸的风险。持有头寸的时间越长，模型中输入变量出现误差的可能性就越大。

虽然标的合约实际的波动率在向我们有利的方向变动，但是对隐含波动率的重新估值不仅可能对我们无益，而且可能向我们不利的方向变动。假定在我们建立头寸后，隐含波动率立即从 32.40% 下降到 30.35%。那么该 6 月行权价格为 100 的看涨期权价格会从 5.00 下降到 4.65，我们会立即损失 $100 \times (-0.35) = -35.00$。这意味着我们做了一笔失败的交易，我们应该将其平仓么？如果波动率预期为 37.65% 被证明是正确的，那么在到期日前该期权仍然值 5.89。如果我们持有该头寸并调整，我们最终会得到预期的 89.00 点的收益。基于以上分析，我们应该如最初期望那样持有该头寸。即使隐含波动率反向的变动令人不愉快，但这是所有交易者都必须学会去处理的。正如投机者从不期望能正好在最低点买入或最高点卖出一样，期权交易者也不会期望恰好选到波动率的最低点或最高点。他一定会在市场条件好的时候尝试建立头寸，但他也必须意识到市场条件也许会变得更加有利。如果这样的话，他最初的交易可能会有暂时的损失。这就是一个交易者需要学会接受的交易现实。

让我们看看另一个动态对冲的例子，这次是从期货期权市场中被高估的看跌期权的角度。假定当前市场条件如下：

期货价格 = 61.85

距 3 月到期日的剩余时间 = 10 周

利率 = 8%

假设在本例中我们已知在该期权 10 周的存续期内，该标的合约真实的波动率是 21.48%。在本例中，我们聚焦于 3 月行权价格为 60 的看跌期权，其理论价值为 1.46 但实际价格为 1.70，等价于 23.92% 的隐含波动率。

因为该看跌期权被高估，所以我们一开始会卖出 100 份 Delta 值为 -35 的 3 月行权价格为 60 的看跌期权，然后同时卖出 35 份标的期货合约。我们通过每周末重新计算该看跌期权 Delta 值，并买卖期货以保持 Delta 中性的方式来跟踪一个动态对冲过程。在到期日，我们将会把整个头寸平仓。整个动态对冲过程如图 8-4 所示。

在本例中的现金流与我们股票期权例子中的现金流稍有不同。虽然这些是期货合约的期权，并且在大多数市场中是期货型结算方式，但是我们会遵循美国惯例，假定该期权是要求立即且全额支付现金的股票型结算方式。然而期货一般是期货型结算方式：虽然没有初始现金支出，但无论何时期货合约的价格变动都将会引起现金流的变动。这将会产生现金收入，因而会收取利息，又或者会产生现金支出，因而会要支付利息。

在本例中所有 P&L 的组成部分如图 8-5 所示。这些组成部分中有 3 个与股票期权的例子一样：原始头寸的 P&L、Delta 中性动态对冲过程中的 P&L 以及该期权的持有成本。然而，初始股票头寸的利息和调整的利息被增量资金流入和增量资金流出的利息所替代。

期货价格 = 61.85			距到期日 3 月剩余时间 = 10 周			
			利率 = 8.00%		波动率 = 21.48%	
3 月 60 看跌期权			价格 = 1.70（隐含波动率 = 23.92%）			
			理论价值 = 1.46		Delta 值 = -35	
周	每份价格	60 看跌期权的 Delta 值	头寸总 Delta 值	调整（合约）	总调整	变动	利息变动
0	61.85	-35	0				
1	60.83	-42	+700	卖出 7	做空 7	+35.70	+0.49
2	62.78	-28	-1 400	买入 14	做多 7	-81.90	-1.01
3	63.16	-24	-400	买入 4	做多 11	-10.64	-0.11
4	61.68	-34	+1 000	卖出 10	做多 1	+35.52	+0.33
5	59.86	-50	+1 600	卖出 16	做空 15	+61.88	+0.47
6	62.88	-21	-2 900	买入 29	做多 14	-151.00	-0.93
7	61.50	-31	+1 000	卖出 10	做多 4	+29.98	+0.13
8	62.60	-15	-1 600	买入 16	做多 20	-34.10	-0.10
9	60.18	-45	-3 000	卖出 30	做空 10	+36.30	+0.06
10	58.61			买入 10			

图 8-4

动态对冲结果		
初始对冲 P&L：		+144.40
期权 P&L	100 × (1.70 - 1.39) = +31.00	
期货 P&L	35 × (61.85 - 58.61) = +113.40	
调整 P&L：		-122.01
持有期权（利息）：		
	100 × +1.70 × 8.00% × 70/365 = +2.61	+2.61
变动的利息：		-0.67
总 P&L：		+24.33
折现现金流：	24.33/(1 + 0.08 × 70/365) = 23.96	+23.96
预测 P&L：	100 × (1.70 - 1.46) = 100 × 0.24 = 24.00	+24.00

图 8-5

比如，作为初始对冲的一部分，我们以 61.85 的价格卖出 35 份期货合约。1 周后，期货价格下降到 60.83，我们收到了变动的收入

$$35 \times (61.85 - 60.83) = 35.70$$

在距到期日剩余的 9 周（63 天）里我们还能赚得 8% 的利息收入

$$35.70 \times 8\% \times 63/365 = 0.49$$

在第 1 周周末，为了保持 Delta 中性，我们必须卖出 7 份期货合约。加上最初

卖出的 35 份期货合约，我们共做空了 42 份期货合约。2 周后，期货价格上升到 62.78。结果资金支出的变动为

$$42 \times (60.83 - 62.78) = -81.90$$

为了在距到期日剩余 8 周（56 天）内融得该资金支出，我们需要支付利息成本

$$-81.90 \times 8\% \times 56/365 = -1.01$$

所有现金流变动的总利息为 -0.67。

如图 8-5 所示，总现金流 24.33 的现值为 23.96，则预测理论盈利为

$$100 \times (1.70 - 1.46) = 24.00$$

在我们的股票期权和期货期权的例子中，都能用动态对冲过程来捕捉期权理论价值与其价格之间的差异。从某种意义上来讲，动态对冲让我们能以期权真实的理论价值，建立与期权头寸相当的反向交易。当我们买入股票期权示例中的看涨期权时，在动态对冲过程中以理论价值卖出同样的看涨期权。当我们卖出期货期权示例中的看跌期权时，在动态对冲过程中以理论价值买入同样的看跌期权。基于此我们可以推导出期权估值的一个重要原则：

> 从理论上，我们可以通过一个动态对冲过程复制一个期权头寸。该复制头寸的成本就等于该动态对冲过程产生的所有现金流的总和。该总和的现值就等于该期权的理论价值。

… 第 9 章
Option Volatility and Pricing

风险度量 Ⅱ

正如期权的理论价值对市场条件的变化敏感一样，这些敏感度本身也会随市场条件的变化而变化。这就强调了期权交易的一个重要方面：没有什么是保持不变的。对于不同的市场条件，相同的头寸会表现出各异的风险特征。今天的小风险就可能变成明天的大风险。

虽然分析每个潜在的风险是不现实的，但是在纷繁复杂的市场条件下，明智的期权交易一定要考虑头寸风险。每一个严谨的交易者训练中都应包含对头寸风险不同变化方式的理解。如果我们想要明智地管理期权交易中所蕴含的真实风险，那么认识敏感度如何随市场条件而变化就是必不可少的。在本章中，我们将进一步了解期权风险度量如何随市场条件变化以及这如何影响头寸的特征。

9.1 Delta

我们已经考察了 Delta 值对于某一市场条件变化的敏感度。在图 7-6 中，我们可以看到随着标的合约价格的变动，Delta 值的变动情况，这种变动可以用该期权的 Gamma 值表示。除了标的合约价格的变动，Delta 值对波动率和时间的变动也是敏感的。

图 9-1 展示了随着波动率的变动，看涨期权 Delta 值的变动情况。随着波动率上升，虚值看涨期权的 Delta 值会上升，而实值看涨期权的 Delta 值会下降，但是这两个 Delta 值都会趋近于 50。这种情况是合理的，因为在低波动率市场中，一个虚值看涨期权更有可能保持虚值，因此其 Delta 值会更接近于 0；而一个实值看涨期权更有可能保持实值，因此其 Delta 值会更接近于 100。在一个高波动率市场中，我们会得到相反的结果。一个虚值看涨期权更有可能变为实值；一个实值看涨期权更有可能变为虚值。因此，这两个期权的 Delta 值都将会向 50 移动。

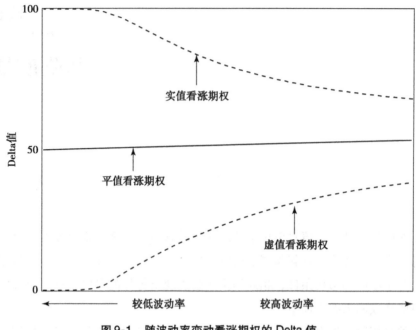

图9-1 随波动率变动看涨期权的 Delta 值

注意无论波动率是多少,平值期权的 Delta 值都会保持在 50 附近。虽然利率会变动,或者对于股票期权来说股利的变动会影响其远期价格,但以上规律通常来说还是正确的。因为理论定价模型是通过远期价格来对期权估值,所以平值期权的 Delta 值可能实际上会比 50 多点或少点。即使该期权正好以远期价格为行权价格,一个看涨期权的 Delta 值还是会比 50 稍微大些,因为我们用的是对数正态分布来对期权估值,如图9-1 所示。平值看涨期权的 Delta 值随波动率的上升略有增加。

因为期权的 Delta 值会随波动率的变动而改变,所以没有交易者能时刻保证头寸是真正 Delta 中性的。期权的 Delta 值取决于标的合约的波动率,而且这是在期权存续期内将会发生的情况。我们用于计算 Delta 值的波动率是一个猜测值,我们可能猜对,但也可能猜错。如果我们猜错,算出的 Delta 值就会是错的。

很多交易者使用**隐含波动率**,而不是去猜测未来波动率,因此该 Delta 值是通过隐含波动率计算出来的。通过这种方式,即使标的合约价格保持不变,Delta 值还是会随着隐含波动率变化。假设一个交易者拥有 40 份隐含波动率为 32% 的看涨期权,且对应的隐含 Delta 值为每份 25,因为 40×25 = 1 000,为了使该头寸保持 Delta 中性,该交易者就会卖出 10 份标的合约。如果隐含波动率上升到 36%,该期权的 Delta 值就会趋近于 50。如果新的隐含 Delta 值为 30,交易者现在的Delta头寸就是(40×30)-(10×100)=+200。虽然其他市场条件不变，但交易者的头寸从中性变为了看涨。

因为Delta值取决于波动率，但是波动率是一个未知的因素，所以对于交易者来说Delta值的计算是一个主要的问题，特别是对一个大的期权头寸来说。因此使用隐含波动率来计算Delta值是唯一可行的方法。

图9-2是随着时间推移看涨期权Delta值的变化，注意其与图9-1的相似之处。如果我们增加到期时间或波动率，Delta值会趋近于50，如果我们减少到期时间或波动率，Delta值会偏离50。在很多情况下，时间和波动率对期权有相似的影响。较长的时间就像较高的波动率一样，会增加价格发生巨大变动的可能性。较短的时间就像较低的波动率一样，会减少价格发生巨大变动的可能性。如果交易者不能立刻确定时间变化对期权价值的影响，或者期权价值对时间的敏感度，他可以用波动率的影响来代替。相反，如果不能确定波动率变动的影响，他可能会考虑时间变动的影响。这两种影响很可能相似。

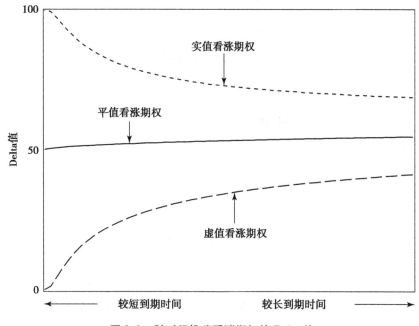

图9-2 随时间推移看涨期权的Delta值

波动率和时间对看跌期权Delta值的影响与其对看涨期权Delta值的影响相同，只是以下情况例外：随着波动率下降或时间的推移，看跌期权Delta值会趋近于0和-100，以及随着波动率上升，看跌期权Delta值会趋近于-50，如图9-3和图9-4所示。

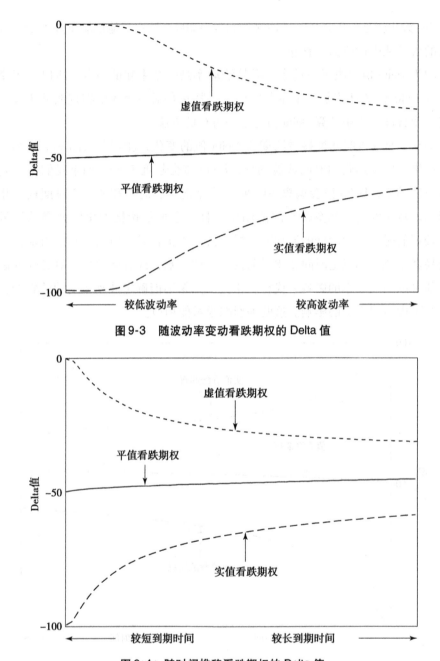

图 9-3 随波动率变动看跌期权的 Delta 值

图 9-4 随时间推移看跌期权的 Delta 值

另外一种表示时间和波动率变动对 Delta 值的影响如图 9-5 所示。除了我们改变了时间和波动率，该图与图 7-6 类似。当我们减少时间或降低波动率时，虚值看涨期权的 Delta 值会迅速趋近于 0 或者实值看涨期权的 Delta 值会迅速趋近于 100。

Delta 值会受到时间推移的影响，即使其他所有的市场条件都保持不变，今天

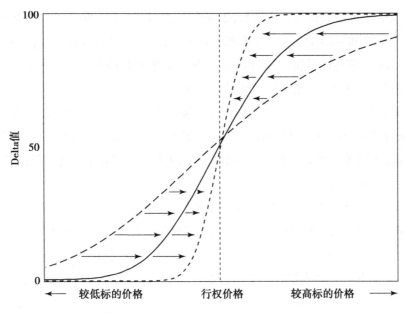

图9-5　随着时间推移或波动率下降看涨期权的 Delta 值

Delta 中性的头寸在明天可能就不是 Delta 中性的了。当然，如果距到期日还有好几个月，几天的时间推移可能对其 Delta 值的影响很小。但是如果很快接近到期日了，仅仅只经过一天都能对其 Delta 值产生显著影响，因为这一天占期权剩余到期时间的比例很大。

随着期权交易者逐渐意识到风险管理的重要性，在市场条件变动时，他们也开始更加关注敏感度本身的变化，并开始为这些高阶的敏感度取名字（虽然不一定是希腊字母）。Delta 值对波动率变化的敏感度有时被称为期权的 **Vanna 值**（Vanna）。Delta 值对于时间推移的敏感度有时被称为期权的 **Delta 衰减**（Delta decay）或其 **Charm 值**（Charm）。㊀

哪些 Delta 值对波动率的变动（Vanna 值）和对时间的变动（Charm 值）最为敏感呢？我们知道当增加波动率或时间时，Delta 值会趋近于 50，而当我们减小波动率或时间时，Delta 值会远离 50（趋近于 0 或 100）。从理论上讲，当 Delta 值已经趋近于 0、50 或 100 时，就不太可能会变动了。同时，当 Delta 值在以上这些值中间时，就最有可能变动。图 9-6 和图 9-7 证实了这一点，并展示了不同 Delta 值下期权的 Vanna 值和 Charm 值。值得注意的是看涨期权和看跌期权图像的斜率是相同的，因为 Delta 值在 50 或 -50 附近时，其 Vanna 值和 Charm 值都接近

㊀ 在数学上，敏感度的敏感度是一个二阶的敏感度。Gamma、Vanna 和 Charm 值都是二阶敏感度（它们分别是 Delta 值对标的价格、波动率和剩余到期时间的敏感度）。

于 0。⊖ 我们还可以看到当看涨期权的 Delta 值接近于 20 和 80，看跌期权的 Delta 值接近于 –20 和 –80 时，Vanna 值和 Charm 值最大。如果我们增加这些期权的波动率时，Delta 值会以最快的速度趋近于 50，如果我们降低这些期权的波动率或减少到期时间，Delta 值也会以最快的速度远离 50。

这 3 个 Vanna 值的图像也说明了 Vanna 值与波动率变动方向相反：波动率增加时，Vanna 值下降；波动率降低时，Vanna 值上升；而 Charm 值的图像表明 Charm 值对时间推移也有着类似的特征：当到期时间更长时，Charm 值会下降；当到期时间更短时，Charm 值会上升。

在图 9-6 和图 9-7 中，我们忽视了时间变化对 Vanna 值的影响和波动率变化对 Charm 值的影响。从之前的讨论中，我们希望时间和波动率对这些值有相同的影响。但是，虽然 Vanna 值受波动率变动的影响但却不会受剩余到期时间变动的显著影响。而 Charm 值受剩余到期时间变动的影响，却不会受到波动率变动的显著影响。

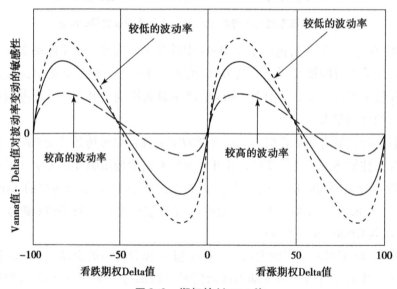

图 9-6　期权的 Vanna 值

9.2　Theta

期权的 Theta 值即期权的衰减速率不仅取决于市场条件，还取决于该期权是实值、平值还是虚值。在图 9-8 中，我们可以看到当一个期权为平值期权时，其

⊖ 当 Delta 值稍微大于 50 或稍微小于 –50 时，Vanna 值就是 0，这是因为对数正态分布的非对称性。

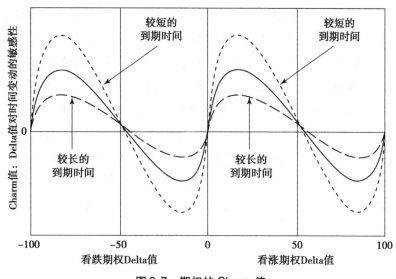

图9-7　期权的 Charm 值

Theta 值最大。随着该期权变为实值或虚值时，其 Theta 值会下降。因为期权的 Theta 值是其时间价值的函数，并且深度实值期权和深度虚值期权的时间价值非常小，所以这样的期权有非常小的 Theta 值是合乎逻辑的。

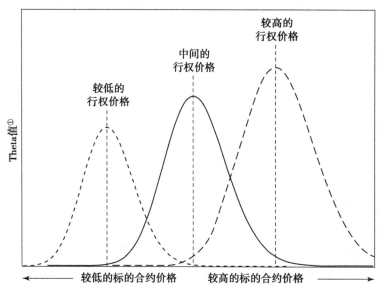

① 虽然通常都将Theta值表示为负数，但在图9-8、图9-10和图9-11中Theta值都表示为绝对值的形式。

图9-8　随着标的合约价格变动期权的 Theta 值

还需注意的是当其他所有条件都相同时，一个标的合约价格较高的平值期权比价格较低的平值期权有更大的 Theta 值。为了了解其中的原因，考虑一个行权价格为 10 的看涨期权和一个行权价格为 1 000 的看涨期权,它们均为平值期权而且距到期日的时间以及隐含波动率都相同。究竟哪一个期权价值更高呢?显然,行权价格为 1 000 的看涨期权会更值钱,因为它意味着有权购买一个更有价值的资产。⊖ 这两个期权都是平值期权,因此它们的价值就是其时间价值,所以行权价格为 1 000 的看涨期权的 Theta 值一定会大于行权价格为 10 的看涨期权的 Theta 值。

图 9-9 是随着时间推移,实值期权、平值期权和虚值期权的理论价值。在期权存续期的初期,每个期权的衰减速率(理论价值图像的斜率)都相似。但是在期权存续期的末期,随着到期日的接近,实值期权和虚值期权的衰减速率会减缓,而平值期权的衰减速率会加快(在到期时刻接近于无限大)。这些特征同时适用于看涨期权和看跌期权,如图 9-10 所示。⊖

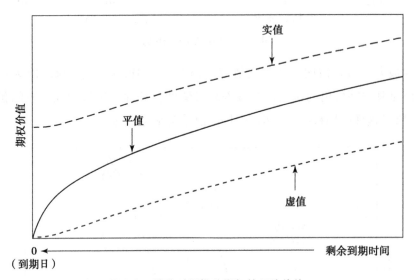

图 9-9　随着时间推移期权的理论价值

波动率变动对 Theta 值的影响如图 9-11 所示。如果我们忽略利率,当波动率为 0 时,任何期权的 Theta 值都会是 0。随着我们增加波动率,我们就增加了时间溢价,同时也就增加了其 Theta 值。

注意平值期权的图像基本上是一条直线,因为 Theta 值与波动率正好成比例变化。对一个平值期权而言,波动率为 20% 的 Theta 值恰好是波动率为 10% 的

⊖ 事实上,这两个在其他方面相同的平值期权的理论价值和 Theta 值与其行权价格成比例。在本例中,行权价格为 1 000 的看涨期权的价值就刚好是行权价格为 10 的看涨期权的价值的 100 倍,且其 Theta 值也是后者的 100 倍。

⊖ 实值期权和虚值期权的 Theta 值实际上只有些许的不同。然而,它们的价值非常接近,因此在图 9-10 中我们用一条线来代表这两个期权。

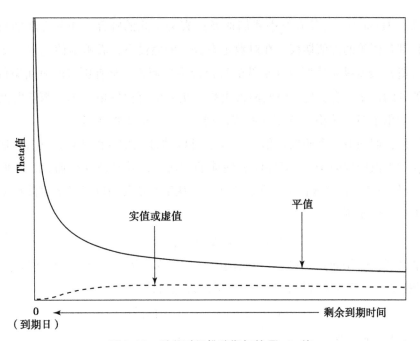

图 9-10　随着时间推移期权的 Theta 值

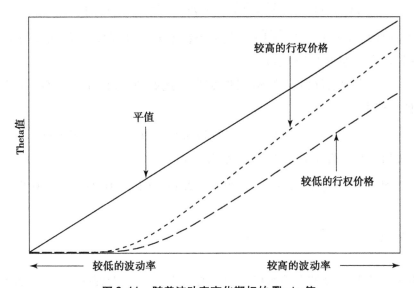

图 9-11　随着波动率变化期权的 Theta 值

Theta 值的 2 倍。但对于更高的行权价格（虚值看涨期权和实值看跌期权）或更低的行权价格而言，就不一定会有同样的结果了。虽然随着波动率下降 Theta 值会下降，但是在波动率为 0 之前 Theta 值可能早就已经是 0 了。

图 9-11 由与当前标的合约价格距离相等的较高行权价和较低行权价的期权构成。注意随着波动率的增加程度不同，更高行权价格较更低行权价格的期权而言

有较高的 Theta 值。在第 6 章中我们谈及过有关于此的解释。如果看涨期权和看跌期权都是同等的虚值期权，在对数正态分布的假设下，看涨虚值期权（更高的行权价格）较看跌虚值期权（更低的行权价格）而言，会有更多的时间溢价。如果标的合约价格没有变化，时间溢价更高（更高的行权价格）的期权较时间溢价更低（更低的行权价格）的期权而言，衰减得一定会更加迅速。

如果我们知道一个期权现值，有办法可以估计该期权的 Theta 值么？估计实值期权和虚值期权的 Theta 值并没有便捷的方法，但就平值期权而言，我们知道 Theta 值与波动率正好成比例（见图 9-11）。从第 6 章我们也可以知道波动率与时间的平方根成比例

$$波动率_t = 波动率_{年化} \times \sqrt{t}$$

因此平值期权的 Theta 值一定会与时间的平方根成比例。如果 TV_t 是期权在时间 t（到期的那天）的理论价值，那么后一天的理论价值 TV_{t-1} 为

$$TV_{t-1} = TV_t \times \sqrt{(t-1)/t}$$

因此其 Theta 值为

$$TV_t - TV_t \times \sqrt{(t-1)/t} = TV_t \times [1 - \sqrt{(t-1)/t}]$$

随着时间推移，$1 - \sqrt{(t-1)/t}$ 的值会逐渐增大。因此，平值期权的 Theta 值也会逐渐增大（如图 9-7 所示）。

例如，一个理论价值为 2.50 且距到期日还有 30 天的平值期权。该期权的 Theta 值近似为

$$2.50 \times (1 - \sqrt{29/30}) = 2.50 \times (1 - 0.983\,2) \approx 0.042$$

一天后，距到期日还有 29 天，该 Theta 值为

$$(2.50 - 0.042) \times (1 - \sqrt{28/29}) = 2.458 \times (1 - 0.982\,6) \approx 0.043$$

9.3　Vega

图 9-12 是随着标的合约价格变动，期权的 Vega 值的变动情况。注意该图与图 9-8 几乎相同。跟 Theta 值一样，当期权为平值时，其 Vega 值最大，且有较高行权价格的平值期权的 Vega 值要大于有较低行权价格的平值期权的 Vega 值。而且，平值期权的 Vega 值与其行权价格成比例。假定其他所有条件都相同，一个行权价格为 100 的平值期权的 Vega 值是一个行权价格为 50 的平值期权 Vega 值的两倍。注意之前用来表示 Delta 值对波动率变动敏感性的术语 **Vanna 值**，也可以用来描述 Vega 值对标的价格变动的敏感性。这两种解释在数学上是一致的。

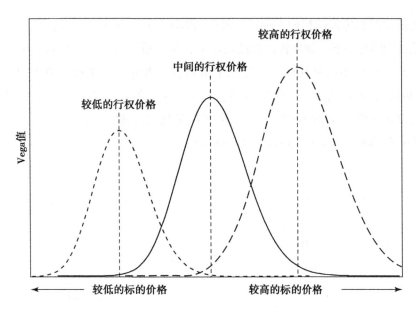

图 9-12　随着标的合约价格变动期权的 Vega 值

图 9-13 是随着我们改变波动率，实值期权、平值期权、虚值期权的理论价值。需要特别注意的事实是平值期权价值图像基本上是直线。因为该图像的斜率是 Vega 值，所以我们可以推断对于波动率的改变，平值期权的 Vega 值是相对不变的。无论波动率是 20%、30% 或者更高的某个值，平值期权的 Vega 值都会是一样的。

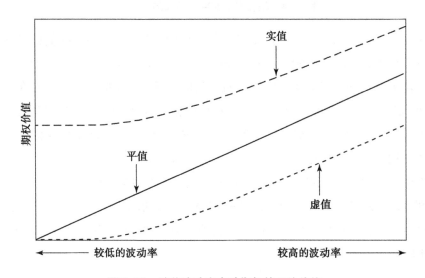

图 9-13　随着波动率变动期权的理论价值

波动率变动对 Vega 值的影响如图 9-14 所示。当平值期权的 Vega 值相对稳定时，实值期权和虚值期权的 Vega 值会随着波动率上升而上升。⊖ 这个结论是合理的。让我们回想一下：如果我们提高波动率，那实值期权和虚值期权的 Delta 值会趋近于 50，就会使这些期权越来越像平值期权。因为平值期权有最大的 Vega 值（见图 9-12），所以我们会预期 Vega 值会上升。Vega 值对波动率变化的敏感度有时被称为 **Volga 值**或 **Vomma 值**（这两个词都是波动率和 Gamma 的组合缩写——Volatility 和 Gamma 或 Volatility 和 Gamma）。

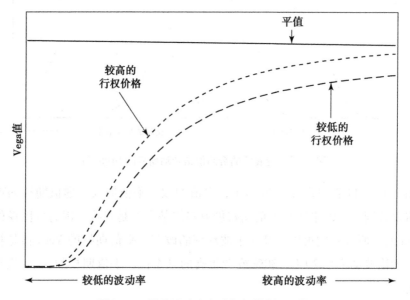

图 9-14 随着波动率变动期权的 Vega 值

图 9-15 是不同 Delta 值下看涨期权和看跌期权的 Volga 值。我们已经注意到平值期权的 Delta 值约为 50，且其 Vega 值相对稳定，因此其 Volga 值近似为 0。但是，随着期权朝着实值或虚值的方向变动时，其 Volga 值会增加，且在看涨期权 Delta 值为 10 和 90 时达到最大，在看跌期权 Delta 值为 -10 和 -90 时达到最大。此外，如果我们延长时间，实值期权和虚值期权的 Volga 值对时间的推移更加敏感，因为长期期权比短期期权有更大的 Volga 值。

在图 9-16 中，我们可以看到 Vega 值是如何随时间的变化而变化的：当增加到期时间时，Vega 值上升；当减少到期时间时，Vega 值下降。对于波动率的变化，长期期权总是比短期期权更敏感的这一特性在第 6 章已经介绍过了（见图 6-11 和图 6-12）。

⊖ 事实上，我们可以从图 9-14 中看出：如果我们提高波动率，平值期权的 Vega 值只会轻微下降。在第 18 章我们会对此进行更深入的讨论。

Vega 值对剩余到期时间变动的敏感度有时被称为 **Vega 衰减**（Vega decay）或 **DVegaDtime**，如图 9-17 所示。Delta 值在 10 到 90 间的期权的 Vega 值对于时间的推移最为敏感。该敏感性会随到期时间的减少而增加。随着时间推移，短期期权的 Vega 值较长期期权而言，会变动得更为迅速。

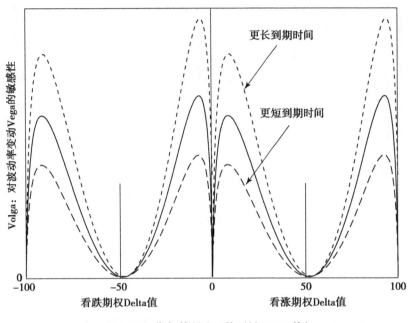

图 9-15 期权的 Volga 值（Vomma 值）

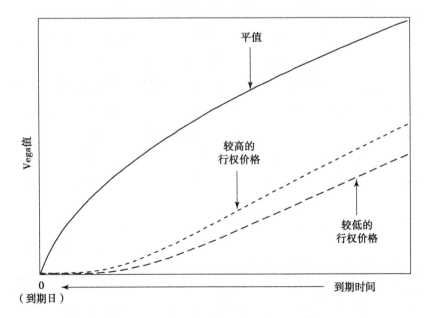

图 9-16 随着时间推移期权的 Vega 值

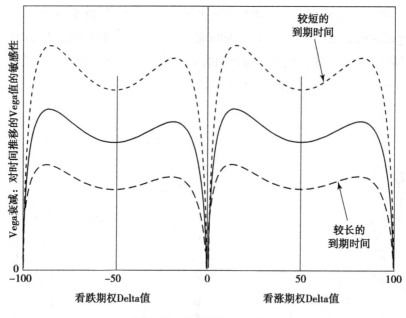

图 9-17　期权的 Vega 衰减

9.4 Gamma

Gamma 值度量的是 Delta 值对标的价格变动的敏感性，但是 Gamma 值本身也对市场条件的变动敏感。⊖

在图 9-18 中，我们可以看到当期权为平值时，其 Gamma 值最大。这一点与 Theta 值和 Vega 值相似，即当期权为平值期权时，Theta 值和 Vega 值最大，而这也得出了期权交易的一个重要原则：**当期权为平值时，Gamma 值、Theta 值和 Vega 值最大**。正因如此，在大多数期权市场中，平值期权的交易最活跃。因为在交易者进入期权市场时，其所寻找的就是有这样特征的期权。

不同于平值期权的 Theta 值和 Vega 值会随行权价格的上升而增加，平值期权的 Gamma 值会随行权价格的上升而减少。为了了解其原因，回想下 Gamma 值是

⊖ 因为 Gamma 值是一个二阶的敏感度——Delta 值对标的价格变动的敏感度，而 Gamma 值对市场条件变动的敏感度就是一个三阶的敏感度。关于更高阶敏感度的讨论，请看 Espen Gaarder Haug, *The Complete Guide to Option Pricing Formulas*（New York：McGraw-Hill, 2007）；Espen Gaarder Haug, "Know Your Weapon, Part 1," *Wilmott Magazine*, May 2003：49-57，也可通过 http://www.wilmott.com/pdfs/050527_haug.pdf 获取；还可看 Espen Gaarder Haug, "Know Your Weapon, Part2," *Wilmott Magazine*, July-August 2003：50-56，也可通过 http://www.nuclearphynance.com/User percent20Files/2552/0307_ haug.pdf 获取。

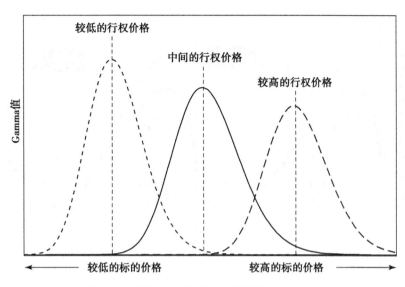

图 9-18　随着标的价格变动期权的 Gamma 值

标的价格每变动一个点时 Delta 值的变动。但是理论定价模型以百分比的形式衡量这种变动。通过这种度量方式，标的价格为 50 时价格变动一个点（变动 2%）比标的价格为 100 时价格变动一个点（变动 1%）的变动更大。虽然平值期权的 Theta 值和 Vega 值是与其行权价格成正比的，但是 Gamma 值却与之成反比。行权价格为 50 期权的 Gamma 值会是行权价格为 100 期权的 Gamma 值的 2 倍。

因为平值期权有最大的 Gamma 值，所以随着标的价格趋近于行权价格，该期权的 Gamma 值会上升，随着标的价格远离行权价格，该期权的 Gamma 值会下降。Gamma 值对于标的价格变动的敏感度有时被称为 **Speed 值**，如图 9-19 所示。Delta 值趋近于 15 的虚值看涨期权和 Delta 值趋近于 -15 的虚值看跌期权以及 Delta 值趋近于 85 的实值看涨期权和 Delta 值趋近于 -85 的实值看跌期权的 Speed 值最大。如果我们增加剩余到期时间或波动率，期权的 Speed 值会下降。如果我们减少剩余到期时间或波动率，期权的 Speed 值会上升。Gamma 值对平值期权（看涨期权 Delta 值接近于 50 或看跌期权 Delta 值接近于 -50）、深度实值期权及深度虚值期权（Delta 值接近于 0 以及看涨期权 Delta 值接近于 100 或看跌期权 Delta 值接近于 -100）的标的价格变动最不敏感。

Gamma 值对到期时间和波动率的变动也是敏感的。如图 9-20 所示，我们知道当期权为平值时，其 Gamma 值最大，而且当期权变为实值或虚值时，Gamma 值会下降。特别重要的是随着时间的推移或波动率的降低，平值期权的 Gamma 值会上升，随着波动率上升，平值期权的 Gamma 值会下降。为了探究其原因，考虑一个市场价格为 97.50、行权价格为 100 的看涨期权。

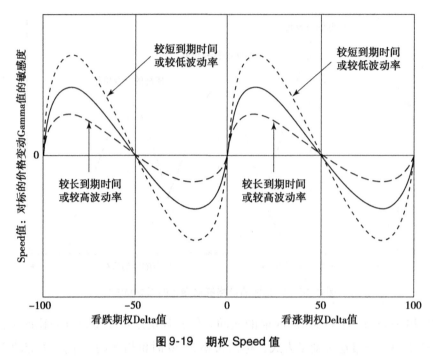

图 9-19 期权 Speed 值

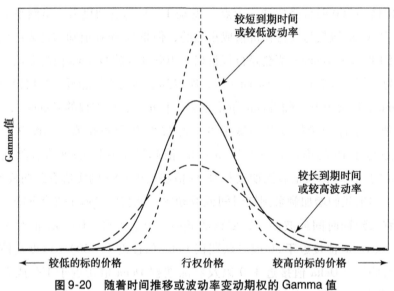

图 9-20 随着时间推移或波动率变动期权的 Gamma 值

因为该期权现在是虚值期权，所以其 Delta 值会低于 50。我们还知道随着时间推移或波动率下降，Delta 值会远离 50。如果我们处在接近到期日或波动率极低的市场中，该期权的 Delta 值会远低于 50，也许是 25。如果标的市场之后上涨了 5 个点到 102.5，则该期权的 Delta 值会高于 50，也许是 75。由于标的市场从 97.50 上涨到 102.50，且其 Delta 值从 25 涨到了 75，则 Gamma 值约为

$$\frac{75-25}{102.50-97.50} = \frac{50}{5} = 10$$

但是如果我们处于离到期日很远或高波动率的市场中,该行权价格为 100 的看涨期权的 Delta 值会一直接近于 50。因为标的市场价格为 97.50,所以该期权的 Delta 值可能是 45。如果市场价格上升到 102.50,其 Delta 值可能只有 55。那么其 Gamma 值约为

$$\frac{55-45}{102.50-97.50} = \frac{10^{\ominus}}{5} = 2$$

对于实值期权和虚值期权而言,该效应正好与平值期权相反。如果我们降低波动率,其 Gamma 值会下降。如果我们增加波动率,其 Gamma 值会上升[ominus]。因为 Gamma 值和 Theta 值密切相关,如果我们画出随着时间推移期权的 Gamma 值的图,就会发现该结果与图 9-10 非常相似,只是 y 轴的 Theta 值变成了 Gamma 值。

Gamma 值对时间推移的敏感度有时被称为其 **Color 值**,如图 9-21 所示。平值看涨期权或看跌期权的 Color 值最高,是因为随着我们增加到期时间,Gamma 值会变小,随着到期时间减少,Gamma 值会变大(因此是一个负的 Color 值)。Delta 值接近于 5 或 95 的看涨期权和 Delta 值接近于 -5 或 -95 的看跌期权也有高的 Color 值。但是时间的增加会使 Gamma 值上升,反之随时间的推移会使 Gamma 值下降(正的 Color 值)。而且,减少时间或波动率会使 Color 值增加,这使得期权的 Gamma 值对时间的推移会更加敏感。增加时间或波动率会减少 Color 值,这使得期权的 Gamma 值对时间的推移会更加不敏感。Delta 值接近于 15 或 85 的看涨期权和 Delta 值接近于 -15 或 -85 的看跌期权的 Color 值倾向于接近于 0。因此这类期权的 Gamma 值对时间推移会相对不敏感。

期权 Gamma 值对波动率变动的敏感度有时被称为其 **Zomma 值**,如图 9-22 所示。Zomma 值与 Color 值有着相似的特征。平值看涨期权和看跌期权的 Zomma 值高,是因为随着波动率上升,其 Gamma 值会变小,而随着波动率下降,其 Gamma 值会变大(负的 Zomma 值)。Delta 值接近于 5 或 95 的看涨期权和 Delta 值接近于 -5 或 -95 的看跌期权也有高的 Zomma 值。但是波动率的增加会使 Gamma 值上升,反之波动率减少会使 Gamma 值下降(正的 Zomma 值)。而且,减少时间或波动率会使 Zomma 值增加,这使得期权的 Gamma 对波动率的变动会更加敏感。增加时间或波动率会减少 Zomma 值,这使得期权的 Gamma 对波动率的变动会更

[ominus] 原文为 50,打字错误。——译者注
[ominus] 这是个一般法则。有时一个期权只是轻度实值或虚值,会表现得像平值期权一样。平值期权、实值期权和虚值期权的期权特性是否相似取决于很多因素,包括波动率和到期时间。

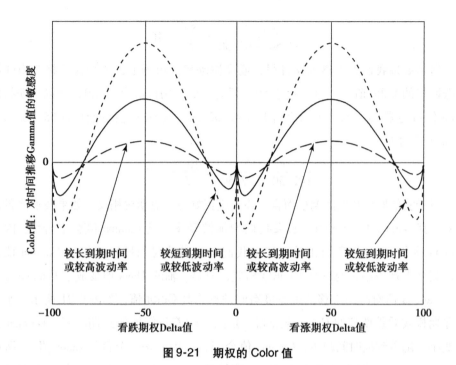

图 9-21 期权的 Color 值

加不敏感。Delta 值接近于 15 或 85 的看涨期权和 Delta 值接近于 -15 或 -85 的看跌期权的 Zomma 值倾向于接近于 0。因此这类期权的 Gamma 值会对波动率变动相对不敏感。

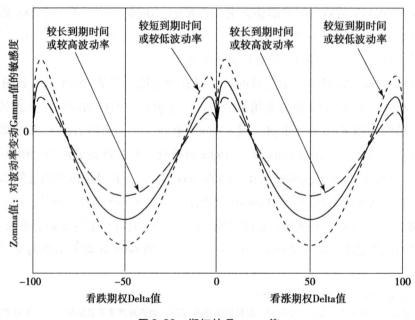

图 9-22 期权的 Zomma 值

鉴于平值期权 Gamma 值最大和平值期权 Gamma 值会随着时间推移或波动率降低而增加的事实，经验丰富的交易者知道在接近到期日，且低波动率的市场环境中，平值期权是最具有风险的一类期权。虽然这些 **Gamma 期权**最初的 Delta 值接近于 50，但是标的合约价格的微小变动都能使其 Delta 值发生显著变动，并迅速向 0 或 100 移动。

9.5　Lambda（Λ）

Delta 值告诉我们当标的合约变动给定的点数时期权价值变动的点数。但是我们也许还会问当标的价格变动给定的百分比时，期权价值是如何以百分比形式变化的呢？

考虑一个理论价值为 4.00、Delta 值为 20 的看涨期权，其标的合约的交易价格为 100。如果标的合约上升一个点到 101，那么该期权新 Delta 值（忽略其 Gamma）应近似为 4.20。但是这些变动以百分比形式会是多少呢？标的价格变动了 1%（1/100），期权变动了 5%（0.20/4.00）。该期权的 **Lambda 值**或**弹性**（elasticity）为 5。在百分比的形式中，其变动幅度为标的合约变化率的 5 倍。

我们可以看到 Lambda 值就是期权的 Delta 值乘以标的合约价格 S 与该期权理论价值的比率。

$$\Lambda = \Delta \times (S/TV)$$

在我们的例子中，Lambda 值为

$$0.20 \times 100/4.00 = 5$$

交易者有时将 Lambda 值称为期权的**杠杆价值**（leverage value）。虽然 Lambda 值不是一个广泛应用的风险度量指标，但是 Lambda 值的一些基本特征还是值得关注的，如图 9-23（看涨期权的 Lambda 值）和图 9-24（看跌期权的 Lambda 值）所示。从逻辑上讲，由于 Lambda 的计算值源于其 Delta 值，因此看涨期权有正的 Lambda 值而看跌期权有负的 Lambda 值。我们可以看到虚值期权的 Lambda 值最大——随着标的价格上升，看涨期权的 Lambda 值下降且看跌期权的 Lambda 值上升（具有更大的负值）。Lambda 值对时间和波动率的变动也是敏感的。如果我们增加波动率，看涨期权和看跌期权的 Lambda 值都会下降。如果我们减少波动率或随着时间流逝，看涨期权和看跌期权的 Lambda 值都会上升。

相较于在标的合约上相同的投资，交易者如果想要得到最大百分比形式的投资收益率，可以通过在低波动率市场中，交易接近到期日的虚值期权以最大化

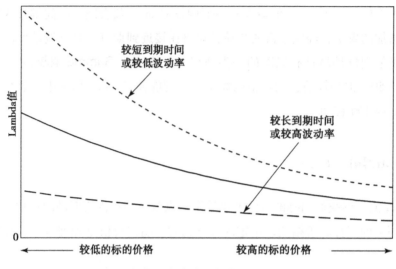

图 9-23　随着时间推移或波动率变动看涨期权的 Lambda 值

Lambda 值的方式来实现。当然，这只是在理论上是正确的。可能还要考虑其他的情况，比如买卖价差和期权市场的流动性。与类似的标的市场头寸相比，这些情况可能会使获得一个高 Lambda 值的头寸变得不现实。

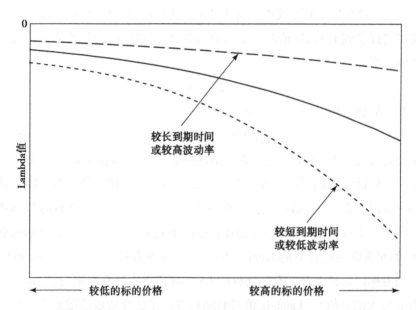

图 9-24　随着时间推移或波动率变动看跌期权的 Lambda 值

我们似乎对于期权风险度量的观察过于详细了。虽然在每种情况下，并非所有的风险都重要，但是经验丰富的交易者都知道不管如何强调期权交易风险管理的重要性都不为过。期权受到众多市场因素的影响，交易者必须能够意识到并理解期权价值变动的各种方式，才能成功管理期权交易中的真实风险。

本章讨论过的主要风险特征的总结在图 9-25 和图 9-26 中。

C = 看涨期权理论价值	P = 看跌期权理论价值	S = 标的合约价格或现货价格		
t = 到期时间	σ = 年化波动率	r = 本国利率	r_f = 外国利率	
风险名称	……的敏感度	对……的变动	数学式	最大值
Delta（Δ）	理论价值 （点值）	标的价格 （点值）	$\partial C/\partial S \approx \partial P/\partial S + 1$	深度实值
Lambda（Λ） [Omega（Ω）] 弹性	理论价值 （百分比）	标的价格 （百分比）	$\Delta c * (S/C)$ $\Delta p * (S/P)$	虚值 接近到期日 低波动率
Gamma（Γ） 曲率	Delta	标的价格	$\partial^2 C/\partial S^2 = \partial^2 P/\partial S^2$ $\partial \Delta/\partial S$	平值 接近到期日 低波动率
Theta（Θ） 时间衰减	理论价值	到期时间	$\partial C/\partial t$ $\partial P/\partial t$	平值 接近到期日 低波动率
Vega	理论价值	波动率	$\partial C/\partial \sigma = \partial P/\partial \sigma$	平值 长期
Rho（ρ）	理论价值	利率	$\partial C/\partial r$ $\partial P/\partial r$	深度实值 长期
Rhof 或 Phi（Φ）	理论价值	外国利率或股利收益	$\partial C/\partial rf$ $\partial P/\partial rf$	深度实值 长期

图 9-25 传统风险度量

风险名称	……的敏感度	对……的变动	数学式	最大值
Vanna 值	Delta Vega	波动率 标的价格	$\partial^2 C/\partial S \partial \sigma$ $\partial^2 P/\partial S \partial \sigma$	Delta 值 15～20，80～85 低波动率
Charm 值 Delta 衰减	Delta Theta	时间 标的价格	$\partial^2 C/\partial S \partial t$ $\partial^2 P/\partial S \partial t$	Delta 值 15～20，80～85 接近到期日
Speed 值	Gamma	标的价格	$\partial^3 C/\partial S^3 = \partial^3 P/\partial S$ $\partial^2 \Delta/\partial S^2 \quad \partial \Gamma/\partial S$	Delta 值 15～20，80～85 低波动率 接近到期日
Color 值 Gamma 衰减	Gamma Charm 值	到期时间 标的价格	$\partial^3 C/\partial S^2 \partial t$ $\partial^3 P/\partial S^2 \partial t$ $\partial \Gamma/\partial t$	平值 接近到期日 低波动率
Volga 值 （Vomma 值）	Vega	波动率	$\partial^2 C/\partial \sigma^2 = \partial^2 P/\partial \sigma^2$	Delta 值为 10、90 长期 低波动率
Vega 衰减	Vega	时间	$\partial^2 C/\partial \sigma \partial t$ $\partial^2 P/\partial \sigma \partial t$	Delta 值为 20、80 接近到期日
Zomma 值	Gamma Vanna	波动率 标的价格	$\partial^3 C/\partial S^2 \partial \sigma = \partial^3 P/\partial S^2 \partial \sigma$ $\partial \Gamma/\partial \sigma$	平值 接近到期日 低波动率

图 9-26 非传统更高阶风险度量

第 10 章
Option Volatility and Pricing

价差导论

与其他市场一样，期权市场也有许多不同的交易方式。**转手倒卖**（scalping）曾经就是期货交易所交易池中交易员的一种常用策略。转手倒卖者通过观察特定市场活动来判断反映买方和卖方之间平衡关系的均衡价格。围绕这个均衡价格，转手倒卖者倾向于尽可能频繁地以买入报价买入，以卖出报价卖出，而在任何时间内既不持有多头也不持有空头头寸，只是利用买卖价差获利。他们不考虑合约的理论价值。尽管每笔交易可能获利很小，但若交易次数足够多，交易者也能获得可观的收益。然而，转手倒卖需要一个高流动性的市场，而期权市场通常并不能提供足够的流动性以支持此类交易。

另一种不同的交易策略是对标的合约价格变动方向进行投机。可以在不同的市场——现货市场、期货市场或期权市场持有方向性头寸。不幸的是，即使标的市场向预期方向变化，在期权市场上持有方向性头寸也不一定会获利。许多不同的因素，包括波动率变化和时间推移，都会影响到期权的价格。如果交易者只考虑市场价格的变化方向，他通常更适合在标的市场上持有头寸。如果预测正确，他一定能够在标的市场上获利。

大多数成功的期权交易者是**价差**（spread）交易者。由于期权估值基于概率法则，而概率法则只有在较长时间内才能真正实现，所以期权交易者通常需要长时间地持有头寸。然而，在交易者等待期权价格回归理论价值的较短时间内，头寸可能会受到多种市场条件变化的影响并对潜在利润造成威胁。实际上，短时间内无法保证期权价格会按照与理论定价模型一致的方式变化。价差策略能够使期权交易者利用期权理论定价偏差的同时，降低短期"坏运气"带来的影响。

10.1 什么是价差

价差指的是一种同时在不同但相关的金融工具上持有相反头寸的交易策略。

通常，价差由随着市场条件变化而朝相反方向变化的两个头寸组成。当市场条件变化时，一个头寸可能获利，而另一个头寸可能产生损失。当然，如果两个头寸的价值同比例变化，价差的价值永远不会变化。因此，一个可获利的价差策略是基于头寸价值会以不同比例变化的假设。

很多常用价差策略基于套利关系，通过在不同市场买卖相同或密切相关的金融工具来获取定价错误的利益。商品市场中常见的**期现套利策略**（cash-and-carry strategy）就是这种价差的例子。给定当前现货价格、利率、库存和保险费，商品交易者能够计算出 1 份远期合约的价值。如果远期合约实际市场价格高于计算的价值，交易者将通过买入商品现货、卖出定价过高远期合约的方式建立一个价差头寸并持有到期。⊖

考虑一种当前交易价格为 700 美元的商品。如果年利率为 6%，每个月库存和保险费合计为 5 美元，那么 1 份还有 2 个月到期的远期合约价值应该为多少？

远期价格 = 现货价格 + 利息 + 库存和保险费

$$= 700 + \left(700 \times 0.06 \times \frac{2}{12}\right) + (2 \times 5) = 717(美元)$$

如果 2 个月远期合约的实际价格为 725 美元，那么交易者可能以 700 美元买入商品现货，以 725 美元卖出远期合约并持有到期。将资金支出记为（-）、资金收入记为（+）的总现金流将是

以 6% 利率借入 700 美元 2 个月的成本	-7
买入商品的成本	-700
2 个月库存和保险费	-10
合约到期所得	+725

这个策略的总盈利是

$$-7 - 700 - 10 + 725 = +8(美元)$$

这正是从远期合约定价错误中获得的收益。因为从一开始使用策略时，所有的现金流都确定了，所以这个收益不会受商品本身或远期合约价格波动的影响。无论商品价格上涨到 800 美元还是下跌到 600 美元，收益仍然是 8 美元。

另一种价差策略是买卖相同标的商品但不同到期时间的期货合约。在前述例子中，我们计算出 1 份 2 个月到期商品远期合约的价值为 717 美元。我们可以为 1 份 4 个月的远期合约做相似的计算。然而，这里借入成本是按复利计算的，因

⊖ 与之相反，卖出商品并买入 1 份远期合约的套利策略，在商品市场上通常是不大可能的，因为商品不同于金融工具，不能被借入并且卖空。

为我们前 2 个月需要以 6% 的年利率借入 700 美元，后 2 个月再以 6%⊖ 的年利率借入 717 美元。

前两个月以 6% 的年利率借入 700 美元，
后 2 个月以 6% 的年利率借入 717 美元的成本：
$-(700 \times 0.06/6) - (717 \times 0.06/6) = -7.00 - 7.17$⊖ -14.17
买入商品的成本 -700.00
4 个月的库存和保险费 -20.00

4 个月远期合约的价值应该是：

4 个月远期合约价格 $= 700.00 + 14.17 + 20.00 = 734.17$（美元）

如果存在以这种商品为标的的 2 个月和 4 个月的交易所交易期货合约，这 2 个合约之间应该存在 17.17 美元的价格差异，或者说价差。如果它们的实际价差为 20 美元，那么交易者可能会买入 2 个月合约，同时卖出 4 个月合约。交易者不知道单个合约价格是被高估还是被低估，但是他知道实际价差为 20 美元，比理论价差高出 2.83 美元。

假设交易者准确地估计出了价差，他将如何获得这 2.83 美元的收益呢？一种可能是 2 份期货合约的价差回归到 17.17 美元的期望价差。如果已经卖出价差（卖出 4 个月期货合约，买入 2 个月期货合约），交易者可以通过买入价差（买入 4 个月期货合约，卖出 2 个月期货合约）来平仓。

如果实际价差没能回归到期望价差，交易者可以持有全部头寸至到期。假设价差是通过以 717 美元的价格买入 2 个月的远期合约、以 737 美元的价格卖出 4 个月的远期合约来构建的。如果持有到期，全部头寸的现金流如下：

2 个月期货合约到期时：
以 6% 年利率借入 717 美元 2 个月 -7.17
按约定的 2 个月远期价格买入商品 -717.00
4 个月期货合约持有至到期的 2 个月的库存和保险费 -10.00
4 个月期货合约到期时：
交割商品并获得约定的 4 个月远期价格 $\underline{+737.00}$
总盈利 $+2.83$

当然，交易者也可以通过卖出 4 个月的远期合约并买入商品达到上述同样的

⊖ 方便起见，我们假设利率不变。实际上，后两个月借入资金的成本可能与前两个月借入资金的成本不同。我们还忽略了借钱支付库存和保险费的成本。这将会给这个策略带来一点点的额外成本。

⊖ 原文为 7.00 + 7.17，打字错误。——译者注

结果。然而，尽管交易者很容易进行期货交易，但是他可能会发现进入商品现货市场会受到限制，因为这些市场通常受到大公司的控制。在这种情况下，他可能会发现在期货市场中进行价差套利更简单而且成本更低。

利用价差策略通常是为了降低一种或多种风险。期现套利消除了许多方向性的风险，因为多头现货合约的价值和空头远期合约的价值通常会向相反方向变化。但是价差策略并不会消除所有的风险。在我们的例子中，假设以固定利率借入资金，从而消除了利率风险。我们也同样假设在构建策略时库存和保险费是固定的。如果只涉及期货合约，那么利率变化以及库存和保险费的变化，可能会影响不同月份期货合约之间的价格关系。如果变化足够大，一个看起来会盈利的价差实际上可能变成亏损策略。在前面的例子中，如果建立策略后，利率和库存成本增加，那么2个月和4个月期货合约之间的价差将会变宽，从而导致交易者盈利变少甚至产生亏损。

迄今为止，我们的例子都是商品**市场内的**（intramarket）价差，所有合约的价值都基于同一标的商品。然而，如果交易者能够确定两种不同商品或不同金融工具之间的价格关系，他可以考虑**跨市场**（intermarket）价差策略，即在一个市场买入而在另一个市场卖出。与所有价差一样，这种策略也是基于不同合约价格之间存在一种确定关系的假设。当两个合约之间的价差违背这种关系时，就代表交易者的机会。

在固定收益市场，一个常见策略包括买入或卖出短期利率工具，并在长期利率工具上持有反向头寸。该价差的价值取决于收益曲线的变化——短期利率和长期利率之间的关系。

考虑两份到期时间相同的期货合约，1份交易价格为 $116\,^{14}/_{32}$ 的10年期美国国债期货和1份交易价格为 $118\,^{27}/_{32}$ 的30年期美国国债期货。[⊖] 两份合约的价差为

$$118\,^{27}/_{32} - 116\,^{14}/_{32} = 2\,^{13}/_{32}$$

国债合约的价格与利率呈反方向变化。如果利率上升，国债价格下降；如果利率下降，国债价格上升。如果一个交易者认为利率会上升，但是长期利率比短期利率上升更快，他可以卖出10年期/30年期价差[⊖]。如果他是正确的，价差将变窄，在后面可能会这样交易

$$115\,^{10}/_{32} - 113\,^{7}/_{32} = 2\,^{3}/_{32}$$

⊖ 美国中期和长期国债通常以1/32点进行报价。
⊖ 交易者称此为长短期国债价差（notes over bonds, NOB spread）。

如果交易者起初以 $2\ ^{13}/_{32}$ 卖出价差，然后以 $2\ ^{3}/_{32}$ 买回价差，他将获得收益

$$2\ ^{13}/_{32} - 2\ ^{3}/_{32} = {}^{10}/_{32}$$

在一个有些许不同的跨市场价差中，假设交易者观察了 A 和 B 两种商品的价格一段时间，然后得出商品 B 将会以商品 A 3 倍的价格进行交易。也就是，

$$商品\ B\ 的价格 = 3 \times 商品\ A\ 的价格$$

如果商品 A 的价格是 50，商品 B 的价格应当是 150。如果商品 A 的价格是 200，商品 B 的价格应当是 600。尽管价格可能偶尔会偏离于此，但是最终会回归到 3∶1 的关系。给定这个关系，如果商品现价如下，交易者会怎么做？

$$商品\ A\ 的价格 = 120$$
$$商品\ B\ 的价格 = 390$$

在 120 和 390 的价格上，商品 B 的价格是商品 A 的 3.25 倍。给定 3∶1 的历史关系，商品 B 的价格相对于商品 A 来说太高了。商品 B[⊖] 的价格应为 360（=3 × 120）或商品 A[⊖] 的价格应为 130（=390/3）。

如果交易者认为价格可能会回归到 3∶1 的历史关系，他可能会以每份 120 的价格买入 3 份商品 A 合约，以每份 390 的价格卖出 1 份商品 B 的合约

+3 每份 120 的商品 A	-360
-1 每份 390 的商品 B	+390
总收入	+30

如果后来合约价格回归到 3∶1 的比例关系，交易者可以无成本地平仓，并获得 30 的期望收益。只要两者保持 3∶1 的价格关系，这份收益将与两种商品的实际价格无关。

我们已经介绍过的策略包括买入和卖出不同数量的合约，这种策略有时被称为**比例策略**（ratio strategy）。市场上性质相似但以不同价格交易的产品之间通常都存在一种可被感知的关系。在贵金属市场中，尽管黄金以数倍于银的价格交易，但是交易者也可能对黄金和银使用价差策略。在农产品市场中，尽管大豆价格总是高于玉米价格，但是交易者也可能对大豆和玉米使用价差策略。在股票指数市场中，交易者可能对标普 500 指数和道琼斯工业平均指数使用价差策略。所有这些策略与之前策略的不同之处在于，这些策略都是基于观察到的价格关系，而且与同一标的现货价格和期货价格，或同一标的不同月份期货合约之间的价格关系相比，这种价格关系更不容易被定义。因为这种价格关系并不可靠，这类价

⊖ 原文为 A，打字错误。——译者注
⊖ 原文为 B，打字错误。——译者注

差策略带有很大的不确定性，因此风险更大。尽管如此，如果交易者认为他对价格关系的分析是正确的，这种价差策略也是可以使用的。

到目前为止，所有价差策略的例子都由 2 边或 2 腿（legs）组成。在第 1 个例子中，1 腿是商品，另 1 腿是远期合约。在第 2 个例子中，2 腿由 2 份不同的期货合约组成。在第 3 个例子中，2 腿由 2 种不同的商品组成。但事实上，只要能够确定不同腿之间的价格关系，价差可以由多腿组成。

在能源市场中，常用的价差策略包含买入或卖出原油期货，并反向持有以原油为原料的产品——汽油和取暖油期货头寸。**裂解价差**（crack spread）的价值取决于将原油提炼或**裂化**（cracking）成衍生产品的成本，以及与原油成本相关的产品的需求。如果炼油成本增加或精炼产品的需求增加，价差策略的价值将会变宽。如果成本下降或需求下降，价差策略的价值将会变窄。⊖

裂解价差可以以多种不同比例进行交易，但是最常见的比例是 3∶2∶1——3 加仑原油产出 2 加仑汽油和 1 加仑取暖油。因为精炼产品的价值高于原油价值，当交易者买入精炼产品卖出原油时，被称为买入价差。

3∶2∶1 裂解价差的价格 =（2 × 汽油）+（1 × 取暖油）−（3 × 原油）

认为精炼产品需求会下降的交易者可以卖出裂解价差，认为精炼产品需求会上升的交易者可以买入价差。

在某些市场中，可能有必要区分执行价差中的每一条腿，因为可能没有对手方愿意同时执行整个价差。如果 1 个价差策略由多腿组成，而交易者只执行了其中 1 腿时，他将一直面临风险直到通过执行其余腿从而完成整个价差策略。如果交易者一次只能执行价差中的 1 腿，他必须考虑这种分步实施所带来的风险。决定如何更好地实施价差策略通常是一个经验问题。由于各自市场的流动性不同，有些腿的执行往往会比其他腿更困难。因此，大部分交易者都认识到通常最好先执行更难的腿，如果交易者这样做了，他将会发现执行风险降低了，因为他可以更加容易地完成价差策略。相反，如果交易者先执行了更容易的一条腿，而他又不能及时地以合理价格执行剩余腿时，他就会留下**裸**（naked）头寸。

幸运的是，在许多市场中，价差可以像单个合约一样被一次整体交易。无论价差多么复杂，典型的价差策略报价都由 1 个买入报价和 1 个卖出报价组成。考虑如下由买入合约 A 和卖出合约 B 与 C 组成的价差的买卖报价：

⊖ 类似的三腿价差在大豆市场中也存在。**压榨价差**（crush spread）由买入或卖出大豆期货，并反向持有以大豆为原料的产品——豆油和豆粕的期货头寸组成。

合　　约	买方报价	卖方报价
A	128	131
B	47	49
C	68	70

从单个合约的买卖报价来看，当前市场的价差是

买价：128 – 49 – 70 = 9（买入合约 A，卖出合约 B 和 C）

卖价：131 – 47 – 68 = 16（卖出合约 A，买入合约 B 和 C）

如果交易者想要买入价差，他可以总计支付 16 从而立即交易全部 3 种合约。如果他想卖出价差，他可以以 9 的价格立即交易 3 种合约。但是交易者可能会认为由于他交易的是多种合约，他理应得到一些折扣。这个价差策略中的做市商通常持有这样的观点，因为当同时交易全部合约时，他将面临较少的风险，因此他愿意以一个对交易者有利的价格进行交易。如果交易者要求在市场中实施完整的价差策略，他通常会发现买价与卖价之间的差别要比买卖报价的总和要更窄，可能买价是 11，卖价是 14。很明显，将完整的价差策略作为一项交易实施会比将价差策略作为 3 项单独的交易实施更好。

即使将 1 个价差策略作为一项交易实施，许多交易所仍然要求价差交易者们报告单个合约的价格。针对这种情况，如果交易者以 14 的价格买入完整的价差，他为单个合约报告的价格是多少？实际上，单个合约的价格并不重要。不管交易者是以 129 的价格买入合约 A 并且以 47⊖ 和 68（129 – 47 – 68 = 14）的价格卖出合约 B 和 C，还是以 131 的价格买入合约 A 并且以 48 和 69（131 – 48 – 69 = 14）的价格卖出合约 B 和 C，价差的总价格都是 14。确实，交易者们可以由于任何原因决定以 200 的价格买入合约 A，以 86 和 100 的价格卖出合约 B 和 C（200 – 86 – 100 = 14）。对交易者来说，最重要的是单个合约的价格加总后与价差的价格 14 一致。⊖

10.2　期权价差

在本章的开始，我们将价差定义为在相关金融工具上持有相反头寸。但是**头寸**（position）意味着什么呢？截至目前所举的价差例子中，头寸都是基于方向性考虑的。虽然最终价差的价格会收敛到某个预期数值，但如果由于标的市场的方

⊖ 原文为 48，打字错误。——译者注

⊖ 实际上，在报告价差价格时，交易所喜欢交易者使用反映当前市场情况的单个合约价格。否则，看起来像是某人正在进行不道德或不合法的市场活动。如果交易者报告 200、86 和 100 的价格，即使这些价格加总后依然等于 14 的价差价格，交易所也会不开心。

向性变动导致其中一个头寸价值升高，那么相反头寸的价值应该会下降。我们也可以在期权市场上通过在不同合约上持有相反但 Delta 值不等的头寸来构建方向性价差。和其他价差一样，这种价差的价值将取决于标的合约的方向性变动。

在期权价格受标的市场方向性变动影响的同时，它们也会受其他因素的影响。在期权市场中，我们可以通过在 1 个期权合约上持有多头 Gamma 头寸，在另一个不同合约上持有空头 Gamma 头寸来建立 1 个价差，或者分别持有多头和空头 Vega 头寸，或者甚至分别持有多头和空头 Rho 头寸。这些价差的价值都并非取决于标的市场的方向性变动因素。Gamma 价差对标的市场的波动率敏感，Vega 价差对隐含波动率变化敏感，Rho 价差对利率变化敏感。

第 8 章的动态套期保值例子是典型的 **Gamma 价差**。我们通过买入或卖出期权建立 1 个价差，然后在标的合约上持有一个 Delta 相反的头寸来抵消期权头寸的 Delta。然而，尽管标的合约 Gamma 为 0，但期权 Gamma 不为 0。因而整个头寸具有正或负的 Gamma 值。由此我们可以得出，头寸价值不仅取决于标的合约的方向性变动，还取决于标的合约的波动率。

许多期权价差是动态的，需要定期进行调整。但是价差也可以是**静态**（static）的，这种价差一旦建立，将不被调整的而一直持有至到期。静态价差策略通常只有在风险特征被良好定义且风险有限的情况下才会使用。

价差策略在其他任何市场中可能都没有在期权市场中应用广泛。这是由于许多原因造成的。

（1）**交易者可能会发现不同合约之间存在错误定价关系**。正如交易者会计算 1 份期货合约相对于 1 份现货合约的价值，期权交易者也会试图识别相对于另 1 份期权来说这份期权的价值。虽然不大可能准确确定任何 1 份合约的价值，但交易者可以估计出合约之间的相对价值。如果市场上的价格偏离了相对价值，那么交易者将会试图通过买入或卖出价差来获利。

在许多市场中，交易者依据合约价格偏离价值的程度来衡量错误定价的程度。在期权市场中，错误定价的程度通常用波动率来表示。考虑 2 份期权合约，1 份期权合约的理论价值是 7.00 并以 8.00 的价格进行交易，另 1 份期权合约的理论价值是 6.00 并以 6.75 的价格进行交易。哪份期权的错误定价程度更加严重呢？单从期权价格来说，第 1 份期权定价高了 1.00，第 2 份期权定价高了 0.75。但假设用于计算理论价值的波动率是 23%，因为两份期权都定价过高，我们知道它们的隐含波动率必定都高于 23%。如果以 8.00 交易的期权合约的隐含波动率是 26%，而以 6.75 交易的期权合约的隐含波动率是 28%，期权交易者可能会依据波动率得出第 2 份期权定价更高的结论。

期权理论价值（使用 23% 的波动率）	期 权 价 格	期权隐含波动率
7.00	8.00	26%
6.00	6.75	28%

（2）**交易者可能想要建立一个能反映特定市场条件的头寸**。期权能以当市场情况有利时持有头寸将会获利的几乎无限种方式组合。与此同时，期权也能以当市场情况变得不利时限制损失的方式组合。我们在第 4 章中见到了这样的一些例子。当然，即使交易者能够建立准确反映他对市场情况所持观点的头寸，他将不得不决定在能进行交易的价格上持有这样的头寸是否合算。

（3）**价差策略能够帮助控制风险**。这对于基于理论定价模型来做出决策的交易者来说特别重要。在第 5 章中，我们强调了所有通用定价模型都是基于概率的，而且由概率法则预测出的结果只**在长期**来看是可靠的事实。短期来看，任何一个结果都可能偏离期望结果。如果交易者想要在期权市场取得成功，他必须确保长期参与。如果短期内他很不幸且必须退出市场，那么长期概率理论对他毫无用处。价差策略是交易者限制"坏运气"短期影响的主要策略。

价差策略不仅能降低坏运气带来的短期影响，也能够保护交易者免受理论定价模型输入错误变量的影响。假设交易者预测，在期权的存续期间标的合约的波动率将是 35%。基于此，他认为某 1 份当前交易价格为 4.00 的看涨期权的理论价值应为 3.50。如果看涨期权的 Delta 值是 25，那么交易者可以试图通过以每份 4.00 的价格卖出 4 份看涨期权，同时买入 1 份标的合约，并在期权的存续期中动态地对头寸进行套期保期来从错误定价中获利。这个头寸的总理论价值是 4 × 0.50 = 2.00。当然，如果交易者能用 4×1 价差获利 2.00，如果将价差规模扩大到 40×10，他就可能获利 20.00。既然如此，为什么要停止呢？如果将价差规模扩大到 400×100，交易者就可能获利 200.00。

即使市场具有充足的流动性以容纳扩大的规模，这种交易方式妥当吗？交易者应该简单地发现一种理论上获利的策略，然后就尽可能数倍扩大交易规模从而最大化潜在收益吗？在某些情况下，明智的交易者除了考虑策略的潜在收益，还不得不考虑它的风险。毕竟，35% 的波动率仅仅是交易者的估计而已。如果实际波动率被证明要更高一些，可能为 40% 或 45%，将会发生什么？如果交易者以 4.00 的价格卖出的看涨期权在 45% 的波动率下值 4.50，而实际波动率被证明为 45%，那么预期 200.00 的获利（假设规模为 400×100）将变为 200.00 的损失。

交易者必须始终考虑错误估计带来的不利影响，然后确定自己愿意承担的风险水平。本例中，如果交易者认为他只能承受波动率不高于 40%（5% 的误差范围）的风险水平，他可能只愿意交易 40×10 规模的价差。但如果他将保本波动率提高到 45%（10% 的误差范围），他可能就愿意交易 400×100 规模的价差。期权价差策略令理论定价模型输入变量预测值可接受的误差范围增加，从而能够帮助交易者在多种市场条件下获利。如果交易者完全依靠 100% 地准确预测理论定价模型的每个输入变量，他一定无法在市场中长久生存。但是如果有经验的交易者建立了一个允许较大误差范围的灵活价差策略，即使他对市场情况的预测出现错误也能够避免损失，从而就可以在交易中生存下来。

为了证明价差策略是如何降低风险的，回顾第 5 章的例子，赌场以 1.00 美元的价格出售期望价值为 95 美分的轮盘赌。赌场知道基于概率法则，它有 5% 的理论胜算。假设一位玩家来到赌场，打算在赌桌上对某一个数字下注 2 000 美元。赌场应该允许他下注吗？赌场所有者知道胜算在自己这边，他将有很大的可能性得到 2 000 美元的赌注，但是玩家下注的数字仍有可能出现。如果这样的事情发生了，赌场将会损失 70 000 美元（72 000 美元的支付减去 2 000 美元的赌注收入）。如果玩家下了数百万美元的赌注，70 000 美元的损失还不会严重影响赌场的持续经营。然而，如果玩家只下了 50 000 美元的赌注，那么 70 000 美元的损失将会使赌场破产。如果赌场破产，它将不能再依赖这个 5% 的理论胜算，因为理论胜算只是长期期望值。破产后，赌场的长期期望已经不存在了。

现在考虑一个略有区别的情况，假设两个玩家来到赌场，他们各自在轮盘赌桌上下注 1 000 美元，但是他们约定对不同的数字下注。无论一个玩家选择哪个数字，另一个玩家将选择一个不同的数字。和第一种玩家单独下 2 000 美元赌注的情形相同，在新的情形中赌场的潜在获利也是 2 000 美元。如果两个玩家下注的数字都没出现，赌场将会获得 2 份 1 000 美元的赌注。但是赌场现在的风险是什么呢？在最坏的情形下，赌场只会损失 34 000 美元，即在一个玩家获胜的情况下支付的 36 000 美元减去 2 份 1 000 美元的赌注。2 份赌注是互斥的——如果一个玩家赢，另一个玩家必然输。

作为降低风险的回报，赌场看起来必须要放弃一些理论胜算。我们倾向于假定在风险和收益之间存在一个平衡关系。但事实上两种情形下，赌场的理论胜算始终是 5%。不管下注金额的大小或下注的次数，概率法则表明，长期来看赌场对轮盘赌桌上的所有赌注的理论胜算都为 5%。然而，在短期内，因为赌场对两份 1 000 美元的赌注应用了**价差**策略，所以赌场的风险大大地降低了。

不管是轮盘赌还是赌场的其他游戏，赌场都不希望单个玩家在一个号码上大量下注。这就是为什么赌场有下注限额。概率法则始终有利于赌场，但是如果赌注下得足够大，且玩家赢得赌局，那么短期坏运气会让赌场满盘皆输。从赌场的角度来看，最理想的情形是 38 个玩家在轮盘赌桌上分别对不同的数字下 1 000 美元的赌注，这样赌场就拥有了一个完美的价差头寸。一个玩家赢得 36 000 美元，但是赌桌上总共有 38 000 美元赌资，因而赌场会有 2 000 美元的确定收益。

从玩家的角度看，如果玩家知道胜算对他不利，而他又想尽可能地获得收益，那他最好的选择是在一个数字上尽可能多地下赌注，并期望自己短期内"走大运"。否则如果他长期持续下注，概率法则最终会打败他，赌场将会赚完玩家的所有赌资。

正如赌场希望玩家将赌注分散一样，期权交易者出于同样的原因偏好价差策略：价差可以保证潜在获利，同时又可降低短期风险。期权交易者很难持有一个完美的价差头寸，但是明智的期权交易者会尽可能地采取各种方式分散风险，从而最小化短期坏运气的影响。学习多种多样的价差策略是任何严肃的期权交易者培训中的重要内容。

交易新手有时会惊讶于经验丰富的期权交易者的交易规模。交易者如何做到这样？资金实力当然是他愿意承担风险的考虑因素，但同样重要的是交易者通过价差策略分散风险的能力。有经验的交易者可能知道许多不同的降低风险的方法，通过使用其他期权、期货合约、现货合约或者这些合约的组合。尽管不能完全消除风险，但他可以将风险降低到一定程度，使他面临的风险比一个不知道如何使用价差或者只了解有限的价差策略的小规模交易者所面临的风险还要小。

第 11 章
Option Volatility and Pricing

波动率价差

在第 8 章中,通过使用动态对冲策略,我们证明至少在理论上可以捕捉到市场上的期权错误定价。这个过程的第一步包括通过在标的合约上持有相反头寸来对冲期权头寸使整个头寸保持 Delta 中性。但是标的合约并不是我们对冲期权头寸的唯一途径。我们可以在其他期权上持有 Delta 相反的头寸。

考虑一个看起来被市场低估的 Delta 为 50 的看涨期权。如果我们买入 10 份看涨期权,那么头寸的 Delta 为 +500,我们可以通过以下任何一种方式对冲头寸:

卖出 5 份标的合约。
买入总 Delta 值为 −500 的看跌期权。
卖出与我们所买入合约不同但总 Delta 值为 −500 的看涨期权。
将上述方式进行组合保持总 Delta 值为 −500。

显然,有许多不同的方式来对冲这 10 份看涨期权。不管我们选择哪种方式,每一种价差都有某些共同的特性:

每个价差都是近似 Delta 中性的。
每个价差都对标的资产价格变化敏感。
每个价差策略都对隐含波动率变化敏感。
每个价差策略都对时间推移敏感。

具有上述特征的价差属于一般意义上的**波动率价差**(volatility spreads)。在本章中,我们将探讨波动率价差的基本类型。首先,我们要研究每种波动率价差的到期价值,然后再分析每一种价差的 Delta、Gamma、Theta、Vega 和 Rho 等敏感度指标。

11.1 跨式期权

跨式期权(straddle)由一个看涨期权和一个看跌期权组成,这两个期权具有相同的行权价格和到期时间。在跨式期权中，两个期权要么同时买入（**跨式期权多头**），要么同时卖出（**跨式期权空头**）。典型的跨式期权多头和跨式期权空头的到期损益（P&L）如图 11-1 和图 11-2 所示。

到期时，跨式期权的价值可以用一个简单的平价关系图示。但是到期之前它的价值是怎样的呢？与所有期权头寸一样，市场条件的一些变化对策略有利，一些变化对策略不利。从图 11-1 中，可以看出当标的市场远离行权价格时跨式期权多头价值增加，而如果市场没有发生变化则随着时间流逝，跨式期权价值将变小。与此同时，波动率增加对跨式期权有利，而波动率降低则对其不利。与该头寸有关的风险值度量将表明这些特征：

+ Gamma（标的合约变化对头寸有利）

− Theta（随着时间流逝头寸价值降低）

+ Vega（随着隐含波动率增加头寸价值增加）

图 11-2 描述了跨式期权空头的特征：

− Gamma（标的合约变化对头寸不利）

+ Theta（随着时间流逝头寸价值增加）

− Vega（随着隐含波动率降低头寸价值增加）

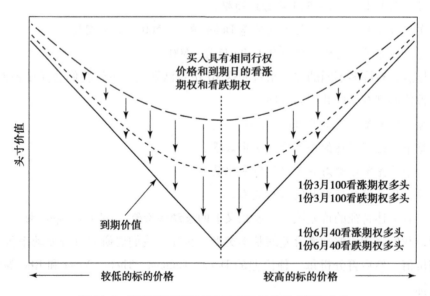

图 11-1　随着时间流逝或波动率降低的跨式期权多头

跨式期权通常是利用 1∶1 比例（1 份看涨期权对应 1 份看跌期权）的平值期权来构建的。通过这种方式，价差策略就近似为 Delta 中性的，因为看涨期权和看跌期权的 Delta 值接近于 50 和 −50。跨式期权也可以通过利用实值期权或虚值

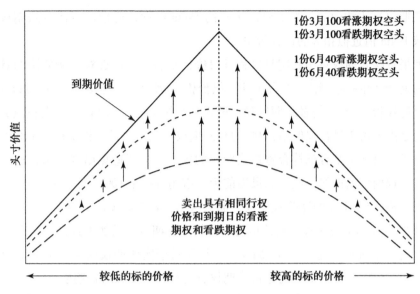

图 11-2　随着时间流逝或波动率降低的跨式期权空头

期权来构建。例如，对于 1 份交易价格为 100 的标的合约，我们可以买入 9 月行权价格为 95 的跨式期权。如果 9 月行权价格为 95 的看涨期权是 Delta 为 75 的实值期权，同时 9 月行权价格为 95 的看跌期权是 Delta 为 -25 的虚值期权，那么头寸的总 Delta 为 75 - 25 = 50，这种结果可以视为**牛市跨式期权**（bull straddle）。如果想持有 Delta 中性的跨式期权，需要调整合约的数量，每买入 1 份看涨期权的同时买入 3 份看跌期权：

买入 1 份 9 月行权价格为 95 的看涨期权（Delta = 75）

买入 3 份 9 月行权价格为 95 的看跌期权（Delta = -25）

这个价差依旧符合跨式期权的定义，因为我们以相同的行权价格买入看涨期权和看跌期权。但是，更确切地说，这是一个**比例跨式期权**（ratio straddle），因为多头合约（看涨期权）与空头合约（看跌期权）的数量不相等。

11.2　宽跨式期权

与跨式期权一样，**宽跨式期权**（straggle）由一个看涨期权多头和一个看跌期权多头组成（宽跨式期权多头）或一个看涨期权空头和一个看跌期权空头组成（宽跨式期权空头），且两种期权的到期时间相同。但是在宽跨式期权中，两种期权具有不同的行权价格。典型的宽跨式期权多头和空头如图 11-3 和图 11-4 所示。

与跨式期权一样，宽跨式期权通常也是按照 1∶1 比例（1 份看涨期权对应 1

份看跌期权）来构建的。为了保证头寸的 Delta 中性，通常选择使看涨期权与看跌期权 Delta 值近似相等的行权价格。

如果宽跨式期权只用到期月份和行权价格来表示，那么对于所使用的具体期权合约就会产生一些疑问。1 份 3 月行权价格为 90/110 的宽跨式期权可以是由 1 份 3 月行权价格为 90 的看跌期权和 1 份 3 月行权价格为 110 的看涨期权组成，也有可能是由 1 份 3 月行权价格为 90 的看涨期权和 1 份 3 月行权价格为 110 的看跌期权组成。这两个组合都符合宽跨式期权的定义。为了避免出现混淆，通常假设宽跨式期权由虚值期权组成。如果当前标的市场价格是 100，而交易者想要买入 3 月行权价格为 90/110 的宽跨式期权，那么这意味着他想买入 1 份 3 月行权价格为 90 的看跌期权和 1 份 3 月行权价格为 110 的看涨期权。虽然上述两种宽跨式期权本质上具有相同的损益特征（P&L），但是相对于实值期权而言，虚值期权的交易更活跃。由实值期权组成的宽跨式期权有时被称为**交叉跨式期权**（guts）。

需要注意的是，宽跨式期权的风险特征与跨式期权是类似的：

宽跨式期权多头：+ Gamma/ − Theta/ + Vega

宽跨式期权空头：− Gamma/ + Theta/ − Vega⊖

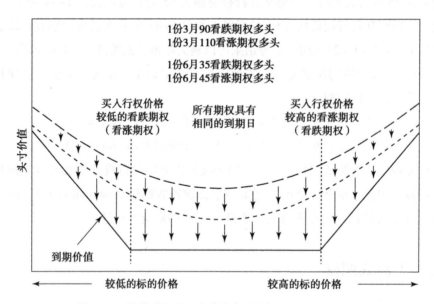

图 11-3　随着时间流逝或波动率降低的宽跨式期权多头

期权交易新手通常会发现跨式期权和宽跨式期权多头具有巨大的吸引力，因为这样的策略具有有限的风险和无限的潜在利润，特别是当两个方向的利润都是

⊖ 原文为 + Gamma/ − Theta/ + Vega，打字错误。——译者注

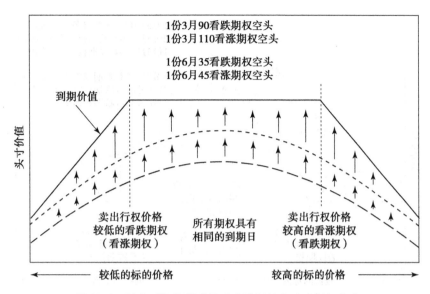

图 11-4　随着时间流逝或波动率降低的宽跨式期权空头

无限的时候。然而，如果没有发生期望中的变动，交易者将会蒙受损失，即使损失数量有限，这也是一次痛苦的经历，这不是宽跨式期权多头或空头希望看到的结果。在正确的市场情况下，这两种策略中的任意一个都是明智的。但是，明智的交易者不仅需要考虑风险和收益是有限的还是无限的，还要考虑不同结果发生的可能性。当然，这是使用理论定价模型的一个重要原因。

11.3　蝶式期权

到目前为止，我们介绍的价差都是包含买入或卖出两份不同的期权合约。然而，我们也可以构造由 3 份、4 份甚至更多不同期权组成的价差。**蝶式期权**（butterfly）通常就是一个由相同类型（要么都是看涨期权，要么都是看跌期权）并具有相同到期时间，且合约间行权价格间距相等的 3 份期权合约组成的三腿价差。蝶式期权多头中，买入外部行权价格的期权合约，卖出内部行权价格的期权合约；蝶式期权空头中，操作正好完全相反。此外，蝶式期权的构成比例是固定不变的，总是 1×2×1，即由 2 份内部行权价格期权合约、外部行权价格期权合约各 1 份组成。典型的蝶式期权多头和空头如图 11-5 和图 11-6 所示。

对于交易新手来说，蝶式期权可能看起来非常复杂，因为它包含了不同数量的 3 份不同的期权。但是蝶式期权具有非常简单而又明确的特征，使其成为一种颇受欢迎的交易策略。为了理解这些特征，让我们思考一个蝶式期权多头的到期价值：

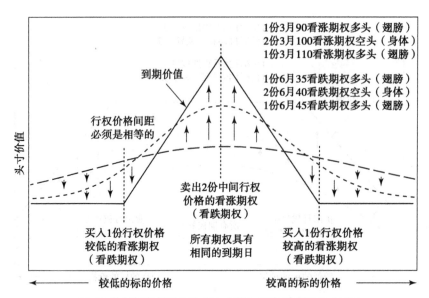

图 11-5 随着时间流逝或波动率降低的蝶式期权多头

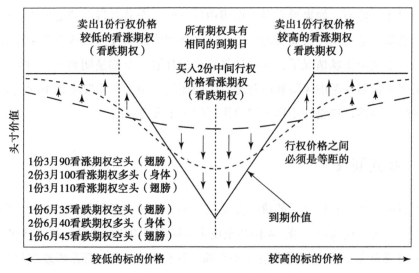

图 11-6 随着时间流逝或波动率降低的蝶式期权空头

		标的到期价格		
		80	100	120
1 份 3 月 90 的看涨期权多头	头寸价值	0	+10	+30
2 份 3 月 100 的看涨期权空头	头寸价值	0	0	−40㊀
1 份 3 月 110 的看涨期权多头	头寸价值	0	0	+10
总计		0	+10	0

㊀ 原文为 −20，打字错误。——译者注

如果标的到期价格低于 90，那么所有的看涨期权到期将会毫无价值，头寸价值将会为 0。如果标的合约到期价格高于 120，行权价格为 90 和 110 的 2 份看涨期权的价值与 2 份行权价格为 100 的看涨期权的价值相等，因此，蝶式期权的价值仍然为 0。现在假设标的合约到期价格在 90 到 110 之间，尤其是正好在内部行权价格 100 上，那么行权价格为 90 的看涨期权将值 10.00，而行权价格为 100 和 110 的看涨期权将会毫无价值，此时这个头寸的价值刚好为 10.00。如果标的合约的价格偏离 100，那么蝶式期权的价值将会降低，但是永远不会低于 0。总之，如果标的合约价格高于或低于外部行权价格（有时被称作蝶式期权的**翅膀**），那么蝶式期权的到期价值为 0。如果标的合约价格恰好为内部行权价格（有时被称作蝶式期权的**身体**），那么蝶式期权具有最大的到期价值。这个最大价值总是等于行权价格之差，在本例中为 10.00。

因为蝶式期权的到期价值总是介于 0 和行权价格之差之间，在我们的例子中，交易者应当为此头寸付出 0~10.00 的价格。具体金额取决于到期时标的合约价格正好等于或接近于内部行权价格的概率。如果这种情况发生的概率很高，那么交易者可能愿意为蝶式期权支付 8.00，因为很可能得到全部价值 10.00。然而，如果这种情况发生的概率很小，标的合约到期价格更可能落在外部行权价格之外，那么交易者可能只愿意支付 1.00 或 2.00 的金额，因为他很可能损失全部投资。这也就解释了为什么我们的例子是一个蝶式期权**多头**头寸。因为头寸价值永远不会低于 0，所以交易者总需要为此付出一定金额。否则，这将是一个无风险套利机会。当头寸需要支出现金时，意味着交易者买入或是做多蝶式期权。

当内部行权价格约等于平值时，蝶式期权近似于 Delta 中性。在这种情况下，蝶式期权多头的表现类似于跨式期权空头，而蝶式期权空头类似于跨式期权多头。不论是持有蝶式期权多头还是跨式期权空头，交易者都希望标的市场保持不变（-Gamma，+Theta），隐含波动率下降（-Vega）。不论是持有蝶式期权空头还是跨式期权多头，交易者都希望标的市场有巨大的变动（+Gamma，-Theta），隐含波动率上升（+Vega）。但是，这里有一个重要区别。跨式期权的潜在收益或风险都是无限的，而蝶式期权则是有限的。蝶式期权的价值不会低于 0，也不会超过行权价格之差。对于一个想要卖出跨式期权但又对无限损失感到不安的交易者来说，这是很重要的。当然，权衡风险与收益总是一个问题。当交易者判断失误时，蝶式期权多头会降低风险，当交易者判断正确时，收益也会增加。由于这个原因，蝶式期权的交易规模要比跨式期权大得多。交易者可能会发现买入 300 份蝶式期权（300×600×300）实际上比卖出 100 份跨式期权的风险还要小。

在期权交易中，规模与风险并不总是相关的。有些交易规模大的策略却有相对较小的风险，而其他策略，即使交易规模小却仍然存在相对较大的风险。风险不仅取决于交易规模，还取决于策略的特征。

我们知道当标的合约价格正好为内部行权价格时，蝶式期权的到期价值最大。如果我们假设所有期权都是欧式期权，没有提前行权的可能性，那么具有相同行权价格和到期日的看涨蝶式期权和看跌蝶式期权将具有相同的到期表现，因此也具有相同的特征。当到期标的价格正好为100时，3月行权价格为90/100/110的看涨蝶式期权和3月行权价格为90/100/110的看跌蝶式期权都将具有最大价值10.00；当到期标的价格低于90或高于110时，两者都将具有最小价值0。如果这两种蝶式期权不是以同一个价格进行交易，那么在买入便宜期权的同时卖出价格更高的期权，交易者就获得一个确定的获利机会。[⊖]

11.4 鹰式期权

正如蝶式期权可以被认为是具有有限风险或收益的跨式期权一样，**鹰式**（condor）期权也可以被认为是具有有限风险或收益的宽跨式期权。鹰式期权由4份期权组成，2个内部行权价格（鹰式期权的身体）的期权和2个外部行权价格（鹰式期权的翅膀）的期权。[⊜] 鹰式期权的构成比例总是 $1 \times 1 \times 1 \times 1$。尽管2个内部行权价格的差额可以变化，但是2个最低行权价格的差额一定要与2个最高行权价格的差额相等。与蝶式期权一样，鹰式期权中所有期权的到期时间和类型（要么全部是看涨期权，要么全部是看跌期权）都相同。买入2个外部行权价格的期权、卖出2个内部行权价格的期权就构成了鹰式期权多头，鹰式期权空头则与之相反。典型的鹰式期权多头和鹰式期权空头如图11-7和图11-8所示。

鹰式期权的到期价值不会低于0，也不会高于2个高行权价格之差或2个低行权价格之差。买入鹰式期权的交易者需要付出零到差额之间的一定金额，并期待标的合约价格在2个内部行权价格之间，这时鹰式期权将具有最大的价值。卖出鹰式期权的交易者将会收入一定金额，并期待标的合约价格在两端的行权价格之外，这时鹰式期权价值为零。

当标的合约价格位于2个内部行权价格中间时，鹰式期权近似于Delta中性。

⊖ 情况也并不一定如此。如果蝶式期权由可以提前行权的美式期权组成，那么获利机会只有在确定持有期权合约至到期时才存在。

⊜ 被称为翅膀价差的一类策略包含了蝶式期权和鹰式期权。

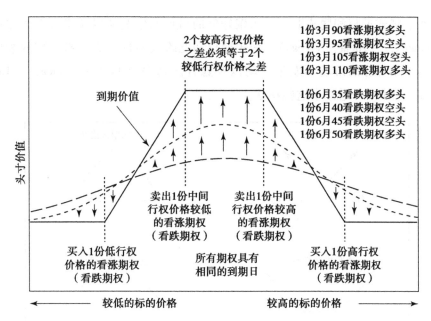

图 11-7　随着时间流逝或波动率降低的鹰式期权多头

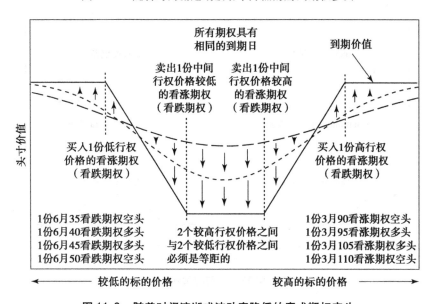

图 11-8　随着时间流逝或波动率降低的鹰式期权空头

当所有期权为欧式期权时，看涨鹰式期权和看跌鹰式期权的价值和特征将是相同的。

我们上面论述的 4 种波动率价差策略——跨式期权、宽跨式期权、蝶式期权和鹰式期权都有对称的损益图（P&L）。当构建 Delta 中性价差策略时——通常情况下，这些策略对于标的市场的变动方向没有偏好。跨式期权和宽跨式期权多头、蝶式期权和鹰式期权空头偏好标的市场发生变动以及隐含波动率增加（+Gamma，-Theta，+Vega）。跨式期权和宽跨式期权空头、蝶式期权和鹰式期权多头偏好标的市场不发生变动以及隐含波动率降低（-Gamma，+Theta，-Vega）。图11-9总结了这些特征。

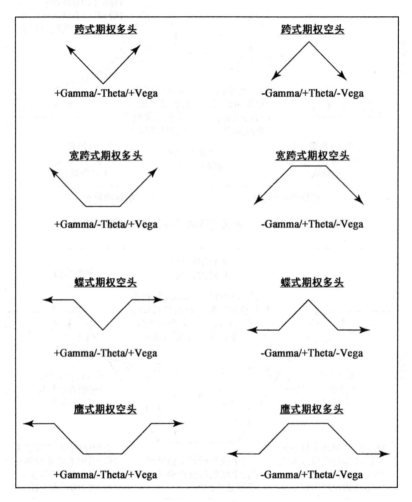

图11-9 对称策略

11.5 比例价差

在波动率价差中，交易者不能完全不关心标的市场的变动方向。交易者可能会认为向一个方向变动的可能性要大于向另一个方向变动的可能性。鉴于这个原因，交易者可能希望构建一个当标的向一个方向而不是另一个方向变动时能够最大化收益或最小化损失的价差策略。为了实现这个目标，交易者可以构建一个**比例价差**（ratio spread）——买入并卖出不同数量的期权，所有期权都是同一类型的，且具有相同的到期时间。和其他的波动率头寸一样，比例价差也是典型的 Delta 中性策略。

考虑下面交易价格为 100 的标的合约的 Delta 中性头寸（Delta 值在括号中）：

合约头寸	每份合约的价格
3 份 10 月行权价格为 105 的看涨期权多头（25）	1.00
1 份 10 月行权价格为 95 的看涨期权空头（75）	6.00

现在让我们考虑标的合约到期时可能出现的 3 种价格：

标的价格	95 看涨期权 P&L	105 看涨期权 P&L	总 P&L
80	+6.00 − 0 = +6.00	3 × (−1.00 + 0) = −3.00	+3.00
120	+6.00 − 25.00 = −19.00	3 × (−1.00 + 15.00) = +42.00	+23.00
100	+6.00 − 5.00 = +1.00	3 × (−1.00 + 0) = −3.00	−2.00

如果标的合约价格往任一个方向发生了非常大的变动，这个头寸都将会获得收益。当然，如果价格向上变动，收益将会非常巨大。如果标的到期价格为 100，头寸将会遭受损失。这种买入看涨期权多于卖出的价差称为**看涨比例价差**（call ratio spread），这种价差希望标的合约价格发生变动，尤其是偏好价格向上变动，因为价格向上变动时的潜在收益是无限的。看涨比例价差的 P&L 如图 11-10 所示。

用看跌期权同样可以构建这种类型的头寸。**看跌比例价差**（put ratio spread），指的是买入看跌期权多于卖出看跌期权的价差，这种价差也希望标的合约价格发生变动。但是看跌比例价差却偏好价格向下变动，因为价格向下变动时的潜在收益是无限的。看跌比例价差的 P&L 如图 11-11 所示。

买入期权多于卖出期权的比例价差有时被称为**反套利**（backspread）。不论这个价差是由看涨期权还是看跌期权构成的，这种类型的价差策略总是希望标的合约价格发生变动（+Gamma，−Theta）和/或隐含波动率上升（+Vega）。

在买入期权多于卖出期权的比例价差中，如果由看涨期权构成的价差的标的合约价格发生足够大的向下变化，或由看跌期权构成的价差的标的合约价格发生足够大的向上变化，这个价差将变得毫无价值。对于任一个最终获利的价差策略来说，构建策略时一定需要资金支出，这是这类价差的典型特征。的确，在传统理论定价模型的假设下，一个买入期权多于卖出期权的 Delta 中性比例价差总会导致资金收入。

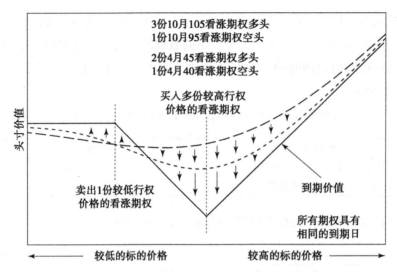

图 11-10　随着时间流逝或波动率降低的看涨比例价差（买入多于卖出）

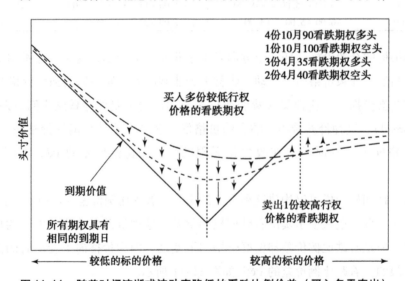

图 11-11　随着时间流逝或波动率降低的看跌比例价差（买入多于卖出）

比例价差经常被用来限制某个方向的风险。如果卖出看涨期权多于买入看涨期权，那么这个价差将会表现得像一个只有有限价格下跌风险的跨式期权空头（-Gamma，+Theta，-Vega）。如果卖出看跌期权多于买入看跌期权，那么这个价差将会具有有限价格上升风险。这些策略的 P&L 如图 11-12 和图 11-13 所示。

卖出期权多于买入期权的比例价差有时被称为**正面价差**（frontspread）。⊖ 在

⊖ 术语反向套利和正面价差起源于美国早期的期权交易时代，现在除了一些老交易者外已经很少使用了。大多数交易者简单地将这些策略称作比例价差，并详细说明是买入期权更多还是卖出期权更多以及做多期权和做空期权的比例。

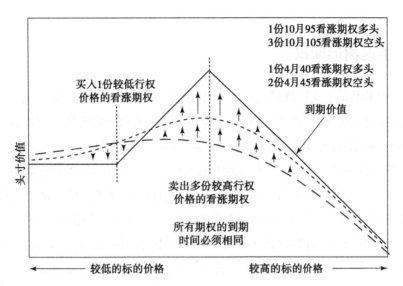

图 11-12 随着时间流逝或波动率降低的看涨比例价差（卖出多于买入）

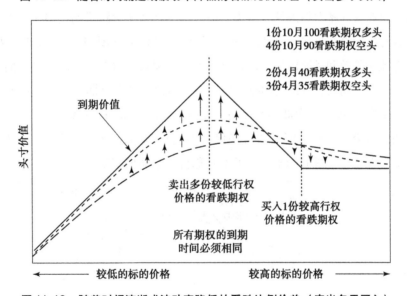

图 11-13 随着时间流逝或波动率降低的看跌比例价差（卖出多于买入）

使用看涨期权构建价差的情况下，如果标的合约到期价格低于较低的行权价格，那么头寸将变得毫无价值。在使用看跌期权构建价差的情况下，如果标的合约到期价格高于较高的行权价格，那么头寸将变得毫无价值。头寸价值不能低于 0 的事实限制了当卖出看涨期权多于买入看涨期权时价格下跌的风险，以及当卖出看跌期权多于买入看跌期权时价格上升的风险。

当作为一项单一交易时，通常使用简单比例来构建比例价差，最常用的比例是 2∶1。然而，其他比例——3∶1，4∶1，3∶2 也都是相对常用的。

11.6 圣诞树形期权

比例价差类似于模仿跨式期权，但是它在某个方向上具有有限的风险和收益。我们同样也可以通过模仿宽跨式期权来构建在某个方向上限定风险和收益的策略。这样的价差被称为**圣诞树形期权**（Christmas trees）或**梯式期权**（ladders）。⊖

看涨圣诞树形期权包含了在较低的行权价格上买入（卖出）1 份看涨期权并在 2 个较高的行权价格上分别卖出（买入）1 份看涨期权。看跌圣诞树形期权包含了在较高的行权价格上买入（卖出）1 份看跌期权并在 2 个较低的行权价格上分别卖出（买入）1 份看跌期权。所有期权必须类型相同且到期时间相同，并通常选择使整个头寸为 Delta 中性的行权价格。当买入 1 份期权并卖出 2 份期权（圣诞树形期权多头）时，头寸就类似于宽跨式期权空头，但在某一方向只有有限风险。当卖出 1 份期权并买入 2 份期权（圣诞树形期权空头）时，头寸类似于宽跨式期权多头，但在某一方向具有有限的潜在收益。典型的圣诞树形期权的 P&L 如图 11-14 至图 11-17 所示。

虽然比例价差和圣诞树形期权具有不对称的损益（P&L）图，但是它们的波动率特征却和跨式期权、宽跨式期权类似。买入期权多于卖出期权的价差策略希望标的市场发生变动和/或隐含波动率提高（+Gamma，-Theta，+Vega）。卖出期权多于买入期权的价差策略希望标的市场保持不变和/或隐含波动率下降（-Gamma，+Theta，-Vega）。图 11-18 总结了不对称价差策略的特征。

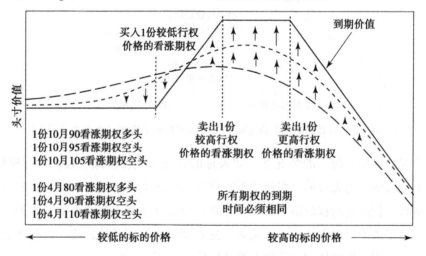

图 11-14 随着时间流逝或波动率降低的看涨圣诞树形期权多头

⊖ 术语**梯式期权**（ladder）也可指奇异期权的一种类型。

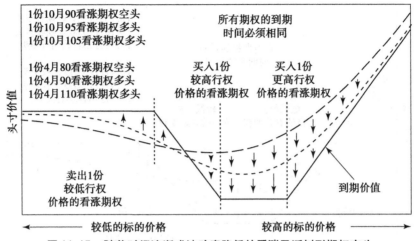

图 11-15　随着时间流逝或波动率降低的看涨圣诞树形期权空头

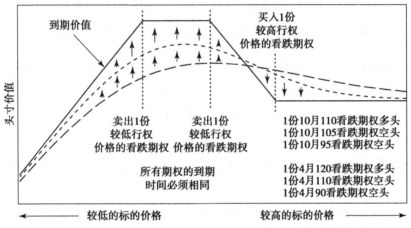

图 11-16　随着时间流逝或波动率降低的看跌圣诞树形期权多头

11.7　日历价差

如果价差中的所有期权都同时到期，那么该价差的到期价值仅取决于标的价格。然而，如果价差是由不同到期时间的期权组成的，那么价差的到期价值不仅取决于短期期权到期时标的市场的情况，还取决于短期期权到期日与长期期权到期日之间可能发生的情况。日历价差，有时被称为**时间价差**（time spreads）或**水平价差**（horizontal spreads）⊖，是由不同到期月份的期权头寸构成的。

⊖　在期权交易所早期的场内交易中，到期月份被水平列在交易所展板上——因此用**水平价差**（horizontal spread）的术语来表示由不同到期月份期权构成的策略。

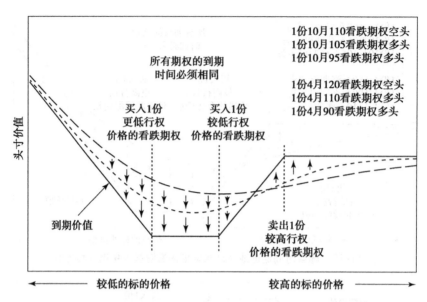

图 11-17　随着时间流逝或波动率降低的看跌圣诞树形期权空头

最常见的日历价差包含 2 份行权价格和类型（要么都是看涨期权，要么都是看跌期权）都相同的期权的相反头寸。当买入长期期权并卖出短期期权时，交易者是日历价差多头；当买入短期期权并卖出长期期权时，交易者是日历价差空头。因为长期期权通常比短期期权更贵，所以这与把需要支出资金的策略称为多头头寸、把导致资金收入的价差称为空头头寸的惯例是一致的。

虽然日历价差通常是按照 1∶1 的比例构建的（即买入 1 份合约对应卖出 1 份合约），但交易者也可以改变日历价差的比例来反映对市场的牛、熊或中性市场的观点。为便于讨论，我们将聚焦近似为 Delta 中性的 1∶1 日历价差（即 1 份长期期权对应 1 份短期期权）。因为平值期权的 Delta 接近于 50，所以最普遍的日历价差是由平值期权多头和空头组成的。⊖

日历价差的价值不仅取决于标的市场的变动，还取决于对未来市场变动的市场预期（反映在隐含波动率中）。因此，日历价差具有与我们之前讨论的其他价差不同的特征。如果我们假设构成日历价差的期权都近似为平值期权，那么日历价差具有 2 个重要特征。

（1）如果随着时间流逝，标的合约价格不发生变动，那么日历价差的价值将

⊖ 更确切地说，远期平值期权的 Delta 最接近于 50，所以交易者可能偏好由远期平值期权构成的日历价差。

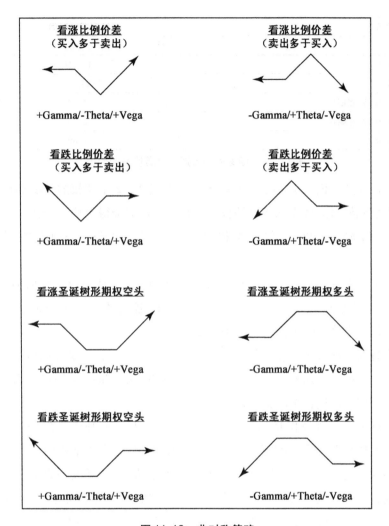

图 11-18 非对称策略

会增加。

（2）如果隐含波动率上升，那么日历价差的价值将会增加；如果隐含波动率下降，日历价差的价值将会下降。

为什么随着时间流逝，日历价差会变得更具有价值呢？考虑下面的价差策略，它是由两份当前交易价格为 100 的合约为标的的期权构成的：

1 份 6 月 100 看涨期权多头

1 份 4 月 100 看涨期权空头

假设 6 月期权还有 4 个月到期，4 月期权还有 2 个月到期。如果假设标的价格始终为 100，波动率始终为 20%，图 11-19 列出了随着时间流逝，单个期权以及价差的价值。

合约月份	距离到期的时间		
6月	4个月	3个月	2个月
4月	2个月	1个月	0
期权	价值		
6月100看涨期权	4.60	3.99	3.26
4月100看涨期权	3.26	2.30	0
价差价值	1.34	1.69	3.26

图 11-19 随着时间流逝，日历价差的价值

价差最初的价值为 1.34，但是随着时间的流逝，2 个期权的价值都开始下降。然而，剩余到期时间较少的 4 月期权要比 6 月期权下降得更快。1 个月过后，4 月期权的价值下降了 0.96，而 6 月期权的价值只下降了 0.61，因而价差的价值增加到 1.69。

又过了 1 个月，标的合约价格依旧为 100，因为 4 月期权是平值期权，所以它损失了全部价值 2.30。6 月期权的价值也以略快的速度继续减少，降低了 0.73。但是日历价差的价值会增加到 3.26。

随着时间流逝日历价差价值增加是由于 Theta 的一个重要特征所引起，这在第 8 章已经介绍过：随着到期日的临近，平值期权的 Theta 会增加，而且短期平值期权比长期平值期权下降得更快。

如果标的合约并非保持不变，而是发生了巨大的上升或下降变动，那么将会发生什么呢？日历价差的价值取决于，当短期期权价值下降时，长期期权尽可能多地保留时间价值。因为平值期权时间价值最大，所以如果 2 份期权一直是平值期权，那这是正确的。当 1 份期权变为实值或虚值期权时，它的时间价值将会消失。长期期权总是比短期期权具有更大的时间价值。但是，如果标的合约价格变化足够大，使期权变为深度实值期权或深度虚值期权，即使是长期期权最终也几乎会失去全部价值或时间价值。这将会导致日历价差暴跌，正如图 11-20 所示。

	如果标的价格为……时，日历价差的理论价值				
期权	80	90	100	110	120
6月100看涨期权	0.10	1.07	4.60	11.39	20.31
4月100看涨期权	0.01	0.36	3.26	10.51	20.04
价差价值	0.09	0.71	1.34	0.88	0.27

图 11-20 随标的价格变化的日历价差价值

现在让我们考虑一下日历价差波动率变化的影响。图 11-21 列出了不同波动率下，4月/6月 100 看涨期权日历价差的价值。

	如果波动率为……时，日历价差的理论价值				
期权	10%	15%	20%	25%	30%
6月100看涨期权	2.30	3.45	4.60	5.75	6.90
4月100看涨期权	1.63	2.44	3.26	4.07	4.88
价差价值	0.67	1.01	1.34	1.68	2.02

图11-21 随波动率变化的日历价差价值

当波动率上升或下降时，这2份期权的价值都会上升或下降，但是6月期权比4月期权变化得更快。在第6章中我们介绍过这个特性，与等价的短期期权相比，波动率的变化对长期期权具有更大的影响。换句话说，长期期权比短期期权具有更大的Vega值。对波动率变化敏感程度的不同，导致当波动率上升时日历价差价值变宽，波动率下降时日历价差价值变窄。

持有日历价差多头的交易者希望看到2种显然矛盾的市场情形。第一，交易者希望标的合约价格保持不变，从而从短期期权较快的时间衰减中获利。第二，交易者希望每个人都认为市场将会发生变化，这样隐含波动率就会上升，从而使长期期权价格比短期期权上升得更快。这能发生吗？市场可能在所有人都认为它会发生变化的情况下保持不变吗？事实上，这种情况经常发生，因为没有对标的合约产生即时影响的事件，未来有可能对标的市场产生影响。

当消息的影响不确定，即消息可能影响标的合约但没人知道它的确切影响时，那么这种常见情况就会发生。考虑这样一家公司，该公司宣布CEO将会在一周之内发表重要声明。如果谁也不知道声明的内容，那么在发表声明之前公司股价是不会发生任何重大变化的。但是交易者会假设，声明发表后将会对股价产生影响，而且影响可能是巨大的。股价未来发生变化的可能性将导致隐含波动率上升。这两种情形组合在一起（标的股票价格不动而隐含波动率上升）将会导致日历价差变宽。

当然，由CEO声明引起的未来股价变化的假设仅仅是一个假设而已。如果最终声明与公司价值无关（比如CEO宣布他和他的妻子成为祖父母了），那么任何与未来波动率有关的推测就不存在了。结果就是，当隐含波动率下降时日历价差变窄。

隐含波动率的不同影响就是时间价差与前述其他类型价差之间的区别。跨式期权多头、宽跨式期权多头以及蝶式期权空头都希望标的合约波动率和隐含波动率同时上升（+Gamma，+Vega）。跨式期权空头、宽跨式期权空头以及蝶式期权多头都希望标的合约波动率和隐含波动率同时下降（-Gamma，-Vega）。但对于日历价差来说，标的合约波动率和隐含波动率却具有相反的影响。一个平静的标的市场或隐含波动率的增加将有利于日历价差多头（$-$Gamma，$+$Vega），而一个变化巨大的标的市场或隐含波动率的下降将有利于日历价差空头（$+$Gamma，$-$Vega）。这种相反的影响就是日历价差所具有的特性。

图 11-22 和图 11-23 展示了随着时间流逝日历价差多头和日历价差空头的价值。图 11-24 和图 11-25 展示了随着波动率变化日历价差多头和日历价差空头的价值。

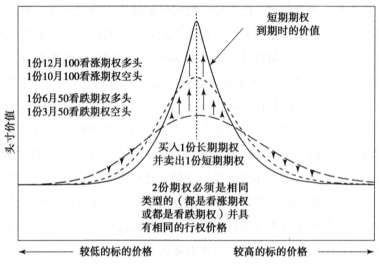

图 11-22　随着时间的流逝，日历价差多头

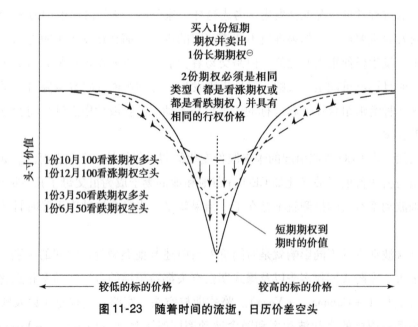

图 11-23　随着时间的流逝，日历价差空头

㊀　图中原文为买入 1 份长期期权并卖出 1 份短期期权，打字错误。——译者注

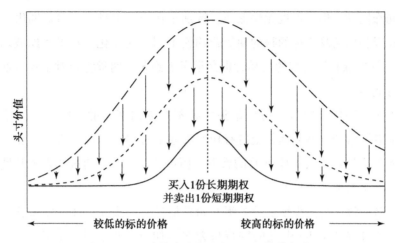

图 11-24 随着波动率下降，日历价差多头

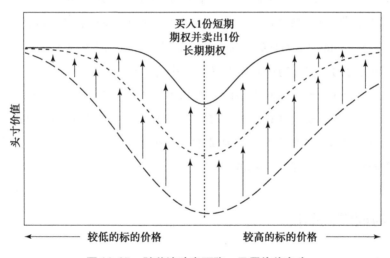

图 11-25 随着波动率下降，日历价差空头

尽管时间和波动率效应对所有市场中的日历价差都适用，但可能存在取决于特定标的市场的其他问题。在前述的例子中，我们假设短期期权与长期期权的标的合约都是相同的。在股票期权市场中，这总是正确的。不管到期月份是哪个月，通用电气（GE）期权的标的合约总是 GE 公司的股票。同时，在任何时候，GE 公司的股票只能有一个价格。但是，在期货市场中，期货期权的标的是一个特定的期货合约，不同到期时间的期权会以不同的期货合约为标的。

考虑 1 个有 4 个到期月份的期货市场：3 月、6 月、9 月和 12 月。如果连续几个月是可用的，那么 1 个 4 月/6 月的日历价差的标的合约是相同的——都是 6 月期货合约。但是，一个 3 月/6 月的日历价差将会有一个以 3 月期货合约为标的的 3 月期权和一个以 6 月期货合约为标的的 6 月期权。尽管人们希望 3 月期货与 6

月期货同涨同跌，但是谁也无法保证。特别是在商品市场中，对短期供求的考虑可能引起以相同商品为标的物的期货合约朝不同方向变化。除了考虑波动率，买入 6 月/3 月看涨日历价差的交易者也必须考虑到 3 月期货将相对于 6 月期货价格上涨的可能性。

为了对冲期货合约与日历价差头寸朝不同方向变动的风险，在商品期货市场，交易者通常会在商品期货上持有相反头寸来对冲日历价差头寸。在我们的例子中，如果交易者买入 3 月/6 月的看涨日历价差，他可以通过买入 3 月期货、卖出 6 月期货来对冲这个价差头寸。

交易者应该交易多少期货价差呢？如果他只希望头寸对波动率敏感，他应当交易能使头寸保持 Delta 中性的期货价差量。如果 2 份看涨期权都为平值期权，Delta 值近似为 50，那么买入 10 份看涨日历价差（买入 10 份 6 月看涨期权，卖出 10 份 3 月看涨期权）的交易者将会在 6 月合约上持有 Delta 值为 500 的多头，在 3 月合约上持有 Delta 值为 500 的空头。因此，他应当买入 5 份 3 月期货合约并卖出 5 份 6 月期货合约。完整的头寸如下（括号中为 Delta 值）：

10 份 6 月看涨期权多头(+ 500)，5 份 6 月期货空头(− 500)

10 份 3 月看涨期权空头(− 500)，5 份 3 月期货多头(+ 500)

在股票期权市场这种平衡不是必要的——事实上，是不可能的，因为所有月份的股票期权的标的物都是一样的。

11.8 时间蝶式期权

与期权市场正好相反，期货市场中的蝶式是持有 3 个月份期货合约的头寸。交易者将会分别买入（卖出）1 份短期期货合约和 1 份长期期货合约，并且卖出（买入）2 份中间月份的期货合约。交易者在期权市场也能构造类似的策略。传统的蝶式期权由具有不同行权价格但到期日相同的期权构成。时间蝶式期权（有时简写为 time fly）由具有相同行权价格但具有 3 种不同到期日的期权构成。所有期权必须是同一类型（要么全是看涨期权，要么全是看跌期权），且期权不同到期日之间的间隔要近似相等。外部到期月份期权通常被称为**翅膀**（wings），内部到期月份期权则被称为**身体**（body）。一些典型的时间蝶式期权可能如下：

1 份 5 月 100 看涨期权多头(翅膀)　　1 份 1 月 50 看跌期权空头(翅膀)

2 份 6 月 100 看涨期权空头(身体)　　2 份 3 月 50 看跌期权多头(身体)

1 份 7 月 100 看涨期权多头(翅膀)　　1 份 5 月 50 看跌期权空头(翅膀)

1份3月70看涨期权空头（翅膀）	1份2月25看跌期权多头（翅膀）
2份6月70看涨期权多头（身体）	2份6月25看跌期权空头（身体）
1份9月70看涨期权空头（翅膀）	1份10月25看跌期权多头（翅膀）

我们注意到，时间蝶式期权是由同时买入或卖出1份长期日历价差和反向持有1份短期日历价差头寸构成的，且两份日历价差具有相同的到期月份间隔。例如，5月/6月/7月100看涨时间蝶式期权是由买入5月100看涨期权、卖出6月100看涨期权（卖出5月/6月日历价差），同时卖出6月100看涨期权、买入7月100看涨期权（买入6月/7月日历价差）构成的。

如果所有期权一直都是平值期权，那么随着时间的流逝，日历价差的价值将会增加。因此，短期日历价差将比长期日历价差更具有价值。结果，如果我们买入短期日历价差并卖出长期日历价差（买入身体卖出翅膀），那么总体上我们资金支出将多于资金收入。因为总头寸是资金支出，所以我们持有时间蝶式期权**多头**。如果做出相反的操作，卖出短期日历价差并买入长期日历价差（卖出身体买入翅膀），这时我们就会持有时间蝶式期权**空头**。⊖ 这可能有点令人困惑，因为传统的蝶式期权是由具有不同行权价格的期权构成的，买入翅膀与卖出身体的组合头寸是资金支出。但是，时间蝶式期权是由具有不同到期月份的期权构成的，买入翅膀并卖出身体的组合是资金收入。

时间蝶式期权多头价值随着时间流逝和波动率下降的变化如图11-26和图11-27所示。随着标的合约价格远离行权价格，价差的价值将有可能暴跌，意味着这种价差的Gamma值为负。因此，价差的Theta值必然为正。最后，随着波动率下降，价差价值下降，意味着价差的Vega值为正。总而言之，时间蝶式期权多头具有与日历价差多头类似的特性。

11.9 利率和股利变化的影响

迄今为止，我们只考虑了标的价格、时间和波动率变化对波动率价差的影响。当利率变化，以及当标的物为股票时股利变化会产生怎样的影响呢？

因为买入或卖出期货合约没有持有成本，所以利率对期货期权只有较小的影响，因而对所有由期货期权组成的波动率价差也仅有相对较小的影响。⊖ 然而，在

⊖ 这里，我们假设所有不同到期时间的期权具有相同的隐含波动率。如果不同到期月份期权的隐含波动率不同，那么事实上时间蝶式期权多头头寸可能是资金收入。

⊖ 当然，利率会影响不同月份期货合约的相对价值。但正如前面提到的一样，我们可以在构建期货期权日历价差的同时交易期货价差来对冲这种风险。

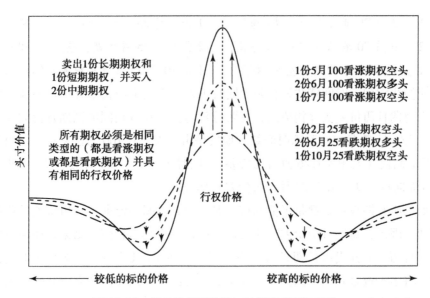

图 11-26　随着时间的流逝，时间蝶式期权多头

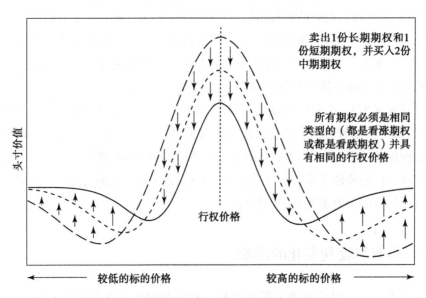

图 11-27　随着波动率的下降，时间蝶式期权多头

股票期权市场，利率的变化将引起股票远期价格的变化。如果一个价差中所有期权的到期时间相同，那么远期价格的变化可能对所有期权的影响都相同，从而导致价差价值只发生微小变化。然而，如果持有包含两种不同到期日的股票期权头寸，则必须考虑2个不同的远期价格。这2个远期价格可能对于利率的变化具有不同的敏感度。

考虑下面的情形：

股票价格 = 100　　利率 = 8.00%　　股利 = 0

假设交易者买入 1 份看涨日历价差：

> 买入 10 份 6 月 100 看涨期权
>
> 卖出 10 份 3 月 100 看涨期权

如果 3 月期权还有 3 个月到期、6 月期权还有 6 个月到期，3 月和 6 月股票的远期价格分别为 102.00 和 104.00。如果利率上升到 10%，那么 3 月合约的远期价格会变成 102.50，6 月合约的远期价格会变成 105。由于剩余到期时间更长，6 月合约的远期价格对利率变化更加敏感。假设 2 份期权的 Delta 值大致相等，由于利率上升，6 月期权受到的影响将比 3 月期权更大，并且日历价差变宽。同样地，如果利率下降，日历价差将会变窄，因为 6 月合约的远期价格将会比 3 月合约的远期价格下降得更快。因此，股票期权市场看涨日历价差多头的 Rho 值一定为正，看涨日历价差空头的 Rho 值一定为负。

利率变化对看跌股票期权的影响正好相反。在我们的例子中，如果利率从 8% 上升到 10%，6 月合约的远期价格将比 3 月上升得更多。如果我们同样假设 2 份期权的 Delta 值大致相等，由于看跌期权的 Delta 值为负，那么 6 月看跌期权的价格下降幅度将比 3 月看跌期权更大。因此，看跌日历价差将会变窄。同样地，如果利率下降，看跌日历价差将会变宽。因此，股票期权市场中的看跌日历价差多头必然有一个负的 Rho 值，看跌日历价差空头必然有一个正的 Rho 值。

股票期权日历价差受利率变化影响的程度主要取决于到期时间之间的间隔。如果到期日之间的间隔为 6 个月（例如，3 月/9 月），那么股票期权日历价差受利率变化的影响将远大于到期日之间的间隔只有 1 个月（例如，3 月/4 月）的情况。

股利的变化同样也会影响股票期权日历价差的价值，因为它可能会改变股票的远期价格。然而，股利对股票期权的影响与利率变化的影响相反。股利增加会降低股票的远期价格，而股利减少会增加股票的远期价格。如果波动率价差中所有期权具有相同的到期时间，那么股票远期价格的变化将对所有期权产生一样的影响，价差价值的变化将可以被忽略。但是在日历价差中，如果至少有一次股利发放发生在两个到期日之间，那么股利增加会使看涨日历价差变窄、看跌日历价差变宽。股利减少会产生相反的影响，即导致看涨日历价差变宽、看跌日历价差变窄。尽管希腊字母与股利风险没有关系，但仍然可以说看涨日历价差具有负的股利风险（即当股利增加时价差价值下降），而看跌日历价差具有正的股利风险（即当股利增加时价值增加）。利率与股利变化对股票期权日历价差的影响如图 11-28 所示。

在图 11-28 中，我们能看到利率上升将减少看跌日历价差的价值，股利增加将减少看涨日历价差的价值。确实，如果利率升得足够高，看跌日历价差甚至可能具有负的价值，并且长期看跌期权的价值要低于短期看跌期权。如果股利增加得足够多的话，看涨日历价差也会发生同样的情况。如果股票不发放股利，那么看涨日历价差的价值总大于0。即使波动率非常低，日历价差的价值至少也要等于2个到期日之间持有成本的最小价值。然而，这只有在交易者能在到期月份之间持有股票空头头寸的情况下是成立。如果发生不能借到股票以供卖空的情况，持有看涨日历价差的交易者只能被迫执行他的长期期权，从而损失与长期期权有关的时间价值。这种情况有时被称为**空头轧平**（short squeeze）。

股价=100　波动率=20%　股利=0 3月合约剩余到期时间=3个月 6月合约剩余到期时间=6个月					
如果利率为……	**0%**	**3%**	**6%**	**9%**	**12%**
6月100看涨期权	5.64	6.37	7.16	7.99	8.87
3月100看涨期权	3.99	4.36	4.75	5.16	5.58
看涨期权价差价值	1.65	2.01	2.41	2.83	3.29
6月100看跌期权	5.64	4.88	4.20	3.59	3.05
3月100看跌期权	3.99	3.61	3.26	2.93	2.63
看跌期权价差价值	1.65	1.27	0.94	0.66	0.42
股价=100　波动率=20%　利率=6.00% 3月合约剩余到期时间=3个月 6月合约剩余到期时间=6个月					
如果季度股利为……	**0**	**0.50**	**1.00**	**1.50**	**2.00**
6月100看涨期权	7.16	6.57	6.00	5.47	4.96
3月100看涨期权	4.75	4.46	4.19	3.93	3.68
看涨期权价差价值	2.41	2.11	1.81	1.54	1.28
6月100看跌期权	4.20	4.60	5.02	5.47	5.95
3月100看跌期权	3.26	3.47	3.70	3.93	4.17
看跌期权价差价值	0.94	1.13	1.32	1.54	1.78

图11-28　利率与股利变化对股票期权日历价差的影响

11.10　对角价差

对角价差（diagonal spread）是与日历价差类似的价差，只是不同期权合约的行权价格不同。虽然很多对角价差是以1∶1的比例来构建的（1份长期期权对1份短期期权），但对角价差也可以按其他比例构建，即由不同数量的多头和空头合约构成。由于对角价差存在大量变形，所以很难概括它的特征。必须单独对每个对角价差进行分析，才能确定与其有关的风险和收益。

然而，有一种对角价差我们是可以概括它的特性的。如果一个对角价差是按照

1∶1 的比例构建的，且 2 份期权类型相同并有几乎相等的 Delta 值，那么这个对角价差将非常类似于传统的日历价差。图 11-29 就是这种类型的例子（括号中为 Delta 值）。

6 月合约剩余到期时间 = 4 个月	
4 月合约剩余到期时间 = 2 个月	
标的价格 = 100	
波动率 = 30%	
1 份 6 月 115 看涨期权多头	2.20（23）
1 份 4 月 110 看涨期权空头	1.60（23）
1 份 6 月 80 看跌期权多头	0.72（-8）
1 份 4 月 85 看跌期权空头	0.48（-8）

图 11-29　对角价差

尽管有许多不同的波动率价差，但交易者倾向于根据基本波动率特征将价差进行分类。虽然有些波动率价差可能更偏好一个方向而不是另一个方向的变动，但交易者构建波动率价差时首先关心的是标的合约变动的大小，其次才是变动方向。因此，所有波动率价差都几乎是 Delta 中性的。如果交易者持有一个很大的正或负的 Delta 值头寸，以至于对方向性的考虑变得比波动率更加重要，这个头寸就不能再被认为是波动率价差了。

所有从标的市场变化中获利的价差都具有正的 Gamma 值。所有从标的市场变化中受到损失的价差都具有负的 Gamma 值。持有正 Gamma 头寸的交易者被称作**多头溢价**（long premium），他希望市场是不稳定的，标的合约会发生大的变化。持有负 Gamma 头寸的交易者被称作**空头溢价**（short premium），他希望市场是平稳的，标的合约仅发生微小的变动。

因为市场变化的影响与时间衰减作用相反，所以任何具有正 Gamma 值的价差必然具有负 Theta 值，任何具有负 Gamma 值的价差必然具有正 Theta 值。如果市场变化有利于头寸，那么时间流逝就不利于头寸；如果市场变化不利于头寸，那么时间流逝就有利于头寸。期权交易者不能同时从这两方面获利。

最后，从波动率上升中获利的价差具有正的 Vega 值，从波动率下降中获利的价差具有负的 Vega 值。理论上，Vega 值是指在期权的存续期内，理论价值对标的合约波动率变化的敏感程度。然而，实际上，交易者通常将 Vega 值与期权价格对隐含波动率变化的敏感程度联系在一起。具有正 Vega 值的价差将从隐含波动率的上升中获利，却在隐含波动率下降时受到损失；具有负 Vega 值的价差将从隐含波动率的下降中获利，却在隐含波动率上升时受到损失。图 11-30 总结了主要波动率价差的 Delta、Gamma、Theta、Vega 值的特征。

由于波动率价差通常是 Delta 中性的，而 Theta 值和 Gamma 值的符号总是相反的，我们可以根据标的合约变动的影响（正的或负的 Gamma 值）以及隐含波动率变化的影响（正的或负的 Vega 值），将波动率价差分为四大类：

Gamma	Vega	对头寸有利的情况
+	+	更加不稳定的标的合约；隐含波动率上升
−	−	更加稳定的标的合约；隐含波动率下降
+	−	更加不稳定的标的合约；隐含波动率下降
−	+	更加稳定的标的合约；隐含波动率上升

当然，在这 4 大类中的每一类中，某些价差将具有较大的 Gamma 值或 Vega 值，而另一些价差则具有较小的 Gamma 值或 Vega 值。在这些价差中，跨式期权和宽跨式期权通常具有最大的 Gamma 值和 Vega 值，因而也就具有最大的风险。因此，当交易者正确估计市场情况时，他们将获得最大的收益，但是当交易者估计错误时，他们将受到最大的损失。蝶式期权和鹰式期权的情况正好与之相反，当交易者估计正确时，只能获得较少的收益，但是当交易者估计错误时，也只会产生较少的损失，即蝶式期权和鹰式期权具有最小的风险。比例价差和圣诞树形期权的风险情况位于两者之间。

波动率价差可以根据它在上涨和下降趋势中的有限或无限风险－收益特征进一步加以区分。图 11-30 总结了这些特征。

价差	Delta[①]	Gamma	Theta	Vega	下降 风险/收益	上涨 风险/收益
跨式期权多头	0	+	−	+	无限收益	无限收益
宽跨式期权多头	0	+	−	+	无限收益	无限收益
蝶式期权空头	0	+	−	+	有限收益	有限收益
鹰式期权空头	0	+	−	+	有限收益	有限收益
看涨比例价差（买入多于卖出）	0	+	−	+	有限收益[②]	无限收益[②]
看跌比例价差（买入多于卖出）	0	+	−	+	无限收益[②]	有限收益[②]
跨式期权空头	0	−	+	−	无限风险	无限风险
宽跨式期权空头	0	−	+	−	无限风险	无限风险
蝶式期权多头	0	−	+	−	有限风险	有限风险
鹰式期权多头	0	−	+	−	有限风险	有限风险
看涨比例价差（卖出多于买入）	0	−	+	−	有限风险[②]	无限风险[②]
看跌比例价差（卖出多于买入）	0	−	+	−	无限风险[②]	有限风险[②]
日历价差多头	0	−	+	+	有限风险	有限风险
日历价差空头	0	+	−	−	有限收益	有限收益

① 假定所有价差最初都近似为 Delta 中性的。
② 这里指的是大多数 Delta 中性的比例价差，当买入多于卖出时，结果是资金收入，当卖出多于买入时，结果是资金支出。

图 11-30 常见波动率价差总结

图 11-31 是几种不同期权的理论价值、Delta、Gamma、Theta、Vega 以及 Rho 值的估算表。本章讨论的几类波动率价差的例子，以及它们的总 Delta、Gamma、Theta、Vega 值都在这张表中（尽管图 11-31 中的例子假定标的物是股票，但除了 Rho 以外，其他类型价差的特征都与期货期权相同）。读者将会看到，每类价差的确如图 11-30 总结的那样具有正或负的敏感性，也会看到波动率价差并不完全是 Delta 中性的（的确，正如我们在第 7 章中所见到的那样，没有交易者能够绝对确定地说某个头寸是否是真正的 Delta 中性）。事实上，波动率价差应当具有足够小的 Delta 值，以至于对波动率的考虑要比对方向性的考虑更为重要。但这通常是一个主观判断。

图 11-31 还包括了每个价差的理论价值。这仅仅表示如果按照理论价值来构建每个价差可以得到的现金流。买入期权导致资金支出（以负号表示），卖出期权导致资金收入（以正号表示）。在常用的术语中，支出现金的交易者被称为价差多头，收入现金的交易者被称为价差空头。

我们注意到，图 11-31 没有给出任何期权合约的价格，因此，无法计算任何价差的理论胜算。构建价差的价格是好是坏，取决于正或负的理论胜算。但是，一旦价差被建立起来，那么市场情况对价差是有利还是不利，就取决于价差特征而不是价差初始价格了。同所有交易者一样，期权交易者一定不能让之前的交易活动影响现在的判断。交易者主要需要关心的不应该是昨天发生了什么，而是今天可以做什么来改善当前情况，是努力将潜在收益最大化或将潜在损失最小化。

11.11 选择一个恰当的策略

这么多的价差策略，我们如何决定哪类价差才是最好的呢？首先，我们要选择具有正理论胜算的价差以确保在对市场情况判断正确的情况下，获得合理的预期收益。理想情况，我们希望买入被低估的（过于便宜的）期权、卖出被高估的（过于昂贵的）期权来构建价差策略。如果能做到这样，那么无论什么类型的价差，结果都将是正的理论胜算。

然而，更多的时候，我们对波动率的观点会使得所有期权要么被低估，要么被高估。当这种情况发生时，同时以有利的价格买入和卖出期权是不可能的。在这样的市场中，我们可以通过比较期权市场中的隐含波动率与我们对波动率的估计值来确定期权的价值。如果隐含波动率低于波动率的估计值，期权被低估。如果隐含波动率高于我们的估计值，期权被高估。这就引出了下面的法则：

如果隐含波动率低，期权通常被低估，我们应该寻求具有正 Vega 值的价差策略。如果隐含波动率高，期权通常被高估，我们应该寻求具有负 Vega 值的价差策略。

图 11-31 中的理论价值和 Delta 值已经被复制到图 11-32 和图 11-33 中，但是现在还包括了价格，反映出不同于 20% 的波动率输入值的隐含波动率。图 11-32 中的价格反映出 17% 的隐含波动率。在这种情况下，只有具有正 Vega 值的价差策略才具有正的理论胜算：

跨式期权和宽跨式期权多头

蝶式期权和鹰式期权空头

比例价差——多头多于空头（包括圣诞树形期权空头）

日历价差多头

图 11-33 中的价格反映出 23% 的隐含波动率。现在只有具有负 Vega 值的价差策略才具有正的理论胜算：

跨式期权和宽跨式期权空头

蝶式期权和鹰式期权多头

比例价差——空头多于多头（包括圣诞树形期权多头）

日历价差空头

如果交易者遇到了这样一个市场，该市场中所有期权要么被低估、要么被高估，那么明智的策略要么是做多跨式期权和宽跨式期权，要么是做空跨式期权和宽跨式期权。这些策略将使交易者持有一个在价差两边都具有正理论胜算的头寸。当所有期权价格太便宜或太昂贵时，跨式期权和宽跨式期权当然是可行的策略。但是，我们将在第 13 章中看到，尽管跨式期权和宽跨式期权通常具有很大的正理论胜算，但它们通常属于风险最大的策略。由于这个原因，交易者通常需要考虑诸如比例价差和蝶式期权的其他价差，即使这些策略需要买入一些被高估的期权或卖出一些被低估的期权。

传统理论定价模型的一个重要假设是，在期权存续期内波动率是不变的。输入到模型中的波动率被假设为是在期权存续期内，能够最好地描述标的价格波动的一个波动率。当所有期权都同时到期时，理论上该波动率将决定一个价差策略是否能够获利。但是交易者也可以认为随着时间的流逝，隐含波动率将会上升或下降。

因为日历价差对隐含波动率的变化特别敏感，所以隐含波动率的上升或下降通常将影响日历价差获利的可能性。因此，我们可以把这个结论作为价差策略的一个原则：

股价 = 100　　4月合约剩余到期时间 = 2个月　　波动率 = 20%　　利率 = 6.00%　　股利 = 0

		看涨期权						看跌期权				
行权价格	理论价值	Delta	Gamma	Theta	Vega	Rho	理论价值	Delta	Gamma	Theta	Vega	Rho
4月 90	11.17	93	1.7	-0.023	0.06	0.136	0.27	-7	1.7	-0.008	0.06	-0.013
4月 95	6.98	79	3.6	-0.031	0.12	0.119	1.04	-21	3.6	-0.016	0.12	-0.037
4月 100	3.76	56	4.8	-0.035	0.16	0.088	2.77	-44	4.8	-0.019	0.16	-0.077
4月 105	1.71	33	4.4	-0.030	0.15	0.052	5.67	-67	4.4	-0.013	0.15	-0.121
4月 110	0.65	16	3.0	-0.019	0.10	0.025	9.56①	-84	3.0	-0.001	0.10	-0.156

股价 = 100　　6月合约剩余到期时间 = 4个月　　波动率 = 20%　　利率 = 6.00%　　股利 = 0

		看涨期权						看跌期权				
行权价格	理论价值	Delta	Gamma	Theta	Vega	Rho	理论价值	Delta	Gamma	Theta	Vega	Rho
6月 90	12.55	87	1.8	-0.022	0.12	0.249	0.76	-13	1.8	-0.008	0.12	-0.045
6月 95	8.71	75	2.8	-0.026	0.18	0.221	1.83	-25	2.8	-0.011	0.18	-0.089
6月 100	5.62	59	3.4	-0.027	0.22	0.178	3.64	-41	3.4	-0.011	0.22	-0.148
6月 105	3.36	42	3.4	-0.025	0.23	0.130	6.28	-58	3.4	-0.008	0.23	-0.213
6月 110	1.85	28	2.9	-0.020	0.19	0.086	9.68①	-72	2.9	-0.002	0.19	-0.274

① 假设表格中的期权为欧式期权，所以有些价值可能小于内在价值。

图 11-31　常见波动率价差的例子

当隐含波动率很低但被认为会升高时，日历价差多头可能获利；当隐含波动率很高但被认为会下降时，日历价差空头可能获利。

这仅仅是一般原则，如果有理由认为隐含波动率与标的合约波动率不相关，有经验的交易者可能会不遵照这个原则。在高隐含波动率的市场中，日历价差多头可能仍然是一个好策略，但是交易者必须预测，隐含波动率如何随着已知波动率的变化而变化。如果市场平稳，标的合约不发生任何变动，但是交易者认为隐含波动率将继续保持高水平时，那么日历价差多头将是一个明智的策略。短期期权的价值将会下降，而长期期权仍将保持不变。同样地，如果交易者认为标的合约可能会发生巨大变化，而隐含波动率却并未相应增加时，日历价差空头可能是低隐含波动率市场中的一个好策略。

11.12 调整

波动率价差最初可能是 Delta 中性的，但是随着市场情况变化——比如标的合约价格上升或下降、波动率变化、时间流逝，头寸的 Delta 值也会发生变化。今天是 Delta 中性的价差明天可能 Delta 就不是中性了。应用理论定价模型需要交易者在价差的整个存续期内持续保持 Delta 中性头寸。在实际交易中，持续调整是不可能的，也是不切实际的，所以当交易者构建价差时，他应当考虑如何调整头寸。本质上，我们可以考虑以下 4 种可能。

（1）**按照固定的时间间隔进行调整**。由于波动率被假设为对市场价格变化速度的连续测量，因此理论上调整过程应当是持续不断的。但现实当中，波动率是按照固定的时间间隔测量得到的，所以按照固定的时间间隔进行头寸调整是合理的。如果交易者基于每日价格变化来测量波动率，他可以每日进行调整；如果交易者基于每周价格变化来测量波动率，他可以每周进行调整。这样做是交易者仿照理论定价模型假设进行操作的最好尝试。

（2）**当头寸的 Delta 值达到预设的正负限值时做出调整**。很少有交易者会坚持在所有时间都保持 Delta 中性。大多数交易者都明白这是不现实的，不仅是因为连续调整不具备可操作性，也是因为没人能够确定理论定价模型（Delta 值由此计算得到）的所有假设和输入参数一定是正确的。即使能够确保所有的 Delta 计算都是正确的，交易者也可能愿意承担部分方向性风险。不过，交易者应当知道他能承受多大的方向性风险。如果交易者愿意实施 Delta 中性策略，并认为他能够承担正负 500 的 Delta 值，那么他只需要在头寸 Delta 值达到限值时再进行调整。

不同于定期调整的交易者，基于固定 Delta 值进行调整的交易者无法确定调整的频率。有些时候他可能要频繁调整，另外一些时候可能很长时间都不需要进行调整。

交易者选择需要做出调整的 Delta 正负限值取决于许多因素——他特有的头寸规模、资本规模和交易经验。一个新的独立交易者可能发现他只能承受正负 200 的 Delta 值，而大型交易公司可能认为头寸在 Delta 值正负几千时都近似为 Delta 中性。

（3）**凭感觉调整**。这个建议并不是在开玩笑。有些交易者有很好的市场感觉。他们能够感觉到市场将向一个方向或另一个方向变动。如果交易者拥有这种能力，那他没有理由不加以利用。假设标的合约市场价格为 50.00，交易者的头寸是 Delta 中性的、Gamma 值为 -200。如果标的合约价格下跌到 48.00，那么交易者可能预测到他持有约 400 的 Delta 值多头。如果 400 是他能接受的 Delta 限值，他可能决定在此时进行调整。但如果他认为 48.00 的价格有很强的市场支撑，市场价格很可能在此支撑位上出现反弹，他可能就不会进行调整。如果交易者的判断是对的，他将避免一次不必要的调整；当然，如果他判断错了，价格继续下跌并击破支撑位，他将后悔没有及时做出调整。不过，如果交易者判断正确的次数远多于判断错误的次数，他就没有理由不利用这种技能。

（4）**根本不做调整**。这实际上是第 2 种可能——通过 Delta 值来判断是否进行调整的延伸。根本不做调整的交易者愿意接受的方向性风险等于头寸所具有的最大 Delta 值。如果交易者卖出 5 份跨式期权，这个头寸最大可以具有 500 的 Delta 值。这种方法的吸引力在于可以免除后续所有的交易成本。但是，如果头寸具有较大的 Delta 值，那么方向性风险可能要比波动率问题重要。如果交易者从波动率角度构建了一个头寸，后来他再转而考虑方向性问题还有意义吗？通常没有意义了。如果交易者不想调整头寸，但也不想让方向性问题占主导地位，唯一的选择就是平仓。如果交易者决定不调整头寸，那么当他构建头寸时，他必须想清楚什么情况下愿意持仓，什么情况下愿意平仓。

11.13 价差指令输入

第 10 章曾提过，价差通常可以一次性以单一价格全部执行。期权市场尤其普遍，不论价差多复杂，都可以单一买价和单一卖价进行报价。假设交易者希望买入 1 份跨式期权，他从做市商处得到的报价是 6.25/6.75。如果交易者希望卖出跨式期权，他将以 6.25 的价格（做市商的买入价）卖出；如果交易者希望买入跨式期权，他将以 6.75 的价格（做市商的卖出价）买入。如果交易者愿意支付

6.75，他和做市商都不会关心价差中看涨期权的价格为3.75、看跌期权的价格为3.00，还是看涨期权的价格为2.00、看跌期权的价格为4.75，或者其他看涨期权与看跌期权的价格组合。他们唯一关心的是看涨期权和看跌期权的价格之和是6.75。

做市商总是试图为整个价差报出买入报价和卖出报价。如果是普通类型的价差，比如跨式期权、宽跨式期权、蝶式期权或日历价差，做市商通常可以很快报出买卖报价。但是做市商也是人。如果价差非常复杂，涉及几种不同的期权合约并以不常见的比例进行构建，这就会花费做市商几分钟时间来计算价差价值。但无论多么复杂的价差，做市商都会尽量给出他认为最好的双边市场价格（买入报价和卖出报价）。

无论是电子报价还是公开喊价，几乎在所有期权市场中，价差指令都是常见的。取决于交易平台，电子化交易所通常允许交易者输入多数普通类型价差的买入或卖出指令——简单看涨或看跌价差、跨式期权、宽跨式期权以及日历价差。更加复杂的价差（蝶式期权、圣诞树形期权和按不常见比例构建的价差）则必须要么逐一执行，要么在公开喊价的交易所向经纪人提交指令来执行，在公开喊价的交易所，经纪人可以与一个或多个做市商直接沟通，从而准确地描述价差。

期权价差指令通常以具体说明价差如何执行的方式输入。最普遍的指令是市价指令（按当前市场价格提交的指令）和限价指令（指定价格的指令）。但是价差同样也可能包含指明在特殊情况下执行报价的**条件指令**（contingency order）。以下条件指令在附录A中都有定义，都是经常出现在期权市场中的指令。

全部或决不指令（All or none）

成交或取消指令（Fill or kill）

立即成交否则取消指令（Immediate or cancel）

目标市场价指令（Market if touched）

收盘市价单（Market on close）

市场无责任指令（Not held）

选择性委托单（One cancels the other）

止损限价指令（Stop limit order）

止损指令（Stop loss order）

负责执行价差指令的经纪人有责任按照指令单上的具体要求执行价差。除非交易者非常了解当前的市场状况或者对处理指令单的经纪人很有信心，否则提交1份详细的指令执行说明是很必要的。此外，当交易者在考虑价差指令单所传递的所有必需信息（比如数量、到期月份、行权价格、期权类型、买入指令还是卖出指令）时，很容易识别出指令单中因疏忽而输入的错误信息。因此，指令单提交执行前再检查一遍也是一个很好的习惯。期权交易本身已经很难了，如果信息沟通再出现问题，那将是难上加难。

股价=100	4月合约剩余到期时间=2个月		波动率=20%	利率=6.00%	股利=0	
	看涨期权			看跌期权		
行权价格	理论价值	价格 （隐含波动率=17%）	Delta	理论价值	价格 （隐含波动率=17%）	Delta
4月90	11.17	11.03	93	0.27	0.13	-7
4月95	6.98	6.64	79	1.04	0.70	-21
4月100	3.76	3.28	56	2.77	2.29	-44
4月105	1.71	1.27	33	5.67	5.23	-67
4月110	0.65	0.38	16	9.56①	9.29	-84
股价=100	6月合约剩余到期时间=4个月		波动率=20%	利率=6.00%	股利=0	
	看涨期权			看跌期权		
行权价格	理论价值	价格 （隐含波动率=17%）	Delta	理论价值	价格 （隐含波动率=17%）	Delta
6月90	12.55	12.22	87	0.76	0.44	-13
6月95	8.71	8.17	75	1.83	1.29	-25
6月100	5.62	4.95	59	3.64	2.97	-41
6月105	3.36	2.68	42	6.28	5.60	-58
6月110	1.85	1.30	28	9.68	9.12	-72

图 11-32

股价=100	4月合约剩余到期时间=2个月		波动率=20%	利率=6.00%	股利=0	
	看涨期权			看跌期权		
行权价格	理论价值	价格 （隐含波动率=23%）	Delta	理论价值	价格 （隐含波动率=23%）	Delta
4月90	11.17	11.36	93	0.27	0.47	-7
4月95	6.98	7.35	79	1.04	1.41	-21
4月100	3.76	4.24	56	2.77	3.25	-44
4月105	1.71	2.16	33	5.67	6.12	-67
4月110	0.65	0.97	16	9.56	9.87	-84
股价=100	6月合约剩余到期时间=4个月		波动率=20%	利率=6.00%	股利=0	
	看涨期权			看跌期权		
行权价格	理论价值	价格 （隐含波动率=23%）	Delta	理论价值	价格 （隐含波动率=23%）	Delta
6月90	12.55	12.94	87	0.76	1.15	-13
6月95	8.71	9.27	75	1.83	2.39	-25
6月100	5.62	6.29	59	3.64	4.31	-41
6月105	3.36	4.04	42	6.28	6.96	-58
6月110	1.85	2.45	28	9.68	10.27	-72

图 11-33

跨式期权多头：买入到期日和行权价格都相同的看涨期权和看跌期权						
	理论价值 (现金流)	总 Delta	总 Gamma	总 Theta	总 Vega	总 Rho
10份4月100看涨期权多头	10 × -3.76	+10 × 56	+10 × 4.8	+10 × -0.035	+10 × 0.16	+10 × 0.088
10份4月100看跌期权多头	10 × -2.77 -65.30	+10 × -44 +120	+10 × 4.8 +96.0	+10 × -0.019 -0.540	+10 × 0.16 +3.20	+10 × -0.077 +0.110
10份6月95看涨期权多头	10 × -8.71	+10 × 75	+10 × 2.8	+10 × -0.026	+10 × 0.18	+10 × 0.221
30份6月95看跌期权多头	30 × -1.83 -142.00	+30 × -25 0	+30 × 2.8 +112.0	+30 × -0.011 -0.590	+30 × 0.18 +7.20	+30 × -0.089 -0.460

跨式期权空头：卖出到期日和行权价格都相同的看涨期权和看跌期权						
	理论价值 (现金流)	总 Delta	总 Gamma	总 Theta	总 Vega	总 Rho
20份4月105看涨期权空头	20 × +1.71	-20 × 33	-20 × 4.4	-20 × -0.030	-20 × 0.15	-20 × 0.052
10份4月105看跌期权空头	10 × +5.67 +90.90	-10 × -67 +10	-10 × 4.4 -132.0	-10 × -0.013 +0.730	-10 × 0.15 -4.50	-10 × -0.121 -0.170
10份6月100看涨期权空头	10 × -5.62	-10 × 59	-10 × 3.4	-10 × -0.027	-10 × 0.22	-10 × 0.178
10份6月100看跌期权空头	10 × -3.64 +92.60	-10 × -41 -180	-10 × 3.4 -68.0	-10 × -0.011 +0.380	-10 × 0.22 -4.40	10 × -0.148 -0.300

宽跨式期权多头：买入具有相同到期日但不同行权价格的看涨期权和看跌期权						
	理论价值 (现金流)	总 Delta	总 Gamma	总 Theta	总 Vega	总 Rho
10份4月95看跌期权多头	10 × -0.65	+10 × -21	+10 × 3.6	+10 × -0.016	+10 × 0.12	+10 × -0.037
10份4月110看涨期权多头	10 × -1.04 -16.90	+10 × 16 -50	+10 × 3.0 +66.0	+10 × -0.019 -0.350	+10 × 0.10 +2.20	+10 × 0.025 -0.120
20份6月90看跌期权多头	20 × -0.76	+20 × -13	+20 × 1.8	+20 × -0.008	+20 × 0.12	+20 × -0.045
10份6月110看涨期权多头	10 × -1.85 -33.70	+10 × 28 -20	+10 × 2.9 +65.0	+10 × -0.020 -0.360	+10 × 0.19 +4.30	+10 × 0.086 -0.040

宽跨式期权空头：卖出具有相同到期日但不同行权价格的看涨期权和看跌期权						
	理论价值 (现金流)	总 Delta	总 Gamma	总 Theta	总 Vega	总 Rho
30份4月100看跌期权空头	30 × +2.77	-30 × -44	-30 × 4.8	-30 × -0.019	-30 × 0.16	-30 × -0.077
40份4月105看涨期权空头	40 × +1.71 +151.50	-40 × 33 0	-40 × 4.4 -320.0	-40 × -0.030 +1.770	-40 × 0.15 -10.80	-40 × 0.052 +0.230
10份6月100看涨期权空头	10 × +5.62	-10 × 59	-10 × 3.4	-10 × -0.027	-10 × 0.22	-10 × 0.178
10份6月105看跌期权空头	10 × +6.28 +119.00	-10 × -58 -10	-10 × 3.4 -68.0	-10 × -0.008 +0.350	-10 × 0.23 -4.50	-10 × -0.213 +0.350

蝶式期权多头：分别买入1份较低和较高行权价格的期权，并卖出2份中间行权价格的期权，所有期权的到期日相同、类型相同（要么全是看涨期权，要么全是看跌期权）；行权价格之间必须是等距的						
	理论价值 (现金流)	总 Delta	总 Gamma	总 Theta	总 Vega	总 Rho
10份4月95看涨期权多头	10 × -6.98	+10 × 79	+10 × 3.6	+10 × -0.031	+10 × 0.12	+10 × 0.119
20份4月100看涨期权空头	20 × +3.76	-20 × 56	-20 × 4.8	-20 × -0.035	-20 × 0.16	-20 × 0.088
10份4月105看涨期权多头	10 × -1.71 -11.70	+10 × 33 0	+10 × 4.4 -16.0	+10 × -0.030 +0.090	+10 × 0.15 -0.50	+10 × 0.052 -0.050
10份6月90看跌期权多头	10 × -0.76	+10 × -13	+10 × 1.8	+10 × -0.008	+10 × 0.12	+10 × -0.045
20份6月95看跌期权空头	20 × +1.83	-20 × -25	-20 × 2.8	-20 × -0.011	-20 × 0.18	-20 × -0.089
10份6月100看跌期权多头	10 × -3.64 -7.40	+10 × -41 -40	+10 × 3.4 -4.0	+10 × -0.011 +0.030	+10 × 0.22 -0.20	+10 × -0.148 -0.150

图11-33 （续）

蝶式期权空头：分别卖出1份较低和较高行权价格的期权，并买入2份中间行权价格的期权，所有期权的到期日相同、类型相同（要么全是看涨期权，要么全是看跌期权）；行权价格之间必须是等距的

	理论价值 (现金流)	总 Delta	总 Gamma	总 Theta	总 Vega	总 Rho
10份4月100看跌期权空头	10 × +2.77	−10 × −44	−10 × 4.8	−10 × −0.019	−10 × 0.16	−10 × −0.077
20份4月105看跌期权多头	20 × −5.67	+20 × −67	+20 × 4.4	+20 × −0.013	+20 × 0.15	+20 × −0.121
10份4月110看跌期权空头	10 × +9.56	−10 × −84	−10 × 3.0	−10 × −0.001	−10 × 0.10	−10 × −0.156
	+9.90	−60	+10.0	−0.060	+0.40	−0.090
10份6月90看涨期权空头	10 × +12.55	−10 × 87	−10 × 1.8	−10 × −0.022	−10 × 0.12	−10 × 0.249
20份6月95看涨期权多头	20 × +8.71	+20 × 75	+20 × 2.8	+20 × −0.026	+20 × 0.18	+20 × 0.221
10份6月100看涨期权空头	10 × −5.62	−10 × 59	−10 × 3.4	−10 × −0.027	−10 × 0.22	−10 × 0.178
	+7.50	+40	+4.0	−0.030	+0.20	+0.150

鹰式期权多头：买入2个外部行权价格的期权各1份，并卖出2个内部行权价格期权各1份，所有期权的到期日相同、类型相同（要么全是看涨期权，要么全是看跌期权）；两个较高的行权价格之差与两个较低的行权价格之差必须是等距的

	理论价值 (现金流)	总 Delta	总 Gamma	总 Theta	总 Vega	总 Rho
10份4月90看涨期权多头	10 × −11.17	+10 × 93	+10 × 1.7	+10 × −0.023	+10 × 0.06	+10 × 0.136
10份4月95看涨期权空头	10 × +6.98	−10 × 79	−10 × 3.6	−10 × −0.031	−10 × 0.16	−10 × 0.119
10份4月105看涨期权空头	10 × 1.71	−10 × 33	−10 × 4.4	−10 × −0.030	−10 × 0.15	−10 × 0.052
10份4月110看涨期权多头	10 × −0.65	+10 × 16	+10 × 3.0	+10 × −0.019	+10 × 0.10	+10 × 0.025
	−31.30	−30	−33.0	+0.190	−1.10	−0.100
10份6月95看跌期权多头	10 × −1.83	+10 × −25	+10 × 2.8	+10 × −0.011	+10 × 0.18	+10 × −0.089
10份6月100看跌期权空头	10 × +3.64	−10 × −41	−10 × 3.4	−10 × −0.011	−10 × 0.22	−10 × −0.148
10份6月105看跌期权空头	10 × +6.28	−10 × −58	−10 × 3.4	−10 × −0.008	−10 × 0.23	−10 × −0.213
10份6月110看跌期权多头	10 × −9.68	+10 × −72	+10 × 2.9	+10 × −0.002	+10 × 0.19	+10 × −0.274
	−15.90	+20	−11.0	+0.060	−0.80	−0.020

鹰式期权空头：卖出2个外部行权价格期权各1份，并买入2个内部行权价格期权各1份，所有期权的到期日相同、类型相同（要么全是看涨期权，要么全是看跌期权）；2个较高的行权价格之差与2个较低的行权价格之差必须是等距的

	理论价值 (现金流)	总 Delta	总 Gamma	总 Theta	总 Vega	总 Rho
10份4月90看跌期权空头	10 × +0.27	−10 × −7	−10 × 1.7	−10 × −0.008	−10 × 0.06	−10 × −0.013
10份4月95看跌期权多头	10 × −1.04	+10 × −21	+10 × 3.6	+10 × −0.016	+10 × 0.12	+10 × −0.037
10份4月100看跌期权多头	10 × −2.77	+10 × −44	+10 × 4.8	+10 × −0.019	+10 × 0.16	+10 × −0.077
10份4月105看跌期权空头	10 × +5.66	−10 × −67	−10 × 4.4	−10 × −0.013	−10 × 0.15	−10 × −0.121
	+21.30	+90	+23.0	−0.140	+0.70	+0.200
10份6月90看涨期权多头	10 × −1.83	+10 × 87	+10 × 1.8	+10 × −0.008	+10 × 0.12	+10 × 0.249
10份6月95看涨期权空头	10 × +3.64	−10 × 75	−10 × 2.8	−10 × −0.011	−10 × 0.18	−10 × 0.221
10份6月105看涨期权空头	10 × +6.28	−10 × 42	−10 × 3.4	−10 × −0.008	−10 × 0.23	−10 × 0.130
10份6月110看涨期权多头	10 × −9.68	+10 × 28	+10 × 2.9	+10 × −0.002	+10 × 0.19	+10 × 0.086
	+23.30	+20	+15.0	−0.090	+1.00	+0.160

看涨比例价差（多头多于空头）：在较高的行权价格上买入较多的看涨期权并在较低的行权价格上卖出较少的看涨期权，所有期权的到期日相同

	理论价值 (现金流)	总 Delta	总 Gamma	总 Theta	总 Vega	总 Rho
20份4月110看涨期权多头	20 × −0.65	+20 × 16	+20 × 3.0	+20 × −0.019	+20 × 0.10	+20 × 0.025
10份4月105看涨期权空头	10 × +1.71	−10 × 33	−10 × 4.4	−10 × −0.030	−10 × 0.15	−10 × 0.052
	+4.10	−10	+16.0	−0.080	+0.50	−0.020
30份6月110看涨期权多头	30 × −1.85	+30 × 28	+30 × 2.9	+30 × −0.020	+30 × 0.19	+30 × 0.086
10份6月90看涨期权空头	10 × +12.55	−10 × 87	−10 × 1.8	−10 × −0.022	−10 × 0.12	−10 × 0.249
	+70.00	−30	+69.0	−0.380	+4.50	+0.090

图11-33 （续）

看涨比例价差（空头多于多头）：在较高的行权价格上卖出较多的看涨期权并在较低的行权价格上买入较少的看涨期权，所有期权的到期日相同

	理论价值 （现金流）	总 Delta	总 Gamma	总 Theta	总 Vega	总 Rho
20 份 4 月 95 看涨期权多头	20×-6.98	$+20 \times 79$	$+20 \times 3.6$	$+20 \times -0.031$	$+20 \times 0.12$	$+20 \times 0.119$
30 份 4 月 100 看涨期权空头	$30 \times +3.76$ -26.80	-30×56 -100	-30×4.8 -72.0	-30×-0.035 $+0.430$	-30×0.16 -2.40	-30×0.088 -0.260
10 份 6 月 100 看涨期权多头	10×-5.62	$+10 \times 59$	$+10 \times 3.4$	$+10 \times -0.027$	$+10 \times 0.22$	$+10 \times 0.178$
20 份 6 月 110 看涨期权空头	20×-1.85 -19.20	-20×28 $+30$	-20×2.9 -24.0	-20×-0.020 $+0.130$	-20×0.19 -1.60	-20×0.086 $+0.060$

看跌比例价差（多头多于空头）：在较低的行权价格上买入较多的看跌期权并在较高的行权价格上卖出较少的看跌期权，所有期权的到期日相同

	理论价值 （现金流）	总 Delta	总 Gamma	总 Theta	总 Vega	总 Rho
40 份 4 月 95 看跌期权多头	40×-1.04	$+40 \times -21$	$+40 \times 3.6$	$+40 \times -0.016$	$+40 \times 0.12$	$+40 \times -0.037$
10 份 4 月 110 看跌期权空头	$10 \times +9.56$ $+54.00$	-10×-84 0	-10×3.0 $+114.0$	-10×-0.001 -0.630	-10×0.10 $+3.80$	-10×-0.156 $+0.080$
50 份 6 月 95 看跌期权多头	50×-1.83	$+50 \times -25$	$+50 \times 2.8$	$+50 \times -0.011$	$+50 \times 0.18$	$+50 \times -0.089$
20 份 6 月 105 看跌期权空头	$20 \times +6.28$ $+34.10$	-20×-58 -90	-20×3.4 $+72.0$	-20×-0.008 -0.390	-20×0.23 $+4.40$	-20×-0.213 -0.190

看跌比例价差（空头多于多头）：在较低的行权价格上卖出较多的看跌期权并在较高的行权价格上买入较少的看跌期权，所有期权的到期日相同

	理论价值 （现金流）	总 Delta	总 Gamma	总 Theta	总 Vega	总 Rho
10 份 4 月 105 看跌期权多头	10×-5.67	$+10 \times -67$	$+10 \times 4.4$	$+10 \times -0.013$	$+10 \times 0.15$	$+10 \times -0.121$
30 份 4 月 95 看跌期权空头	$30 \times +1.04$ -25.50	-30×-21 -40	-30×3.6 -64.0	-30×-0.016 $+0.350$	-30×0.12 -2.10	-30×-0.037 -0.100
30 份 6 月 105 看跌期权多头	30×-6.28	$+30 \times -58$	$+30 \times 3.4$	$+30 \times -0.008$	$+30 \times 0.23$	$+30 \times -0.213$
40 份 6 月 100 看跌期权空头	$40 \times +3.24$ -42.80	-40×-41 -100	-40×3.4 -34.0	-40×-0.011 $+0.020$	-40×0.22 -1.90	-40×-0.148 -0.470

看涨圣诞树形期权多头：在较低的行权价格上买入 1 份看涨期权并在 2 个较高的行权价格上各卖出 1 份看涨期权，所有期权的到期日相同

	理论价值 （现金流）	总 Delta	总 Gamma	总 Theta	总 Vega	总 Rho
10 份 4 月 100 看涨期权多头	10×-3.76	$+10 \times 56$	$+10 \times 4.8$	$+10 \times -0.035$	$+10 \times 0.16$	$+10 \times 0.088$
10 份 4 月 105 看涨期权空头	$10 \times +1.71$	-10×33	-10×4.4	-10×-0.030	-10×0.15	-10×0.052
10 份 4 月 110 看涨期权空头	$10 \times +0.65$ -14.00	-10×16 $+70$	-10×3.0 -26.0	-10×-0.019 $+0.140$	-10×0.10 -0.90	-10×0.025 $+0.110$
10 份 6 月 90 看涨期权多头	10×-12.55	$+10 \times 87$	$+10 \times 1.8$	$+10 \times -0.022$	$+10 \times 0.12$	$+10 \times 0.249$
10 份 6 月 100 看涨期权空头	$10 \times +5.62$	-10×59	-10×3.4	-10×-0.027	-10×0.22	-10×0.178
10 份 6 月 110 看涨期权空头	$10 \times +1.85$ -50.80	-10×28 0	-10×2.9 -45.0	-10×-0.020 $+0.250$	-10×0.19 -2.90	-10×0.086 -0.150

看涨圣诞树形期权空头：在较低的行权价格上卖出 1 份看涨期权并在 2 个较高的行权价格上各买入 1 份看涨期权，所有期权的到期日相同

图 11-33 （续）

	理论价值 (现金流)	总 Delta	总 Gamma	总 Theta	总 Vega	总 Rho
10份4月90看涨期权空头	10×+11.17	-10×93	-10×1.7	-10×-0.023	-10×0.06	-10×0.136
10份4月100看涨期权多头	10×-3.76	+10×56	+10×4.8	+10×-0.035	+10×0.16	+10×0.088
10份4月105看涨期权多头	10×-1.71 +57.00	+10×33 -40	+10×4.4 +75.0	+10×-0.030 -0.420	+10×0.15 +2.50	+10×0.052 +0.040
10份6月95看涨期权空头	10×+8.71	-10×75	-10×2.8	-10×-0.026	-10×0.18	-10×0.221
10份6月105看涨期权多头	10×-3.36	+10×42	+10×3.4	+10×-0.025	+10×0.23	+10×0.130
10份6月110看涨期权多头	10×+1.85 +35.00	+10×28 -50	+10×2.9 +35.0	+10×-0.020 -0.190	+10×0.19 +2.40	+10×0.086 -0.050

看跌圣诞树形期权多头：在2个较低的行权价格上各卖出1份看跌期权并在较高的行权价格上买入1份看跌期权，所有期权的到期日相同

	理论价值 (现金流)	总 Delta	总 Gamma	总 Theta	总 Vega	总 Rho
10份4月95看跌期权空头	10×+1.04	-10×-21	-10×3.6	-10×-0.016	-10×0.12	-10×-0.037
10份4月100看跌期权空头	10×+2.77	-10×-44	-10×3.8	-10×-0.019	-10×0.16	-10×-0.077
10份4月105看跌期权多头	10×-5.67 -18.60	+10×-67 -20	+10×4.4 -30.0	+10×-0.013 +0.220	+10×0.15 -1.30	+10×-0.121 -0.070
10份6月90看跌期权空头	10×+0.76	-10×-13	-10×1.8	-10×-0.008	-10×0.12	-10×-0.045
10份6月105看跌期权空头	10×+6.28	-10×-58	-10×3.4	-10×-0.008	-10×0.23	-10×-0.213
10份6月110看跌期权多头	10×-9.68 -26.40	+10×-72 -10	+10×2.9 -23.0	+10×-0.002 +0.140	+10×0.19 -1.60	+10×-0.274 -0.160

看跌圣诞树形期权空头：在2个较低的行权价格上各买入1份看跌期权并在较高的行权价格上卖出1份看跌期权，所有期权的到期日相同

	理论价值 (现金流)	总 Delta	总 Gamma	总 Theta	总 Vega	总 Rho
10份4月95看跌期权多头	10×-1.04	+10×-21	+10×3.6	+10×-0.016	+10×0.12	+10×-0.037
10份4月105看跌期权多头	10×-5.67	+10×-67	+10×4.4	+10×-0.013	+10×0.15	+10×-0.121
10份4月110看跌期权空头	10×+9.56 +28.50	-10×-84 -40	-10×3.0 +50.0	-10×-0.001 -0.280	-10×0.10 +1.70	-10×-0.156 -0.020
10份6月90看跌期权多头	10×-0.76	+10×-13	+10×1.8	+10×-0.008	+10×0.12	+10×-0.045
10份6月95看跌期权多头	10×-1.83	+10×-25	+10×2.8	+10×-0.011	+10×0.18	+10×-0.089
10份6月100看跌期权多头	10×+3.64 +10.50	-10×-41 +30	-10×3.4 +12.0	-10×-0.011 -0.080	-10×0.22 +0.80	-10×-0.148 +0.140

日历价差多头：买入1份长期期权并卖出1份短期期权，这2份期权的到期日相同、类型相同（要么都是看涨期权，要么都是看跌期权）

	理论价值 (现金流)	总 Delta	总 Gamma	总 Theta	总 Vega	总 Rho
10份6月100看涨期权多头	10×-5.62	+10×59	+10×3.4	+10×-0.027	+10×0.22	+10×0.178
10份4月100看涨期权空头	10×+3.76 -18.60	-10×56 +30	-10×4.8 -14.0	-10×-0.035 +0.080	-10×0.16 +0.60	-10×0.088 +0.900
10份6月95看跌期权多头	10×-1.83	+10×-25	+10×2.8	+10×-0.011	+10×0.18	+10×-0.089
10份4月95看跌期权空头	10×+1.04 -7.90	-10×-21 -40	-10×3.6 -8.0	-10×-0.016 +0.050	-10×0.12 +0.60	-10×-0.037 -0.520

图11-33　（续）

日历价差空头：买入1份短期期权并卖出1份长期期权，这2份期权的执行价格相同、类型相同（要么都是看涨期权，要么都是看跌期权）						
	理论价值 （现金流）	总 Delta	总 Gamma	总 Theta	总 Vega	总 Rho
10份4月105看涨期权多头	10 × -1.71	+10 × 33	+10 × 4.4	+10 × -0.030	+10 × 0.15	+10 × 0.052
10份6月105看涨期权空头	10 × +3.36	-10 × 42	-10 × 3.4	-10 × -0.025	-10 × 0.23	-10 × 0.130
	+16.50	-90	+10.0	-0.050	-0.80	-0.780
10份4月100看跌期权多头	10 × -2.77	+10 × -44	+10 × 4.8	+10 × -0.019	+10 × 0.16	+10 × -0.077
10份6月100看跌期权空头	10 × -3.64	-10 × -41	-10 × 3.4	-10 × -0.011	-10 × 0.22	-10 × -0.148
	+8.70	-30	+14.0	-0.080	-0.60	+0.710

图 11-33　（续）

第 12 章
Option Volatility and Pricing

牛市价差与熊市价差

虽然 Delta 中性波动率交易是期权理论定价的基础，但是并没有规定要求交易者必须构建并保持一个 Delta 中性头寸。许多交易者偏好基于牛市或熊市的判断进行交易。希望持有方向性头寸的交易者可以通过买卖期货或股票等标的合约实现这一目的，也可以通过投资期权实现这一目的。如果交易者选择在期权市场上持有方向性头寸，他仍然必须了解波动率的意义。否则，他可能不会比在标的合约上持有相应头寸更好，甚至可能更坏。

12.1 裸头寸

由于买入看涨期权或卖出看跌期权会产生正 Delta 头寸，卖出看涨期权或买入看跌期权会产生负 Delta 头寸，所以我们总是可以利用看涨期权或看跌期权建立相应的裸头寸，从而在市场中持有方向性头寸。如果隐含波动率较高，可以卖出看跌期权建立牛市头寸或卖出看涨期权建立熊市头寸，如果隐含波动率较低，可以买入看涨期权建立牛市头寸或买入看跌期权建立熊市头寸。

这种方法的问题在于，头寸的误差幅度非常小。如果买入期权，市场价格变动方向与预期方向相反，或按预期变动的市场价格幅度不足以弥补期权时间的衰减时，我们都会遭受损失；如果卖出期权，时间对我们是有利的，但在市场价格变动过于剧烈的情况下，我们就会面临无限的风险。经验丰富的交易者总是尽量使头寸误差幅度最大从而提高风险收益平衡点。这个道理同时适用于方向性策略与波动率策略。

12.2 牛、熊比例价差

如果我们认为隐含波动率过高，一种可行的策略是通过多卖出期权少买入期权来构建比例价差。举例来说，标的市场价格为101，波动率为30%，6月合约剩余到期时间还有10周，1份6月行权价格为100的看涨期权的Delta值为56，1份6月行权价格为110的看涨期权的Delta值为28。⊖ 一个Delta中性价差可能包括如下期权：

买入1份6月100看涨期权(56)
卖出2份6月110看涨期权(28)

因为价差是Delta中性的，所以对标的市场价格上涨和下跌没有特别偏好。

现在假设我们认为这个比例价差是一个合理的策略，但同时也认为市场价格未来走势为牛市。没有规定要求我们必须保持价差为Delta中性，如果希望价差策略反映出牛市判断，我们可能要稍微调整一下比例：

买入2份6月100看涨期权(56)
卖出3份6月110看涨期权(28)

虽然持有了本质上相同的比例价差，但是现在的价差带有牛市倾向，反映在总的Delta值变为+28。

然而，使用这种比例价差策略构建牛市或熊市头寸存在严重局限。在我们的例子中，虽然起初判断为牛市，但是头寸仍然是一个具有负Gamma值的比例价差。如果标的市场价格上涨过快，价差的Delta值将由正变负。如果标的市场价格上涨得足够高，达到130或140，最终所有期权都会变为深度实值期权，6月行权价格为100和110的看涨期权Delta值将接近100。因此，我们将持有一个Delta值为-100的头寸。即使我们对市场的牛市判断是正确的，但因为这依然是一个波动率价差，头寸的波动率特征最终将远胜过市场价格变动方向等其他因素。随着标的价格变化，比例为1×2和2×3的2个比例价差的Delta值如图12-1所示。

在买入期权多于卖出期权的比例价差中，Delta值也会发生反转。与由标的合约市场价格快速变动导致Delta值反转的负Gamma值头寸不同，这种类型比例价差的Delta值会在波动率下降或时间流逝时发生反转。假设与前述例子情形相同，但是我们认为隐含波动率过低，可能会构建如下Delta中性的价差策略：

买入2份6月110看涨期权(28)
卖出1份6月100看涨期权(56)

然而，如果我们认为市场未来的价格走势为牛市，可以像前述例子一样调整比例来反映这种判断：

⊖ 为了使这个例子及下面的例子一般化，以及消除股票期权与期货期权之间的差异，我们将假设利率为0。

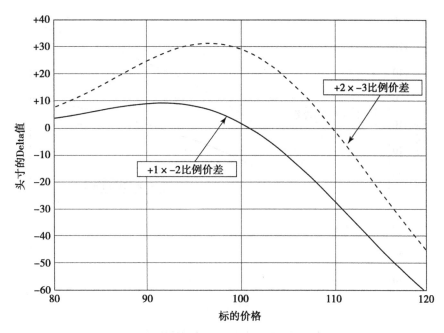

图 12-1　随着标的价格变化，比例价差的 Delta 值

买入 3 份 6 月 110 看涨期权（28）

卖出 1 份 6 月 100 看涨期权（56）

这个头寸总 Delta 值为 +28，反映了牛市判断。

从第 9 章了解到，随着时间流逝或波动率下降，所有的 Delta 值都会偏离 50。如果随着时间流逝标的合约价格没有发生变化，6 月行权价格为 100 的看涨期权的 Delta 值将倾向于上升，而 6 月行权价格为 110 的看涨期权的 Delta 值将倾向于下降。如果在一段时间之后，6 月行权价格为 100 的看涨期权的 Delta 值上升到 70，而 6 月行权价格为 110 的看涨期权的 Delta 值下降到 15，那么头寸的 Delta 值将不再是 +28 而是 -25。因为这是一个波动率价差，和之前一样，它首先考虑的因素是市场波动，其次才是市场价格变动方向。如果过高估计了波动率，而市场变动速度又远低于预期，最初 Delta 值为正的价差就会变成 Delta 值为负了。随着时间流逝，2 个头寸的 Delta 值变化如图 12-2 所示。

12.3　牛、熊蝶式期权与牛、熊日历价差

蝶式期权和日历价差也可以反映交易者的牛市或熊市判断。与比例价差类似，它们的 Delta 值特性也会随市场条件的变化而变化。

对于具有高隐含波动率，价格为 100 的标的合约来说，可以通过买入 6 月

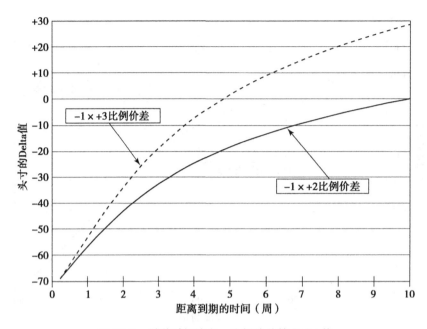

图 12-2 随着时间流逝，比例价差的 Delta 值

95/100/105 看涨蝶式期权构建一个 Delta 中性头寸（买入 1 份行权价格为 95 的看涨期权，卖出 2 份行权价格为 100 的看涨期权，买入 1 份行权价格为 105 的看涨期权）。我们希望标的合约价格始终接近 100，这样在到期时，蝶式期权就能获得最大 5.00 的价值。然而，如果想要买入蝶式期权，又认为市场价格走势未来为牛市，则可以选择内部行权价格高于当前标的合约价格的蝶式期权。如果标的合约当前价格是 100，可以选择买入 6 月行权价格为 105/110/115 的看涨蝶式期权。因为这个头寸预期现价为 100 的标的合约在到期时将达到 110 的内部行权价格，所以这是一个牛市蝶式期权。牛市特征反映在头寸具有正的 Delta 值。

不幸的是，如果标的市场价格上涨太快，比如达到 120 了，蝶式期权头寸的 Delta 值可能会由正反转为负，现在我们希望标的市场价格从 120 跌到 110。当标的市场价格低于 110 时，这就是一个牛市头寸；当标的市场价格高于 110 时，这就是一个熊市头寸。

相反地，如果认为标的市场价格未来走势为熊市，可以选择买入内部行权价格低于标的合约当前市场价格的蝶式期权。但同样，如果标的市场价格下降得太快，击穿了蝶式期权的内部行权价格，头寸的 Delta 值将会由负转正。随着标的市场价格变化的蝶式期权头寸 Delta 值如图 12-3 所示。

同样也可以选择牛市或熊市日历价差。日历价差多头总是希望短期期权在到期时正好是平值的。如果行权价格高于标的合约当前市场价格，日历价差多头从

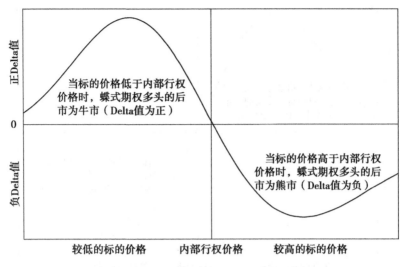

图 12-3　随着标的价格变化，蝶式期权多头的 Delta 值

一开始就是牛市价差。⊖ 当标的合约市场价格为 100 时，6 月/4 月行权价格为 110 的日历价差（买入 6 月行权价格为 110 的期权，卖出 4 月行权价格为 110 的同类型期权）是牛市价差，因为交易者希望标的价格在 4 月到期时上涨到 110。6 月/4 月行权价格为 90 的日历价差（买入 6 月行权价格为 90 的期权，卖出 4 月行权价格为 90 的同类型期权）将是熊市价差，因为交易者希望标的价格在 4 月到期时下降到 90。但是与蝶式期权多头一样，日历价差多头的 Gamma 值为负，因此，如果标的合约价格发生变动并击穿行权价格时，Delta 值将会发生反转。如果标的市场价格由 100 涨到 120，开始为牛市价差的 6 月/4 月行权价格为 110 的日历价差将变成熊市价差。如果标的市场价格由 100 跌到 80，开始为熊市价差的 6 月/4 月行权价格为 90 的日历价差将变成牛市价差。随着标的市场价格变化的日历价差多头的 Delta 值如图 12-4 所示。⊖

12.4　垂直价差

虽然我们可以通过选择合理的比例价差、蝶式期权或日历价差来构建牛市或

⊖ 在期货市场中，情况可能相对复杂一些，因为不同月份的期货合约以不同的价格进行交易。与选择具有相同行权价格的 2 份期权所构成的传统日历价差不同，交易者可能不得不选择对角价差来确保头寸要么是牛市价差（Delta 值为正），要么是熊市价差（Delta 值为负）。

⊖ 图 12-3 和图 12-4 非常相似，由此可能得出蝶式期权和日历价差具有相似性质的结论。但是，这种相似性质只有在两类价差随着标的市场价格变化时的表现是正确的，正如随着标的价格变化两类价差在 Delta 值上的反映相似一样。但随着时间流逝和隐含波动率变化，这两类价差将会表现出极大的不同。

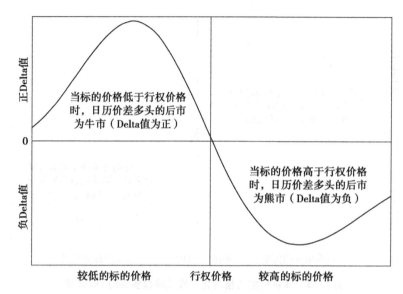

图12-4 随着标的市场价格变化，日历价差多头的Delta值

熊市头寸，但是对每个头寸来说，波动率仍然是首要考虑因素。可能我们对市场价格变动方向判断正确，但如果我们对波动率判断错误，价差可能就无法保持我们最初预期的方向性特性。

如果我们主要关注标的市场的价格变动方向，在选择价差时的首要考虑因素可能是方向性特性，次要因素才是波动率特性。我们需要确认最初为牛市价差（Delta值为正）的价差，在所有可能的市场条件下一直为牛市价差；最初为熊市价差（Delta值为负）的价差，在所有可能的市场条件下一直为熊市价差。

满足以上要求的一类价差是简单的看涨和看跌价差。买入1份期权并卖出1份期权，这2份期权是相同类型（要么都是看涨期权，要么都是看跌期权）、同时到期的，唯一的区别就是行权价格不同。这样的价差被称为**借贷价差**（credit and debit spread）或**垂直价差**（vertical spread）。[⊖] 典型的垂直价差可能是：

　　　　买入1份6月100看涨期权
　　　　卖出1份6月105看涨期权

或

　　　　买入1份12月105看跌期权
　　　　卖出1份12月95看跌期权

简单的看涨和看跌价差不但从一开始就是牛市价差或熊市价差，而且无论市

⊖ 早期在期权交易所交易期权时，行权价格被垂直地列在交易所展示板上——因此术语垂直价差就指由不同行权价格期权构成的策略。——译者注

场条件如何变化，它们都能保持牛市价差或熊市价差不变。只有行权价格不同、其余合约要素都相同的2份期权不可能具有相同的Delta值。在第1个例子中，交易者买入1份6月行权价格为100的看涨期权，卖出1份6月行权价格为105的看涨期权，6月行权价格为100的看涨期权的Delta值总是大于6月行权价格为105的看涨期权的Delta值。如果2份期权都是深度实值期权或深度虚值期权，Delta值可能会接近100或0。但即使如此，6月行权价格为100的看涨期权的Delta值也稍大于6月行权价格为105的看涨期权的Delta值。在第2个例子中，无论市场条件如何变化，12月行权价格为105的看跌期权的Delta值总是比12月行权价格95的看跌期权的Delta值更大。

到期时，如果2份期权都是虚值期权，看涨或看跌垂直价差的最小价值为0；如果2份期权都是实值期权，垂直价差的最大价值为2个行权价格之差。如果到期时标的合约市场价格低于100，6月行权价格为100/105的看涨垂直价差价值将为0，因为2份期权价值都为0。如果到期时标的合约市场价格高于105，价差的价值为5.00，因为6月行权价格为100的看涨期权恰好比6月行权价格为105的看涨期权多5个点的价值。同样地，如果到期时标的合约价格高于105，3月行权价格为95/105的看跌垂直价差的价值将为0；如果到期时标的合约价格低于95，价差价值将为10.00。

因为到期时垂直价差价值为0或2个行权价格之差，所以交易者能够预期这类价差的价格就在这个范围之内。行权价格为100/105的看涨期权垂直价差的交易价格在0到5.00之间；行权价格为95/105的看跌期权垂直价差的交易价格在0到10.00之间。价差的确切价值取决于最终标的市场价格是低于较低的行权价格、高于较高的行权价格还是介于两者之间。如果当前市场价格为80，且没有迹象表明价格将要上涨，那么行权价格为100/105的看涨期权垂直价差的价格将接近于0，而行权价格为95/105的看跌期权垂直价差的价格将接近于10.00。如果当前市场价格为120且不大可能会下跌，那么行权价格为100/105的看涨期权垂直价差的价格接近于5.00，而行权价格为95/105的看跌期权垂直价差的价格将接近于0。

如果我们希望构建一个简单的牛市或熊市垂直价差，主要有4种选择：如果认为后市为牛市，可以选择牛市看涨期权价差或牛市看跌期权价差；如果认为后市为熊市，可以选择熊市看涨期权价差或熊市看跌期权价差。举例来说：

牛市看涨期权价差：买入1份6月行权价格为100的看涨期权
卖出1份6月行权价格为105的看涨期权

牛市看跌期权价差：买入 1 份 6 月行权价格为 100 的看跌期权
　　　　　　　　卖出 1 份 6 月行权价格为 105 的看跌期权
熊市看涨期权价差：卖出 1 份 6 月行权价格为 100 的看涨期权
　　　　　　　　买入 1 份 6 月行权价格为 105 的看涨期权
熊市看跌期权价差：卖出 1 份 6 月行权价格为 100 的看跌期权
　　　　　　　　买入 1 份 6 月行权价格为 105 的看跌期权

认为后市为牛市的交易者可以买入 1 份行权价格为 100 的看涨期权、卖出 1 份行权价格为 105 的看涨期权，或者买入 1 份行权价格为 100 的看跌期权、卖出 1 份行权价格为 105 的看跌期权（两种情况都是买入较低行权价格的期权，卖出较高行权价格的期权）。认为后市为熊市的交易者可以买入 1 份行权价格为 105 的看涨期权、卖出 1 份行权价格为 100 的看涨期权或买入 1 份行权价格为 105 的看跌期权、卖出 1 份行权价格为 100 的看跌期权（两种情况都是卖出较低行权价格的期权，买入较高行权价格的期权）。这似乎违反直觉，因为直觉上由看跌期权构成的价差应当与由看涨期权构成的价差具有相反的特征。但是，不管价差是由看涨期权还是看跌期权构成的，**无论交易者何时买入较低行权价格的期权并卖出较高行权价格的期权，头寸都是牛市头寸，无论交易者何时买入较高行权价格的期权并卖出较低行权价格的期权，头寸都是熊市头寸**。

我们可以通过观察头寸的 Delta 值或潜在利润和损失（P&L）来说明为什么这是正确的。考虑两个牛市价差的例子：

牛市看涨期权价差：买入 1 份 6 月行权价格为 100 的看涨期权
　　　　　　　　卖出 1 份 6 月行权价格为 105 的看涨期权
牛市看跌期权价差：买入 1 份 6 月行权价格为 100 的看跌期权
　　　　　　　　卖出 1 份 6 月行权价格为 105 的看跌期权

这两个价差必须具有正的 Delta 值。6 月行权价格为 100 的看涨期权具有比 6 月行权价格为 105 的看涨期权更大的正 Delta 值。6 月行权价格为 105 的看跌期权具有比 6 月行权价格为 100 的看跌期权更大的负 Delta 值。在买入期权前乘以一个正号，在卖出期权前乘以一个负号，在每种情况中，加总后的 Delta 值是一个正的总 Delta 值。

依据潜在收益或利润，看涨期权价差将导致资金支出（6 月行权价格为 100 的看涨期权比 6 月行权价格为 105 的看涨期权贵），且如果标的合约价格到期时大于 105，价差价值将达到最大价值 5.00。看跌期权价差导致资金支出（6 月行权价格为 100 的看跌期权比 6 月行权价格为 105 的看跌期权便宜），但是如果标的合约价格到期时大于 105，价值将会下跌至 0。每种价差都想让标的合约价格上涨到 105 以上，所以每种价差必须是牛市价差。

由具有相同到期日和行权价格期权构成的看涨期权价差和看跌期权价差，不仅总 Delta 值非常相似，潜在收益或损失也是近似相等的。⊖ 简单的牛市价差和熊市价差的 P&L 如图 12-5 和图 12-6 所示。

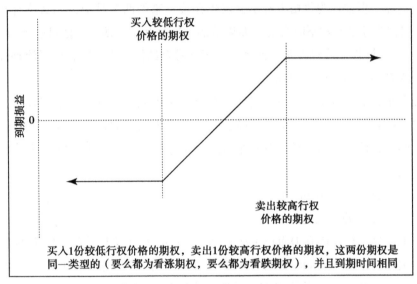

图 12-5　牛市价差

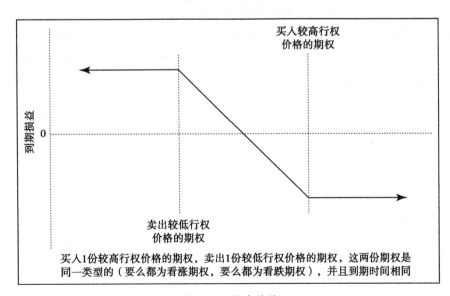

图 12-6　熊市价差

⊖　我们暂且假设所有的期权都是欧式期权，没有提前行权的可能。

假设市场中存在许多具有不同行权价格和到期月份的期权合约，我们如何选择最能反映我们对价格变动方向的预期，并据此获得最大收益的垂直价差呢？

因为期权具有固定的到期日，如果希望利用期权从预期市场变动中获利，交易者首先必须确定发生变动的时间范围。这个变动可能在下个月发生吗？在接下来的3个月发生吗？还是在接下来的9个月发生？如果现在是5月，交易者预测价格会上涨，但他认为价格上涨不会发生在接下来的两个月中，那么持有6月或7月的期权头寸是非常不明智的。如果他的预期是基于长期的，他可能不得不在9月甚至12月期权上持有头寸。当然，使用远月合约构建头寸时，市场流动性可能就是交易者不得不考虑的问题。

接下来，交易者将不得不确定他对后市为牛市或熊市判断的坚定程度。如果他对自己的判断非常自信，他愿意持有一个非常大的方向性头寸吗？或者，如果他不太确定，他是否只愿意持有一个有限的头寸呢？两个因素决定了头寸的总方向性特征。

（1）所选价差的Delta值
（2）价差的构建规模

如果交易者想要持有Delta值为+500的头寸（相当于买入5份标的合约），他可以选择构建10份Delta值为+50的价差，也可以选择构建20份另一个Delta值为+25的价差。这两种策略都会导致头寸具有+500的Delta值。

总之，如果所有期权具有相同的到期时间且都近似于平值期权，两个行权价格之间的差距越大，价差的Delta值也会越大。行权价格为95/110的牛市价差将比行权价格为95/105的牛市价差更具有牛市特征，依次行权价格为95/105的牛市价差将比行权价格为95/100的牛市价差更具有牛市特征。⊖此外，行权价格之间差距的增加也会增加价差的最大潜在收益或损失。图12-7展示了这一点。

一旦交易者决定了构成其方向性头寸的期权的到期日，他就必须要选择最合适的价差。也就是说，他必须决定使用哪个行权价格的期权。考虑下面表格中的理论价值与Delta值：

距离到期的时间 = 8 周 波动率 = 25%			
	95 看涨期权	100 看涨期权	105 看涨期权
理论价值	6.82	3.91	1.99
Delta 值	72	52	32

⊖ 对于深度实值价差与深度虚值价差来说，这不一定是正确的。这种情况下，两个期权的Delta值可能非常接近于100或0，所以行权价格之间的差距对价差的总Delta值影响很小。

如果希望构建牛市看涨期权价差。第 1 种选择是买入行权价格为 95 的看涨期权并卖出行权价格为 100 的看涨期权。第 2 种选择是买入行权价格为 100 的看涨期权并卖出行权价格为 105 的看涨期权。哪个价差更好呢？

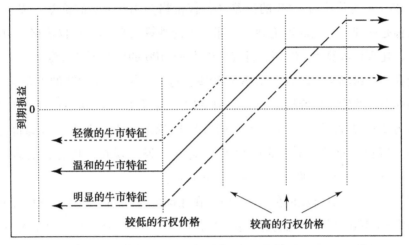

图 12-7　随着行权价格之间差距的增加，价差具有更大的牛市或熊市特征

每个价差的理论价值和 Delta 值是：

	95/100 价差	100/105 价差
理论价值	6.82 − 3.91 = 2.91	3.91 − 1.99 = 1.92
Delta 值	72 − 52 = 20	52 − 32 = 20

理论上，这两个价差似乎都具有相同的牛市特征，因为它们的 Delta 值都是 +20。但是，理论价值为 1.92、行权价格为 100/105 的价差好像比理论价值为 2.91、行权价格为 95/100 的价差更便宜。由此我们可能会得出行权价格为 100/105 的价差具有更大价值的结论。但是，价差价值是我们考虑的唯一因素吗？如果能将策略的价值与其价格相比较，策略的价值才重要的。但是，我们还没有说过任何关于价格的内容。

从期权交易者的角度来看，期权或策略的价格是由隐含波动率决定的。在这个例子中，在期权存续期内波动率的最佳估计可能是 25%，但是如果隐含波动率高于 25% 或低于 25%，期权价格会怎样呢？下面扩展一下表格，将波动率为 20% 和 30% 的期权价值包含在其中（Delta 值在括号中）。

波动率	95 看涨期权	95/100 价差	100 看涨期权	100/105 价差	105 看涨期权
20%	6.18	3.06	3.12	1.82	1.30
25%	6.82（72）	2.91（20）	3.91（52）	1.92（20）	1.99（32）
30%	7.50	2.81	4.69	1.98	2.71

如果市场中的隐含波动率是20%，行权价格为95/100的价差和行权价格为100/105的价差的价格分别是3.06和1.82。如果对波动率的最佳估计为25%，我们会面临选择：为我们认为价值为2.91的价差（行权价格为95/100的价差）支付3.06，或为价值为1.92的价差（行权价格为100/105的价差）支付1.82。如果目标是构建一个正的理论胜算，那么理论胜算为0.10、行权价格为100/105的价差，比理论胜算为-0.15、行权价格为95/100的价差更具有意义。

现在假设市场中的隐含波动率为30%。行权价格为95/100的价差与行权价格为100/105的价差的价格分别为2.81和1.98。我们再次面临选择：为我们认为价值为2.91的价差（行权价格为95/100的价差）支付2.81，或为价值1.92的价差（行权价格为100/105的价差）支付1.98。现在，具有正的理论胜算0.10、行权价格为95/100的价差是一个更好的选择。

即使两个价差具有相同的Delta值，在相同的波动率下，我们倾向于选择行权价格为95/100的价差，而在不同的波动率下，倾向于选择行权价格为100/105的价差。回顾第6章介绍的期权定价特征之一，原因就变得清晰了：

考虑除行权价格之外其他所有特征都相同的3类期权——实值期权、平值期权、虚值期权，平值期权总是对波动率变化最敏感。

如果隐含波动率过高，所有期权价格都被高估，那么平值期权被高估的程度总是最高的。如果隐含波动率过低，所有期权价格都被低估，那么平值期权被低估的程度也总是最高的。这一属性决定了我们在选择牛市和熊市垂直价差时应遵循的简单原则：

如果隐含波动率过低，构建垂直价差时应该买入平值期权；如果隐含波动率过高，构建垂直价差时应该卖出平值期权。

现在我们就清楚了，为什么在隐含波动率为20%时，行权价格为100/105的看涨期权价差是较好的选择，而在隐含波动率为30%时，行权价格为95/100的看涨期权价差是较好的选择。如果隐含波动率过低（如20%），我们希望买入平值（行权价格为100）看涨期权，买入后，为了构建牛市价差我们只有一个选择——卖出虚值（行权价格为105）看涨期权。如果隐含波动率过高（如30%），我们希望卖出平值（行权价格为100）看涨期权，卖出后，为了构建牛市价差，我们还是只有一个选择——买入实值（行权价格为95）看涨期权。

该原则同样也适用于牛市和熊市看跌价差。我们总是想要关注平值期权，当隐含波动率低时买入平值看跌期权，当隐含波动率高时卖出平值看跌期权。这一点在下表中会得到证实（Delta值在括号中）。

波动率	95 看跌期权	95/100 价差	100 看跌期权	100/105 价差	105 看跌期权
20%	1.18	1.94	3.12	3.18	6.30
25%	1.82（-28）	2.09（20）	3.91（-48）	3.08（20）	6.99（-68）
30%	2.50	2.19	4.69	3.02	7.71

假设当隐含波动率较低时，希望构建熊市看跌期权价差，此时我们买入平值（行权价格为100）看跌期权。买入后，就不得不卖出虚值（行权价格为95）看跌期权来构建熊市价差（买入较高行权价格的期权，卖出较低行权价格的期权）。我们将为这个价差支付1.94，但是该价差的价值为2.09。最终头寸的Delta值为-20，正的理论胜算为0.15。

值得注意的是，任何情况下，无论波动率是低还是高，包含实值期权的价差的价格总是高于包含虚值期权价差的价格。为了理解其中的原因，让我们考虑3种不同情形下，选择1份行权价格为95/100的牛市看涨期权价差和1份行权价格为100/105的牛市看涨期权价差的结果。情形1，市场价格上升，到期时达到110，如果这种情形发生，2个价差都将获利，因为它们都会达到最大价值5.00。情形2，市场价格下降，到期时达到90，如果这种情形发生，2个价差都会遭受损失，因为它们的价值都会暴跌至0。最后一种情形，标的市场价格既没有上升也没有下降，保持100的价格直至到期，如果这种情形发生，行权价格为100/105的价差的价值会暴跌至0，而行权价格为95/100的价差会达到最大价值5.00。行权价格为95/100的价差总是比行权价格为100/105的价差具有更大的价值，因为它的获利机会更大。行权价格为95/100的价差不需要市场价格上涨，只需要价格不下降。行权价格为100/105的价差需要价格变动才能获利，即具有正Gamma值，因而也就具有负Theta值，随着时间流逝，价差价值会下降。对于行权价格为95/100的价差来说，即使在市场不发生变动的情况下也会获利，即具有正Theta值，因而也就具有负Gamma值。

市场变动带来的结果同样也值得注意。当市场价格上涨至110时，两个价差都会获利，但是行权价格为100/105的价差获利更多，因为它是以较低的价格被买进的。当市场价格下降至90时，两个价差都会遭受损失，但是行权价格为100/105的价差因其具有较低的价格而遭受较小的损失。如果市场变动的可能性较大，我们更倾向于选择行权价格为100/105的价差，判断正确时会获得最大的收益，判断错误时会遭受最小的损失。市场变动的可能性取决于我们对波动率的估计。如果预测波动率高于隐含波动率，意味着我们认为市场变动可能性更大，因此倾向于选择行权价格为100/105的价差。如果预测波动率低于隐含波动率，意味着市场变动可能性较小，因此选择行权价格为95/100的价差。

虽然我们关注平值期权，但交易者构建牛市或熊市价差时并不一定需要先买入或卖出平值期权。这类价差总是由两份期权构成，交易者可以选择在一次交易中完成整个价差，也可以每次交易1份期权，分别构建。在后一种情况下，交易者可以选择先交易实值期权或虚值期权，然后再交易平值期权，交易者可以基于实际情况来决定。但是，不管价差如何构建，他都应该更关注平值期权，要么在隐含波动率低时买入它，要么在隐含波动率高时卖出它。

实际中，期权不可能是精确的平值期权。如果没有精确的平值期权，交易者可以关注最接近于平值的期权。如果标的市场价格为103，行权价格为95、100、105，且行权价格为110⊖的看涨期权是可用的，那么我们应当关注行权价格为105的看涨期权，因为它最接近于平值期权。如果隐含波动率低，交易者可以买入行权价格为105的看涨期权；如果隐含波动率高，交易者可以卖出行权价格为105的看涨期权。然后，为了构建牛市或熊市垂直价差，交易者可以交易另1份不同的期权。

交易者也并不一定要选择最接近平值的期权作为价差的一部分。对市场后市判断很有信心的交易者可以选择两份都是深度虚值或深度实值的期权来构建价差。这类价差的Delta值很小，但是交易者可以通过多次构建同样的价差来实现高杠杆头寸。例如，如果标的市场价格为100，对后市非常乐观的交易者可以买入行权价格为115/120的看涨期权价差（假设这些行权价格的期权都是可用的）。这类价差的成本很低，因为到期时价值很可能为0。但由于成本低，交易者可以多次构建价差。如果判断正确，市场价格上涨到120以上，每个价差都将达到最大价值5.00，最终多次构建的价差会获得非常大的收益。不管如何选择不同行权价格的期权，如果隐含波动率低，交易者就应该买入接近于平值的期权，如果隐含波动率高，交易者应该卖出接近于平值的期权。

到目前为止，在牛市或熊市策略中，我们主要关注平值期权，尤其是Delta值最接近50的期权。对于期货期权来说，确实是这样。但在其他市场，平值期权可能不是Delta值最接近50的期权，因为正如第5章讨论过的，期权理论价值不取决于标的合约的当前价格，而取决于标的合约的远期价格。由于这个原因，牛市或熊市策略真正应该关注的是**远期平值**（at-the-forward）期权。尤其是在股票期权市场中，如果利率很高，且距离到期日还有很长一段时间，那么远期平值期权很可能是一个行权价格明显高于当前股票价格的期权。如果交易者已经注意到

⊖ 原文为100，打字错误。——译者注

这个区别，且他关注的是平值期权，即当隐含波动率低时买入，当隐含波动率高时卖出，从实用角度看交易者就不会犯大错。

在对牛市和熊市价差下结论之前，先观察图12-8至图12-13所示的典型牛市垂直价差的理论价值、Delta、Gamma、Vega和Theta值的图将是十分有用的。读者应当花一些时间来看这些图，因为它们不仅突出了垂直价差这类非常普通的价差的一些重要性质，而且还是第9章讨论的有关风险测度重要性质的例子。下一章我们会更深入地进行风险分析，届时这些图将对我们特别有帮助。

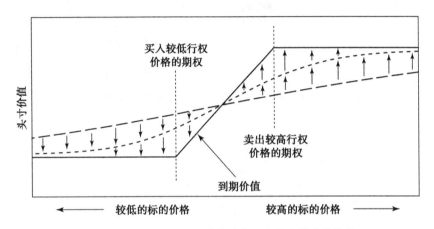

图12-8 随着时间流逝或波动率下降牛市价差的价值

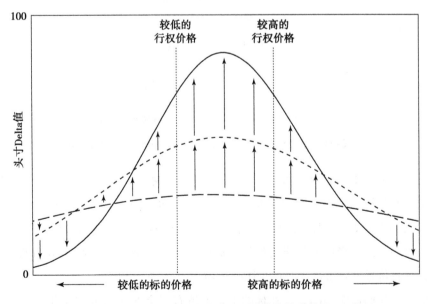

图12-9 随着时间流逝或波动率下降牛市价差的Delta值

对于图中的理论价值、Delta、Gamma和Vega值（见图12-8至图12-11）来

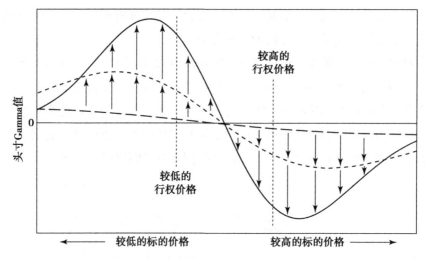

图 12-10　随着时间流逝或波动率下降牛市价差的 Gamma 值

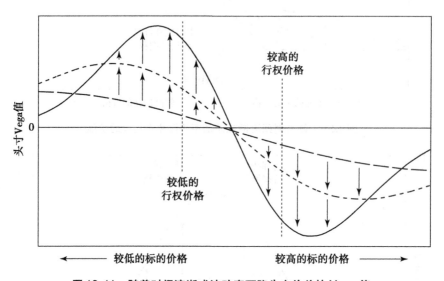

图 12-11　随着时间流逝或波动率下降牛市价差的 Vega 值

说，时间流逝带来的影响与波动率下降带来的影响是相似的。然而，对于 Theta 值来说，时间流逝带来的影响与波动率下降带来的影响稍有不同，所以将波动率下降（见图 12-12）与时间流逝（见图 12-13）对 Theta 值的影响分别展示在两个图上。也要注意，当标的价格恰好低于最低的行权价格或恰好高于最高的行权价格时，垂直价差 Gamma、Vega 和 Theta 的最大值常常会出现。

最后，我们可能会问，与在标的工具上持有完全的多头或空头头寸相比，为什么持有方向性观点的交易者可能更加偏好垂直价差呢？一方面，垂直价差与完全的方向性头寸相比风险更低。想持有 Delta 值为 +500 头寸的交易者可以买入 5

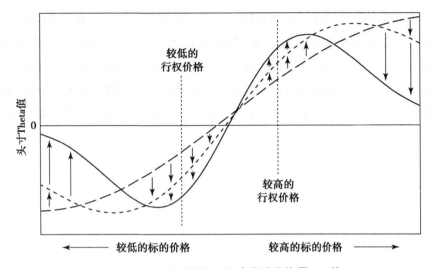

图 12-12　随着波动率下降牛市价差的 Theta 值

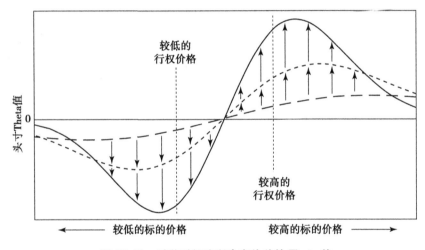

图 12-13　随着时间流逝牛市价差的 Theta 值

份标的合约，或买入 25 份每个 Delta 值为 20 的垂直看涨期权价差。25 份垂直价差可能听起来比 5 份标的合约具有更高的风险，但由于垂直价差的风险有限，而标的头寸的风险是无限的，因此 25 份垂直价差的风险更低。当然，更高风险也就意味着更高收益。如果市场朝着对交易者有利的方向发生巨大变动，持有标的市场多头或空头头寸的交易者能够获得巨大收益，相比之下，持有垂直价差的交易者获得的收益就是有限的。但如果市场朝着对交易者不利的方向发生意料之外的变动，持有垂直价差的交易者也会遭受较少的损失。

如果忽略利率因素，从交易标的合约中获利的唯一方式是正确判断价格变动方向。如果买入标的合约，只有当市场价格上涨时才能获利。如果卖出标的合约，只有当市场价格下降时才能获利。但是，通过交易期权获利并不一定需要交易者对市场价格变动方向判断正确，期权还提供了一个额外的维度，即波动率。如果交易者对波动率的估计正确，市场价格没有上升或即使市场价格下降时，牛市价差也能够获利；即使市场价格没有下降，熊市价差也能够获利。这都取决于我们所选择的行权价格。期权所具有的灵活性恰好是期权市场出现大幅度增长的原因之一。

第13章

Option Volatility and Pricing

风 险 因 素

在选择交易策略时，交易者必须要在收益与风险这两个对立因素之间找到一个合理的平衡点。交易者想要得到的理想结果，就是在承担最小可能风险的同时获得最大潜在的收益。然而，在现实世界中，高收益通常伴随着高风险，而低收益通常伴随着低风险。那么交易者应该如何平衡这两个因素呢？当然，一个策略应当具有期望的收益才值得被执行。同时，必须将相关的风险控制在合理的范围内。无论何种风险，都不应高于与其对应的潜在收益。

在期权交易中，假定交易者对市场情况的评估是正确的，通常会用**理论胜算**（theoretica ledge）——策略的平均利润，来表示收益。尽管理论胜算可以用一个数字来表示，但是与期权相关的风险却不能以同样的方式来表示。我们知道期权会受到许多不同风险的影响。如果我们想要精确地分析一个策略，可能需要考虑各种各样的风险。对于一些风险来说，一个策略可能是合理的，但对于其他的风险来说，这个策略可能是无法接受的。

在我们进行更深入的讨论之前，让我们总结一下与期权头寸相关的主要风险。

Delta（方向性）风险 标的市场向一个方向而不是另一个方向移动而带来的风险。当我们构建一个 Delta 中性的头寸时，我们要努力确保初始头寸对标的将要发生变动的方向没有任何偏好。一个 Delta 中性的头寸不需要消除所有的方向性风险，但是在一定的范围内，中性头寸通常能够免受方向性风险的影响。

Gamma（曲率）风险 标的合约大幅变动的风险，不论哪个方向。Gamma 值用于衡量一个头寸对标的合约大幅变动的敏感度。一个具有正 Gamma 值的头寸实际上不具有 Gamma 风险，因为理论上该头寸的价值将随着标的合约的变动而增加。然而，一个具有负 Gamma 值的头寸随着标的合约的大幅变动，将快速失去其理论胜算。当交易者分析不同头寸的相对价值时，标的合约发生大幅变动的影响一定是一个值得考虑的因素。

Theta（时间衰减）风险 这是 Gamma 风险相反的一面。当标的合约发生大幅变动时，具有正 Gamma 值的头寸会变得更有价值。但是，如果变动对头寸是有利的，那么时间的流逝对头寸来说就是不利的。一个正 Gamma 值总是伴随着一个负 Theta 值；一个负 Gamma 值总是伴随着一个正 Theta 值。在价差的理论胜算消失之前，具有负 Theta 值头寸的交易者必须考虑的风险就是时间能够流逝多久。如果我们的头寸是希望市场发生变动，但是第二天、下一周或下个月变动都没有发生，那么从理论上来看价差仍会获利吗？

Vega（波动率）风险 输入到理论定价模型中的波动率不正确所带来的风险。如果我们使用了错误的波动率，那么我们也就使用了标的合约错误的概率分布。因为一些头寸具有正的 Vega 值，波动率的下降会对头寸不利，而一些头寸具有负的 Vega 值，波动率的上升会对头寸不利，所以 Vega 值代表了每个头寸都具有的一种风险。在头寸的潜在收益消失之前，交易者一定要考虑波动率的变动会对他产生多大的不利影响。大多数交易者倾向于将 Vega 值解释为一个头寸对隐含波动率变化的敏感度。如果隐含波动率上升或下降，它将如何改变构成该头寸的期权的价格呢？如果这种变化对头寸是不利的，那么当交易者面对不利的市场情况时，他能够继续持有该头寸吗？

Rho（利率）风险 在期权的存续期内，利率发生改变所带来的风险。利率上升有利于具有正 Rho 值的头寸，利率下降不利于具有正 Rho 值的头寸，具有负 Rho 值的头寸恰好具有与此相反的性质。㊀ 除特殊情形外，利率是理论定价模型中最不重要的输入变量。因此，Rho 值通常被认为是最不重要的风险测度。

我们通过考虑几个不同的期权策略来观察不同风险之间的相对重要性。

13.1 波动率风险

对于一个期权交易者来说，波动率风险来自两个方面——他错误估计了期权存续期内的标的合约的已实现波动率的风险，以及期权市场中的隐含波动率将会发生改变的风险。任何具有非零 Gamma 值或 Vega 值的价差都具有波动率风险。

考虑图 13-1 所示的理论估值表中的价格与价值。㊁ 在这样的情形下，什么类型的波动率策略可能会获利呢？不管是比较期权价格与它们的理论价值，还是比

㊀ 我们现在仅考虑利率风险，因为它适用于对期权的估价。利率的变化也可以对标的合约，比如债券，甚至是公司股份的估价产生影响。但那是一个单独的问题。

㊁ 为了仅关注波动率，我们已经假设利率为 0。

标的价格 = 48.40　　5月合约剩余到期时间 = 56天　　波动率 = 18%　　利率 = 0%

看涨期权

行权价格	价格	理论价值	Delta	Gamma	Theta	Vega	隐含波动率
44	4.59	4.53	92	4.5	−0.004 6	0.029	19.83%
46	2.99	2.86	78	8.8	−0.009 1	0.057	20.25%
48	1.75	1.56	56	11.6	−0.012 1	0.075	20.48%
50	0.93	0.73	33	10.7	−0.011 1	0.069	20.88%
52	0.47	0.28	16	7.2	−0.007 5	0.047	21.63%
54	0.23	0.09	6	3.7	−0.003 8	0.024	22.46%

看跌期权

行权价格	价格	理论价值	Delta	Gamma	Theta	Vega	隐含波动率
44	0.20	0.13	−8	4.5	−0.004 6	0.029	20.12%
46	0.58	0.46	−22	8.8	−0.009 1	0.057	20.09%
48	1.35	1.16	−44	11.6	−0.012 1	0.075	20.48%
50	2.53	2.33	−67	10.7	−0.011 1	0.069	20.88%
52	4.06	3.88	−84	7.2	−0.007 5	0.047	21.45%
54	5.84	5.69	−94	3.7	−0.003 8	0.024	22.73%

6月合约剩余到期时间 = 112天　　波动率 = 18%　　利率 = 0%

看涨期权

行权价格	价格	理论价值	Delta	Gamma	Theta	Vega	隐含波动率
44	4.96	4.82	84	5.0	−0.005 2	0.064	20.12%
46	3.52	3.32	71	7.1	−0.007 4	0.091	20.21%
48	2.38	2.12	55	8.2	−0.008 5	0.106	20.42%
50	1.55	1.24	39	8.0	−0.008 3	0.103	20.80%
52	0.97	0.69	25	6.6	−0.006 9	0.085	21.14%
54	0.60	0.35	15	4.8	−0.005 0	0.062	21.64%

看跌期权

行权价格	价格	理论价值	Delta	Gamma	Theta	Vega	隐含波动率
44	0.56	0.42	−16	5.0	−0.005 2	0.064	20.12%
46	1.13	0.92	−29	7.1	−0.007 4	0.091	20.31%
48	1.98	1.72	−45	8.2	−0.008 5	0.106	20.42%
50	3.14	2.86	−61	8.0	−0.008 3	0.103	20.71%
52	4.58	4.29	−75	6.6	−0.006 9	0.085	21.25%
54	6.21	5.95	−85	4.8	−0.005 0	0.062	21.78%

图 13-1

较期权的隐含波动率与18%的波动率的输入值，我们会得到相同的结论：所有期权的价格都被高估了。回想我们在第11章中提到的一般指导方针，在这样的情形下，交易者会想要考虑具有负Vega值的价差：

跨式期权与宽跨式期权空头

看涨或看跌期权比例价差——卖出多于买入

蝶式期权多头

日历价差空头

这些类别中，哪一类可能会代表最佳的价差机会呢？在每一类中，哪个具体的价差可能会代表最佳风险-收益的权衡呢？

现在，我们来关注一下5月期权。已经排除了日历价差的可能性，我们所选的任何价差一定是具有负Gamma值和负Vega值。但是，利用12个不同的5月期权（6个看涨期权和6个看跌期权），可能会构建出许多这种类型的价差，如何才能合理地判断哪个价差是最佳的呢？

首先，让我们来考虑图13-2中所示的3个策略：以4∶3的比例来构建的接近于Delta中性的跨式期权空头（价差1），看涨期权比例价差（价差2），蝶式看跌期权多头（价差3）。每个价差都近似为Delta中性，正如我们所预期的，每个价差都具有一个正的理论胜算。那么我们该如何来估计每个价差的相对价值呢？

起初，我们可能认为价差1是最好的，因为它具有最高的理论胜算。如果波动率的估计值18%是正确的，那么价差1会获利6.65，价差2会获利1.80，价差3只会获利0.60。

但是，理论胜算是我们唯一关心的吗？如果是这样的，那么我们就可以简单地、大规模地构建每个价差，从而使得理论胜算与我们想要的理论胜算一样大。我们不以最初10×20的规模来构建价差2，我们可以加大5倍规模至50×100。这也将增加5倍理论胜算至9.00。从表面上看，如果将价差2与价差1和价差3相比，价差2是一个更好的策略。显然，理论胜算不是唯一要考虑的因素。

只有当我们对市场情况判断正确时，才能用理论胜算来表示预期获利。因为无法保证我们的判断是正确的，所以我们必须要考虑风险因素。如果我们对市场情况的判断是错误的，我们可能会遭受怎样的损失呢？

为了集中关注风险因素，我们可以改变价差2和价差3的规模以使它们的理论胜算与价差1的理论胜算近似相等。为了实现这个目标，我们可以加大价差2的规模至35×70，同时加大价差3的规模至100×200×100。图13-3展示了新规模下的价差以及它们的总理论胜算和风险敏感度。这3个价差都具有相似的理论胜算，所以我们可以关注与每个价差相关的风险。

		理论胜算	Delta
价差 1：	15 份 5 月 48 看涨期权空头	15 × +0.19	−15 × +56
	20 份 5 月 48 看跌期权空头	20 × +0.19	−20 × −44
		+6.65	+40
价差 2：	10 份 5 月 50 看涨期权多头	10 × −0.20	+10 × +34
	20 份 5 月 52 看涨期权空头	20 × +0.19	−20 × +16
		+1.80	+20
价差 3：	10 份 5 月 46 看跌期权多头	10 × −0.12	+10 × −22
	20 份 5 月 48 看跌期权空头	20 × +0.19	−20 × −44
	10 份 5 月 50 看跌期权多头	10 × −0.20	+10 × −67
		+0.60	−10

图 13-2

对于波动率头寸而言，一个重要的考虑因素是标的合约价格发生大幅变动的可能性。因为每个策略都具有一个负 Gamma 值，所以价格发生任何大幅的变动都会对头寸不利。但是，每个价差都会遭受相同程度的损失吗？因为价差 2 具有绝对值最小的负 Gamma 值（−165.5），所以我们可能会得出一个结论，即当标的价格发生大幅变动时，价差 2 的风险是最小的。但是，这种结论只有在当前的市场情况中才有效。随着市场情况发生变化，所有的风险测度，包括 Gamma 值，几乎都会发生变化。如果标的合约的价格发生非常大的变动，以至于当前的市场情况已不再适用，那么对于与每个价差相对应的风险来说，它们之后会发生什么是不确定的。

如果我们构建一张关于标的合约价格变动的理论损益图，那么分析价差的相对风险将会变得更加容易。图 13-4 展示了关于标的价格变动的理论损益。我们可以看到，随着标的价格发生向上或向下的变动，每个价差的价值确实都遭受了损失。⊖ 然而，我们也看到，如果标的价格发生非常大的变动，价差所表现出的特性就会开始出现分歧。无论标的价格是上升还是下降，价差 1，即跨式期权空头所遭受的损失都会持续增加，它在标的价格出现任一方向的变动时都具有无限的风险。价差 2，即比例价差在标的价格上升的方向上具有无限的风险。但在标的价格下降的方向上，价差 2 的理论损益线会变平，并最终获得非常少的收益。价差 3，即蝶式期权多头的理论损益线在两个方向上都会变平，所以不管标的价格变动的方向是什么，它的风险都是有限的。

⊖ 对于具有稍正的 Delta 值的价差 1 和价差 2 来说，随着市场价格的上升，交易者最初会获得少许的盈利。对于具有稍负的 Delta 值的价差 3 来说，随着市场价格的下降，交易者最初会获得少许的盈利。

	理论胜算	Delta	Gamma	Theta	Vega
价差1：15 份 5 月 48 看涨期权空头	15 × +0.19	−15 × +56	−15 × 11.6	−15 × −0.012 1	−15 × 0.075
20 份 5 月 48 看跌期权空头	20 × +0.19	−20 × −44	−20 × 11.6	−20 × −0.012 1	−20 × 0.075
	+6.65	+40	−406.0	+0.423 5	−2.625
价差2：35 份 5 月 50 看涨期权多头	35 × −0.20	+35 × 34	+35 × 10.7	+35 × −0.011 1	+35 × 0.069
70 份 5 月 52 看涨期权空头	70 × +0.19	−70 × +16	−75 × 7.2	−70 × −0.007 5	−70 × 0.047
	+6.30	+70	−165.5	+0.136 5	−0.875
价差3：100 份 5 月 46 看跌期权多头	100 × −0.12	+100 × −22	+100 × 8.8	+100 × −0.009 1	+100 × 0.057
200 份 5 月 48 看跌期权空头	200 × 0.19	−200 × −44	−200 × 11.6	−200 × −0.012 1	−200 × 0.075
100 份 5 月 50 看跌期权多头	100 × −0.20	+100 × −67	+100 × 10.7	+100 × −0.011 1	+100 × 0.069
	+6.00	−100	−370.0	+0.400 0	−2.400

图 13-3

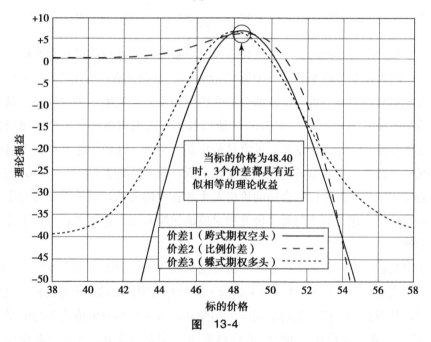

图 13-4

那么哪个价差是最好的呢？这取决于交易者担心什么。如果交易者不在意风险，那么他选择哪个价差都无所谓。平均来说，每个头寸都将获得大约 6.00 的收益。但是，如果交易者对市场上价格大幅向下的变动更为担心，那么价差 2 可能是最好的。如果交易者不愿意承担价格向上或向下变动带来的无限风险，那么价差 3 可能是最好的。

除了标的价格发生巨大变动的可能性，3 个头寸都暴露在对波动率错误估计所引起的风险之中。因为每个价差都具有一个负 Vega 值，所以如果在期权的存续期间内，波动率小于 18%，那么将不会存在任何问题。在这样的情况下，价差会得到大于最初预期的收益。另一方面，如果波动率大于 18%，问题就会出现了。

如果波动率为20%、25%或更高的数值，将会发生什么呢？由于每个价差都具有负Vega值，所以它们都将会遭受损失，但是它们将会遭受相同程度的损失吗？

因为价差2具有绝对值最小的Vega值（-0.875），所以最初我们可能会认为它具有最小的波动率风险。但是，随着市场情况的变化，Vega值和Gamma值一样会发生变化。如果我们提高波动率，那么价差1，即跨式期权空头的Vega值将保持不变，因为对于波动率的变化来说，平值期权的Vega值是一个常数。但是，价差3，即蝶式期权多头的Vega值将会下降，因为实值期权和虚值期权（5月行权价格为46的看跌期权和5月行权价格为50的看跌期权）的Vega值将随着波动率的上升而增加。价差2，即5月行权价格为50的看涨期权和5月行权价格为52的看涨期权的Vega值将会开始增加，所以如果我们增加波动率，我们不会立刻清楚之后将会发生什么。

通过对每个价差就波动率变化的情况来构建一张价差价值图，我们就可以分析每个价差的波动率特性了，如图13-5所示。当波动率发生大幅变化时，3个头寸的价值会开始出现分歧。如果波动率上升，价差的价值会开始减少，直到某一时刻，潜在收益变成亏损。当谈到波动率风险时，我们可能会问，在开始亏损之前，波动率可以上升到多高呢？也就是说，我们可能想要确定每个价差的盈亏平衡波动率或**隐含波动率**。这仅仅是对隐含波动率一般定义的延伸：在期权的存续期内，头寸在理论上既不获利也不亏损的波动率。在图13-5中，我们可以看到价差1（跨式期权空头）的盈亏平衡波动率近似为21%，价差2（比例价差）的盈亏平衡波动率近似为23%，价差3（蝶式期权多头）的盈亏平衡波动率近似为21.5%。这似乎证实了价差2，即比例价差，对于波动率的变化是风险最小的。

然而，如果波动率要高于预期，为什么它要在23%处停止呢？如果波动率会更高，可能是30%，甚至是40%，将会发生什么呢？最终，开始看上去具有最低波动率风险的价差2，即比例价差的价值将开始与价差1，即跨式期权空头，以几乎相同的速度亏损。另一方面，在更高的波动率上，价差3，即蝶式期权多头的线开始变平，这意味着它的亏损是有限的。当然，我们知道这一点，因为蝶式期权具有有限的潜在收益和有限的损失。

尽管我们可能会担心波动率将会增加到大于18%，但如果波动率小于18%，我们可能也会思考将会发生什么。出于同样的原因，波动率上升将会不利，波动率下降将会有利。在图13-5中，我们可以看到，当波动率降低到18%以下时，每个价差的收益确实会增加。然而，当波动率大幅降低到18%以下时，价差2的收益会开始下降，最终几乎下降到0。另一方面，价差3的收益会开始加速增加。

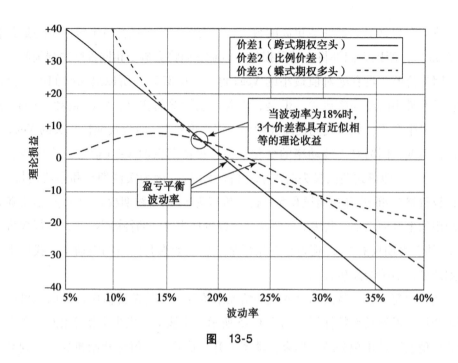

图 13-5

图 13-5 所示曲线图的形状是每个头寸的 Volga 值——Vega 值对波动率变化的敏感度。（对于 Volga 值的探讨，可参见第 9 章，特别是图 9-15。）价差 1 具有接近于 0 的 Volga 值；不论波动率发生怎样的变化，它的 Vega 值一直都是常数。价差 2 具有负 Volga 值。随着波动率的上升，价差 2 的 Vega 值会变成绝对值更大的负数；随着波动率的下降，价差 2 的 Vega 值变成绝对值更小的负数。这就意味着，随着波动率的上升或下降，波动率的变动会不利于头寸的价值，即波动率的上升会加快价值的亏损速度，波动率的下降会降低获利的速度。相反，价差 3 具有正 Volga 值。波动率的变动有利于头寸的价值，即波动率的上升会降低价值亏损的速度，波动率的下降加快获利的速度。

尽管图 13-5 可以被解释为在期权的存续期内使用一个错误的波动率的风险，但是它也可以被解释为隐含波动率发生突然变化的风险。就隐含波动率风险来说，价差 3 可能代表了最好的价值。如果隐含波动率开始上升，价差 3 最初将比价差 2 的价值亏损速度更快，但是如果隐含波动率显著地上升，价差 3 的表现将开始胜过价差 1 和价差 2，因为价差 3 的价值亏损速度将会下降。如果隐含波动率下降，价差 3 的表现将会胜过价差 1 和价差 2，因为价差 3 的价值在波动率较低时增加得更快。

风险因素为什么如此重要呢？每个交易者都知道，一个策略有时会获利，有时会亏损。没有人会一直获胜。然而从长远来看，优秀交易者的盈利将足以弥补他的亏损。例如，假设交易者选择这样一个策略，一半的时间这个策略将会获利

7 000 美元，另一半的时间这个策略将会损失 5 000 美元。从长远来看，交易者将平均获利 1 000 美元。但是假设交易者第一次执行这个策略，就损失了 5 000 美元，但是交易者只有 3 000 美元呢？就算交易者接下来运气足够好并可以获利 7 000 美元，但那时他已无法继续并出局了。每个交易者都知道，只有在长时期内，好运气和坏运气发生的次数才是均等的。因此，交易者不会构建一个因短期内的坏运气可能结束其交易生涯的策略。

大公司的财务主管知道，管理稳定的现金流比管理剧烈波动的现金流要容易得多。在某种意义上，每个交易者都是他自己的财务主管。无论多么巧妙地交易，为了避免一段时期无法回避的坏运气所带来的损失，他必须谨慎地管理自己的财务状况。

13.2 现实的考虑

如果只考虑 Gamma 值和 Vega 值的风险，那么价差 3 可能具有最佳的风险特征。不管标的价格在哪个方向上发生大幅的变动，它都具有有限的风险；如果波动率发生显著的变化，那么它的表现要优于价差 1 和价差 2。这并不意味着价差 3 的表现在所有的情况下都是更好的。如果标的市场向下或向上的变动速度放缓，价差 2 的表现将优于价差 1 和价差 3。如果波动率温和地增加，价差 2 也会具有优势。

即使我们假设价差 3，即蝶式期权多头，可以提供一个最佳的理论风险-收益的均衡，它也可能具有一些实际的缺点。蝶式期权在许多市场上交易活跃，但是价差 3 是一个三边价差，而价差 1 和价差 2 是双边价差。三边价差在市场中执行起来可能要更加困难，也可能会承担更多的买卖价差成本。如果交易者想要同时执行完整的价差策略，很可能无法以他的目标价格来实现。如果他试着一次只执行策略的一条腿，他将面临市场可能发生不利变化的风险，直到策略的另一条腿被执行。

此外，市场的流动性也是一个问题。为了获得一个与价差 1 和价差 2 同样大小的理论胜算，我们有必要将蝶式期权的规模扩大到 100 × 200 × 100。如果 5 月行权价格为 46、48 和 50 的看跌期权的流动性不足以支持这样大的规模，以这样的规模来执行蝶式期权可能就无法实现交易者的获利目标。换句话说，以有利的价格来执行价差的一部分是可能的，但是随着规模的扩大，价格可能会变得令交易者不太满意。此外，对于散户来说，交易规模的增加可能会使其承担更大的交易成本。

如果对交易因素的考虑使得价差 3 变得不实用了，交易者可能就不得不在价差 1（跨式期权空头）和价差 2（比例价差）中进行选择，这样价差 2 就具有明显的优势，因为价差 2 在标的价格的变化（Gamma 风险）和波动率（Vega 风险）上允许更大的误差幅度。在这两个价差中，交易者会强烈地倾向于选择价差 2。

在现实世界中，对于价差的选择并非总是明显的。对于一类风险，一个价差可能是较好的，而对于另一类风险，不同的价差可能是较好的。价差是否可以被容易地执行，以及执行的成本也将在价差的选择中起到作用。

让我们来考虑 3 个新的价差——价差 4（看跌期权日历价差空头）、价差 5（对角看涨期权价差）和价差 6（看跌期权对角比例价差）。为了重点关注风险，我们调整每个价差的规模，使这 3 个价差都具有相似的理论胜算。图 13-6 展示了每个价差的总理论胜算和风险敏感度（所需数值都源自图 13-1 中的理论估值表）。

	理论胜算	Delta	Gamma	Theta	Vega
价差 4：85 份 5 月 48 看跌期权多头	85×-0.19	$+85 \times -44$	$+85 \times 11.6$	$+85 \times -0.0121$	$+85 \times 0.075$
85 份 7 月 48 看跌期权空头	$\dfrac{85 \times +0.26}{+5.95}$	$\dfrac{-85 \times -45}{+85}$	$\dfrac{-85 \times 8.2}{+289.0}$	$\dfrac{-85 \times -0.0085}{-0.3060}$	$\dfrac{-85 \times 0.106}{-2.635}$
价差 5：100 份 5 月 52 看涨期权多头	100×-0.19	$+100 \times 16$	$+100 \times 7.2$	$+100 \times -0.0075$	$+100 \times 0.047$
100 份 7 月 54 看涨期权空头	$\dfrac{100 \times +0.25}{+6.00}$	$\dfrac{-100 \times 15}{+100}$	$\dfrac{-100 \times 4.8}{+240.0}$	$\dfrac{-100 \times -0.0050}{-0.2500}$	$\dfrac{-100 \times 0.062}{-1.500}$
价差 6：30 份 5 月 48 看跌期权多头	30×-0.19	$+30 \times -44$	$+30 \times 11.6$	$+30 \times -0.0121$	$+30 \times 0.075$
80 份 7 月 44 看跌期权空头	$\dfrac{80 \times +0.14}{+5.50}$	$\dfrac{-80 \times +16}{-40}$	$\dfrac{-80 \times 5.0}{-52.0}$	$\dfrac{-80 \times 0.0052}{+0.0530}$	$\dfrac{-80 \times 0.064}{-2.870}$

图 13-6

因为每个价差都具有负的 Vega 值，所以我们会想要再次考虑波动率大于我们所估计的 18% 的风险。图 13-7 展示了每个价差对波动率增加的敏感度。我们可以看到，价差 4 的隐含波动率近似为 20.5%，价差 5 的隐含波动率近似为 22%，价差 6 的隐含波动率近似为 20%。如果波动率上升是我们的核心关注点，那么价差 5，即对角看涨期权价差，似乎蕴含了最低的风险。尽管在波动率上升的市场中，价差 5 的损失最少，但是在波动率下降时，它的获利也是较少的。除了波动率下降对价差 5 价值的正向影响下降得非常快之外，价差 5 在风险与收益的权衡上似乎是合理的。这应归因于头寸的负 Volga 值。随着波动率的下降，价差 5 的 Vega 值先变为绝对值较小的负值，直到波动率下降到近似为 10% 时，Vega 值变为 0。价差 6，即看跌期权对角比例价差具有一个绝对值较大的负的 Vega 值；当波动率降低到 11% 以下时，它的 Vega 值变为正值。相较于价差 5 和价差 6 来说，价差4[⊖]，即日历价差空头的Volga值为0。不论波动率是上升还是下降，它的Vega值始终保持不变。它在波动率上升时亏损的程度与它在波动率下降时获利的程度是相等的。

每个价差的Gamma风险是怎样的呢？我们这里有种情形——不是所有价差的Gamma值都具有相同的符号。价差6，即对角比例价差的Gamma值为负，所以当标的价格发生大幅变化时，它应该会亏损。而价差4和价差5的Gamma值为正，所以当标的价格发生大幅变化时，它们应当会获利。图13-8展示了随着标的价格的变化，头寸的理论损益图。

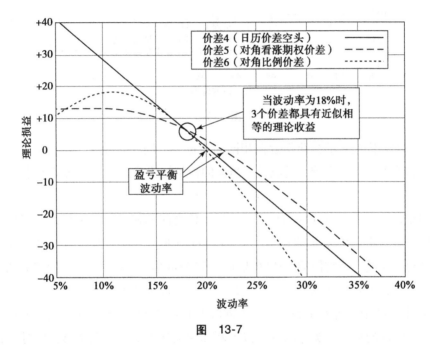

图 13-7

从图13-8中我们可以看到，尽管当标的合约的价格发生变动时，价差6，即对角比例价差会亏损，但是价差6的受损程度取决于标的价格的变化方向。当标的价格向上变动时，价差6的潜在收益将会下降。但是，即使标的价格向上剧烈变动，价差6将总是具有一些收益。然而，当标的价格向下变动时，价差6的潜在收益会迅速消失，如果标的价格向下变动足够大，那么价差6将面临无限的潜在损失。

价差4，即看跌期权日历价差空头和价差5，即对角看涨期权价差的Gamma值都为正，在标的价格发生大幅变动时，它们都将获利。不论标的价格是向上还

⊖ 原文为"相较于价差4和价差6来说，价差5……"打字错误。——译者注

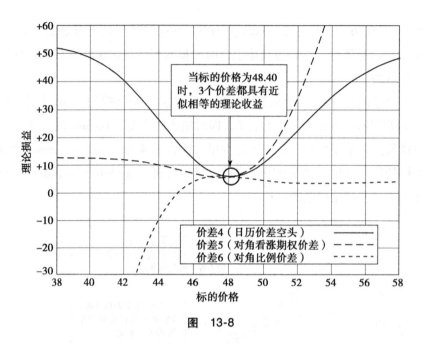

图 13-8

是向下变动，价差 4 都会获得近似相同的收益。不同于价差 4，当标的价格向上变动时，价差 5 会获得较大的收益，当标的价格向下变动时，价差 5 会获得较小的收益。⊖

当然，这里也存在着 Gamma 值与 Theta 值之间的权衡。如果标的价格发生变动会增加价差 4 和价差 5 的价值（正的 Gamma 值），那么当标的价格保持不变时，时间的流逝会使它们的价值降低（负的 Theta 值）。观察在每个价差的理论胜算消失之前，时间能够流逝多久是很有意义的，如图 13-9 所示。

在图 13-9 中，价差 4 展示了一个近似于平值的日历价差空头的典型的衰减图形。随着时间的流逝，头寸的价值以不断加快的速率下降。价差 5，即对角看涨期权价差的价值也随着时间的流逝在下降。但是，在 5 周之后，价差 5 的损失开始逐渐减少，并开始获利，所以当标的市场不发生任何变动时，价差 5 的头寸最终将获得一点收益。随着时间的流逝，最初价差 6，即对角比例价差的价值会稍有增加。但是，最终头寸的价值也是衰减的。7 周之后，价差 6 的潜在收益会完全消失。

现在我们知道了选择价差从来都是不易的，这是有目共睹的。所有的交易决定

⊖ 从图 13-8 中来看，当标的价格发生向上的变动时，价差 5 似乎具有无限的潜在收益。但实际上，由于 5 月份行权价格为 52 的看涨期权的价值与 5 月份行权价格为 54 的看涨期权的价值之间的差距不可能大于 2.00 的事实存在，所以价差 5 的潜在收益是有限的。当这两个期权都为深度实值期权时，这将会发生。

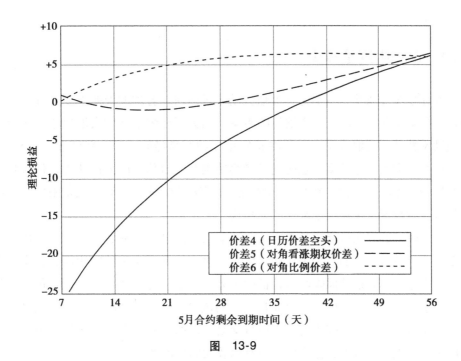

图　13-9

都是风险与收益权衡的问题。虽然期权交易者必须应对许多风险，但是通常他不得不问他自己哪类风险代表着最大的威胁。有时，为了避免一类风险，他将被迫接受另一类风险。即使交易者愿意接受来自某一方面的一些风险，但是他可能只愿意接受来自这一方面的有限风险。然后，他可能不得不接受来自其他方面增长的风险。

当给定几个不同的交易策略之间的选择时，交易者可以使用计算机来确定在不同市场情形下策略的风险特征。不幸的是，我们并非总是能对交易策略的选择进行细致的分析。因为交易者可能无法得到即时必要的计算机支持，或者市场条件变化迅速，如果不立即做出决定，获利机会可能很快从身边溜走。因此，在选择一个策略时，交易者通常不得不依靠他的直觉。尽管经验是不可替代的，但大多数交易者都能快速学到一条重要的规律：**跨式期权和宽跨式期权是所有价差中风险最大的策略**。无论交易者是买入或是卖出这些价差，这个规律都是正确的。交易新手有时想当然地认为，买入跨式期权和宽跨式期权不是特别冒险的事，因为风险是有限的。但是，当交易者买入1份跨式期权或宽跨式期权，并且市场不动时，交易者每天都会遭受损失。当交易者卖出1份跨式期权，且市场发生剧烈变动时，交易者会立即遭受到同样数额的损失。在这两种情况下，交易者会感到同样的痛苦。当然，当交易者对波动率判断正确时，他能从跨式期权和宽跨式期权中获得巨大收益。但是，经验丰富的交易者都清楚，这样的交易策略容许犯错误的余地很小，因此他们倾向于选择风险特征更理想的策略。

13.3 误差限度是多少

在评估头寸风险，特别是在评估波动率风险时，合理的误差限度（margin for error）是多少呢？这没有一个清晰的答案，因为误差限度通常会取决于特定市场的波动率特征，还取决于交易者在特定市场的交易经验。在一些情况下，5%可能是一个极大的误差限度，这时交易者会感到非常自信，因为他认为任何策略都会在这个误差限度之内。在另外的情况下，5%可能根本算不上误差限度，这时交易者会发现这个策略会带来不断的担忧。

一个较好的方法可能是，给定了已知的误差限度，交易者应关注以正确的规模来构建价差策略，而不是关注误差限度是多少。撇开交易的实用因素，交易者应当一直选择具有最佳风险收益特征的价差。但是，有时甚至是最佳的价差也只会有很小的误差限度，因此它会面临重大的风险。在这种情况下，如果交易者想要进行交易，他应该以较小的规模进行交易。但如果交易者能够执行一个具有非常巨大误差限度的价差，他应该会愿意以较大的规模进行交易。

假设一个交易者估计某一市场的最佳波动率为25%。如果隐含波动率低于25%，那么交易者会寻找具有正Vega值的头寸。如果交易者能找到的最佳的正Vega值策略是一个2×1的比例价差策略，并且它的隐含波动率为23%（只容许一个2%的误差限度），那么几乎可以肯定他会以小规模来执行他的策略，他可能只会以10倍的规模来执行这个价差（20×10）。然而，如果这个价差的隐含波动率为18%（容许一个7%的误差限度），并且交易者认为如此低的波动率是极为罕见的，那么他可能会自信地以较大的规模来执行这个价差，可能是100×50。⊖ 交易者头寸的规模应取决于头寸的风险，而头寸的风险取决于策略的误差限度是多少。

13.4 股利与利息

除了所有交易者都要面临的Delta、Gamma、Theta和Vega风险之外，股票期权交易者也可能不得不考虑利率和股利变化的风险。⊖ 当所有期权的到期日

⊖ 当然，规模大小是相对的。对一个资本雄厚、经验丰富的交易者来说，甚至100×50的规模可能都是一个小的交易规模。

⊖ 利率的变化也可能对期货期权产生影响，这取决于期货期权的结算程序。但是正如我们在第7章中讨论过的，以股票型结算方式结算的期货期权，利率变化对其影响通常是很小的。因为利率的变化可能会改变标的期货合约的价格，所以利率的变化也可能会对期货期权产生影响。但是，这种影响是被作为标的价格变化而不是利率变化带来的风险来评估的。

都相同时，由利率和股利变化带来的风险相对较小。因为利率或股利的变化会使远期价格上升或下降，所以跨式期权、宽跨式期权、比例价差和蝶式期权可能会发生轻微的变化。但是，所有的期权在进行估值时都会使用一个相同的远期价格。然而，对于日历价差来说，因为它在进行估值时使用两个不同的远期价格，所以这些输入值的变化会使长期期权和短期期权产生不同的反应。

考虑图13-10所示的股票期权的估值表格。因为隐含波动率低于预测值29%，所以要找具有正Vega值的价差是有意义的。假设我们关注图13-11所示的4个价差策略，价差7和价差8是日历价差多头，而价差9和价差10是对角价差。那么每个价差的相对优势是什么呢？

因为这4个价差都属于日历价差多头，所以它们都具有与这类价差相关的典型的负Gamma值、正Vega值的特征。图13-12和图13-13展示了4个价差所具有的这一特征。当标的合约的价格发生变动或当波动率下降时，价差的价值会降低。波动率上升会增加价差的价值。（价差7和价差8具有基本相同的波动率特征，在图13-13中几乎无法相互区分它们。）最初，对价差的选择取决于标的合约价格发生变动的风险以及隐含波动率发生变动的风险。

因为我们正在讨论股票期权，所以我们还应当考虑两个额外的风险——利率变化的风险和股利变化的风险。我们假设在两个到期日之间至少支付一次股利。从第7章中我们了解到，当利率和股利发生变化时，看涨股票期权与看跌股票期权恰好有相反的反应。当利率上升或股利下降时，看涨期权的价值会上升，看跌期权的价值会下降；当利率下降或股利上升时，看涨期权的价值会下降，看跌期权的价值会上升。此外，当两个输入值中任意一个发生变化时，对长期期权的影响要大于对短期期权的影响。我们可以通过确定每个价差的总Rho值来度量利率变化的风险。虽然没有特定的希腊字母来表示股利的敏感度，但是我们仍然能够使用计算机来确定与每个价差相关的股利风险。图13-14展示了单个期权对利率和股利变化的敏感度及价差对利率和股利变化的总敏感度。

看涨期权价差（价差7和价差9）具有正Rho值和负的股利敏感度。看跌期权价差（价差8和价差10）具有负Rho值和正的股利敏感度。图13-15和图13-16展示了这些输入值的变化对每个价差价值的影响。

同波动率风险（Gamma和Vega）相比，与波动率价差相关的利率风险和股利风险通常较小。尽管如此，交易者应该意识到这些风险，特别是当所持头寸巨大，利率或股利的变化会引发重大风险的时候。

股价=99.25　　在4周和随后的13周时间里期望股利=0.50

5月合约剩余到期时间=8周　　波动率=29%　　利率=6%

看涨期权

行权价格	价格	理论价值	Delta	Gamma	Theta	Vega	隐含波动率
85	14.90	10.91	93	1.2	-0.026 4	0.053	28.82%
90	10.51	10.65	83	2.3	-0.037 1	0.098	27.53%
95	6.74	7.06	68	3.2	-0.045 7	0.138	26.64%
100	3.85	4.32	51	3.6	-0.047 7	0.154	25.98%
105	1.95	2.42	34	3.3	-0.042 1	0.142	25.62%
110	0.88	1.25	21	2.6	-0.031 9	0.111	25.47%

看跌期权

行权价格	价格	理论价值	Delta	Gamma	Theta	Vega	隐含波动率
85		0.38	-7	1.2	-0.012 5	0.053	28.84%
90		1.07	-17	2.3	-0.022 4	0.098	27.61%
95		2.44	-32	3.2	-0.031 6	0.138	26.59%
100		4.65	-49	3.6	-0.031 4	0.154	25.97%
105		7.71	-66	3.3	-0.025 0	0.142	25.58%
110		11.49	-79	2.6	-0.014 0	0.111	25.47%

6月合约剩余到期时间=21周　　波动率=29%　　利率=6%

看涨期权

行权价格	价格	理论价值	Delta	Gamma	Theta	Vega	隐含波动率
85	16.70	16.90	84	1.3	-0.025 6	0.149	27.64%
90	12.85	13.25	76	1.7	-0.029 3	0.195	26.92%
95	9.52	10.11	66	2.0	-0.031 6	0.229	26.41%
100	6.78	7.51	55	2.2	-0.032 0	0.247	26.04%
105	4.64	5.44	45	2.2	-0.030 6	0.246	25.76%
110	3.06	3.84	35	2.0	-0.027 8	0.231	25.58%

看跌期权

行权价格	价格	理论价值	Delta	Gamma	Theta	Vega	隐含波动率
85	1.40	1.61	-16	1.3	-0.012 0	0.149	27.58%
90	2.44	2.84	-24	1.7	-0.014 9	0.195	26.93%
95	3.99	4.58	-34	2.0	-0.016 4	0.229	26.41%
100	6.13	6.86	-45	2.2	-0.008 5	0.247	26.04%
105	8.87	9.67	-55	2.2	-0.013 8	0.246	25.76%
110	12.18	12.95	-65	2.0	-0.010 1	0.231	25.61%

图 13-10

	理论胜算	Delta	Gamma	Theta	Vega
价差7：20份6月100看涨期权多头	20×+0.73	+20×+55	+20×2.2	+20×-0.0320	+20×0.247
20份3月100看涨期权空头	$\frac{20×-0.47}{+5.40}$	$\frac{-20×+51}{+80}$	$\frac{-20×3.6}{-28.0}$	$\frac{-20×-0.0477}{+0.3140}$	$\frac{-20×0.154}{+1.860}$
价差8：20份6月95看跌期权多头	20×+0.59	+20×-34	+20×2.0	+20×-0.0164	+20×0.229
20份3月95看跌期权空头	$\frac{20×-0.33}{+5.20}$	$\frac{-20×-32}{-40}$	$\frac{-20×3.2}{-20.0}$	$\frac{-20×-0.0316}{+0.3030}$	$\frac{-20×0.138}{+1.820}$
价差9：17份6月110看涨期权多头	17×+0.78	+17×+35	+17×2.0	+17×-0.0278	+17×0.231
17份3月110看涨期权空头	$\frac{17×-0.47}{+5.27}$	$\frac{-17×+34}{+17}$	$\frac{-17×3.3}{-22.1}$	$\frac{-17×-0.0421}{+0.2431}$	$\frac{-17×0.142}{+1.513}$
价差10：65份6月85看跌期权多头	65×+0.21	+65×-16	+65×1.3	+65×-0.0120	+65×0.149
65份6月90看跌期权空头	$\frac{65×-0.13}{+5.20}$	$\frac{-65×-17}{+65}$	$\frac{-65×2.3}{-65.0}$	$\frac{-65×-0.0224}{+0.6760}$	$\frac{-65×0.098}{+3.315}$

图 13-11

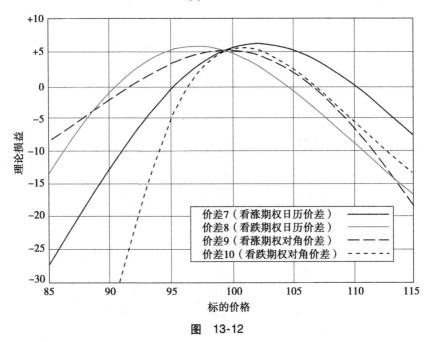

图 13-12

13.5 什么是好的价差

和普通人一样，期权交易者们乐意谈论他们过往的成功，不愿谈论他们糟糕的经历。如果一个人想要偷听交易者们之间的谈话，他听到的可能是没人曾经做过失败的交易。不幸只会发生在其他交易者的身上。但事实是每个成功的期权交易者都经历过灾难。成功的交易者与失败的交易者之间的区别就是他们具有从灾难中生存下来的能力。

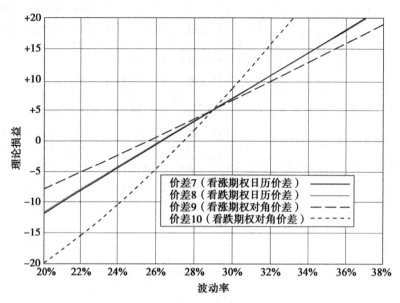

图 13-13

3月期权				
行权价格	看涨期权 Rho[①]	看跌期权 Rho[①]	看涨期权 股利敏感度[②]	看跌期权 股利敏感度[②]
85	0.118	-0.012	-0.924	0.072
90	0.109	-0.027	-0.826	0.169
95	0.093	-0.052	-0.681	0.315
100	0.071	-0.081	-0.509	0.487
105	0.048	-0.111	-0.342	0.653
110	0.030	-0.138	-0.208	0.788
6月期权				
行权价格	看涨期权 Rho[①]	看跌期权 Rho[①]	看涨期权 股利敏感度[②]	看跌期权 股利敏感度[②]
85	0.266	-0.068	-1.668	0.308
90	0.247	-0.107	-1.498	0.478
95	0.220	-0.154	-1.300	0.676
100	0.188	-0.205	-1.089	0.887
105	0.154	-0.258	-0.880	1.096
110	0.122	-0.310	-0.688	1.288

① 利率敏感度是当利率每发生1个百分点（1.00%）的变化，期权价值变化的点数。
② 股利敏感度是当股利每发生1点的变化，期权价值变化的点数。

图 13-14　利率和股利敏感度

		总 Rho	总股利敏感度
价差 7：	20 份 6 月 100 看涨期权多头	+20 × +0.188	+20 × −1.089
	20 份 3 月 100 看涨期权空头	−20 × +0.071	−20 × −0.509
		+2.340	−11.600
价差 8：	20 份 6 月 95 看跌期权多头	+20 × −0.154	+20 × +0.676
	20 份 3 月 95 看跌期权空头	−20 × −0.052	−20 × +0.315
		−2.040	+7.220
价差 9：	17 份 6 月 110 看涨期权多头	+17 × +0.122	+17 × −0.688
	17 份 3 月 105 看涨期权空头	−17 × +0.048	−17 × −0.342
		+1.258	−5.882
价差 10：	65 份 6 月 85 看跌期权多头	+65 × −0.068	+65 × +0.308
	65 份 3 月 90 看跌期权空头	−65 × −0.027	−65 × +0.169
		−2.665	+9.035

图 13-14 （续）

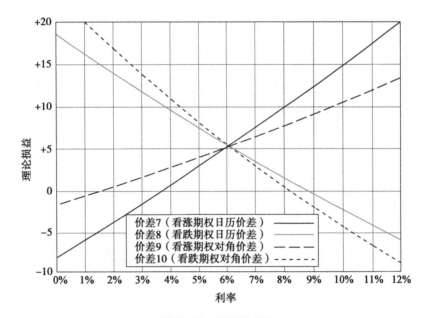

图 13-15 利率敏感度

假设交易者构建了一个几乎在每个风险类别上都具有较高的理论胜算和较大的误差限度的价差策略，如果交易者最后仍然会遭受损失，这就意味着交易者做出了一个很差的选择吗？也许一个类似的价差，但具有更低的误差限度，可能会导致更大的损失，而这个损失对于交易者来说可能是致命的。

我们无法考虑到每一种可能的风险。一个价差能通过每一种风险检验时，它可能只具有极小的理论胜算，因而不值得投资。如果交易者为自己设定了合理的误差限度，即使遭受损失，他也不会破产。好的价差不必是当市场走势很好时，

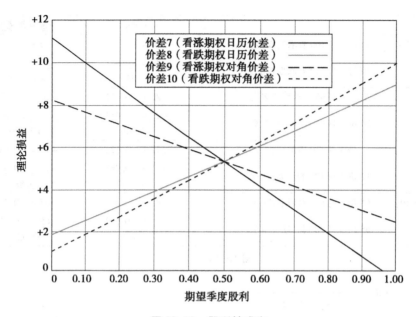

图 13-16　股利敏感度

能够获得最大收益的那个；但它可能是当市场走势不好时，能够遭受最小损失的那个。成功交易的重要性不言而喻，而同样重要的是亏损的交易别把成功交易的盈利都回吐了。

13.5.1　效率

交易者有时会使用一种方法来比较潜在策略的相对风险，这个方法关注策略的风险－收益比率，或效率（efficiency）。假设交易者正在考虑两个可能的价差策略，这两个策略都具有正 Gamma 值和负 Theta 值。Gamma 值是标的市场发生变动时的潜在收益，它代表收益；Theta 值是当标的市场没发生足够大的变动时，随着时间的推移所遭受的损失，它代表风险。相对于风险（Theta 值）来说，交易者希望可以得到尽可能大的收益（Gamma 值）。我们可以以一个比率来表示这个关系

$$\text{Gamma 值/Theta 值}$$

当这个比率的绝对值越大时，头寸的效率就会越高。

同样地，具有负 Gamma 值和正 Theta 值的交易者希望，相对于收益（Theta 值）来说，风险（Gamma 值）尽可能小。因此，他希望 Gamma 值/Theta 值这个比率的绝对值要尽可能小。

举例来说，我们计算图 13-3 中所示的价差 1 到价差 3 的效率。它们的效率为

	Gamma/Theta	效率
价差 1	−406.0/0.423 5	959
价差 2	−165.5/0.136 5	1 212
价差 3	−370.0/0.400 0	925

因为每个价差都具有负 Gamma 值和正 Theta 值，所以我们希望效率，即 Gamma 值/Theta 值的绝对值要尽可能小一些。我们可以看出，价差 3 是最佳的选择。这与我们之前对每个价差的分析是一致的。

假设所有的策略都具有近似相同的理论胜算，那么效率可以成为一个快速比较策略的合理方法，这里的策略中所包含的期权具有相同的到期日。在这种情形下，Gamma 和 Theta 是头寸的主要风险。如果一个策略中的期权具有不同的到期日，效率就只是其中的一个考虑因素，而隐含波动率的变化对头寸的敏感度（Vega 值）也可能成为一个重要的风险，正如我们在其他价差例子中所示的那样。在这种情形下，有必要进行更加详细的风险分析。

13.5.2 调整

在第 11 章中，我们考虑了这样的一个问题，交易者应当在何时调整头寸使其保持 Delta 中性。除了决定应当在何时调整之外，交易者还必须要考虑如何调整才是最好的，因为有许多不同的调整总 Delta 头寸的方式。当交易者对 Delta 头寸进行调整时，他所面临的方向性风险可能会被降低，但是如果同时增加了 Gamma、Theta 或 Vega 风险，他可能就在无意中将一种风险转换成了另外一种风险。

使用标的合约来进行 Delta 调整本质上是一种风险中性的调整方式。因为标的合约的 Gamma、Theta 和 Vega 值都为 0，所以使用标的合约进行调整不会改变这些风险。如果交易者想要调整其 Delta 头寸，但是想要使头寸的其他特征不受影响，他可以通过买入或卖出适当数量的标的合约来完成。

使用期权进行调整也会降低 Delta 风险，但是与此同时，它会改变其他的风险特征。因为每个期权不仅具有 Delta 值，还有 Gamma、Theta 和 Vega 值，所以当头寸中加入或去掉期权时，必然会改变头寸的总 Delta、Gamma、Theta 和 Vega 值。交易新手有时会忽略此事。

考虑一个股票期权市场，标的合约以 99.25 的价格进行交易，所有期权的价格似乎是被高估了。假设交易者决定卖出行权价格为 95/105 的宽跨式期权（卖出行权价格为 95 的看跌期权，卖出行权价格为 105 的看涨期权），看跌期权和看涨期权的 Delta 值分别为 −32 和 34。如果交易者卖出 20 份宽跨式期权，那么最初

头寸的 Delta 值为负,因为

$$(-20) \times (+34) + (-20) \times (-32) = -40$$

假设一周之后,标的合约的价格降至 97.00,行权价格为 95 的看跌期权和行权价格为 105 的看涨期权的新 Delta 值分别为 -39 和 +25。假设没有进行调整,那么现在交易者所持头寸的 Delta 值为

$$(-20) \times (-39) + (-20) \times (+25) = +280$$

如果交易者想要继续持有此头寸,但是他也想要保持近似 Delta 中性,他有 3 种基本选择:

(1) 卖出标的合约;
(2) 卖出看涨期权;
(3) 买入看跌期权。

哪种选择最好呢?

在其他的因素都相同时,无论交易者在何时进行调整,他都应当以提高头寸的风险收益特征为目的。如果交易者决定通过购买看跌期权来调整他的 Delta 头寸,那么他也会降低他所面临的其他风险,因为购买看跌期权相关的 Gamma、Theta 和 Vega 值的符号与目前所持宽跨式期权空头头寸的 Gamma、Theta 和 Vega 值的符号相反。

可惜的是,所有其他的考虑因素不可能都相同。隐含波动率会在很长一段时期内维持在一定的水平,所以当交易者构建头寸时,很可能所有期权的价格都被高估了,当他回到市场进行头寸调整的时候,期权的价格仍有可能会被高估。尽管为了使头寸变成 Delta 中性而买入看跌期权也会降低他所面临的其他风险,但这样的调整会造成理论胜算下降的后果。另一方面,如果所有期权的价格都被高估了,且交易者决定卖出另外的看涨期权来降低 Delta 值,卖出高估的看涨期权会增加理论胜算。如果交易者认为增加理论胜算是首要的,那么他可能会决定卖出另外的 11 份行权价格为 105 的看涨期权,从而使他的头寸近似为 Delta 中性,因为

$$(-20) \times (-39) + (-31) \times (+25) = -5$$

现在假设又过去了一周的时间,市场价格反弹至 101.00,行权价格为 95 的看跌期权和行权价格为 105 的看涨期权的新 Delta 值分别为 -24 和 +37。现在头寸的 Delta 值为

$$(-20) \times (-24) + (-31) \times (+37) = -667$$

如果交易者想再次进行调整,他有 3 个基本选择——买入标的合约、买入看涨期权或卖出看跌期权。假设所有期权的价格仍被高估了,且交易者想要继续增

加他的理论胜算,那么他可能会决定卖出另外的 28 份行权价格为 95 的看跌期权。头寸新的总 Delta 值为

$$(-48) \times (-24) + (-31) \times (+37) = +5$$

对于这些调整所造成的结果,我们应该是清楚的。如果所有的期权都保持被高估的状态,且交易者仅仅关注增加理论胜算,交易者会继续通过卖出被高估的期权来进行必要的调整。这样进行调整的方式可能确实会使交易者获得最大的收益,但是宽跨式期权的规模增大了很多,即从最初的 20 倍的规模增大到 48×31 的规模。如果现在市场在一个方向上发生剧烈的变动,将会极大地放大不利的后果。对于总是过度关注增加理论胜算的交易新手而言,他们经常会发现自己恰恰持有这样的一个头寸。如果市场发生了非常迅速的变动,交易者可能就挺不过去了。因此,交易新手通常都会得到建议避免进行增加头寸规模的调整。

交易者都无法忽视调整对头寸总风险的影响。如果他具有正 Gamma 值或 Vega 值的头寸,买入任何额外的期权都会增加他的 Gamma 或 Vega 风险;如果他具有负 Gamma 或 Vega 值的头寸,卖出任何额外的期权也会增加他的 Gamma 或 Vega 风险。交易者不能无限卖出被高估的期权或买入被低估的期权。在某一时刻,价差的规模将会变得非常大,任何额外的理论胜算都必须让位于风险因素的考虑。当这种情况发生时,只有两种选择:

(1) 降低头寸的规模;

(2) 对标的市场进行调整。

一个训练有素的交易者知道,有时出于对风险因素的考虑,最好的选择是降低头寸的规模,即使这样做意味着要放弃一些理论胜算。当公开喊价市场交易还流行的时候,交易者不得不亲自回到市场,将最初卖出的期权以较低的价格买回来,或将最初买入的期权以较高的价格卖出去,这可能会特别伤害交易者的自尊心。然而,如果交易者不愿意偶尔放下自尊,那么他的交易生涯很可能会是短暂的。

如果交易者发现,在期权市场上对 Delta 值的任何降低风险的调整也会降低其理论胜算,而他又不愿意放弃任何理论胜算,那么他唯一的办法就是对标的市场进行调整。标的合约的 Gamma、Theta 或 Vega 值都为 0,所以头寸所面临的风险将会基本保持不变。

13.5.3 风格的问题

因为大多数期权定价模型都假定标的合约的变动是随机的,所以当期权交易者仅仅基于模型所得的理论价值进行交易时,他不应该事先对市场变化方向有任

何观点。然而，实际上，许多期权交易者都是在标的市场上持有头寸而开始他们的交易生涯的，而在标的市场中，变化方向是首要考虑的因素。因此，许多交易者形成了基于对标的市场变动方向的推测来进行交易的风格。例如，作为趋势跟随者的交易者可能会坚持"趋势是你的朋友"的哲学。或者他可能是一个逆向投资者，因而他倾向于"买入弱势资产，卖出强势资产"。

交易者经常尝试把自己的交易风格带入到他们的期权策略中。一种做法是提前考虑如果标的市场价格开始变动，对于某种交易策略需要做出怎样的调整。交易者知道卖出跨式期权的价差具有负 Gamma 值。当市场上涨时，他的 Delta 头寸将会变为负值，而当市场下跌时，他的 Delta 头寸将会变为正值。如果这个交易者喜欢逆势进行交易，他会尽量避免调整，因为他的头寸会自动地逆势而行。无论市场向哪个方向变动，所持头寸总是期望与市场的变动背道而驰。另一方面，卖出同样的跨式期权，但是倾向于追随趋势的交易者会抓住每一个机会进行调整。为了保持 Delta 中性，随着市场价格的上涨，他必须买入标的合约，而随着市场价格的下跌，他必须卖出标的合约。

与此相反，买入跨式期权的交易者具有正 Gamma 头寸。随着市场价格的上涨，他的 Delta 头寸将会变为正值，而随着市场价格的下跌，他的 Delta 头寸将会变为负值。如果这个交易者喜欢跟随趋势进行交易，那么当他相信市场会继续向同一个方向变动时，他会尽可能不做调整。然而，如果他倾向于逆势来进行交易，他就会尽可能经常地进行调整。如果市场价格的实际变动与原方向相反，每一次的调整都代表一个获利的机会。

持有负 Gamma 值头寸的交易者总是顺势进行调整。持有正 Gamma 值头寸的交易者总是逆势进行调整。如果一个交易者倾向于顺势或逆势交易，他应当选择与他的偏好相符的一个策略和一个调整过程。倾向于顺势交易的交易者可以选择一个具有正 Gamma 值的策略，然后进行不频繁的调整，或者选择一个具有负 Gamma 值的策略，然后进行更加频繁的调整。倾向于逆势交易的交易者可以选择一个具有负 Gamma 值的策略，然后进行不频繁的调整，或者选择一个具有正 Gamma 值的策略，然后进行更加频繁的调整。纯理论交易者不必为此感到烦恼，因为对他来说，趋势这种东西是不存在的。而对于大多数交易者来说，像顺势或逆势交易这样的老习惯是难以摆脱的。

13.5.4 流动性

每个期权头寸持仓都会面临着风险。即使风险仅限于期权的当前价值，只要持有头寸，交易者就面临失去现有价值的风险。交易者想消除风险，势必就要采取一些措施，实际上就是平仓。有时，平仓可以通过提前执行期权或利用相反头寸构建一个对冲组合来实现。但是，为了平仓，交易者必须进入市场，买入所持的空头头寸或卖出所持的多头头寸。

当交易者决定是否进行一笔交易时，反向交易的容易度是一个重要的考虑因素。具有流动性的期权市场有许多的买方与卖方，缺乏流动性的市场仅有少数的买方与卖方，具有流动性的期权市场的风险要小于缺乏流动性的市场。同样，由流动性较好的期权构建的价差组合的风险，要显著小于由 1 份或多份缺乏流动性的期权构成的价差风险。如果交易者正考虑构建 1 个价差，而这个价差是由缺乏流动性的期权构成的，他应该问自己是否愿意持有头寸至到期。如果市场流动性不足，交易者只能以近于合理的价格平仓。如果价差是由长期期权构成的，交易者会发现自己就如嫁给这个头寸一样，无论头寸是更好还是更糟，是疾病还是健康，好像始终不变。如果交易者不想如此长时间地投入资金，就应该避免持有这样的头寸。由于长期投资比短期投资风险更大，决定持有长期期权头寸的交易者应该期待具有更大理论胜算的潜在收益。㊀

交易新手经常被建议在具有流动性的市场中开始交易。如果一个交易新手在流动性市场中犯了一个错误，导致交易损失，他可以将损失最小化，因为他能够相对容易地从这个交易退出。另一方面，一个有经验的交易者，特别是做市商，经常会偏好在流动性较差的市场中进行交易。在这样的市场中，虽然交易并不活跃，但是买卖价差较宽，每次交易的理论胜算也较大。当然，任何错误带来的问题都需要交易者长时间地忍受。然而，有经验的交易者会通常会将其犯错误的可能性降到最低。

在任何市场中，最具有流动性的期权通常是短期期权，它们要么是平值期权要么是浅虚值期权。这样的期权总是具有最窄的买卖价差，很多交易者通常愿意买入或者卖出这些合约。当交易者转而交易长期期权或者深度实值期权时，他会发现买卖价差开始变宽，越来越少的交易者对这些合约感兴趣。相比于短期平值期权的交易持续活跃，长期深度实值期权上可能几个星期都没有一笔交易。

除了考虑期权市场的流动性外，交易者也应当对标的市场的流动性进行一些思考。在缺乏流动性的期权市场中，交易者可能会发现，他难以用期权来对头寸进行调整。然而，如果标的市场具有流动性，他至少能够相对容易地在标的市场

㊀ 长期利率高于短期利率也是因为同样的原因。如果一个人愿意将他的资本较长时间地暴露在风险之中，那么他的潜在获利也会比较大。

上进行调整。最危险的市场是期权和标的合约交易都不活跃的市场。只有最有经验和最聪明的交易者才应进入这样的市场。

图 13-17 展示了在芝加哥期权交易所上市的标准普尔（S&P）500 指数期权在 2010 年 3 月 1 日收盘时的买卖价差以及交易量。⊖ 总之，相较于近月期权或平值期权或虚值期权而言，远月期权或深度实值期权的交易量较小，并且买卖价差更宽。

	SPX 指数期权：2010 年 3 月 1 日的买卖价差和交易量				SPX 指数 = 1 115.71			
	3 月期权				12 月期权			
行权价格	看涨期权买卖报价	看涨期权交易量	看跌期权买卖报价	看跌期权交易量	看涨期权买卖报价	看涨期权交易量	看跌期权买卖报价	看跌期权交易量
600	513.40~515.70	0	-0.05	0	508.50~510.90	0	0.05~0.55	0
650	463.40~465.70	0	-0.05	0	458.80~461.10	0	0.25~0.80	0
700	413.40~415.80	0	-0.05	0	409.20~411.50	0	0.90~1.15	0
750	363.40~365.80	0	-0.05	30	359.80~362.20	0	1.40~1.85	0
800	313.50~315.80	0	0.05~0.10	1 325	310.80~313.10	0	2.25~2.65	323
850	263.50~265.90	0	0.10~0.15	5 048	262.40~264.70	0	3.60~4.40	52
900	213.70~216.00	0	0.25~0.35	2 839	214.90~217.20	0	6.30~6.90	525
950	164.00~166.30	0	0.55~0.60	7 153	168.80~171.10	0	10.00~11.10	6
1 000	114.60~116.90	0	1.00~1.30	24 867	125.00~127.20	24	15.90~16.70	2 113
1 050	66.50~66.80	4	2.90~3.00	19 178	84.90~87.20	15	26.30~27.40	742
1 100	24.00~25.50	21	10.50~11.50	39 557	50.60~52.90	3 881	40.90~43.00	7 722
1 150	2.80~3.00	12 350	37.00~39.30	719	24.70~26.90	173	64.80~67.10	0
1 200	0.20~0.30	22 595	85.00~86.70	0	9.70~10.50	3 260	99.00~101.30	25
1 250	0.05~0.10	9 258	134.20~136.50	0	2.75~3.00	0	141.80~144.10	25
1 300	-0.05	8 895	184.20~186.50	0	0.35~0.90	0	189.50~191.80	0
1 350	-0.05	0	234.20~236.50	0	-0.50	0	238.90~241.30	0
1 400	-0.05	0	284.20~286.50	0	-0.40	0	288.80~291.10	0
600	503.10~506.70	0	1.20~1.55	0	499.00~503.10	0	2.50~3.30	0
650	454.20~457.50	0	2.10~2.35	0	450.50~454.80	0	4.00~4.90	0
700	405.50~408.80	0	2.70~3.60	1	402.80~407.20	0	6.10~7.20	0
750	357.30~360.70	0	4.40~5.40	0	356.00~360.30	0	8.80~10.60	0
800	309.90~313.30	0	6.90~8.00	0	310.10~314.40	0	12.70~14.50	1 818
850	263.60~266.90	0	10.10~11.90	27	265.70~270.00	0	17.90~19.70	10
900	218.50~221.80	0	15.00~16.70	45	222.40~226.70	0	25.00~27.60	265
950	175.20~178.70	0	21.10~24.20	500	181.40~185.90	0	33.80~34.80	650
1 000	134.90~138.20	0	30.50~33.70	5 976	143.30~147.40	200	43.90~48.30	4 082
1 050	98.10~101.40	4	45.00~46.80	902	108.20~112.40	13	59.10~63.20	171
1 100	65.90~69.30	1 300	61.40~64.60	5 541	78.00~81.70	336	79.80~82.20	961
1 150	40.00~43.30	875	85.40~88.60	0	51.80~55.80	0	101.80~106.20	0
1 200	21.20~23.80	4 040	116.40~119.70	7	31.60~34.00	3 870	131.80~136.20	0
1 250	9.90~11.70	1 225	154.30~157.60	0	18.50~20.30	806	167.00~171.60	0
1 300	3.90~4.80	0	197.70~201.10	0	10.00~10.60	2	207.80~212.10	0
1 350	1.15~1.90	0	244.80~248.10	0	4.20~5.20	0	252.00~256.60	0
1 400	0.15~0.70	0	293.60~296.90	0	1.70~2.25	10 000	299.40~303.70	0

图 13-17　SPX 指数期权：2010 年 3 月 1 日的买卖价差和交易量

⊖ 图 13-17 只列出了一部分标普 500 指数期权。相对于能够在这里方便列示的期权来说，更多具有不同行权价格和到期日的期权是可用的。

第 14 章
Option Volatility and Pricing

合成头寸

期权的一个重要特征是它们能够与其他期权合约或者标的合约组合,从而得到具有与其他合约或合约组合类似特征的头寸。这种类型的复制让我们能以不同的方法实现更多的交易策略,同时让期权与标的合约之间建立起更有效的联系。

14.1 合成标的合约

考虑如下情况,所有的期权都是欧式期权(即不允许提前行权):

1 份 6 月行权价格 100 的看涨期权多头

1 份 6 月行权价格 100 的看跌期权空头

这个头寸在到期时的损益情况会怎样呢?如果不知道标的合约到期时的价格,似乎难以回答这一问题。但奇怪的是,标的合约的价格对头寸的到期损益并不产生影响。如果标的合约价格超过 100,看跌期权价值为 0,交易者会执行看涨期权,以 100 的价格买入标的合约;相反地,如果标的合约价格低于 100,看涨期权价值为 0,交易者将会被指派看跌期权,同样是以 100 的价格买入标的合约。

除了标的合约价格正好是 100 的极特殊情况外,以上头寸在 6 月到期时交易者总是要以 100 的价格买入标的合约,要么选择行权(当标的合约的价格高于 100 时,交易者选择执行行权价格为 100 的看涨期权),要么被动行权(标的合约价格低于 100,交易者被指派行权价格为 100 的看跌期权)。这种头寸被称为**合成标的合约多头**(synthetic long underlying),它与直接买入标的合约的作用相同,但到期前又不完全等同于标的合约。⊖

⊖ 由于只有在交割时头寸才变成 1 份标的合约,所以有时该头寸也被认为是**合成远期合约**,而这也可能是更准确的理论描述。在后面的内容中我们会发现,这种组合的定价是由远期合约的价值决定的。

如果交易者持有相反的头寸，即卖出1份6月行权价格为100的看涨期权、买入1份6月行权价格为100的看跌期权，他就持有1份合成标的合约空头，这个头寸在6月到期时交易者总是要以100的行权价格卖出标的合约，要么选择行权（当标的合约的价格低于100时，交易者选择执行行权价格为100的看跌期权），要么被动行权（标的合约价格高于100，交易者被指派行权价格为100的看涨期权）。

我们可以将以上关系表示如下（这里，所有期权同时到期且行权价格相同）：

合成标的合约多头 ≈ 看涨期权多头 + 看跌期权空头

合成标的合约空头 ≈ 看涨期权空头 + 看跌期权多头

在上述例子中，合成标的的行权价格是100。但是我们可以构造任何行权价格的合成头寸。1份6月行权价格为110的看涨期权多头与1份6月行权价格为110的看跌期权空头的组合仍然是1份合成标的合约多头。差别在于在6月到期时标的合约将以110的价格买入。1份6月行权价格为95的看跌期权多头与1份6月行权价格为95的看涨期权空头的组合是1份合成标的合约空头，在6月到期时标的合约将以95的价格卖出。

通过期权平价图，我们也能知道为何具有相同行权价格和到期时间的看涨期权和看跌期权构成了1份合成头寸，如图14-1a和图14-1b所示。

虽然并非完全一致（因此使用的是约等于号而不是等于号），但是合成头寸与直接投资标的合约的效果非常相似。当标的合约价格每上涨1点时，合成头寸多头价值也上升约1点，而合成头寸空头价值将损失约1点。我们因此也能得出准确的结论：合成标的头寸的Delta值约为100。如果6月行权价格为100的看涨

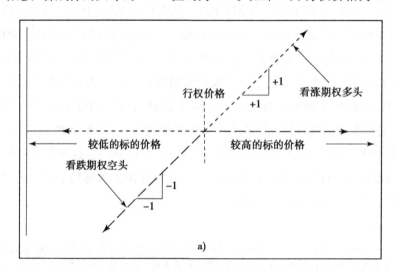

图 14-1

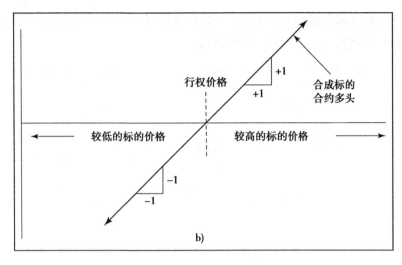

图 14-1 （续）

期权的 Delta 值为 75，6 月行权价格为 100 的看跌期权的 Delta 值就是约 −25；如果 6 月行权价格为 100 的看跌期权的 Delta 值为 −60，6 月行权价格为 100 的看涨期权的 Delta 值就约为 40。那么，看涨期权和看跌期权的 Delta 值的绝对值总和总是约等于 100。接下来我们将看到，虽然结算流程、利率以及提前行权会使得合成标的头寸的 Delta 值略大于或小于 100，但是就大多数实际应用而言，100 是合理的估计。

14.2 合成期权

如果改变合成标的合约头寸的组成成分，我们可以构建另外 4 种合成合约：

$$合成看涨期权多头 \approx 标的合约多头 + 看跌期权多头$$
$$合成看涨期权空头 \approx 标的合约空头 + 看跌期权空头$$
$$合成看跌期权多头 \approx 标的合约空头 + 看涨期权多头$$
$$合成看跌期权空头 \approx 标的合约多头 + 看涨期权空头$$

同样，所有的期权必须同时到期并且有同样的行权价格。每个合成头寸的 Delta 值都约等于其实际等价物，并因此以与其实际等价物相似的比率获得收益和损失。图 14-2a 和图 14-2b 是合成看涨期权多头的平价图，图 14-3a 和图 14-3b 是合成看跌期权多头的平价图。

一个新的交易者一开始可能很难记住哪一个期权组合与哪一个合成期权等价。那么这个建议可能会有所帮助：**如果我们交易单份期权，并用 1 份标的合约**

进行对冲，那么我们得到 1 份相同的平行合成期权（平行期权是指相同行权价格但类型相反的期权（看涨期权或看跌期权））。

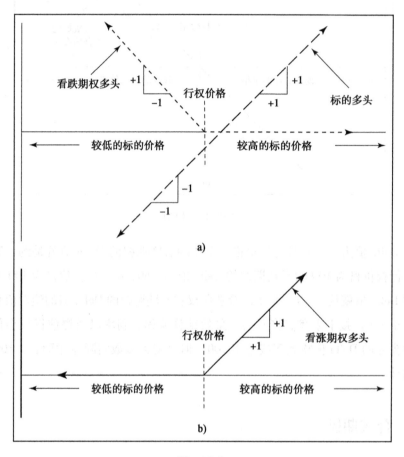

图 14-2

如果我们**买入** 1 份看涨期权，并且通过卖出 1 份标的合约进行对冲，那么我们就相当于**买入**了 1 份合成看跌期权。

如果我们**卖出** 1 份看涨期权，并且通过买入标的合约进行对冲，就相当于**卖出**了 1 份合成看跌期权。

如果**买入** 1 份看跌期权，并且通过买入 1 份标的合约进行对冲，就相当于**买入**了 1 份合成看涨期权。

如果**卖出** 1 份看跌期权，并且通过卖出 1 份标的合约进行对冲，就相当于**卖出**了 1 份合成看涨期权。

到目前为止我们尚未提及合约的交易价格，而在考虑建立合成头寸时，交易价格自然是非常重要的因素，最终我们会解决这个问题。但是，目前我们只考虑合成头寸的特征，而这与合约交易价格是独立的。在图14-2a和图14-3a中，标的头寸的建仓价格与行权价格并不相同，而赋予头寸特征的不是合约价格而是合约的斜率。而该组合的斜率等价于1份看涨期权多头（见图14-2b）和1份看跌期权多头（见图14-3b）。

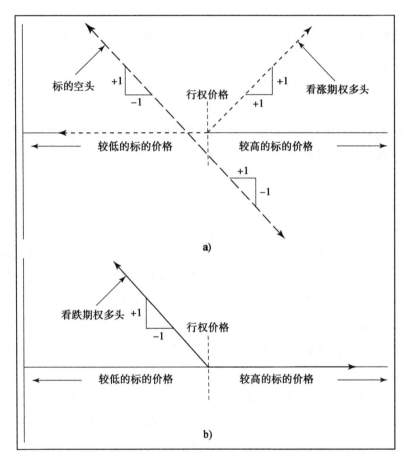

图 14-3

总的来说，有6种基本的合成头寸——标的合约多头和空头，看涨期权多头和空头，看跌期权多头和空头。如果所有期权的到期时间是6月，行权价格是100。那么就有：

合成标的合约多头＝6月行权价格100的看涨期权多头＋6月行权价格100的看跌期权空头

合成标的合约空头＝6月行权价格100的看涨期权空头＋6月行权价格100的看跌期权多头

合成 6 月行权价格 100 的看涨期权多头 = 标的合约多头 + 6 月行权价格 100 的看跌期权多头

合成 6 月行权价格 100 的看涨期权空头 = 标的合约空头 + 6 月行权价格 100 的看跌期权空头

合成 6 月行权价格 100 的看跌期权多头 = 标的合约空头 + 6 月行权价格 100 的看涨期权多头

合成 6 月行权价格 100 的看跌期权空头 = 标的合约多头 + 6 月行权价格 100 的看涨期权空头

从合成关系中我们可以得出：具有相同到期时间和行权价格的看涨期权和看跌期权的 Delta 的绝对值之和约为 100。同样地，我们可以用合成关系来确定其他重要的风险关系。

我们知道标的合约的 Gamma 和 Vega 是 0。由于具有相同到期日期和行权价格的看涨期权多头和看跌期权空头可以合成 1 份标的合约多头，所以这些组合的 Gamma 和 Vega 之和也应该等于 0。这就意味着平行看涨和看跌期权的 Gamma 和 Vega 一定是相等的。如果 6 月行权价格为 100 的看涨期权 Gamma 是 5，那么 6 月行权价格为 100 的看跌期权 Gamma 也一定是 5；如果 6 月行权价格为 105 的看涨期权 Vega 是 0.20，那么 6 月行权价格为 105 的看跌期权 Vega 也一定是 0.20。（为了确认这一点，有必要来回顾并比较一下图 7-13、图 13-1 和图 13-10 中平行期权的 Delta、Gamma 和 Vega。）

因为平行看涨和看跌期权的 Gamma 和 Vega 是相等的，所以关注波动率的期权交易者选择具有相同到期时间和行权价格的看涨和看跌期权是没有差异的，因为它们具有相同的 Gamma 和 Vega，自然具有相同的波动率特征。如果一个交易者持有 1 份看涨期权而且更想要持有 1 份看跌期权，那么他只需要卖掉 1 份标的合约；如果他持有 1 份看跌期权却更想要持有 1 份看涨期权，那么他只需要买入 1 份标的合约。头寸的波动风险不仅取决于合约是看涨期权还是看跌期权，还取决于组成头寸的到期时间和行权价格。

为何平行期权的 Theta 并不像 Gamma 和 Vega 那样是相等呢？基于标的合约和结算流程，有一些情况下它们的 Theta 值是一样的，但在另外一些情况下，由于标的合约或期权合约的持有成本，合成合约中的 Theta 值之和不等于 0。

假如我们所购买股票的价格保持不变，那我们是赚钱了还是亏钱了呢？乍看之下，头寸是盈亏平衡的，但是如果考虑到借入资金购买股票的利息成本，我们持有的头寸就是亏钱的。这个例子说明等价的合成头寸 Theta 不等于 0。

与股票不同，期货合约没有持有成本。但是如果期权期货采取股票型结算方式，那么期权也会带来持有成本。如果平行期权以不同的价格交易，那么会存在不同的持有成本，这将导致合成标的头寸的 Theta 不等于 0。

合成关系可以解释之前讨论过的一些关系。在垂直价差的讨论中，无论该价差是全由看涨期权还是看跌期权组成，牛市价差都是通过以更低的行权价格买入，并以更高行权价格卖出构建的。通过合成我们可以证明：

牛市看涨价差	等价的合成头寸
＋1 份 6 月 100 看涨期权	＋1 份 6 月 100 看跌期权／＋1 份标的合约
－1 份 6 月 105 看涨期权	－1 份 6 月 105 看跌期权／－1 份标的合约

在等价的合成头寸中，多头和空头标的合约抵消，剩下一个牛市看跌价差：

＋1 份 6 月 100 看跌期权
－1 份 6 月 105 看跌期权

看涨价差和看跌价差具有相似的特征，但是它们的现金流不同。看涨价差是作为资金支出，而看跌价差是作为资金收入。在不考虑利息的情况下，既然价差的最大价值为 5.00，那么两种价差在到期日的实际价值总和为 5.00。如果看涨期权价差的交易价格是 3.00，那么看跌期权价差的交易价格一定是 2.00。如果利率不为 0，且该期权采用股票型结算方式，那么它们的价值之和一定等于 5.00 的现值。

14.3 价差策略中的合成头寸

既然合成头寸与其等价物的特征基本相同，那么任何策略都可以通过合成实现。这就是说同样的策略通常有不同的组合方式。

考虑如下头寸：

＋2 份 6 月行权价格 100 的看涨期权
－1 份标的合约

这种组合似乎并不满足我们之前讨论的策略，但是假如我们把 6 月行权价格为 100 的看涨期权分开写成：

＋1 份 6 月行权价格 100 的看涨期权
＋1 份 6 月行权价格 100 的看涨期权
－1 份标的合约

我们知道，1 份看涨期权多头和 1 份标的合约空头合成了看跌期权多头，因此，该头寸实际上是：

+1 份 6 月行权价格 100 的看涨期权

+1 份 6 月行权价格 100 的看跌期权

很显然，这是 1 份跨式期权多头。

同样地，假如我们持有：

+2 份 6 月行权价格 100 的看跌期权

+1 份标的合约

把 2 份 6 月行权价格为 100 的看跌期权分开写成：

+1 份 6 月行权价格 100 的看跌期权

+1 份 6 月行权价格 100 的看跌期权

+1 份标的合约

1 份看跌期权多头和 1 份标的合约多头组合成 1 份合成看涨期权多头。同样地，整个头寸又是一个跨式期权多头：

+1 份 6 月行权价格 100 的看跌期权

+1 份 6 月行权价格 100 的看涨期权

从上述的例子中我们可以发现，有 3 种跨式看涨期权多头的组合方法：

（1）同时买入看涨期权和看跌期权；

（2）同时买入看涨期权和合成的看跌期权；

（3）同时买入看跌期权和合成的看涨期权。

后面两种方法其实是**合成跨式期权多头**（synthetic long straddles）。购买跨式期权的最佳方式取决于实际对应合成合约的价格。在下一章我们将解决合成定价的问题。

14.4　铁蝴蝶期权和铁鹰式期权

考虑以下 2 种头寸：

（1）+1 份 6 月行权价格 95 的看跌期权 / +1 份 6 月行权价格 105 的看涨期权

（2）-1 份 6 月行权价格 100 的看涨期权 / -1 份 6 月行权价格 100 的看跌期权

第 1 种策略是宽跨式期权多头，第 2 种策略是宽跨式期权空头。如果我们将两种策略结合起来会怎样呢？仅通过看涨期权或看跌期权对头寸进行重新调整，我们就能回答这个问题。如果我们选择用看涨期权表示所有的合约，那么我们可以将看跌期权改写成一个合成合约：

初始头寸	等价的合成看跌期权
+1 份 6 月行权价格 95 的看跌期权	+1 份 6 月行权价格 95 看涨期权/−1 份标的合约
−1 份 6 月行权价格 100 的看涨期权	
−1 份 6 月行权价格 100 的看跌期权	−1 份 6 月行权价格 100 的看涨期权/+1 份标的合约
+1 份 6 月行权价格 105 的看涨期权	

用它们的等价的合成头寸替代看跌期权，1 份标的合约多头与 1 份标的合约空头抵消，剩下一个蝶式期权多头：

+1 份 6 月行权价格 95 的看涨期权

−2 份 6 月行权价格 100 的看涨期权

+1 份 6 月行权价格 105 的看涨期权

相反地，如果我们想用看跌期权而不是看涨期权表示所有的合约，那么最终我们也会得到 1 份蝶式期权多头。这说明，看涨蝶式期权和看跌蝶式期权其实本质上是一样的。其中一个只是另外一个的合成版本。

1 份铁蝴蝶期权（iron butterfly）头寸是 1 份跨式期权和 1 份宽跨式期权的组合，而且跨式期权实际上是包含在宽跨式期权中的。铁蝴蝶期权和传统的蝶式期权具有同样的特征。但是与 1 份蝶式期权多头（买入外部行权价格/卖出内部行权价格的期权合约）收入资金（因此是术语多头）不同，对应的铁蝴蝶期权（买入宽跨式期权/卖出跨式期权）是支出资金。卖出的跨式期权往往比买入的宽跨式期权价值更高。当建立头寸时我们收到资金，那我们就是铁蝴蝶期权**空头**。也就是说，买入 1 份传统蝶式期权等于卖出 1 份铁蝴蝶期权。

那么，1 份铁蝴蝶期权价值为多少呢？我们知道 1 份蝶式期权多头到期时的价值是介于 0 和行权价格之间的价差。考虑到利息，当前价值加起来应等于这个价差的现值。如果我们买入 6 月行权价格为 95/100/105 的铁蝴蝶期权，那么我们支付的资金介于 0 和 5.00 之间。我们也希望标的合约到期时价格是 100，那蝶式期权将实现最大价值 5.00。如果我们卖出 1 份 6 月行权价格为 95/100/105 的铁蝴蝶期权，那么我们收到的数额将介于 0 和 5.00 之间，我们当然也希望标的合约到期行权价格为 100，那样的话，所有的期权将没有价值，我们的获利等于期初卖出时收到的资金。

在合约到期时，蝶式期权和铁蝴蝶期权的价值之和必须等于行权价格的差额。如果考虑利息，当前的价值的总和必须等于差额的现值。假设利率为 0，1 份 6 月行权价格为 95/100/105 的蝶式期权的交易价格是 1.75，那么 6 月行权价格为 95/100/105 的铁蝴蝶期权的交易价格应为 3.25。不管我们是以 1.75 买入蝶式期权，还是以 3.25 的价格卖出铁蝴蝶期权，我们都希望发生同样的事情，即市场价格不断接近中间的行权价格 100。两种价差具有同样的潜在收益或损失。

将 1 份宽跨式期权多头与空头组合起来，我们也可以合成 1 份鹰式期权。

（1） +1 份 6 月行权价格 90 的看跌期权/ +1 份 6 月行权价格 110 的看涨期权

（2） -1 份 6 月行权价格 95 的看跌期权/ -1 份 6 月行权价格 105 的看涨期权

第 1 个是 1 份 6 月行权价格为 90/110 的宽跨式期权多头头寸，第 2 个是 1 份 6 月行权价格为 95/105 的宽跨式期权空头头寸。如果我们把所有的头寸用看涨期权表示，那么我们可以将看跌期权改写成合成头寸的形式：

初始头寸	等价的合成看跌期权
+1 份 6 月行权价格 90 的看跌期权	+1 份 6 月行权价格 90 的看涨期权/ -1 份标的合约
-1 份 6 月行权价格 95 的看跌期权	-1 份 6 月行权价格 95 的看涨期权/ +1 份标的合约
+1 份 6 月行权价格 110 的看涨期权	
-1 份 6 月行权价格 105 的看涨期权	

将看跌期权用其等价的合成头寸替换，1 份标的合约多头和 1 份空头互相抵消，剩下 1 份鹰式期权多头：

+1 份 6 月行权价格 90 的看涨期权

-1 份 6 月行权价格 95 的看涨期权

+1 份 6 月行权价格 110 的看涨期权

-1 份 6 月行权价格 105 的看涨期权

如果反过来用看跌期权表示所有的合约，最后我们也能得到 1 份鹰式期权多头。这说明，鹰式看涨期权和鹰式看跌期权本质上是一样的，其中一个只是另外一个的合成版本。

铁鹰式期权（iron condor）头寸是由 1 份宽跨式期权多头和 1 份宽跨式期权空头组成的，其中一个宽跨式期权包含在另一个宽跨式期权中间。1 份鹰式期权多头（买入外部行权价格/卖出内部行权价格）会收入资金，而 1 份等价的铁鹰式期权（卖出外部宽跨式期权/买入内部宽跨式期权）是支出资金。我们卖出内部宽跨式期权的价值往往高于买入外部宽跨式期权的价值。当建立头寸并收到资金时，我们就是铁鹰式期权**空头**。买入 1 份传统的鹰式期权等价于卖出 1 份铁鹰式期权。

合约到期时，鹰式期权合约的价值与铁鹰式期权合约的价值之和应该等于外部行权价格与内部行权价格的价差，在我们的例子中是 5.00。如果考虑利息，那么价值之和应该等于价差的现值。假设利率为 0，6 月到期行权价格为 90/95/105/110 的鹰式期权合约的交易价格为 3.75，那么 6 月到期行权价格为 90/95/105/110 的铁鹰式期权合约的交易价格必为 1.25。不论我们以 3.75 买入鹰式期权合约，或是以 1.25 卖出铁鹰式期权合约，我们都希望发生同样的事情，即市场价格一直在内部宽跨式期权的行权价格以内。套利双方具有同样的潜在收益或损失。

当采用合成的形式表示时更容易发现一些波动率价差的特征。例如，在第 11 章中我们所熟知的圣诞树形价差。典型的圣诞树形价差可能是：

+1 份 6 月行权价格 95 的看涨期权
−1 份 6 月行权价格 100 的看涨期权
−1 份 6 月行权价格 105 的看涨期权

可能无法立刻区分这种头寸的特征，但是假如我们采用合成的方式将 6 月行权价格为 95 和 100 的看涨期权改写成看跌期权形式

初始头寸（圣诞树形价差多头）	等价的合成头寸
+1 份 6 月行权价格 95 的看涨期权	+1 份 6 月行权价格 95 的看跌期权/ −1 份标的合约
−1 份 6 月行权价格 100 的看涨期权	−1 份 6 月行权价格 100 的看跌期权/ +1 份标的合约
−1 份 6 月行权价格 105 的看涨期权	

用等价的合成头寸替换 6 月行权价格为 95 和 100 的看涨期权，然后 1 份标的合约多头和空头互相抵消，我们剩下

+1 份 6 月行权价格 95 的看跌期权
−1 份 6 月行权价格 100 的看跌期权
−1 份 6 月行权价格 105 的看涨期权

如果我们先关注 6 月行权价格为 100 的看跌期权和行权价格为 105 的看涨期权，这个头寸是由 1 份宽跨式期权空头（6 月行权价格为 100/105 的宽跨式期权）和 1 份较低行权价格的看跌期权多头（6 月行权价格为 95 的看跌期权）组成的；同时，这个头寸又是由 1 份牛市看跌价差（6 月行权价格为 95/100 的看跌期权价差）和 1 份行权价格较高的看涨期权空头（6 月行权价格为 105 的看涨期权）组成的。在上述的两个例子中，我们的头寸都承担着有限的下行风险和无限的上行风险。

第15章

Option Volatility and Pricing

期权套利

假设我们想要持有 1 份标的合约空头头寸,合约当前的成交价格是 102.00。我们只需要以 102.00 的价格卖出标的合约即可。但是,我们还有另外一个选择——我们可以卖出看涨期权并买入相同到期时间和行权价格的看跌期权,从而合成一个空头头寸。哪种策略最好呢?假设我们以 5.00 的价格卖出 1 份 12 月行权价格为 100 的看涨期权,以 3.00 的价格买入 1 份 12 月行权价格为 100 的看跌期权,总的现金收入是 2.00。如果是欧式期权,不能提前行权,到期时,无论是被指派看涨期权还是选择执行看跌期权,我们都将以 100 的价格卖出标的合约。由于我们从期权交易中获得了 2.00 的现金收入,所以实际上我们当前卖出标的合约的价格应该是 102.00。如果不考虑利息和股利,合成头寸带来的收益和损失将等于以 102 的价格卖出标的合约带来的收益和损失。事实上,不论 12 月行权价格为 100 的看涨期权和看跌期权的价格分别为多少,只要 12 月行权价格为 100 的看涨期权的价格比同样到期时间和行权价格的看跌期权的价格刚好高 2 个点,那么两种头寸的收益和损失就是一样的,如图 15-1 所示。

现在,假设我们已经持有一个合成空头头寸:

−1 份 12 月行权价格 100 的看涨期权

+1 份 12 月行权价格 100 的看跌期权

如果我们想平仓怎么办呢?当然,我们可以通过买回 12 月行权价格为 100 的看涨期权和卖出 12 月行权价格为 100 的看跌期权。但是,我们也可以通过买入标的合约来对冲合成空头头寸。

−1 份 12 月行权价格 100 的看涨期权

+1 份 12 月行权价格 100 的看跌期权

+1 份标的合约

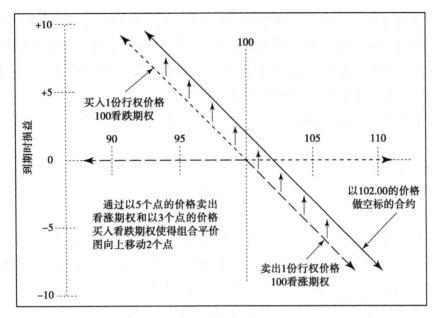

图 15-1

以上头寸通常被称为**转换套利**（conversion）^㊀，它是最常见的期权套利。在传统的套利策略中，交易者会在不同的市场中买入或卖出相同或十分相近的合约以获取错误定价带来的收益。在转换套利中，交易者在标的合约市场购买标的合约，同时在期权市场卖出标的合约的合成头寸。综合起来，交易者就完成了一次套利。

交易者也可以持有相反的头寸，即通过卖出标的合约和买入标的合约的合成头寸进行**反向转换套利**（reverse conversion）（或**反转换套利**（reversal））：

+1 份 12 月行权价格 100 的看涨期权
−1 份 12 月行权价格 100 的看跌期权
−1 份标的合约

总结起来，

转换套利 = 标的合约多头 + 合成标的合约空头
　　　　 = 标的合约多头 + 看涨期权空头 + 看跌期权多头
反向转换套利 = 标的合约空头 + 合成标的合约多头
　　　　　　 = 标的合约空头 + 看涨期权多头 + 看跌期权空头

这里我们假设看涨期权和看跌期权的行权价格和到期日相同。

㊀ 由于策略中的合成部分实际上是合成远期合约，所以一些交易者将转换套利称为**远期转换套利**。只有在到期时转换套利才转换成标的合约。

交易者想持有这两种头寸中的哪一个取决于合约的价格。如果与标的合约相比合成部分（看涨期权多头和看跌期权空头）的定价过高，那么交易者就想执行转换套利。如果合成部分的定价过低，那么交易者就执行反向转换套利。那么我们是如何判定合成标的合约是被错误定价的呢？

我们先假设标的合约是股票合约。在 1 份 12 月行权价格为 100 的转换套利中，我们会

卖出 1 份 12 月行权价格 100 的看涨期权

买入 1 份 12 月行权价格 100 的看跌期权

买入股票

如果我们完成所有交易，并且持有头寸至到期，那么收入和支出的结果如何呢？

首先看收入情况。当我们卖出 1 份看涨期权时，会收到看涨期权的价格 C。我们可以把这笔收入在期权存续期内进行投资，并且获取利息 $C \times r \times t$。由于我们持有股票，因此在 12 月到期之前我们能够获取相应的股息 D。最终在到期时，我们要么选择执行看跌期权，要么将被指派看涨期权。无论哪种情况，我们都会卖出股票合约并获得行权价格 X。总收入为

看涨期权价格 C

看涨期权带来的利息 $C \times r \times t$

股息 D（如果有的话）

行权价格 X

接下来看支出情况。我们将支付看跌期权的价格 P 和股票价格 S。在这两种情况下，我们都会借入资金，因此存在额外的利息成本 $P \times r \times t$ 和 $S \times r \times t$。总支出为

看跌期权的价格 P

购买看跌期权的利息成本 $P \times r \times t$

股票价格 S

购买股票的利息成本 $S \times r \times t$

在无套利市场中，所有的收入应该等于支出：

$$C + C \times r \times t + D + X = P + P \times r \times t + S + S \times r \times t$$

交易者有时会将转换套利和反向转换套利中的合成部分称为**组合**（combo），即 1 份看涨期权多头和看跌期权空头的组合或 1 份看涨期权空头和看跌期权多头的组合。我们可以通过用其他组成部分表示组合价值 $C - P$ 来判断是否存在相对的错误定价并因此确定是否存在套利机会。

首先，我们把看涨期权和看跌期权部分放在左边，其他部分移到右边
$$C + C \times r \times t - (P + P \times r \times t) = S + S \times r \times t - D - X$$
接下来，我们将利率分离出来得出
$$C \times (1 + r \times t) - P \times (1 + r \times t) = S \times (1 + r \times t) - D - X$$
然后分解 $C - P$
$$(C - P) \times (1 + r \times t) = S \times (1 + r \times t) - D - X$$
此时，我们可以发现右边表达式的一部分是：$S \times (1 + r \times t) - D$。这就是股票合约的远期价格。为了简化公式，我们用 F 代替 $S \times (1 + r \times t) - D$
$$(C - P) \times (1 + r \times t) = F - X$$
最后，方程两边同时除以利率因子 $1 + r \times t$
$$C - P = \frac{F - X}{1 + r \times t}$$

简而言之，具有相同到期时间和行权价格的欧式看涨期权与欧式看跌期权价格之差一定等于远期价格和行权价格之差的现值。作为期权定价最重要的关系之一，它有很多种名称。在课本中，通常称之为**看跌 – 看涨平价**（put-call parity）。交易者们也称之为**组合价值**（combo value）、**合成关系**（synthetic relationship）或者**转换套利市场**（conversion market）。

看跌 – 看涨平价关系式的实际计算取决于标的市场以及期权市场的结算流程。让我们来看几个不同的例子。

15.1 期货期权

当标的合约是期货合约并且期权采用期货型结算方式时，该计算是最简单的。在这种情况下，当标的期货合约或期权合约交易时，不会有资金换手，因此有效利率为 0。而且，期货合约没有股利，所以看跌 – 看涨平价可以简化为
$$C - P = F - X$$

1 份 12 月行权价格为 100 的看涨期权的成交价格是 5.25，而 1 份 12 月行权价格为 100 的看跌期权的成交价格是 1.50，那么 12 月标的期货合约的价格应该是多少呢？

12 月行权价格 100 的看涨期权	5.25
12 月行权价格 100 的看跌期权	1.50
12 月期货合约	??

因为

$$C - P = 5.25 - 1.50 = 3.75$$

$(F - X)$ 就一定等于 3.75。期货合约的价格就一定是 103.75。

如果在上述例子中标的期货合约不是以 103.75 而是以 104 的价格成交会发生什么呢？我们可以看到

$$5.25 - 1.50 \neq 104.00 - 100$$

且

$$3.75 \neq 4.00$$

每个投资者都希望以较低的价格买入合成合约（买入看涨期权，卖出看跌期权）再以更高的价格卖出标的合约（期货合约）来实现反向转换套利。在忽略交易成本的条件下，如果所有的交易都以这些价格达成，这一策略将带来 0.25 的套利收益，也就是被错误定价的总额。

所有人都想进行反向转换套利时会出现什么结果呢？由于所有人都希望买入看涨期权，因此看涨期权的价格会有上升的压力。如果看涨期权的价格上升到 5.5，其他价格保持不变，在看跌－看涨平价成立的条件下有

$$5.50 - 1.50 = 104.00 - 100$$

或者，作为反向转换套利的一部分，所有人都希望卖出看跌期权。看跌期权的价格有向下的压力。如果看跌期权的价格下跌到 1.25，在看跌－看涨平价成立的条件下有

$$5.25 - 1.25 = 104.00 - 100$$

最后，所有人都希望卖出期货合约，期货合约价格有向下的压力。如果期货合约价格下跌至 130.75，在看跌－看涨平价成立的条件下有

$$5.25 - 1.50 = 103.75 - 100$$

无论是看涨期权价格上涨、看跌期权价格下跌、期货合约价格下跌，还是这三种变化的组合，最后的结果一定都满足

$$C - P = F - X$$

通常在北美以外的期货交易所，所有采用期货型结算方式的合约中，看跌－看涨平价典型应用于期货期权。当期货交易所在交易的最后一天进行期权结算时，可能存在期权价值波动所带来的不一致。但是交易所通常会使结算价格与看跌－看涨平价保持一致。图 15-2 是在欧洲期货交易所交易的欧元债券期权的结算价格表格。[⊖] 可以发现在每种情况下都保持看跌－看涨平价。

⊖ 图 15-2 中的期权实际上是美式期权，因此具有提前行权的可能性。然而，由于在欧洲期货交易所交易，当期货期权以期货方式结算时，在第 16 章中我们将发现欧式期权和美式期权实际上并无差异。

在大部分的北美期货交易所中，期货期权都采用股票型结算方式，因此看跌－看涨平价的计算会稍微复杂些。现在我们必须除以利率部分

$$C - P = \frac{F - X}{1 + r \times t}$$

2010年5月25日欧元债券期权的结算价格。
在所有的例子中，结算价格都反映的是看跌－看涨平价的最简形式：

看涨期权价格 - 看跌期权价格 = 期货合约价格 - 行权价格

6月期货合约价格 = 129.38　　　　　9月期货合约价格 = 128.90

行权价格	6月看涨期权	6月看跌期权	7月看涨期权①	7月看跌期权①	8月看涨期权①	8月看跌期权①	9月看涨期权	9月看跌期权
126.00	3.39	0.01	3.16	0.26	3.45	0.55	3.76	0.86
126.50	2.89	0.01	2.75	0.35	3.07	0.67	3.42	1.02
127.00	2.41	0.03	2.37	0.47	2.73	0.83	3.09	1.19
127.50	1.93	0.05	2.02	0.62	2.40	1.00	2.78	1.38
128.00	1.48	0.10	1.70	0.80	2.10	1.20	2.50	1.60
128.50	1.06	0.18	1.41	1.01	1.83	1.43	2.23	1.83
129.00	0.71	0.33	1.16	1.26	1.59	1.69	1.99	2.09
129.50	0.43	0.55	0.94	1.54	1.37	1.97	1.76	2.36
130.00	0.23	0.85	0.76	1.86	1.17	2.27	1.56	2.66
130.50	0.12	1.24	0.60	2.20	1.00	2.60	1.37	2.97
131.00	0.05	1.67	0.48	2.58	0.85	2.95	1.21	3.31
131.50	0.02	2.14	0.37	2.97	0.72	3.32	1.06	3.66
132.00	0.01	2.63	0.29	3.39	0.61	3.71	0.92	4.02

① 7月和8月是序列月份，没有对应的7月或8月期货合约。7月、8月和9月期权的标的合约是9月期货合约。

图15-2　2010年5月25日欧元债券期权的结算价格

距到期时间6个月，年利率为6%，1份12月行权价格为100的看涨期权的成交价格是4.90。如果12月标的期货合约的成交价格为97.25，那么12月行权价格为100的看跌期权的价格是多少呢？我们知道

$$C - P = \frac{97.25 - 100}{1 + 0.06 \times 6/12} \approx -2.67$$

看涨期权与看跌期权价格之差一定是2.67，负号表明看跌期权的价格比看涨期权的价格高

$$C - P = -2.67$$
$$P = C - (-2.67) = 4.90 + 2.67 = 7.57$$

看跌期权一定会以7.57的价格成交。

15.2 锁定的期货市场

因为期权看起来很复杂，所以许多期货交易者不愿涉足期权市场。但是，在一种情况下，期货交易者应该熟悉期权的基本特征。如果期货交易者想要交易，但因为期货市场达到了日内价格限制而无法交易，他就能够通过期权实现合成期货交易。合成期货合约的成交价格是由看跌 – 看涨平价所决定的。

假定一个期货市场每日价格波动的上下限为 5.00。某期货合约前一天的收盘价为 126.75，那么今天价格的上限就是 131.75。除非有人愿意以 131.75 甚至更低的价格卖出，否则期货合约不会有成交。但是，如果期权市场仍然是开盘状态，尽管价格超出了日内价格限制，交易者仍然能够买入或卖出合成期货合约。他可以买入看涨期权并卖出相同到期时间和行权价格的看跌期权（买入期货合约），或者卖出看涨期权并买入相同行权价格和到期时间的看跌期权（卖出期货合约）。看涨期权和看跌期权的成交价格，以及行权价格共同决定了合成期货合约的成交价格。

以下是一个假设的看涨期权、看跌期权及其形成的合成期货合约的价格。为了简化，我们假设不考虑利息。由于 $C - P = F - X$，我们可以计算出等价的期货合约的价格 $F = C - P + X$。

行权价格	看涨期权价格	看跌期权价格	等价的合成期货合约价格（$C - P + X$）
120	13.60	0.35	133.25
125	9.35	1.05	133.30
130	5.75	2.55	133.20
135	3.15	4.95	133.20
140	1.55	8.30	133.25
145	0.70	12.40	133.30

可能是由于价格没有反映买卖价差又或可能期权价格不是同时报价，对应的合成期货合约的价格会有些变化。但是可以看出如果期货合约还是开盘交易状态，它的价格应该在 133.20 到 133.30 之间。如果期货交易者想在期权市场上买入或卖出合成期货合约，那么他可以预期在这个价格范围内成交。

15.3 股票期权

计算股票期权的看跌 – 看涨平价关系包含了额外的一个步骤因为必须先计算

股票的远期价格。当年利率为 4% 时，1 份距到期日 6 个月的 12 月行权价格为 65 的看涨期权的交易价是 8.00。如果在到期前标的股票合约的成交价格是 68.50 且预期总股利是 0.45，那么行权价格为 65 的看跌期权的价格应该是多少呢？

我们从远期价格开始

$$F = 68.50 \times (1 + 0.04 \times 6/12) - 0.45 = 69.42$$

然后

$$C - P = \frac{69.42 - 65}{1 + 0.04 \times 6/12} \approx 4.33$$

看跌期权的价格一定是

$$8.00 - 4.33 = 3.67$$

15.3.1 股票期权的近似值

当交易所刚开始交易期权时，所有的交易活动发生在公开喊价的环境中。交易者经常要在不借助电脑的情况下迅速做出定价决策。因此，他们经常寻找能更简化估价的快捷方式。虽然快捷方式会带来小错误，但是能够更快做出决策的价值远超过弥补小偏差带来的损失。

我们回到基本的股票期权看跌 – 看涨平价关系式中，并用实际的股票远期价格代替远期价格 F

$$C - P = \frac{F - X}{1 + r \times t} \approx \frac{[S \times (1 + r \times t) - D] - X}{1 + r \times t}$$

我们如何简化该计算呢？

注意，我们用利率部分乘以股票价格，然后将股票价格、股利和行权价格分别除以同样的利率因子。最后得到股票价格减去股利和行权价格的贴现值。

$$C - P = S - \frac{D}{1 + r \times t} - \frac{X}{1 + r \times t}$$

由于股利通常小于股票价格和行权价格，所以一个合理的股利贴现值就近似于股利 D 本身。我们可以用行权价格减去行权价格带来的利息来近似估计行权价格的贴现值，并去掉除号，

$$\frac{D}{1 + r \times t} \approx D$$

$$\frac{X}{1 + r \times t} \approx X - X \times r \times t$$

将近似值代入看跌 – 看涨平价公式中，我们得到

$$C - P \approx S - (X - X \times r \times t) - D = S - X + X \times r \times t - D$$

看涨期权与看跌期权的价格之差约等于股票价格减去行权价格加上行权价格的利息减去期望股利。

这个近似值表现如何呢?很明显,如果利率非常高,股利非常大,或者我们面对的是长期期权,误差则会开始上升。但是对于短期期权而言,该近似值体现了速度与精确度之间的合理权衡。

让我们回到之前的股票期权的例子:

股票价格 = 68.50

剩余到期时间 = 6 个月

利率 = 4%

预期股利 = 0.45

我们计算出行权价格 65 的 $(C-P)$ 组合的价值为 4.33。与我们的近似值相比呢?

$$C - P \approx S - X + X \times r \times t - D$$
$$= 68.50 - 65 + 65 \times 0.04 \times 6/12 - 0.45$$
$$= 4.35$$

近似值与真实值之间相差 0.02。基于市场条件,为了更快做出交易决策,这个误差是可以接受的。

所有交易者都非常熟悉看跌-看涨平价关系式,所以任何的价格不平衡都可能是暂时的。如果组合定价高于标的合约定价,所有交易者会希望执行转换套利(即买入标的合约,卖出看涨期权,买入看跌期权)。如果组合定价低估,所有交易者会希望进行反向转换套利(即卖出标的合约,买入看涨期权,卖出看跌期权)。所有人都试图去做同一件事的行为会迅速将价格拉回至均衡水平。事实上,价格失衡在合成关系中通常是微小且短暂的。当价格不平衡出现时,期权交易者通常愿意大规模执行转换套利或反向转换套利就因为这种策略的风险低。

看跌-看涨平价关系式详细说明了 3 个合约——1 份看涨期权、1 份看跌期权和 1 份标的合约的关系。如果知道其中 2 个合约的价格,就能计算出第 3 个合约的价格。如果市场价格不遵循这种关系,交易者会得出什么结论呢?

考虑股票期权的情况:

行权价格 90 看涨期权 = 7.20

行权价格 90 看跌期权 = 1.40

剩余到期时间 = 3 个月

利率 = 8%

预期股利 = 0.47

标的股票合约的价格应该是多少呢？

由股票期权的看跌 – 看涨平价关系式的近似值可知

$$C - P \approx S - X + X \times r \times t - D$$

因此

$$S \approx C - P + X - X \times r \times t + D$$

$$S \approx 7.20 - 1.40 + 90 - 90 \times 0.08 \times 3/12 + 0.47 = 94.47$$

但是，假设股票合约的实际成交价格是 94.30。那这意味着存在套利机会吗？

股票合约价格的计算是基于对利率和股利的假设。但我们能够确定这些假设是正确的吗？一种可能是我们采用的利率 8% 太低了。假设合约价格和股利是正确的，我们可以计算出**隐含利率**（implied interest rate）

$$r = \frac{(C - P - S + X + D)/X}{t}$$

$$= \frac{(7.20 - 1.40 - 94.30 + 90 + 0.47)/90}{3/12}$$

$$= 0.0875(8.75\%)$$

另一种可能是我们所用的股利 0.47 太高了。假设合约价格和利率是正确的，那么我们可以计算出**隐含股利**（implied dividend）

$$D = S - C + P - X + X \times r \times t$$

$$= 94.30 - 7.20 + 1.40 - 90 + 90 \times 0.08 \times 3/12$$

$$= 0.30$$

市场期望的股利仅仅是 0.30。如果我们最初的计算是基于预期股利，我们应该考虑企业在到期之前削减股利的可能性。

15.4 套利风险

期权交易新手经常被告知，在市场上应主要执行转换套利策略或反向转换套利策略，因为这些策略是无风险的。但请注意：**真正无风险的策略是不存在的**。不同策略的风险只是大小不同而已。执行转换套利策略或反向转换套利策略的风险可能没有立即显现，但这些策略的风险仍然存在。

15.4.1 执行风险

由于没有市场参与者希望赔钱，交易者很难在市场上同时找到构建转换套利策略或反向转换套利策略所需的期权合约。结果，他只能先执行策略中的一条腿或两条腿，希望后续能够执行另一条腿。举例来说，他可能已经先买入标的合约和看跌期权，希望后续卖出看涨期权来完成转换套利策略的构建。然而，如果看涨期权价格开始下降，他可能无法再通过执行转换套利策略获利。即使场内职业交易员看起来在得到所有3个合约的价格方面有优势，也可能犯错。他用自认为合适的价位买入1份看涨期权并卖出1份看跌期权，合成了标的头寸。但当他尝试卖出标的合约来完成反向转换套利策略时，他可能会发现市场价格比他预期的价位低很多。无论什么时候只要策略一次执行一条腿，总会面临策略完成前价格反向变动的风险。

15.4.2 大头针风险

在介绍合成头寸概念的时候，我们假设到期时标的合约的市场价格或高于行权价格或低于行权价格，高于行权价格时看涨期权会被执行，低于行权价格时看跌期权就会被执行。但如果到期时标的合约市场价格正好等于，或**被钉**（pinned）在行权价格又会怎么样呢？

假设交易者已经执行了6月行权价格为100的转换套利策略：卖出6月行权价格为100的看涨期权、买入6月行权价格为100的看跌期权，并买入标的合约。如果到期时标的合约的市场价格高于或低于100，交易者会被指派看涨期权或选择执行看跌期权。两种情况都能使交易者抵消标的合约的多头头寸，过了到期日他就不再持有市场头寸。

但是假设到期时，标的合约市场价格刚好是100，交易者希望摆脱掉标的合约头寸。如果交易者没有被指派看涨期权，他就会选择执行看跌期权。如果他被指派看涨期权，他就会让看跌期权过期。为了做出决策，交易者必须知道看涨期权是否会被行权。但可惜的是，交易者只能在到期日后一天才能知道是否收到了指派通知书。如果他发现自己没有被指派看涨期权，那时再执行看跌期权已经晚了，因为看跌期权已经过期。

由于理论价值为零，似乎到期时正好为平值的期权合约不会被行权。可事实上，很多平值期权都被行权了。这是因为即使这类期权理论上没有价值，它们仍有实用价值。举例来说，假如到期时为平值的看涨期权持有者希望持有标的合约的多头头寸，他将面临两种选择：执行看涨期权或者买入标的合约。由于期权交易所一般都允许以初始交易成本执行期权，即便这样执行期权需要一小部分交易成本，但执行期权的成本总要低于交易标的合约的成本。到期时，持有平值期权且选择持有多头或空头头寸至到期的交易者会发现执行期权比买卖标的合约更便宜。

显然，到期时做空平值期权的交易者遇到了麻烦。他可以做些什么呢？他可能对平值期权是否会被行权做出有理有据的猜测。如果市场价格在临近到期时走势强劲，交易者可以假设到期后成交价格仍将上涨。如果看涨期权买方做出同样的判断，假设看涨期权被要求行权就是符合逻辑的。因此，交易者就要选择不执行看跌期权。不幸的是，如果交易者判断失误，没有被指派看涨期权，他会发现自己不情愿地持有1份标的合约多头头寸。相反地，如果市场价格在临近到期时走低，交易者可能推测不会被指派看涨期权，因此他就会选择执行看跌期权。但同样地，如果他判断错误并且接到了看涨期权的指派通知，他就会发现自己在到期后不情愿地持有了1份标的合约空头头寸。

由于转换套利策略和反向转换套利策略的风险都很低，经常头寸都非常大，因此判断失误的风险会进一步叠加。一旦交易者判断错误，合约过期之后他会发现由于误判而产生的裸空头、裸多头不只是一两份，而是很多份标的合约。

大头针风险并没有确定的解决办法。在几份甚至几千份未平仓合约的情况下，一部分平值期权将被行权，而另外一部分则不会被行权。如果交易者任由头寸到期靠拼运气，则会完全受命运的摆布，这是明智的交易者宁愿避免的情况。实用的解决办法是当到期时，市场价格有可能等于行权价格，交易者应避免持有平值期权空头头寸至到期。如果交易者持有大量6月行权价格为100的转换套利或反向转换套利头寸，并且临近到期时标的合约市场价格接近100，通过减少头寸规模从而降低大头针风险是明智的选择。如果不降低规模，交易者会发现随着到期日的临近，处理大量风险合约的压力会越来越大。

有时即使小心的交易者在临近到期时也会发现自己持有一些平值的转换套利或反向转换套利头寸。如果很关注潜在的大头针风险，他可能以当前的市场价格平仓头寸。可惜的是，因为交易者必须以不利的价格处理每1份合约，或以卖报价买入，或以买报价卖出，这种方法有可能导致亏损。幸运的是，通常是有可能以合理的价格一次性平掉所有头寸的。

由于转换套利策略和反向转换套利策略是常见的套利策略，持有平值转换套利头寸的交易者会担心大头针风险，他们十分清楚市场上也有很多持有平值反向转换套利头寸的交易者也很担心大头针风险。如果持有平值转换套利头寸的交易者能够找到持有平值反向转换套利头寸的交易者，并互换头寸，双方都能消除各自面临的、与平值头寸相关的大头针风险。这就是为什么在期权交易所里经常会看到一些交易者寻找其他的交易者以对等价格交易转换套利或反向转换套利头寸。这意味着一个交易者想要以对所有参与者都公平的价格平仓头寸，这样所有的参与者都能避免大头针风险的问题。交易者从转换套利策略或反向转换套利策略中获得的收益主要来自于开仓，而不是平仓。

大头针风险只出现在行权结果是标的合约多头或空头的期权市场。在某些市场上，例如股票指数期权、欧洲美元期权等都是到期进行现金结算，并不转移标的合约所有权。这类期权到期时，支付的现金等于标的合约市场价格与行权价格之差，并没有标的合约头寸的转移。因此，这种类型的结算方式不会产生大头针风险。

15.4.3 结算风险

让我们回到12月行权价格为100的转换套利策略的例子。但是现在我们假设标的为12月的期货合约

−1 份 12 月 100 看涨期权

+1 份 12 月 100 看跌期权

+1 份 12 月期货合约

如果12月期货合约的成交价格是102.00，还有3个月到期，利率为8%，并且所有期权合约均采用股票型（现金）结算方式，12月行权价格为100的合成组合头寸的价值（12月行权价格为100的看涨期权与12月行权价格为100的看跌期权价值之差）应为

$$\frac{102 - 100}{1 + 8\% \times 3/12} = 1.96$$

如果交易者能够以5.00的价格卖出1份12月行权价格为100的看涨期权，以3.00的价格买入1份12月行权价格为100的看跌期权，并以102.00的价格卖出1份12月期货合约。到期时，由于交易者以低于头寸价值0.04的价格构建了12月行权价格为100的转换套利头寸，所以他应获得0.04的收益。

在交易者建立套利头寸后不久，标的12月期货合约价格降到98.00。现金流是怎样的呢？合成头寸将获得约4个点的盈利；因为组成了1份标的空头头寸，看涨期权空头和看跌期权多头一起将升值4个点。但是由于期权的结算方式类似于股票，合成头寸的收益无法实现——交易者账户不会有现金收入。另外，交易者还做多1份12月期货合约，而由于期货合约采用期货型结算方式，当市场价格下跌至98.00后会立即产生4个点的现金流出。为了足以支付这一成本，交易者要么借款，要么从现有计息账户中转出资金。但无论哪种做法，都会产生利息损

失,而这部分利息损失不能被期权头寸的账面收益所抵消。如果利息损失足够大,就会远远超过最初交易者期望头寸所产生的 0.04 的盈利。在最极端的情况下,如果交易者不能获得维持期货头寸变动所需资金的话,就只能被迫平仓。毫无疑问,强行平仓不可能获得收益。

当然,也会出现另外一种情况。当标的期货合约价格上涨到 106.00 时,合成头寸就会损失 4 个点:看涨期权空头和看跌期权多头整体价值会损失 4 个点。但合成头寸的损失只是账面上的损失——交易者的账户实际上并没有资金支出。⊖另外,价格上涨时期货合约会立即产生资金流入,对于交易者而言资金流入会产生利息收入。这部分利息收入会在原来期望收益 0.04 的基础上增加额外的潜在收益。

期权交易者倾向于将转换套利策略与反向转换套利策略视为 Delta 中性的,但这种观点并不一定成立。实际上 Delta 中性头寸对标的合约价格的移动方向是没有偏好的。在我们的例子中,我们看到交易者更希望标的合约的价格上涨因为他能从账户资金收入变化中获取利息。当标的合约价格为 102 时,我们例中的 Delta 值为

合 约 头 寸	Delta 值
12 月行权价格 100 的看涨期权空头	-57
12 月行权价格 100 的看跌期权多头	-41
12 月期货合约多头	+100
总计	+2

多出来的 2 个 Delta 表明交易者更希望标的市场价格上涨而不是下跌,这样期货头寸就能产生现金流流入交易者账户。资金流入产生的利息能给交易者带来没有预期到的收益。期货合约价格的下降则会产生相反的结果,并因此会带来没有预期到的损失。

在通常的情况下,很少有交易者会意识到多 2 个 Delta 值或少 2 个 Delta 值的风险。但是由于转换套利和反向转换套利是低风险策略,通常它们的投资规模都非常大。一个执行 300 份我们转换套利示例中的交易者,他的 Delta 风险是 300 × 2。这相当于 6 份额外的期货合约多头头寸。风险来自于标的合约价格变动产生的现金流流入的收益或现金流流出的损失。

合成期货头寸的 Delta 值不同于 100,这取决于头寸的利率风险。反过来这取决于 2 个因素——利率水平和剩余到期时间长短。利率水平越高、剩余到期时间

⊖ 随着期权价格变化可能会有保证金要求。但是,正如在第 1 章讨论的,保证金存款理论上属于交易者,因此没有利息损失。

越长，风险就越大；利率水平越低、剩余到期时间越短，风险就越小。利率水平为10%、剩余9个月到期的头寸风险肯定要大于利率水平为4%、剩余1个月到期的头寸。在前一种情况下，合成头寸的Delta值可能总共是93，后一种情况的Delta值可能总共是99。总的来说，期权采用股票型结算方式的合成期货合约的Delta值总共是

$$\frac{100}{1+r\times t}$$

其中r是利率，t是期权的剩余到期时间。

这种类型的**结算风险**（settlement risk）只出现在期权和标的合约采用不同结算流程的情况中。[1] 当标的合约和期权合约采用相同的结算方式时不存在结算风险。如果所有的合约都采用股票型结算方式，由于是在典型的股票期权市场，到期之前合约价格的波动不会带来现金流。如果所有合约采用期货型结算方式，正如在美国以外的大部分期货交易所中一样，标的期货合约价格变动带来的现金流刚好弥补了期权合约价格变动带来的现金流。

15.4.4 利息和股息风险

让我们再次回到12月行权价格为100的转换套利，但是现在假设标的合约是股票。

-1 份12月行权价格100的看涨期权
+1 份12月行权价格100的看跌期权
+1 份股票合约

那持有该头寸的风险是什么呢？

股票价格总是比期权价格高，所以整个头寸将带来约等于期权行权价格的资金支出。由于交易者需要借入这部分金额，所以持有头寸会带来利息成本。如果持有期内利率上升，利息成本也会上升，持有头寸的成本也会上升，因此减少了潜在收益。如果利率下降，由于持有头寸的成本会下降所以潜在收益增加。[2]

反之反向转换套利也是一样：

---

[1] 类似的结算风险出现在当期货合约被用于对冲实物商品或证券头寸时。当实物商品或证券的价值上升或下降时，一切盈利和损失都是未实现的。但是随着波动变化期货头寸的盈利和损失是即刻实现的，因此正确的套保不是一一对应，而是取决于期货头寸利息的变动。套保者有时将这种风险称为**尾随风险**（tailing）。

[2] 理论上，交易者可以以固定利率借款，这样就消除了利率风险。但是实际上，交易者经常以变动的利率向他们的代理公司或清算公司进行交易活动融资。随着利率的上升或下降，借款或贷款的成本每天发生变化。

+1 份 12 月行权价格 100 的看涨期权

−1 份 12 月行权价格 100 的看跌期权

−1 份股票合约

由于交易者将从卖出股票中获得现金收入，所以随着时间的推移，头寸会带来利息收入。如果利率上升，利息收入也会上升，头寸的价值也会上升。如果利率下降，利息收入会下降，头寸的价值也会减少。

显然，转换套利和反向转换套利对利率都非常敏感。这体现在它们的 Rho 值上。在股票期权市场，转换套利合约 Rho 值为负，表明希望利率下降。反向转换套利合约 Rho 值为正，表明希望利率上升。当我们回顾股票期权市场时，会发现看涨期权 Rho 值为正和看跌期权 Rho 值为负是合理的。在转换套利或反向转换套利中，看涨和看跌期权的 Rho 值符号是一样的，要么都为正要么都为负，因为我们在买入 1 份看跌（看涨）期权的同时会卖出 1 份看涨（看跌）期权。

事实上转换套利或反向转换套利中包含股票头寸也就意味着存在股利上升或下降的风险。在转换套利中我们是股票合约多头，所以股利的增加会使头寸价值增加，股利的减少会使头寸价值减少。反之在反向转换套利中，股利的增加会使头寸价值减少，股利的减少会使头寸价值增加。

虽然没用希腊字母表示股利风险，但我们可以说转换套利中存在**正的股利风险**（positive dividend risk），反向转换套利中存在**负的股利风险**（negative dividend risk）。前者会因股利的上升受益，而后者会因股利的上升受损。

通过回顾之前的例子我们来看看利息和股利的变动带来的影响：

股票价格 = 68.50

剩余到期时间 = 6 个月

利率 = 4%

预期股利 = 0.45

我们计算出组合（$C-P$）的值约等于 4.35

$$C - P \approx S - X + X \times r \times t - D$$
$$= 68.50 - 65 + 65 \times 0.04 \times 6/12 - 0.45$$
$$= 4.35$$

如果利率上升到 5%，现在的价值是

$$68.50 - 65 + 65 \times 0.05 \times 6/12 - 0.45 \approx 4.68$$

另一方面，如果股利上升至 0.65，则价值是

$$68.50 - 65 + 65 \times 0.04 \times 6/12 - 0.35 = 4.15$$

转换套利或反向转换套利头寸会带来风险，因为策略包含由期权组成的合成标的头寸和实际的标的合约头寸。尽管类似，风险上升是因为合成头寸和实际头寸仍具有不同的特性，或者是就结算流程而言，如期货期权市场，或者是就利息或股利支付而言，如股票期权市场。那有没有消除这种风险的方法呢？

消除这种风险的一种方法是平掉标的合约头寸。以 1 份转换套利为例

1 份看涨期权空头

1 份看跌期权多头

1 份标的合约多头

如果我们既希望持有这一头寸，又想消除由于持有标的合约头寸所产生的风险，我们可以利用类似于但不是标的合约的头寸替代标的合约多头头寸。一种可能是利用深度实值看涨期权替代标的合约多头。我们现在的头寸为

1 份看涨期权空头

1 份看跌期权多头

1 份深度实值看涨期权多头

如果深度实值看涨期权的 Delta 值为 100，则与标的合约多头类似，组合头寸的属性将与转换套利相同。

同样地，我们也可以不利用买入深度实值看涨期权，而是卖出深度实值看跌期权来代替标的合约多头头寸：

1 份看涨期权空头

1 份看跌期权多头

1 份深度实值看跌期权空头

转换套利或反向转换套利中标的合约被深度实值代替的这类头寸被称为**三向式期权**（three way）。虽然消除了部分风险，三向式期权也存在自身的问题。如果为了构建三向式期权，交易者卖出 1 份深度实值期权，他仍会面临标的合约市场价格趋于行权价格的风险。事实上，当标的合约市场价格逐渐接近深度实值期权的行权价格时，深度实值期权合约头寸与标的合约头寸的差异越来越大，并且合约组合的结果也越来越不像真正的转换套利或反向转换套利头寸。

15.4.5 盒式套利

还有什么其他具有标的合约性质但不是标的合约的投资工具呢？另一种可能就是用合成头寸来代替标的合约，但是合成头寸的行权价格不同。举例来说，在 1 份 6 月行权价格为 100 的转换套利初始头寸中：

−1 份 6 月行权价格 100 的看涨期权

+1 份 6 月行权价格 100 的看跌期权

+1 份标的合约

同时，假设我们还以 90 的行权价格构建了反向转换套利头寸，组合头寸为

+1 份 6 月行权价格 90 的看涨期权　　−1 份 6 月行权价格 100 的看涨期权

−1 份 6 月行权价格 90 的看跌期权　　+1 份 6 月行权价格 100 的看跌期权

−1 份标的合约　　　　　　　　　　　+1 份标的合约

标的合约的空头和多头相互抵消，剩下

+1 份 6 月行权价格 90 的看涨期权　　−1 份 6 月行权价格 100 的看涨期权

−1 份 6 月行权价格 90 的看跌期权　　+1 份 6 月行权价格 100 的看跌期权

我们就构建了 1 份行权价格为 90 的合成多头头寸和 1 份行权价格为 100 的合成空头头寸。这种头寸被称为**盒式套利**（box）。该策略的特性与转换套利、反向转换套利类似。不同的是，所持头寸中标的合约的相关风险已经被消除。当交易者以较低行权价格持有合成头寸多头（空头）、以较高行权价格持有合成头寸空头（多头）时，他是盒式套利多头（空头）。以上示例就是 1 份 6 月行权价格为 90/100 的盒式套利多头。

　　与转换套利或反向转换套利类似，盒式套利是一种价差套利——我们在买入合约的同时在不同的市场卖出同样的合约。在我们的例子中，交易者在行权价格为 90 的市场上买入标的合约并在行权价格为 100 的市场上卖出同样的标的合约。

　　盒式套利的价值是多少呢？如果忽略大头针风险，到期时，盒式套利交易者会同时以一个行权价格买入标的合约，以另一行权价格卖出标的合约。到期时盒式套利的价值正好等于行权价格之差。在我们的例子中，由于交易者同时以 90 的价格买入标的合约（执行行权价格为 90 的看涨期权或被指派行权价格为 90 的看跌期权）和以 100 的价格卖出标的合约（执行行权价格为 100 的看跌期权或被指派行权价格为 100 的看涨期权），到期时行权价格为 90/100 的盒式套利的价值正好等于 10 个点。如果到期时价值 10 点，那么今天它的价值应该是多少呢？如果期权合约是期货型结算方式，今天盒式套利的价值就是到期时盒式套利的价值。但是，如果期权合约是股票型结算方式，今天盒式套利的价值就是行权价格之差的现值。如果行权价格为 90/100 的盒式套利 3 个月后到期、年化率为 8%，那么其今天的价值为

$$\frac{10}{1 + 3/12 \times 8\%} \approx 9.80$$

由于盒式套利消除了与持有标的合约头寸相关的风险，因此盒式套利的风险甚至比转换套利和反向转换套利还要小，而转换套利与反向转换套利本身就是低风险策略。当所有期权都是以现金结算的欧式期权（不存在提前行权的风险）且不需要转移标的合约所有权（不存在大头针风险）时，买入或卖出盒式套利与在期权存续期内借入或借出资金的效果相同。在我们的例子中，以 9.80 的价格卖出 1 份行权价格为 90/100 的盒式套利的交易者实质上是从盒式套利买方处以 8% 的利率借入 3 个月的资金。以更低的价格卖出盒式套利等于以更高的利率借入资金。如果交易者以 9.70 的价格卖出 3 个月到期的盒式套利，他实际上同意借款的年化利率是 12%。

当没有其他方法可供选择时，交易公司可能会通过卖出盒式套利的方法筹措短期资金。由于公司可能需要以低于理论价值的价位卖出盒式套利，这将提高公司的融资成本。而且，这样的策略会带来保证金要求和交易成本，融资成本进一步升高。

最开始我们介绍盒式套利时，表明它是某个行权价格的转换套利与不同行权价格的反向转换套利的组合，由于标的合约头寸多头与空头相互抵消，我们剩下 2 份合成标的合约头寸：

+1 份 6 月行权价格 90 的看涨期权　　−1 份 6 月行权价格 100 的看涨期权
−1 份 6 月行权价格 90 看跌期权　　　+1 份 6 月行权价格 100 的看跌期权

盒式套利的左边是 1 份行权价格为 90 的合成多头，右边是 1 份行权价格为 100 的合成空头。除了将盒式套利分成左右两边，假设将其分成上下两边：

+1 份 6 月行权价格 90 的看涨期权／−1 份 6 月行权价格 100 的看涨期权
−1 份 6 月行权价格 90 的看跌期权／+1 份 6 月行权价格 100 的看跌期权

上边是 1 份牛市垂直价差看涨期权套利（6 月行权价格为 90 的看涨期权多头、6 月行权价格为 100 的看涨期权空头），而下边是 1 份熊市垂直价差看跌期权套利（6 月行权价格为 90 的看跌期权空头、6 月行权价格为 100 的看跌期权多头）。因为 1 份盒式套利是 2 份垂直价差套利的组合，所以 2 份垂直价差套利的价格之和就是盒式套利的价值。

还有 3 个月到期、利率为 8% 的条件下，6 月行权价格为 90/100 的盒式套利的价值为 9.80。假设交易者知道 6 月行权价格为 90/100 的垂直价差看涨期权套利的成交价格为 6 个点。在没有其他信息的条件下，交易者就能估计出 6 月行权价格为 90/100 的垂直价差看跌期权套利的合理市价。他知道行权价格为 90/100 的盒式套利的价值是 9.80，垂直价差看涨期权套利和垂直价差看跌期权套利之和

必然等于盒式套利的价值。垂直价差看跌期权套利的价格因此为

$$9.80 - 6.00 = 3.80$$

如果交易者认为他可以以 6.00 的价格买入或卖出垂直价差看涨期权套利，同时他在市场上被询问垂直价差看跌期权套利的价格，他就可以以 3.80 左右的价格进行做市交易。比如他可以对垂直价差看跌期权套利报出 3.70 的买入报价和 3.90 的卖出报价。如果交易者能以 3.70 的价格买入垂直价差看跌期权套利，然后他可以尝试以 6.00 的价格买入垂直价差看涨期权套利。如果操作成功，他就为理论价值 9.80 的盒式套利总共支付 9.70。相反地，如果他能以 3.90 的价格卖出垂直价差看跌期权套利，并以 6.00 的价格卖出垂直价差看涨期权套利，操作成功后，交易者就是以 9.90 的价格卖出理论价值 9.80 的盒式套利。

15.4.6 卷筒式套利

在盒式套利中，持有标的合约的风险被相同月份但不同行权价格的转换套利和反向转换套利组合消除了：

+1 份 6 月行权价格 90 的看涨期权　　−1 份 6 月行权价格 100 的看涨期权
−1 份 6 月行权价格 90 的看跌期权　　+1 份 6 月行权价格 100 的看跌期权
−1 份标的合约　　　　　　　　　　　+1 份标的合约

假设我们使用同样的行权价格但是不同到期时间的转换套利和反向转换套利组合：

+1 份 6 月行权价格 90 的看涨期权　　−1 份 8 月行权价格 90 的看涨期权
−1 份 6 月行权价格 90 的看跌期权　　+1 份 8 月行权价格 90 的看跌期权
−1 份标的合约　　　　　　　　　　　+1 份标的合约

如果标的合约多头和空头相互抵消，我们就剩下一个**卷筒式套利**（roll）：

+1 份 6 月行权价格 90 的看涨期权　　−1 份 8 月行权价格 90 的看涨期权
−1 份 6 月行权价格 90 的看跌期权　　+1 份 8 月行权价格 90 的看跌期权

我们持有具有相同行权价格的 1 份 6 月合成标的多头头寸和 1 份 8 月合成标的的空头头寸。

尽管能够将某个月份的转换套利与不同月份的反向转换套利组合起来，但是卷筒式套利必须将标的头寸抵消掉。例如，在期货期权市场，6 月标的合约可能是 1 份 6 月期货合约，8 月标的合约可能是 1 份 8 月期货合约。由于它们是不同的合约，所以它们之间标的合约多头和空头无法抵消。因此这个头寸并不是一个真正的卷筒式套利。

卷筒式套利大部分在股票期权市场上进行，市场上所有到期时间的标的合约都是同样的股票标的。不同到期时间的股票头寸多头与空头可以抵消。

股票期权市场的卷筒式套利的价值应该是多少呢？卷筒式套利的价值必须是组合价值之差

$$(C_l - P_l) - (C_s - P_s)$$

其中 C_l 和 P_l 是长期的看涨期权和看跌期权，C_s 和 P_s 是短期的看涨期权和看跌期权。

现在，我们假设不支付股利。我们知道组合的价值为

$$C - P = \frac{S - X}{1 + r \times t}$$

因此卷筒式套利的价值应为

$$\left[S - \frac{X}{(1 + r_l \times t_l)}\right] - \left[S - \frac{X}{(1 + r_s \times t_s)}\right] = \frac{X}{(1 + r_s \times t_s)} - \frac{X}{(1 + r_l \times t_l)}$$

除去股利，卷筒式套利的价值等于短期行权价格与长期行权价格的现值之差。注意，卷筒式套利的价值取决于两种利率——短期到期的利率 r_s 和长期到期的利率 r_l。这些利率通常是相似的，也就是说前面的表达式几乎都是正值，因为短期行权价格的贴现比长期行权价格的贴现少。

如果股票在持有期内支付股利 D，卷筒式套利的价值也应该包含这部分价值。不考虑股利的利息，卷筒式套利的价值为

$$\frac{X}{(1 + r_s \times t_s)} - \frac{X}{(1 + r_l \times t_l)} - D$$

考虑我们的 6 月/8 月行权价格为 90 的卷筒式套利，6 月合约的剩余到期时间是 2 个月，8 月合约的剩余到期时间是 4 个月。假设利率不变为 6%，持有期内股票的期望股息为 0.40，则行权价格为 90 的卷筒式套利的价值为

$$\frac{90}{1 + 0.06 \times 2/12} - \frac{90}{1 + 0.06 \times 4/12} - 0.40 = 89.11 - 88.24 - 0.40 = 0.47$$

需要进行计算的交易者可能像在转换套利或反向转换套利中一样没有计算机支持，他可能愿意为了选择更快的速度而放弃精确度。交易者如何简化卷筒式套利的计算公式呢？一个空头卷筒式套利的交易者（即，做多短期合成合约和做空长期合成合约）会以同样的行权价格买入短期到期的股票并卖出长期到期的股票。另外，由于交易者将在卷筒式套利期内一直持有股票，所以在持有期内他会收到相应的股利支付。卷筒式套利的价值约等于从一个到期日到另一个到期日内持有行权价格的成本减去应计的股息

$$X \times r \times t - D$$

其中 t 是不同到期日之差。在我们的例子中，我们得到
$$90 \times 0.06 \times 2/12 - 0.40 = 0.90 - 0.40 = 0.50$$
这 0.03 的误差是否被接受取决于交易环境和交易者的最终目标。

除了将卷筒式套利写成合成多头与空头标的头寸的组合形式外，我们也可以将卷筒式套利写成日历价差的组合形式：

-1 份 6 月行权价格 90 的看涨期权 / +1 份 8 月行权价格 90 的看涨期权

+1 份 6 月行权价格 90 的看跌期权 / -1 份 8 月行权价格 90 的看跌期权

上边的策略是 1 份多头看涨期权日历价差，下边是 1 份空头看跌期权日历价差。如果我们买入看涨期权日历价差，卖出看跌期权日历价差，我们就构建了 1 份卷筒式套利。因此卷筒式套利的价值就等于 2 种日历价差之差。[⊖]

由于利息部分总是比股利大，所以 1 份卷筒式套利多头（即，买入长期合成合约，卖出短期合成合约）一般以正的价值交易，需要支出现金。因此，看涨日历价差比看跌日历价差价值更高。但是，如果股利比利息高，卷筒式套利的价值可能为负。[⊖] 那么正常的关系就被推翻了：看跌日历价差比看涨日历价差价值要高。

在前面的例子中，我们计算出 6 月/8 月行权价格为 90 的卷筒式套利的价值为 0.47。假设 6 月/8 月行权价格为 90 的看涨期权日历价差以 2.25 的价格进行成交，6 月/8 月行权价格为 90 的看跌期权日历价差的价值应该是多少呢？我们知道 2 种价差的价值之差必须是 0.47。所以看跌期权日历价差的价值应为

$$2.25 - 0.47 = 1.78$$

同样地，如果看跌期权日历价差以 1.50 的价格成交，则看涨期权日历价差的成交价格应该是

$$1.50 + 0.47 = 1.97$$

由于适用于相同到期时间的所有卷筒式套利的股利是离散的，所以相同到期时间但不同行权价格的卷筒式套利的价值之间的差约为行权价格的利息。在我们的例子中，6 月/8 月行权价格为 90 的卷筒式套利的价值为 0.47。6 月/8 月行权价格为 80 的卷筒式套利的价值与 6 月/8 月行权价格为 90 的卷筒式套利的价值不同，是因为行权价格为 80 和 90 的利息不同

⊖ 注意，盒式套利的价值等于牛市价差和熊市价差**之和**，而卷筒式套利的价值等于看涨期权日历价差与看跌期权日历价差**之差**。

⊖ 交易者需要认真了解**买**和**卖**的含义，通常买意味着支付（现金借方），而卖意味着收入（现金贷方）。但是，在一些策略中，交易者支付和收入的界定不清晰。卷筒式套利就是这样的例子。

$$0.47 - (90 - 80) \times 0.06 \times 2/12 = 0.47 - 0.10 = 0.37$$

虽然执行卷筒式套利的交易者的目的是消除持有标的合约的风险，却只消除了短期到期时间的风险。那时，交易者要么以行权价格买入标的股票，要么以行权价格卖出标的股票，因此头寸对利率和股利的变动很敏感。卷筒式套利的价值随着利率的上升和下降以及股利的上升和下降而波动。到期时间相差越大，卷筒式套利对这些变化越敏感。

15.4.7 时间盒式套利

由多头或空头头寸组成的盒式套利或卷筒式套利，要么是相同的月份但不同的行权价格（盒式套利）要么是不同的月份但相同的行权价格（卷筒式套利）。我们也可以用合成头寸把不同月份和不同行权价格的策略组合起来：

+1 份 6 月行权价格 90 的看涨期权　　-1 份 8 月行权价格 100 的看涨期权
-1 份 6 月行权价格 90 的看跌期权　　+1 份 8 月行权价格 100 的看跌期权

这一头寸通常被称为**时间盒式套利**（time box）或**对角卷筒式套利**（diagonal roll）。

我们可以用计算卷筒式套利价值的方法来计算时间盒式套利的价值——通过计算行权价格的现值与预期股利的差值

$$\frac{X_s}{(1 + r_s \times t_s)} - \frac{X_l}{(1 + r_l \times t_l)} - D$$

这里下标 s 和 l 分别指的是短期头寸和长期头寸。

假设 6 月合约剩余 2 个月到期，8 月合约剩余 4 个月到期，利率为固定值 6%，股票在存续期的预期股利是 0.40，那么 6 月行权价格为 90/8 月行权价格为 100 的时间盒式套利的价值是多少呢？

$$\frac{X_s}{(1 + r_s \times t_s)} - \frac{X_l}{(1 + r_l \times t_l)} - D = \frac{90}{1.01} - \frac{100}{1.02} - 0.40 = -9.33$$

负号表明交易者如果要持有该头寸需要支付 9.33。这是符合逻辑的，因为这一头寸由买入较低行权价格的合成头寸（即 6 月份到期时以 90 的价格买入标的）和卖出较高行权价格的合成头寸（即 8 月份到期时以 100 的价格卖出标的）构成。

盒式套利由牛市价差和熊市价差组成，卷筒式套利由日历价差组成，同样，时间盒式套利由对角价差构成。我们可以将时间盒式套利写成两个对角价差的形式：

+1 份 6 月行权价格 90 的看涨期权/ -1 份 8 月行权价格 100 的看涨期权
-1 份 6 月行权价格 90 的看跌期权/ +1 份 8 月行权价格 100 的看跌期权

从以上的每个价差中我们是支付资金还是收到资金呢？很明显，由于 8 月行权价格为 100 的看跌期权的价值总是高于 6 月行权价格为 90 的看跌期权的价值，所以我们会为看跌价差支付资金。但是看涨价差的现金流状况却不明显。更低的行权价格似乎意味着 6 月看涨期权的价值更高，但是更多的剩余到期时间实际上又使得 8 月看涨期权的价值更高。看涨期权的价值既取决于标的价格又取决于波动率。在有的情况下，我们可能为看涨价差支付资金，而在其他的情况下我们可能会收到资金。尽管每个价差的价格不一样，但总的支出一定是 9.33。如果看涨价差的成交价格是 3.50，那么看跌价差的成交价格应该是 $9.33-3.50=5.83$。如果看跌价差的成交价格是 7.75，看涨价差的成交价格应该为 $9.33-7.75=1.58$。

由于时间盒式套利是 1 份盒式套利和 1 份卷筒式套利的组合，如果我们能计算出盒式套利和卷筒式套利的价值，我们应该就能计算出时间盒式套利的价值。假设我们买入 1 份 6 月行权价格为 90/100 的盒式套利

+1 份 6 月行权价格 90 的看涨期权　　-1 份 6 月行权价格 100 的看涨期权
-1 份 6 月行权价格 90 的看跌期权　　+1 份 6 月行权价格 100 的看跌期权

同时卖出 1 份 6 月/8 月行权价格为 100 的卷筒式套利

+1 份 6 月行权价格 100 的看涨期权　　-1 份 8 月行权价格 100 的看涨期权
-1 份 6 月行权价格 100 的看跌期权　　+1 份 8 月行权价格 100 的看跌期权

6 月行权价格为 100 的看涨期权和看跌期权合成合约被抵消，剩下 6 月行权价格为 90/8 月行权价格为 100 的时间盒式套利

+1 份 6 月行权价格 90 的看涨期权　　-1 份 8 月行权价格 100 的看涨期权
-1 份 6 月行权价格 90 的看跌期权　　+1 份 8 月行权价格 100 的看跌期权

因此，时间盒式套利就是买入 6 月行权价格为 90/100 的盒式套利和卖出 6 月/8 月行权价格为 100 的卷筒式套利的组合。

类似地，假如我们买入 8 月行权价格为 90/100 的盒式套利

+1 份 8 月行权价格 90 的看涨期权　　-1 份 8 月行权价格 100 的看涨期权
-1 份 8 月行权价格 90 的看跌期权　　+1 份 8 月行权价格 100 的看跌期权

同时卖出 6 月/8 月行权价格为 90 的卷筒式套利

+1 份 6 月行权价格 90 的看涨期权　　-1 份 8 月行权价格 90 的看涨期权
-1 份 6 月行权价格 90 的看跌期权　　+1 份 8 月行权价格 90 的看跌期权

抵消掉 8 月行权价格为 90 的看涨期权和看跌期权合成合约，再次剩下 6 月行权价格为 90/8 月行权价格为 100 的时间盒式套利

+1 份 6 月行权价格 90 的看涨期权　　-1 份 8 月行权价格 100 的看涨期权
-1 份 6 月行权价格 90 的看跌期权　　+1 份 8 月行权价格 100 的看跌期权

在这种情况下，时间盒式套利是买入 8 月行权价格为 90/100 的盒式套利和卖出 6 月/8 月行权价格为 90 的卷筒式套利的组合。

从之前的例子中，我们可以发现如果我们买入长期盒式套利同时卖出较低行权价格的卷筒式套利，或者买入短期盒式套利同时卖出较高行权价格的卷筒式套利，这两种组合都得到同样的时间盒式套利。我们可以通过计算 6 月和 8 月行权价格为 90/100 的盒式套利以及 6 月/8 月行权价格为 90 和 100 的卷筒式套利的价值来证明这一点

$$6\text{ 月行权价格为 }90/100\text{ 的盒式套利价值} = \frac{10}{1+0.06\times 2/12} = 9.90$$

$$8\text{ 月行权价格为 }90/100\text{ 的盒式套利价值} = \frac{10}{1+0.06\times 4/12} = 9.80$$

$$6\text{ 月}/8\text{ 月行权价格为 }90\text{ 的卷筒式套利价值} = \frac{90}{1+0.06\times 2/12} - \frac{90}{1+0.06\times 4/12} - 0.40 = 0.47$$

$$6\text{ 月}/8\text{ 月行权价格为 }100\text{ 的卷筒式套利价值} = \frac{100}{1+0.06\times 2/12} - \frac{100}{1+0.06\times 4/12} - 0.40 = 0.57$$

如果我们买入 6 月行权价格为 90/100 的盒式套利同时卖出 6 月/8 月行权价格为 100 的卷筒式套利，总的价值是

$$-9.80 + 0.47 = -9.33$$

如果我们买入 8 月行权价格为 90/100 的盒式套利同时卖出 6 月/8 月行权价格为 90 的卷筒式套利，总的价值是

$$-9.80 + 0.47 = -9.33$$

两种情况下的总价值都等于时间盒式套利的价值。

15.4.8 在波动率价差中应用合成头寸

几乎所有的交易者都能迅速识别出价差关系中的错误定价。因此，错误定价的转换套利或反向转换套利中几乎没有套利机会。即使错误定价出现时，很可能其幅度小且非常短暂。只有交易成本低和能够立刻进入市场的专业交易者才可能从这种情况中获利。但是，即使交易者不打算执行套利，他也能够运用套利定价关系的知识以更有利的价格执行策略。

在第 14 章中，我们注意到由于每 1 份合约都与一个合成头寸等价，所以有 3 种购买跨式组合的方法。

（1）买入 1 份看涨期权，买入 1 份看跌期权。

（2）买入 1 份看涨期权，买入 1 份合成看跌期权（买入 2 份看涨期权，卖出 1 份标的合约）。

（3）买入 1 份合成看涨期权，买入 1 份看跌期权（买入 2 份看跌期权，买入 1 份标的合约）。

假设看涨期权、看跌期权、标的股票的价格如下：

	买 报 价	卖 报 价
股票	51.45	51.50
行权价格 50 的看涨期权	4.10	4.20
行权价格 50 的看跌期权	2.35	2.40

如果剩余 3 个月到期，利率为 4%，期望到期前支付股利 0.25，买入行权价格为 50 的跨式期权的最好方法是什么呢？

假设我们只能以买报价卖出，以卖报价买入，如果买入整个跨式期权，我们总共要支付 4.20 + 2.40 = 6.60。但是，假如我们买入合成看跌期权（即买入看涨期权，卖出期货合约）。我们需要为看跌期权支付多少成本呢？

回顾看跌-看涨平价关系式中股票期权的近似值：

看涨期权价格 - 看跌期权价格 = 股票价格 - 行权价格 + 行权价格利息 - 期望股利

如果我们买入合成看跌期权，我们将为看涨期权支付 4.20，并且以 51.45 的价格卖出股票合约。因此

$$4.20 - ?? = 51.45 - 50 + 50 \times 0.04 \times 3/12 - 0.25 = 1.70$$

合成看跌期权的购买成本一定是 2.50。这比看跌期权的实际价格 2.40 要高，所以这是比直接买入跨式组合更差的决策。

如果我们买入合成看涨期权（即买入看跌期权和标的合约）呢？我们将为看跌期权支付 2.40，为股票支付 51.50。这带给我们

$$?? - 2.40 = 51.50 - 50 + 50 \times 0.04 \times 3/12 - 0.25 = 1.75$$

合成看涨期权的价格是 4.15。这实际上比看涨期权的实际价格 4.20 更优。如果我们买入合成跨式期权，买入 2 份看涨期权并且买入标的合约，我们总共要支付 4.15 + 2.40 = 6.55，这比直接买入跨式期权的价格少 0.05。

节约 0.05 有多重要呢？这可能取决于许多因素——价差的成交规模、市场流动性、交易成本及经纪人佣金。交易成本低且倾向于大规模交易的专业交易者应该很乐意节约 0.05。另一方面，零售商会发现直接的跨式组合交易成本更低且更容易在市场中成交，因为策略中只包含 2 个而不是 3 个合约。

似乎当我们能够以比实际价格更优的价格交易合成合约时,一定存在套利机会。但是在我们的例子中不存在套利机会。如果我们进行转换套利(即卖出看涨期权,买入看跌期权,买入股票),看跌-看涨平价关系式为

$$4.10 - 2.40 = 51.50 - 50 + 50 \times 0.04 \times 3/12 - 0.25$$
$$1.70 = 1.75$$

我们将以 1.70 的价格卖出股票并以 1.75 的价格买入。

如果相反的我们进行反向转换套利(即买入看涨期权,卖出看跌期权,卖出股票),计算公式是

$$4.20 - 2.35 = 51.45 - 50 + 50 \times 0.04 \times 3/12 - 0.25$$
$$1.85 = 1.70$$

现在我们以 1.85 的价格买入股票合约并以 1.70 的价格卖出。因为我们必须以买报价买入、以卖报价卖出,所以在 2 个例子中都不存在套利机会。但是,我们的目标是波动率价差而不是套利。买卖价差就是这种能让我们节省 0.05 买入合成跨式期权的策略。

让我们增加期权的数量并思考一个不同的例子:

	买 报 价	卖 报 价
行权价格 45 的看涨期权	7.40	7.55
行权价格 45 的看跌期权	0.70	0.75
行权价格 50 的看涨期权	4.10	4.20
行权价格 50 的看跌期权	2.35	2.40
行权价格 55 的看涨期权	1.95	2.00
行权价格 55 的看跌期权	5.10	5.25

如果像之前一样,剩余 3 个月到期,利率为 4%,则购买行权价格为 45/50/55 的蝶式期权的最佳方法是什么呢?

我们可能要开始比较看涨期权蝶式组合和看跌期权蝶式组合的价格了。我们知道这些策略是等价的,所以价格应该是一样的。

看涨期权蝶式组合:
    买入 1 份行权价格 45 的看涨期权   -7.55
    卖出 2 份行权价格 50 的看涨期权   +8.20
    买入 1 份行权价格 55 的看涨期权   -2.00
                                                       -1.35

看跌期权蝶式组合:
    买入 1 份行权价格 45 的看跌期权   -0.75

卖出 2 份行权价格 50 的看跌期权	+4.70
买入 1 份行权价格 55 的看跌期权	−5.25
	−1.30

买入看跌期权蝶式组合略优于买入看涨期权蝶式组合。

除了买入看涨期权或看跌期权蝶式组合之外，我们还有第 3 种选择——我们可以卖出 1 份铁蝴蝶组合。在第 14 章中，我们注意到卖出铁蝴蝶组合（即买入 1 份宽跨式套利，卖出 1 份跨式套利）等价于买入 1 份蝶式组合。而且，铁蝴蝶组合的价值与蝶式组合的实际价值之和等于行权价格之差的现值。在我们的例子中，价值之和应该为

$$\frac{5.00}{1 + 0.04 \times 3/12} = 4.95$$

因此，以 1.30 的价格买入看跌期权蝶式组合等同于以 4.95 − 1.30 = 3.65 的价格卖出铁蝴蝶组合。价格是多少时我们可以卖出铁蝴蝶组合呢？

铁蝴蝶组合：

买入 1 份行权价格 45 的看跌期权	−0.75
买入 1 份行权价格 55 的看涨期权	−2.00
卖出 1 份行权价格 50 的看跌期权	+2.35
卖出 1 份行权价格 50 的看涨期权	+4.10
	+3.70

如果以 1.30 买入看跌期权蝶式组合等价于以 3.65 卖出铁蝴蝶组合，那么以 3.70 卖出铁蝴蝶组合将获利 0.05。从理论上讲，这似乎是买入行权价格为 45/50/55 的蝶式组合的最佳办法。

虽然从理论上讲卖出铁蝴蝶组合是最佳方式，但是其他的因素比如执行难易程度和交易成本可能会产生影响。尽管在其他条件不变的情况下以 3.70 的价格卖出铁蝴蝶组合是执行蝶式期权策略的最佳办法。

看涨期权蝶式组合、看跌期权蝶式组合和铁蝴蝶组合价格之间是基于合成关系——把任何合约表示成等价合成合约的能力。读者们可能希望证明无论在转换套利、反向转换套利或盒式套利形式中不存在套利机会。但是，我们的目标不是从套利机会中获利而是找出购买蝶式期权的最优价格。关于合成定价关系的知识可以帮助我们实现这个目标。

图 15-3 是套利定价关系的基本总结。每当交易者考虑一个策略时，他都要问自己：通过将一部分策略合成执行起来是否会更好。尽管交易者偶尔会发现合成头寸略优，且在交易生涯中，这些节省量可以加总，但是通常这是不可行的，因

为合成关系非常有效。

注意：计算中不计利息和股利			
C = 看涨期权的价格 P = 看跌期权的价格 F = 标的期货价格 S = 标的股票价格 X = 行权价格 r = 年利率 t = 剩余到期时间 D = 期望股利			
	单利	复利	近似值
看跌 – 看涨平价关系式：	$C - P = (F - X)/(1 + rt)$	$C - P = (F - X)\mathrm{e}^{-rt}$	
	$C - P = S - X/(1 + rt) - D$	$C - P = S - X\mathrm{e}^{-rt}$	$C - P \approx S - X + Xrt - D$
盒式套利价值： X_l = 低行权价格 X_h = 高行权价格	$(X_h - X_l)/(1 + rt)$	$(X_h - X_l)\mathrm{e}^{-rt}$	$(X_h - X_l) - (X_h - X_l)rt$
	盒式套利多头 = 看涨价差（牛市）多头 + 看跌价差（熊市）多头		
股票期权的卷筒式套利价值： t_l = 长期期权的剩余到期时间 t_s = 短期期权的剩余到期时间 D = 到期日之间的期望股利	$X/(1 + r_s t_s) - X/(1 + r_l t_l) - D$	$X\mathrm{e}^{-r_s t_s} - X\mathrm{e}^{-r_l t_l} - D$	$X(t_l - t_s)r - D$
	卷筒式套利多头 = 日历看涨价差多头 + 日历看跌价差空头		
股票期权的时间盒式套利 （对角卷筒式套利）	$X_s/(1 + r_s t_s) - X_l/(1 + r_l t_l) - D$	$X_s \mathrm{e}^{-r_s t_s} - X_l \mathrm{e}^{-r_l t_l} - D$	
时间盒式套利的价值 = 长期盒式套利 – 低行权价格卷筒式套利 　　　　　　　　　　= 短期盒式套利 – 高行权价格卷筒式套利			

图 15-3　欧式期权套利关系的总结

第 16 章
美式期权提前行权

到目前为止我们均假设所有期权交易策略都会将头寸持有至到期。可绝大多数期货交易所交易的都是美式期权，均附带可以提前行权的权利，因此有必要考察美式期权的特征，特别是要回答 3 个问题。

(1) 什么情况下交易者可能考虑提前行权？

(2) 如果提前行权是可取的，是否存在理想的时机呢？

(3) 与同样条款的欧式期权相比，交易者愿意为美式期权多支付多少？

提前行权之所以被接受，必然是因为持有标的合约头寸比持有期权合约头寸更有好处。这种好处可能是以股票持有者获取股利的形式或者正的现金流带来利息的形式实现。如果不考虑股利和利息，那么提前行权没有任何价值，在这种情况下

$$\text{美式期权的价值} = \text{欧式期权的价值}$$

美国以外的交易所应用的是期货型结算方式，因此其交易的期货期权通常满足上述结论。期货合约不支付股利，标的期货合约或以该合约为标的的期权合约交易不会带来现金流。即使是美式期权，实际上也没有提前执行该期权的价值。

16.1 套利边界

当对合约进行评估时，交易者可能要考虑合约的**套利边界**（arbitrage boundary）——合约交易不存在套利机会的最低价（套利下边界）和最高价（套利上边界）。确定欧式期权和美式期权的套利边界有助于我们理解美式期权的提前行权。

考虑以下价格：

合　　约	价　　格
6 月行权价格 90 的看涨期权	9.90
标的合约	100.00

如果 6 月行权价格为 90 的看涨期权是美式期权，所有人都希望以 9.90 的价格买入看涨期权，以 100.00 的价格卖出标的合约，并且立刻执行。现金流的结果是

买入 6 月行权价格 90 的看涨期权　　-9.90
卖出标的合约　　　　　　　　　　+100.00
执行看涨期权　　　　　　　　　　　-90.00
总损益（P&L）　　　　　　　　　　+0.10

套利收益为 0.10。

现在来考虑以下价格

合　约	价　格
6 月行权价格 70 的看跌期权	4.80
标的合约	65.00

如果 6 月行权价格为 70 的看跌期权是美式期权，所有人都希望以 4.80 的价格买入看跌期权，以 65.00 的价格买入标的合约，并且立刻执行期权。现金流的结果是

买入 6 月行权价格 70 的看跌期权　　-4.80
买入标的合约　　　　　　　　　　　-65.00
执行看跌期权　　　　　　　　　　　+70.00
总损益（P&L）　　　　　　　　　　+0.20

套利收益为 0.20。

从以上两个例子中我们可以得出结论：美式期权的交易价格不可能低于其内在价值。如果期权价值低于内在价值，那么所有人都希望买入期权，用标的合约对冲，同时执行期权，这将立刻带来套利收益。我们可以将美式期权的套利边界的下界表示为

看涨期权：$\geq \max[0, S-X]$

看跌期权：$\geq \max[0, X-S]$

这里 X 是行权价格，S 是标的合约的价格。

我们给看涨期权和看跌期权的套利边界都加上限定符 $\geq$ 是因为美式期权的套利下边界实际上可能比期权的内在价值高。目前，我们简单认为下边界不能比期权内在价值低。

我们可以用看跌-看涨平价关系式来确定欧式期权的套利下边界

$$C - P = \frac{F - X}{1 + r \times t}$$

看跌期权价格最小值是 0，所以欧式期权的下边界一定是

$$C \geqslant \frac{F - X}{1 + r \times t}$$

这里 F 是标的期货合约的价格或标的股票合约的远期价格。

对期货期权而言，看涨期权的套利下边界是期权内在价值的现值。这意味着如果欧式期货期权采用的是股票型结算，则套利下边界总是比内在价值小，因为现值一定比内在价值小。

例如：

期货价格 = 1 167.00

剩余到期时间 = 6 个月

利率 = 4%

如果期权采用股票型结算，则行权价格为 1100 的看涨期权的套利下边界为

$$\frac{1\ 167.00 - 1\ 100}{1 + 0.04 \times 6/12} = 65.69$$

虽然内在价值是 67.00，但是套利下边界是 65.69。

对股票期权而言，如果用股票的远期价格来代替 F 并且股利忽略不计，则欧式看涨期权的套利下边界为

$$C \geqslant S - \frac{X}{1 + r \times t} - D$$

看涨股票期权的价值不能小于股票价格减去行权价格的现值再减去股利的差。这说明虚值看涨股票期权的套利下边界可以比 0 大。例如：

股票价格 = 49.50

剩余到期时间 = 6 个月

利率 = 4%

股利 = 0

1 份行权价格为 50 的看涨期权，虽然它是虚值的但是套利下边界为

$$\frac{49.50 - 50}{1 + 0.04 \times 6/12} = 0.48$$

如果看涨期权以低于 0.48 的价格交易，比如说 0.40，我们就能买入看涨期权，卖出股票合约并在到期时执行看涨期权。现金流为

买入行权价格 50 的看涨期权	-0.40
支付看涨期权价格利息（0.40×0.04×6/12）	-0.01
卖出股票	+49.50
收入股票价格利息（49.50×0.04×6/12）	+0.99
到期执行看涨期权	<u>-50.00</u>

总损益（P&L）   +0.08

这正好是看涨期权的价格 0.40 与套利下边界 0.48 的价差。

在此例中，我们可以确定套利收益至少为 0.08，因为我们知道可以通过到期执行看涨期权平仓头寸，所以我们会以不高于 50 的价格买回股票。但是，假设到期时股票价格比 50 低。这时不是执行看涨期权而是以该市场价格购买股票。这样会带来比 0.08 更高的收益。套利下边界告诉我们低于该价格就存在套利机会并同时决定了套利可实现的**最低**盈利。如果到期时股票的交易价格低于行权价格那么套利实现的最高盈利会更大。

1 份行权价格为 50 的美式看涨期权的套利下边界是多少呢？我们可以假设该期权的套利下边界为 0，因为这是虚值期权，没有人会执行虚值期权。但是提前行权是正确的，不用承担义务。只要我们不选择提前行权，美式期权就转换为欧式期权。因此美式期权的套利下边界至少是期权的内在价值。如果欧式期权等价物的套利下边界比内在价值大，正如上例中一样，那么这个数字也可以作为美式期权的套利下边界：

$$\text{美式看涨期权} \geq \max[0, S - X, (F - X)/(1 + r \times t)]$$

在该例中，不论期权是美式期权还是欧式期权，行权价格为 50 的看涨期权的套利下边界都是 0.48。

让我们对上例做些许改变：

股票价格 = 49.50

剩余到期时间 = 6 个月

利率 = 4%

股利 = 每 3 个月支付 0.65（总股利是 1.30）

1 份行权价格为 45 的欧式看涨期权的套利下边界是多少呢？

$$\frac{49.50 - 45}{1 + 0.04 \times 6/12} - 1.30 = 4.08$$

如果是美式看涨期权，它的内在价值（49.50 - 45 = 4.50）比欧式期权的内在价值 4.08 大。因此，行权价格为 45 的美式看涨期权的套利下边界是 4.50。

将 F 和 X 调换，我们可以运用看跌-看涨平价关系式来确定欧式看跌期权的套利下边界

$$P \geq \frac{X - F}{1 + r \times t}$$

正如期货期权的看涨期权，欧式看跌期权的套利下边界是其内在价值的现值。

对股票期权而言，我们可以用 F 替代股票远期价格，得到看跌期权的套利下边界

$$P \geq \frac{X}{1 + r \times t} - S + D$$

看跌股票期权的交易价格不能低于行权价格的现值减去股票价格再加上股利的值。

股票价格 = 49.50

剩余到期时间 = 6 个月

利率 = 4%

股利 = 0

行权价格为 50 的欧式看跌期权的套利下边界一定是 0,因为

$$\frac{50}{1 + 0.04 \times 6/12} - 49.50 = -0.48$$

但是,如果是美式期权,则期权的套利下边界将是其内在价值 0.50。

由于只要不选择提前行权我们就能将 1 份美式看跌期权转换为欧式看跌期权,美式看跌期权的套利下边界为

$$\text{美式看跌期权} \geq \max[0, X - S, (X - F)/(1 + r \times t)]$$

由于欧式期权的套利下边界是关于时间、利率以及股利(在股票的例子中)的函数,随着时间的推移,边界在不断地变化。对采用股票型结算的期货期权而言,边界在不断上升,因为现值不断上升至内在价值。但是,对股票期权而言,边界的上升和下降取决于远期价格高于还是低于现货价格。如果远期价格高于现货价格(利息比股利小),则看涨期权的边界下降,看跌期权的边界上升。图 16-1 至图 16-4 形象地展示了这些变化。

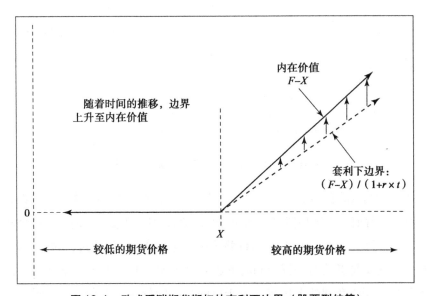

图 16-1 欧式看涨期货期权的套利下边界(股票型结算)

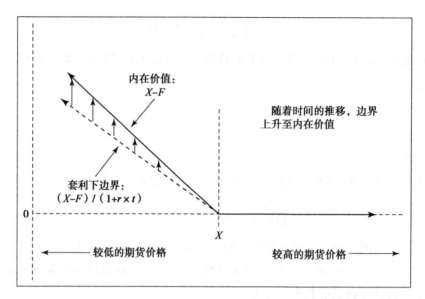

图 16-2 欧式看跌期货期权的套利下边界（股票型结算）

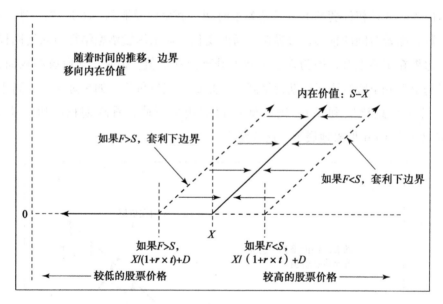

图 16-3 欧式股票看涨期权的套利下边界

如果欧式期权的套利下边界比内在价值小，那么在有些例子中，欧式期权的价值小于其内在价值。当这种情况出现的时候，随着时间的推移，期权的价值将不断上升至内在价值。因此，期权的 Theta 将为正。这在第 7 章讨论过，如图 7-9 所示。

虽然最初交易者是对期权套利的下边界感兴趣，但是出于完整性的考虑，我们也希望确定期权套利的上边界。由于标的合约的价格不会低于 0，所以无论是美式股票看跌期权还是美式期货看跌期权，它们套利的上边界都是行权价格。对采用股票型结算的欧式看跌期权而言，套利的上边界是行权价格的现值。

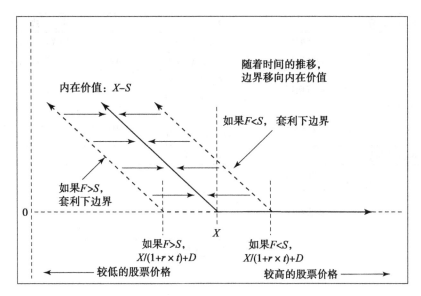

图 16-4　欧式股票看跌期权的套利下边界

美式看跌期权 $\leq X$

欧式看跌期权 $\leq X/(1+r\times t)$

我们可以运用看跌-看涨平价关系式来确定看涨期权套利的上边界

$$C - P = \frac{F - X}{1 + r \times t}$$

我们知道欧式看跌期权的最大价值为 $X/(1+r\times t)$。因此，欧式看涨期权的最大价值为

$$C \leq \frac{F - X}{1 + r \times t} + \frac{X}{1 + r \times t} = \frac{F}{1 + r \times t}$$

欧式期货看涨期权合约的最大价值等于期货价格除以利率。如果期权采用期货型结算方式，则合约的最大价值就等于标的期货合约的价格。

对欧式股票看涨期权而言，我们可以用股票远期价格 $S\times(1+r\times t)-D$ 替换 F

$$C \leq \frac{S \times (1 + r \times t) - D - X}{1 + r \times t} + \frac{X}{1 + r \times t}$$

忽略股利带来的利息

$$C \leq \frac{S - D - X}{1 + r \times t} + \frac{X}{1 + r \times t} = S - D$$

欧式股票看涨期权的最大价值等于股票价格减去股利。而美式看涨期权的最大价值为股票价格。图 16-5 是对套利边界的总结。

套利下边界		美式	欧式
期货期权（股票型结算）	看涨期权	max [0, F - X]	max [0, (F - X) / (1 + r × t)]
	看跌期权	max [0, X - F]	max [0, (X - F) / (1 + r × t)]
股票期权	看涨期权	max [0, S - X, S - X/ (1 + r × t) - D]	max [0, S - X/ (1 + r × t) - D]
	看跌期权	max [0, X - S, X/ (1 + r × t) - S + D]	max [0, X/ (1 + r × t) - S + D]
套利下边界		美式	欧式
期货期权（股票型结算）	看涨期权	F	F/ (1 + r × t)
	看跌期权	X	X/ (1 + r × t)
股票期权	看涨期权	S	S - D
	看跌期权	X	X/ (1 + r × t)

图 16-5　套利边界的总结

16.2　股票看涨期权提前行权

我们在什么条件下会选择提前执行美式股票看涨期权呢？为了回答这个问题，让我们来考虑看涨期权价值的组成部分。

显然，如果我们考虑执行 1 份期权，那它一定是实值的。因此，一定有**内在价值**（intrinsic value）的部分。看涨期权也起到了为股票头寸提供保护的价值，因为看涨期权的损失受到行权价格的限制。股票价格降到行权价格以下的可能性取决于波动率，所以我们将这种保护价值称为**波动率价值**（volatility value）。随着波动率上升，我们愿意为看涨期权付出更多。看涨期权也包含**利率价值**（interest-rate value）。随着利率上升，以看涨期权替代持有股票头寸变得更可取。最后，还有**股利价值**（dividend value）。但是，与波动率价值和利率价值不同的是，股利价值会减少看涨期权的价值，而这两种价值都会增加看涨期权的价值。因此

看涨期权的价值 = 内在价值 + 波动率价值 + 利率价值 - 股利价值

假设我们能够确定每部分的价值，并且发现股利价值比波动率价值和利率价值之和还要大

股利价值 > 波动率价值 + 利率价值

在本例中，看涨期权的价值将小于其内在价值。而实际上，欧式期权在很多例子中是以低于内在价值的价格成交。但是，如果是美式期权，就会被提前行权，因

为我们可以通过同时执行看涨期权和卖出股票获得该内在价值。

我们怎样估计波动率、利率和股利部分的价值呢？股利部分仅仅是期权存续期内期望股票支付的总股利。利率价值是当我们打算卖出看涨期权买入股票并持有头寸至到期时应当支付的利息。如果看涨期权是深度实值的，那么它的价值将非常接近内在价值并且总的现金流约等于行权价格

$$\text{内在价值} = \text{股票价格} - \text{行权价格}$$

通过观察我们可以得到同样的结论，如果我们执行看涨期权，我们必须支付行权价格。利率价值是持有行权价格至到期的近似持有成本。

波动率部分则更难确定。但是我们知道波动率价值取决于股票价格降至行权价格以下的可能性。平行看跌期权（与看涨期权相同行权价格和到期时间的看跌期权）的价值应该是很好的看涨期权估计值。通过看跌 – 看涨平价关系我们知道同样行权价格和到期时间的看涨期权和看跌期权的 Vega 是相等的——它们对波动率的变化有同样的敏感度。因此，它们的波动率价值应该是相等的。[⊖]

例如，考虑如下：

股票价格 = 100

剩余到期时间 = 1 个月

利率 = 6%

股利 = 0.75，每 15 天支付

如果行权价格为 90 的看跌期权的价值是 0.20，行权价格为 90 的看涨期权会被提前行权吗？

我们知道了股利价值（0.75），波动率价值（0.20），所以我们只需要计算持有行权价格至到期的成本

$$90 \times 0.06 \times 1/12 = 0.45$$

满足提前行权的条件，因为

$$\text{股利价值} > \text{波动率价值} + \text{利率价值}$$

$$0.75 > 0.20 + 0.45 = 0.65$$

在图 16-6 中我们能够发现行权价格为 90 的看涨期权会提前行权的原因——

⊖ 虽然平行看跌期权也有利率价值和股利价值，但是这些组成部分都非常小。改变利率或股利同改变标的价格一样会导致远期价格发生变化。但是，看跌期权 Delta 值很小，因而会对这些变化相对迟钝。因此，虚值看跌期权的利率价值和股利价值都只占很小部分。虽然没有灵敏的测量股利的方法，但是通过注意到虚值期权的 Rho 值比实值期权的小，我们可以证明看跌期权对利率的变化相对迟钝。

欧式期权的价值低于内在价值。⊖如果可以给出提前行权和持有到期两种选择，我们选择现在行权会多收益 0.10。

但是我们只有提前行权和不提前行权这两种选择吗？美式期权可以在到期之前的任意时间行权。如果今天不行权，明天行权会怎样呢？后天呢？

假设我们是今天而不是明天行权。我们的收益或损失是多少呢？我们会损失 1 天的波动率价值和行权价格的利率价值。作为交换，我们什么也没得到。我们行权是为了获取股利，但是股利每 15 天才发放一次。由于当我们提前执行美式股票看涨期权时我们便放弃了波动率价值和利率价值，所以我们唯一会考虑提前行权的时间是股利支付的前一天。任何其他的时间提前行权都不是最优的。

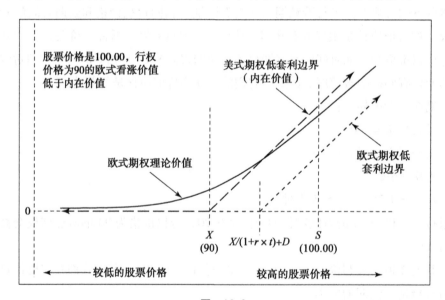

图 16-6

如果美式股票看涨期权要提前行权，在整个期权存续期内提前行权的条件必须是适用的

$$股利价值 > 波动率价值 + 利率价值$$

但是，对 1 份**立刻**会提前行权的期权而言，提前行权的条件在第 2 天也要满足。对 1 份股票看涨期权而言，交易者考虑提前行权的唯一时间是股利支付的前一天。实际上，如果股票在存续期内不支付股利，那么就不再有提前行权的理由。

⊖ 显然图 16-6 不是按比例画的。欧式期权的套利下边界图像出现弯曲的点似乎是 90 和 100 的中点。实际上该点是。$X/(1 + r \times t) + D = 90/(1 + 0.06/12) + 0.75 = 90.30$。

16.3　股票市场提前执行看跌期权

我们在什么条件下会选择提前执行美式股票看跌期权呢？我们可以像股票看涨期权一样将股票看跌期权的价值划分为好几个部分。我们再次从内在价值开始。在内在价值之上我们可以加入波动率价值——看跌期权防止股票价格上升至行权价格以上的保护价值。还有利率价值——如果我们执行看跌期权，我们将获得行权价格的利息。最后，还有一些股利价值。

$$看跌期权价值 = 内在价值 + 波动率价值 - 利率价值 + 股利价值$$

注意，波动率价值和股利价值会使看跌期权的价值增加，而利率价值会使看跌期权的价值减少。假设我们能够确定每个部分并且发现利率价值比波动率价值与股利价值之和大

$$利率价值 > 波动率价值 + 股利价值$$

如果这是真的，期权的价值将小于其内在价值。但是，如果是美式期权，它就适合提前行权，因为我们现在执行看跌期权就能获得内在价值。

我们可以用估计看涨期权组成部分价值的方法来估计看跌期权的价值。利率价值是当我们执行看跌期权时行权价格到期所获得的利息。股利价值是在股票存续期内期望支付的总股利。波动率价值约等于平行虚值看涨期权的价格。

考虑以下情况：

股票价格 = 100

剩余到期时间 = 2 个月

利率 = 6%

股利 = 0.40

如果行权价格为 120 的看涨期权的价值为 0.55，行权价格为 120 的看跌期权会被提前行权吗？

我们知道波动率价值（0.55）和股利价值（0.40）。到期时行权价格所获得的利息为

$$120 \times 0.06 \times 1/6 = 1.20$$

满足提前行权的条件，因为

$$利率价值 > 波动率价值 + 股利价值$$
$$1.20 > 0.55 + 0.40 = 0.95$$

我们可以在图 16-7 中看到，在股票价格为 100 时，行权价格为 120 的欧式看

跌期权价格跌至内在价值以下，这使得看跌期权适合提前行权。如果现在有提前行权和持有到期两个选择，我们现在行权就能多收益0.25。[一]

与看涨期权一样，看跌期权要立刻提前行权必须在整个期权存续期和行权的第2天都满足提前行权的条件。我们提前行权仅仅是因为提前行权的第2天获得收益大于损失。对上文讲到的行权价格为120的看跌期权而言这些是正确的吗？

假设明天支付股利0.40。如果我们选择今天而不是明天行权，就能获得一天的利息

$$120 \times 0.06/365 = 0.02$$

作为交换，我们将放弃一天的波动率价值和股利价值。就算我们假设波动率价值可以忽略不计，我们所失去的股利价值0.40也远比我们获取的利率价值0.02大。很显然，我们应该等一天再提前行权，放弃一天的利率价值但是保留了一天的股利价值。

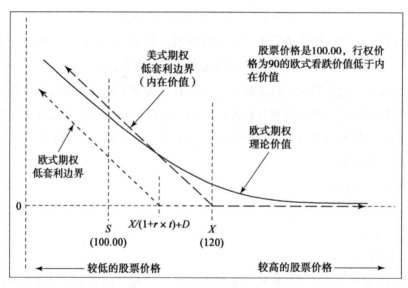

图 16-7

假设股利在两天后才支付。如果我们不等到股利支付，今天就提前行权，我们将获得两天的利率价值0.04，但是我们仍然失去了股利价值0.40。等到两天后再执行仍然是更好的策略。

什么时候应该提前执行看跌期权呢？由于交易者不愿意放弃股利价值，所以交易者提前执行股票看跌期权最常见的时间是股利支付当天。但是与股票看涨期

[一] 与图 16-6 一样，图 16-7 也不是按比例画的。欧式套利下边界线开始弯曲的点是在 $X/(1 + r \times t) + D = 120/(1 + 0.06/6) + 0.40 = 119.21$。

权在股利支付的前一天提前行权不同，股票看跌期权可以在到期前的任何时间提前行权。如果我们能获得的利率价值大于波动率价值和股利价值之和，提前行权就是最优策略。

忽略波动率价值，我们能够看到如果获得的利率价值小于股利价值，那么没有交易者愿意提前执行看跌期权。在我们的例子中，我们预期每天获得 0.02 的利率价值，如果股利在接下来的 20 天内支付，提前行权就不是最优的，因为

$$0.40/0.02 = 20$$

如果距支付股利的时间少于 20 天，那么我们所获得的利率价值不足以弥补股利价值损失。对看跌期权而言，这段**封闭期**（blackout period）很容易计算：用股利除以行权价格每天可获得的利息。在这段时间内，明智的交易者不会提前执行看跌期权，因为股利损失比获得的利率总价值大。

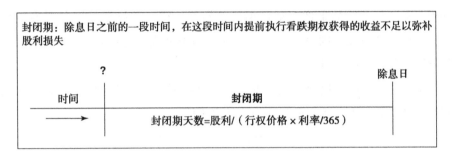

这并不意味着永远不要在股利支付之前执行看跌期权。在我们的例子中，如果股利将在 30 天后支付，我们现在执行就能获得 30 天的利率价值，即 $30 \times 0.02 = 0.60$。这比股利价值 0.40 大。只要波动率价值在接下来的 30 天内小于 0.20，那么即刻执行看跌期权就是一个明智的选择。

16.4 卖空提前行权股票的影响

利率是决定是否提前执行股票期权的重要决定因素。如果我们降低利率，看涨期权更可能提前行权（提前行权带来更小的利息损失），而看跌期权更不可能提前行权（提前行权将带来更小的利息收益）。由于股票空头头寸需要较低的利率（利率因借贷成本而减少），股票空头头寸交易者更有可能提前执行看涨期权。同时，还没有持有股票的交易者更不可能提前执行看跌期权。这与我们第 7 章中提出的一般规则是一致的：

只要有可能，交易者应该避免持有股票空头头寸。

如果交易者持有股票空头头寸，执行看涨期权会减少或者平掉这一头寸。如果交易

者不持有股票头寸，执行看跌期权会带来股票空头头寸。在前一个例子中，看涨期权提前行权的可能性较大；在后一个例子中，看跌期权提前行权的可能性较小。

16.5　期货期权的提前行权

在执行期货期权时会发生什么呢？执行看涨期权让我们能够以行权价格买入标的期货合约。执行看跌期权能够让我们以行权价格卖出标的期货合约。由于期货合约采用期货型结算方式，所以资金收入的变动等于期权的内在价值，即行权价格与期货合约价格之差。如果期权采用期货型结算方式，行权会导致期权消失，我们的资金支出就会等于该期权的价值。假设期权的价格等于其内在价值，则收入和支出会互抵，这样就没有现金流。由于没有现金流，所以提前行权就没有任何收益。但是，如果像在美国期货交易所一样，期权是采用股票型结算方式，当期权头寸消失时则没有现金流。唯一的现金流就是期货头寸的收入变化，我们能够获得收入的利息。

由于期货期权存在提前行权的可能，期权必须采用股票型结算，并且内在价值获得的利息必须大于我们所放弃的波动率价值

$$利率价值 > 波动率价值$$

期权内在价值的利息对看涨期权而言是

$$(F - X) \times r \times t$$

对看跌期权而言是

$$(X - F) \times r \times t$$

与股票期权一样，我们可以通过观察平行虚值期权的价格来计算期权的波动率价值。假设条件如下：

股票价格 = 100

剩余到期时间 = 3 个月

利率 = 8%

如果行权价格为 80 的看跌期权的价格是 0.15，行权价格为 80 的看涨期权有提前行权的可能吗？

通过提前行权我们获得的利息是

$$(100 - 80) \times 0.08 \times 3/12 = 0.40$$

这比波动率价值 0.15 更大，期权是有可能提前行权的。现在给我们有提前行权和持有到期两个选择，如果我们现在行权会额外获得 0.25。因为期权有可能立刻提

前行权，在行权后的一天也必须满足提前行权条件。一天获得的利息价值必须比波动率价值大。

我们很容易就能计算出一天的利率价值

$$(100 - 80) \times 0.08/365 = 0.0044$$

我们如何计算一天的波动率价值呢？在该例中，我们知道行权价格为 80 的平行期权的价格基本上就是波动率价值。价值的每日损失就是期权的 Theta 值。通过确定虚值平行看跌期权的 Theta，我们就能估计每天的波动率价值。与其他计算不同，这里需要使用理论定价模型。

运用布莱克-斯科尔斯模型，我们发现行权价格为 80 的看跌期权的隐含波动率是 24.68%。在该隐含波动率下，期权的 Theta 为 -0.0046，其绝对值比每日利息略大。如果我们今天而不是明天执行行权价格为 80 的看涨期权，我们将获得 0.0044 的利息，但是会损失 0.0046 的波动率价值。由于我们的损失大于收益，所以期权没有可能立刻提前行权。

我们什么时候执行行权价格为 80 的看涨期权呢？假设在整个存续期间满足提前行权条件，当日波动率价值小于利率价值时，我们会希望提前执行期权。在我们的例子中，当期权的 Theta 小于 0.0044 时，我们会希望行权。运用布莱克-斯科尔斯模型，我们可以估计出 4 天后这一情形将出现，那时行权价格为 80 的看跌期权的 Theta 将是 -0.0043。⊖

为了保留 Theta 价值而不行权似乎是违反直觉的。如果我们不执行行权价格为 80 的看涨期权并且期货合约的价格也不发生变动，那么我们不仅会损失一天的利息还会损失一天的 Theta。但这一情况只有在期货价格不发生变化时才成立。如果期货价格发生变动，实际上会带来对我们有利的 Gamma 值。如果期货价格变化足够大，我们会更愿意持有期权头寸而不是期货头寸。在极端的例子中，期货合约的价格跌至 80 以下，很显然由于行权价格为 80 的看涨期权提供了保护价值，我们会更愿意持有期权头寸。在接下来的一天，期货价格充分变动从而满足持有而不是执行行权价格为 80 的看涨期权的可能性有多大呢？这就是一天的波动率价值——行权价格为 80 的看跌期权的 Theta。

对于可能提前行权的美式期权而言，我们已经考虑了两种选择——持有或行权。也存在第 3 种选择——卖出期权，用标的合约替代期权头寸。这与执行期权的结果一样，因为这两种策略都是用标的头寸替代了期权头寸。

⊖ 术语 fugit 有时指的是期权立刻成为提前行权的备选之前所剩的天数。

什么时候选择卖出期权而不是执行期权是有意义的呢？当我们考虑提前执行美式期权时，实际上我们已经得出期权价值等于内在价值的结论。如果市场上期权的价值正好等于内在价值，那么执行期权和卖出期权并用标的头寸替代期权头寸是无差别的。但是，如果期权的交易价格大于内在价值，并且不考虑交易成本，那么最优决策就是卖出期权并用标的合约替代期权头寸。然而，在实际情况下，卖出可能被提前行权的期权通常不是切实可行的选择。如果期权是深度实值，足以满足提前行权的条件，期权市场相对来说是缺乏流动性的。在这种情况下，买卖价差很可能非常大，以至于所有的期权都以不高于内在价值的价格出售。

16.6 保护价值与提前行权

当提前执行期权时，我们就放弃了行权带来的保护价值。如果标的合约的价格下跌至看涨期权的行权价格以下，或上涨至看跌期权的行权价格以上时，我们更愿意持有期权头寸而不是标的头寸。为了更好地理解放弃保护价值的结果，让我们回顾一下之前股票期权的例子，该例中股利在第 2 天支付：

股票价格 = 100

剩余到期时间 = 1 个月

利率 = 6%

股利 = 0.75，明天支付

如果行权价格为 90 的看跌期权的交易价格是 0.20，我们知道行权价格为 90 的看涨期权有可能立刻提前行权，因为

$$\text{股利价值} > \text{波动率价值} + \text{利率价值}$$
$$0.75 > 0.20 + 0.45 = 0.65$$

如果我们执行行权价格为 90 的看涨期权，结果就是我们没有期权头寸，但拥有股票标的多头头寸。这一头寸与我们卖出期权并买入股票的结果一样。但是，如果我们卖出看涨期权并买入标的股票，这就相当于合成了卖出看跌期权。从某种意义上说，执行行权价格为 90 的看涨期权与卖出行权价格为 90 的看跌期权是一样的。什么情况下我们会后悔卖出了行权价格为 90 的看跌期权呢？无论我们卖出行权价格为 90 的看跌期权还是提前执行行权价格为 90 的看涨期权，在这两种情况下，只要到期时股票价格低于 90，我们就会后悔之前的选择。

如果执行行权价格为 90 的看涨期权与卖出行权价格为 90 的看跌期权是一样的，我们可能会问，如果我们执行行权价格为 90 的看涨期权，我们会以什么价格

卖出行权价格为 90 的看跌期权呢？因为

$$0.75 > 0.20 + 0.45 = 0.65$$

可以看出通过提前执行行权价格为 90 的看涨期权我们将获益 0.10。这就意味着我们卖出行权价格为 90 的看跌期权的价格比其市场价格 0.20 高 0.10。因此，执行行权价格为 90 的看涨期权等价于以 0.30 的价格卖出行权价格为 90 的看跌期权。

相信会提前行权的交易者如何在标的合约价格有可能穿越行权价格时保护自己呢？方法很简单：交易者在执行期权的同时可以买入平行的虚值期权。在我们的例子中，如果交易者执行行权价格为 90 的看涨期权，同时以 0.20 的价格买入行权价格为 90 的看跌期权，他同样可以为行权价格为 90 的看涨期权保值，而成本却低了 0.10。交易者是否会选择购买行权价格为 90 的看跌期权是基于对市场条件的估计。如果交易者认为隐含波动率很低，0.20 的价格似乎很便宜，他将很乐意购买行权价格为 90 的看跌期权。如果隐含波动率很高，0.20 的价格看起来很昂贵，那么交易者会寻找其他方式来控制下行风险。

16.7　美式期权的定价

到目前为止我们主要讨论了美式期权为什么要提前行权和何时提前行权的问题。但是我们也要考虑定价的问题。美式期权的价值应该是多少呢？除非利率是 0 并且不考虑股利，否则美式期权的价值应该高于等价的欧式期权的价值。但是具体高多少呢？

布莱克-斯科尔斯模型没有对美式期权进行估值，因为它是一个欧式定价模型。1973 年当芝加哥期权交易所成立时，最先挂牌的是美式股票期权。尽管如此，因为没有同样简洁的美式期权模型，交易者持续使用了很多年布莱克-斯科尔斯模型。交易者通过调整布莱克-斯科尔斯模型生成的价值来估计美式期权的价值。

例如，当股票期望支付股利时，在以下两种情况下美式看涨期权的价值约等于对应的布莱克-斯科尔斯看涨期权的价值。

（1）看涨期权在股票除息日之前到期。

（2）看涨期权在惯例日期到期，但是用于估计看涨期权的标的股票价格等于当前股票价格减去期望股利。

以上两种情况计算出的看涨期权价值的较大者就是**伪美式**（pseudo-American）看涨期权价值。

至于期货期权和股票看跌期权，交易者使用布莱克-斯科尔斯模型生成的价格，但是对于理论价值低于平价的期权，交易者使用平价价格。不幸的是这两种方法都不能真正准确地估计出美式期权的价值。

第一个广泛用于估计美式期权价值的模型是由麻省理工学院的约翰·考克斯（John Cox）、耶鲁大学的斯蒂芬·罗斯（Stephen Ross）和加州大学伯克利分校的马克·鲁宾斯坦（Mark Rubinstein）建立的。⊖ 布莱克-斯科尔斯模型是封闭式的因而只能得出一个期权价值，而 **Cox-Ross-Rubinstein 模型或二项式模型**（binomial model）则与之不同，它是算法化和循环计算的。该模型经历的循环次数越多，计算出来的价值就越接近美式期权的真实价值。Cox-Ross-Rubinstein 模型相对来说在直觉上和数学上都很容易理解，并且是期权定价理论中学生们使用最广泛的方法。（我们将在第 19 章中进一步观察。）但是，就计算而言，要经过很多次循环计算才能得到可接受的估计值。为了减少 Cox-Ross-Rubinstein 模型所需要的计算时间，1987 年阿尔伯塔大学的 Giovanni Barone-Adesi 和杜克大学的 Robert Whaley 提出了一个替代的美式期权定价模型。⊖ 虽然 **Barone-Adesi-Whaley 模型或者二次方程模型**（quadratic model）在数学上更复杂，但是它比 Cox-Ross-Rubinstein 模型更快收敛于可接受的美式期权价值。Barone-Adesi-Whaley 模型的局限在于将现金流处理成以固定利率累计的利息支付形式。但是，股利是一次性付清的，出于这个原因，在估计支付股利的股票期权价值时更常使用的是 Cox-Ross-Rubinstein 模型。

除了生成美式期权的价值，Cox-Ross-Rubinstein 模型和 Barone-Adesi-Whaley 模型都详细说明了提前执行美式期权的最佳时间。虽然对于这个问题我们在之前的讨论中有些主观，但在使用真正的美式期权定价模型时，当期权的理论价值等于平价且它的 Delta 正好是 100 时是提前执行期权的最佳时机。

美式期权和欧式期权价值差别的程度取决于很多因素，包括剩余到期时间、波动率、利率，并且对于股票期权而言还需考虑股利的数量。随着期权变得更深度实值，提前行权的可能性增加，并且随之美式期权和欧式期权的价值之差增加。在图 16-8 中我们可以看到行权价格为 90 的股票看涨期权的价值，其中

剩余到期时间 = 7 周

利率 = 6%

⊖ John C. Cox, Stephen A. Ross, and Mark Rubinstein, "Option pricing: A Simplified Approach", *Journal of Financial Economics* 7: 229—263, 1979。

⊖ Giovanni Barone-Adesi and Robert Whaley, "Efficient Analytic Approximation of American Option Values", *Journal of Finance* 42 (2): 301-320, 1987。

股利=1.00，4周后支付
波动率=25%

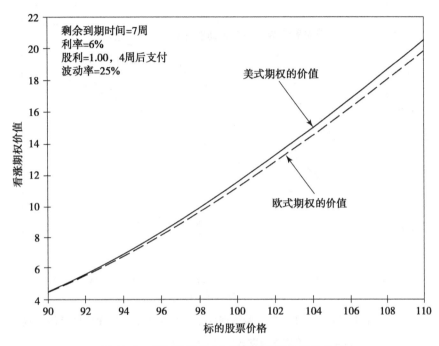

图16-8 行权价格为90的看涨期权的理论价值

由于标的股票价格从90上升到110，看涨期权由不太可能提前行权的虚值期权向非常可能提前行权的实值期权状态变化。图16-9展示了美式期权和欧式期权的理论价值在波动率分别是25%、15%和35%时的净差额。波动率越高价值差额越小，因为美式期权更不可能提前行权；波动率越低价值差额越大，因为美式期权更有可能提前行权。在所有情况下，随着期权实值的程度越来越深，价值差额接近0.67，这个数额等于股利减去在支付股利的前一天以90的价格购买股票并持有至到期的利息成本

$$1.00 - (90 \times 0.06 \times 22/365) \approx 0.67$$

现在考虑相同条件下行权价格为110的看跌期权的价值。与看涨期权一样，看跌期权越进入实值，美式期权和欧式期权的价值差额越大，如图16-10所示。图16-11总结了3种不同波动率下美式期权和欧式期权价值的净差额。波动率越大价值差额越小，因为美式看跌期权更不可能提前行权；波动率越小价值差额越大，因为更有可能提前执行看跌期权。在所有的情况下，随着期权实值的程度越来越深，价值差额接近0.38，这个数额就是股利支付之后我们在剩余到期的3周内在行权价格上所赚取的利息

$$110 \times 0.06 \times 21/365 \approx 0.38$$

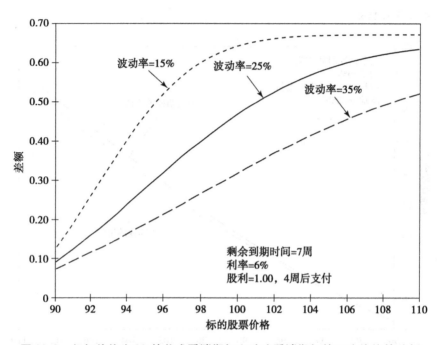

图16-9 行权价格为90的美式看涨期权和欧式看涨期权的理论价值的差额
（美式期权的价值减去欧式期权的价值）

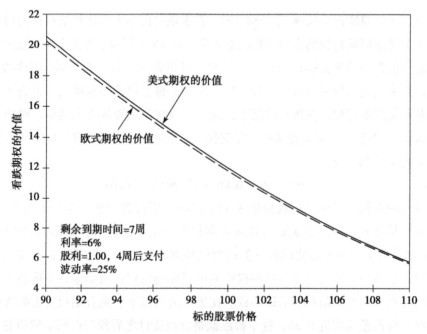

图16-10 行权价格为110的看跌期权的理论价值

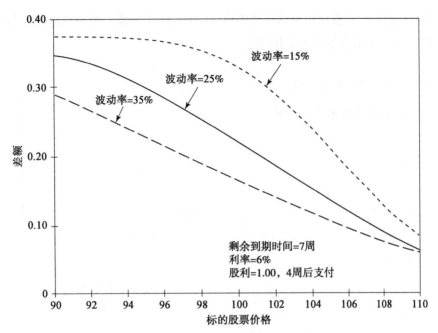

图 16-11　行权价格为 110 的美式看跌期权和欧式看跌期权的理论价值的差额
（美式期权的价值减去欧式期权的价值）

在关于合成的讨论中，我们注意到对欧式股票期权而言，同样行权价格和到期时间的看涨期权和看跌期权的 Delta 之和总是 100。但是，对美式期权而言，其 Delta 值之和可以超过 100。这是因为美式实值期权的 Delta 接近 100 的速度快于对应的欧式期权。同时，平行虚值期权仍有一些 Delta。因此，如果我们计算合成标的（看涨期权多头和看跌期权空头）的 Delta，即加上美式看涨期权的 Delta 并减去美式看跌期权的 Delta，我们会发现 Delta 之和大于 100。图 16-12 展示了在与之前例中相同的条件下行权价格为 100 的合成合约中美式期权的 Delta。

剩余到期时间 = 7 周

利率 = 6%

股利 = 1.00，4 周后支付

波动率 = 25%

高波动率会减少美式期权和欧式期权价值的差额，所以合成合约的 Delta 会更接近 100。

由于 Delta 受提前行权概率的影响，套利策略如转换套利、反向转换套利、盒式套利以及卷筒式套利，在所有期权都是欧式期权的情况下，这些套利就是 Delta 中性的，但是在所有期权都是美式期权的情况下，这些套利策略可能就不再是 Delta 中性了。尽管这些策略偏离 Delta 中性的程度较低，但大规模的交易策略却会带来不容交易者忽视的附加风险。

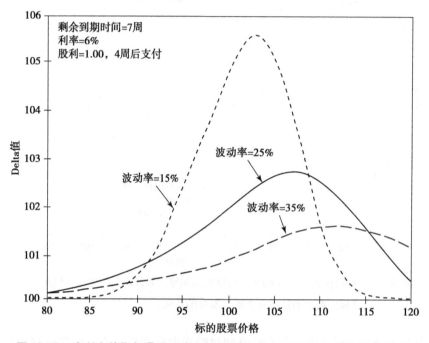

图 16-12　当所有的期权是美式期权时行权价格为 100 的合成合约的 Delta（行权价格为 100 的看涨期权的 Delta 值-行权价格为 100 的看跌期权的 Delta 值）

用美式期权定价模型来估计单个美式期权的价值是必要的，但是不用定价模型也能估计一些策略的价值。例如，假设我们已知如下条件：

剩余到期时间 = 24 天

利率 = 6%

股利 = 0.60，9 天后支付

如果所有的期权都是美式期权，那么行权价格为 100/110 的盒式套利的价值是多少呢？为了回答这个问题，我们首先要估计出等价的欧式盒式套利的价值。这样我们就能根据期权提前行权来调整盒式套利的价值。

欧式盒式套利的价值就是行权价格之差的现值

$$\frac{110 - 100}{1 + 0.06 \times 24/265} \approx 9.96$$

现在我们来考虑提前行权的几种可能性。

情况 1：提前执行行权价格为 100 和 110 的看跌期权。看跌期权会在股利支

付的当天执行，盒式套利价值增加的部分是10.00在15天内所获的利息

$$9.96 + \left(10 \times 0.06 \times \frac{15}{365}\right) = 9.96 + 0.025 = 9.985$$

情况2：提前执行行权价格为100和110的看涨期权。看涨期权会在股利发放的前一天执行。盒式套利价值增加的部分是10.00在16天内所获的利息

$$9.96 + \left(10 \times 0.06 \times \frac{16}{365}\right) = 9.96 + 0.026 = 9.986$$

情况3：只提前执行行权价格为110的看跌期权。盒式套利价值增加的部分是110在15天内所获的利息

$$9.96 + \left(110 \times 0.06 \times \frac{15}{365}\right) = 9.96 + 0.271 = 10.231$$

情况4：只提前执行行权价格为100的看涨期权。盒式套利价值增加的部分是股利减去100在16天内的利息成本

$$9.96 + 0.60 - \left(100 \times 0.06 \times \frac{16}{365}\right) = 9.96 + 0.60 - 0.263 = 10.297$$

情况5：提前执行行权价格为100的看涨期权和行权价格为110的看跌期权。盒式套利价值增加的部分是股利加上110在15天内的利息再减去100在16天内的利息成本

$$9.96 + 0.60 + \left(110 \times 0.06 \times \frac{15}{365}\right) - \left(100 \times 0.06 \times \frac{16}{365}\right)$$

$$= 9.96 + 0.60 + 0.271 - 0.263 = 10.568$$

在股票价格很低时，两种看跌期权都有可能提前行权，而在股票价格很高时，两种看涨期权都有可能提前行权，盒式套利的价值接近9.99。如果行权价格为100的看涨期权或行权价格为110的看跌期权中的一种有可能提前行权，那么盒式套利的价值就介于10.23和10.30之间。最后，如果行权价格为100的看涨期权和行权价格为110的看跌期权都有可能提前行权，那么盒式套利的价值就实现最大值10.57。这种情况发生在两种期权都是实值的情况下，且股票价格最有可能接近105。波动率也应该很低，因为在波动率高的市场中，交易者不会愿意提前执行期权而放弃期权的波动率价值。图16-13展示了在3种不同的波动率假设和不同的股票价格下行权价格为100/110的盒式套利的价值。

支付股利的美式股票期权和欧式股票期权价值的差额最大。即使是期货期权，如果采用股票型结算方式，也具有提前行权的额外价值。在图16-14中我们可以看到期货合约中行权价格为90的看涨期权的价值，其中

剩余到期时间=3个月

利率 = 8%
波动率 = 25%

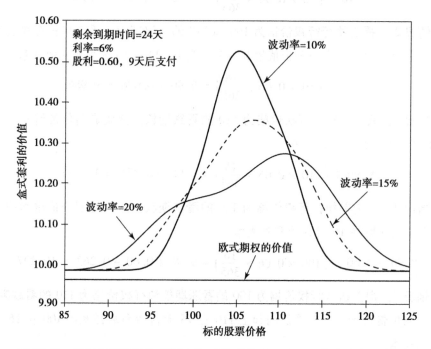

图 16-13 当所有期权是美式期权时，行权价格为 100/110 的盒式套利的价值

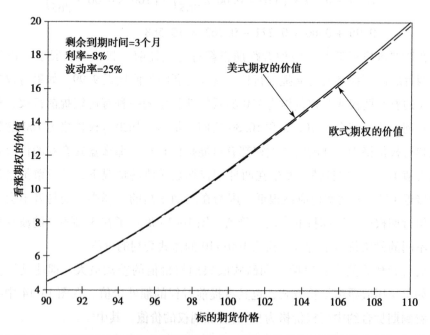

图 16-14 采用股票型结算方式的期货合约中，行权价格为 90 的看涨期权的理论价值

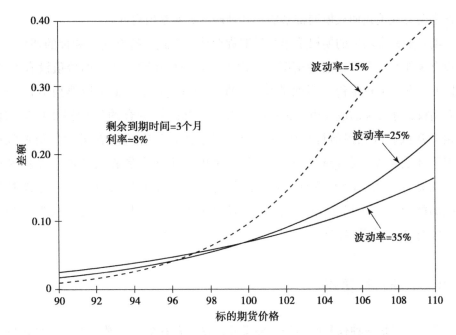

图 16-15　期货合约中行权价格为 90 的美式看涨期权和欧式看涨期权的理论价值的差额（美式期权的价值-欧式期权的价值），其中期权采用股票型结算方式

图 16-15 展示了美式期权和欧式期权价值的差额。与股票期权存在最大价值差额不同，期货期权的价值差额随着期权实值的程度变深而持续增加。这是因为提前执行期权的价值取决于期权内在价值所获得的利息。并且期权实值的程度越深，内在价值就越大。在我们的例子中标的期货合约的交易价格是 110，提前执行行权价格为 90 的看涨期权的附加价值将接近内在价值获得的利息

$$(110 - 90) \times 0.08 \times 3/12 = 0.40$$

不论交易者选择什么模型，模型生成价值的精确度既取决于模型中的输入变量又取决于模型本身的理论精确度。如果交易者在估计美式期权的价值时使用了错误的波动率、利率或者标的价格，那么他从美式期权模型中得出的价值与从欧式期权模型中得出的价值就没什么差异。由于输入的变量是错误的，两个模型中得出的价值都是错误的。虽然美式期权模型产生的错误可能更小，但是如果错误的输入变量带来了巨大的交易损失，那么这一点也是不足以安慰的。

当持有期权头寸和标的合约头寸的成本相差巨大时，提前行权就变得最重要。在购买股票所需的现金支出要比购买期权所需的现金支出大很多的股票期权市场中，持有期权头寸和标的合约头寸的成本差额相对较大。而且，与持有期权头寸的成本相比，持有股票头寸的成本也会受股利的影响。股票期权市场的交易

者通常会发现美式期权模型带来的额外精确度确实是值得的。

期货期权市场中的期权采用的是期货型结算方式，持有期权和标的期货合约都没有额外的成本。在这种情况下，由于美式期权和欧式期权的价值没有差别，所以使用欧式期权定价模型就足够了。即使期货期权采用的是股票型结算方式，持有期权头寸带来的成本也是很小的，因为与标的期货合约的价格相比期权的价格非常低。因此提前行权的附加价值很小并且只有可能在极度实值期权的情况下才会考虑提前行权。基于实际的考虑，比如交易者估计波动率的精确度，交易者预测标的市场趋势方向的能力，以及他通过有效的价差策略控制风险的能力，这些都远比选择使用美式定价模型而不是欧式定价模型所带来的小收益要重要得多。⊖

16.8 提前行权策略

提前行权是一种权利而不是一种义务，并且有些策略是基于交易者做出的错误决策或在本应该执行期权时却未行权。例如，考虑以下情况：

股票价格 = 98.75

剩余到期时间 = 5 天

股利 = 1.00，明天支付

假设为了避免损失股利 1.00 今天应该执行 1 份行权价格为 90 的美式看涨期权。那样的话，期权的近似价值就是平价，即 8.75。假设交易者能够以 8.75 的价格卖出行权价格为 90 的看涨期权同时以 98.75 的价格买入 100 份股票。由于今天应该执行行权价格为 90 的看涨期权，所以交易者可能被指派命令，要求其以 90 的价格卖出股票。如果这种情况发生，除去交易成本，交易者最终会盈亏相抵：

卖出 90 看涨期权	+8.75
买入股票	-98.75
在被指派时，以 90 的价格卖出股票	+90.00
	0

但是假设交易者没有被指派行权价格为 90 的看涨期权。如果股票建仓不变，股票新的价格为 97.75（股票价格 98.75 减去股利 1.00）。由于看涨期权是平价交易

⊖ 在外汇市场上，如果本国货币（期权结算的货币）和外国货币（执行合约时的交割货币）的利率有显著差别，那么考虑提前行权也是十分必要的。

的，所以会以 7.75 的价格建仓。交易者会在股票上损失 1.00 却在行权价格为 90 的看涨期权上获利 1.00。但是由于交易者持有股票，他会收到股利。不计交易成本的前提下，持有头寸的总收益将等于股利 1.00。

在**股利游戏**（dividend play）中，随着除息日的临近，交易者会尝试卖出深度实值看涨期权同时买入等量的股票。如果交易者被指派看涨期权（因为他应该被指派），他基本上收支相抵；但是如果他没有被指派，他将获得约等于股利数量的收益。交易者被指派的可能性有多大呢？在大多数交易者交易期权中是很少使用指派命令的，指派命令的一个决定因素是已卖出的未平仓看涨期权的数量。未清算的看涨期权数量越多，被指派的可能性越小。另一个决定因素是市场的成熟度——大多数市场参与者是否熟悉提前行权的条件。在不成熟的市场中股利游戏通常发生在期权交易初期，很多应该提前被执行的期权却未被行权。当市场越来越有效时，只有专业且交易成本低的交易者才会尝试这种套利机会。即使在那时，他可能发现绝大多数卖出的看涨期权都会被指派。

交易者可能也会尝试**利率游戏**（interest play），卖出股票同时卖出应该被提前行权的深度实值美式看跌期权。如果不执行看跌期权，交易者能获得的收益部分是行权价格的利息，即卖出股票和卖出看跌期权组合的收入。只要不执行看跌期权这一收益就会继续积累。如果执行看跌期权，交易者最坏的结果也只是盈亏相抵。同样地，只有交易成本低的专业交易者才可能尝试利率游戏策略。

如果期权采用的是股票型结算方式，期货期权市场也可能进行利率游戏，买入期货合约同时卖出深度实值看涨期权或者是卖出期货合约同时卖出深度实值看跌期权。如果期权是深度实值的，它就应该被提前行权。如果一直不执行期权，交易者会继续从卖出期权的收入中获取利息。由于交易者所获得的利息部分约等于内在价值（行权价格与期货价格之差），这一收益低于类似的股票期权市场的策略，在股票市场交易者获得的是行权价格的利息。尽管如此，如果交易成本足够低，这一策略仍然是值得的。

除此之外，交易者也可以通过交易深度实值的看涨或看跌价差来代替卖出期权和交易标的合约来进入提前行权策略。在我们股利游戏的例子中，交易者卖出行权价格为 90 的看涨期权并买入股票。假设为了避免股利损失，行权价格分别是为 85 和 90 的看涨期权都应该被执行，行权价格为 85/90 的看涨价差的价值应该是 5.00，正好是两个行权价格之差。假设被要求以指定价格报价，那做市商给该价差报出的买价会低于 5.00，也许是 4.90，卖价会高于 5.00，也许是 5.10。买价和卖价是同样的报价似乎是不合逻辑的，但是考虑一下如果做市商能够以 5.00

的价格买入或卖出价差会发生什么呢？

如果做市商买入价差（即买入行权价格为 85 的看涨期权，卖出行权价格为 90 的看涨期权），他会立刻执行行权价格为 85 的看涨期权，从而买入股票。这样他就成功进入了我们之前描述的股利游戏（即做空看涨期权，做多股票）。如果他没有被指派行权价格为 90 的看涨期权，他又获得股利部分的收益。相反地，如果做市商卖出价差（即卖出行权价格为 85 的看涨期权，买入行权价格为 90 的看涨期权），他会立刻执行行权价格为 90 的看涨期权。现在他通过买入股票和卖出行权价格为 85 的看涨期权执行了股利游戏。如果他没有被指派行权价格为 85 的看涨期权，他又将获得股利部分的收益。做市商愿意放弃买卖价差的优势以换取不执行期权空头所带来的潜在收益。

16.9 提前行权的风险

如果交易者已经卖出的期权可能将被提前行权，他该有多担忧呢？"如果我突然被指派行权会发生什么呢？"提前指派有时候会带来损失。但是导致交易者损失的原因有很多，提前行权只是其中的一个。交易者应该像应对标的合约价格变动和隐含波动率变动一样，为提前执行期权做好准备。清算所提出的保证金要求通常需要交易者保持账户资金充足以应对提前指派。但也不总是这样。如果交易者是深度实值期权空头，提前指派的通知会导致其现金压缩。如果这种情况发生，他需要足够的资本来应对这种情况。否则，他所持有的部分或所有头寸可能会被强制清算，而强制清算一定会带来损失。

尽管有被提前指派的风险，但这种情况几乎不会突然出现。交易者只需要问自己："如果我持有期权，现在应该行权吗？"如果答案是肯定的，那交易者就应该为指派做好准备。如果答案是否定的，但他依然被指派了，对交易者来说可能是一件好事。这意味着有交易者错误地放弃了期权的利率价值或波动率价值。当这种情况发生时，被指派的交易者会发现自己收到了一份意想不到的礼物。

第17章

Option Volatility and Pricing

利用期权套保

最初期货和期权是作为保险合约被引入的,它们使得市场参与者能够将持有标的头寸的风险转移给其他市场参与者。但是与期货合约转移全部风险不同,期权只是转移部分风险。从这个角度讲,期权比期货合约更类似于传统的保单。

虽然期权最初的功能与保单类似,但是在大多数市场上,期权市场已经发展到套保者(那些希望利用期权保护现有头寸的参与者)只占市场参与者很小比例的程度。套利者、投机者、价差交易者等其他交易者的数量都远大于真正的套保者。即便如此,套保者仍代表了期权市场中一股重要的力量,因此任何活跃的市场参与者都必须了解套保者为保护自身头寸所采取的交易策略。

许多套保者进入市场时就是**天然的多头**(natural longs)或**天然的空头**(natural shorts)。在正常商业活动的过程中,套保者将从标的物价格的上涨或下跌中盈利。商品生产者是天然的多头,如果商品价格上涨,在市场上卖出商品将使生产者获得更多收益;商品消费者是天然的空头,如果商品价格下跌,在市场上购买商品时就可以支出更少。同样地,金融市场的资金借出方和借入方分别是天然的利率多头和利率空头。利率上升将有利于借出方而损害借入方。利率下降将产生相反的效果。

其他潜在套保者进入市场是由于他们已经主动选择了持有现货多头头寸或空头头寸,而现在又希望规避掉头寸的部分或全部风险。商品投机者也会选择持有特定合约的多头或空头,但目的是希望暂时降低全部多头头寸或空头头寸的风险。假设资产管理人持有股票投资组合,但他认为短期内投资组合的价值会下降。如果这样的话,用期货或期权合约暂时对冲股票比现在卖出、过几天再重新购回股票的成本低得多。

就像购买保单一样,套保也需要成本。当成本是现金流出的形式时,套保成本就非常明显;但套保还存在隐性成本,要么失去获利机会,要么在特定市场条件下承担了更多的风险。每一个套保决策都是一种权衡：套保者必须放弃在一种市场条件下的获益来保护在另一种市场条件下的损失。保护市场价格下跌的多头套保者必然要放弃价格上涨时所能获得的收益；而保护市场价格上涨的空头套保者必然要放弃价格下跌时可能获得的收益。

17.1 保护性看涨期权和看跌期权

利用期权对标的头寸进行套保的最简单的方法就是买入 1 份看跌期权保护多头头寸，或买入 1 份看涨期权保护空头头寸。在任何情况下，如果市场价格发生不利变动，交易者都能避免价格超过行权价格的损失。行权价格和标的合约当前价格的差异类似于保单中的免赔额部分。期权价格类似于购买保单的费用。

举例来说，假如一家美国公司预计在 6 个月之后交割一批价值 100 万欧元的德国货物。如果要求到期时支付欧元，美国公司相当于持有了欧元对美元汇率的空头。如果在接下来的 6 个月里欧元对美元升值，购买货物就要花费更多美元；如果欧元对美元贬值，这批货物就会少花费美元。如果欧元对美元的汇率现在是 1.35（1.35 美元兑 1 欧元），并在接下来 6 个月里保持不变，那最终美国公司将会支付 1 350 000 美元。但如果交割时欧元汇率上升到 1.45（1.45 美元兑 1 欧元），美国公司的成本就会提高到 1 450 000 美元。

该美国公司可以通过买入欧元汇率看涨期权来规避这一风险，比如买入行权价格为 1.40 的看涨期权。对完全套保而言，标的合约是 1 000 000 欧元，期权到期日要与货物交割日一致。如果欧元对美元升值，美国公司 6 个月后收到货物时就要支付比预期更高的价格，但为 1 欧元支付的美元绝不会大于 1.40 美元。如果到期时汇率大于 1.40，美国公司只需执行看涨期权，以 1.40 美元的价格购入欧元；如果到期时汇率小于 1.40，美国公司就会让期权自动过期，因为他会在标的市场上以更低价格购入欧元。

在利率风险套保中，保护性期权有时指的是**上限期权**（caps）和**下限期权**（floors）。以浮动利率借款的企业持有空头利率头寸——利率下降会降低借贷成本，而利率上升会增加借贷成本。为了控制**上限期权**的上升风险，企业可以购买利率看涨期权，这样就限定了支付借款的最大数量。无论利率上升到多高，借款者支付的数量不会高于上限期权的行权价格。

以浮动利率借出资金的机构就持有了多头利率头寸——利率上升收益将上升，而利率下降收益会减少。为了限定**下限期权**的下行风险，机构会购买利率看跌期权，这样就限定了收回贷款资金的最小值。不论利率如何下降，贷款者收到的资金都会大于下限期权的行权价格。

购入看涨期权保护空头头寸或购入看跌期权保护多头头寸的套保者都将其承担的风险限定为期权的行权价格。同时，其在标的市场的潜在收益仍然是无限的。如果标的合约市场价格变动有利于套保者，他会选择让期权过期，并利用标的合约市场的有利价格获利。在我们的例子中，如果到期时欧元汇率降至 1.25，公司就会让行权价格为 1.40 的看涨期权自动过期（不行权），同时公司会在标的市场上以 1 250 000 美元的价格购买 100 万欧元，从而获得 100 000 美元的意外收益。

以保护性看涨期权或保护性看跌期权的形式为头寸购买保险会产生成本，即期权价格。保险成本与被保护头寸的规模成正比。如果剩余期限 6 个月且行权价格为 1.40 的看涨期权的价格是 0.02，那么无论发生什么，公司都会支付额外的 20 000（$=0.02 \times 100$ 万）美元。较高行权价格的看涨期权成本较低，但免赔部分较小，期权所提供的保护也会相对较小。如果公司选择以 0.01 的价格买入行权价格为 1.45 的看涨期权，保险成本虽然只有 10 000（$=0.01 \times 100$ 万）美元，但公司需要承担欧元价格在 1.45 以下时的所有损失。只有在汇率超过 1.45 时期权才能提供完全的保护。同样地，较低行权价格的看涨期权会提供更多保护，但价格也更高。1 份行权价格为 1.35 的看涨期权可以为公司在汇率上升到 1.35 以上时提供保护。但是如果期权的价格为 0.04，这部分额外的保护会使最终成本增加 40 000（$=0.04 \times 100$ 万）美元。

买入保护性期权的成本及这种策略对头寸的保护作用如图 17-1（保护性看跌期权）和图 17-2（保护性看涨期权）所示。因为每一个策略都是标的头寸和期权多头的组合，所以构建出的保护性头寸正是第 14 章中所论述的合成期权多头。

$$\text{标的合约空头} + \text{看涨期权多头} \approx \text{合成看跌期权多头}$$
$$\text{标的合约多头} + \text{看跌期权多头} \approx \text{合成看涨期权多头}$$

套保者买入看跌期权来保护标的多头头寸，实际上以相同的行权价格构建了 1 份看涨期权多头头寸。买入看涨期权来保护标的空头头寸实际上构建了 1 份看跌期权多头头寸。在我们的例子中，如果公司以 1.40 的价格买入看涨期权来保护欧元空头头寸，组合头寸（即标的合约空头，看涨期权多头）等价于持有 1 份行权价格为 1.40 的看跌期权多头。

套保者应该买入哪种保护性期权呢？这取决于套保者愿意承担风险的程度，而承担风险的程度必须由每个市场参与者自己决定。只有一件事是确定的，那就是买入保护性期权总要产生成本。如果期权的保险功能能够保护套保者的金融头寸，那这种成本也是值得的。

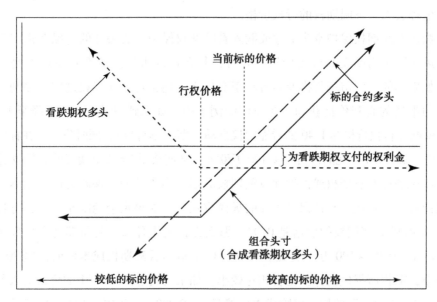

图 17-1　标的头寸多头和保护性看跌期权多头

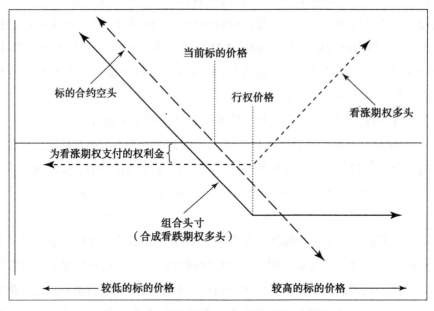

图 17-2　标的头寸空头和保护性看涨期权多头

17.2　持保立权

如果套保者不愿意为保护性期权（具有有限且明确的风险）付出成本，那么他应该考虑卖出或开立基于标的头寸的期权。这种**持保立权**（covered write）（有时候也被写为**覆盖策略**（overwrite））不会像购买保护性期权那样提供有限的风险，但是其明显的优势就是会直接带来现金收入。这种现金收入会对标的市场的不利变动提供有限保护。

假设一个投资者持有股票但是想防止短期股价下跌。当然，他可以买入保护性看跌期权。但是如果他认为股价下跌的幅度可能会非常小，那么他就可能转而卖出看涨期权来保护股票多头头寸。投资者寻求的保护程度，以及价格上涨带来的潜在升值，决定了投资者卖出实值期权、平值期权还是虚值期权。卖出实值看涨期权会提供很大程度的保护，但是也会消除大部分价格上涨带来的收益。卖出虚值看涨期权只能提供较少的保护，但是却给价格上涨带来的收益留出了空间。

假设投资者所持股票当前的成交价格是100。如果他以6.50的价格卖出行权价格为95的看涨期权，这将为股价下跌提供很大程度的保护。只要股价下跌的幅度不超过6.50，即不低于93.50，投资者至少能够实现盈亏相抵。不幸的是，如果股价开始上涨，交易者就没有机会获得股价上涨带来的收益，因为他会被指派该行权价格为95的看涨期权，股票将被交收。尽管股价上涨了，投资者至少可以得到卖出行权价格为95的看涨期权的权利金1.50。

另一方面，如果交易者希望获得股价上涨带来的收益，同时也愿意接受价格下跌时有较少的保护，他可以卖出行权价格为105的看涨期权。如果行权价格为105的看涨期权的成交价格是2.00，卖出该期权只能保护股价下跌至98。但是，如果股价上涨，投资者可以在价格上涨至105之间获利。超过105时，投资者能够预期到该股票被交收，就消除了任何额外的收益。

投资者应该卖出哪种期权呢？这是一个主观的决策，取决于投资者愿意接受风险的程度，以及希望在价格上涨时获得多大收益。很多持保立权涉及卖出平值期权。平值期权比实值期权提供的保护较小，并且比虚值期权获得的潜在收益更少。但是平值期权有最大的时间溢价。如果市场价格保持在当前价格附近，那么利用卖出平值期权对冲现有头寸就能够获得最大收益。

持保立权的特征以及该策略所提供的保护如图17-3（备兑看涨期权）和图17-4（备兑看跌期权）所示。由于每个策略都是标的头寸与期权空头头寸的组合，所以从第14章的内容可知，得到的保护性头寸是一个合成的期权空头头寸：

标的合约多头 + 看涨期权空头 ≈ 合成看跌期权空头

标的合约空头 + 看跌期权空头 ≈ 合成看涨期权空头

卖出看涨期权来保护标的多头头寸的套保者实际上以相同的行权价格构建了1份

看跌期权空头头寸。卖出看跌期权来保护标的空头头寸的套保者实际上构建了 1 份看涨期权空头头寸。在我们的例子中，如果套保者卖出行权价格为 105 的看涨期权来保护股票多头头寸，组合头寸（即标的合约多头，看涨期权空头）等价于卖出 1 份行权价格为 105 的看跌期权。

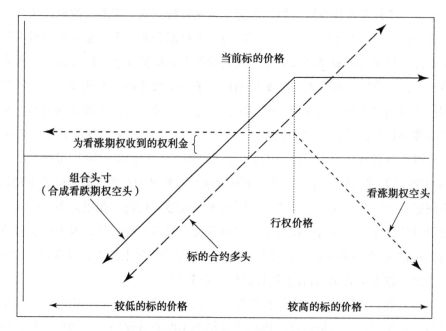

图 17-3　标的头寸多头和备兑看涨期权空头

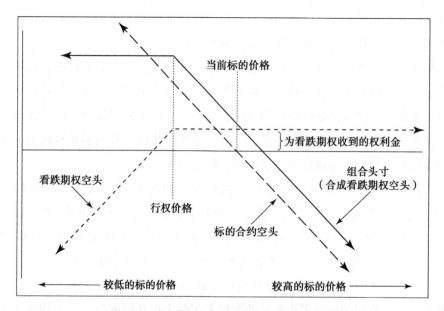

图 17-4　标的头寸空头和备兑看跌期权空头

在证券期权市场中卖出备兑看涨期权来保护股票多头头寸是最常见的套保策略。当一次性执行买入股票同时卖出该股票看涨期权时，该策略被称为**买入-立权**（buy/write）。12月行权价格为105的买入-立权由买入1份股票合约（通常是100份）同时卖出12月行权价格为105的看涨期权组成。与所有价差组合一样，买入-立权以单一价格报价（股票价格-看涨期权价格）并同单个对手方交割。举例来说，如果股票的交易价格是100，12月行权价格为105的看涨期权的交易价格是2.00，那么12月行权价格为105的买入-立权的交易价格就是98。做市商报出的价格可能介于97.90至98.10之间。总的来说，做市商愿意以97.90的价格买入股票和卖出看涨期权，以98.10的价格卖出股票和买入看涨期权。

买入-立权是非常常见的策略，许多交易所都公布反映这一策略收益情况的指数，通常是主要的股票指数。芝加哥期权交易所买入立权指数（BXM）反映的是由买入标准普尔500指数（SPX）投资组合、并每月卖出1个月期标准普尔500指数的浅虚值看涨期权所组成的策略收益情况。⊖

持保立权也可以被用来设定买入或卖出标的物的目标价格。持有股票的投资者会在股票达到特定价格后便考虑将其卖出。通过卖出行权价格等于目标价格的看涨期权，投资者可以将卖出价锁定在行权价格上。如果股价没有达到行权价格，投资者仍可保留卖出看涨期权带来的权利金。

同样地，想要买入股票的交易者在股价下跌至一定程度后可以卖出行权价格等于买入目标价格的看跌期权。如果股价降至行权价格以下，投资者会被指派看跌期权，他会被迫买入股票。但这正是他最初的目的。如果股价未降至行权价格以下，投资者也仍然能够保留卖出看跌期权带来的权利金。想要进行股票回购计划的公司经常使用这种卖出看跌期权来触发买入股票的策略。通过卖出行权价格等于目标回购价格的看跌期权，公司要么可以回购本公司的股票，要么可以获得看跌期权的权利金收益。

卖出看涨期权来设定卖出价格与卖出看跌期权来设定买入价格的主要不同在于保障交易进行的方式。卖出看涨期权的保障是持有股票，而卖出看跌期权的保障是一旦被指派看跌期权时，有足以支撑购买股票的现金。卖出**现金担保的看跌期权**（cash-secured put）要求投资者存入的现金量等于看跌期权的行权价格。如果是不会提前行权的欧式看跌期权，投资者需要存入的现金量等于行权价格的现值

⊖ 详细介绍芝加哥期权交易所买入立权指数以及其历史表现的内容，可以点击以下网址获得 http://www.cboe.com/micro/bxm/。

$$\frac{X}{1+r\times t}$$

买入保护性期权和卖出备兑期权是两种最常见的期权套保策略。如果要在这两种策略之间做出选择，套保者应该怎样选择呢？理论上讲，套保者的决定是基于同样的交易标准：价格和价值。如果期权价格较低，买入保护性期权就是有意义的。如果期权价格较高，卖出备兑期权就是有意义的。从交易者的角度来看，价格**高低**通常以隐含波动率的形式体现出来。通过比较期权存续期内的隐含波动率和期望波动率，套保者应该能够对买入或卖出期权做出明智的判断。当然，他还面临选择行权价格的问题。这取决于套保者预测的价格变动有利或不利的程度以及当他判断失误时所能接受的风险程度。

虽然理论分析在套保者决策中很重要，但对实际的考虑可能更重要。如果套保者知道标的合约超过某一特定价格会给经营带来威胁，那么无论期权的理论价格是否被高估⊖，套保者选择以该特定价格作为行权价格的保护性期权都将是明智之举。

套保者通常不愿意买入保护性期权。"当我可能损失权利金时，我为什么还要买入期权呢？"这的确是事实。大多数保护性期权到期时都是虚值的。然而，当套保者考虑到大部分交易者愿意为保护个人财产而购买保险时，这一推理似乎就不合逻辑了。并且绝大多数保单都会自动过期不会被索赔：房子没有被烧毁、人没有死亡、汽车没有被偷等，这也是保险公司能够获利的原因。但是大部分人购买保险不是为了获利，他们这么做只是为了寻求保单带来的安心。同样的理念也适用于买入期权，如果套保者需要利用期权提供保护，那么虽然大多数期权到期时都没有价值，但买入期权或许是最佳选择。

17.3 领子期权

套保者可能既希望通过购买保护性期权来限制风险但是又拒绝支付该策略的权利金。那他可以怎么做呢？**领子期权**（collar）涉及买入保护性期权的同时卖出备兑期权来保护标的合约头寸。⊖ 由于提供保护的成本较低，所以领子期权成了流行的套保工具。同时，它还使得套保者至少能够获得部分标的市场价格有利变动所产生的收益。例如标的股票的交易价格是100，持有多头头寸的套保者可能

⊖ 当然，如果期权价格普遍被高估，套保者可能不会买入保护性期权。但这种情况不太可能发生。期权价格被高估通常是有正当的原因的。

⊖ 领子期权策略有很多名称，包括**篱式期权**（fence）、**隧道期权**（tunnel）、**圆筒期权**（cylinder）、**远期范围合约**（range forward）以及**可转换价差套利**（split-strike conversion）。

会选择买入行权价格为 95 的看跌期权同时卖出行权价格为 105 的看涨期权。套保者就避免了价格低于 95 的风险,因为他可以执行看跌期权。同时,他又可以获得价格高于 105 的收益。

领子期权中运用的术语**多头**(long)和**空头**(short)一般指的是标的头寸。1 份标的多头头寸与保护性看跌期权和备兑看涨期权一起就构成了 1 份领子期权多头。1 份标的空头头寸与保护性看涨期权和备兑看跌期权一起就构成了 1 份领子期权空头。领子期权的特征如图 17-5 和图 17-6 所示。由于每份合约都可以用对应的合成头寸表示,所以我们可以看到领子期权多头(见图 17-5)就是一个牛市垂直价差,而领子期权空头(见图 17-6)就是 1 个熊市垂直价差。这两种策略的风险和收益都是有限的。

由于领子期权是垂直价差,其风险特征在第 12 章中已做过描述。领子期权多头的 Delta 值通常为正,领子期权空头的 Delta 值通常为负。Gamma 值、Theta 值和 Vega 值则取决于所选择的行权价格。如果行权价格更接近保护性期权的行权价格,那么期权的 Gamma 值为正、Theta 值为负、Vega 值为正。如果行权价格更接近备兑期权的行权价格,则期权的 Gamma 值为负、Theta 值为正、Vega 值为负。除非一个期权比另一个期权的虚值程度要深得多,否则这些风险测度指标可能很相似,都只有很小的 Gamma、Theta 和 Vega。套保者也可能选择使领子期权的 Gamma、Theta 和 Vega 值近乎中性的行权价格。

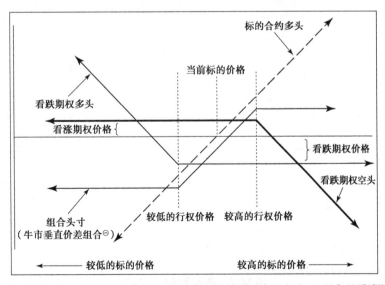

图 17-5　领子期权多头(1 份标的合约多头、1 份保护性看跌期权多头、1 份备兑看涨期权空头)

⊖　原文为 synthetic short put,有误。——译者注

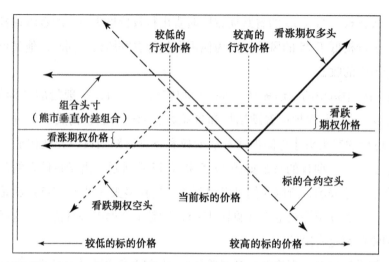

图 17-6 领子期权空头（1 份标的合约空头、1 份保护性看涨期权多头、1 份备兑看跌期权空头）

领子期权流行的另一个原因是卖出备兑期权能够弥补购买保护性期权的部分或全部成本。如图 17-5 所示，当保护性期权的价格比备兑期权的价格高时，组合头寸的中部位于标的头寸的损益（P&L）线下方。如图 17-6 所示，当保护性期权的价格比备兑期权的价格低时，组合头寸的中部位于标的头寸的损益（P&L）线上方。如果保护性期权的价格与备兑期权的价格相等，则该策略成为**零成本领子期权**（zero-cost collar）。图 17-7 是基本套保策略的总结。

头 寸	套 保 策 略	优 势	劣 势
标的多头	卖出期货或远期合约	无下行风险	无上行潜在收益
	买入保护性看跌期权	有限的下行风险、无限的上行潜在收益	期权成本
	卖出备兑看涨期权	部分下行保护等于看涨期权的价格	无限的下行风险、有限的上行潜在收益
	领子期权多头（保护性看跌期权多头/备兑看涨期权空头）	有限的下行风险	有限的上行潜在收益
标的空头	买入期货或远期合约	无上行风险	无下行潜在收益
	买入保护性看涨期权	有限的上行风险、无限的下行⊖潜在收益	期权成本
	卖出备兑看跌期权	部分上行保护等于看跌期权的价格	无限的上行风险、有限的下行潜在收益
	领子期权空头（保护性看跌期权多头/备兑看涨期权空头）	有限的上行风险	有限的下行潜在收益

图 17-7 基本套保策略总结

⊖ 原文为 upside，打字错误。——译者注

17.4 复杂套保策略

由于大多数套保者都不是专业的期权交易者，因此他们没有时间也不愿意详细分析期权价格。最广泛使用的就是买入或卖出1份期权的简单套保策略。然而如果套保者愿意对期权做进一步详细分析，他可以构建各种同时考虑波动率和价格变动方向的套保策略。为了实现这一目标，套保者必须熟知波动率及其对期权价值的影响，还有作为方向性风险度量指标的 Delta。这样套保者才能将期权知识与套保的现实需求结合在一起。

选择策略的第一步，套保者需要考虑以下方面。

(1) 套保是否需要为最坏情形提供保护？

(2) 对冲需要规避多少现有头寸的方向性风险？

(3) 套保者愿意接受怎样的额外风险？

为了防止最坏情况出现，需要"灾难险"的套保者只能选择买入期权。即便如此，套保者还需要决定买入期权的种类、行权价格和期权数量等。举例来说，假设套保者持有交易价格为 100 的标的合约多头，还假设套保者决定买入看跌期权，因为他需要将市场价格的下行风险限定在可知的固定数量内，那他应该买入哪一种看跌期权呢？

如果套保者认为期权定价过高（即隐含波动率过高），那买入期权显然是对套保者不利的。如果套保者的唯一目的是对冲价格下跌风险而不考虑价格上涨后的潜在收益，他应该避免使用期权并且在期货或远期市场上对冲头寸。但是，如果他还希望得到标的合约价格上涨时所产生的潜在收益，他必须自问要保留多大的多头头寸。如果他愿意保留现有 50% 的多头头寸。这就意味着，他必须买入 Delta 之和等于 −50 的看跌期权。他可以买入 1 份 Delta 值为 −50 的平值看跌期权，或者买入多份 Delta 之和为 −50 的虚值看跌期权来实现。但是，在高隐含波动率的市场中，最佳的策略是尽可能少买入期权并尽可能多卖出期权（这类似于构建比例价差）。因此，从理论上讲买入 1 份 Delta 为 −50 的看跌期权比买入多份 Delta 之和为 −50 的看跌期权成本更低。如果套保者希望消除更多的方向性风险，比如 75%，在这种情况下，买入 1 份 Delta 为 −75 的看跌期权对他更有利。

在其他因素相同的条件下，隐含波动率较高的市场上，套保者应该尽可能地少买入期权/或尽可能多地卖出期权。相反地，在隐含波动率较低的市场上，套保者应该尽可能多地买入期权/或尽可能少地卖出期权。

这意味着，如果所有期权都定价过高（即隐含波动率较高）并且套保者愿意接受卖出备兑看涨期权带来的无限价格下跌风险，那从理论上讲，他就应该卖出尽可能多的看涨期权来实现他的套保目标。如果他要对50%的标的合约多头套保，他可以通过卖出一些Delta之和为50的虚值看涨期权来构建**比例立权**（ratio write），而不是卖出1份Delta为50的平值看涨期权。

卖出多份看涨期权对单份标的合约多头套保存在明显的弊端。现在套保者不仅面临着备兑看涨期权带来的市场价格下行的无限风险，还面临着由于卖出比所覆盖的标的合约数量更多的看涨期权而带来的市场价格上行的无限风险。如果市场上涨到一定程度，他可能被指派所有的看涨期权。绝大多数套保者希望将无限风险限制在一个与现货头寸价格变动相同的方向上。持有标的合约多头的套保者可以接受市场价格下跌的无限风险，但他可能不会接受价格上涨的无限风险。持有标的合约空头的套保者可以接受市场价格上涨的无限风险，但他可能不会接受价格下跌的无限风险。套保者持有的头寸在某一价格变动方向上存在无限风险，这意味着他持有了波动率头寸。但这不是问题，因为波动率交易可能是高收益的。但真正的套保者应该意识到他的最终目的是——保护现有头寸，并使这种保护的成本尽可能低。

套保者也可以利用Delta构建一对一的能够实现预期保护的波动率价差来保护头寸。希望保护50%标的合约空头头寸的套保者，可以买入或卖出Delta之和为+50的日历价差或蝶式组合。这些价差组合在一定范围内提供了部分保护，整个头寸仍面临市场价格上涨的无限风险，但它同时也保留了市场价格下跌时的无限潜在收益。这种波动率价差还为套保者提供了买入或卖出波动率的选择。如果隐含波动率较低，当前标的市场价格是100，套保者可以通过买入行权价格为110的看涨期权日历价差（即买入1份行权价格为110的长期看涨期权、卖出1份行权价格为110的短期看涨期权）来保护标的空头头寸。这一价差的Delta为正，同时理论上也很吸引人，因为较低的隐含波动率使得日历价差多头相对便宜。如果行权价格为110的看涨期权日历价差的Delta为+25，为对冲50%的方向性风险，套保者需要为每份标的头寸空头买入两份价差。相反地，如果隐含波动率较高，套保者可以考虑卖出日历价差。现在套保者只能选择低的行权价格来获得正的Delta。如果他卖出行权价格为90的看涨期权日历价差（即买入1份行权价格为90的短期看涨期权、卖出1份行权价格为90的长期看涨期权），套保者会持有Delta为正和理论胜算为正的头寸。如果他希望保护75%的头寸，且日历价差Delta为+25，那么他要为每份标的合约头寸卖出3份价差。（在第11章中我们可以看到日历价差和蝶式期权的特征。)

套保者也可以通过买入或卖出垂直价差来实现想要的保护。套保者可以根据头寸定价过高或过低（即隐含波动率过低或过高），利用平值期权进行操作。如果标的市场价格为 100，希望保护标的合约多头头寸的套保者可以交易 1 份熊市垂直价差（即卖出行权价格较低的看涨期权，买入行权价格较高的看涨期权）。如果隐含波动率高，套保者将更倾向于卖出平值期权和买入更高行权价格的期权；如果隐含波动率低，套保者更倾向于买入实值期权和卖出更低行权价格的期权。每份价差的 Delta 都为负，但因为平值期权对波动率变动非常敏感，其理论胜算也可能为正。（见第 12 章垂直价差的特征。）

显然，利用期权对冲头寸风险与利用期权构建交易策略一样复杂，决策过程中要考虑很多因素。当潜在的套保者第一次面对复杂多样的可选择策略时，他可能会感到不知所措，甚至会彻底放弃利用期权进行套保。或许更好的办法是仅考虑有限数量（4~5 种）的策略，这么做才有意义，并且可以比较几种策略的不同风险回报。根据对整体市场的判断和承担风险的意愿，套保者才有可能做出明智的选择。

17.5 降低波动率套保

除了在标的合约发生不利变动时保护头寸之外，套保策略还有另一个重要的优点——降低波动率。为了理解这一点的重要性，考虑一个投资组合经理在 5 年期间获得的年收益率如下

$$+19\% \quad -14\% \quad +27\% \quad -9\% \quad +22\%$$

他的平均年收益率是

$$(19\% - 14\% + 27\% - 9\% + 22\%)/5 = +9\%$$

现在考虑第 2 个投资组合经理的年收益率如下

$$+25\% \quad -20\% \quad -23\% \quad +44\% \quad +24\%$$

他的平均年收益率是

$$(25\% - 20\% - 23\% + 44\% + 24\%)/5 = +10\%$$

最后，第 3 个投资组合经理的年收益率是

$$+35\% \quad +15\% \quad -35\% \quad +65\% \quad -20\%$$

他的平均年收益率是

$$(35\% + 15\% - 35\% + 65\% - 20\%)/5 = +12\%$$

第 3 个投资组合经理的平均年收益率 12% 大于前两个投资组合经理的平均年收益率 9% 和 10%。

很明显，我们应该投资给第 3 个投资组合经理。我们真的应该如此么？或许我们不仅要考虑每一年具体发生的事情还要考虑在这 5 年的时间里每个投资组合的具体表现。这可以通过将每个投资组合每一年的变化结果相乘得到：

投资组合 1：$1.19 \times 0.86 \times 1.27 \times 0.91 \times 1.22 = 1.4429$（上涨 44.29%）

投资组合 2：$1.25 \times 0.80 \times 0.77 \times 1.44 \times 1.24 = 1.3749$（上涨 37.49%）

投资组合 3：$1.35 \times 1.15 \times 0.65 \times 1.65 \times 0.80 = 1.3320$（上涨 33.20%）

虽然第 3 个投资组合经理的平均年收益率最大，但是组合的表现最差。第 1 个投资组合经理的平均年收益率最低，但是组合的表现最好，在 5 年中高出第 3 个投资组合经理 11%。

这种未预期到的结果似乎可以用收益的波动率或标准差来解释。第 3 个投资组合经理的收益波动幅度很大，最高为 +65%、最低为 -35%。第 1 个投资组合经理的收益波动幅度较小，在 +27% 和 -14% 之间。而较大的波动率似乎会减少总收益。

图 17-8 是对每个投资组合经理收益的总结。在图中我们添加了非常无趣的第 4 个投资组合经理，在 5 年中他每年的收益率刚好都是 8%。尽管他的平均收益率最低，但是他的投资组合表现最佳，在整个 5 年期间价值上涨了 46.93%。

我们的例子并不是说明不能接受高波动率。如果平均收益率也较高的话，收益波动率较高的投资组合经理仍然可取。这种关于收益率与波动率之间的权衡通常被称为**夏普比率**（Sharpe ratio），最初由威廉·夏普（William Sharpe）在 1966 年提出的[○]

平均收益率 / 收益率标准差

夏普比率越大，风险（波动率）和收益（收益率）的权衡就越有利可图。图 17-8 也展示了 4 个投资组合经理的标准差和夏普比率。

	第1年收益率	第2年收益率	第3年收益率	第4年收益率	第5年收益率	年平均收益率	5年总收益率	标准差	夏普比率
投资组合经理 1	+19%	-14%	+27%	-9%	+22%	+9%	+44.29%	+17.01%	0.5291
投资组合经理 2	+25%	-20%	-23%	+44%	+24%	+10%	+37.49%	+26.71%	0.3744
投资组合经理 3	+35%	+15%	-35%	+65%	-20%	+12%	+33.20%	+36.28%	0.3308
投资组合经理 4	+8%	+8%	+8%	+8%	+8%	+8%	+46.93%	0	—

图 17-8 波动率越大，总收益越低

○ 用于计算夏普比率的收益率有时被表示为超出基准（比如无风险国债的收益）的收益率部分。

17.6 投资组合保险

假设我们持有标的资产多头，例如股票，并且我们希望在一段时间内保护头寸以避开价格下跌风险。一种可行的策略就是买入保护性看跌期权。可惜的是，当我们进入市场购买看跌期权时，却发现不存在这种股票的期权市场。我们能做什么呢？

如果我们能买到看跌期权，我们的头寸应该是

$$股票多头 + 看跌期权多头$$

但是我们知道1份标的合约多头加上1份看跌期权多头等价于1份看涨期权多头。我们真正需要的是与我们想购买却无法买到的看跌期权行权价格和到期时间相同的看涨期权多头头寸。

这种看涨期权有什么特征呢？我们可以运用理论定价模型来确定。要做到这一点，我们需要在理论定价模型中输入变量：

行权价格

到期时间

标的股票价格

利率

波动率

由于我们不依赖于挂盘的行权价格和到期时间（因为它们都不存在），我们可以自己选择行权价格和到期时间。我们可以根据当前市场条件来确定股票价格和利率水平。只有波动率不能在市场中直接观察到。但是，如果我们有股票历史价格变动的数据库，我们就能对股票的波动率做出合理的估计。

假设我们将所有的输入变量输入理论定价模型并且确定我们的看涨期权 Delta 为 75。为了复制看涨期权头寸，我们需要持有标的合约的 75%，通过卖掉持有股票中的 25% 可以实现这个目标。如果最初我们持有 1 000 份股票，那我们就需要卖出 250 份，剩下 750 份多头头寸。

现在假设一段时间后我们再次观察新的市场条件，重新计算看涨期权的 Delta，发现现在是 60。为了达到期望的 Delta 值头寸，我们需要再卖出持有股票份额中的 15%，也就是 150 份股票。现在我们持有 600 份股票多头。

假设我们继续这一过程，定期根据当时的市场条件计算 Delta，并且买入或卖出最初持有股票头寸的一定百分比来达到与预先设定的看涨期权相同的 Delta。最

后，假设我们在目标到期时间回购一定数量的股票，使得所持有的股票份额回到最初的100%。整个过程的结果会怎样呢？

在第8章中我们已经基本经历了动态套保过程。但在第8章中我们是利用动态套保过程来捕捉期权的市场价格与理论价值的差别，而在现在的例子中我们不能从期权的错误定价中获取收益，因为期权并不存在。但是我们能通过复制期权的特征来实现期望的期权头寸。

在第8章中我们列举了股票期权和期货期权的例子。在股票期权的例子中，我们以低于理论价值的价格买入看涨期权，然后通过动态套保过程再以等于理论价值的价格卖出看涨期权。在期货期权的例子中，我们先以高于理论价值的价格卖出看跌期权，然后通过动态套保过程以等于理论价值的价格买入看跌期权。在两个例子中，我们最终获得的收益等于期权价格与理论价值之差。

投资组合保险（portfolio insurance）或**期权复制**（option replication）是动态套保过程中构建一种与期权特征相同的头寸的方法。理论上讲，这种方法实现的结果应该与购买保护性期权（但实际上并未购买期权）相同。基金管理者可以运用投资组合保险来确保证券投资组合面临价格下跌风险时的价值。如果基金管理者当前持有的证券投资组合价值为1亿美元，并且他想确保证券投资组合价值不会低于9 000万美元，他可以买入行权价格为9 000万美元的看跌期权或者复制行权价格为9 000万美元的看涨期权的特征。如果他发现市场上没有人愿意卖出行权价格为9 000万美元的看跌期权，他可以估计行权价格为9 000万美元的看涨期权的特征，并持续性地买入或卖出一定数量的证券投资组合，从而复制看涨期权头寸。实际上他自己构建了看跌期权。

证券投资组合保险在1987年的股市崩溃之前被基金管理者广泛使用，尤其是想要追踪大宗指数的投资组合经理。如果投资组合经理想要买入保护性看跌期权但又认为看跌期权的价格被高估，他就能够通过动态套保过程以"正确"的理论价值自己构建看跌期权。投资组合经理不是买入或卖出一定比例的投资组合（这样会带来高昂的交易成本），而是通过买入或卖出指数期货增减投资组合的总价值来模仿Delta调整。以手续费作为回报，在市场上交易资产投资组合保险策略的公司承担了正确估计波动率和选择最合适的期权定价模型的责任。⊖ 有些投资组合保险公司通过扮演经纪商赚取额外费用，并在指数期货市场上对头寸进行必要的调整。

⊖ 在1987年的危机之前与资产投资组合关系最紧密的公司是洛杉矶的Leland, O'Brien, Rubinstein（主体为Hayne Leland, John O'Brien 和Mark Rubinstein）。

不幸的是，在 1987 年股市危机之后，从业者们开始意识到只有当模型中的输入变量正确无误且模型本身是基于现实的假设条件时，投资组合保险才能获得预期的效果。⊖ 没有人预见到股市危机之后波动率的急剧上升，所以模型中使用的波动率输入变量显然是不正确的。同时，动态套保模型中的一些假设似乎是与现实世界相悖的。结果是通过动态套保过程来复制期权的成本十分昂贵，远超出任何人的预期。因此，投资组合保险策略失去了大部分基金经理的信任与支持。

⊖ 一些研究指出：实现投资组合保险所需要的动态套保加剧了 1987 年 10 月 19 日的股市崩溃。由于股票市场的急剧下降，投资组合保险公司被要求卖出更多数量的指数期货合约，这样就产生了市场上的连锁效应。

第 18 章
Option Volatility and Pricing

布莱克－斯科尔斯模型

布莱克-斯科尔斯模型是期权定价重要的理论基础，使用非常广泛，因此有必要对其进行深入的研究。[⊖] 我们不在本章的讨论中对模型进行严密或细致的推导，这种推导更适合放在大学教材中或金融工程的课堂上。我们更希望直观地展现模型的使用方式，以及对模型计算出来的数值的一些观察结果。

布莱克和斯科尔斯最初并没有去计算期权的理论价值，而是尝试回答这个问题：如果股价相对时间是随机游走的，但是相对利率和波动率以固定的方式变动，那么每一时刻，期权价格必须为多少，才能使得正确对冲的期权头寸恰好盈亏平衡？为了回答这个问题，我们需要引出一个看起来令人生畏的方程式

$$rS\frac{\partial C}{\partial S} + \frac{1}{2}\sigma^2 S^2 \frac{\partial^2 C}{\partial S^2} + \frac{\partial C}{\partial t} = rC$$

尽管对于许多读者来说，这个方程式可能看起来很神秘，但实际上它只是一个数学家的表达方式，用来表达一组变量（股票价格 S 和时间 t）的变化如何影响其他的数值，即看涨期权的理论价值 C。为了确定由变量的变化带来的确切影响，人们必须解出这个方程。

需要注意的一点是，我们没有把波动率 σ 和利率 r 作为变量。在布莱克-斯科尔斯方程中，只有股价和时间是会发生变化的。作为模型的参数，波动率和利率会影响期权的价值。但是一旦选定，它们就会被假定在期权的存续期内保持不变。这与第 8 章中动态对冲的例子是一致的。在期权的存续期内，我们假设只有标的价格和时间会发生变化。其他一切都是固定的。

我们已经提到了布莱克-斯科尔斯方程中的几个组成部分，但形式略有不同。

⊖ 布莱克-斯科尔斯模型有时被称为布莱克-斯科尔斯-默顿模型，因为最初在麻省理工学院任教的罗伯特·默顿对期权定价理论做出了重要的贡献。由于默顿和斯科尔斯对期权定价的贡献，他们共同获得了 1997 年的诺贝尔经济学奖。令人遗憾的是，费希尔·布莱克在 1995 年去世了。

相对于期权的 Delta（Δ）、Gamma（Γ）和 Theta（Θ）而言，表达为

$$\frac{\partial C}{\partial S}, \frac{\partial^2 C}{\partial S^2} \text{ 和 } \frac{\partial C}{\partial t}$$

是更加正式的数学符号。布莱克-斯科尔斯方程说明，期权价值的变动取决于期权对股价变动的敏感度（Delta 值），期权的 Delta 值对股价变化的敏感度（Gamma 值）以及期权对时间流逝的敏感度（Theta 值）。

当然，这个方程式也包括了波动率和利率部分。利率起到两方面的作用。第一，布莱克-斯科尔斯模型根据远期价格确定期权的理论价值，而利率可以将我们由即期价格带到远期价格（假定股票不支付股利）。即期-远期关系是由方程中的

$$rS$$

来体现的。

第二，布莱克-斯科尔斯方程式最初提供给我们的，是随着时间流逝期权的期望价值。如果我们想要确定期权的理论价值，我们就必须将期望价值进行贴现，从而得到它的现值。期望价值-现值的关系是由方程中的

$$rC$$

来体现的。

最后，还有波动率部分。Delta 的变化率不仅取决于 Gamma，还取决于股价变化的速度。这个速度被表达为波动率或标准差 σ。波动率及其对 Gamma 的影响是由布莱克-斯科尔斯方程中的

$$\frac{1}{2}\sigma^2 S^2 \frac{\partial^2 C}{\partial S^2} = \frac{1}{2}\sigma^2 S^2 \Gamma$$

来体现的。

在本书中，我们不会对布莱克-斯科尔斯方程进行完整的推导，这在数学上过于复杂。但是我们可能会注意到，布莱克-斯科尔斯方程，与在第 7 章中用来估计标的价格由 S_1 变为 S_2 时期权价值变化的模型有些相似。为了粗略估计这个变化，我们使用价格变化范围的平均 Delta

$$(S_1 - S_2) \times \Delta + (S_1 - S_2)^2 \times \Gamma/2 = (S_1 - S_2) \times \Delta + ½(S_1 - S_2)^2 \times \Gamma$$

回想一下，

$$\frac{\partial C}{\partial S} \text{ 和 } \frac{\partial^2 C}{\partial S^2}$$

代表了 Delta 和 Gamma，我们可以看出这个关系与布莱克-斯科尔斯方程的前两项相似。

$$(S_1 - S_2) \times \Delta + \tfrac{1}{2}(S_1 - S_2)^2 \times \Gamma$$

$$rS\frac{\partial C}{\partial S} + \frac{1}{2}\sigma^2 S^2 \frac{\partial^2 C}{\partial S^2}$$

它们之间主要的区别是附属于 S 的利率部分（股价必须由即期变动到远期）以及附属于 Gamma 的波动率部分。尽管我们假设了一个从 S_1 变到 S_2 的离散价格变化，但是布莱克-斯科尔斯方程假定的价格变化是极小或瞬时的。

必须承认，对于解释布莱克-斯科尔斯方程中各个组成部分的作用来说，这是一种非常简单的尝试。然而，即使对于完全理解模型的某个人来说，能够写出方程并不一定意味着就能算出一个值。真正的目的是解出方程，从而计算出期权的确切价值。

对布莱克-斯科尔斯方程的求解得出了著名的布莱克-斯科尔斯模型（Black-Scholes model）：如果

C = 欧式看涨期权的理论价值

S = 无股利支付的股票价格

X = 行权价格

t = 距离到期的时间，以年为单位

σ = 股票价格的年化标准差（波动率），用百分比来表示

r = 年利率

ln = 自然对数

e = 指数函数

N = 正态累积分布函数

那么

$$C = SN(d_1) - Xe^{-rt}N(d_2)$$

这里

$$d_1 = \frac{\ln(S/X) + [r + (\sigma^2/2)]t}{\sigma\sqrt{t}}$$

并且

$$d_2 = \frac{\ln(S/X) + [r \ominus (\sigma^2/2)]t}{\sigma\sqrt{t}} = d_1 - \sigma\sqrt{t}$$

布莱克-斯科尔斯模型的数值代表了什么可能并不是显而易见的，但是可以将第 15 章中讨论过的看跌-看涨期权平价关系作为出发点

⊖ 原文为 + 号，打字错误。——译者注

$$C - P = \frac{F - X}{1 + r \times t}$$

如果标的合约是不支付股利的股票，那么股票的远期价格为

$$F = S \times (1 + r \times t)$$

将它代入看跌-看涨期权的平价关系中可以得到

$$C - P = \frac{S \times (1 + r \times t) - X}{1 + r \times t} = S - \frac{X}{1 + r \times t}$$

到目前为止，我们的例子中使用的都是单利。如果我们转用复利，不除以 $1 + r \times t$，我们可以乘以 e^{rt}。我们就会得到

$$C - P = S - Xe^{-rt}$$

因为看跌期权的价值不会小于 0，从第 16 章我们知道，欧式股票看涨期权的较低套利边界是 0 或

$$S - Xe^{-rt}$$

中的较大者。这个表达看起来与看涨期权的布莱克-斯科尔斯值类似，但是它没有分别附属于 S 和 Xe^{-rt} 的 $N(d_1)$ 项和 $N(d_2)$ 项。那么 $N(d_1)$ 和 $N(d_2)$ 代表什么呢？

在第 5 章中，我们提出了一个非常简单的给期权估值的方法，这个方法就是考虑期权到期时标的合约一系列可能的价格，并为每一个价格指定概率。使用这个方法，1 份看涨期权的期望价值就是内在价值与每个标的价格相应的概率的乘积之和。

$$\sum_{i=1}^{n} p_i \max(S_i - X, 0)$$

为了确定期权的内在价值，我们需要将标的价格与行权价格组合到一个表达式 $(S_i - X)$ 中。

布莱克-斯科尔斯模型采取了略微不同的方法，它将标的价格与行权价格分成两个不同的组成部分，然后提出了两个问题。

（1）如果持有期权至到期，那么所有大于行权价格的股票的平均价值是多少呢？

（2）如果持有期权至到期，那么期权的持有者最终需要支付行权价格的可能性有多大？

如果我们可以回答这些问题，那么大于行权价格的股票的平均价值与支付行权价格的可能性之间的差距应当等于期权的期望价值。

为了解释布莱克与斯科尔斯使用的方法，我们考虑一个到期时股票价格的离散分布，但该分布更加类似于一个右侧厚尾的对数正态分布。图 18-1 展示了该分

布，共由 153 个事件产生。使用这个分布，我们该如何对行权价格为 12½ 的看涨期权进行估值呢？

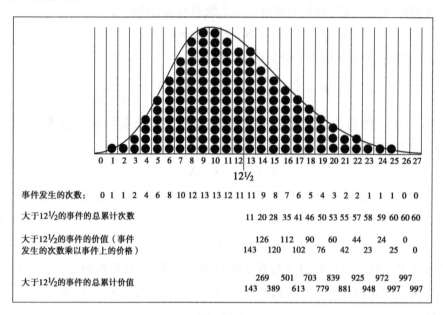

图 18-1

首先，我们必须确定所有价格大于 12½ 的股票的价值，即第 13～27 个事件的所有价值。事件发生的次数及每个事件的价值如下：

事　件	事件发生的次数	股 票 价 值
13	11	143
14	9	126
15	8	120
16	7	113
17	6	102
18	5	90
19	4	76
20	3	60
21	2	42
22	2	44
23	1	23
24	1	24
25	1	25
26	0	0
27	0	0
合计	60	987

所有大于行权价格 12½ 的股票的平均价值是用总价值 987 除以事件的总数 153

$$987/153 = 6.45$$

其次，我们需要确定支付行权价格 12½ 的可能性。期权是实值期权（股票价格大于 12½）的事件发生了 60 次，但是事件的总数为 153。所以，我们会支付行权价格的可能性为

$$60/153 = 0.392$$

当期权被行权时，平均支付为 $0.392 \times 12½ = 4.90$。

在布莱克－斯科尔斯模型中，所有大于行权价格的股票的平均价值由 $Se^{rt}N(d_1)$ 表示，这里，Se^{rt} 是股票的远期价格。我们必须支付的平均数额由 $XN(d_2)$ 表示。看涨期权的期望价值就是这两个数值之差

$$Se^{rt}N(d_1) - XN(d_2) = 6.45 - 4.90 = 1.55$$

这些项与在模型中出现的项 $SN(d_1)$ 与 $Xe^{-rt}N(d_2)$，略有不同，但是我们马上就可以看到 $Se^{rt}N(d_1)$ 是如何变成 $SN(d_1)$ 的，以及 $XN(d_2)$ 是如何变成 $Xe^{-rt}N(d_2)$ 的。

通过使用最初的方法——内在价值与相应概率（事件发生的次数除以 153）的乘积之和，我们可以确定 1.55 是正确的价值（略有舍入误差）。

事 件	行权价格为 12½ 的看涨期权的内在价值	事件发生的次数	概 率	期 权 价 值
13	0.5	11	0.071 9	0.035 9
14	1.5	9	0.058 8	0.088 2
15	2.5	8	0.052 3	0.130 7
16	3.5	7	0.045 8	0.160 1
17	4.5	6	0.039 2	0.176 5
18	5.5	5	0.032 7	0.179 7
19	6.5	4	0.026 1	0.169 9
20	7.5	3	0.019 6	0.147 1
21	8.5	2	0.013 1	0.111 1
22	9.5	2	0.013 1	0.124 2
23	10.5	1	0.006 5	0.068 6
24	11.5	1	0.006 5	0.075 2
25	12.5	1	0.006 5	0.081 7
26	13.5	0	0	0
27	14.5	0	0	0
总的期权的预期价值：				1.548 9

这基本上就是布莱克与斯科尔斯所提出的方法。布莱克-斯科尔斯模型与我们所使用的离散结果模型的主要区别就是布莱克-斯科尔斯模型假设了一个连续的对数正态分布。

18.1 $n(x)$ 与 $N(x)$

在继续讨论之前，有必要定义两个重要的概率函数——$n(x)$ 与 $N(x)$。在本章以及之前对波动率的讨论中，我们经常提到钟形或正态分布的概念。根据均值与标准差，有许多不同的正态分布，但是**标准正态分布** $n(x)$（standard normal distribution）可能是最常见的。它的均值为 0，标准差为 1。图 18-2 所展示的标准正态分布也具有非常有用的特征：曲线之下的总面积恰好为 1。也就是说，曲线以 100% 的概率代表了形成正态分布的所有事件。

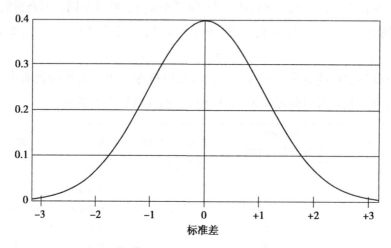

图 18-2　$n(x)$：均值为 0，标准差为 1 的标准正态分布曲线

虽然标准正态分布以 100% 的概率包含了所有的事件，但是我们可能想要知道发生在标准正态分布的特定部位的事件的百分比。这是由**标准正态分布累积函数** $N(x)$（standard cumulative normal distribution function）来表示的。如果 x 是标准差的倍数，那么如图 18-3 所示的 $N(x)$ 就是小于 x 的事件发生的概率，可以通过计算在 $-\infty$ 与 x 之间的标准正态分布曲线下的面积得到。也就是说，$N(x)$ 告诉我们，落在 $-\infty$ 与 x 之间所有可能事件发生的概率。显然，$N(+\infty)$ 必定为 1.00，因为所有的事件会以 100% 的概率落入 $-\infty$ 与 $+\infty$ 之间。$N(-\infty)$ 必定为 0，因为没有事件会落在 $-\infty$ 的左侧。因为正态分布曲线是对称的，所以事件会有 50% 的概率落在 0 的左侧，会有 50% 的概率落在 0 的右侧，$N(0)$ 必定等于 0.50。此外

还满足的一个关系，是在 $-\infty$ 与 x 之间的曲线下的面积必定等于在 $-x$ 与 $+\infty$ 之间的曲线下的面积，这就得出了一个有用的关系式

$$N(x) = 1 - N(-x)$$

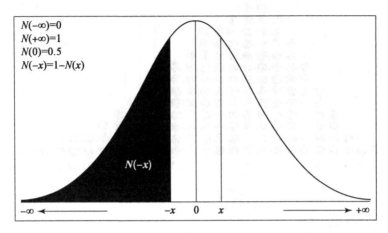

图 18-3　$N(x)$：在 $-\infty$ 与 x 之间的标准正态分布曲线下的面积

布莱克-斯科尔斯模型将所有使用概率的计算与正态分布联系在一起。这似乎与我们的假设不一致，我们的假设是标的合约的价格服从对数正态分布，而正态分布与对数正态分布明显不同。然而，通过对 x 值进行一些调整，我们可以使用 $N(x)$，从而产生与对数正态分布联系在一起的概率。

我们也有必要定义 3 个用来描述许多普通分布的数值。

众数　分布的峰值点。事件发生次数最多的点。

均值　分布的平衡点。事件价值的一半在此点的左边，一半在此点的右边。

中位数　事件发生次数的一半在此点的左边，一半在此点的右边。

在完美的正态分布里，这些点都落在同一个位置上，恰好在分布的中间。但是我们考虑图 18-1 所示的分布。众数、均值和中位数都落在不同的点上，如图 18-4 所示。众数近似为 9.3，均值近似为 12.7，中位数近似为 10.5。为了将对数正态分布进行适当调整以便使用正态分布的概率，我们必须对这些数值进行定位。

布莱克-斯科尔斯模型首先定义行权价格与标的价格之间的关系。在正态分布中，这个关系仅仅是 $S-X$，但是在对数正态分布中，这个关系是

$$\ln\left(\frac{S}{X}\right)$$

如果 $S>X$，那么这个数值为正，此时看涨期权为实值期权；如果 $S<X$，那么这个数值为负，此时看涨期权为虚值期权。

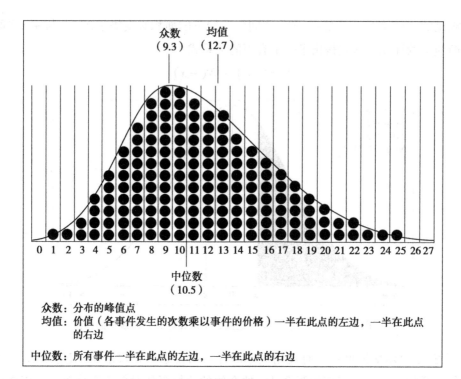

图 18-4

接下来,因为期权定价是基于远期价格,而远期价格是利率的函数,所以我们必须加入期权存续期间的利率成分 rt 来对这个关系进行调整。这就表示为⊖

$$\ln\left(\frac{S}{X}\right) + rt$$

事件对应的标准差的数量取决于事件距离分布的均值有多远。在正态分布中,均值与众数是一样的,都恰好位于分布的中间位置。但是,图 18-4 中的分布近似于对数正态分布,表现出向右拖尾的特征,我们可以看到均值必定位于众数右侧的某个位置。那均值在众数右侧多远呢?这就取决于对数正态分布的标准差。标准差越大,向右侧的拖尾就会越长,那么均值就会向右移动得越远。从数学的角度上,可以知道这个移动等于 $\sigma^2 t/2$。加入这个调整之后,我们得到了

$$\ln\left(\frac{S}{X}\right) + rt + \frac{\sigma^2 t}{2}$$

将利率和波动率的部分合并之后,我们就得到了 d_1 的分子

⊖ 事实上,我们可以去掉 rt,同时以 S 的远期价格 Se^{rt} 来替代 S。这两个数值是相等的:$\ln(S/X) + rt = \ln(Se^{rt}/X)$。

$$\ln\left(\frac{S}{X}\right) + \left(r + \frac{\sigma^2}{2}\right)t$$

最后，我们必须将这个数值转化为标准差的某个倍数。如果我们已知 1 倍标准差的值，那么我们就可以将这个值除以 1 倍标准差，从而确定标准差的总数量。事实上，我们知道在任何时期 t 内，1 倍标准差等于 $\sigma\sqrt{t}$。如果我们除以 1 倍标准差，那么数值结果，即 d_1 会告诉我们，当调整为对数正态分布时，以标准差为单位度量，行权价格距离均值会有多远。

在图 18-5 所示的公式中，d_1 的计算看起来似乎有些复杂，但实际上它只是对行权价格及标的价格的一系列调整，以使我们能够使用累计正态分布函数来计算概率。

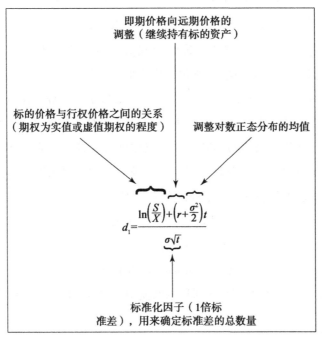

图 18-5

一旦我们确定了 d_1 的数值，再用股票的远期价格乘以 $N(d_1)$，我们就可以得到所有到期时价格大于行权价格的股票的平均价值。

我们已经计算出所有大于行权价格的股票的平均价值，我们仍需要确定期权会被行权的可能性。为了求出这个，我们需要分布的中位数——恰好平分事件发生的总次数的点。在图 18-4 中，我们可以看到对数正态分布的中位数落在均值左侧的某个位置。中位数应该在均值左侧多远的位置上呢？事实上，中位数落在距离均值左侧 $\sigma\sqrt{t}$ 的位置上

$$d_2 = d_1 - \sigma\sqrt{t}$$

数值 $N(d_2)$ 使用中位数来计算在到期时期权为实值期权、继而被行权的可能性。如果我们持有期权,那么通过将行权价格乘以 $N(d_2)$,我们就可以得到在期权到期时我们会支付的平均数额

$$XN(d_2)$$

如果我们用在期权到期时得到的股票的平均价值减去在到期时要支付的平均数额,我们就可以得到看涨期权的期望价值

$$Se^{rt}N(d_1) - XN(d_2)$$

在计算看涨期权的理论价值时,我们还差最后一步,这一步就解释了 $Se^{rt}N(d_1)$ 和 $XN(d_2)$ 是如何变成 $SN(d_1)$ 和 $Xe^{-rt}N(d_2)$ 的。$Se^{rt}N(d_1) - XN(d_2)$ 代表了期权在到期时的期望价值。如果我们必须在今天为期权进行支付,那么期权的理论价值就是期权期望价值的现值。用 e^{-rt} 乘以期望价值的表达式,我们就可以得到熟悉的布莱克-斯科尔斯模型形式

$$C = [Se^{rt}N(d_1) - XN(d_2)]e^{-rt} = SN(d_1) - Xe^{-rt}N(d_2)$$

在最初的布莱克-斯科尔斯模型中,标的合约被假定为不支付股利的股票。然而,模型自诞生以来就在被不断扩展,以评估以其他类型资产为标的物的期权的价值。最常见的是包含一个调整因子 b,b 随标的资产类型以及期权的结算类型而变化。如果 r 是本国利率,r_f 是外国利率,那么

$b = r$ 适用于无股利股票期权的原始布莱克-斯科尔斯模型

$b = 0$ 适用于期货期权的布莱克模型

$b = r - r_f$ 适用于外汇期权的 Garman-Kohlhagen 模型

图 18-6 展示了完整的布莱克-斯科尔斯模型,包含了模型的变形及敏感度指标。

如果 S = 现货价格或标的价格
        X = 行权价格
        t = 距离到期的时间,以年为单位
        r = 国内利率
        σ = 年化波动率或标准差,用百分比表示

那么,欧式看涨期权的价值 C 以及欧式看跌期权的价值 P 由下面的公式表示 $\quad C = Se^{(b-r)t}N(d_1) - Xe^{-rt}N(d_2) \qquad P = Xe^{-rt}N(-d_2) - Se^{(b-r)t}N(-d_1)$
这里 $\quad d_1 = \dfrac{\ln\left(\dfrac{S}{X}\right) + \left(b + \dfrac{\sigma^2}{2}\right)t}{\sigma\sqrt{t}} \qquad d_2 = \dfrac{\ln\left(\dfrac{S}{X}\right) + \left(b - \dfrac{\sigma^2}{2}\right)t}{\sigma\sqrt{t}} = d_1 - \sigma\sqrt{t}$
最初的布莱克-斯科尔斯模型的常见变形是由 b 的值来决定的。

图 18-6   布莱克-斯科尔斯模型

如果　$b = r$：布莱克-斯科尔斯模型适用于股票期权

　　　$b = r - 0$：布莱克-斯科尔斯模型适用于期货式结算的期货期权

　　　$b = 0$：布莱克模型适用于以股票式结算的期货期权

　　　$b = r - r_f$：Garman-Kohlhagen 模型适用于外汇期权，这里 r_f 是外国利率

对于支付股利的期权来说，现货价格，即 S，必须去掉期望股利支付的价值。在这里，我们可以用 $b = r - q$ 来近似设定，这里的 q 代表百分比形式的年化股利支付率。我们可以通过从 S 中扣除每次股利支付的价值，即 D，以及到期时股利可以获得的利息，从而进行更加准确的计算。S 可以替换为 $S - \sum D_i e^{rt_d}$，这里 t_d 是每次进行股利支付的时间距离期权到期的剩余时间

	看 涨 期 权		看 跌 期 权
Delta(Δ)	$e^{(b-r)t} N(d_1)$		$e^{(b-r)t} [N(d_1) - 1]$
Gamma(Γ)	$\dfrac{e^{(b-r)t} n(d_1)}{S\sigma\sqrt{t}}$	看涨期权与看跌期权相同	$\dfrac{e^{(b-r)t} n(d_1)}{S\sigma\sqrt{t}}$
Theta(Θ)①	$\dfrac{-Se^{(b-r)t} n(d_1)\sigma}{2\sqrt{t}} + (b-r)Se^{(b-r)t} N(d_1) - rXe^{-rt} N(d_2)$		$\dfrac{-Se^{(b-r)t} n(d_1)\sigma}{2\sqrt{t}} + (b-r)Se^{(b-r)t} N(d_1) + rXe^{-rt} N(-d_2)$
Vega②	$Se^{(b-r)t} n(d_1)\sqrt{t}$	看涨期权与看跌期权相同	$Se^{(b-r)t} n(d_1)\sqrt{t}$
Rho(P)②	当 $b \neq 0$ 时，$tXe^{-rt} N(d_2)$		当 $b \neq 0$ 时，$-tXe^{-rt} N(-d_2)$
	当 $b = 0$ 时，$-tC$		当 $b = 0$ 时，$-tP$
Rho_f 或 Phi (ϕ)	$-tSe^{(b-r)t} N(d_1)$		$tSe^{(b-r)t} N(-d_1)$
弹性(Λ)	$\Delta_C \left(\dfrac{S}{C}\right) \Delta_P (S/P)$		

① Theta 的公式给出了期权对 1 年时间流逝的敏感度。如果要以每日时间衰减这种更常见的形式来表式 Theta 值，Theta 必须除以 365。

② Vega 和 Rho 的公式给出了期权对波动率或利率的 1 个整点（100%）变动的敏感度。如果要以波动率或利率变动 1 个百分点这种更加常见的形式表达 Vega 和 Rho 值，它们必须除以 100。

Vanna	$-e^{(b-r)t} n(d_1) \dfrac{d_2}{\sigma}$	看涨期权与看跌期权相同	$-e^{(b-r)t} n(d_1) \dfrac{d_2}{\sigma}$
Charm	$-e^{(b-r)t} \left[n(d_1)\left(\dfrac{b}{\sigma\sqrt{t}} - \dfrac{d_2}{2t}\right) + (b-r)N(d_1) \right]$		$-e^{(b-r)t} \left[n(d_1)\left(\dfrac{b}{\sigma\sqrt{t}} - \dfrac{d_2}{2t}\right) - (b-r)N(-d_1) \right]$
Speed	$-\dfrac{\Gamma}{S}\left(1 + \dfrac{d_1}{\sigma\sqrt{t}}\right)$	看涨期权与看跌期权相同	$-\dfrac{\Gamma}{S}\left(1 + \dfrac{d_1}{\sigma\sqrt{t}}\right)$
Color	$\Gamma\left(r - b + \dfrac{bd_1}{\sigma\sqrt{t}} + \dfrac{1 - d_1 d_2}{2t}\right)$	看涨期权与看跌期权相同	$\Gamma\left(r - b + \dfrac{bd_1}{\sigma\sqrt{t}} + \dfrac{1 - d_1 d_2}{2t}\right)$
Volga (Vomma)	$\text{Vega}\left(\dfrac{d_1 d_2}{\sigma}\right)$	看涨期权与看跌期权相同	$\text{Vega}\left(\dfrac{d_1 d_2}{\sigma}\right)$
Vega 衰减	$\text{Vega}\left(r - b + \dfrac{bd_1}{\sigma\sqrt{t}} - \dfrac{1 - d_1 d_2}{2t}\right)$	看涨期权与看跌期权相同	$\text{Vega}\left(r - b + \dfrac{bd_1}{\sigma\sqrt{t}} - \dfrac{1 - d_1 d_2}{2t}\right)$
Zomma	$\Gamma\left(\dfrac{d_1 d_2 - 1}{2\sigma}\right)$	看涨期权与看跌期权相同	$\Gamma\left(\dfrac{d_1 d_2 - 1}{2\sigma}\right)$

注：2007 年 McGraw-Hill 出版社出版了 Espen Gaarder Haug 所著《期权定价公式完全指南》（*The Complete Guide to Option Pricing Formula*）第 2 版，我们可以从中看到所有的敏感度及其公式的完整列表。

图 18-6　（续）

18.2 一种有用的近似估算方式

交易者可能想要知道，是否有可能不借助电脑来计算布莱克-斯科尔斯公式的值。一般来说，答案是否定的：计算太复杂了。然而，许多交易者能够较为容易地进行一种近似估算。

假设期权恰好为平值期权（$X=S$），且距离到期还有 1 年时间（$t=1$）。同时假设利率为 0（$r=0$），波动率为 1%（$\sigma=0.01$）。这就意味着 $\ln(S/X)=0$，且 $\sigma\sqrt{t}=0.01$。通过计算 d_1 和 d_2，我们可以得到

$$d_1 = \frac{0.01^2/2}{0.01} = 0.005 \text{ 和 } d_2 = \frac{-0.01^2/2}{0.01} = -0.005$$

我们计算 $N(d_1)$ 和 $N(d_2)$ 时会发现

$$N(d_1) = 0.501\ 995 \text{ 且 } N(d_2) = 0.498\ 005$$

因为利率为 0，所以看涨期权的价值必定为

$$(S \times 0.501\ 995) - (X \times 0.498\ 005)$$

当 $X=S$ 时，看涨期权的价值为

$$X \times (0.501\ 995 - 0.498\ 005) = X \times 0.003\ 990$$

这个数值告诉了我们什么呢？对于恰好为远期平值（即远期价格等于行权价格）的 1 年期欧式期权，对于波动率的每个百分点，期权的期望价值等于行权价格乘以 $0.003\ 99$。如果行权价格为 100，那么对于波动率的每个百分点来说，期望价值就等于 $0.003\ 99 \times 100 = 0.399$。

随着波动率的增加，为什么这个值不发生变化呢？尽管波动率的第 1 个百分点可能会值 $0.003\ 99$，但是第 2 个百分点的价值可能就会多于或少于 $0.003\ 99$。但是，让我们回想在第 9 章中学习过的知识，随着波动率的变化，平值期权的 Vega 是相对恒定的。因此，当标的合约的波动率为 20% 时，1 份行权价格为 100 的看涨期权的价值应当是

$$20 \times 100 \times 0.003\ 99 = 7.98$$

当标的合约的波动率为 35% 时，价值应当是

$$35 \times 100 \times 0.003\ 99 = 13.965$$

我们也知道，远期平值期权的理论价值与行权价格是成比例的。如果标的合约的波动率为 20%，1 份 1 年期的行权价格为 100 的看涨期权价值为 7.98，在相同的条件下，1 份行权价格为 50 的看涨远期平值期权的价值应当是

$$20 \times 50 \times 0.003\ 99 = 3.99$$

1 份行权价格为 125 的看涨期权的价值应当是

$$20 \times 125 \times 0.00399 = 9.975$$

如果我们注意到平值期权的价值完全由时间价值构成，且期权的时间价值与时间的平方根成比例，那么我们可以进一步改进我们的近似值。如果标的合约的波动率为 20%，1 份 1 年期的行权价格为 100 的看涨期权的价值为 7.98，那么距离到期剩余 6 个月（$t = 0.5$）的相同期权的价值必定为

$$7.98 \times \sqrt{0.5} = 7.98 \times 0.707 = 5.64$$

最后，这是期望价值的近似值。为了确定理论价值，我们必须用利率对期望价值进行折现，从而得到现值。将上述的每一个因素放在一起，对于 1 份恰好为远期平值的欧式期权来说，到期时的期望价值近似为[⊖]

$$X \times (\sigma \times 100) \times \sqrt{t} \times 0.00399$$

且理论价值为[⊖]

$$\frac{X \times (\sigma \times 100) \times \sqrt{t} \times 0.00399}{1 + r \times t}$$

对于看涨期权和看跌期权来说，这个近似值都适用，因为在看跌-看涨期权的平价关系下，恰好为远期平值的欧式看涨期权和看跌期权价值一定相同。

举例来说，如果波动率为 18%，那么 1 份 3 个月（$t = 1/4$），行权价格为 65 的远期平值期权的期望价值是多少呢？

$$65 \times 0.18 \times 100 \times \sqrt{1/4} \times 0.00399 = 65 \times 18 \times \tfrac{1}{2} \times 0.00399 \approx 2.33$$

如果利率为 4%，那么期权的理论价值会近似为

$$\frac{2.33}{1 + 0.04/4} = \frac{2.33}{1.01} \approx 2.31$$

尽管这种近似估算被广泛使用，但它依然仅仅是近似值。随着时间及波动率的增加，实际上近似值会略大于布莱克－斯科尔斯值。这是因为，当我们增加波动率时，平值期权的 Vega 会略有下降，且这个下降会因距离到期时间的增加而被放大。我们可以在图 9-14 中看到：尽管平值期权的 Vega 较波动率的变化是相对恒定的，但是实际上，当波动率增加时，Vega 值会略有下降。如果在我们的例子中，我们将波动率提高到 40%，并将距离到期的时间增加到 2 年，那么期望价值的近似值为

$$65 \times 40 \times \sqrt{2} \times 0.00399 = 65 \times 40 \times 1.414 \times 0.00399 \approx 14.67$$

⊖ 为了进一步简化估算，许多交易者将 0.00399 四舍五入为 0.004。这就引出了有时被称为 40% 的规则：远期平值期权的期望价值近似等于 1 倍标准差的 40%，这里的 1 倍标准差等于 $F \times \sigma \sqrt{t}$。

⊖ 为了进行更为准确的计算，$1 + r \times t$ 可以由 e^{rt} 来替代。

而实际的布莱克-斯科尔斯的期望价值为 14.48。

对于熟悉标准正态分布特征的读者来说，他们可能已经意识到了 0.003 99 的这个值的重要性。参考图 18-2，标准正态分布的均值为 0，标准差为 1，分布的峰值近似为 0.399（更准确地说是 0.398 942）。因为波动率的 1 个百分点代表了 1 倍标准差的 1/100，所以模型的值为 0.399/100 = 0.003 99。

18.3 Delta

在布莱克-斯科尔斯模型中，期权的 Delta 等于 $N(d_1)$。当我们在第 7 章中定义 Delta 时，我们提出 Delta 近似为期权最终为实值期权的概率。但是现在我们知道，期权最终为实值的正确概率为 $N(d_2)$。尽管 $N(d_1)$ 和 $N(d_2)$ 的值通常非常接近，特别是对于短期期权更是如此，但是 $N(d_1)$（Delta）总是大于 $N(d_2)$。

对于 1 份远期平值的看涨期权来说，Delta 值会大于 50，虽然幅度非常小。因为我们知道

看跌期权的 Delta = 看涨期权的 Delta − 100

所以看跌期权的 Delta 值的绝对值会小于 50。这就意味着，1 份远期平值的跨式期权会有正 Delta 值。如果看涨期权与看跌期权的行权价格相同，那么当远期价格为多少时，看涨期权与看跌期权的 Delta 是相同的呢？当 d_1 恰好为 0 时，这种情况就会发生。因此当

$$\ln\left(\frac{S}{X}\right) + [r + (\sigma^2/2)]t = 0$$

时，跨式期权恰好为 Delta 中性的。我们解出 S，可以得到

$$S = Xe^{-[r+(\sigma^2/2)]t}$$

对于恰好为 Delta 中性的跨式期权来说，远期价格会低于行权价格，相差比例为

$$e^{-[r+(\sigma^2/2)]t}$$

当时间或波动率增加时，使跨式期权为 Delta 中性的远期价格会越来越低于行权价格——看涨期权会变为深度虚值，看跌期权会变为深度实值。图 18-7 展示了当利率为 0 时，使行权价格为 100 的跨式期权恰好为 Delta 中性的标的合约价格。当波动率非常低时，Delta 中性的价格会接近于 100。但是，当波动率非常高及到期时间增加时，Delta 中性的价格将会大大低于 100。

18.4 Theta

由布莱克-斯科尔斯模型得出的所有敏感度指标中，Theta 的公式可能是最复

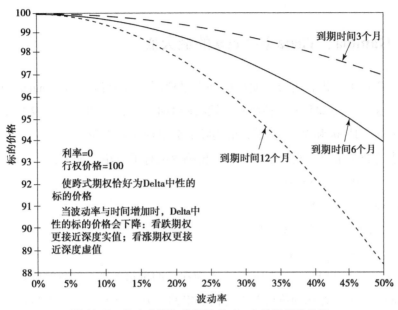

图 18-7 使跨式期权恰好为 Delta 中性的标的价格

杂的。根据标的资产及期权结算方式的不同，时间流逝对期权价值的影响表现在 3 个不同的方面。第一，期权波动率的价值会衰减——随着时间的流逝，到期时可能出现的价格分布更加受限。这由 Theta 公式的第 1 项呈现：

$$\frac{-Se^{(b-r)t}n(d_1)\sigma}{2\sqrt{t}}$$

第二，对于标的合约来说，例如股票，随着时间的流逝，现货价格被假定会贴近远期价格。这由 Theta 公式的第 2 项呈现：

$$(b-r)Se^{(b-r)t}N(d_1)$$

最后，随着时间的流逝，到期时期权期望价值的现值会发生变化。这在公式中为：

$$rXe^{-rt}N(d_2)$$

从期权看跌-看涨平价关系中，我们可以知道，具有同一合约规范的看涨期权和看跌期权的波动率价值一定相同。因此，对于看涨期权和看跌期权来说，第 1 个组成部分，即波动率价值衰减的符号一定相同。其他两个 Theta 的组成部分受到利率的影响，符号可能为正也可能为负，这取决于结算流程及期权是看涨期权还是看跌期权。

波动率价值的衰减几乎总是比利率因素更为重要，往往主导着 Theta 值的计算。如果利率为 0 或期货期权以期货方式进行结算，那么 Theta 公式中的第 2，第 3 组成部分都会为 0，公式只剩下波动率衰减部分。在这种情况下，波动率衰减部分，有时被称作**无定向的 Theta 值**（driftless Theta），会成为唯一的决定因素，它决定了随着时间的流逝，期权的理论价值会发生怎样的变化。

18.5 Gamma、Theta 和 Vega 的最大值

在第 7 章中,我们认为当期权恰好是平值时,具有最大的 Gamma、Theta 和 Vega 值。但是,正如我们往往将平值期权的 Delta 赋值为 50 一样,这只是一个近似。Gamma、Theta 和 Vega 的最大值实际上会出现在哪里呢?

不进行数学推导,我们就可以总结出临界的标的价格 S 如下:

Delta 为 50: $\quad S = Xe^{(-b-\sigma^2/2)t}$

Gamma 最大: $\quad S = Xe^{(-b-3\sigma^2/2)t}$

Theta 最大: $\quad S = Xe^{(b+\sigma^2/2)t}$

Vega 最大: $\quad S = Xe^{(-b+\sigma^2/2)t}$

当 $b=0$ 时,最大的 Vega[⊖] 和 Theta 会出现在标的价格高于行权价格的地方,最大的 Gamma[⊖] 会出现在标的价格低于行权价格的地方。此外,最大的 Vega[⊜] 和 Theta 会出现在相同的标的价格上。图 18-8 展示了 1 份 1 年期行权价格为 100 的期权的上述特性。当我们提高利率 ($b>0$) 时,具有最大 Gamma 和 Vega 的标的价格会下降,具有最大 Theta 的标的价格会上升。图 18-9 展示了这一特性。

我们也可能会考虑,当我们改变时间时,期权的 Vega 会发生什么变化呢?答案似乎显而易见,因为我们之前做出了假设,即期权的 Vega 会随着时间的增加而增加——与短期期权相比,长期期权对波动率的变化会更为敏感。但是,只有当标的价格与远期价格相等时,这才是正确的。我们在评估期货期权时就是这样假设的。而当我们评估股票期权时,股票的远期价格是时间和利率的函数。如果利率大于 0,并假定无股利支付,那么随着时间的增加,远期的价格也会增加,最终导致期权变为远期实值或远期虚值。由于远期平值期权往往具有最大的 Vega,所以时间的改变可以引起期权的 Vega 上升或下降。这就意味着,在一些条件下,当我们增加到期时间时,股票期权的 Vega 是有可能下降的。在图 18-10 中,我们可以看到这个效应。

当标的股票的价格为 100,波动率为 20%,利率为 0 时,随着我们增加到期时间,行权价格为 100 的看涨期权的 Vega 总会增加。但当我们提高利率时,某一时刻会发生与之前相反的情况——随着我们增加到期时间,期权的 Vega 会开始下降。当利率为 10%,距离到期还有 33 个月时,这种情况就会发生。当利率为

⊖ 原文为 Gamma,打字错误。——译者注

⊖ 原文为 Vega,打字错误。——译者注

⊜ 原文为 Gamma,打字错误。——译者注

20%时，这个临界点会发生在距离到期还有 10 个月的时候。

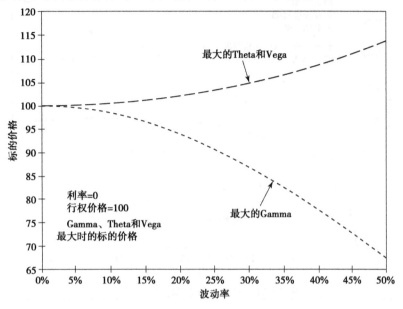

图 18-8　当利率为 0 时，Gamma、Theta 和 Vega 最大时的标的价格⊖

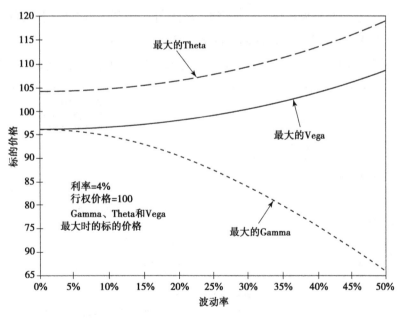

图 18-9　当利率为 4% 时，Gamma、Theta 和 Vega 最大时的标的价格

⊖ 我们也可以将临界的标的价格与高阶风险测度联系起来。如果我们不考虑极端的情况，即不考虑期权为深度实值或深度虚值的情况，那么当期权的 Speed 为 0 时，Gamma 会达到最大。当期权的 Charm 为 0 时，Theta 会达到最大。当期权的 Vanna 为 0 时，Vega 会达到最大。

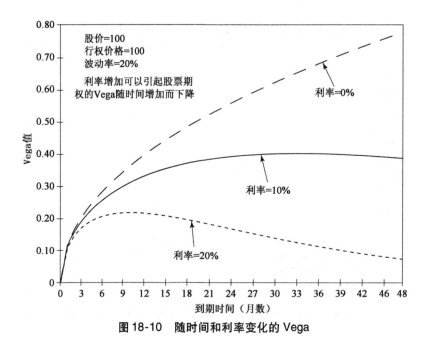

图18-10 随时间和利率变化的Vega

通过观察 **Vega 衰减**（Vega decay）图，我们也可以确定这些临界点的位置，如图 18-11 所示。当利率为 0 时，Vega 衰减一直为正。当利率为 10% 时，到期时间小于 33 个月时 Vega 衰减为正，到期时间大于 33 个月时 Vega 衰减为负。当利率为 20% 时，到期时间小于 10 个月时 Vega 衰减为正，大于 10 个月时 Vega 衰减为负。

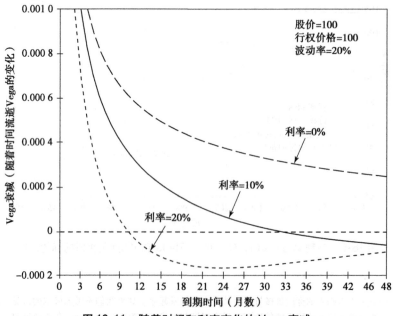

图18-11 随着时间和利率变化的 Vega 衰减

第 19 章

Option Volatility and Pricing

二项式期权定价

所有的理论期权定价模型都广泛地使用布莱克-斯科尔斯模型。不幸的是，需要熟悉高等数学才能充分理解该模型。在 20 世纪 70 年代末，麻省理工学院的约翰·考克斯教授、耶鲁大学的斯蒂芬·罗斯教授以及加州大学伯克利分校的马克·鲁宾斯坦教授曾尝试研究一种不需要使用高等数学的方法，来向他们的学生解释基本的期权定价理论。他们提出的方法，即**二项式期权**（binominal option）定价，⊖ 不仅相对容易理解，而且通过使用该方法得到的**二项式模型**（binominal model）（也被称为**考克斯-罗斯-鲁宾斯坦模型**）可以被用来给一些不能被布莱克-斯科尔斯模型定价的期权（主要是美式期权）进行定价。

19.1 一个风险中性的世界

考虑一个正以 100 的价格进行交易的证券，在未来的某一天中，可能会出现以下两种价格，120 或者 90。假设不需要支付利息和股利，你会更愿意以今天 100 的价格买入还是卖出这个证券？

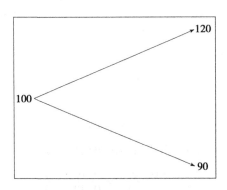

⊖ John C. Cox, Stephen A. Ross, and Mark Rubinstein, "Option Pricing: A Simplified Approach," *Journal of Financial Economics* 7 (3): 229-263, 1979。

根据直觉，交易者会选择以 100 的价格做多该证券而不会选择以相同的价格做空。毕竟，证券可能上涨 20，但只会下跌 10。

交易者会做出做多证券的决定，可能是基于假设价格上涨和价格下跌的可能性均为 50%。但是为什么价格上涨和价格下跌的概率相同呢？价格朝一个方向移动的概率可能会大于价格朝另一个方向移动的概率。确实，应该存在一个向上移动的概率 p 和一个向下移动的概率 $1-p$，从而使得买入证券或是卖出证券对投资者来说是一样的。对于一个中立的投资者来说，总预期收益必须等于现价 100

$$p \times 120 + (1-p) \times 90 = 100$$

求解 p，我们得到

$$120p + 90 - 90p = 100 \gg 30p = 10 \gg p = \tfrac{1}{3}$$

通过算术计算，我们可以确认这是正确的

$$\tfrac{1}{3} \times 120 + \tfrac{2}{3} \times 90 = 40 + 60 = 100$$

如果 S 代表现在的证券价格，那么我们可以通过定义代表向上和向下移动幅度的乘数 u 和 d 来概括这个方法。我们可以得到一个单步的**二叉树**（binomial tree）：

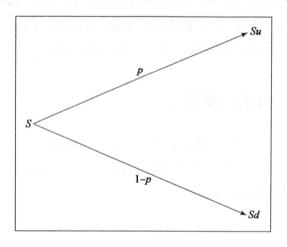

在一个**风险中性**的世界，

$$pSu + (1-p)Sd = S$$

求解 p，

$$p(Su) + (1-p)Sd = S \gg pu + d - pd = 1 \gg p = (1-d)/(u-d)$$

在我们最初的例子中，u 和 d 分别是 1.20 和 0.90，那么 p 等于

$$\frac{1 - 0.90}{1.20 - 0.90} = \frac{0.10}{0.30} = \frac{1}{3}$$

对于不分红的股票来说，p 和 $1-p$ 应该为多少呢？对于一个对买入或者卖出证券保持中立的投资者来说，风险中性概率必须能使股票价值等于股票远期价格

$S(1+r\times t)$。因此,

$$p(Su) + (1-p)Sd = S(1+r\times t) \gg pu + d - pd = 1 + r\times t \gg p$$
$$= \frac{(1+r\times t) - d}{u-d}$$

19.2 期权估值

假设我们想要使用单步二叉树来评估一个期权。我们知道当期权到期价值等于它的内在价值时,看涨期权的价值为 $[S-X, 0]$ 中的最大值,看跌期权的价值为 $[X-S, 0]$ 中的最大值。在单步二叉树中,看涨期权的期望价值为

$$p\times \max[Su - X, 0] + (1-p)\times \max[Sd - X, 0]$$

看涨期权的理论价值是期望价值的现值

$$\frac{p\times \max[Su - X, 0] + (1-p)\times \max[Sd - X, 0]}{1 + r\times t}$$

使用相同的推理,看跌期权的理论价值为

$$\frac{p\times \max[X - Su, 0] + (1-p)\times \max[X - Sd, 0]}{1 + r\times t}$$

假设我们将二叉树扩展为二步且每步的长度为 $t/2$,同时我们假设 u 和 d 互为倒数。那么

$$d = 1/u \gg u = 1/d \gg ud = du = 1$$

这意味着价格先上升后下降,或先下降后上升,最终会得到与初始相同的价格。如果向上移动 u 和向下移动 d 的大小在树中的每一个分支上都相等,那么在一个风险中性的世界中,向上移动的概率将总是

$$p = \frac{[1 + (r\times t/n)] - d}{u-d}$$

同时,向下移动的概率将总是 $1-p$。

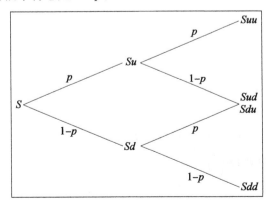

到期时，标的合约可能会出现 3 种价格——Suu，Sud 和 Sdd。只有一种路径可以得到 Suu 或 Sdd 的结果。但是，有 2 种路径可以得到中间的价格 Sud。标的合约可以先上涨后下跌或先下跌后上涨。在二期的例子中看涨期权的理论价值为

$$\frac{p \times \max[Suu - X, 0] + 2 \times p \times (1-p) \times \max[Sud - X, 0] + (1-p) \times \max[Sdd - X, 0]}{(1 + r \times t/2)^2}$$ [译者注⊖]

看跌期权的价值为

$$\frac{p \times \max[X - Suu, 0] + 2 \times p \times (1-p) \times \max[X - Sud, 0] + (1-p) \times \max[X - Sdd, 0]}{(1 + r \times t/2)^2}$$

使用这个方法，我们可以将我们的二叉树扩展至任意的步数。

如果

n = 二项式树中的步数

t = 以年为单位的到期时间

r = 年利率

最终标的价格可能为

$$Su^j d^{(n-j)},\ j = 0, 1, 2, \cdots, n \text{ 时}$$

形成每个最终价格的路径数量可以由**二项式展开式**（binomial expansion）得到[译者注⊖]

$$\frac{n!}{j!(n-j)!}$$

欧式看涨和看跌期权的价值为

$$\text{看涨期权} = \frac{1}{(1 + r \times t/n)^n} \sum_{j=0}^{n} \frac{n!}{j!(n-j)!} \times p^j (1-p)^{n-j} \times \max[Su^j d^{n-j} - X, 0]$$

$$\text{看跌期权} = \frac{1}{(1 + r \times t/n)^n} \sum_{j=0}^{n} \frac{n!}{j!(n-j)!} \times p^j (1-p)^{n-j} \times \max[X - Su^j d^{n-j}, 0]$$

19.2.1 一个三步的例子

假设

$n = 3$

$S = 100$

$t = 9$ 个月（0.75 年）

⊖ 公式中原文为 $2 \times p \times (1-p)$，打字错误。——译者注

⊖ 二项式展开式有时被写为 $\binom{n}{j}$。

$r = 4\%$ （0.04）
$u = 1.05$
$d = 1/u \approx 0.9524$

那么 p 和 $1-p$ 的值为

$$p = \frac{(1 + r \times t/n) - d}{u - d} = \frac{(1 + 0.03/3) - 0.9524}{1.05 - 0.9524} = 0.59$$

$$1 - p = 1 - 0.59 = 0.41$$

图 19-1 展示了完整的三步二叉树。⊖

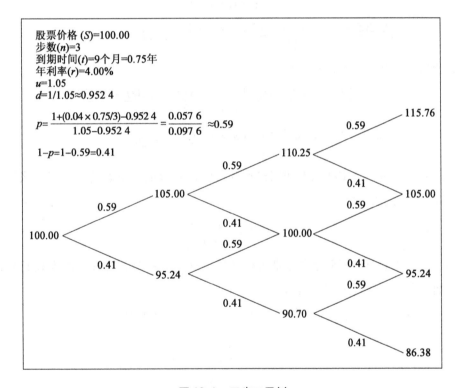

图 19-1 三步二叉树

使用三步二叉树，行权价格为 100 的看涨期权和行权价格为 100 的看跌期权，价值分别应该是多少呢？

⊖ 为简单起见，二叉树经常是对称地从上画到下。然而，这有时会令人产生误解。如果按比例来画，当我们从上向下移动时，树的分支通常会变得越来越窄。在图 19-1 中，我们可以看到 115.76 – 105.00 = 10.76（上部的两个分支）；105.00 – 95.24 = 9.76（中间的两个分支）；95.24 – 86.38 = 8.86（底部的两个分支）。因为 10.76 > 9.76 > 8.86，所以树的分支一定会变得越来越窄。

最终价格	行权价格100 的看涨期权价值	行权价格100 的看跌期权价值	概　　率	路径数量	总　概　率
115.76	15.76	0	0.59×0.59×0.59=0.205 4	1	0.205 4
105.00	5.00	0	0.59×0.59×0.41=0.142 7	3	0.428 1
95.24	0	4.76	0.59×0.41×0.41=0.099 2	3	0.297 6
86.38	0	13.62	0.41×0.41×0.41=0.068 9	1	0.068 9

行权价格为 100 的看涨期权的价值为[⊖]

$$\frac{0.205\ 4 \times (115.76 - 100) + 0.428\ 1 \times (105.00 - 100)}{(1 + 0.03/3)^3}$$

$$= \frac{0.205\ 4 \times 15.76 + 0.428\ 1 \times 5.00}{1.092\ 7} = \mathbf{5.22}$$

行权价格为 100 的看跌期权的价值为

$$\frac{0.297\ 6 \times (100 - 95.24) + 0.068\ 9 \times (100 - 86.38)}{(1 + 0.03/3)^3}$$

$$= \frac{0.297\ 6 \times 4.76 + 0.068\ 9 \times 13.62}{1.092\ 7} = \mathbf{2.28}$$

如果行权价格为 100 的看涨期权和看跌期权的价值是正确的，它们应该与看跌-看涨平价关系一致

$$C - P = \frac{F - X}{1 + r \times t}$$

我们可以首先通过计算股票的远期价格来检查这一关系是否存在。因为我们复合了三期的利率，所以远期价格为

$$F = 100 \times (1 + 0.75 \times 0.04/3)^3 = 100 \times 1.030\ 3 = 103.03$$

然后

$$\frac{F - X}{(1 + r \times t/n)^n} = \frac{103.03 - 100}{1.030\ 3} = 2.94$$

它确实等于 $C - P$

$$5.22 - 2.28 = 2.94$$

19.2.2　二项式符号

建立一个二叉树时，我们习惯用 $S_{i,j}$ 来表示树中的每个价格，在这里 $i, j = 0$, 1, 2, …, n。定位证券现值 S 的 i 值是从左边移向右边的，定位证券现值 S 的 j 值

[⊖] 公示中第 2 项分母原文为 $(1.092\ 7/3)^3$，打字错误。——译者注

是从下部移向上部的。图 19-2 展示了 1 个五步二叉树的二项式符号。

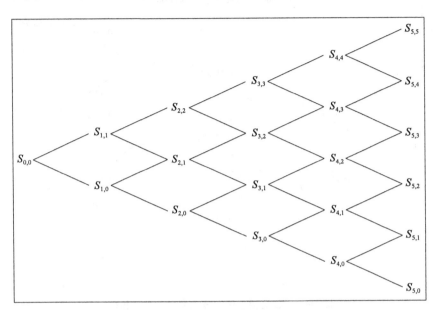

图 19-2 五步二叉树的二项式符号

除了在二叉树中的每一个节点上填入标的合约的价格 $S_{i,j}$，我们也可以在二叉树中填入期权的价值，即看涨期权对应填入 $C_{i,j}$ 或看跌期权对应填入 $P_{i,j}$。图 19-3 展示了在图 19-1 中的二叉树的每个节点上，行权价格为 100 的看涨期权的价值。$C_{3,j}$ 上的最终价值就是 $S_{3j} - 100$ 和 0 中的最大值。对 $S_{3,3} = 115.76$ 来说，$C_{3,3}$ 上的看涨期权的价值等于 $115.76 - 100 = 15.76$；对 $S_{3,2} = 105.00$ 来说，$C_{3,2}$ 上的看涨期权的价值等于 $105.00 - 100 = 5.00$。对于 $S_{3,1} = 95.24$ 和 $S_{3,0} = 86.38$，行权价格为 100 的看涨期权为虚值，因此 $C_{3,1}$ 和$_{3,0}$都等于 0。

期权到期时，很容易在二叉树中看出行权价格为 100 的看涨期权的价值，即内在价值或 0。但是，二叉树其他节点上的看涨期权的价值应该为多少呢？为了确定这些价值，我们需要使用向上和向下移动的概率，由最终价值向反方向推导，同时对最终价值进行贴现，从而得到期权的现值。例如，$C_{2,2}$ 的价值为多少呢？我们知道股票的价格在 $S_{2,2}$ 处有 59% 的可能性会上涨，此时期权的价值为 15.76。我们也知道股票的价格有 41% 的可能性会下跌，此时期权的价值为 5.00。因此，在 $C_{2,2}$ 处，期权的期望价值为

$$(0.59 \times 15.76) + (0.41 \times 5.00) = 11.35$$

在 $C_{2,2}$ 处，期权的理论价值是 11.35 的现值

$$\frac{11.35}{1 + 0.03/3} = \frac{11.35}{1.01} = \mathbf{11.24}$$

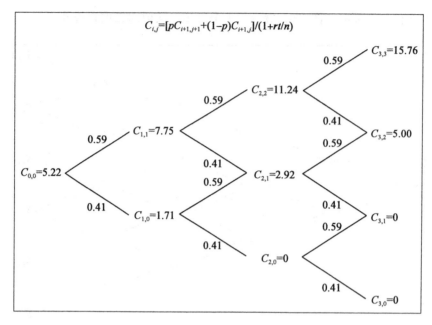

图19-3 二叉树上任意节点的看涨期权价值

如果使用相同的推理方法,那么在 $C_{2,1}$ 处,期权的理论价值为

$$\frac{(0.59 \times 5.00) + (0.41 \times 0)}{1.01} = 2.92$$

在 $C_{2,0}$ 处,期权的价值一定为0,因为不论是向上移动还是向下移动,期权的价值都是0。我们可以将二叉树中任意节点上看涨期权的价值表示为

$$C_{i,j} = \frac{pC_{i+1,j+1} + (1-p)C_{i+1,j}}{1 + r \times t/n}$$

在二叉树中,从最终价值向反方向进行推导,我们可以得到在 $C_{0,0}$ 处的期权的最初理论价值。当然,我们已经从之前的计算中知道该价值为5.22,那为什么还要通过二叉树上的每一个节点来计算看涨期权的价值呢?计算这些中间价值不仅能够帮助我们确定一些与期权相关的风险敏感度,而且能让我们计算出美式期权的价值。

19.3 Delta

我们知道行权价格为100的看涨期权初始价值为5.22。但是,在 $C_{0,0}$ 处,期权的Delta值为多少呢?Delta是指相对于标的合约价格变动的期权价值的变化。我们可以用分数来表达

$$\Delta = \frac{C_u - C_d}{S_u - S_d}$$

随着我们从 $C_{0,0}$ 处移向 $C_{1,1}$ 或 $C_{1,0}$ 处，期权的价值将会增加到 7.75 或下降到 1.71。同时，股票价格也会上涨到 105.00 或下跌到 95.24。因此 Delta 值为

$$\frac{7.75 - 1.71}{105 - 95.24} = \frac{6.04}{9.76} = \mathbf{0.62}$$

如果使用整数格式，那么行权价格为 100 的看涨期权最初 Delta 值为 62。

我们可以在二叉树的每一个点上，用期权价值的变化除以标的合约的价格变动来计算 Delta 值

$$\Delta_{i,j} = \frac{C_{i+1,j+1} - C_{i+1,j}}{S_{i+1,j+1} - S_{i+1,j}}$$

图 19-4 展示了股票价格、行权价格 100 的看涨期权的价值以及二叉树每一个点上看涨期权的 Delta 值。

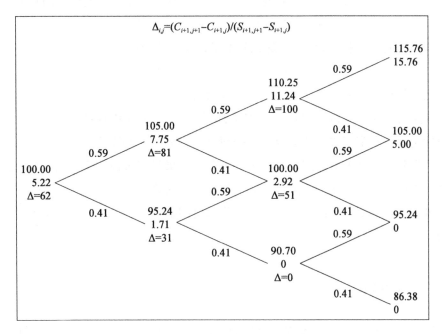

图 19-4 二叉树上期权的 Delta 值

在第 8 章中，我们展示了动态对冲的过程，该过程使我们能够了解期权价值和期权价格之间的差异。我们在二项式模型中也可以看到同样起作用的原则。回到图 19-4 中，假设我们以 5.22 的理论价值买入行权价格为 100 的看涨期权，并通过卖出 62% 的 1 份价格为 100 的标的股票合约来创建一个 Delta 中性套保头寸（$\Delta=62$）。如果我们持有这个套保头寸一期，结果将会如何呢？

如果股票价格上涨到 105.00，那么期权的价值是 7.75，期权利润相应为 7.75 – 5.22 = 2.53。同时，我们会因为持有股票而损失 0.62 × (100 – 105) = –3.10。此时，我们持有的套保头寸会损失

$$+2.53 - 3.10 = -0.57$$

如果股票价格下跌到 95.24，那么期权的价值为 1.71，期权相应损失为 1.71 – 5.22 = –3.51。同时，我们会因为持有股票而获利 0.62 × (100 – 95.24) = 2.95。此时，我们持有的套保头寸会损失

$$-3.51 + 2.95 = -0.56$$

不论股价上涨还是下跌，我们都会损失 0.56 或 0.57。事实上，这两个数值应该是相同的，但是在我们的计算中，舍入误差导致了这两个数值的不同（真实的 Delta 值是 61.88）。当期权定价理论认为我们应该收支平衡时，我们依然遭受了损失。

回想一下，当我们买入期权且卖出股票时，现金流记在我们账户的贷方

$$-5.22 + 0.62 \times 100 = +56.78$$

如果这段时间内的利率为 1%，那么我们可以赚得的利息为

$$0.01 \times 56.78 \approx +0.57$$

在我们的计算中加上该利息，我们就可以做到事实上的收支平衡了。

如果我们在二叉树中的每一个点上都仔细检查 Delta 中性的再对冲过程，并把对冲价值与利率因素考虑进去，不论股票价格沿哪条路径行进，在期权到期时，我们就可以准确地做到收支平衡。因此，如果我们可以用低于理论价值的价格买入 1 份期权或以高于理论价值的价格卖出 1 份期权，那么在期权到期时，利润就等于期权的交易价格与期权的理论价值之间的差异。这就是在第 8 章中描述的动态对冲原则。

19.4 Gamma

期权的 Gamma 值是指相对于标的合约的价格变动，期权 Delta 值的变化。因为我们是用分数来表达 Delta 值的，所以我们也用这个方法来表达 Gamma 值

$$\Gamma = \frac{\Delta_u - \Delta_d}{S_u - S_d}$$

在图 19-4 中，我们可以看到，随着我们从 $C_{0,0}$ 移向 $C_{1,1}$ 或 $C_{1,0}$，期权的 Delta 值会增加到 81 或减小到 31。同时，股票价格也会上涨到 105.00 或下跌到 95.24。因此 Gamma 值为

$$\frac{81-31}{105.00-95.24} = \frac{50}{9.76} = \mathbf{5.1}$$

行权价格为 100 的看涨期权初始 Gamma 值为 5.1。

我们可以在二叉树的每一个点上通过用期权 Delta 值的变化来除以标的合约价格的变动来计算 Gamma 值

$$\Gamma_{i,j} = \frac{\Delta_{i+1,j+1} - \Delta_{i+1,j}}{S_{i+1,j+1} - S_{i+1,j}}$$

19.5 Theta

期权的 Theta 值是指随着时间的流逝，假设其他所有因素（包括标的价格在内）都保持不变，那么期权的价值会如何变化。在二叉树模型中，假设在每段时间周期内，标的合约的价格要么上涨，要么下跌。当标的合约的价格先上涨后下跌或先下跌后上涨时，标的合约的价格只有在两个时间周期后才可以保持不变。为了粗略估计期权的 Theta 值，我们必须考虑在两个时间周期内期权价值的变化。

在图 19-4 中，我们可以看到，随着我们从 $C_{0,0}$ 移向 $C_{2,1}$，行权价格为 100 的看涨期权价值会从 5.22 下降到 2.92，即损失 2.30。如果我们想要估计每日的 Theta 值，那么我们可以除以这两个时间周期内的天数

$$\frac{0.75 \times 365}{3} = 91.25 \qquad \frac{-2.30}{91.25 \times 2} = -0.012\,6^{\ominus}$$

我们可以粗略估计二叉树上任意点的每日的 Theta 值为

$$\frac{C_{i,j} - C_{i+2,j+1}}{t \times 365/n}$$

19.6 Vega 与 Rho

我们计算 Delta、Gamma 和 Theta 值时，可以使用简单的算术方法。如果我们可以用相同的算术方法来计算 Vega 和 Rho 值就会方便很多。不幸的是，计算波动率和利率敏感度并没有简单的方法。为了确定 Vega 值，我们必须改变波动率的输入值——我们很快就会讲到如何确定这个输入值，然后观察期权的价值如何变化的。为了确定 Rho 值，我们必须改变利率的输入值。

$\ominus$ 原文为 $\frac{-2.30}{91.25} = -0.025\,2$，打字错误。——译者注

19.7 u 值与 d 值

我们已经选择了向上移动的幅度 u 和向下移动的幅度 d，以形成一个**重组**（recombining）的二叉树。证券的最终价格是独立于价格上下变动的先后顺序的。不论证券的价格是先上涨后下跌还是先下跌后上涨，结果都是一样的

$$u \times d = d \times u$$

如果向上移动和向下移动不进行重组，那么计算量会大大增加，因为二叉树上的每一个点都会向上移动产生一个新的价值和向下移动产生一个新的价值。我们也选择了互为倒数的 u 和 d

$$u \times d = d \times u = 1.00$$

这就确保了一件事，即如果证券的价格先上涨后下跌或先下跌后上涨，那么标的合约的价格与它最初的价格是相同的。如果 u 和 d 不是互为倒数的关系，那么标的合约的价格会出现一个**漂移**。例如，如果 u 和 d 确定为 1.25 和 0.75，那么会出现一个向下移动的价格漂移，因为

$$u \times d = 1.25 \times 0.75 = 0.937\,5$$

为了像之前一样计算 Theta 值，我们需要消除标的合约价格中的漂移。如果 u 和 d 互为倒数，那么就不存在价格漂移。

除了 u 和 d 要互为倒数且没有标的合约价格漂移这个限制，我们还没有详细地说明 u 和 d 具体的数值应该为多少。我们应该能想到，u 和 d 必须是从波动率参数中得来的。如果我们想要二项式的数值与布莱克-斯科尔斯的数值近似相等，那么 u 和 d 的选取就必须可以使最终价格近似服从对数正态分布。为了实现这个目标，我们可以在二叉树中将 u 和 d 定义为每期范围内 1 倍标准差的价格变化

$$u = e^{\sigma \sqrt{t/n}} \text{ 同时 } d = e^{-\sigma \sqrt{t/n}}$$

在我们三期的例子中，当 u = 1.05 时，波动率代表什么呢？为了确定波动率，我们可以反向求解波动率 σ

$$u = 1.05 = e^{\sigma \sqrt{0.75/3}} = e^{\sigma \sqrt{0.25}} = e^{0.5\sigma}$$

将两边取自然对数，我们得到

$$\ln(1.05) = \ln(e^{0.5\sigma}) >> 0.048\,8 = 0.5\sigma >> \sigma = 0.097\,6(9.76\%)$$

在我们三期的例子中，我们使用的波动率为 9.76%。

19.8　Gamma 值的租赁

理论上，期权市场上的每一个波动率头寸都代表了动态对冲过程中所创造的现金流与时间流逝过程中期权价值的衰减之间的权衡。具有正 Gamma 值和负 Theta 值的头寸会在动态对冲的过程中盈利，但会在时间流逝的过程中亏损。交易者有时会将波动率交易看作对 Gamma 值进行**租赁**（renting），租赁成本等于 Theta 值。

在一个给定的时间段内，标的合约要进行多大的价格变化才能抵消时间衰减所带来的影响呢？回到我们的二叉树中，我们可以给出一个近似的答案。我们知道无论标的合约是向上移动 u 还是向下移动 d，按理论价值进行交易的 Delta 中性头寸都将恰好达到收支平衡。u 和 d 的大小等于

$$u = e^{\sigma\sqrt{t/n}} \text{ 同时 } d = e^{-\sigma\sqrt{t/n}}$$

但是这些数值等于在 t/n 时间段内 1 倍标准差的价格变化。因此，在任意时间段内，如果想要达到收支平衡，标的合约价格移动的幅度就需要等于 1 倍标准差。

但这只是个近似值。随着时间的流逝，尽管 u 和 d 值保持不变，Theta 值会变化，有时会变化得很快。对于较短的时间段或距离到期还有大量时间的情况，这个近似值是相当准确的。但是，对于较长的时间段或快要到期时，Theta 值的变化将会降低该近似值的准确度。

19.9　美式期权

让我们回到图 19-1 中三期的二叉树。但这次我们不像图 19-4 那样计算行权价格为 100 的看涨期权的价值，而是用最终价格来反向求解行权价格为 100 的看跌期权的价值。行权价格为 100 的看跌期权的标的合约价格、理论价值以及 Delta 和 Gamma 值都展示在图 19-5 中。读者可能会想要确认图 19-4 和图 19-5 中看涨期权和看跌期权的价值是否与期权定价的基本原则相一致：在每一个节点上都要维护看跌-看涨期权的平价关系；看涨期权和看跌期权的 delta 值的绝对值相加要等于 100；看涨期权和看跌期权的 Gamma 值是完全相同的。

如果我们假设行权价格为 100 的看跌期权是欧式期权且不能被提前行权，那么计算中间数值的唯一目的就是确定 Delta 值和 Gamma 值。但是，假设行权价格

为 100 的看跌期权是美式期权，那么我们应该提前行权吗？

在图 19-5 中，让我们仔细观察行权价格为 100 的看跌期权在 $P_{2,0}$ 处的数值。该看跌期权的理论价值为 8.31。但是，当标的合约价格为 90.70 时，看跌期权的内在价值为 9.30。如果看跌期权为美式期权，那么在这些条件下，任何持有该看跌期权的交易者都会选择提前行权。如果我们使用二叉树来评估一个美式期权，那么我们可能会在每一个节点比较欧式期权的价值和它的内在价值。如果内在价值大于欧式期权的价值，那么我们可以在该节点处用期权的内在价值代替欧式期权的价值，然后继续反向求解前面节点的期权价值。在 $P_{2,0}$ 处，如果我们用 9.30 代替原先的数值，那么在 $P_{1,0}$ 处看跌期权的价值为

$$\frac{(0.59 \times 1.93) + (0.41 \times 9.30)}{1.01} = 4.90$$

我们需要在 $P_{1,0}$ 处将价值为 4.50 的欧式期权换为价值为 4.90 的美式期权。

最后，在 $P_{0,0}$ 处，最初价值为

$$\frac{(0.59 \times 0.78) + (0.41 \times 4.90)}{1.01} = 2.44$$

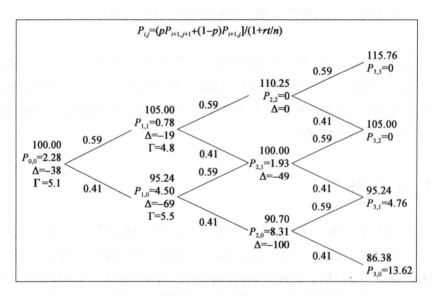

图 19-5　二叉树上任意节点，行权价格为 100 的看跌期权的价值

由于 Delta 和 Gamma 是由每一个节点处的期权价值计算得来的，这些新的数值会影响美式期权 Delta 值和 Gamma 值的计算。如果该期权为美式期权，那么行权价格为 100 的看跌期权初始 Delta 值为

$$\frac{0.78 - 4.90}{105.00 - 95.24} = \mathbf{0.42}^{\ominus}$$

行权价格为 100 的欧式看跌期权 Delta 值为 -38,但是行权价格为 100 的美式看跌期权的 Delta 值为 -42。图 19-6 展示了在每一个节点处,行权价格为 100 的美式看跌期权的价值。提前行权的可能性会影响期权的 Delta 值,也会影响期权的 Gamma 值。所以,行权价格为 100 的看跌期权的 Gamma 值现在为

$$\frac{-19 - (-79)}{105.00 - 95.24} = \mathbf{6.1}^{\ominus}$$

而不是欧式期权的 5.1。

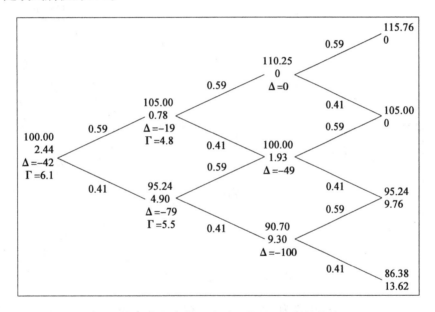

图 19-6 行权价格 100 的美式看跌期权的价值

19.10 股息

提前行权期权的可能性如何影响看涨期权的价值呢?在图 19-4 中,如果我们在每一个节点都去观察看涨期权的价值,我们会发现任意节点的期权价值都不低于内在价值。这就意味着欧式期权的价值一定等于美式期权的价值。同时,在第 16 章中,我们知道在期权的存续期内,如果股票不派息,那么我们就没有理由对美式股票期权提前行权。

  ⊖ 原文为 0.42,打字错误。——译者注
  ⊖ 原文公式分子为 -19 -79,打字错误。——译者注

但是，如果股票派息，我们该怎么办呢？在图 19-1 中，假设股票在倒数第一个时间段内的某个时间点上发放了 2.00 的股息。当股票分发股息时，股价通常会下降与股息相等的幅度。结果，正如图 19-7 所示，二叉树上的每一个最终价格都会减少与股息相等的幅度。[注]（不派息时的最终价值显示在括号中。）如果我们想要计算行权价格为 100 的看涨期权的价值，那么我们可以使用这些新的最终价格。然后，我们可以像之前一样使用概率 p 和 $1-p$ 来计算行权价格为 100 的看涨期权的理论价值和二叉树上每一个节点的 Delta 值。图 19-8 展示了这些数值。

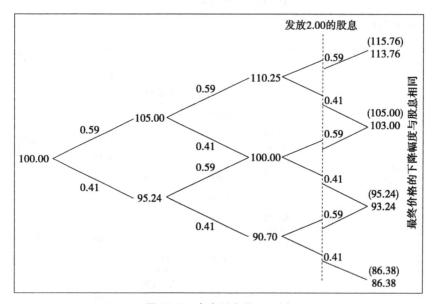

图 19-7　存在派息的二叉树

在图 19-8 中，行权价格为 100 的看涨期权的价值是欧式期权的价值，因为我们从来没有考虑提前行权的可能性。但是，仔细观察到期前一个周期的看涨期权的价值，股价在此处为 110.25。行权价格为 100 的看涨期权的理论价值为 9.26。但是，当股价为 110.25 时，看涨期权的内在价值为 10.25。如果该期权为美式看涨期权，那么在这些条件下，持有该期权的交易者会选择提前行权。正如美式看跌期权一样，在每一个节点，我们都可以比较欧式看涨期权的价值和它的内在价值。如果内在价值大于欧式期权的价值，那么我们可以在该节点处用期权的内在价值代替欧式期权的价值，然后继续反向求解前面节点的期权价值。看涨期权的最初价值，即 $C_{0,0}$ 将会是美式看涨期权的价值。图 19-9 展示了行权价格为 100 的美式看涨期权的完整二叉树。

⊖ 为简单起见，我们忽略因派息而获得的利息。一个更为准确的二叉树也应该包括这部分。

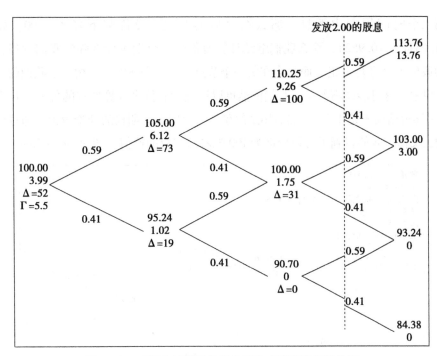

图19-8 以派息的股票为标的的欧式看涨期权的价值

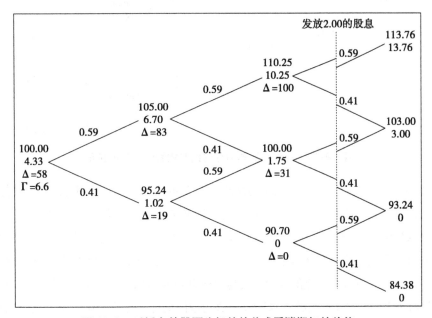

图19-9 以派息的股票为标的的美式看涨期权的价值

如果我们想要为派息的股票构建一个二叉树,那么在派息之后,我们可以简单地在原来的股价上减去与股息相等的数值。在图19-7中,我们看到在倒数第一个时间周期内,股票的最终价格下降了2.00。但是,如图19-10所示,假设在倒数第二个时间周期内派息，那么在之后的节点，股价都下降了 2.00。如果 $u = 1.05$ 且 $d = 0.9524$，那么我们继续计算股价时，会发生什么呢？我们发现，随后的股价不会进行重组，而是会在每一个节点开始一个新的二叉树。在我们的三步二叉树中，这可能并不严重。我们依然可以用最终股价来计算期权的价值（现在有 6 个最终价格而不是 4 个），然后用最终价格来反向求解期权的理论价值。通过使用新的二叉树，我们得到了行权价格为 100 的看涨期权的价值，如图 19-11 所示。

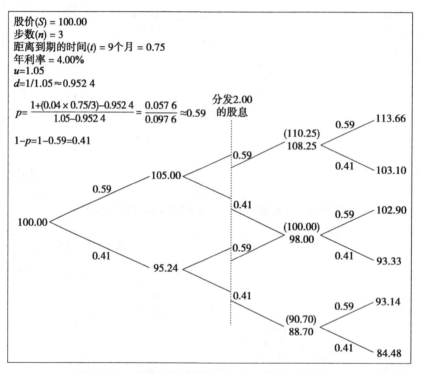

图 19-10　以派息股票为标的的美式看涨期权的价值

在期权存续期内，如果多次进行派息，会发生什么呢？如果我们的二叉树由多步组成，又会是什么情况呢？因为每一次派息都会产生一组新的二项式价格，同时计算期权价值的次数也会极大地增多，直至该方法变得不实用。对于这个问题没有理想的解决方案。也许处理派息情况最简单的方法就是构建一个不存在派息的完整的二叉树，然后将每个节点的股价减去与总股息相同的幅度。图 19-12 展示了一个例子，是对图 19-11 中计算出的看涨期权价值的近似估计。在这个例子中，我们只是简单地将所有派息后的股价减去 2.00 的股息，而不是在派息之后产生新的二项式价格。我们知道这只是一个近似值。图 19-12 中看涨期权的价值略微大于图 19-11 中的价值。

最后我们来说一下 p 和 $1-p$ 的值。我们通常认为概率范围在 0 与 1.00 之间，也就是说，在"不可能"和"绝对确定"之间。但是，这不一定适用于 p 和

$1-p$。考虑图 19-11 中的情况:

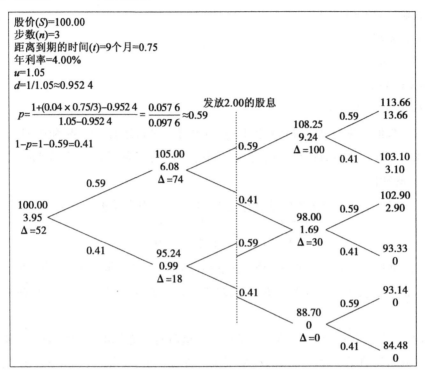

图 19-11 提前派息下的二叉树

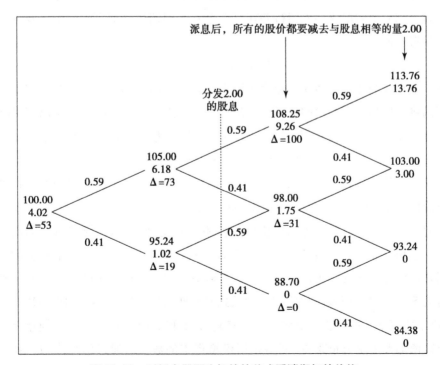

图 19-12 以派息股票为标的的美式看涨期权的价值

股价 $S = 100$

到期时间 $t = 9$ 个月

步数 $n = 3$

利率 $r = 4\%$

$u = 1.05$

$d = 1/u = 0.9524$

根据这些数值，我们可以得到 p 和 $1-p$ 的数值，它们分别为 0.59 和 0.41。但是，假设我们处在一个高通货膨胀的时期，同时设定利率为 40% 而不是 4%，那么 p 和 $1-p$ 的新值为

$$p = \frac{(1 + r \times t/n) - d}{u - d} = \frac{(1 + 0.1) - 0.9524}{1.05 - 0.9524} = 1.51$$

$$1 - p = 1 - 1.51 = -0.51$$

因此，p 和 $1-p$ 看起来不再像传统的概率：p 超过 1.00，同时 $1-p$ 为负值。事实上，p 和 $1-p$ 会落在典型概率的范围之外。出于这个原因，它们有时被称为**伪概率**。

p 大于 1 且 $1-p$ 小于 0 的含义是什么？这就意味着标的股票的潜在价格变化不足以抵消我们买入股票带来的利率损失。在我们的例子中，当 $u = 1.05$ 时，如果股价在每个周期内都上涨，那么我们将会获得 5% 的利润。但是，当利率为 30% 时，如果我们把钱存入银行并在每 3 个月的周期里赚取利息，那么这对我们来说是有益的

$$0.30/4 = 7.5\%$$

当然，如果我们通过提高 u 的数值进而来提高股票的波动率，那么投资股票的潜在利润将会提高。如果我们选择一个足够大的 u 值，那么 p 和 $1-p$ 确实会落在 0 与 1.00 之间。因为 u 必须大于 $1 + r \times t/n$，当利率为 30% 时，u 必须大于

$$1 + 0.3 \times 0.75/3 = 1.075$$

与布莱克-斯科尔斯模型一样，我们可以使用二叉树来评估以不同资产为标的的期权价值。图 19-13 展示了二叉树模型及其变形。

使用二叉树模型得出的期权价值与使用布莱克-斯科尔斯模型得出的期权价值有多么相近呢？这个问题只适用于欧式期权，因为布莱克-斯科尔斯模型不能被用来评估美式期权。在我们的三步二叉树中，行权价格为 100 的欧式看涨期权价值为 5.22，同时行权价格为 100 的欧式看跌期权价值为 2.28。如果使用布莱克-斯科尔斯模型，那么这两个数值就会变成 5.01 和 2.05。使用二项式模型得来的两个数值都大于使用布莱克-斯科尔斯模型得来的数值。通过增加步数，我们可

以提高二项式模型的准确度。在一个四步二叉树中，两个数值为 4.79 和 1.84。在图 19-14 中，对于行权价格为 100 的看涨期权，当我们将二项式模型中的步数从 1 提高到 10 时，我们会看到使用布莱克-斯科尔斯模型与使用二项式模型计算结果的差异。我们会发现误差会在正值与负值之间摆动，同时误差的绝对值会变得越来越小。确实，如果我们构建一个无限步数的二叉树，那么误差将会趋向于 0。使用二项式模型与使用布莱克-斯科尔斯模型的计算结果将完全一样。

如果 $S = $ 现货价格或标的合约价格 $X = $ 行权价格 $t = $ 以年为单位的距离到期的时间 $r = $ 国内利率 $\sigma = $ 百分比形式的年化波动率或标准差 $n = $ 二叉树步数 $u = e^{\sigma\sqrt{t/n}}$ $d = 1/u = e^{-\sigma\sqrt{t/n}}$ $p = [(1+bt/n) - d] / [u - d]$
看涨期权 $= \dfrac{1}{(1+rt/n)^n} \sum_{j=0}^{n} \dfrac{n!}{j!(n-j)!} \times p^j(1-p)^{n-j} \times \max[X - Su^jd^{n-j}, 0]$
看跌期权 $= \dfrac{1}{(1+rt/n)^n} \sum_{j=0}^{n} \dfrac{n!}{j!(n-j)!} \times p^j(1-p)^{n-j} \times \max[X - Su^jd^{n-j}, 0]$
二叉树模型的变形取决于 r 与 b 的取值。
如果 $b = r > 0$：二叉树模型适用于股票期权 $b = r = 0$：二叉树模型适用于期货式结算的期货期权 $b = 0$ 且 $r > 0$：二叉树模型适用于股票式结算的期货期权 $b = r - r_f$：二叉树模型适用于外汇期权，r_f 代表外国利率
二叉树上任意节点的期权价值为
$C_{i,j} = [pC_{i+1,j+1} + (1-p)C_{i+1,j}]/(1+rt/n)$
$P_{i,j} = [pP_{i+1,j+1} + (1-p)P_{i+1,j}]/(1+rt/n)$
二叉树上任意节点的看涨期权（ΔC）或看跌期权（ΔP）的 Delta 值为
$\Delta C_{i,j} = (C_{i+1,j+1} - C_{i+1,j})/(S_{i+1,j+1} - S_{i+1,j})$
$\Delta P_{i,j} = (P_{i+1,j+1} - P_{i+1,j})/(S_{i+1,j+1} - S_{i+1,j})$
二叉树上任意节点的看涨期权（ΓC）或看跌期权（ΓP）的 Gamma 值为
$\Gamma C_{i,j} = (\Delta C_{i+1,j+1} - \Delta C_{i+1,j})/(S_{i+1,j+1} - S_{i+1,j})$
$\Gamma P_{i,j} = (\Delta P_{i+1,j+1} - \Delta P_{i+1,j})/(S_{i+1,j+1} - S_{i+1,j})$
二叉树上任意节点的看涨期权（θC）或看跌期权（θP）的年 Theta 值为
$\theta C_{i,j} = (C_{i+1,i+2} - C_{i,j})/t$
$\theta P_{i,j} = (P_{i+1,i+2} - P_{i,j})/t$

图 19-13

在二项式模型中，我们应该使用多少步呢？因为我们将距离期权到期的时间分成越来越小的增量，期权价值的准确度就得到了提高。但是，大量的步数也会增加计算的次数,使得计算的次数以指数的方式增加。在权衡准确度与速度之后,我们普遍将步数定在50~100。

通过取两个步数所得数值的均值,我们可以进一步地提高二项式计算的准确度,有时这被称为**快步**(half-steps)方法。例如,九步二叉树会对行权价格为100的看涨期权估价过高,即大约高估0.07(布莱克-斯科尔斯模型计算结果-二项式模型计算结果 = −0.07),然而,十步二叉树会对行权价格为100的看涨期权估价过低,即大约低估0.09。如果我们取九步与十步数值的均值(一个9½步的数值),那么期权的价值会被低估0.01。图19-14展示了取均值的过程。

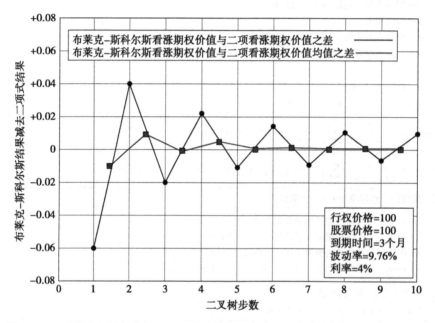

图19-14 随着我们增加步数,二项式计算结果会趋近于布莱克-斯科尔斯计算结果

第 20 章
Option Volatility and Pricing

再论波动率

当交易者在理论定价模型中输入波动率时,他在模型中到底输入了什么呢?我们知道波动率的数学定义——以百分比计算的年化标准差。除此之外,我们仍然在对波动率的解释方面存在疑问。数字代表了已实现波动率还是隐含波动率呢?我们在谈论历史波动率还是未来波动率呢?长期还是短期呢?交易者所选择的波动率取决于这些问题的答案。

考虑这种情形:

标的价格 = 100.00

距离到期时间 = 8 周

利率 = 0

隐含波动率 = 20%

当隐含波动率为 20% 时,期权的价格为 6.25。假设我们以 6.25 的价格买入行权价格为 100 的跨式期权。头寸应该近似为 Delta 中性,因为行权价格为 100 的看涨期权和行权价格为 100 的看跌期权都是平值期权。在我们买入跨式期权之后,隐含波动率会上升到 22%。这时,我们该怎么办呢?

我们可能会本能地做出一个假设,当隐含波动率上升时,期权的价格会上涨,因此期权头寸会盈利。确实,如果隐含波动率立即增长,同时其他的条件保持不变,那么行权价格为 100 的跨式期权的价格会上涨到 6.87,从而获利

$$6.87 - 6.25 = +0.62$$

但是,假设在 3 周内,隐含波动率缓慢地上升到 22%。虽然隐含波动率的上升会对我们有利,但是随着时间的流逝,期权的价值会衰减。事实上,标的合约的价格依然是 100.00,但跨式期权只值 5.43,从而造成亏损

$$5.43 - 6.25 = -0.82$$

隐含波动率上升带来的好处会被时间流逝所带来的衰减所抵消。

现在假设隐含波动率没有上升，而是下降到18%。这会如何影响我们的头寸呢？如果隐含波动率没有立即下降，并且没有任何市场条件的变化，那么行权价格为100的跨式期权的价值会下跌到5.62，从而造成损失

$$5.62 - 6.25 = -0.63$$

但是，假设隐含波动率下降到18%，标的价格也会随之发生改变。那么我们现在会从正Gamma值中受益。如果标的合约价格立即上涨到105.00，那么行权价格为100的跨式期权价值7.09，从而获利

$$7.09 - 6.25 = +0.84$$

如果标的价格朝着另一个方向移动，价格立即下跌到95.00，那么跨式期权价值6.87，从而获利

$$6.87 - 6.25 = +0.62$$

隐含波动率下降带来的不利影响已经被标的股价移动带来的有利影响抵消了。

这个例子说明了期权交易的一个重要原则：

> 期权头寸持有的时间越长，标的合约的已实现波动率就会越重要，同时它的隐含波动率就越不重要。如果持有头寸至到期日，那么已实现波动率就是唯一要考虑的因素。

在第8章中讨论动态对冲时，我们看到这个原则的具体适用情况。无论隐含波动率如何变化，Delta中性的调整过程最终会决定一个头寸是获利还是亏损。这并不是说隐含波动率不重要；价格一直都是最重要的，因为它们经常会决定临时的现金流与资本要求。但是，为了做出明智的交易决定，我们需要同时知道价值与价格。在最后的分析中，标的合约的波动率会决定期权头寸的价值。

即便是对一个有经验的期权交易者来说，确定正确的波动率参数也是一个困难和令人沮丧的练习。通过基本面分析或技术分析来对方向性价格移动进行预测是交易中一个普遍的研究领域，交易者可以通过许多渠道来获取关于这些主题的信息。不幸的是，波动率是一个较新的概念，并没有太多信息来指引交易者。尽管有困难，但是如果交易者想要用理论定价模型来进行交易决策并管理风险，那么他就必须付出努力，确定出一个合理的波动率参数。

20.1 历史波动率

期权存续期间内的已实现波动率最终会决定隐含波动率的变化，因此我们当然要思考该如何预测未来已实现波动率。通常，我们会先观察历史波动率的数

据，然后再进行预测。我们应该如何计算历史波动率呢？

我们知道，波动率代表标准差。计算标准差时，我们通常使用两种方法

$$\sqrt{\sum_{i=1}^{n} \frac{(x_i - \mu)^2}{n}} \quad \text{或} \quad \sqrt{\sum_{i=1}^{n} \frac{(x_i - \mu)^2}{n-1}}$$

在每个方法中，x_i 表示数据点，μ 表示所有数据点的均值，n 表示数据点的总数。这两种方法唯一的不同点就是分母，即 n 或者 $n-1$。

如果我们想知道全部数据点的标准差，那么我们可以使用除以 n 的第 1 种方法。这就是所谓的**总体标准差**（population standard deviation）。但是，假设我们从总体数据中取出一个样本数据，同时我们想要用这个样本来估计总体的标准差。由于我们的样本数是有限的，所以我们可能会在数据较多的总体中遗漏一些极端数据点。出于这个原因，我们估计的总体标准差可能会太低。为了改善我们的估计，我们应该上调标准差的计算值。通常我们可以通过将分母 n 降为 $n-1$，得出具有总体数据点的**样本标准差**（sample standard deviation）。因为历史波动率经常被用来评估未来的波动率，所以我们经常使用样本标准差来计算历史波动率，即除以 $n-1$。

波动率计算中的数据点 x_i 代表价格**收益率**，要么是从一个时期到下一个时期的标的价格变化的百分比

$$\frac{p_n - p_{n-1}}{p_n}$$

要么是更普遍使用的对数变化

$$\ln \frac{p_n}{p_{n-1}}$$

时间周期可以为任意长度，但是对于交易所交易的合约来说，价格收益率经常是基于从一天的结算价到下一天结算价的价格变化。

在标准差的计算中，μ（希腊字母 mu）表示所有价格收益率的均值。因为波动率是对均值偏离程度的度量，所以如果在连续 10 天内，一个合约的价格每天都上涨 1%，那么在 10 天内波动率也是 0；价格的变化从来都不会偏离它的均值。大多数交易者会感觉这是错误的。当价格向上移动 1% 时，波动率应该要发生一些变化，而不是 0。事实上，在大多数历史波动率计算中使用**零均值**（zero-mean）假设：不管实际的均值为多少，我们要一直假设 μ 等于 0。

在计算历史波动率时，交易者经常会排除周末和节假日，因此一年的交易日会在 250~260 天。但是，交易者也会用 365 天来计算波动率，同时假定非交易日的价格变化为 0。对于在两个不同的交易所并依据不同的交易日历进行交易的产

品,更适合使用这种方法来比较它们的波动率。使用这两种方法会产生轻微不同的历史波动率。但是,如果历史波动率是用来作为预测未来已实现波动率的一般基准,这个差异并不显著。图 20-1 中向我们展示了仅使用交易日(每年近似 252 天)计算的标准普尔 500 指数的 3 个月波动率,和使用全部 365 天来计算的标准普尔 500 指数的 3 个月波动率。⊖图像几乎是没有区别的。

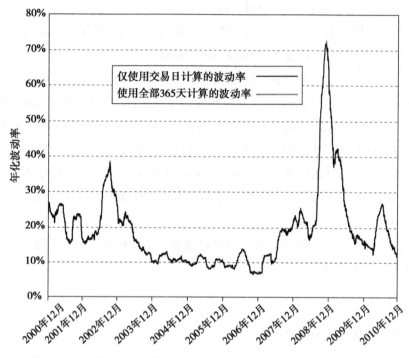

图 20-1　标准普尔 500 指数的 3 个月历史波动率 (2001~2010 年)

虽然我们通常使用每日价格收益率来计算历史波动率,但是我们也可能使用每周价格收益率。它是如何影响历史波动率的计算的呢?在图 20-2 中,通过使用每日和每周价格的收益率,我们可以计算 2001~2010 年之间黄金的 3 个月波动率。一般而言,虽然每周的涨跌看上去会略微大一些,但是曲线特征还是基本相似。这可能是因为我们取的数据点值比较少(取 13 周的数据点而不是 91 天的数据点)。更多的数据点会得到一个平滑的结果。因为曲线特征相似,我们可以得出一个结论,如果合约每天都是波动的,那么它每周或者每月波动的程度都相同。为了在波动率的计算中增加数据点的数量,从而得到一个更为准确的波动

⊖ 因为波动率一直是以年化利率来引用的,所以当我们计算历史波动率时,无论我们是使用 365 天还是仅使用交易日,价格变化的标准差一定要乘以 1 年交易周期天数的平方根。对于有 365 天的交易年来说,标准差应该乘以 $\sqrt{365} \approx 19.1$。

率,交易者最常使用的是每日收益率。

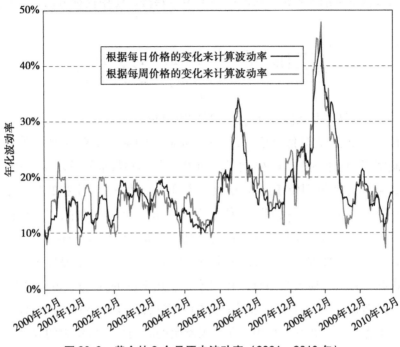

图20-2 黄金的3个月历史波动率(2001~2010年)

假设合约的价格在一个交易日中大幅向上和向下波动,但最终的价格没有发生变化。如果这是一个经常发生的情形,那么只用结算价格计算可能不能反映历史波动率的完整情况。为了考虑日内价格变化,历史波动率的计算有几种替代方法。

极值法(extreme-value method),是由迈克·帕金森(Michael Parkinson)⊖提出的,这种方法使用24小时内的高值与低值。使用这种方法可以得到一个更加完整的波动率。同时,这种方法也适用于没有确定的结算价格的情况。如果使用这种极值法,则年化的历史波动率为

$$\frac{\frac{1}{2\sqrt{n\ln(2)}}\sqrt{\sum_{i=1}^{n}\left(\ln\frac{h_i}{l_i}\right)^2}}{\sqrt{t}}$$

在这里,n = 价格收益率的数量,h_i = 所选时间区间内的最高价,l_i = 所选时间区间内的最低价,$\ln$ = 自然对数以及 t = 以年为单位的每个时间间隔的长度。

⊖ Michael Parkinson, "The Extreme Value Method of Estimating the Variance of the Rate of Return," *Journal of Business* 53 (1): 61-64, 1980.

Mark Garman 和 Michael Klass [一]提出了另一种方法，这种方法将标的合约的开盘价与收盘价也纳入考虑，从而扩展了帕金森法。使用这种方法，年化历史波动率为

$$\frac{\sqrt{\frac{1}{2n}\sum_{i=1}^{n}\left(\ln\frac{h_i}{l_i}\right)^2 - \frac{1}{n}[2\ln(2)-1]\sum_{i=1}^{n}\left(\ln\frac{c_i}{o_i}\right)^2}}{\sqrt{t}}$$

在这里，o_i = 交易的开盘价，且 c_i = 交易的收盘价。

与传统的收盘-收盘估算值一样，Parkinson 和 Garman-Klass 估算值都要除以价格时间间距 t 的平方根。（这与乘以一年中时间间距数量的平方根是一样的。）

图 20-3 显示了欧洲斯托克 50 指数 3 个月的波动率，这个指数是一个广受关注的大型欧洲公司指数。我们可以使用 3 种方法来计算波动率：收盘-收盘，高价-低价（Parkinson），以及开盘-高价、收盘-低价（Garman-Klass）。与第 1 种方法相比，使用后两种方法都会得出一个较低的波动率。这可能是因为只有当市场处于开市状态且进行连续交易时，我们才会使用 Parkinson 和 Garman-Klass 方法。但是，欧洲斯托克 50 指数不是连续计算的。它只在 10 个小时内进行计算，即从欧洲时间的上午 9 点到下午 6:50。在一天剩余的时间里，该指数的波动率是不可进行观察的。由于合约只在一天中的部分时间进行交易，所以 Garman 和 Klass 建议我们给收盘-收盘估算值赋予一些权重。一种方法是，给可观测的波动率（Parkinson 或 Garman-Klass）赋予等同于一天中交易时间占比的权重，同时将剩余的权重赋予收盘-收盘波动率。这通常意味着，我们要将较大的权重赋予收盘-收盘波动率的估值，因为许多市场的闭市时间比开市时间要长。但是，Parkinson 和 Garman-Klass 方法通常被认为是更准确的估计，至少在市场进行连续交易时如此。因此，给一些估计值增加权重，同时给收盘-收盘估计值减少权重会更有意义。Garman 和 Klass 就评估权重提出了一个精确的公式，但是更实际的方式可能是简单地为估算值赋予相等的权重。

因为我们已经非常详细地介绍了历史波动率的计算，这可能给读者留下一个印象，就是选择哪种方法对于一个期权策略是否成功起着决定性作用。对于大部分的交易者来说，历史波动率只是一个简单的指导方针，令交易者真正感兴趣的是未来已实现波动率。因为每种方法的结果不太可能差异很大，所以在实践中，选择哪种方法并没有太大的区别。重要的是我们该如何解释历史波动率数据，而

[一] Mark B. Garman and Michael J. Klass, "On the Estimation of Security Price Volatilities from Historical Data," *Journal of Business* 53（1）：67-78, 1980.

不是担心到底该使用哪种方法。

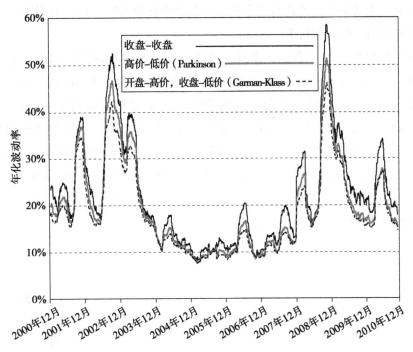

图20-3 欧洲斯托克50指数3个月历史波动率（2001~2010年）

波动率特征

在第6章中，我们使用了类比的方法来将对波动率的不同解释（历史的、未来的、隐含的）比作相似的天气。波动率-天气的类比方式可以帮助我们识别一些基本的波动率特征。

假设我们正在尝试预测明天的最高气温，但是我们只有一条信息，即今天的最高温。那么我们能得出的最准确的预测是多少呢？因为气温通常不会在一天之内发生巨大的改变，所以我们对明天最高气温的预测可能与今天的最高温相同。温度数据是**序列相关的**（serial correlated）。在没有其他信息的情况下，对接下来一段时间内会发生什么能做出的最好推测，就是上一段时间内发生了什么。波动率好像就展示了这种序列相关的特征。将来会发生什么往往取决于过去发生了什么。

现在假设我们不仅知道今天的最高气温，还知道一年中同时期的平均最高气温。如果今天的最高气温高于平均气温，那么对明天最高气温明智的预测就是它会低于今天的最高温。如果今天的最高温低于平均气温，那么对明天最高气温的明智预测就是它会高于今天的最高温。我们知道气温往往会向**均值回归**（mean reverting）。波动率好像也具有这个特征。波动率就像天气一样，有很大的可能会向均值移动而不是远离均值。

如果我们将图 20-2 黄金 3 个月的波动率与图 20-4 同时期内黄金的价格⊖进行比较，那么我们就会看到波动率向均值回归的特征。价格与波动率有时都会上涨，有时都会下跌。但是，标的合约的价格在长时间内是可以向一个方向移动的，与标的合约的价格不同的是，波动率倾向于向均衡的数值回归。在我们关注的 10 年时间中，黄金的价格从每盎司 300 美元以下涨到每盎司 1 400 美元以上。虽然价格有波动，但是它一直都没有降低到 2001 年的最低价。另一方面，尽管黄金的波动率在 9% 与 40% 之间大幅波动，但是它最终还是会回落到 10% 与 20% 之间。

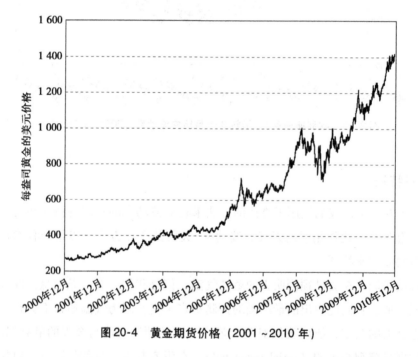

图 20-4　黄金期货价格（2001～2010 年）

根据图 20-2，我们可能会得出一个结论，即黄金倾向于表现出一个长期平均或**平均波动率**（mean volatility）。当波动率上升到均值以上时，我们几乎可以确定最终它会下降到均值的位置。当波动率下降到均值以下时，我们几乎可以确定最终它会上涨到均值。波动率表现出围绕着均值持续上下波动的特征。

⊖ 图 20-2 中的历史黄金波动率与图 20-5 中的国债波动率都是根据近月期货合约的结算价格来进行计算的。

几乎在所有交易的标的合约中,均值回归是一个常见的波动率特征。在图20-1中,我们使用了每日收益率来计算2001~2010年的标准普尔500指数3个月的历史波动率。在图20-5中,我们使用了每日波动率来计算2001~2010年国债期货的3个月历史波动率。在这两张图中,虽然存在着巨大波动,但是标准普尔500指数与国债期货都倾向于回归到平均波动率。作为一个不那么稳定的合约,标准普尔500指数的平均波动率在15%~20%。作为一个较稳定的合约,国债期货的平均波动率大约是5%。

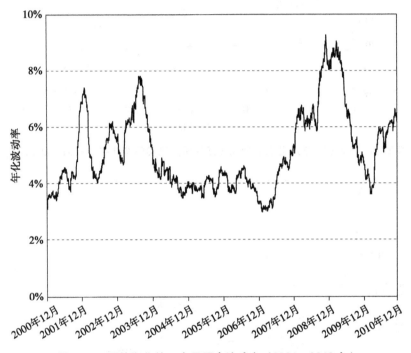

图20-5　国债期货的3个月历史波动率(2001~2010年)

图20-6~图20-8中,我们可以较为清晰地看到波动率的均值回归特征。这些图展示了2001~2010年之间2~300周的标准普尔500指数、黄金期货与国债期货的最小已实现波动率、最大已实现波动率与平均已实现波动率。例如,在图20-6中,如果我们考虑2001~2010年之间任意2周,我们可以看到标准普尔500指数2周波动率最小大约为5%,但是最大会超过100%。2周波动率的均值大约为18%。对于任意300周,标准普尔500指数波动率最小大约为14%,最大约为24%,平均约为19%。黄金期货的图像(见图20-7)与国债期货的图像(见图20-8)展示了相同的一般特征。当我们增加计算波动率的时间长度时,结果往往倾向收敛于波动率均值。

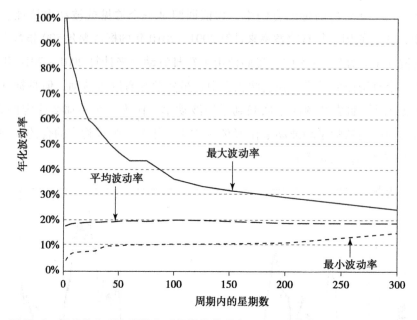

图20-6　标准普尔500指数各时间周期的历史已实现波动率（2001~2010年）

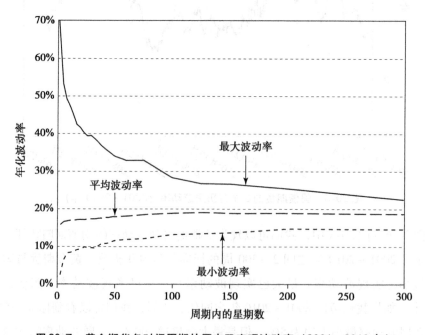

图20-7　黄金期货各时间周期的历史已实现波动率（2001~2010年）

与图20-6到图20-8相似的图像经常被用来举例说明波动率的**期限结构**，即波动率在给定时间内下降到一个给定范围的可能性。期限结构的图像经常会呈现出一个圆锥的形状，即在短期内会有较大的变化，同时在长期内会有较小的变化。㊀由于波动率期限结构的原因,长期波动率比短期波动率更容易预测。这似乎与直觉相悖,因为我们倾向于期望较大的长期波动率而不是短期波动率。但是,波动率可以被看作平均变动率。在很长的一段时间内,大大小小的波动往往会相互抵消,从而得到更加平稳的结果。

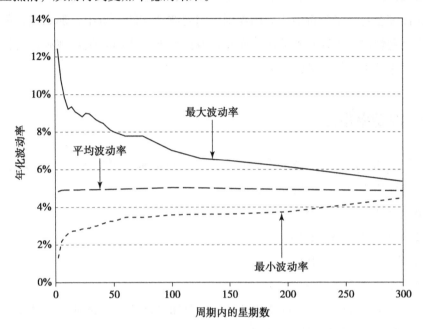

图20-8　国债期货各时间周期的历史已实现波动率（2001～2010年）

因为长期波动率比短期波动率更稳定,所以交易者可能会认为给长期期权定价会比给短期期权定价更容易。如果所有的期权对波动率变化的敏感度相同,那么交易者的判断就是正确的。但是我们知道,长期期权的Vega值大于短期期权的Vega值——它们对波动率变化更加敏感。这就意味着,当我们评估长期期权时,任何波动率误差都会被极度放大。2%或3%的波动率误差对长期期权的影响,可能会大于5%或6%的波动率误差对短期期权的影响,实际情况最终取决于距离到期的时间。

关于波动率,我们还知道些什么呢?我们再来看看图20-2,可能会发现波动率有一些趋势特征。从2004年早期到2005年中期,黄金波动率呈现出连续下降的趋势。从2005年中期到2006年中期,黄金波动率呈现出了巨大的上升趋势。同时,从2007年早期到2008年的大部分时间,波动率呈现出阶梯式增长,直至

㊀ 关于**波动率锥**（volatility cones）,更多的讨论可以参考Galen Burghardt and Morton Lane, "How to Tell If Options Are Cheap," *Journal of Portfolio Management*, Winter: 72-78, 1990。

超过40%。在这些主要的趋势中，波动率在短期内也会呈现出轻微的上升和下降趋势。在这方面，波动率图似乎展示出一些与价格图相同的特征，所以在对波动率进行分析时，我们应用一些与技术分析相同的原则是合理的。但是，虽然价格的改变与波动率是相关的，但它们不是一回事，记住这一点很重要。如果一个交易者试图完全将技术分析中相同的规则运用到波动率的分析中，那么他可能会发现，在某些情况下规则并不适用。而在其他情况下，我们必须对规则进行修改从而将波动率的独特特征考虑进来。

20.2 波动率预测

我们该如何使用历史波动率数据与波动率特征来预测未来已实现波动率呢？假设1份标的合约的历史波动率数据如下：

6周历史波动率：28%

12周历史波动率：22%

26周历史波动率：19%

52周历史波动率：18%

我们可能会希望观察到更多的历史波动率，但如果这些数据是唯一可供我们使用的，那么我们应该如何预测波动率呢？

一种可能的方法是取所有可用数据的均值：

$$(28\% + 22\% + 19\% + 18\%)/4 = 21.75\%$$

这种方法下，我们给每个历史数据都赋予相同的权重。但是这合理吗？也许一些数据比另一些数据更重要。例如，一个交易者可能会假设近期数据更加重要。因为与其他的历史数据相比，过去6周28%的波动率更接近当前时间，也许28%应该在我们波动率的预测中起更重要的作用。例如，我们可能会给6周的波动率2倍的权重，即40%，但对于其他时间段的波动率，我们只会给20%：

$$(40\% \times 28\%) + (20\% \times 22\%) + (20\% \times 19\%) + (20\% \times 18\%) = 23.0\%$$

我们对波动率的预测结果略微变大了，这是因为我们给6周历史波动率赋予了更多的权重。

当然，如果更加接近当前时刻的过去6周历史波动率确实比其他数据更重要，那么同理，过去12周的波动率应该比过去26周和52周的波动率更重要。过去26周的波动率比过去52周的波动率更重要。通过使用回归权重，我们可以将这个因素纳入到我们的预测中。在我们的预测中，我们可以对较远的历史波动率

赋予更少的权重。例如，我们可能会计算

（40% × 28%）+（30% × 22%）+（20% × 19%）+（10% × 18%）= 23.4%

在这里，我们对6周波动率赋予了40%的权重，对12周波动率赋予了30%的权重，对26周波动率赋予了20%的权重，同时对52周波动率赋予了10%的权重。

我们假设越靠近当前的数据就越重要。这总是正确的吗？如果我们对评估短期期权感兴趣，那么也许短期数据就是最重要的。但是，假设我们对评估长期期权感兴趣，那么在长期中，波动率均值回归的特征有可能会降低任意波动率短期波动的重要性。事实上，在非常长的时期内，对波动率最合理的预测就是简单地求出标的资产的长期波动率均值。因此，我们对不同的波动率数据赋予的权重，取决于我们感兴趣的期权距离到期日的剩余时间。

在某种意义上，我们处理的所有的历史波动率都是当前数据；它们无非是覆盖了不同的时间段。那么我们如何才能知道哪个数据是最重要的呢？除了均值回归的特征，我们知道波动率也是序列相关的。假设两个时间段长度相同，任意给定时间段内的波动率可能取决于之前时间段内的波动率，或者是与之前时期段内的波动率相关。如果1份合约在过去4周内的波动率为15%，那么在接下来的4周内，波动率很有可能接近于15%而不是远离15%。一旦我们意识到这点，我们可以合理地给时间长度最接近于我们感兴趣期权存续时间的波动率数据赋予最大的权重。也就是说，如果我们交易长期期权，那么我们应该给长期数据赋予最大的权重。如果我们交易短期期权，那么我们应该给短期数据赋予最大的权重。同时，如果我们交易中期期权，那么我们应该给中期数据赋予最大的权重。

考虑到波动率序列相关的特征，如果我们只有4个历史波动率：6周、12周、26周以及52周波动率，那么我们应该给5个月之后到期的期权赋予多大的波动率呢？因为5个月约等于26周，所以我们可以对26周波动率赋予最大的权重，同时给其他数据赋予相应较小的权重

（15% × 28%）+（25% × 22%）+（35% × 19%）+（25% × 18%）= 20.85%

相反，如果我们对评估3个月的期权感兴趣，那么我们可以对12周的历史波动率赋予最大的权重

（25% × 28%）+（35% × 22%）+（25% × 19%）+（15% × 18%）= 22.15%

在之前的例子中，我们只使用了4个历史波动率。但是，如果我们可以使用更多的波动率数据，那么我们会得到更准确的波动率预测。更多的、覆盖不同时间段的数据可以更好更全面地描述标的资产的波动率特征，同时更多的数据也可以使交易者将历史波动率与不同到期时间的期权进行更为接近的匹配。在我们的

例子中，我们将过去12周和26周的历史波动率作为近似值，从而预测未来3个月和6个月的波动率。理想情况是，我们希望历史数据可以准确地覆盖3个月和6个月的时间。

交易者通过直觉来使用这种方法预测波动率。这种方法取决于如何识别波动率的典型特征与预测未来某段时间的波动率。

分析系列数据以预测未来价值，这种方法在研究上通常被称为**时间序列分析**（time-series analysis）。我们可能想要运用时间序列分析模型来预测波动率，但是为了实现这一目标，我们需要一系列数据点，每个数据点都独立于其他数据点。在我们的例子中，预测中使用的波动率不能形成一个真正的时间序列，因为波动率是重叠的，也就是说，它们并不是相互独立的。52周的波动率与26周、12周以及6周的波动率是重叠的。26周的波动率与12周和6周的波动率是重叠的。同时，12周的波动率与6周的波动率是重叠的。但是，假设我们不使用数据点，即历史波动率，而是使用标的资产的回报率。这些回报率会创造一个真实的时间序列，进而我们可以使用时间序列模型。

指数加权移动平均模型（exponentially weighted moving average（EWMA）model）是一种时间序列模型，它经常被用来评估未来的波动率。在这种模型中，我们总是对近期回报率赋予较大的权重，对时间久远的回报率赋予较小的权重。如果对每一个回报率 r 都赋予一个权重 α，那么下一个时间段的估计方差（标准差的平方）σ^2 是

$$\sigma^2 = \alpha_1 r_1^2 + \alpha_2 r_2^2 + \cdots + \alpha_{n-1} r_{n-1}^2 + \alpha_n r_n^2$$

在这里，r_n 代表最近的回报率。所有的权重加起来必须等于1.00

$$\sum_{i=1}^{n} \alpha_i = 1.00$$

同时，对于越靠近当前的回报率，我们会赋予它更大的权重

$$\alpha_n > \alpha_{n-1}$$

通过在0和1.00之间选择一个变化的 λ 值，当

$$\alpha_i = \frac{\lambda^{i-1}(1-\lambda)}{1-\lambda^n}$$

时，约束条件就会满足。如果我们调低 λ 值，会对越靠近当前的回报率赋予越大的权重——方差估计中较远回报率带来的影响会降低。如果我们增大 λ 数值，回报率之间的差别会变得越来越小——较远的回报率会与较新的回报率一样重要。当 λ 的数值接近于1.00（它永远不可能完全等于1）时，所有回报率的权重将会收敛于一个数值，即 $1.00/n$。在许多风险管理的项目中，我们通常将 λ 定

为 0.94。

EWMA 模型是一个相对简单的波动率预测模型。它忽略了两个因素，即连续回报率之间可能的相关性与波动率均值回归特征。现在最常用的时间序列波动率预测模型，脱胎于 1982 年罗伯特·恩格尔（Robert Engel）首次提出的**自回归条件异方差模型**（autoregressive conditional heteroskedasticity（ARCH）model）[⊖]。该模型所使用的技术后来被细化和用于现在通常被称为**广义自回归条件异方差**（generalized autoregressive conditional heteroskedasticity model）（GARCH）的各类波动率预测模型中。GARCH 模型由 3 部分组成：波动率的估计值，如 EWMA；相关性因素，用以反映连续回报率的大小往往是相关的（如，高回报往往会跟着高回报，低回报往往会跟着低回报）以及均值回归因素，用以描述波动率多快可以回归到均值。虽然对 GARCH 模型进行深入讨论超出了本书的范围，但可以在大多数进阶书籍的时间序列分析部分找到关于这些模型的更多信息。

20.3　隐含波动率是对未来波动率的预测

正如许多交易者相信的一样，如果市场价格可以反映所有影响合约价值的可用信息，[⊜]那么隐含波动率应该是对未来已实现波动率最好的预测。隐含波动率预测未来波动率有多有效呢？虽然不可能明确回答这个问题，因为这需要我们在长时间内对许多市场进行详细的研究，但是通过观察样本数据我们可能会得到一些启示。

图 20-9 展示了 2002～2010 年标准普尔 500 指数的 3 个月已实现波动率（大约是 63 个交易日），和以此指数为标的的 3 个月平值期权[⊜]的滚动隐含波动率。不过，3 个月已实现波动率的数值都进行了前移，所以每一个数据点都代表着指数的未来 3 个月已实现波动率。如果隐含波动率可以完美地预测未来波动率，那么这两个图像将会完全相同。但是，这明显不可能。一般而言，标准普尔 500 指数的波动率会引导隐含波动率。如果指数波动较大，那么隐含波动率会上升；如果指数波动较小，那么隐含波动率会下降。市场似乎是随着指数波动率的变化而变化。有两个特别明显的例子：2008 年，指数波动率显著增大后，隐含波动率跟着上升；2009 年当指数波动率下降后，隐含波动率也随之下降。

⊖ Robert F. Engle, "Autoregressive Conditional Heteroskedasticity with Estimates of the Variance of United Kingdom Inflation," *Econometrica* 50（4）：987-1000, 1982. 2003 年，恩格尔被授予了诺贝尔经济学奖。

⊜ 在金融领域中，这被称为**有效市场假说**（efficient-market hypothesis）。

⊜ 3 个月隐含波动率取所有期权在距到期日 3 个月时的隐含波动率，利用插值法进行计算。

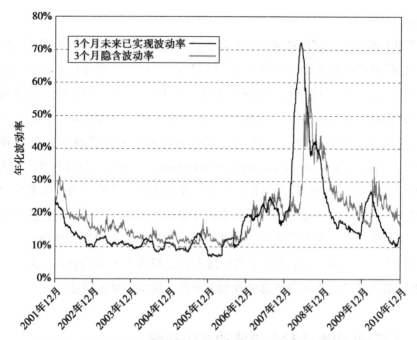

图20-9　标准普尔500指数的3个月未来波动率与3个月隐含波动率

我们可以用12个月为周期进行同一个比较。图20-10显示了标准普尔500指数的12个月未来已实现波动率（大约是252个交易日）与同一时期滚动的12个月平值期权的隐含波动率。因为这个时间框架更长，所以延时更加明显。

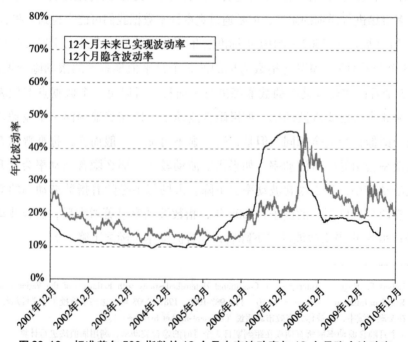

图20-10　标准普尔500指数的12个月未来波动率与12个月隐含波动率

显然，我们例子中的隐含波动率没有准确地预测未来波动率。但是，即使隐含波动率不是一个完全准确的预测，也许通过观察隐含波动率与未来已实现波动率之间的差异，我们可以得出一些结论。图 20-11 展示了 3 个月的期权与 12 个月的期权。正值表示隐含波动率过低（未来已实现波动率实际更高），而负值表示隐含波动率过高（未来已实现波动率实际更低）。

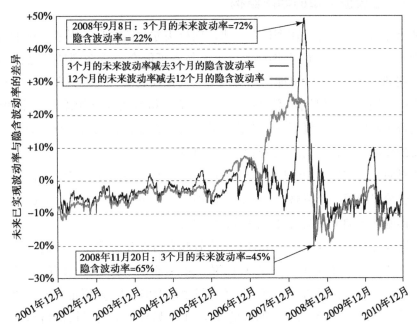

图 20-11　标准普尔 500 指数的未来波动率与隐含波动率之间的差异

在图 20-11 中，我们可以看到大部分时间，用来预测未来波动率的隐含波动率过高，能高出 10 个百分点。但也存在一些极端的例外情况，2008 年，3 个月隐含波动率一度将未来波动率低估了 50 个百分点。同时，另一点上又将波动率高估了 20 个百分点。不可否认，2008 年是一个极端年份，但即使在其他的年份中，隐含波动率与未来波动率之间存在 10 个百分点的差异也是常见的。

对于未来波动率来说，隐含波动率最多是一个不完美的预言者。从这些图像中，我们还可以得出什么结论呢？正常情况下，隐含波动率看起来过高——期权往往是被高估的。期权买方可能会愿意支付额外的权利金，从而换取对隐含波动率过低，之后又激增这种罕见情况的保护。这类似于保险。一个理性的保险买方会意识到，保险合约的价格几乎肯定高于它的价值。否则，保险公司就不会有盈利的可能。但是，保险的买方愿意为这些极少数的情况支付额外的权利金。当发生不可预见的事情时，购买保险就是绝对有必要的。

当然，一些其他的原因也会导致期权被高估。对于期权的卖方来说，如做市商，在动态对冲过程中复制期权可能会产生成本，做市商的成本可能会转嫁给客户。此外，推导隐含波动率的理论定价模型可能是有问题的。总之，这些因素也许可以解释为什么市场上期权的价格看起来过高。

20.3.1 隐含波动率的期限结构

如果持有到期，那么在理论上，决定期权头寸价值的唯一因素是标的合约的已实现波动率。但是，出于各种考虑，交易者可能会决定在到期日之前结束头寸。在到期日之前，头寸可能已经实现了它的预期利润。或者，即使头寸还没有实现它的预期利润，但风险变得很大。再或者，持有头寸可能需要大量的资金，而这些资金收益率本可以更高。不管交易者为什么要在到期前平仓，通常会有一个主要的原因：隐含波动率的变化。虽然我们已经强调了已实现波动率的重要性，但是对于现实世界中的期权交易来说，隐含波动率的变化经常可以成就一个策略，也可以毁掉一个策略。出于这个原因，一个明智的交易者会对此进行一些思考，即隐含波动率的变化是如何影响头寸的。

确定头寸对隐含波动率变化的敏感度看起来可能相对简单。我们只需要将每个 Vega 值加总，以确定总头寸的 Vega 值。不幸的是，确定真实的隐含波动率风险是非常复杂的。我们知道，当市场条件发生改变时，Vega 值也会发生改变，因此今天的 Vega 值可能不会等于明天的 Vega 值。另外，不同行权价格与到期月份的 Vega 值也许并不能真实地反映隐含波动率风险。

假设一个市场上有 3 个到期月份，它们都在同一个日历年度——3 月、6 月以及 9 月。我们可以假设市场的平均波动率为 25%。同时，虽然几乎不可能出现每个月的隐含波动率完全相同的情况，但我们依然可以先假设现在每个月的隐含波动率都相同，且为 25%。

	3月	6月	9月
隐含波动率	25%	25%	25%

假设标的合约的波动率开始上升。那么隐含波动率会发生什么呢？隐含波动率很可能也会上升，但是每个合约月份都会以相同的速率上升吗？如果 3 月的隐含波动率上升到 30%，那么 6 月与 9 月的隐含波动率也会上升到 30% 吗？交易者知道波动率是均值回归的。同时，在长期内波动率回归到均值的可能性大于短期内波动率回归到均值的可能性。因此，在这个例子中，当我们移向更远的到期时间时，隐含波动率可能会保持在更靠近 25% 均值的水平。新的隐含波动率可能是

	3月	6月	9月
隐含波动率	30%	28%	26%

均值回归也会影响隐含波动率的下降。如果标的市场变得不那么动荡，且3月的隐含波动率下降到20%，那么新的隐含波动率可能会变成

	3月	6月	9月
隐含波动率	20%	22%	24%

虽然短期期权的隐含波动率出现了巨大的变化，但长期期权的隐含波动率变化较小，这是因为波动率具有均值回归的特性。图20-12显示了隐含波动率典型的期限结构。

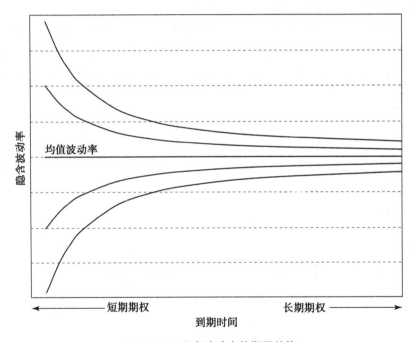

图20-12　隐含波动率的期限结构

不同到期月份的隐含波动率会以不同的速率变化，这对风险分析十分重要。考虑一个由4个不同到期月份组成的期权头寸，每个到期月份的Vega值为：

	4月	6月	8月	10月
到期时间	2个月	4个月	6个月	8个月
总Vega值	+15.00	-36.00	-21.00	+42.00

头寸的隐含波动率风险是多少呢？一开始，我们可能会将所有的Vega值都加起来

$$+15.00 - 36.00 - 21.00 + 42.00 = 0$$

总的 Vega 值为 0，看起来没有隐含波动率风险。然而这假设了隐含波动率在所有的月份中会以相同的速率进行变化。实际上我们知道这是不可能的。短期期权的隐含波动率比长期期权的隐含波动率变化得更快。鉴于这点，我们该如何确定总的隐含波动率风险呢？

假设市场的均值波动率为 25%，同时我们相信隐含波动率的期限结构如图 20-13 中所示。如果 4 月的隐含波动率上升到 28%，那么这个头寸的盈利或损失是多少呢？如果距离 4 月还有 2 个月，且 4 月的隐含波动率上升到 28%，那么我们会期望 6 月的隐含波动率只上升到 27%，8 月的隐含波动率只上升到 26.5%，同时 10 月的隐含波动率只上升到 26.1%。根据不同的变化速度进行调整，最终结果是头寸出现了损失，这是因为

$$(3 \times 15.00) - (2 \times 36.00) - (1.5 \times 21.00) + (1.1 \times 42.00) = -12.30$$

而如果 4 月的隐含波动率下降到 22%，那么结果将会相反；我们会盈利 12.30。很明显，头寸不是 Vega 中性的（Vega neutral）。我们会更希望隐含波动率下降而不是上升。

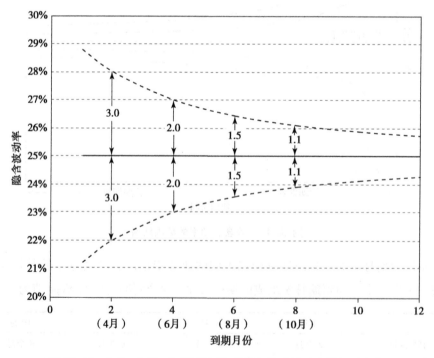

图 20-13　4 月、6 月、8 月以及 10 月期权隐含波动率的相对变化

为了更加准确地描述隐含波动率风险，我们必须调整每个月的 Vega 值。我们

知道 4 月的隐含波动率每变动 1 个百分点，6 月的隐含波动率就会变

$$2/3 = 0.67$$

4 月的隐含波动率每变动 1 个百分点，8 月的隐含波动率就会变

$$1.5/3 = 0.50$$

同时，4 月的隐含波动率每变动 1 个百分点，10 月的隐含波动率就会变

$$1.1/3 = 0.37$$

依据 4 月的隐含波动率变化，如果我们想要知道总的隐含波动率风险，那么我们可以依次调整 Vega 值

$$6 \text{ 月 Vega 值} = -36.00 \times 0.67 = -24.12$$
$$8 \text{ 月 Vega 值} = -21.00 \times 0.5 = -10.50$$
$$10 \text{ 月 Vega 值} = +42.00 \times 0.37 = +15.54$$

将所有数值相加，我们可以看到我们确实持有一个 Vega 空头头寸。如果 4 月的隐含波动率每改变 1 个百分点，那么总头寸的价值会改变

$$+15.00 - 24.12 - 10.50 + 15.54 = -4.08$$

为了准确地评估隐含波动率风险，交易者需要有一种方法来确定多个到期时间的隐含波动率如何变化。这通常表现为隐含波动率期限结构模型。所有交易者用的模型都不同。模型经常是"本地化的"，即交易者会试图开发一个模型，该模型要与他的数学水平及他在市场中的经验保持一致。无论哪种模型，通常都会需要至少 3 个参数：**主要月份**（primary month），其他所有月份都与主要月份进行比较；均值波动率，隐含波动率倾向于回归到这一水平以及一个称为"鞭打"的因素，指明相对于主要月份隐含波动率的变化，不同到期日的隐含波动率如何变化。主要月份通常是指交易集中的近月月份。但是，并非总是如此。在农业市场中，交易经常集中在接近于播种期或收割期的到期月份。如果是这样的话，那么在这些月份中选择一个来作为主要月份可能会是一个更好的选择。此外，近期月份的隐含波动率不稳定，尤其是接近到期日的时候。这些月份的波动率变化与其他月份经常不一致。因此，许多交易者会分别评估近月合约头寸与其他合约的头寸，并将波动率期限结构模型应用到除近月以外的其他所有月份中。这种方法下，主要月份会选择非近月的月份。

图 20-14 展示了隐含波动率的期限结构如何随着时间变化。数值代表了 2010 年到期时间直至 24 个月的欧洲斯托克 50 指数平值期权的隐含波动率。数值是以 2 个月的时间间隔来进行计算的，即 2 月、4 月、6 月、8 月、10 月以及 12 月的第一个星期五。读者可能会发现，将期限结构图的变化与图 20-15 中同时期欧洲

斯托克 50 指数 30 天历史波动率进行比较非常有帮助。在 2 月初，期限结构图是向下倾斜的：与短期期权相比，长期期权会以较低的隐含波动率进行交易。到 4 月时，由于指数波动率下降，不仅隐含波动率下降，而且期限结构图出现了翻转，即呈现出一个向上倾斜的趋势：与短期期权相比，长期期权会以较高的隐含波动率进行交易。在指数波动率呈现出一个巨大的增长后，6 月的期限结构图再次呈现出向下倾斜的趋势。最后，在 2010 年下半年，指数波动率下降之后，隐含波动率稳定在中间区域，期限结构相对平坦。

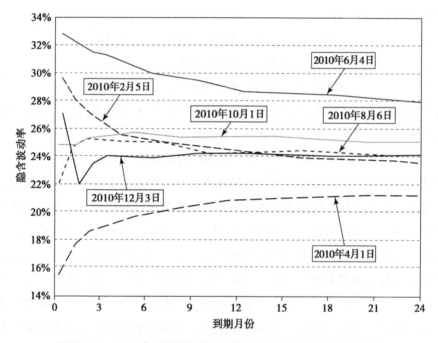

图 20-14 2010 年欧洲斯托克 50 指数期权隐含波动率期限结构

注意另外一个重要的点：12 月的期限结构图中，近月的隐含波动率与其他月份完全不相关。图像整体是向上倾斜的，但是近月的隐含波动率依然高于其他月份的隐含波动率。在许多期权市场中，这是一个普遍特征。近月隐含波动率的交易通常是与其他月份不一致的。

在有些市场中，标的合约近期波动率与均值波动率是影响隐含波动率的唯一因素，图 20-12 反映了这类市场典型的期限结构。但是在一些市场中，可能也会存在季节性波动率因素。

鉴于可能出现极高气温与干旱，一年中任意时刻，与其他月份相比，农业市场中夏季的到期月份通常会以较高的隐含波动率进行交易。能源市场中，冬天我们需要燃料进行供暖，夏天我们需要燃料进行降温。每当可能出现非常寒冷的冬天与非常炎热的夏天，这些月份的隐含波动率也会反复达到较高水平。在这样的市场中，很难创建一个可靠的期限结构模型。

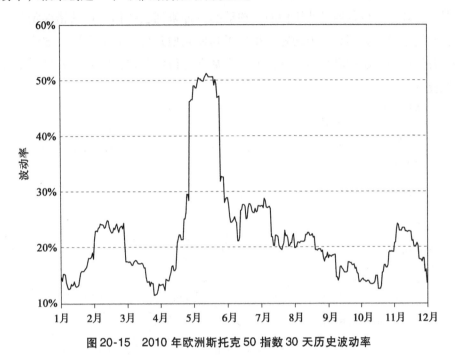

图 20-15　2010 年欧洲斯托克 50 指数 30 天历史波动率

图 20-16 展示了 2009 年天然气期货期权隐含波动率变化的期限结构。虽然不像图 20-14 中欧洲斯托克 50 指数那么明显，但是我们依然可以发现长期隐含波动率倾向于回归到均值，大约为 40%。但此外，还有一个季节性的波动率因素。这里需要注意 10 月期权合约的隐含波动率，我们已经用圆圈标记出来了。不管是哪个期限结构，10 月期权总是以一个更高的隐含波动率进行交易。图 20-17 是 2009 年每个到期月份的平均隐含波动率，我们可以更明显地看到这点。10 月份的隐含波动率明显高于其他月份。大西洋台风季是造成这个波动的主要原因，该台风季大约从 6 月初一直持续到 11 月底，8 月和 9 月最为猛烈。在这期间，任何巨大的飓风都会破坏美国墨西哥湾北部沿线的天然气开采。9 月底到期的 10 月期权的波动率会受到台风季盛行的影响。因此与其他月份相比，10 月期权会一直倾向于以较高的隐含波动率进行交易。

20.4　远期波动率

让我们回到图 20-14 展示的各个到期月份的隐含波动率的期限结构中。从这些图中，我们能识别出交易机会吗？我们可能会简单地决定，当隐含波动率高时，我们倾向于卖出期权，当隐含波动率低时，我们倾向于买入期权。在这两种情况下，理论上可以通过使用标的合约动态对冲来捕获我们发现的错误定价。但是，我们也可能会问另一个问题：相比于其他到期月份，某个合约会被错误定价吗？我们应该考虑交易日历价差，即卖出某个月份的期权，同时买入另一个月份的期权吗？

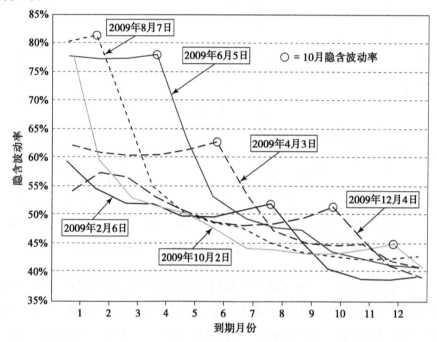

图 20-16　2009 年天然气期货期权的隐含波动率期限结构

让我们来关注图 20-14 中的一个曲线，即 2010 年 2 月 5 日欧洲斯托克 50 指数期权的期限结构。曲线显示在图 20-18 中。大点代表平值隐含波动率，黑色实线代表期限结构模型计算出的最匹配结果。我们可以看到，某些月份的波动率偏离了最佳匹配线。2010 年 6 月的隐含波动率落到曲线以下，而 2010 年 9 月与 12 月的隐含波动率落在曲线以上。假设每个合约实际上都是以显示的隐含波动率进行交易⊖，那么这些偏差会代表交易机会吗？我们应该买入 6 月期权同时卖出 9 月或者 12 月期权吗？

为了确定日历价差的错误定价，交易者使用的方法之一是考虑价差的隐含波

⊖ 我们之所以列出这个附带条件，是因为期权的结算价格并不一定反映真实的交易活动。这种情况下，交易者用结算价格来指导潜在交易策略可能会得出令人失望的结果，因为结算价格不能准确地反映期权可以在什么价位上成交。

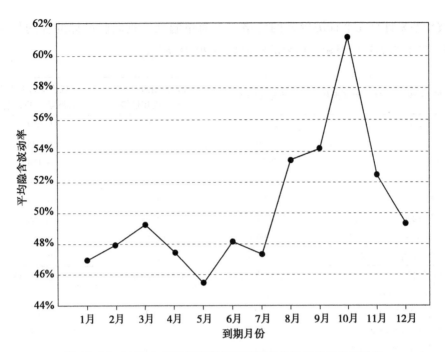

图 20-17　2009 年天然气期货期权到期月份的平均隐含波动率

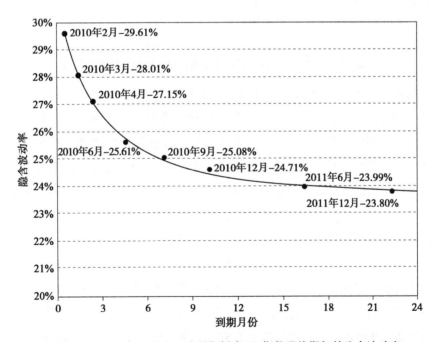

图 20-18　2010 年 2 月 5 日欧洲斯托克 50 指数平值期权的隐含波动率

动率。也就是说，为了使得价差的价值等同于它的市场价格，那么同时适用于两个到期月份的单一波动率该为多少呢？为了更好地理解，我们用图 20-18 中显示的波动率来计算几个日历价差的价格。为简单起见，我们假设标的合约价格为100，且不考虑利息因素。相关的数据如图20-19所示。

到期月份	到期时间（天数）	隐含波动率	行权价格为100的看涨期权价格	行权价格为100的看涨期权Vega值
2010年2月	14	29.61%	2.31	0.078
2010年3月	42	28.06%	3.80	0.135
2010年4月	70	27.15%	4.74	0.174
2010年6月	133	25.61%	6.15	0.240
2010年9月	224	25.08%	7.82	0.311
2010年12月	315	24.71%	9.14	0.368
2011年6月	497	23.99%	11.13	0.461
2011年12月	679	23.80%	12.89	0.537
日历价差	价差价格	价差隐含波动率	价差Vega值	
2010年2月/2010年3月	1.49	25.94%	0.057	
2010年3月/2010年4月	0.94	24.02%	0.039	
2010年4月/2010年6月	1.41	21.50%	0.066	
2010年6月/2010年9月	1.67	23.28%	0.071	
2010年9月/2010年12月	1.32	22.70%	0.071	
2010年12月/2011年6月	1.99	21.13%	0.093	
2011年6月/2011年12月	1.76	22.67%	0.076	

图20-19　2010年2月5日使用隐含波动率的日历价差的价值

我们来看一下2月/3月的日历价差，2月的隐含波动率为29.61%，3月为28.06%。平值看涨期权的价值为2.31与3.80，价差价值1.49。如果我们想要使用相同的波动率来评估这些期权，那么为了得到价格为1.49的价差价值，这个波动率该为多少呢？逻辑上，波动率应该低于28.06%，因为在该波动率下，3月期权是被公平定价的，但是2月期权非常昂贵。整个价差价值高于1.49。我们需要降低波动率，直到我们找到一个波动率能使价差价值下降到1.49。使用电脑进行计算，我们发现2月/3月日历价差的隐含波动率为25.94%。

对于每个连续的日历价差，我们都可以用这一过程来计算价差的隐含波动率。这些波动率显示在图20-19的底部。如果我们将图20-19底部的波动率与图20-18中的隐含波动率进行重叠，这些日历价差的隐含波动率会呈现什么特点呢？结果如图20-20所示。我们可以明显看到，与邻近到期月份相比，2010年6月的期权在市场上是被明显低估的，而2010年9月期权是被明显高估的。如果要进行策略选择，我们可能会买入2010年4月/6月的日历价差，同时卖出2010年6月/9月的日历价差。这些价差组合会共同构成一个时间蝶式期权。

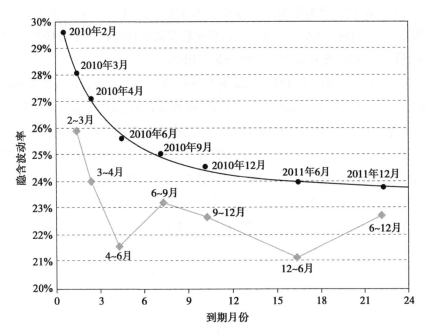

图 20-20　2010 年 2 月 5 日欧洲斯托克 50 指数日历价差的隐含波动率

我们使用这些隐含波动率不是为了确定整个复合期权的隐含波动率是太高还是太低，而是为了确定相对于其他月份来说，某些月份是否被错误定价了。隐含波动率图像就像是一个放大镜，使我们可以更容易地确定哪些月份是被高估、哪些月份是被低估的。

当期限结构曲线呈下降趋势时，如图 20-20 所示，所有日历价差的隐含波动率会在期限结构曲线之下。而当期限结构曲线呈上升趋势时，所有日历价差的隐含波动率会在期限结构曲线之上。如果所有隐含波动率都恰好落在最佳匹配线上，那么不论曲线是呈现上升还是下降趋势，隐含波动率曲线将会是光滑的，说明没有明显错误定价的日历价差。

准确确定日历价差的隐含波动率通常需要用到包含定价模型的计算机程序。但是，如果我们还记得平值期权的 Vega 值相对于波动率的变化是相对固定的，那么一般可以评估平值日历价差的隐含波动率。假设我们知道组成日历价差的 2 个期权的价格分别为 O_1 和 O_2，Vega 值分别为 V_1 和 V_2。价差的价格为 $O_2 - O_1$，价差的 Vega 值为 $V_2 - V_1$。价差的隐含波动率大约等于价差的价格除以它的 Vega 值，并取整

$$\text{价差的隐含波动率} = \frac{O_2 - O_1}{V_2 - V_1}$$

这种方法并不准确，因为结果可能存在舍入误差。同时，当我们改变波动率时，Vega 值也会发生轻微的改变。但是，如果交易者需要快速评估出日历价差是被高估的还是被低估的，那这种方法可能会是有用的。

图 20-20 展示了单个期权的 Vega 值与各种日历价差。读者可以试着用这种方法来评估每个价差的隐含波动率，然后将该估计值与价差的实际隐含波动率进行比较。

除了通过观察连续的日历价差的隐含波动率来分析波动率的期限结构，我们也可以使用理论性更强的方法。假设我们有两个不同到期时间的期权，短期期权在 t_1 时间点到期，长期期权在 t_2 时间点到期。如果短期的隐含波动率为 σ_1，长期的隐含波动率为 σ_2，那么我们可能会问：在短期期权的到期时间与长期期权的到期时间之间，市场上的远期波动率 σ_f 为多少呢？

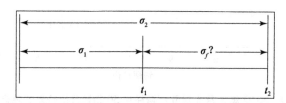

这类似于利率市场中的**远期利率**。已知一个短期利率与一个长期利率，那么在这两个期限之间，利率应该是多少才不存在套利机会呢？与利率和时间成正比不同，波动率是与时间的平方根成正比的。利用这一关系，我们可以计算远期波动率⊖

$$\sigma_f = \sqrt{\frac{(\sigma_2^2 \times t_2) - (\sigma_1^2 \times t_1)}{t_2 - t_1}}$$

我们可以将这种关系扩展至任意数量连续时间段内的任意数量波动率。已知在时间 t_{i-1} 与时间 t_{i-1} 之间的远期波动率为 σ_i，那么在时间 t_0 与时间 t_n 之间的波动率一定等于

$$\sigma_{t_n - t_0} = \sqrt{\sum_{i=1}^{n} \frac{\sigma_{t_i - (t_i-1)}^2 \times (t_i - t_{i-1})}{t_n - t_0}}$$

假设我们计算图 20-20 中波动率期限结构下的远期波动率。我们应该如何将它与日历价差的隐含波动率进行比较呢？如图 20-21 所示，远期波动率图像与日历价差图像有着相同的结构。两种图像都想达到一个目标——强调某一到期月份的错误定价。

⊖ 一些读者可能会意识到，远期波动率的计算是基于波动率的平方或方差 σ^2 直接与时间成正比。
$$\sigma_f^2 \times (t_2 - t_1) = (\sigma_2^2 \times t_2) - (\sigma_1^2 \times t_1)$$

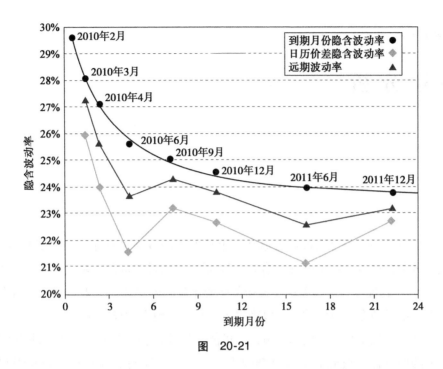

图 20-21

每一个有经验的期权交易者都知道处理波动率是一项困难的任务。为了简化决策过程，我们已经试着对波动率特征做了一些概括性的总结。即便如此，我们可能也不知道哪个策略是正确的。另外，在做概括性总结的时候，我们使用的例子数量有限，这就降低了概括性总结的可靠程度。每个市场都有它自己的特征。理解某一特定市场——利率、外汇、股票或者商品的波动率特征，与了解波动率的技术特征至少是同等重要的。同时，这些知识只能从对市场的仔细研究与实际的交易经验中获得。

第21章

Option Volatility and Pricing

头寸分析

期权市场的投资者或投机者通常对市场的方向或波动率条件有独到的见解。他们会试图根据自己的见解选择第11～12章中讨论过的价差策略从而获利。在第13章中，我们观察了这些策略在市场条件变化时的风险特征。由于每一个组合都是由有限数量的合约组成的，所以确定每个组合所包含的风险相对简单。

活跃的期权交易者，例如做市商，可能会构建由多个行权价格和到期时间跨度很大的期权合约组成的更为复杂的头寸。与简单策略的风险相对容易识别不同，由于随着市场条件变化，风险的变化也是多样的，所以分析复杂头寸非常困难。如果交易者不能确定头寸的风险，那他就不能在市场条件向不利方向变动时采取必要的保护措施，也不能在市场条件向有利方向变动时利用优势获取收益。

在理论定价模型被广泛使用之前，分析由不同期权组成的复杂头寸通常是一项不可能完成的任务。尽管交易员大概知道每1份期权如何随着市场条件的变化而变化，但是不同期权的组合通常会使整个头寸发生意想不到的变动。即便如此，如果想要幸存下来，聪明的交易员就需要在分析头寸上付出努力。

在最开始的期权交易中，分析风险的一般方法是利用合成关系将头寸改写为更容易识别的形式。如果改写的策略形式是交易者所熟知的，那他就能确定头寸的风险。

例如，考虑以下头寸：

+29 份标的合约

−19 ⊖ 份3月行权价格为65的看涨期权

+19 ⊜ 份3月行权价格为65的看跌期权

−7 份3月行权价格为70的看涨期权

⊖ 原文为44，打字错误。——译者注

⊜ 原文为44，打字错误。——译者注

+49 份 3 月行权价格为 70 的看跌期权

−33 份 3 月行权价格为 75 的看涨期权

−51 份 3 月行权价格为 75 的看跌期权

+30 份 3 月行权价格为 80 的看涨期权

+12 份 3 月行权价格为 80 的看跌期权

假设标的合约的交易价格是 71.50。头寸的 Delta 值是为正、为负还是中性呢？如果没有理论定价模型可能很难回答这个问题。实际上，没有模型就不可能知道头寸确切的 Delta 值。但是，尽管我们不能确定头寸确切的 Delta 值，我们或许可以确定标的合约向哪个方向变动对我们更有利。

使用合成关系，由看涨期权和看跌期权组成的头寸就能被改写成只由一种期权（看涨期权或看跌期权）组成的形式。这有时使分析期权变得更简单。让我们把看跌期权用合成关系进行替换，将头寸改写成只由看涨期权组成的形式：

+29 份标的合约

−19 份 3 月行权价格为 65 的看涨期权

+19 份 3 月行权价格为 65 的看跌期权 +19 份 3 月行权价格为 65 的看涨期权／−19 份标的合约

−7 份 3 月行权价格为 70 的看涨期权

+49 份 3 月行权价格为 70 的看跌期权 +49 份 3 月行权价格为 70 的看涨期权／−49 份标的合约

−33 份 3 月行权价格为 75 的看涨期权

−51 份 3 月行权价格为 75 的看跌期权 −51 份 3 月行权价格为 75 的看涨期权／+51 份标的合约

+30 份 3 月行权价格为 80 的看涨期权

+12 份 3 月行权价格为 80 的看跌期权 +12 份 3 月行权价格为 80 的看涨期权／−12 份标的合约

如果我们把所有的合约合在一起，会剩下什么呢？

标的合约		+29	−19	−49	+51	−12	=	0
3 月行权价格为 65 的看涨期权		−19[⊖]	+19				=	0
3 月行权价格为 70 的看涨期权		−7	+49				=	+42
3 月行权价格为 75 的看涨期权	−33	−51					=	−84
3 月行权价格为 80 的看涨期权	+30	+12					=	+42

⊖ 原文为 +19，打字错误。——译者注

我们的头寸实际上是

+42 份 3 月行权价格为 70 的看涨期权

−84 份 3 月行权价格为 75 的看涨期权

+42 份 3 月行权价格为 65 的看涨期权

这一头寸第一眼看上去比较复杂，实际上它只是 1 份蝶式期权多头。蝶式期权多头通常希望标的合约价格向中间的行权价格（在本例中为 75）移动。由于当前标的合约的交易价格是 71.5，所以头寸的 Delta 值为正。如果我们把头寸改写成只由看跌期权组成的形式，结果也是一样的，因为蝶式看涨期权和蝶式看跌期权的特征本质上是一样的。

上面这个例子是特意构建的，用合成期权改写后头寸的风险特征相对容易识别。实际上，复杂头寸的风险特征基本上不是这样。在分析复杂头寸时通常需要用到理论定价模型，有时甚至模型也不能解决所有的问题。

假设市场条件如下：

标的价格 = 99.60

剩余到期时间 = 9 周

波动率 = 18%

利率[⊖] = 0

9 月行权价格为 95 的看跌期权和 9 月行权价格为 105 的看涨期权有如下风险特征：

	Delta 值	Gamma 值	Theta 值	Vega 值
9 月行权价格 95 的看跌期权	−25 [⊖]	4.3	−0.019	0.132
9 月行权价格 105 的看涨期权	25 [⊜]	4.3	−0.019	0.132

下面这个头寸的[四]风险会是什么呢？

10 份 9 月行权价格为 95 的看跌期权多头

10 份 9 月行权价格为 105 的看涨期权空头

5 份标的合约多头

头寸总的风险敏感度为

⊖ 为了关注头寸的波动率特征，我们在本例和接下来的例子中都假设利率为 0。

⊖ 原文为 +25，打字错误。——译者注

⊜ 原文为 −25，打字错误。——译者注

四 一些读者将这种头寸称为**风险逆转**（risk reversal）或**可转换价差套利**（split strike conversion）。在第 24 章中会进行进一步陈述。

Delta 值：$10 \times (-25) - (10 \times 25) + (5 \times 100)^{\ominus} = 0$

Gamma 值：$(10 \times 4.3) - (10 \times 4.3) = 0$

Theta 值：$10 \times (-0.019) - 10 \times (-0.019) = 0$

Vega 值：$(10 \times 0.132) - (10 \times 0.132^{\ominus}) = 0$

似乎我们没有方向性风险（Delta 值为 0），没有可识别的波动率风险（Gamma 值为 0），没有关于时间推移的风险（Theta 值为 0），也没有隐含波动率风险（Vega 值为 0）。如果头寸最开始有正的理论胜算并且与该头寸相关的风险敏感度全都是 0，这个头寸当然就是有利可图的。那么问题是什么呢？

问题就是 Delta 值、Gamma 值、Theta 值和 Vega 值只是当前市场条件下测度头寸风险的指标。但是今天的市场条件可能不是明天的市场条件，实际上也不可能是明天的市场条件。即使标的价格和波动率保持不变，时间也在流逝。而且我们知道时间流逝也会改变头寸的特征。观察头寸在当前市场条件下的特征只是分析头寸风险的第一步。我们不仅需要问当前的风险是什么，还要问在不同的市场条件下风险可能是什么。当标的合约价格上升或下降时会发生什么呢？隐含波动率的上升或下降会发生什么呢？随着时间流逝又会发生什么呢？

我们已知风险敏感度会随着市场条件的变化而变化，可以运用这一点来扩展分析。假设标的合约价格开始下降。我们的风险会发生什么变化呢？我们知道平值期权的 Gamma 值是最大的。随着标的合约价格开始下降，标的价格向较低的行权价格 95 移动，离较高的行权价格 105 越来越远。9 月行权价格为 95 的看跌期权的 Gamma 值一定逐渐上升，而 9 月行权价格为 105 的看涨期权的价格一定会逐渐下降。由于我们是行权价格为 95 的看跌期权多头，是行权价格为 105 的看涨期权空头，因此总头寸的 Gamma 值会变为正。甚至当我们的 Gamma 值为正时，随着市场价格下降，我们最初 Delta 中性的头寸也会变成 Delta 值为负。

如果标的价格开始上升会怎么样呢？现在市场价格会远离 95 且趋近 105：9 月行权价格为 95 的看跌期权的 Gamma 值下降，而 9 月行权价格为 105 的看涨期权的 Gamma 值上升。整个头寸的 Gamma 现在变为负值。因此，随着市场价格上升，我们头寸的 Delta 也会变为负值。

这看起来很奇怪。不论标的合约价格上升或下降，头寸的 Delta 都变为负值。原因在于 Gamma 值的变动：当市场价格下降时头寸的 Gamma 变为正值，上升时头寸的 Gamma 变为负值。

⊖ 原文为 (5-100)，打字错误。——译者注

⊖ 原文为 10×(-0.132)，疑有误。——译者注

现在我们来看一看波动率上升时会发生什么。随着波动率上升,看涨期权的 Delta 值向 50 移动,看跌期权的 Delta 值向 -50 移动,而标的合约的 Delta 值保持在 100 不变。由于我们是看跌期权多头(现在 Delta 的绝对值超过 -25)和看涨期权空头(现在 Delta 值超过 25),头寸的 Delta 值变为负。如果 9 月行权价格为 95 的看跌期权的 Delta 值变为 -30,行权价格为 105 的看涨期权的 Delta 值变为 +30,总的 Delta 值头寸为

$$10 \times (-30) - (10 \times 30) + (5 \times 100) = -100$$

同样地,减少波动率会使 Delta 值远离 50。如果 9 月行权价格为 95 的看跌期权的 Delta 值变为 -20,而行权价格为 105 的看涨期权的 Delta 值变为 +20,总头寸的 Delta 值为

$$10 \times (-20) - (10 \times 20) + (5 \times 100) = +100$$

总的来说,如果波动率上升,我们希望标的市场价格下降。如果波动率下降,我们希望标的市场价格上升。

随着时间流逝头寸会发生什么变化呢?时间衰减和波动率降低一样,会使 Delta 值远离 50。如果随着时间流逝,标的合约价格不发生改变,看涨期权和看跌期权会进一步向虚值期权移动。5 份标的合约将会主导整个头寸,使 Delta 值为正。

我们一开始关注的是 Delta 值和 Gamma 值,但是我们也能推断出 Theta 值和 Vega 值会发生什么变化,因为平值期权的这些值(比如 Gamma 值)是最大的。如果标的合约价格开始下降,我们头寸的 Theta 将会变为负值(时间的流逝对头寸不利),并且我们的 Vega 会变为正值(我们会希望隐含波动率上升)。如果标的合约价格开始上升,我们头寸的 Theta 将会变为正值(时间的流逝会开始起帮助的作用),并且我们的 Vega 会变为负值(我们希望隐含波动率下降)。如果标的的价格不发生变动,Delta 值、Gamma 值、Theta 值和 Vega 值受时间和波动率的影响就不会很大。我们将市场条件变化对头寸的风险特征的影响总结如下:

市场条件的变化	对头寸 Delta 值的影响	对头寸 Gamma 值的影响	对头寸 Theta 值的影响	对头寸 Vega 值的影响
标的价格上升	负	正	负	正
标的价格下降	负	正	负	正
时间流逝	正	0	0	0
波动率上升	负	0	0	0
波动率下降	正	0	0	0

如果头寸并不过于复杂,交易者就可以考虑这种类型的分析,先观察最开始

的风险敏感度，然后考虑随着市场条件变化风险敏感度会发生什么变化。但是，交易者也可以通过观察头寸价值的变化图，来全面了解头寸在更多市场条件变化时的风险情况。

让我们从当前的头寸开始：

10 份 9 月行权价格为 95 的看跌期权多头

10 份 9 月行权价格为 105 的看涨期权空头

5 份标的合约多头

图 21-1 展示的是头寸价值随着标的合约价格变动的结果。这 3 条曲线分别表示在波动率为 14%、18% 和 22% 时的头寸价值。从图 21-1 中我们可以看到 Delta 值和 Gamma 值的图形解释。对于一个负 Delta 值的头寸，图像从左上方向右下方延伸——随着标的价格上升，头寸价值减少。对于正 Delta 值的头寸，图像从左下方向右上方延伸——随着标的价格上升，头寸价值增加。在我们的例子中，高波动率下头寸的 Delta 值总是负值。在当前标的价格 99.60 附近，头寸为 Delta 中性——图像刚好是水平的。在较低的波动率下，当前标的价格附近的 Delta 值会变为正。

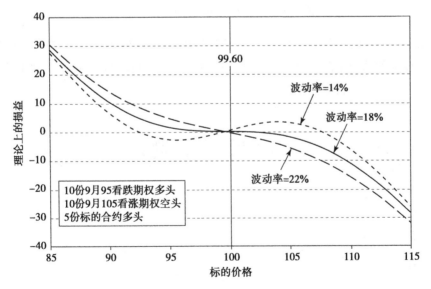

图 21-1　标的价格和波动率变化时的头寸价值

负 Gamma 值头寸的曲线是向下的，像皱眉的形状；任何价格变动都会减少头寸的价值。正 Gamma 值头寸的曲线是向上的，像笑脸的形状；任何价格变动都会增加头寸的价值。我们头寸的 Gamma 值当价格在 99.60 以下时为正，当价格在 99.60 以上时为负。在较低的波动率下，Gamma 值变化更为剧烈（曲率更大），而在较高的波动率下，Gamma 值变化更为平缓（曲率较小）。当前标的价格 99.60 是一个**拐点**——Gamma 值由正变负。在这个价格上，图形基本上是一条直线。图 21-2 展示了正、负 Delta 值和 Gamma 值的图形解释。

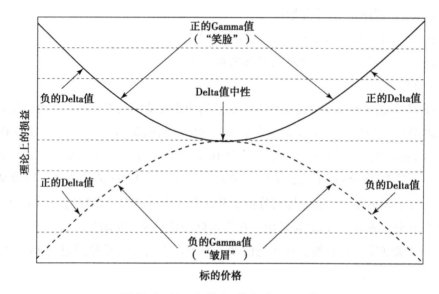

图 21-2　正、负 Delta 值和 Gamma 值

由于 Gamma 值和 Theta 值的符号是相反的，正的 Gamma 值头寸在标的价格不发生变动的情况下随着时间的流逝价值也会减少。负的 Gamma 值头寸价值会增加，如图 21-3 和图 21-4 所示。

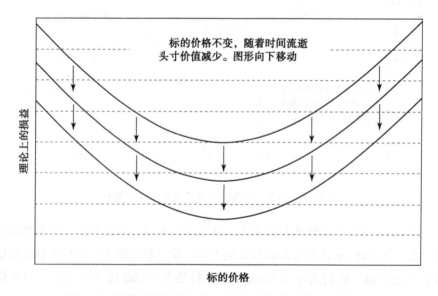

图 21-3　随着时间流逝正的 Gamma 值和负的 Theta 值头寸

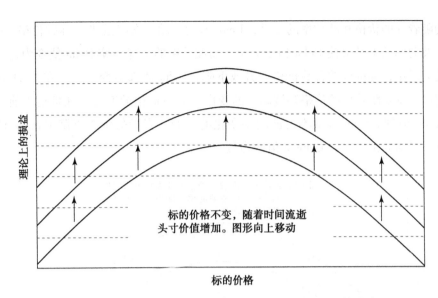

图21-4 随着时间流逝负的Gamma值和正的Theta值头寸

虽然Gamma值和Theta值的符号总是相反的,但是Gamma值和Vega值的符号却既可能相同,也可能相反。无论Gamma值为正(我们希望标的合约价格变化)或为负(我们希望标的合约价格保持不变),我们都有可能得到正的Vega值(我们希望隐含波动率上升)或负的Vega值(我们希望隐含波动率下降)。图21-5和图21-6是对这些头寸的图形解释。

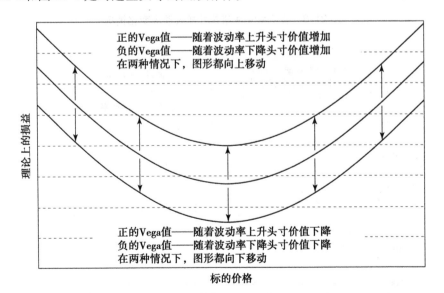

图21-5 正Gamma值头寸随波动率变化情况

我们也应该看一看风险敏感度随着市场条件变化的图形。在图21-7中,可以看到随着标的价格和波动率的变动，Delta 值的变动。在接近当前标的价格 99.60 时，波动率的上升会使 Delta 值变为负，而波动率的下降会使 Delta 值变为正。正如我们所见，无论标的合约价格上升或下降，Delta 值都会变为负。在图 21-8 中我们可以看到随着标的价格和波动率的变化，Gamma 值的变化。在接近当前标的价格 99.60 时，Gamma 值不受波动率变化的影响。当标的价格下降 Gamma 值变为正，当标的价格上升 Gamma 值变为负。

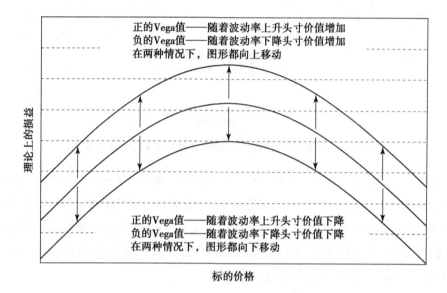

图 21-6　负 Gamma 值头寸随波动率变化情况

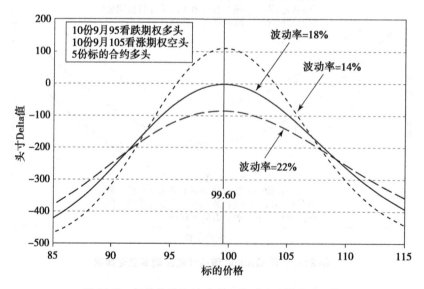

图 21-7　标的价格和波动率变化时头寸的 Delta 值

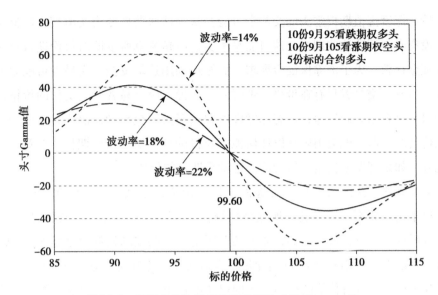

图 21-8　标的价格和波动率变化时头寸的 Gamma 值

除了考虑风险敏感度（Delta 值、Gamma 值、Theta 值和 Vega 值）以及这些值如何随着市场条件变化外，交易者也可以看一看**合约净头寸**（net contract position）。如果市场价格急剧下降使得所有看涨期权移向深度虚值期权，所有的看跌期权移向深度实值期权，或者市场价格急剧上升使得所有看跌期权移向深度虚值，所有的看涨期权移向深度实值，其结果会是什么呢？换句话说，如果市场价格下降且所有的看跌期权变得类似标的合约空头，或者市场价格上升且所有的看涨期权变得类似标的合约多头，交易者会剩下什么呢？在我们的头寸中，**价格下行合约头寸**（downside contract position）是 5 份合约空头。标的价格极低时，10 份 9 月行权价格为 95 的看跌期权多头与 5 份标的合约多头组合在一起，等同于 5 份标的合约空头。**价格上行合约头寸**（upside contract position）也是 5 份合约空头。标的价格极高时，10 份 9 月行权价格为 105 的看涨期权空头与 5 份标的合约多头组合在一起的头寸等同于 5 份标的合约空头。如图 21-7 中所示，Delta 值在任何方向都趋近于 –500。

净合约头寸有时是无关紧要的，尤其当头寸的组成部分都是深度虚值的期权时。毕竟，期权变为深度实值、几乎等同于标的合约的可能性有多大呢？但是交易者已经明白，有时需要以惨痛的经历为代价，现实世界比想象中更容易发生大的价格变动。特别的和未预期的事件（政治和经济剧变、科学重大突破、自然灾害、企业并购）有时会带来市场的剧变。当这种情况发生的时候，交易者会发现那些"不可能进入实值"的期权已经变为实值期权了。

持有深度虚值期权空头的交易者可能会认为这些期权变为实值期权的概率极低，没有必要回购这些期权。这可能是事实，但是清算所依旧对每份期权空头收取保证金存款。为了消除保证金要求，更好地利用这笔资金，交易者可能会回购期权。当然，交易者只有在价格合理时才这么做，而交易者愿意支付的价格应该小于保证金要求。同样地，持有深度虚值期权多头的交易者，他认为这些期权是毫无价值的，所以他会很乐意以任何他能获得的价格卖出这些期权。毕竟，有总比无好，如果到期期权是虚值的话，这就是期权的价值。

交易者愿意买入或卖出深度虚值期权的价格通常低于交易所允许的最低价格。出于这个原因，许多交易所允许以**微值**（cabinet bid）进行期权交易，通常以一货币单位进行报价。例如，如果某美国交易所期权的最低价格是 5.00 美元，交易所可能会允许期权以 1.00 美元进行微值交易。这有利于持有空头或多头期权且认为这些期权没有价值的交易者将期权从账户中平仓。每个交易所都会详细说明接受微值入价的条件。

现在让我们来考虑如图 21-9 所示的更为复杂的头寸。该头寸由具有同样到期时间但有不同行权价格的 5 种看涨期权、看跌期权以及标的合约组成。同之前一样，我们假设头寸有正的理论胜算。否则，最直接的目标就是为了避免损失而清算头寸或为了构建正的理论胜算而改变头寸。持有头寸的风险是什么呢？

标的价格 = 101.25　剩余到期时间 = 6 周　波动率 = 27%　利率 = 0%								
	看涨期权				看跌期权			
行权价格	Delta 值	Gamma 值	Theta 值	Vega 值	Delta 值	Gamma 值	Theta 值	Vega 值
90	90.9	1.77	−0.018 1	0.056	−9.1	1.77	−0.018 1	0.056
95	77.1	3.27	−0.033 5	0.104	−22.9	3.27	−0.033 5	0.104
100	57.2	4.23	−0.043 3	0.135	−42.8	4.23	−0.043 3	0.135
105	36.3	4.04	−0.041 4	0.129	−63.7	4.04	−0.041 4	0.129
110	19.5	2.97	−0.030 4	0.095	−80.5	2.97	−0.030 4	0.095
期权	头寸		头寸 Delta 值	头寸 Gamma 值	头寸 Theta 值		头寸 Vega 值	
90 看涨	−4		−363.6	−7.08	+0.072 4		−0.224	
95 看涨	−12		−925.2	−39.24	+0.402 0		−1.248	
100 看涨	+14		+800.8	+59.22	−0.606 2		+1.890	
105 看涨	−17		−671.1	−68.68	+0.703 8		−2.193	
110 看涨	+12		+234.0	+35.64	−0.364 8		+1.140	
看涨总和	−7		−871.1	−20.14	+0.207 2		−0.635	
90 看跌	+13		−118.3	+23.01	−0.235 3		+0.728	
95 看跌	−20		+458.0	−65.40	+0.670 0		−2.080	

图 21-9

100 看跌	-8	+342.4	-33.84	+0.346 4	-1.080
105 看跌	+12	-764.4	+48.48	-0.496 8	+1.548
110 看跌	+8	-644.0	+23.76	-0.243 2	+0.760
看跌总和	+5	-726.3	-3.99	+0.041 1	-0.124
标的和约	+13	1 300	0	0	0
总和		-297.4	-24.13	+0.248 3	-0.759

图 21-9 （续）

首先快速浏览一下敏感度，我们会发现风险来自于标的市场下行（负的 Delta 值）、已实现波动率上升（负的 Gamma 值）以及隐含波动率上升（负的 Vega 值）。如果只观察 Delta 值和 Gamma 值，最有利的结果可能是标的市场缓慢向下移动，最不利的结果可能是标的市场快速上行。

关于这一头寸还有其他可说的吗？从负的 Delta 值很明显可以看出，我们希望标的价格下降。但是下降多少呢？当前标的价格为 101.25，我们希望市场价格下降到 100、95 还是 90 呢？或许我们希望价格无限下降。但是，负的 Gamma 值意味着标的市场快速强烈地下降会对头寸不利。如果我们意识到**负的 Gamma 值头寸通常希望变成 Delta 中性**，再结合 Delta 值我们就能估计出我们希望标的市场下降多少了。负 Gamma 值头寸的盈利会在该头寸 Delta 中性时达到最大。

当市场开始下降时，我们的头寸会在哪里实现 Delta 中性呢？标的市场每下降 1 个点，我们就应该从 Delta 值中减去 Gamma 值 -25.8。通过用当前的 Delta 值除以 Gamma 值。我们就能估计出当该头寸约为 Delta 中性时，标的价格约为

101.25 - (297.4/24.13) = 101.25 - 12.32 = 88.93

当然，这只是一个近似值。因为我们假设 Gamma 值不变，而实际上并不是这样。随着标的价格变化，Gamma 值的上升或下降会改变我们的结论。但是如果我们想快速估计出我们希望发生的结果，标的价格缓慢下降到 89 左右可能是最优的。

我们也已经总结出标的市场快速上升会使头寸受损。现在 Delta 值和 Gamma 值都对头寸不利。假设发生了最坏的情况——标的合约价格突然飞跃至 150。这对我们来说会是灾难性的结果吗？现在我们回到净合约头寸：如果市场发生剧烈的变动，比如所有的合约都进入实值或虚值，我们会剩下什么呢？在价格的大幅上升中，所有看跌期权都会变为 0，所有看涨期权会变成标的合约。我们的头寸总和就是 7 份净看涨期权空头。但是我们也是 13 份标的合约多头。这就带给我们 +6 份净价格上行合约头寸。如果市场的确是在大幅向上变动，我们将持有 6 份标的合约多头，这将带给我们无限的收益。我们可以得出结论：随着市场向上

变动，在某种程度上我们的 Gamma 值应变为正，最终导致 Delta 值也变为正。

价格下行合约头寸可能就不太有利了。现在所有的看涨期权变为 0，而所有的看跌期权就会变成标的合约空头。我们有 5 份净看跌期权多头，但是我们也是同样的 13 份标的合约多头。我们的净下行合约头寸就是 +8。如果市场剧烈向下变动，我们就会持有 8 份标的合约多头，这将带来潜在的灾难性结果。

由于我们关注的焦点是头寸的风险特征，而不是图 21-9 中给出的头寸价格和理论价值。我们只是简单假设头寸具有正的理论胜算。但是，理论胜算的大小在分析头寸风险时是十分重要的，理论胜算实际上代表着如果我们对波动率 27% 的估计是正确的，那么从理论上讲我们能赚到多少钱。例如，假设头寸有正的理论胜算 6.00。如果在期权 6 周的存续期和 Delta 中性的动态套保过程中，27% 的波动率被证明是正确的，⊖我们期望获得的收益是 6.00。

理论胜算和 Vega 值可以帮助我们估计波动率风险。从头寸 Vega 值 -0.759 中可知，波动率的上升会使头寸受损。因此，我们可能会问：波动率上升多少会使潜在收益变成潜在损失呢？波动率每上升 1% 潜在收益减少的数量为 Vega 值，我们可以估计出头寸实现收支相抵的波动率为

$$27.00 + (6.00/0.759) = 27.00 + 7.90 = 34.90(\%)$$

假设理论胜算是 6.00，如果波动率不高于 34.90%，头寸至少可以实现盈亏相抵。波动率超过 34.90% 时，头寸会开始出现损失。我们在第 7 章中已讨论过头寸盈亏相抵的波动率这一概念。它可以被看作整个头寸的隐含波动率。这告诉我们在估计波动率时允许存在 7.90 个点的误差。这个误差是大是小取决于特定市场的波动率特征。

我们怎样才能增加估计波动率时的误差胜算呢？这可以通过增加理论胜算（不增加 Vega 值）或减少 Vega 值（不减少理论胜算）来实现。如果我们可以将理论胜算增加至 8.00 而不增加 Vega 值，头寸的隐含波动率将是

$$27.00 + (8.00/0.759) = 27.00 + 10.54 = 37.54(\%)$$

另外，如果我们将 Vega 值减少到 -0.65，隐含波动率将为

$$27.00 + (6.00/0.65) = 27.00 + 9.23 = 36.23(\%)$$

可惜的是，这两种情况都不太可能实现。在这种情况下，我们应该考虑在给定的 6.00 的潜在收益下 -0.759 的 Vega 值风险是否合理。

我们知道头寸的风险敏感度（Delta 值、Gamma 值、Theta 值和 Vega 值）可

⊖ 当然，当前的头寸不是 Delta 值中性的。如果我们希望对头寸进行动态套保，那么必须抵消掉当前的 Delta 值 -297，或许可以通过买入 3 份标的合约来实现。

能会随着市场条件的变化而变化。在没有计算机支持的情况下不可能对这些变化做出具体详细的分析。但是我们回想一下,当剩余到期时间和波动率变化时 Delta 值会趋近 50 或远离 50,我们或许可以发现 Delta 值如何随时间流逝和波动率变化而变化。

考虑一下波动率开始上升时会发生什么。所有看涨期权的 Delta 值会向 50 移动,看跌期权的 Delta 值会向 -50 移动。由于我们是 7 份净看涨期权空头和 5 份净看跌期权多头,在极端情况下,看涨期权的 Delta 值将为

$$-7 \times 50 = -350$$

看跌期权的 Delta 值头寸为

$$5 \times -50 = -250$$

与 13 份标的合约多头一起,总的 Delta 值将为

$$-350 - 250 + 1\,300 = +700$$

当然,为了让所有的 Delta 值都趋近于 50,我们必须大幅增加波动率。但是,当我们开始增加波动率时,当前 -297 的 Delta 值会变小,并最终为正。在高波动率市场上,我们会希望标的合约向上移动。

波动率下降和时间的流逝都会导致 Delta 值远离 50 吗?虚值期权的 Delta 值会向 0 移动,而实值期权的 Delta 值会向 100 移动。由于现在我们是 2 份净虚值看涨期权(行权价格为 90、95 和 100 的看涨期权)空头和 20 份净实值看跌期权(行权价格为 105 和 110 的看跌期权)多头,在极端情况下,总的 Delta 值将为

$$-200 - 2\,000 + 1\,300 = -900$$

如果减少波动率或随着时间流逝,我们会更希望标的合约向下变动。

对于一个新的交易者而言,利用基础的 Delta 值、Gamma 值、Theta 值和 Vega 值特征知识来分析头寸风险是有用的。但是,当拥有电脑支持的时候,观察头寸的风险图像通常更加简便和高效。当前头寸的风险图像如图 21-10 至图 21-13 所示。

在图 21-10 中,我们可以看到在波动率为 27%、标的价格为 95.00 时将实现下降过程中的最大收益,在该点头寸的 Delta 值为 0。这个结果与我们估计的 88.93 有较大差异,因为一开始 Gamma 值是 -24.13,并随着市场下行绝对值变得更大。负的 Delta 值 -297 更迅速地被增加的 Gamma 值抵消。在图 21-12 中,我们看到在下降过程中,当标的价格为 93 时 Gamma 值实现最大值,约为 -80。

如果市场向上变动,我们一开始会遭受损失。但是,当标的价格为 104 时,Gamma 值变为正。负的 Delta 值开始发生转变并且在价格为 112 时变为正值(见

图 21-11）。当价格超过 112 时我们会继续遭受损失，但是在某个点，头寸开始盈利。图 21-10 中标的价格只上升到 120，但是进一步分析中将证明在标的价格为 124 时头寸开始盈利。

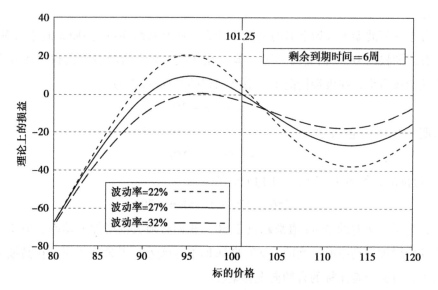

图 21-10　头寸价值随着标的价格和波动率变动情况

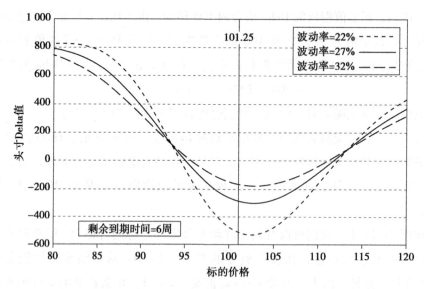

图 21-11　随着标的价格和波动率变化的头寸 Delta 值

在第 9 章中，我们考察了一些非传统的高阶风险测度。图 21-12 展示的是：当标的价格在 93 和 114 之间时，头寸有正的 Speed 值；随着价格上升，Gamma 值增加。当标的价格低于 93 或高于 114 时，头寸有负的 Speed 值；随着价格上升，

Gamma 值减少。我们可以看到，改变波动率会使 Gamma 值变化的速度发生改变并因此使 Delta 值以不同的速度变化。降低波动率会使 Speed 值增加，而增加波动率会使 Speed 值减少。

图 21-13 中展示的是假设标的价格固定为 101.25 时，头寸对隐含波动率变化的敏感度。头寸的 Vega 值显然为负。隐含波动率的任何下降都会使头寸收益，隐含波动率的任何上升都会使头寸受损。给定理论胜算，我们可以通过用总的理论胜算除以 Vega 值估计出整个头寸收支相抵的（隐含）波动率。例如，假设我们总的理论胜算是 6.00，我们就能估计出头寸的隐含波动率约为 34.90%。实际上，我们从图 21-13 中可以看到隐含波动率略大于 34.90%。剩余到期时间为 6 周的曲线在波动率约为 36% 时跌过了 -6.00，这刚好抵消了理论胜算 +6.00。头寸实际的收支相抵的波动率大于我们估计的波动率，原因是 6 周的图像有正的 volga 值——曲线缓慢上升。随着波动率上升，Vega 值正的程度加深或负的程度减少。随着波动率下降，Vega 值负的程度增加或正的程度减少。尽管当前的 Volga 值为正，我们可以看到随着时间的流逝，头寸的 Volga 值慢慢向负值变动。4 周的图像近似为一条直线，而 2 周的图像曲线表现为缓慢下降。

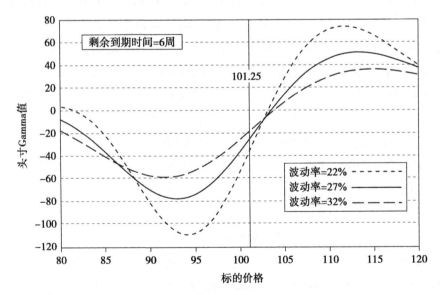

图 21-12　随着标的价格和波动率变化的头寸 Gamma 值

我们从图 21-9 中应得出关于头寸的什么结论呢？分析的目的是帮助我们提前确定应采取什么样的措施，使得在条件对我们有利时最大化利润或在条件对我们不利时最小化损失。当前我们的 Delta 值为负。如果我们想要保持向下的偏斜，那么就不需要采取措施。但是如果我们单纯地从理论角度进行交易，或许我们应该买入被做空的 Delta 值为 297 的头寸。最简单的方法就是买入 3 份标的合约。

图 21-13　头寸价值随波动率和时间变化情况

假如我们保持当前的头寸并且市场开始下降，我们应该采取什么行动呢？如果下降的速度缓慢（显然在给定的 Delta 值和 Gamma 值条件下结果是有利的）并且隐含波动率不上升，或许我们应该考虑买入较低行权价格的看跌期权。这样可以弥补价格下行净合约的风险，并在锁定理论胜算的同时降低负的 Vega 值。但是，如果价格迅速下降，那么我们可能就无法进行理论上的考量，而是以市场价格买入看跌期权。这就是持有坏头寸的代价，当然从某种程度上讲这在交易者生涯中是无法避免的。如果我们被强制以被高估的价格买入看跌期权，尤其是在隐含波动率上升的时候，我们可能会遭受损失。但是，如果下降速度很快，那我们主要的目的就是生存。从长远来看，在期权交易中只要能生存下来、在之后条件对我们有利时可加以利用，就已经是成功和失败的差别了。

如果市场开始上升我们应该采取什么行动呢？如果上升很缓慢（Delta 值对我们不利，而 Gamma 值对我们有利），我们应该为行动做好准备。但是，如果上升的速度很快（一开始 Delta 值和 Gamma 值都对我们不利，但是如果上升的幅度够大，它们最终都会对我们有利），我们就应该采取不同的行动准备。

详细的头寸分析会帮助我们为市场条件的不同变化做好准备。但是，不论我们的分析多详细，我们都有可能遭遇未知的状况。当市场条件发生变化时，我们不确定市场会产生什么反应。如果标的价格开始上升或下降，对于不同的市场，我们可能预期隐含波动率以某种方式发生变动。但是我们可能发现隐含波动率完全是以不同的方式变动的。在这种新的、无法预料的条件下，我们就只能接受分析错误的现实并尽可能采取措施降低损失或使收益最大化。

21.1 关于做市的一些想法

为了保证市场的流动性，交易所会为一个产品指定一个或多个**做市商**（market maker）。做市商会保证按照其愿意买、卖的价格持续进行报价。因此买方或卖方能确定在市场上总是存在交易的对手方。但这并不意味着要求客户和做市商进行交易。如果有其他的市场参与者愿意以更高的价格买入或以更低的价格卖出，那么客户可以选择以最有利的价格进行交易。但是通过持续的**买卖价差**（bid-ask spread）报价，做市商就扮演着最后的买方或卖方这一角色。

做市商必须遵守交易所制定的关于买卖价差宽度以及做市商必须愿意交易的最少合约数量的规则。如果交易所规则规定做市商进行买卖价差报价的宽度不能超过 2.00，那么合约报出 63.00 的买价，就意味着报出的卖价不能超过 65.00。类似地，合约报出的卖价为 47.00，意味着报出的买价不能低于 45.00。做市商可能会报出比这更小宽度的买卖价差，例如前一例为 63.50 ~ 64.50，后一例为 45.75 ~ 46.25，但是这两个价差都没有超过交易所规则下的指定价差。

除了买卖价差报价，做市商必须愿意以报价交易一定数量的合约。如果交易所规定的最小数量是 100 份合约，那么做市商必须以报价买入或卖出 100 份合约。他给出的交易数量可以高于最小值，通常他会在给出买卖价差报价时一起报出交易规模，例如

$$63.50 ~ 64.50$$
$$200 \times 200$$

就是做市商愿意以 63.50 的价格买入至少 200 份合约，以 64.50 的价格卖出至少 200 份合约。报价规模不需要是平衡的：

$$63.50 ~ 64.50$$
$$500 \times 200$$

这里做市商愿意买入 500 份合约，但是只愿意卖出 200 份合约。

控制做市商买卖价差宽度的规则，通常只适用于做市商必须交易的最低合约数量。如果客户想要交易更多数量的合约，做市商可以扩大价差，因为随着交易数量的增加风险也在增加。为了应对想要交易 1 000 份合约的客户，做市商可能会对价差报价 62.00 ~ 66.00。当客户订单较大时，为了促成交易，通常会指出他

是想要**规模交易**（size）的报价。

作为对履行义务的回馈，做市商会受到交易所的特殊照顾。这种特殊照顾通常是非常低的交易费用或者在与其他市场参与者竞争时的优惠待遇。如果客户愿意以做市商的买价卖出合约，而市场上还有另外 2 个参与者也给出同样的报价，那么做市商可以获得 50% 的订单，而另外 2 个投标人只能分别获得 25% 的订单。

与投资者、投机者和套保者不同，他们可以根据自己的需要选择最合适的策略并且可以决定进入和退出市场的时间，而做市商对其持有的头寸拥有的控制权较小。但这并不意味着做市商受客户的支配。他只是需要强制持有头寸，但是他至少有权利选择持有头寸的价格。此外，通过调整买卖价差，做市商还可以决定所获得头寸的类型。但是尽管如此，做市商可能仍然持有他并不想要的头寸。

虽然做市商只代表了市场参与者的一小部分，但是他们在交易中起着至关重要的作用——通常决定了交易所上市产品的成败。⊖出于这个原因，有必要进一步观察期权做市商是如何展开交易的。

成功的做市商一定会问三个问题：

（1）市场认为期权的价值是多少？

（2）我（做市商）认为期权的价值是多少？

（3）我当前持有的头寸是什么？

问题的答案将决定做市商如何对期权定价以及如何管理风险。

第一个问题（市场认为期权的价值是多少？）的答案是所有做市技巧中最简单的基础。在这种方法中，做市商仅仅通过买卖价差，即不断以买价买入合约和以卖价卖出合约来获取收益。虽然不要求掌握理论定价模型的具体知识，但是为了成功，做市商必须确定均衡价格，以在该均衡价格上，使买方和卖方的数量相等。⊜如果做市商能准确地确定均衡价格，他就扮演了中间人的角色，从每笔交易中都能获得少量收益但是持有头寸的时间都非常短。当然，由于不断有新的买方和卖方进入市场，均衡价格也是在不断变化的。虽然做市商会持续对市场行为进行监控以确定买方和卖方力量的变化，但即使是经验丰富的做市商，尤其是在变化非常迅速的市场上，有时也会发现他所得出的均衡价格是错误的。当这种情况出现的时候，他可能会发现自己买入和卖出合约的数量远超出自己的意愿。

⊖ 客户有时候会认为是做市商"固定"了交易所交易的合同价格。在短期内这可能是事实，通常发生在交易日开盘的时候，市场上没有可获取的信息。但是，最终做市商的报价反映的是当前市场行为。做市商并不能像温度计测量温度那样设定市场价格。

⊜ 仅试图通过买卖价差即不考虑理论价值以买报价买入合约和以卖报价卖出合约的交易者有时被称为**转手倒卖者**（scalper）。转手倒卖是公开市场上的一种常见的交易技巧。

除了通过买卖价差获利，通过回答第二个问题——我认为期权的价值是多少，做市商也试图通过理论上被错误定价的期权来获利。错误定价可能是非均衡套利关系的结果，在这样的情况下做市商会尝试通过完成套利来"锁定"收益。错误定价也有可能是由于使用了错误的理论定价模型。在这样的情况下，如果做市商以比他预测的理论价值低的价格买入合约或以比他预测的理论价值高的价格卖出合约，他可以在期权到期前或在期权再次回到理论价值前对头寸进行动态对冲。如果理论价值是正确的，那么从理论上讲动态对冲过程会带来收益。

一旦做市商持有头寸，他就要考虑市场条件向对他不利的方向变动的可能性。这让我们来到最后一个问题——我当前持有的头寸是什么？虽然每1份头寸都会携带风险，但是如果风险太大，不利的市场条件变动可能会使做市商陷入不能自由交易的境地，并因此使得做市商难以从头寸中获利。在极端的情况下，他可能会被强制退出市场，因为他已无法履行一个做市商的义务。

做市商必须考虑各种风险。首先，他可能要确定在当前的市场条件下他愿意承受的最大风险。这可能意味着要用不同的风险参数来限制其持有头寸的规模——Delta 值、Gamma 值、Theta 值、Vega 值和 Rho 值的头寸规模。当达到了限制条件时，做市商就开始关注能够减少其风险的做市策略。如果做市商头寸的负 Gamma 值正在接近其所愿意接受的最大值，因为他离限制条件越来越近，所以他会更加关注减少或至少限制风险。作为做市商他仍然要报出买价和卖价，但是他更愿意买入期权，因为这样会有助于减少头寸的负 Gamma 值。通常情况下，如果做市商被要求做市，他可能会在预测的理论价值附近报价。如果期权的价值是 64.00，他可能给出的市场报价是 63.00～65.00，但是如果做市商的目的是减少负的 Gamma 值风险，那他显然更愿意买入期权而不是卖出期权。为了体现他的偏好，他会调整买卖价差，可能市场报价为 63.50～65.50。他同时提高了买价和卖价，这样更可能买入期权而不是卖出期权。当然，如果卖价 65.50 被接受，他也有可能要卖出期权。但是至少他以更有利的价格卖出了期权。

做市商不仅要考虑当前市场条件下的风险，还要考虑随着市场条件变化这些风险可能会发生的变化。假设在上行的市场中，做市商负的 Gamma 值已经达到了他所愿意接受的最大值。但是，在头寸分析中，他也注意到：如果标的价格继续上升，那么 Gamma 值风险会开始下降。⊖如果标的价格下降，由于他持有负的头

⊖ 在这样的情况下，做市商持有正的 Speed 值头寸。随着标的价格的上升 Gamma 值头寸正的程度加深或负的程度减少。

寸Gamma值，做市商仍然是受损的。但是又由于Gamma值风险会开始下降，他可能会决定忍受风险。

除了对各种各样的风险敏感度指标进行监控，做市商也应该擅长管理持有的头寸。随着条件变化，含有集中风险的头寸会发展成对做市商的严重威胁。一个做市商持有的头寸被分散到10个不同的行权价格中，如下所示：

75	80	85	90	95	100	105	110	115	120
+110	+425	+300	+68	-2 388	+92	+244	+616	+338	+195

尽管头寸总的Gamma值相对较小（事实上在此例中总的Gamma值为0），做市商很可能考虑的是负的Gamma值集中在行权价格95上。如果是长期期权，那么现在的问题还不是很紧急。但是随着时间的流逝，如果标的市场的价格接近95，那么头寸将面临越来越大的风险。为了避免风险增加，聪明的做市商会关注将风险均匀分布在所有的行权价格上。明智的投资者会寻求分散风险，做市商也是一样，他也会争取相似的目标。

在这个例子中，风险主要集中在一个行权价格上。但是做市商应当避免风险集聚在任一行权价格或到期时间，或者形成了一个较大的风险敏感值。这可能会很难做到，因为市场条件并不会一直配合你，但是做市商的最终目标应该是尽可能分散头寸。

考虑如图21-14所示的股票期权头寸。这种头寸无法被简单识别分类，代表着做市商因为客户的买入和卖出交易随着时间积累起的复杂期权组合。[⊖]当前的市场条件（即股票标的价格、到期时间、隐含波动率和预期股利）也如图21-14所示。

为了充分分析头寸，我们需要对隐含波动率的期限结构做出一些假设。在这里我们假设4月是主力月份并且市场的平均波动率是30%。我们也假设6月隐含波动率的变动率是4月隐含波动率的变动率的75%，8月隐含波动率的变动率是4月隐含波动率的变动率的50%。[⊖]我们可以看到当前的隐含波动率与期限结构是一致的：

⊖ 活跃的做市商所持有的头寸很可能远大于图中所示的头寸，每一行权价格对应的头寸是数以百计甚至是数以千计。为简单起见，图中所示的头寸已经按比例缩小。但是风险分析的程序是一样的。

⊖ 我们也要对利率的期限结构以及不同行权价格下的隐含波动率如何分布做出假设。为了不让当前的例子过于复杂，我们假设各到期月份利率是固定的，以及不同行权价格下的隐含波动率是一致的。我们将有关**波动率倾斜**（volatility skew）留在后面的章节讨论。

4月份（主要的月份）隐含波动率 = 34.27%

与均值之差 = 34.27% − 30% = 4.27%

6月隐含波动率 = 33.20%

与均值之差 = 33.20% − 30% = 3.20% ≈ 0.75 × 4.27%

8月隐含波动率 = 32.14%

与均值之差 = 32.14% − 30% = 2.14% ≈ 0.50 × 4.27%

标的股票价格=68.76		利率=4.95%		预期股利=0.58（在10周内）	
距离4月到期=4周		4月隐含波动率=34.27%			
距离6月到期=13周		6月隐含波动率=33.20%			
距离8月到期=21周		8月隐含波动率=32.14%			
	4月		6月		8月
行权价格	看涨期权	看跌期权	看涨期权	看跌期权	看涨期权	看跌期权
55	+77	+47		−103		+32
60	−162	+111	+3	+81	+24	−46
65	+13	−77	+92	−25		
70	+106	−19	−110	−49	−26	−20
75	−8	+122	+86	−2	+8	−25
80	−31	−18	−21		+30	
85	−135	−46	−25	+7	−72	
	看涨期权	看跌期权	Delta值	Gamma值	Theta值	调整的Vega值	Rho值
4月	−140	+212	−12 615	+504	−2.51	+6.26	−7.50
6月	+67	−91	+6 093	+13	−0.62	+0.66	+9.75
8月	−36	−59	+3 425	−252	+1.25	+11.19	+10.45
股票	+3 300		+3 300				
总和			+203	+265	−1.88	−4.57	+12.70

图 21-14

头寸主要的风险特征㊀——理论上的收益和损失（P&L）、Delta 值、Gamma

㊀ 在此例中，我们假设所有的期权是欧式的，并且运用布莱克-斯科尔斯模型来完成所有的计算。如果期权是美式的，风险分析过程可能也是一样的，虽然可能要运用美式期权定价模型来完成必要的计算。

值和 Vega 值如图 21-15 至图 21-18 所示。[⊖]从图中可以看出，随着市场条件变化，头寸风险可能会发生巨大变化，Delta 值、Gamma 值和 Vega 值在正负值之间大幅波动。鉴于此，我们应该如何对头寸进行分析呢？

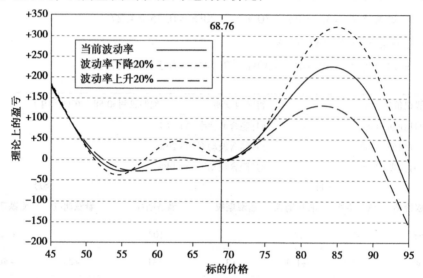

图 21-15　头寸价值随着标的价格和波动率变化情况

做市商的最终目标是在明智地管理风险的同时，建立带来正期望收益的头寸。事实上，要不是因为市场条件的复杂性和期权的独特特征，做市商的生活可能是非常无聊的，因为他们一直在重复地做着同一件事情：

获取优势……　　控制风险……
获取优势……　　控制风险……
获取优势……　　控制风险……
获取优势……　　控制风险……

一旦建立了具有正的理论胜算的头寸，做市商的理想状态是在不放弃任何潜

⊖ 基于波动率的期限结构，图 21-15 至图 21-18 中的波动率变化是以比例而不是百分点的形式表示的。在给定的假设条件下（即，平均波动率=30%，6 月隐含波动率的变化率是 4 月的 75%，8 月隐含波动率的变化率是 4 月的 50%），在当前的水平上波动率上升 20% 会导致
　　4 月：$1.20 \times 34.27\% \approx 41.12\%$
　　6 月：$30.00\% + 0.75 \times (41.12\% - 30.00\%) \approx 38.34\%$
　　8 月：$30.00\% + 0.50 \times (41.12\% - 30.00\%) \approx 35.56\%$
而在当前水平上波动率下降 20% 会导致：
　　4 月：$0.80 \times 34.27\% \approx 27.42\%$
　　6 月：$30.00\% - 0.75 \times (30.00\% - 27.42\%) \approx 28.06\%$
　　8 月：$30.00\% - 0.50 \times (30.00\% - 27.42\%) \approx 28.71\%$

在收益的情况下将所有的风险降到 0。这就等同于将图 21-15 中的曲线变为一条理论损益为正的水平线。实际上，对于大且复杂的头寸而言，想要实现上述目标几乎是不可能的。

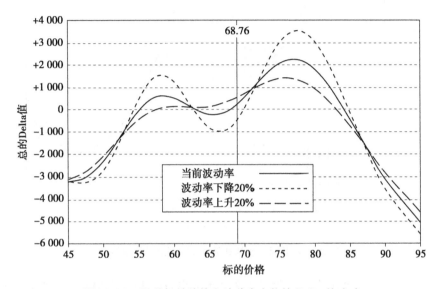

图 21-16　随着标的价格和波动率变化的 Delta 值头寸

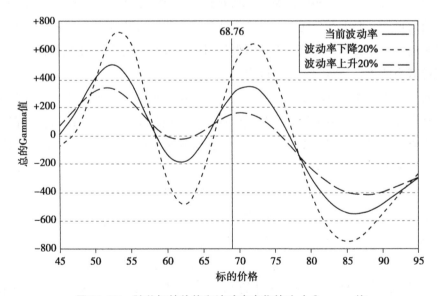

图 21-17　随着标的价格和波动率变化的头寸 Gamma 值

更为实际的方法是问：什么样的市场条件变化会给头寸带来最大威胁以及应采取什么措施来减小风险？这将取决于许多主观因素：交易者对风险的偏好、他的资本总额、他的交易经验程度以及他对市场的熟悉度。遗憾的是，当涉及风险分析问题时很难找到简单的答案。

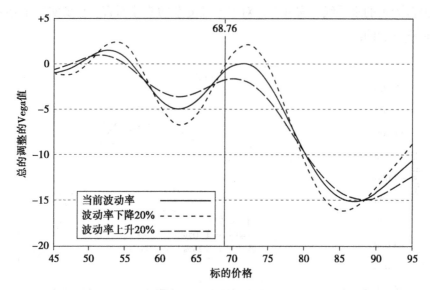

图 21-18 随着标的价格和波动率变化的 Vega 值头寸

交易者所在的公司或交易者的清算公司会设置一些风险限制。例如，清算公司会要求交易者持有足够的资金以承受标的合约价格向任何方向上 20% 的变动。或者公司可能会要求资金能够承受隐含波动率翻倍。如果交易者当前没有充足的资金来应对这些要求，他就必须在清算公司中额外存入一笔资金或者将所持头寸的规模减小到清算公司的警戒线以内。

我们应该怎样分析图 21-14 中的风险头寸呢？风险分析非常重要，因为它能使交易者在既定的市场条件变化前做出计划——做出最优的行为决策。期权交易者可能要考虑很多不同的市场情形，但通常最好是从以下 3 个基本的问题开始。

（1）如果市场条件对我不利我会怎么做？

（2）如果市场条件对我有利我会怎么做？（风险分析不仅要关注防止不利的事情发生，还要关注利用有利的事情。）

（3）现在我要做什么来避免在接下来的时间里不利条件变动所带来的不良影响呢？

头寸可能发生什么不好的情况呢？显然，最大的威胁就是价格大幅向上变动。当股票价格在 85 以上时，头寸 Delta 值变为负数，并且从这点开始随着市场价格的上升我们会持续亏损（见图 21-15 和图 21-16）。形态向上的合约头寸（包括所有的看涨期权和标的合约的总和）是 -76。

当前的 Delta 值是 +203，也存在股票价格下降的风险。这可能不会立刻引起关注，但是随着股票价格降至 62，头寸 Vega 值为负的程度会加深（见图 21-18）。

这意味着如果股票价格略微下降而隐含波动率上升时，头寸处于危险之中。

在图 21-17 中，我们可以看到当股票价格约为 53 和 72 时，头寸正 Gamma 值达到最大。如果市场接近其中一个价格并且保持不变，头寸很可能达到最大的负 Theta 值并因此开始迅速衰减。

在给定多种多样的风险条件下，什么是当务之急呢？答案一定是主观的并且取决于交易者对股票特征的了解程度。如果股价有较大可能性大幅上升，例如，公司是收购目标，交易者至少应当覆盖部分价格上行风险，可以买入更高行权价格的看涨期权。不可否认，如果上方的看涨期权的价格被高估（因为众所周知公司是收购目标），保护价格上行的成本可能是非常高昂的。但是，如果收购导致了交易者可能亏损到离场，那他必须支付这部分成本。

当然，交易者也可能认为价格不可能大幅上升，愿意接受这一风险。那他可能会关注头寸一些较小的风险。如果他是一个遵守理论模型的交易者，那他可能会想要覆盖当前 Delta 值为 +203 的头寸，这个风险可能太小，不足以成为当务之急。否则他可能会以卖出股票、卖出看涨期权或买入看跌期权的形式卖出约 200 的 Delta 值。最后的选择是买入看跌期权，尤其是行权价格为 60 和 65 的看跌期权，这不仅会减少 Delta 值，而且会减少行权价格在 60 到 65 之间期权的负 Vega 值。如果可以这样选择，买入 4 月行权价格为 60 或 65 的看跌期权可能会给头寸带来最大收益。如果股票价格真的下降到 60 至 65 之间，期权就变为平值期权，短期平值期权有最大的 Gamma 值。同样地，在这个范围内它们会尽可能抵消负的 Gamma 值。

什么样的市场条件变动对头寸有利呢？当股价低于 55 时，头寸将有负的 Delta 值，所以股价的突然下降会使收益明显增加。价格下行合约头寸（所有看跌期权和标的合约的总和）是 −29。如果股价上升至 85，尤其是伴随着隐含波动率下降，这也是非常有利的。实际上，任何隐含波动率的下降都对头寸有利，如图 21-18 中的 Vega 值所示。

尽管时间衰减不是当务之急，但是仍然要思考时间流逝会给头寸带来什么影响。头寸有负的 Theta 值（与正的 Gamma 值一致），如果标的股价不发生变化，那时间的流逝对头寸是不利的。可能总 Theta 值 −1.90 很小，但是要注意大部分的 Theta 值都集中在 4 月。并且 4 月的期权主要是 4 月行权价格为 70 的看涨期权多头头寸。随着时间的流逝，这些接近平值期权的 Theta 值会加速上升，从而使得头寸损失的价值越来越大。如果市场的价值维持在接近 70 的水平，也有可能使隐含波动率下降。鉴于头寸的 Vega 值为负，这将对头寸有利。我们仍然要考虑如果股票价格维持在接近 70 的水平应该采取何种措施。经过一周和两周后期权的价值如图 21-19 所示。

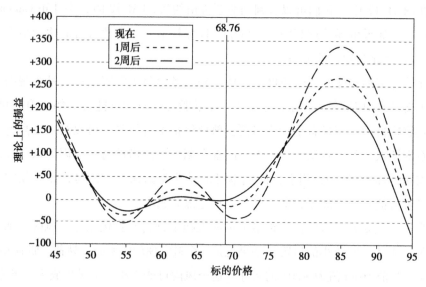

图 21-19 头寸价值随着标的价格和时间流逝的变化情况

其他还有什么情况可能使头寸受损呢？我们假设股票在 10 周内会支付 0.58 的股利。如果公司未正式公布股利，可能实际的股利会大于或者小于这个数量。4 月到期的期权，会在 4 周后到期，将不会受股利变更的影响。但是整个头寸会受什么样的影响呢？我们可以以更高或更低的股利数量进行计算机模拟，但是可能更简单的方法是关注 3 300 份股票多头头寸。因为我们持有股票，所以我们会获得股利。股利的上升会使头寸价值增加，而股利的下降会使头寸价值减少。头寸价值的变动约等于股利的变动乘以股票的份数，在本例中是 3 300。

如果股利可能下降，消除这种风险的一种方法是用合成股票多头头寸替代实际股票多头头寸：卖出股票并以同样的行权价格买入看涨期权和卖出看跌期权。这类似于将头寸转化为盒式套利来减少转换套利和反转套利的风险（见第 15 章）。

股票价格	45	50	55	60	65	70	75	80	85	90	95
理论损益	+179	+32	−25	−1	+4	+5	+74	+182	+221	+131	−76
总 Delta 值	−3 206	−2 306	−14	+533	−232	+571	+2 083	+1 805	−439	−3 092	−5 046
总 Gamma 值	+2	+391	+378	−134	−46	+325	+179	−292	−544	−479	−301
总调整的 Vega 值	−0.94	+0.86	+0.81	−3.97	−4.01	+0.11	−2.09	−9.68	−14.84	−14.27	−10.70
总 Theta 值	+0.61	−1.06	−1.53	+0.99	+0.51	−2.50	−1.74	+2.91	+6.50	+6.77	+5.18
总 Rho 值	+19	+19	+18	+17	+15	+12	+10	+7	+3	−1	−4

图 21-20 风险敏感度随标的价格变动情况

总 Vanna 值	−5	+28	−98	−115	+34	+16	−131	−149	−30	+74	+100
总 Charm 值	−15	−41	+33	+39	−55	−38	+68	+98	+38	−21	−36
总 Speed 值	+45	+77	−90	−63	+81	+34	−82	−84	−14	+32	+34
总 Color 值	−8.00	−4.47	−16.60	−15.53	−12.74	+18.10	+17.62	−5.65	−14.77	−7.36	+0.54
总 Volga 值	−0.000 4	−0.000 8	−0.002 3	−0.000 5	0	−0.001 5	−0.001 5	0	+0.000 2	−0.000 9	−0.001 7
总 Vega 衰变	+0.037	+0.065	−0.030	+0.092	+0.134	−0.046	−0.011 7	−0.035	−0.052	−0.179	−0.247
总 Zomma 值	+10	−8	−28	+24	+21	−26	−22	+15	+27	+13	−1

图 21-20 （续）

总 Rho 值为 +12.7 也意味着存在利率下降的风险。利率每下降 1 个百分点（100 个基点⊖），头寸的价值将下降 12.70。

分析风险最简单的方法就是如图 21-15 至图 21-19 那样画出头寸特征的图像。但是，一些交易者更喜欢用表格来展现不同标的价格下的风险敏感度。正如图 21-20 中所示，标的价格从 45 开始，然后不断以每次 5 个点的增量增加一直到股价为 95。图中不仅包含传统的风险度量指标，而且包含第 9 章中讨论的非传统的高阶度量指标。随着市场条件的变化这些高阶度量指标能够让交易者在观察头寸风险时有更完整的视野。为了方便起见，我们将这些测度指标列举如下：

Vanna 值：Delta 值对波动率变化的敏感度

Charm 值：Delta 值对时间流逝的敏感度

Speed 值：Gamma 值对标的价格变动的敏感度

Color 值：Gamma 值对时间流逝的敏感度

Volga 值：Vega 值对波动率变化的敏感度

Vega 值衰变：Vega 值对时间流逝的敏感度

Zomma 值：Gamma 值对波动率变化的敏感度

21.2 配股

为了总结我们的讨论，让我们来看看最后一种市场条件的变化——配股。这通常是由于公司想要降低股价来促进股票交易或者鼓励人持有更多股票。如果股票价格一直很高，股票的所有权集中在少数人手上，那交易活动也会受到限制。

假设例中的股票配股比例是 2∶1，新的股票价格是 68.76/2 = 34.38。头寸会发生什么情况呢？交易者一开始持有 3 300 份股票，现在他将持有 3 300 × 2 = 6 600 份股票。为了使每个行权价格和股价之间的关系保持相同，作为分割的结果，清

⊖ 交易者通常用**基点**（basis points）来表示利率的变动。一个基点等于 1/100 个百分点，即 0.000 1。

算所会将所有的行权价格除以 2。行权价格为 55 将变成 27½，行权价格为 60 将变成 30，等等。标的合约仍然是 100 份股票，但是为了保持股本不变，清算所会将交易者在每一行权价格下的头寸翻倍。交易者不再是 77 份 4 月行权价格为 55 的看涨期权多头，而是 154 份 4 月行权价格为 27½ 的看涨期权多头。他也不再是 162 份 4 月行权价格为 60 的看涨期权空头，而是 324 份 4 月行权价格为 30 的看涨期权空头。

交易者的风险头寸会变成什么样呢？为了了解发生了什么，我们来看一个简单的例子。当标的股票的交易价格是 60.00 时，我们持有 1 份 Delta 值为 50、Gamma 值为 5 的 5 月行权价格为 60 的看涨期权。如果股票分割的比例是 2:1，我们现在的头寸是：

	分 割 之 前	分 割 之 后
股票价格	60	30
头寸	+1 份 5 月行权价格为 60 的看涨期权	+2 份 5 月行权价格为 30 的看涨期权
标的合约	100 份	100 份
Delta 头寸	+50	+100

由于头寸仍然是平值的，所以 Delta 值为 50。但是现在我们持有两份看涨期权，所以我们的 Delta 值头寸将翻倍变为 +100。

Gamma 值怎么样呢？由于 Gamma 值是股票标的价格每变动一个单位 Delta 值变动的点数，如果我们可以确定在股价为 31 时新的 Delta 值头寸，那么我们就能知道 Gamma 值。假设股票价格上升到 31。这等价于股票分割前股价上升到 62。在股价为 62（分割前）处，我们的 Delta 头寸是 +50+(2×5) = +60。但是股票分割使 Delta 值头寸翻倍了，所以现在股价为 31 时，新的 Delta 值头寸是 2×(+60) = +120。如果随着股价从 30 上升至 31，Delta 值从 100 上升到 120，所以 Gamma 值头寸应该是 +20。

如果股票分割的比例是 $\gamma:X$（每 X 数量的股票份数将被替换为 γ 份），我们对新的条件总结如下：

新的股价：旧的股价 $\times X/\gamma$

新的行权价格：旧的行权价格 $\times X/\gamma$

新的期权头寸：旧的期权头寸 $\times \gamma/X$

标的合约：不变（100 份）

新的 Delta 值头寸：旧的 Delta 值头寸 $\times \gamma/X$

新的 Gamma 值头寸：旧的 Gamma 值头寸 $\times (X/\gamma)^2$

只要分割比例是 $\gamma/1$，计算结果就是准确的，其中 γ 是一个整数（例如，2:1，3:1，4:1等）。如果 γ 不是整数，可能就要调整标的合约的份数。例如，我们的股价是60，如果分割比例是3:2会怎么样呢？现在由于分割比例等价于1.5:1，所以 γ 不是一个整数。如果我们持有5月行权价格为60的看涨期权，我们的计算公式如下：

新的股价：$60 \times 2/3 = 40$

新的行权价格：$60 \times 2/3 = 40$

新的期权头寸：$+1 \times 3/2 = +1\frac{1}{2}$ 份 5 月行权价格为 40 的看涨期权

标的合约：不变（100 份）

新的 Delta 值头寸：$+50 \times 3/2 = 75$

新的 Gamma 值头寸：$+5 \times (3/2)^2 = +11.25$

这里的问题是清算所不允许期权头寸为分数（$1\frac{1}{2}$ 份 5 月行权价格为 40 的看涨期权）。为了消除分数，清算所会用分割后的 1 份 5 月行权价格为 40 的看涨期权替换分割前的每份 5 月行权价格为 60 的看涨期权。同时，需要调整标的合约，新的标的合约等于旧的标的合约乘以分割比例

$$100 \text{ 份} \times 3/2 = 150 \text{ 份}$$

在这样的调整下，现在 Delta 值和 Gamma 值就好理解了。由于头寸是平值期权，所以 Delta 值头寸应该约等于50%的标的合约，也就是75份。如果股票价格上升到41，等价于分割前的 $61\frac{1}{2}$，旧的 Delta 值应该是

$$50 + (1.5 \times 5) = 57.5$$

Delta 值头寸就等于标的合约的57.5%。因此，新的期权（行权价格为40的看涨期权）应该等于

$$0.575 \times 150 \text{ 份}^{\ominus} = 86.25 \text{ 份}$$

与预期一样，这刚好等于 Delta 值（75）加上 Gamma 值（11.25）。

如果股票进行分割，其他的风险度量指标——Theta 值、Vega 值和 Rho 值会怎么样呢？这些数值都会保持不变。时间的流逝、波动率和利率的变化对头寸的影响在分割前后都是一样的。只有 Delta 值和 Gamma 值应该被调整。事实上，假设其他条件保持不变，股票分割并不会对交易者的头寸产生实际影响。只是改变了权益的会计计算方式。当然，其他的条件是不可能保持不变的。当股票分割时，我们假设股利也是按比例分割的。但是这不是必然的情况。股票分割通常表

$\ominus$ 原文为 0.575 - 150，打字错误。——译者注

明公司是盈利的，并且通常伴随的是股利的上升。而股利的变化会带来期权头寸的变化。在图 21-21 中展示的是我们原来的头寸在期望股利不变的情况下以 2:1 的比例进行股票分割后的特征。

标的股价=34.38		利率=4.95%		期望股利=0.29（10周内）		
距离4月到期的时间=4周		4月的隐含波动率=34.27%				
距离6月到期的时间=13周		6月的隐含波动率=32.95%				
距离8月到期的时间=21周		8月的隐含波动率=31.64%				
	4月		6月		8月	
行权价格	看涨期权	看跌期权	看涨期权	看跌期权	看涨期权	看跌期权
27½	154	+94		−206		+64
30	−324	+222	+6	162	+48	−92
32½	+26	−154	+184	−50		
35	+212	−38	−220	−98	−52	−40
37½	−16	+122	+172	−4	+16	−50
40	−62	−36	+42		+60	
42½	−270	+92	−50	+14	+144	
	看涨期权	看跌期权	Delta值	Gamma值	Theta值	调整的Vega值	Rho值
4月	−280	+424	−25 230	+2 016	−2.51	+6.26	−7.50
6月	+134	−182	+12 186	+52	−0.62	+0.36	+9.75
8月	−72	−118	+6 850	−1 008	+1.25	−11.19	+10.45
股票	+6 600		+6 600				
总和			+406	+1 060	−1.88	−4.57	+12.70

图 21-21 以 2:1 的比例进行股票分割的影响

第 22 章

Option Volatility and Pricing

股指期货与期权

股指期货与期权是交易最为活跃的衍生品之一,对这些合约进行较为仔细的研究是非常值得的。尽管本书主要研究期权,但是股指期货与期权联系密切,许多交易策略都涉及这两种合约,只讨论一种合约而不讨论另一种是不可能的。因此接下来,我们将介绍讨论这两种合约。

22.1 什么是指数

指数(index)是一个数字,它代表了一组项目的合成价值。股票指数的价值是由构成指数的成分股票的市场价格决定的。当构成指数的成分股票价格上升时,指数的价值也会上升;当其下降时,指数的价值也会下降。如果构成指数的一些股票的价格上升,而另一些股价下降,那么股价相抵的变化可能会使指数本身保持不变,哪怕构成指数的每只成分股票的价格已经发生了变化。尽管指数是由各种成分股票组成的,但是指数的价值总是反映了构成指数的股票的总价值。

通常,股价指数分为**广泛基础指数**或**窄范围指数**。广泛基础指数通常由众多股票构成,它往往代表了整个市场或至少大部分市场的价值。下面是一些被追踪的广泛基础指数。

指数	国家或地区	构成指数的股票数量
标普 500	美国	500
纳斯达克 100	美国	100
罗素 2 000	美国	2 000
富时 100	英国	100
日经 225	日本	225
ASX 200	澳大利亚	200
KOSPI 200	韩国	200
BOVESPA	巴西	67
TSE	加拿大	60
MSCIEAFE	澳大利亚,欧洲和远东	1 500
CSI 300	中国	300

广泛基础指数的设定多少有些主观色彩。即使指数是由较少数量的股票组成的，但是如果构成指数的实体公司代表了一个国家或地区的绝大部分经济状况，它可能仍然会被认为是广泛基础指数。

指　　数	国家或地区	构成指数的股票数量
道琼斯工业指数	美国	30
DAX	德国	30
CAC 40	法国	40
欧洲斯托克 50	欧洲	50
OMX 30	瑞典	30
FTSE MIB	意大利	40
AEX	荷兰	25
恒生指数	中国香港	30
Sensex 30	印度	30
IPC	墨西哥	35
Tel Aviv 25	以色列	25
Straits Times	新加坡	30
Swiss Market	瑞士	20

窄范围指数通常是由较少数量的股票构成，反映了某特定市场的价值。

指　　数	细分市场	构成指数的股票数量
道琼斯交通指数	美国交通公司	20
标普公用事业指数	美国电能公司	31
银行指数	美国银行及金融机构	24
半导体指数	美国半导体公司	30
石油服务指数	美国石油服务公司	15
英国建筑商指数	英国住房建设	6
欧洲斯托克科技指数	欧洲科技公司	16
富时采矿指数	世界采矿公司	24

22.1.1 计算指数

有几种方法可以被用来计算股票指数的价值，但是最常见的方法集中在构成指数的股票价格或集中在构成指数的公司的**资本总额**上。为了解这些方法是如何进行的，让我们考虑由以下 3 只股票构成的 ABC 指数：

股　　票	价　　格	总流通股数	市　　值
A	80	100	8 000
B	20	2 000	40 000
C	50	400	20 000

每家公司的市值都等于股票价格乘以总流通股数。这代表了这家公司所有股票的总价值。

如果指数是**价格加权法**（priced weighted），那么指数的价值是单只股票价格的总和

$$\text{ABC 指数(价格加权法)} = \sum \text{价格}_i = 80 + 20 + 50 = 150$$

如果指数是**资本加权法**（capitalization weighted，cap weighted 为它的简写），那么指数的价值是每家公司资本的总和

$$\text{ABC 指数(资本加权法)} = \sum (\text{价格}_i \times \text{股份数}_i) = 8\,000 + 40\,000 + 20\,000 = 68\,000$$

假设股票 A 的价格上涨 10% 到 88。如果指数是价格加权法计算的，那么 ABC 指数的价值会改变多少？新的指数价值是

$$88 + 20 + 50 = 158$$

以百分比的形式，这个增加是

$$8/150 = 5.33\%$$

如果股票 B 的价格上涨 10% 到 22 或股票 C 的价格上涨 10% 到 55，那么我们也可以对价格加权指数进行相同的计算。指数的百分比增加是

股票 B：$2/150 = 1.33\%$

股票 C：$5/150 = 3.33\%$

以百分比的形式，最高的股票价格，股票 A 的价格的改变对指数的价值具有最大的影响。股票 A 具有最大的指数**权重**——它占据指数的最大比例。通过计算单只股票的权重，我们可以衡量出每只股票在指数中所起作用的大小：

股票 A：$80/150 = 53.33\%$

股票 B：$20/150 = 13.33\%$

股票 C：$50/150 = 33.33\%$

如果 ABC 指数是市值加权法计算的，那么我们也可以计算出每只股票的权重（伴有小的舍入误差）：

股票 A：$8\,000/68\,000 = 11.76\%$

股票 B：$40\,000/68\,000 = 58.82\%$

股票 C：$20\,000/68\,000 = 29.41\%$

现在股票 B，市值最大的股票，具有最大的指数权重。

在价格加权的指数中，具有最高价格的股票具有最大的权重。在市值加权的指数中，具有最大市值的股票（流通股数巨大的股票）具有最大的权重。

我们也可以构建**等权指数**（equal-weighted），即以百分比的形式计算的话，

每只股票在指数中恰好发挥同样的作用。我们可以通过让每只股票对指数的初始贡献相同来构建此指数。举例来说，假设最初指数的价值为

$$\sum (价格_i / 价格_i) = 1 + 1 + 1 = 3$$

这里每只股票恰好都占据指数的 33.33%。当然，如果我们总是用股票价格除以它本身，那么指数的价值将永不发生改变。但是这只是我们第一次引入指数的价值。接下来，随着每只股票价格的改变，我们会用新的股价除以旧的股价来确定指数的新价值。如果指数中的每只股票的价格都上涨 10%，那么对指数的影响会是相同的，因为

$$88/80 = 22/20 = 55/50$$

如果所有 3 只股票的价格都上涨了 10%，那么指数的新价值为

$$88/80 + 22/20 + 55/50 = 1.10 + 1.10 + 1.10 = 3.30$$

指数恰好会上涨 10%。⊖

随着时间的流逝，等权指数中的一些股票的表现要好于其他的股票，股票的权重将会发生改变以至于指数不再是等权重的。为了确保指数中的每只股票所占权重近似相等，等权指数要定期地被**再平衡**（rebalanced）。

假设后来股票 A、B 和 C 的价格分别为 76、25 和 51。等权指数的价值现在为

$$76/80 + 25/20 + 51/50 = 0.95 + 1.25 + 1.02 = 3.22$$

现在与股票 A 和股票 C 相比，股票 B 在指数中占据较大的比重。为了确保所有的股票再一次具有相等的权重，现在指数被再平衡为

$$76/76 + 25/25 + 51/51 = 3.00$$

当然，3.00 的指数价值似乎与前面 3.22 的指数价值不一致。为了产生连续的指数价值，在再平衡之后，指数价值必须乘以在之前再平衡期间指数增长的百分比。在我们的例子中，我们必须用再平衡之后的指数价值乘以

$$3.22/3.00 = 1.0733$$

因为指数在之前再平衡期间增长了 7.33%。

加总一系列单只股票的价格是相对容易的工作。因此，最早的指数是用价格加权法来进行计算的。道琼斯工业平均指数是 1896 年开始计算的，它可能是所有

⊖ 等权指数的一个较不常见的形式就是为股票赋予几何权重而不是算术权重。用**几何加权法**计算由 n 只股票构成的指数的价值是求 n 只股票价格比的乘积的 n 次方根。如果 ABC 指数是用几何加权法计算的，那么最初的指数价值为

$$(80/80 \times 20/20 \times 50/50)^{1/3} = 1.00$$

随着成分股票的价格发生变化，指数的价值为

$$\left[\prod (今天的股价_i / 昨天的股价_i) \right]^{1/n}$$

使用价格加权法进行计算的指数中最为人所熟知的一个指数。然而，市值加权指数给出了每家公司价值的更为准确的信息。伴随着利用计算机技术进行计算的出现，现在大部分的指数都是用市值加权法来进行计算的。

公司的总市值取决于公司流通股的总数。然而，公司的限制可能会阻碍一些股份进行交易流通。由公司财务部、公司职员所持及在员工投资计划中的股票可能不会向公众流通。可以进行交易的股票数量被称作**公众持股量**（free float），公众持股量通常被用来计算市值加权指数的价值。

22.1.2 指数除数

当指数第一次被引入时，我们通常将指数值设置为某个整百整十数。假设我们想让 ABC 指数的初始值为 100。为了实现这一目标，我们必须通过使用一个**除数**来调整原始的指数价格，即 150（价格加权法）或 68 000（市值加权法），从而实现我们的目标值 100。因为

$$原始指数值 / 除数 = 目标指数值$$

除数必为

$$除数 = 目标指数值 / 原始指数值$$

对于 ABC 指数来说，除数分别为

$$价格加权指数：150/100 = 1.50$$

$$市值加权指数：68\ 000/100 = 680$$

一旦除数被确定下来，接下来所有的指数计算都要用原始指数值除以除数。如果股票 B 的价格上升到 25，那么初始值为 100 的价格加权指数值现在为

$$(80 + 25 + 50)/1.50 = 155/1.50 = 103.33$$

公司 B 的市值现在为 $25 \times 2\ 000 = 50\ 000$，市值加权指数值为

$$(8\ 000 + 50\ 000 + 20\ 000)/680 = 78\ 000/680 = 114.71$$

有时，调整除数以确保指数可以准确反映成分股的表现是有必要的。考虑到股票 A 原来以 80 的价格进行交易，那么现在将原来的 1 股分为 2 股。股价现在为 40，但是现在 A 公司有 200 股流通股。

股　　票	价　　格	总流通股数	市　　值
A	40	200	8 000
B	20	2 000	40 000
C	50	400	20 000

如果 ABC 指数是用价格加权法进行计算的,那么之前为 100(使用的除数为 1.50)的指数值现在会变为

$$(40 + 20 + 50)/1.50 = 110/1.50 = 73.33$$

但是这合理吗?从公司 A 的投资者的角度看,他所持股票的价值没有改变,为什么指数的价值就应该改变呢?为了生成连续且合理的指数值,指数除数必须被调整。新的原始指数值为 110,而目标指数值为 100(假设没有其他的价格发生变化),新指数除数为

$$新除数 = 110/100 = 1.10$$

当指数除数被调整,负责计算指数的机构通常会发布新闻稿,宣布新除数及调整的原因:"ABC 指数的新除数为 1.10,调整的原因是 A 公司进行了股票分割,将 1 股分为 2 股。"

在市值加权计算的 ABC 指数中,股票分割,即 1 股分为 2 股是怎样影响除数的呢?我们可以看到股票 A 的市值是没有发生改变的,为 8 000。因此,我们不需要对除数进行调整。除数仍然为 680。

构成指数的成分股票不是永恒不变的。由于破产或被其他公司接管等原因,一家公司可能会不再存在。或由于公司的价格或市值下降到标准之下,一家公司可能不再符合作为指数成分股的条件。为了保持作为指数成分股的公司的数量是一个常数,被剔除的公司必须由一家新公司替代。这会需要调整除数。

假设 ABC 指数中的公司 C 由公司 D 所取代,公司 D 现在的交易价格为 75,流通股数为 500:

股 票	价 格	总流通股数	市 值
A	80	100	8 000
B	20	2 000	40 000
D	75	500	37 500

ABC 指数的新除数为:

价格加权指数:$(80 + 20 + 75)/100 = 1.75$

市值加权指数:$(8\,000 + 40\,000 + 37\,500)/100 = 855$

22.1.3 全收益指数

在传统的股票指数中,当成分股的价格下降时,指数的价格也会下降。即使股价的下降是由分配股利造成的,指数价格的随之下降也是正确的。在**全收益指数**的计算中,所有的股利都被假定为会被立即再投资到指数中。因此,由于分配

股利造成的股价的下降并不会导致指数价值的下降。

ABC 指数由我们最初的 3 只股票构成，用价格加权法计算它的价值，所得结果再除以除数 1.50，得到

$$(80 + 20 + 50)/1.50 = 100.00$$

如果股票 A 支付 1.00 的股利，它在除息日会以 79 的价格开盘进行交易，那么指数的开盘价值为

$$(79 + 20 + 50)/1.50 = 99.33$$

但是如果 ABC 指数是一个全收益指数，那么指数的开盘价值会保持 100 不变，因为股利支付的唯一结果就是股票 A 的价格会下降 1.00。为了保持指数的价值为 100，指数除数必须调整为 1.49，因为

$$(79 + 20 + 50)/1.49 = 100.00$$

无论全收益指数中的成分股在何时支付股利，除数都必须被调整以反映股利支付的事实。

尽管与传统指数相比，它们较不常见，但也存在一些被广泛使用的全收益指数。其中最著名的全收益指数就是德国 DAX 指数。偶尔一些指数，如标准普尔（S&P）500 指数，会公布两个版本——传统指数和全收益指数。然而，前者的使用较为广泛。

22.1.4　单只股票价格的改变对指数的影响

如果单只成分股的价格发生变化，那么这会对指数的价值产生怎样的影响呢？假设现在价格加权 ABC 指数的价值为 I。如果股票 A 的价格（价格 A）发生了数量 a 的变化，那么指数的新价值会是多少呢？指数的初始价值应该上升 a，这是因为

$$(A + a) + B + C = I + a$$

以百分比的形式，指数的变化为 a/I。假设我们以一种略有不同的形式重新写 a/I

$$a/I = (a/A) \times (A/I)$$

a/A 是股价发生的百分比变化，而 A/I 是指数中股票的权重。因此，指数的百分比变化必须等于股价的百分比变化乘以股票在指数中的权重。不论指数是价格加权法，还是市值加权法或等权法计算的，这都是正确的。

通过一个例子，我们可以证实这一点。假设 ABC 指数是价格加权法计算的，当前交易价格为 100 的股票 A 的价格上涨 1 个点，指数除数为 1.50。新的指数价值为

$$(81 + 20 + 50)/1.50 = 151/1.50 = 100.67$$

股票A（在1个点的价格上涨之前）的权重是53.33%，所以指数的百分比变化应为
$$0.533\ 3 \times (1/80) = 0.533\ 3 \times 0.012\ 5 = 0.006\ 7$$
由此我们可以得到新的指数价值为
$$(1 + 0.006\ 7) \times 100 = 100.67$$
对于市值加权ABC指数来说，指数除数为680，股票A的流通股数为100，新的指数价值为
$$(81 \times 100 + 40\ 000 + 20\ 000)/680 = 68\ 100/680 = 100.147$$
股票A（在1个点的价格上涨之前）的权重是11.76%，所以指数的百分比变化应为
$$0.117\ 6 \times (1/80) = 0.117\ 6 \times 0.012\ 5 = 0.001\ 47$$
由此我们可以得到新的指数价值为
$$(1 + 0.001\ 47) \times 100 = 100.147$$
当每只股票的价格都发生变化时，新的指数价格为
$$旧指数价格 \times \left(1 + \sum 股价百分比变化_i \times 权重_i\right)$$

对于价格加权指数来说，如果我们知道指数除数，那么我们可以简化上述计算，因为任何一只成分股每发生1个点的变化所引起的指数变化总由
$$股价的变化值 / 除数$$
来表示。在价格加权ABC指数中，股价每发生1.00的变化将会造成指数发生
$$1.00/1.50 = 0.67$$
的变化。

成分股价格的每一点变化会对指数产生同样的影响，这似乎是奇怪的。如果成分股的价格上升了1个点，然后又上升了1个点，那么第2个点会以一个较小的百分比引起股价的增加。因此可能有人会认为第2个点的增加会对指数产生较小的影响。但是，一个事实会对此弥补，这个事实是股价每一点的增加也会引起股票在指数中的权重增加。将它们放到一起，股价及其权重的百分比变化的结合会对指数产生一个不变的点数变化。

交易者可以偶尔使用前述的计算来对指数的真正价值做出更加准确的估计。大部分指数是由每只成分股的最后一笔交易价格计算得出的。但是最后一笔交易价格可能不是股票当前交易价格的准确反映。假设指数成分股的交易已经暂时停止了。⊖指数价值会基于终止交易的股票的最后一笔交易价格计算出来，但是当股

⊖ 停止股票的交易可能是由各种各样的原因造成的，但是在涉及公司的重大消息出现时，通常来说这种情况就会发生。通过停止交易，交易所希望给投资者时间来消化这个新消息，从而将它对市场的影响做出更好的评价。

票重新开始交易时，最后一笔交易的价格可能会与期望价格略有不同。

假设当前指数的价值为 1 425.50，并且一只成分股的最后一笔交易价格为 63.00。然而，股票的交易已经停止了，停止交易是否会使股价有显著的上升，这是悬而未决的。尽管没有人知道股票再开盘时的准确的价格，但是参考价（经常由交易所发布这个参考价）表明股价会是在 67.50 到 68.00 间的某个值。如果股票在指数中的权重为 2.5%，那么当指数再开盘时，指数交易者可能会使用 67.75 的价格去估计新的指数价格，即

$$1\ 425.50 \times [1 + 0.025 \times (67.75 - 63.00)/63.00] = 1\ 428.19$$

或者，交易者可能已经确定股价每一点的变化会引起指数价值发生 0.57 的变化，最终得出新指数估计值为

$$1\ 425.50 + (4.75 \times 0.57) = 1\ 428.21$$

无论哪种估计方法都会使交易者做出一个更加明智的决定。

22.1.5　交易量加权平均价

在每个交易日，指数的最终价值通常由收盘前每只成分股的最后一笔交易的价格决定。但是最后的交易价格可能不会准确反映股票的交易活动。假设在交易日收盘时，股票的买卖价差报价为 43.10～43.30，并且股票最后以 43.30 的价格进行了 300 股的交易。然而，假设在最后一笔交易之前，有 2 400 股股票以 43.15 的价格进行了交易，在此之前，有 1 800 股股票以 43.10 的价格进行了交易。最后以 43.30 的价格进行的交易似乎是反常的，更为合理的做法，似乎是应该使用其他价格中的一个价格作为指数计算。为了解决这个问题，一些交易所在收盘前的指定时间段内计算**交易量加权平均价**（volume-weighted average price，VWAP）作为该只股票的收盘价。在我们的例子中，如果在 VWAP 期间，最后 3 笔交易正如所给出的那样，那么股票的收盘价格会为

$$(300 \times 43.30 + 2\ 400 \times 43.15 + 1\ 800 \times 43.10)/(300 + 2\ 400 + 1\ 800) = 43.14$$

43.14 的交易量加权平均价将会被用来计算指数的价值。

22.2　股指期货

理论上，人们能够恰好以构建传统商品期货合约同样的方式来构建股指期货合约。在到期时，股指期货多头的持有者会被要求以正确的指数构成比例收取构成指数的所有股票。股指期货空头的持有者会被要求交付股票。

实际上，没有股指期货是通过成分股的实物交割来进行结算的。这样的过程需要以正确股份数交割许多不同股票，这对于大多数的结算机构来说是难以处理的。此外，结算可能需要交割股票的小数股份数，这是不可能的。由于这些原因，交易所通常在到期时以现金的方式，而不是通过成分股的实物交割来结算股指期货。

与所有的期货一样，股指期货受保证金及其变动的支配，最后的现金支付等于指数的到期价值与前一日期货结算价之间的差值。如果在到期时指数为462.50，前一日期货合约的日结算价为461.00，那么多头头寸的持有者最终会收到1.50点的支付。如果每个指数点的价值为100美元，那么期货头寸多头将会收到 $100 \times 1.50 = 150$ 美元的资金流入，而期货头寸空头将会产生同样数额的资金流出。一旦最后的支付完成，双方便会**退出市场**（out of the market），且不会受到接下来指数变化的影响。

股票指数远期合约的公允价格应该为多少呢？在第2章中，我们计算了单只股票的远期价格，方法是加上股票价格的利息成本（现在买入的成本），并减去期望股利（现在买入的收益）

$$F = S \times (1 + r \times t) - D$$

指数的远期价格可以使用同样的方法来计算。我们将利率成本加入到当前指数价格中，并减去总股利，即在到期之前，指数成分股预期支付的股利之和。但是，单只股票的股利是一次支付的，不同于单只股票的是，指数的股利支付可能会遍布各个时间。准确的远期价格计算需要我们知道每只股票的股利支付数额、支付时间以及股票在指数中的权重。由此，我们可以计算出所有股利的总价值，其中包含每次从股利支付日至远期合约到期日进行股利再投资的利息所得。

显然，对股利支付的计算，从而对远期价格的计算是相当复杂的。为了简化计算，许多交易者通过将股利流看作负利率而进行近似计算

$$F = S \times [1 + (r - d) \times t]$$

这里，d是以百分比形式的指数平均年化股利率。如果

  指数当前价格 = 100.00

  距离远期合约到期的时间 = 4个月

  利率 = 6.00%

  平均年化股利率 = 2.25%

那么4个月⊖合约的远期价格应为

⊖ 此处存疑，原文为3个月。——译者注

$$100.00 \times [1 + (0.06 - 0.022\ 5) \times 4/12] = 100.00 \times 1.012\ 5 = 101.25$$

对于长期远期合约来说，这种近似代表了在计算的容易度与准确度之间的一个合理的权衡取舍。不幸的是，对于短期合约来说，股利支付离散且不均衡地遍布在远期合约的存续期间，这个事实会导致巨大的误差。图22-1展示了在3个月期间道琼斯工业指数的日股利支付，我们可以在图22-1中看到上述结论。总年化股利率近似为2.75%，但是这个值可能高估或低估正确的股利支付，这取决于远期合约的到期时间。

假设远期合约在3个月股利支付周期结束时到期。如果在这个周期的一开始，我们就持有这份远期合约，那么2.75%的股利率估计值就是对实际股利支付的一个合理且准确的反映。然而，如果我们在3个月周期的结束时——即在所有的股利都被支付之后，持有这份远期合约，那么2.75%显然高估了实际的股利支付；实际的股利支付接近于0。图22-1中的虚线展示了从持有头寸的时间点至到期的实际股利支付率，它是按年率计算的。如果当虚线在2.75%之下时，我们持有头寸，那么2.75%的估计值会高估实际的股利支付。如果当虚线在2.75%之上时，我们持有头寸，那么2.75%的估计值会低估实际的股利支付。

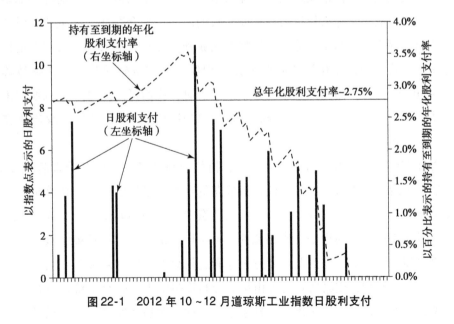

图22-1 2012年10~12月道琼斯工业指数日股利支付

22.2.1 指数套利

在1982年2月，堪萨斯城交易所开始交易价值线股票指数期货。这是美国第一个在交易所进行交易的股票指数期货。2个月之后，在1982年4月，芝加哥商业交易所开始交易标普 500 指数期货。

理论上，期货合约的价格应该反映所持有的期货合约的公平价值，而非构成指数的股票的公平价值。如果期货合约不是以公平价格进行交易的，那么交易者可以通过买入一种资产，即可以买入一揽子股票或期货合约，并卖出另一种资产来进行套利。如果没有其他要考虑的因素，那么交易者应当意识到套利所得获利应当等于期货合约的错误定价。然而，套利获利只有当期货合约持有到期时才能完全实现，因为在到期时，期货合约和指数价值会收敛。在到期时，期货合约的价值会自动以现金的方式进行结算，但是交易者不得不对所持股票头寸下达一个清算指令。他想让一揽子股票的交易价格来决定指数在到期时的价值。这可以通过下达**收盘市价**（market-on-close）指令来完成，收盘市价指令可以保证每只股票的最后一笔交易的价格为交易者所持股票的清算价格，而最后的交易价格会决定最终的指数价值。

与任何股票期货套利策略一样，指数套利也具有风险。如果交易不在一个固定利率的状态下被执行，那么对于所持头寸来说，利率的任何变化都代表了风险。如果股利支付率被错误地估计，那么这也会影响策略的获利。此外，如果策略包含了卖空股票，那么使得策略不能实行的限制可能会存在。甚至如果股票可以被卖空，那么短期利率可能会使策略无法获利。交易者买入或卖出错误定价的股票指数期货合约，并在标的股票上持有相反头寸的策略通常被称作**指数套利**（index arbitrary）。因为当期货合约被错误定价时，我们可以通过计算机编程来计算期货合约的公平价格并执行套利策略，所以这样的策略也被称作**程序化交易**（program trading）。

伴随着由计算机驱动的交易的出现，指数套利已经成为愈发受欢迎的策略。当计算机发现，对于指数本身来说，指数期货合约被错误定价时，计算机会发送卖出期货合约，并买入成分股的指令（**买入程序**（a buy program）），或买入期货合约，并卖出成分股的指令（**卖出程序**（a sell program））。一旦策略被执行，它通常会被持有至到期，在到期时所持头寸通过收盘市价指令来买入或卖出成分股从而被平仓。起初，交易所对处理由指数套利策略带来的收盘市价指令是没有太大问题的。然而，随着程序化交易越来越受欢迎，交易所发现，当临近最后一个交易日的收盘时间时，他们会收到大量的收盘市价指令。这些大量的收盘市价指令经常会使成分股的价格发生意料之外的跳跃，从而破坏正常的交易过程。由于这个原因，许多衍生品交易所在相关股票交易所的请求下，同意在到期时对指数期货进行结算时是基于成分股的开盘价，而不是收盘价。这样一来，便消除了由买入或卖出股票造成的最后一分钟股价的骤变,这也使得股票交易所更加容易地进行买卖订单的撮合。

现在,大多数股指期货及期权合约在到期时使用开盘价,而不是收盘价来进行结算。这种结算程序有时被称作**上午到期**(AM expiration)。而少数股指合约仍在使用**下午到期**(PM expiration),即结算价值是由到期日最后的收盘价格确定的。㊀

22.2.2 复制指数

有时,交易者想要构建可以恰好复制指数价值的股票头寸。他可以通过按比例持有一定数量的股票来复制指数,这个比例要恰好等于每只股票在指数中的权重。

回到我们的 ABC 指数,我们有下面的值:

股 票	价 格	总流通股数	市 值	价格加权权重	市值加权权重
A	80	100	8 000	53.33%	11.76%
B	20	2 000	40 000	13.33%	58.82%
C	50	400	20 000	33.33%	29.41%

如果交易者想要复制价格加权 ABC 指数,那么股票 A 应占他所持头寸的 53.33%,股票 B 占 13.33%,股票 C 占 33.33%。如果交易者想要复制市值加权 ABC 指数,那么股票 A 应占他所持头寸的 11.76%,股票 B 占 58.82%,股票 C 占 29.41%。如果交易者要投资 100 000 美元,那么他需要在每只股票上持有如下数量:

股 票	价格加权所持数量	市值加权所持数量
A	53.33% ×100 000/80≈667 股	11.76% ×100 000/80≈147 股
B	13.33% ×100 000/20≈667 股	58.82% ×100 000/20≈2 941 股
C	33.33% ×100 000/50≈667 股	29.41% ×100 000/50≈588 股

因为每只股票在价格加权指数中的权重与它的价格成比例,所以我们可以按照相等的数量买入每只成分股来复制价格加权指数。然而,这并不适用于市值加权指数,因为每只股票在市值加权指数中的权重与它的总市值成比例。然而,在

㊀ **交易所交易的基金**期权通常以模拟股票指数的形式被设计,它属于传统的下午到期。期权的价值取决于在到期日交易终止时股票收盘价格。

两种情形中，我们可以确定，只要在每只股票上所持股份数是正确的，它就会复制对指数进行的 100 000 美元的投资

$$(667 \times 80) + (667 \times 20) + (667 \times 50) \approx 100\,000(美元)(价格加权)$$
$$(147 \times 80) + (2\,941 \times 20) + (588 \times 50) \approx 100\,000(美元)(市值加权)$$

为什么人们会想要复制指数呢？投资者可能为了赚取与指数相等的收益而这样做。这是进行多样化投资的一种常用的方法。甚至，投资者通过复制代表不同市场的几种指数来进一步使投资多样化。交易者也可能为了从错误定价的套利关系中获利而复制指数。如果股指期货合约在理论上被高估了，那么交易者可能会卖出期货合约而买入所有的成分股。他需要以准确复制指数期货合约的方式来这样做。

交易者需要买入的股票数量是由期货合约的规模，或**名义价值**（notional value）来决定。而期货合约的名义价值是由交易所分配给期货合约的指数乘数决定的。假设我们的市值加权指数目前以 100.00 点进行交易，其除数为 68 000，交易所分配的乘数是每点 1 000 美元。因此期货合约的名义价值为 $100.00 \times 1000 = 100\,000$ 美元。在这种情况下，交易者可能会卖出价格被高估的指数期货合约，并通过买入 147 股的股票 A，2941 股的股票 B，588 股的股票 C 来对冲此头寸。这种方法的问题是交易者需要复制期货合约，而不是复制实际的指数。期货合约和指数可能具有不同的特征。

为了理解为什么复制指数不能准确地对冲期货头寸，让我们考虑当交易者等待头寸到期时，即期货价格和指数价格收敛时，在期货合约存续期间将会发生什么。股票的价格当然会发生波动，这会引起他所持的股票头寸盈利或损失。但是这种盈利或损失还未实现，因为交易者必须持有头寸至到期以确保套利获利。与此同时，由期货合约带来的盈利或损失会立即实现，造成每天交易者的借贷账户发生变动。如果贷方账户出现变动，那么交易者会获得利息；如果借方账户出现变动，那么交易者会支付利息。无论哪种情况发生，利息都会改变交易者最初预期的套利获利。在第 15 章中，我们讨论过结算风险，这是结算风险的另一个例子。准确复制指数的头寸是对所持期货合约的一个不完美的对冲，因为一边是股票型结算方式，而另一边是期货型结算方式。鉴于此，那么正确的对冲应该是怎样的呢？

不考虑股利，股票指数远期合约的公平价值为

$$F = S \times (1 + r \times t)$$

指数每增长一个点，指数期货合约应当增长 $1 + r \times t$。如果我们将指数本身看作标

的合约，那么我们可以将 Delta 的概念应用到期货合约上，这与将其应用到期权合约的方式非常相似。Delta 值是合约价值变动与标的合约价格变动之比。如果对于我们所持的每 1 份期货合约来说，Delta 中性是目标，那么我们必须持有等于 $1 + r \times t$ 的相反的现货指数头寸。

期货的 Delta 值的大小是由距离到期的剩余时间与利率水平共同决定的。对于在高利率水平下的长期期货合约来说，需要持有的成分股的数量可能远大于等价的期货头寸数量。随着到期时间的临近或在低利率水平下，期货和股票的持有数量几乎相等。因此，随着时间的流逝或当利率变化时，指数套利策略需要对股票头寸进行调整。

假设 ABC 指数期货合约还有 4 个月到期，年利率为 6.00%。如果我们卖出 1 份高估的期货合约，我们必须通过持有 $1 + 0.06 \times 4/12 = 1.02$，高于当我们进行准确指数复制时需要持有股数的 2% 的股票多头来对冲此头寸。1 个月之后，即还有 3 个月到期时，我们应当减少我们持有的股票数至 $1 + 0.06 \times 3/12 = 1.015$，或高于当我们进行准确指数复制时需要持有股数的 1.5%。对于市值加权 ABC 指数来说，所需的持有如下：

股　　票	复制指数需要的股份数	对冲还剩 4 个月到期的期货合约需要的股份数	对冲还剩 3 个月到期的期货合约需要的股份数
A	147	$1.02 \times 147 \approx 150$	$1.015 \times 147 \approx 149$
B	2 941	$1.02 \times 2\,941 \approx 3\,000$	$1.015 \times 2\,941 \approx 2\,985$
C	588	$1.02 \times 588 \approx 600$	$1.015 \times 588 \approx 597$

利率的变化不仅会影响期货合约的 Delta 值，还会影响指数套利策略的盈利。如果交易者执行买入程序（即买入股票，卖出期货），他实际上在借入现金以买入股票。如果资金的成本与浮动利率相连，那么利率上升会对他的头寸不利，利率下降会对他的头寸有利。如果他执行卖出程序（即卖出股票，买入期货），那么他实际上是在贷出现金。现在利率上升会对他的头寸有利，利率下降会对他的头寸不利。如果利率发生巨大的变化，那么一个最初有利可图的策略可能会变得无利可图。这对于由长期期货合约构成的程序化交易来说是特别正确的。在这种情况下，利率因素会被放大，因为在较长的时间段借入或贷出资金会产生较多的成本。同样地，由于利率因素的缩减，利率的变化不可能对由短期期货构成的程序化交易产生影响。

我们也已经假定构成指数的成分股的股利支付保持不变。但是这不是必然正确的。公司在有些年份经营好，在有些年份经营差，它们的股利政策也会相应地发生变化。在买入程序（即买入股票，卖出期货）中，股利的增加会对头寸有利，股利的减少会对头寸不利。在卖出程序（即卖出股票，买入期货）中，则相反。在由数百家公司的股票构成的广泛基础指数中，任何一家甚至几家公司的股利政策发生变化都不可能对程序化交易的获利产生显著的影响。但是在只由数家公司的股票构成的窄范围指数中，即使一家公司预期股利支付发生改变，它就可以使交易的潜在获利发生改变。在这种情况下，交易者必须预先考虑指数成分公司的股利政策发生改变的可能性。

22.2.3　期货市场中的偏差

所有期货合约中最具流动性且交易最活跃的是股指期货。这些股指期货市场能够使所有类型的交易者基于整体的市场状况，而非基于可能影响单个股票的独特市场条件做出决策。大多数的交易者相信与单个股票相比，整体市场更不易被操纵，因此指数市场提供了一个更高水平的竞技场。

参与股票指数市场尤其活跃的人是基金经理，他的目标通常是在风险最小的情况下获得最大的资本收益。以前基金经理会通过在股票市场上持有他认为表现会比整体市场好的股票组合来实现这个目标。当基金经理识别到一些新的股票符合这个标准时，他会将它们加入到投资组合中，与此同时，他会卖掉那些表现已经达到它的预期目标或表现不如预期的股票。

偶尔，持有股票组合的基金经理可能想要保护其所持头寸免受整体市场短期下降的影响。在指数期货引进之前，唯一的方法就是卖出组合中的股票，然后过一段时间之后再将它们买回来。这样做不仅浪费时间，而且交易成本也往往会降低头寸的预期收益。但是在指数期货引进之后，持有广泛基础组合的基金经理可能决定让他所持的头寸去复制一个有指数期货的标的指数。如果基金经理认为其所持组合的特征与指数是十分相似的，那么指数期货会提供一种对冲组合中股票的方法，而且这种方法不仅不会浪费时间，还会免去卖出组合中每只股票的过程，这样就不会产生昂贵的成本了。

用股指期货对冲股票组合的策略往往会产生单边的市场，因为绝大部分的股票基金经理会在股票上持有多头头寸。即使基金经理认为股票的表现较整体市场差，基金经理将卖空股票（卖出他并没有持有的股票）作为其投资方案的一部分也是一件非常不常见的事。因此，基金经理几乎总是尝试在市场中为其所持的多头头寸进行对冲。为了这样做，通常来说基金经理会卖出期货合约。这种持续的卖出压力往往会压低期货合约的价格，使价格低于理论价值。

如果存在从市场中这个向下的偏差中获利的可靠方法，那么套利者会在标的指数上持有相反的头寸。但是我们已经看到，用一揽子股票来复制指数不总是可能的。此外，当基金经理通过卖出期货来保护其所持股票头寸的多头，最终做市商或套利者会持有相反的头寸：他会买入期货。如果他想要用一揽子标的股票为其所持头寸进行套保，那么他必须卖空股票。在一些市场中，卖空股票可能是被禁止的，但是即使卖空股票被允许，与买入股票相比，卖空股票不是一件容易的事。此外，正如在第 2 章中所讨论过的，卖空股票可能不会获得全部的利息收益。

给定所有的这些因素，买入与卖出股指期货的压力不是对称的。给期货价格带来向下压力的因素多于带来向上压力的因素。这并不意味着这样市场中的价格从来都不会发生膨胀，即期货合约的交易价格高于公平价值，但是到目前为止这只是例外情况。全世界的股票指数市场中，期货价格往往存在向下的持续性压力。

22.3 股指期权

股指期权有两种类型——一种类型是标的合约是指数期货合约的股指期权，另一种类型是标的合约是现货指数的股指期权。尽管两种类型的股指期权在许多方面是相似的，但是它们也具有各自不同的独特特征。⊖

22.3.1 股指期货期权

1983 年 1 月，芝加哥商业交易所开始交易标准普尔 500 指数期货期权，这是美国第一次推出交易所交易的股指期货期权。评估股指期货期权的方式与评估其他期货期权的方式是一样的。执行或指派期权会产生期货头寸，而期货头寸会立即受到保证金和变动保证金的支配。只有当期权和标的期货合约的到期时间相同时，执行或指派期权才不会造成期货头寸。因为大多数的股指期货的到期时间在 3 月-6 月-9 月-12 月这个季度周期上，所以股指期货、期货期权、指数期权的到期时间相同的情况每年会发生 4 次。**三约到期**（triple witching）通常会发生在合约到期月份的第 3 个星期五，所有到期的股指合约，即股指期货和股指期货期权都是以现金进行结算的。

⊖ 我们也可能包括**交易所交易基金**期权。然而，交易所交易基金以股份的形式被发行，因此它们往往像单只股票期权一样进行交易。

考虑一位持有 1 份 2 月行权价格为 1 000 的股指期货看涨期权的交易者。因为 2 月是一个序列期权的月份（即不存在 2 月期货合约），该期权的标的合约是 3 月期货。如果在期权 2 月到期时，3 月期货的交易价格为 1 025，那么交易者会执行 2 月行权价格为 1 000 的看涨期权，最终持有 3 月期货多头头寸。除非交易者立即卖出 3 月期货，否则头寸会受到保证金需求的支配，这就意味着交易者必须在结算所存入保证金。与此同时，通过执行期权，交易者会以 1 000 的价格买入 3 月期货合约。而现在期货合约的交易价格为 1 025，所以交易者的账户会盈利 25 个点的指数价值。如果每个指数点的价值为 100 美元，那么交易者的账户会盈利 $25 \times 100 = 2\,500$ 美元。同样地，如果一个交易者被指派了 1 份 2 月行权价格为 1 000 的看涨期权，那么他会持有 3 月期货空头头寸。除非他买回 3 月期货，否则他也会被要求交纳保证金，他的账户会亏损 2 500 美元。执行期权与被指派期权的两个交易者依然在市场中持有头寸。一个交易者持有期货多头头寸，因此他想让市场价格上升。另一个交易者持有期货空头头寸，因此他想让市场价格下降。

现在考虑对于一位持有 1 份 3 月行权价格为 1 000 的以相同指数期货为标的物的看涨期权的交易者来说，当期权到期时会发生什么呢？2 月期权是下午到期期权（期权实际在 2 月到期日当天的收盘时间到期）。不同于 2 月期权，3 月期权是上午到期期权，因为 3 月期货是上午到期的。3 月期货的价值是由所有成分股在 3 月第 3 个星期五的开盘价决定的，而 3 月期货的价值会决定 3 月行权价格为 1 000 的看涨期权的价值。如果看涨期权是虚值期权，那么在到期时它将毫无价值。如果看涨期权是实值期权，那么交易所会自动对所有到期的实值期权进行现金结算。持有看涨期权的交易者所盈利的数额等于行权价格与开盘指数价值之差与指数乘数的乘积。如果开盘时的指数价值为 1 040，乘数继续为 100 美元，那么持有期权多头的交易者会盈利 4 000 美元。与此同时，持有期权空头的交易者会亏损同样的数额。此外，一旦这个现金发生转移，那么两个交易者都会退出市场。无论指数接下来是涨还是跌都不重要了，因为不存在由现金结算造成的市场头寸。

与大多数的期货期权一样，股指期货期权是美式期权，因此它们有被提前行权的权利。正如在第 16 章中所描述的那样，如果期权与在美国的期权一样采用股票型结算方式，那么与等价的欧式期权相比，它们可能具有一些提前行权的价值，尽管通常来说这个额外的价值很小。如果期权与在欧洲与远东的大多数交易所中的期权一样采用期货型结算方式，那么与等价的欧式期权相比，它们实际上不具有额外的价值。

22.3.2 现货指数期权

在1983年3月，芝加哥期权交易所（CBOE）开始交易第一个以股票指数为标的物的现货指数期权。交易所想要推出以广泛使用的指数，如标准普尔500指数或道琼斯工业平均指数等为标的的期权，但是最初它无法获得交易这些指数的权利。结果，CBOE决定创建它自己的**期权交易所指数**（股票代号为OEX），这个指数是由美国最大的100家公司的股票构成的。㊀因为那时在CBOE交易的所有单只股票期权均为美式期权，都具有提前行权的权利。然而，一旦交易开始进行，提前行权的特点会带来额外且不可预见的风险，也会加大理论价值评估的复杂程度。因此，现在所有交易所交易的现货指数期权都为欧式期权，它们不具有提前行权的可能性。

对于现货股指期权来说，㊁期权行权不会造成标的头寸。在到期时，交易所自动对所有的期权进行现金结算。在到期时，实值期权的买入方所得的盈利等于行权价格与指数价格之差，而期权的卖出方会遭受等额的现金亏损。这与当期货期权与其标的期货合约的到期月份相同时的期货期权的结算流程是一样的。通常来说，现货指数期权是上午到期的，指数的价值及期权的价值是由在期权到期日所有指数成分股的开盘价决定的。

交易者应该怎样对冲现货指数期权头寸呢？理论上，人们会以正确的比例买入或卖出构成指数的所有股票来对冲这样的头寸。然而，这需要交易许多不同的股票，理论上，这可能需要买入或卖出存在小数的股份数。此外，随着期权头寸的Delta值发生改变，交易者将不得不对所持股票进行定期调整。考虑到这种对冲方法有这些缺陷，所以对于大多数交易者来说，用一揽子成分股来对冲头寸是不切实际的。大多数交易者都需要容易进行交易，且与现货指数密切相关的对冲工具。满足这些要求的合约便是期货合约，且期货合约与指数期权的标的物为同一个股票指数。

假设指数上具有期货合约，持有现货指数期权的交易者会用期货合约来对冲其所持头寸，且期货与期权的到期时间相同。如果没有与期权到期时间相同的期

㊀ 随后CBOE与标准普尔公司达成协议，标准普尔公司允许交易所交易标普500指数期权。作为协议的一部分，标准普尔公司要承担计算并发布OEX指数的责任。与此同时，OEX被重新命名为标普100指数，尽管它仍然保留了它最初的股票代码OEX。

㊁ 通常来说，现货指数的股票代码以字母X结尾，例如，SPX（标准普尔500指数）、DJX（道琼斯工业指数）、DAX（德意志股票指数——德国股票指数）、AEX（阿姆斯特丹交易所指数）、OMX 30（斯德哥尔摩期权市场指数）以及ASX 20（澳大利亚股票交易所指数）。

货合约，那么到期时间超过期权到期时间，且与期权到期时间最接近的期货合约可以被用来作为对冲工具。对于到期时间在3月-6月-9月-12月的季度周期上的指数期货来说，我们可以总结标的对冲工具如下：

现货指数期权到期时间	对冲工具
1月，2月，3月	3月期货
4月，5月，6月	6月期货
7月，8月，9月	9月期货
10月，11月，12月	12月期货

显然，这还不是一个完美的对冲方案，因为期货合约与现货指数是不一样的。的确，与现货指数相比，期货合约的交易价格会高于或低于它的理论价值。但是，对于大多数的交易者来说，使用期货合约对冲代表了对冲问题的一个可行的解决方案。

即使我们使用指数期货合约作为对冲工具，我们仍然需要用标的价格来评估期权。对于3月、6月、9月和12月的期权来说，如果持有头寸至到期，那么交易者可以确定在到期时指数价值与相应期货合约的价值会收敛。因此，交易者可以将期货合约视为标的合约。这不仅是可行的，而且理论上也是讲得通的，因为期权价值是由标的合约的远期价格得到的，期货合约只不过是远期价格的交易形式。此外，如果现货指数期权与指数期货期权都是可用的，且所有期权的到期时间相同，那么实际上期权之间不存在差别。它们的交易价格在本质上是相同的。㊀

当评估现货指数期权时，对于序列期权来说，使用哪个标的价格的问题更加复杂，因为没有与之对应的期货月份。如果12月期货是可用的，我们总是可以使用12月期货价格来为12月期权定价。如果没有对应的10月或11月期货合约，那么我们也可能使用12月期货合约来对冲10月或11月期权头寸。但是10月或11月的远期价格与12月的远期价格不同，所以使用12月期货价格作为标的价格是不正确的。

如果我们假设12月期货合约代表了正确的12月的远期价格，那么正确的11月的远期价格应该是多少？我们可能要逆向计算，因为

$$F_{\text{Dec}} = F_{\text{Nov}} \times (1 + r \times t) - D$$

所以

$$F_{\text{Nov}} = \frac{F_{\text{Dec}} + D}{1 + r \times t}$$

㊀ 通常来讲，深度实值期货期权为美式期权，它们可能具有极少的额外的提前执行价值。

然而，这需要我们估计 11~12 月的期望股利。大多数交易者所使用的一种更加容易的方法是使用市场上的期权价格来决定隐含的 11 月的远期价格。我们可以观察接近于平值的 11 月看涨期权和看跌期权的价格，并观察到它们的价格会因此相似，然后使用看跌-看涨期权平价关系来计算出隐含的远期价格。例如，

11 月行权价格为 1 000 的看涨期权 = 34.85

11 月行权价格为 1 000 的看跌期权 = 29.90

距离 11 月到期的时间 = 2 个月

年利率 = 6%

因为

$$C - P = \frac{F - X}{1 + r \times t}$$

所以

$$F = (C - P) \times (1 + r \times t) + X$$

$$F_{Nov} = (34.80 - 29.85) \times 1.01 + 1\ 000 = 1\ 005$$

隐含的 11 月的远期价格为 1 005.00。

现在假设当我们计算隐含的 11 月的远期价格时，12 月的期货价格为 1 010.00。这意味着 11 月的远期价格与 12 月的远期价格之差应当为 5.00。因为 12 月期货合约的价格会波动，所以如果我们想要计算 11 月现货期权的理论价值，那么我们可以使用 12 月标的期货价格减去 5.00 来作为标的价格，这与实际标的之差应该小于 5.00。

我们可能也会使用看跌-看涨期权平价关系来计算隐含的 12 月的远期价格。但实际上这是不必要的，因为我们有以 12 月期货合约形式隐含的 12 月的远期价格。我们可能仍然要检查 12 月期权价格与 12 月期货价格是否一致。如果

12 月期货价格 = 1 010

距离 12 月到期的时间 = 3 个月

年利率 = 6.00%

根据看跌-看涨期权平价关系，我们可知 12 月行权价格为 1 000 的合成物（12 月行权价格为 1 000 的看涨期权与行权价格为 1 000 的看跌期权之间的价格差）应当为

$$C - P = \frac{F - X}{1 + r \times t} = \frac{10}{1.015} = 9.85$$

如果 12 月行权价格为 1 000 的看涨期权的交易价格为 44.60，那么 12 月行权价格为 1 000 的看跌期权的交易价格应当为 44.60 - 9.85 = 34.75。

	11 月	12 月
行权价格为 1 000 的看涨期权	34.80	44.60
行权价格为 1 000 的看跌期权	29.85	34.75

11 月/12 月行权价格为 1 000 的滚动物（即 12 月与 11 月行权价格为 1 000 的合成物之差）的价格为

$$(44.60 - 34.75) - (34.80 - 29.85) = 9.85 - 4.95 = 4.90$$

第23章

Option Volatility and Pricing

模型与真实世界

用理论定价模型的交易员面临着两类风险——交易者将错误的输入变量值代入到模型中所带来的风险，与模型本身不正确或不现实的假设所带来的风险。到现在为止，我们主要集中关注了第一类风险，即模型中输入变量值相关的风险。交易者通常会通过密切关注期权头寸的敏感度指标（如Delta、Gamma、Theta、Vega以及Rho）来处理风险，因此当市场情况朝着对他不利的方向移动时，交易者就需要采取保护性措施。虽然输入到模型中的任意一个变量会代表着一种风险，但是我们仍然特别强调了波动率，因为这是一个不能由市场直接观测到的输入变量。

然而，一个活跃的期权交易者不能承担忽视第二类风险的实物，即模型的假设条件是不准确的或者是不符合现实情况的。在这些假设中，一些假设是关于市场如何进行交易的，而其他的假设是关于期权定价模型的数学方法。

为开始讨论第2类风险，我们先列出传统定价模型中的一些最重要假设[⊖]。

(1) 市场是无摩擦的。

　　A. 标的合约可以被无限制地自由买入或卖出。

　　B. 借入或贷出资金无额度限制，同一个利率适用于所有的交易。

　　C. 没有交易成本。

　　D. 不受税收因素的影响。

(2) 期权有效期内利率保持不变。

(3) 期权有效期内波动率保持不变。

(4) 交易是连续的，标的合约价格变化不存在缺口。

(5) 波动率独立于标的合约的价格。

⊖ 这里所说的**传统定价模型**是指那些使用最多的模型：布莱克-斯科尔斯模型及其变形或Cox-Ross-Rubenstein模型。

（6）在短期内，标的合约价格变动百分比是正态分布的，使得到期时标的合约价格为对数正态分布。

读者可能已经对以上假设的准确性有了一些判断，接下来我们将逐条对它们进行讨论。

23.1 市场是无摩擦的假设

在第 8 章中，我们得出了一个明显的结论，即市场是有摩擦的。标的合约并不总是可以自由买入或者卖出；交易有时会受到税收的影响；交易者不能总是可以以相同的利率自由地借入或借出资金；总是存在着交易成本。

在期货市场中，因为交易所可能会设置每日价格涨跌停板，即超过该涨跌停板的期货合约就不能再进行交易了，所以标的合约并不总是可以自由买入或者卖出。当价格达到涨跌停板时，市场就会被锁定，交易也会被停止直到市场价格离开涨跌停板的价格。如果市场价格没有离开涨跌停板的价格，那么交易者就只能等到第 2 天才能开始交易。

即使是期货市场被锁定，交易者也有可能规避交易限制。交易者可能在现货市场上进行交易，从而替代买入或者卖出期货合约。或者，当价差中的一条腿未被锁定时，交易者还可以通过期货价差合约交易来间接实现对另一条已被锁定的腿的交易。例如，交易者想要买入 6 月的期货合约，但此合约已达到涨跌停板不能交易。此时交易员可以买入 6 月/3 月价差合约（如，买入 6 月合约、卖出 3 月合约）。如果 3 月的期货合约还没有达到它的涨跌停板幅度仍在交易，那么交易者会再回到市场上，买回 1 份 3 月的期货合约。这样最终会使交易者持有 1 份 6 月合约多头净头寸，而这正是交易者最初的目的。如果标的期货合约市场被锁定，但期权市场未被锁定，那么交易者可以通过期权合约实现买入或者卖出合成期货合约。

如果股票指数在一个交易日内上涨或下跌预先设定的数量时，股票交易所可能会暂停交易。当达到这些变动上下限时，交易所会暂停交易一段时间。交易所的**熔断机制**会具体规定对应一个给定的股票市场指数的变化百分比，交易被暂停的时间。

在第 2 章中，我们注意到交易所或管理机构可能会对股票的卖空行为进行禁止——卖出交易者并不真正持有的股票。即使卖空是被允许的，也会对卖空做出很多限制。如果交易者不能自由地卖出股票，那么与看涨期权相比，看跌期权的价格就会虚高，并且所有的转换套利和反转套利都会偏离理论价值。作为一个好的交易实践，许多股票期权的交易者会选择持有一些股票多头，这样的话就可以在需要的情况下随时卖出股票。

在理论定价模型中，交易者总是可以自由借入或者借出资金的假设是一更为严重的缺陷。即使交易者有足够的资金开始进行交易，那么他也会发现后续仍要追加资金来满足增加保证金的要求。㊀如果交易者可以无限地获得资金，那么保证金就不应该会是一个问题。交易者总是可以借入资金，并将资金作为保证金存入结算所。因为借入资金和借出资金的利率是相同的，且理论上结算所会对存入的保证金支付利息，所以对于清算所来说，如果该假设成立，获取保证金应该从来就不是一个问题，也不会产生额外的花费。

但在现实世界中，交易者的借贷能力是有限的。如果交易者不能满足保证金要求，那么他可能会在到期前被迫平仓。因为所有的模型，即使是那些允许被提前行权的模型都假设交易者总是可以选择将头寸持有到期。但是，如果交易者不能满足保证金要求来持有头寸，那么由理论定价模型计算出来的结果就不可靠了。经验丰富的交易者应该一直考虑头寸风险，即不但要考虑头寸可能遭受总的损失，还要考虑在头寸存续期间内需要多少保证金来维持头寸。

即使交易者的借贷能力是无限的，但是事实上对于大部分的交易者来说，不同的借贷利率也会引起一些交易策略的问题，即对根据理论模型计算结果构建的交易策略产生影响。当交易者以某个利率借入资金并存入结算所时，他收到的由结算所支付的利率水平几乎一定会低于借入资金的利率水平。理论定价模型并不关心这两种利率的差异。借贷利率之间的差异越大，理论定价模型的计算结果就越不可靠。

虽然偶尔会考虑税收方面的因素，但是对于大多数交易者来说，税收因素是次要的。对于一个给定的交易策略，交易者不会自问："如果交易盈利或者亏损，税后的结果会是怎么样的呢？"税前与税后结果的差异很少能使得一个交易策略优于另一个交易策略。㊁

最后，在无摩擦市场的假设中，不存在交易成本的假设是一个严重的缺点。不管交易策略受不受税率或者利率的影响，它总会受到交易成本的影响。经纪人

㊀ 期货期权市场上的交易者在建立期权头寸之后，不仅需要缴纳初始保证金，可能还会需要缴纳额外的变动保证金，这种可能性出现在大部分的理论定价模型中。这就是为什么期货期权市场中的转换套利或反转套利可能并不是 Delta 中性的。

㊁ 这并不是说税后的结果总是不重要的。当股利所适用的税务规则因不同的股票或期权的收益或损失而不同时，税收因素会在涉及股利的投资组合管理或期权策略中起作用。

佣金、清算费或交易所会员费都是交易成本的具体体现形式。对于一些市场参与者来说，交易成本可能是被禁止的，但在考虑交易成本之后，根据模型计算结果而构建的看似可行的交易策略可能就不值得去执行了。此外，交易成本不仅会发生在创建头寸或平仓时，也会发生在每次调整头寸时。如果交易头寸具有较高的Gamma值且交易者想要保持近似的Delta中性，那么交易者就需要对交易策略做出很多调整，此时交易成本会对模型计算结果产生一个重大的影响。

23.2　期权有效期内利率不变的假设

当交易者将利率输入到理论定价模型中时，模型假设在期权有效期内该利率适用于所有的交易。由期权交易造成的现金流，如果是现金流入，可以以一个固定的利率进行投资，如果是现金流出，可以以一个固定利率进行借款。事实上，很少有交易者会发起一个交易并单纯地持有头寸至到期。当交易者开始持有新的头寸或者将已有头寸平仓时，他们会不断地借入与贷出资金。另外，在远期期权市场中，交易者会受到保证金及变动保证金需求的支配。出于这些原因，大部分交易者需要一定程度的现金流动性，这与在很长的一段时间内以一个固定的利率借入或借出资金是不相符的。为了实现所需要的流动性，交易者通常会以一个变动的利率从结算公司借入或向结算所借出资金，来进行交易管理。结算公司承担了银行的角色，将有效的利率或者适用在某一天的利率通知给交易者。

即使交易者可以协商出一段时间内获得一个固定的利率，但是这依然存在问题，即应该使用不同的利率中的哪一个：交易者是借入资金（一个借入利率）、借出资金（一个借出利率），还是接收由持有股票空头头寸所带来的利息（股票空头返利）。在最后一种情况下，交易者接收到的利率经常取决于借入股票的难度。

虽然利率的改变会导致交易者期权头寸价值的改变，但是至少对于短期期权策略来说，对于大多数交易者而言，利率往往是一个风险较低的因素，利率变化的影响是剩余到期时间的函数。因为大部分交易活跃的期权合约都是短期的，即都不会超过1年，所以利率必须发生剧烈的变化才会对最为深度的实值期权产生影响。当人们考虑期权价值对于标的价格变化的敏感度比对波动率变化的敏感度高多少时，利率的变化就会变成一个较不重要的因素。

当然，这并不是说交易者应当完全忽视利率风险。特别是对股票期权来说，利率的提高意味着远期价格的上涨，这会使看涨期权的价值上涨而看跌期权的价值下跌。深度实值长期期权对这种变化最为敏感。这种期权具有最大的利率敏感度，正如它们的高 Rho 值反映的一样。因为许多交易所现在都会上市长期期权，所以交易者应该意识到利率变化对这种期权的影响。图 23-1 展示了利率上涨对于长期股票期权的影响。图 23-2 展示了到期时间的增加对于股票期权 Rho 值的影响。

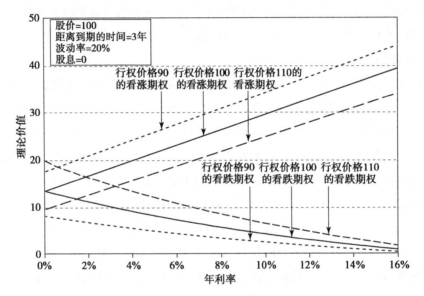

图 23-1　随着利率改变的理论价值

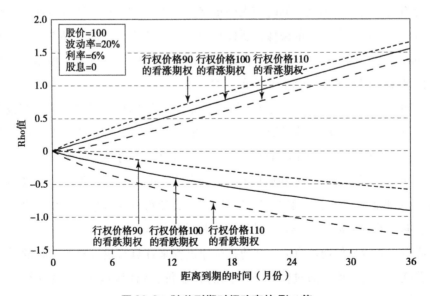

图 23-2　随着到期时间改变的 Rho 值

23.3 期权有效期内波动率不变的假设

当交易者在理论定价模型中输入波动率时,他便指明了他认为的期权有效期内价格变动的幅度与频率。因为这些价格变动被假设为呈正态分布,所以使用该模型会得到 1 倍、2 倍、3 倍或更多倍标准差外价格变化的数量。而且,模型假设各种价格变动均匀分布在期权存续期间内。2 倍标准差的价格变动会均匀分布在 1 倍标准差价格变动之间;3 倍标准差的价格变动会均匀分布在 1 倍和 2 倍标准差价格变动之间,依此类推。

然而,在现实世界中,价格变动是不太可能均匀分布的。在期权存续期内,交易者会遇到高波动率的时期,此时大的价格变动会占据主导。在此期间内,交易者也会遇到低波动率的时期,此时小的价格变动也会占据主导。将高波动率时期与低波动率时期进行组合,我们会得到一个波动率。但是,理论定价模型并不关心波动率是如何展开的。理论定价模型会使用一个波动率并以此来评估期权。

图 23-3 与图 23-4 代表了 80 个交易日的假想的标的合约的每日最高价/最低价/收盘价图。两个条形图代表了这期间的完全相同的收盘已实现波动率,即 28%。但是,波动率展开的顺序是不同的。在图 23-3 中,波动率呈现出了一个明显的下降趋势,即较大的价格变化发生在 80 天中的前期,同时较小的价格变化发生在后期。在图 23-4 中,情况恰恰相反。波动率呈现出了一个上升的趋势,即较小的价格变化发生在前期,同时较大的价格变化发生在后期。读者可能已经猜测到,这些图实际上是彼此的镜像,所以它们一定会代表相同的波动率。尽管波动率在两种完全不同的场景中展开,但是在这两个情形中,理论定价模型会使用相同的波动率,即 28%,来进行所有的计算。

在图 23-3 和图 23-4 中,最开始的收盘价与最后的收盘价都是 100。假设交易者买入行权价格为 100 的跨式期权,且正确的假设波动率为 28%。那么这个跨式期权会值多少呢?为了简化这个例子,让我们假设距离到期还剩 80 天,且每一天都是交易日(因此没有周末和假期)。为了只关注波动率,让我们也假设利率为 0。在这些假设条件下,布莱克-斯科尔斯模型会使得行权价格为 100 的看涨期权与看跌期权的价值都为 5.23,总的跨式期权的价值为 10.46。

或者,假设我们通过模拟一个动态对冲过程来计算行权价格为 100 的看涨期权与看跌期权的价值。通过使用每一天的收盘价、到期剩余的天数以及已知的 28% 的波动率,我们可以计算每个交易日结束时的 Delta 值。之后,我们可以买入或者卖出为保持Delta中性所需要的标的合约的数量。(这与在第8章中用来解释动态对冲过程所使用的方法一样。)这个模拟的结果显示了,如果波动率呈现出一个下降的趋势(见图23-3),那么行权价格为100的看涨期权与看跌期权会分别值2.97,且总的跨式期权的价值为5.94。但是,如果波动率呈现出一个上升的趋势(见图23-4),那么行权价格为100的看涨期权与看跌期权会分别值6.41,且总的跨式期权的价值为12.82。为什么这些数值与使用布莱克-斯科尔斯模型得出的10.46之间会有这么大的差别呢?

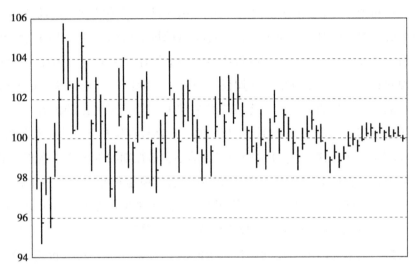

图23-3 下降的波动率

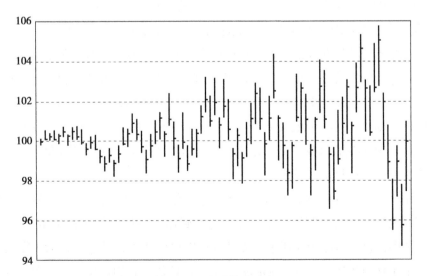

图23-4 上升的波动率

较高的已实现波动率对策略（如跨式期权多头）有利。如果当 Gamma 值最高时，高波动率时期就会发生，那么这对于策略来说是最有利的。当标的合约的价格改变时，高 Gamma 值会放大 Delta 值的变化，这会使交易者从动态对冲过程中得到一个较大的利润。因为行权价格为 100 的跨式期权在本质上是平值期权，且随着到期日的临近，平值期权的 Gamma 值会增长，所以与在期权存续期的早期波动率的增长相比，临近期权到期时，相似的波动率增长会对期权的价值产生一个不成比例的较大的正向影响。结果，波动率上升的情况会使行权价格为 100 的跨式期权的价值增加，从而远高于使用布莱克-斯科尔斯模型得出的价值。当然，当到期日临近时，较高的 Gamma 值会与较高的 Theta 值相伴随。当临近到期日标的合约价格不发生变化时，期权的价值会以一个加速比率衰退。因此，波动率下降的情况对行权价格为 100 的跨式期权有一个过度消极的影响，这会造成行权价格为 100 的跨式期权的价值低于使用布莱克-斯科尔斯模型得出的价值。

对于虚值期权来说，结果恰恰是相反的。在期权存续早期，虚值期权的 Gamma 值是最大的，所以期权存续早期的高波动率会增加期权的价值。当波动率下降时，虚值期权的价值会高于使用布莱克-斯科尔斯模型预测得出的价值；当波动率上升时，虚值期权的价值会低于使用布莱克-斯科尔斯模型预测得出的价值。对行权价格为 80 的看跌期权与行权价格为 120 的看涨期权进行一个动态对冲模拟，该模拟的结果会确认上述的结论。当波动率为 28% 时，行权价格为 80 的看跌期权的布莱克-斯科尔斯的价值为 0.21，同时行权价格为 120 的看涨期权的布莱克-斯科尔斯的价值为 0.54。然而，如果波动率下降，那么这两个值会变成 0.44 和 0.89。如果波动率上升，那么这两个值会变成 0.05 和 0.14。

在 3 种不同的波动率情况下，行权价格从 70 到 130 的期权价值展示在图 23-5 中。当标的合约的价格保持在 95 到 105 之间，且在一个波动率上升的市场中，行权价格为 95、100 和 105 的期权价值会高于布莱克-斯科尔斯的价值。在一个波动率下降的市场中，期权价值会低于布莱克-斯科尔斯的价值。对于行权价格低于 90 或高于 110 的期权来说，结果是相反的。当波动率下降时，期权价值较高；当波动率上升时，期权价值较低。

如果将一个没有动态 Delta 对冲的期权持有到期，那么期权的价值完全取决于到期时的标的价格。期权价值与标的合约到达最终价格的路径是相互独立的。但是，前面的例子清晰地说明了当交易者对期权头寸进行动态对冲时，期权的价值实际上是**路径依赖**（path dependent）的。即使假设我们使用了一个单一的波动率，标的合约的路径也会对期权的价值产生一个重大的影响。

标的价格=100 距离到期的时间=80天 利率=0 波动率=28%														
	行权价格：	70	75	80	85	90	95	100	105	110	115	120	125	130
固定波动率 （布莱克-斯科尔斯）	看涨期权：	30.01	25.06	20.21	15.62	11.48	7.98	5.23	3.22	1.87	1.03	0.54	0.27	0.13
	看跌期权：	0.01	0.06	0.21	0.62	1.48	2.98	5.23	8.22	11.87	16.03	20.54	25.27	30.13
	跨式期权：	30.01	25.12	20.42	16.24	12.96	10.96	10.46	11.44	13.74	17.06	21.08	25.54	30.26
波动率下降 （见图23-3）	看涨期权：	30.04	25.15	20.44	16.00	11.79	7.59	2.97	2.69	2.10	1.43	0.89	0.51	0.27
	看跌期权：	0.04	0.15	0.44	1.00	1.79	2.59	2.97	7.69	12.10	16.43	20.89	25.51	30.27
	跨式期权：	30.08	25.30	20.88	17.00	13.58	10.18	5.94	10.38	14.20	17.86	21.78	26.02	30.54
波动率上涨 （见图23-4）	看涨期权：	30.00	25.01	20.05	15.21	10.75	8.97	6.41	3.36	1.29	0.41	0.14	0.05	0.02
	看跌期权：	0	0.01	0.05	0.21	0.75	3.97	6.41	8.36	11.29	15.41	20.14	25.05	30.02
	跨式期权：	30.00	25.02	20.10	15.42	11.50	12.94	12.82	11.72	12.58	15.82	20.28	25.10	30.04

当利率为0时，相同行权价格的看涨期权与看跌期权的时间溢价一定是相同的。只有内在价值不同，看涨期权与看跌期权的价值才会不同。

图23-5　三种不同波动率情况下的期权价值

因为期权的价值似乎是路径依赖的，所以交易者可能会得出一个结论，即布莱克-斯科尔斯模型是不可靠的。确实，对于任何一个随机游走的情况来说，从动态对冲过程中得出的价值与使用布莱克-斯科尔斯模型得出的价值几乎是不相同的。但是，布莱克-斯科尔斯模型是一个概率性的模型。**平均来说**，使用一个给定的波动率会得出一个给定的期权价值。在我们的例子中，我们只考虑了两种不同的波动率情况，即波动率是上升的或下降的。但是，在期权存续期内，标的合约的价格可能会遵循几乎无限种路径。如果我们生成很多的随机价格路径，且所有路径的价格变化都呈正态分布，波动率都为28%，如果之后我们模拟一个动态对冲过程，那么我们会发现，平均来说每个行权价格的期权价值与布莱克-斯科尔斯模型预测的价值是非常相近的。

虽然布莱克-斯科尔斯模型假设，价格以常数波动率进行随机游走，但是我们可能会假设波动率本身是随机的。几个基于**随机波动率**（stochastic volatility）假设的模型已经被提出，在一些情况下它们可能比传统定价模型更合适。同时，这种模型也给交易者增加了另外一种复杂维度，正因如此其应用并不广泛。

一些合约的波动率特征会随着时间的变化而变化。特别地，利率产品就属于这一类别。当债券到期时，债券的价格一定会回落到票面价值。当债券到期时，无论利率是多少，债券总会有一个固定且已知的价值。显然，我们不能假设债券的价格是随机游走的。即使假设利率水平是随机游走且利率的波动率是固定的，利率工具的波动率也会随着时间的变化而变化，这是因为不同期限的利率工具对利率的变化有不同的敏感度。如果我们考虑到不同期限下利率水平不同，传统的布莱克-斯科尔斯模型显然不能满足这类产品的估值需要。这会推动发展适用于利率工具的特殊估值模型。

23.4 交易连续假设

为了得出期权价值，一个模型必须就标的合约的价格是如何随着时间的变化而变化来做出一些假设。一种可能的假设就是价格遵循**连续的扩散过程**（continuous-diffusion process）。在这种假设下，价格的变化是连续的，不允许连续的价格之间存在缺口（gap）。典型连续扩散过程的例子是某地区的温度变化。即使温度变化非常快，温度变化之间也从不会存在缺口。如果温度最初为 25 度，但之后下降到 22 度，那么在这两个时刻之间，即使是非常快，温度也一定会经过 24 度与 23 度。

布莱克-斯科尔斯模型假设标的合约遵循连续的扩散过程。交易在每天的 24 个小时，每周的 7 天，都是不间断的。同时，标的合约的价格是不存在缺口的。如果合约交易的价格为 46.05，接下来另一时刻的合约交易价格为 46.08，那么在这两个时点之间的某时刻，即使是非常快，也必然存在价格为 46.06 与 46.07 的交易。如果将价格变化扩散过程用图形描述出来的话，那么该图形是一条连续的、从不间断的线。图 23-6a 展示了一个例子。

如果我们假设标的合约遵循连续扩散过程，那么我们也可以假设动态对冲过程是可以被连续实现的。这是获得期权理论价值的一个基础。布莱克-斯科尔斯模型假设在每一个可能的时刻，头寸可以被再次对冲来保持 Delta 中性。

连续扩散过程可能是真实世界中的价格是如何变化的一个合理的近似，但是它显然是不完美的。由于交易并不是在每天 24 小时连续进行，所以交易所交易的合约不遵循纯粹的扩散过程。合约在每个交易日结束时的收盘价与第 2 天该合约的开盘价是不同的。这会引起一个价格缺口，而这种价格缺口在扩散过程中是不会出现的。即使是在正常的交易时间内，消息也可以被发布，其带来的影响几乎是瞬时的，从而使得合约的价格上涨或下降。

价格变化可能会遵循**跳跃过程**（jump process），而不是扩散过程。在跳跃过程中，合约价格会在某段时间内保持不变，然后突然跳跃到一个新的价格，在新的价格上又停留一段时间。央行设定利率的方式是典型的跳跃过程。在美国，美联储设定折现率，该折现率会保持不变直到美联储宣布一个新的折现率。之后，折现率会跳跃到一个新的水平。图 23-6b 展示了一个典型的跳跃过程，即固定价格与价格突然跳跃的组合。

在现实世界中，大多数标的合约的价格都不遵循纯扩散过程或纯跳跃过程。现实世界似乎是两种过程的结合，即**跳跃-扩散过程**（jump-diffusion process）。在大部分时间内标的合约是没有价格缺口的。但是，一个偶然的意想不到的市场条件的变化会使标的合约的价格立即变成一个新的价格。图 23-6c 展示了这样的一个过程。

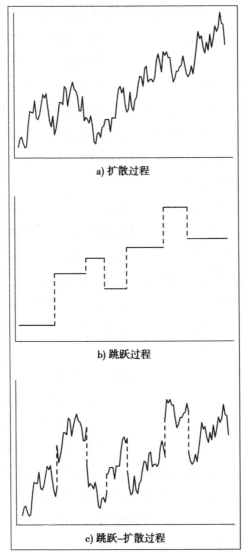

图 23-6

如果理论定价模型假设价格变化遵循并不符合实际情况的扩散过程，那么这将会对模型的计算结果产生怎样的影响呢？为了理解价格缺口的影响，我们考虑以下的情况：假设交易者想要卖出 1 份平值的跨式期权，其标的合约的交易价格为 100。如果标的合约的价格突然上升到 105，那么交易者会感觉怎么样呢？显然，这并不是交易者所期望的。这样大的变动可能会伴随着隐含波动率的增长，这也会损害交易者的头寸。但是，即使隐含波动率保持不变，由于跨式期权空头的 Gamma 值为负，标的合约价格发生大的变化也会明显不利于交易者。损失会有多糟糕呢？如果期权是相对长期的，即 1 年，那么标的合约的价格缺口不可能是世界末日。毕竟，在一年的到期时间之内，标的市场当然可以回落到 100。尽管价格缺口会影响到交易者，但这可能不是灾难性的。但是，当期权还剩很短的时间就到期，即 1 天时，价格缺口却发生了，现在交易者面临了一个较差的情形。在只有 1 天到期的情况下，市场价格没有足够的时间来恢复到原来的水平。交易者为了构建跨式期权空头而卖出的行权价格为 100 的看涨期权会立即变为深度实值期权，它现在类似于标的合约空头。最初跨式期权可能近似为 Delta 中性的，但是价格大幅上涨后产生的价格缺口使交易者发现自己持有深度实值看涨期权空头的裸头寸，每份看涨期权的 Delta 值接近 100。与 1 年的跨式期权的价值相比，1 天的跨式期权的价值会显著增加。

如果跨式期权是短期的而不是长期的，那么价格缺口就会带来较大的影响。这是由 Gamma 值是如何随着时间的变化而变化决定的。我们知道，临近到期时，平值期权的 Gamma 值会增加，因此当标的合约价格发生变化时，Delta 值变化得比较快。当标的合约的价格上涨时，如果交易者能够买入标的合约，那么动态对冲过程就能够降低一些损害。但是，价格缺口是一个瞬间的移动；交易者没有机会对此进行调整。当 Gamma 值很高且交易者不能做出调整时，那么临近到期的价格缺口造成的损失就会更加巨大。

当临近到期时，平值期权的 Gamma 值会上涨。同时，当我们降低波动率时，平值期权的 Gamma 值也会上涨。因此，低波动率市场中价格缺口的影响大于高波动率市场中价格缺口的影响。如果将这两个特征一起考虑，那么我们可以得出一个结论，即在低波动率市场中，临近到期的平值期权是风险最高的期权。

图 23-7 展示了，临近到期且市场出现价格缺口时，行权价格为 100 的跨式期权的价值变化。该图展示了两种波动率（即 15% 与 25%）情形下的变化。这里需要注意的是，临近到期时，跨式期权的价值变化较大。同时，在低波动率市场中，价值变化也是较大的。

标的价格 = 100						
距离到期的时间	1天	1周	1个月	3个月	6个月	1年
隐含波动率 = 15%						
跨式期权的初始价值	0.63	1.66	3.45	5.98	8.46	11.96
跨式期权的 Gamma 值	101	38	18	11	8	5
从 100 到 105 的价格缺口出现后的跨式期权价值	5.00	5.01	5.58	7.39	9.57	12.90
价值的增长	4.37	3.35	2.13	1.41	1.11	0.94
隐含波动率 = 25%						
跨式期权的初始价值	1.04	2.76	5.76	9.97	14.09	19.90
跨式期权的 Gamma 值	61	23	11	6	4	3
从 100 到 105 的价格缺口出现后的跨式期权价值	5.00	5.25	7.20	10.98	14.98	20.78
价值的增长	3.96	2.49	1.44	1.01	0.89	0.88

图 23-7　行权价格为 100 的跨式期权的价格缺口的影响

期权具有独有的特征，即随着标的合约的价格发生变化，期权可以通过改变它们的 Delta 值对它们自身进行自动且连续地再套保。这是期权买方愿意购买期权的原因。使用理论定价模型的交易者用标的合约来对冲期权头寸使之变为 Delta 中性，然后在期权的存续期内重复进行对冲调整，从而从错误定价的期权中获利。如果模型假设价格遵循扩散过程，那么模型也要假设交易者可以持续进行 Delta 中性对冲。但是，当市场出现价格缺口时，模型所基于的假设是不成立的。因此，由模型计算出来的值也就不准确。通过使用标的市场合约进行连续再套保从而复制期权特征的做法也就存在问题。在 1987 年 10 月 19~20 日，市场价格出现几个巨大的价格缺口，投资组合保险策略的支持者（参见第 17 章）遭受巨大损失。由于价格缺口，投资组合保险者不能对所持有的头寸进行连续 Delta 值调整，结果他们发现由投资组合保险策略所产生的保护成本远远超出预期。

为了更加准确地评估期权，由布莱克-斯科尔斯模型变形而来的理论模型已经被提出来了，该模型包括了标的合约价格出现缺口的可能性。**跳跃-扩散模型**（jump-diffusion model）的计算结果可能会比传统布莱克-斯科尔斯模型的计算结果更加准确,[⊖]但是,与传统布莱克-斯科尔斯模型相比,此类模型在数学计算上变得相当复杂。而且,这个模型还需要 2 个新的输入变量——标的合约价格跳跃的平均规模与标的合约价格跳跃的频率。除非模型使用者能够准确估计这两个变量值,否则跳跃-扩散模型的计算结果不如甚至更劣于传统理论定价模型的计算结果。绝大多数交易者认为,传统理论定价模型的缺陷,可以通过基于实际交易经验而做出的明智决策所弥补,而不是通过使用更加复杂的跳跃-扩散模型来弥补。

假设交易者持有一个 Delta 中性的头寸,同时他想要对此进行动态对冲,那么对于持有负 Gamma 值头寸的交易者来说,任意的价格缺口都会带来一个消极的影响,这是因为当市场价格发生变动时,交易者没有机会调整。对于持有正 Gamma 值头寸的交易者来说,相同的价格缺口会带来一个积极的影响,这也是因为当市场价格发生变动时,交易者没有机会调整。在后一种情况中,这对交易者是有利的。

由于市场价格缺口对 Gamma 值较大的期权影响最大,且临近到期的平值期权的 Gamma 值最大,因此用传统理论定价模型对这些期权定价更可能产生错误。结果,随着到期日的临近,有经验的交易者会越来越少地依靠模型得出的数值,更多地依靠他们自己的经验和直觉。这并不是说,在这种情况下模型是没有价值的,而是说,当明知模型是不准确的时候,交易者需要做出调整。

因为价格缺口会出现在现实世界中,所以交易者的经验与实验证据会表明内置扩散假设的传统模型往往会低估现实世界中的期权的价值。如果将标的市场的平均历史波动率与平均隐含波动率在很长一段时间内进行比较,那么平均隐含波动率几乎总是大于平均历史波动率。这似乎会表明期权的买方付出了额外的代价。造成这个结果的部分原因就是对冲者愿意支付额外的溢价来保护期权。但是,隐含波动率是来源于理论定价模型的,该模型不包括标的价格出现缺口的可能性。价格出现这些缺口的可能性往往表明,事实上,现实世界中期权的价值可能要高于传统理论定价模型预测的价值。

我们已经知道价格缺口对临近到期的期权头寸的影响是最大的,尤其是对于平值期权来说,这是因为这些期权拥有最大的 Gamma 值。从风险的角度来看,这意味着卖出大量的临近到期的平值期权是非常危险的,因为标的市场任何价格缺

⊖ 关于跳跃-扩散模型的介绍可在最高级的期权定价教科书中找到。更多详细内容可参考:Robert Merton, "Option Pricing when Underlying Stock Returns Are Discontinuous," *Journal of Financial Economics* 3 (March): 125-144, 1976; Stan Beckers, "A Note on Estimating the Parameters in the Jump-Diffusion Model of Stock Returns," *Journal of Financial and Quantitative Analysis*, March 1981, pp. 127-140; and Espen Gaarder Haug, *The Complete Guide to Option Pricing Formulas*, 2nd ed. (New York: McGraw-Hill, 2006).

口都会引起灾难性后果。交易新手更要尽量避免持有这样的头寸。即使交易者经验再丰富，风险管理经理也不会赞同持有大量临近到期的平值期权空头。

23.5 到期跨式期权

如果卖出临近到期的平值期权是危险的，那么相反地，买入临近到期的平值期权也许会盈利。这种做法又似乎与传统期权交易理念相悖，传统期权交易理念关注与期权相关的快速的时间衰减。但是交易者常常要在风险与收益之间做出权衡。如果交易者卖出平值期权，那么在市场价格不变（较高的正 Theta 值）时，收益会加速增加；但当市场价格变化（较高的负 Gamma 值）时，风险会加剧。因为理论定价模型并没有考虑标的合约市场价格出现缺口的可能性，所以风险通常要大于收益。如果交易者卖出平值期权，那么没有预料到的价格缺口所带来的损失要远大于由于时间流逝所产生的收益。因此，一个经验丰富的交易者通常会选择与传统期权交易理念相悖的做法，即买入临近到期的平值期权。

这并不是说每次临近到期时，交易者都要买入平值期权。就像任何交易策略一样，该策略在适合的市场条件中看起来是吸引人的。但是，因为很多交易者在期权临近到期时都选择卖出时间溢价，所以交易者经常能找到便宜的平值期权。假设还有 3 天到期的平值看涨期权，根据布莱克-斯科尔斯模型计算出来的价值为 0.75，那么我们该如何看待这个看涨期权呢？虽然我们不知道该期权的确切价值，但是因为总是存在价格缺口的可能性，可以肯定的是该期权的价值很可能会大于 0.75。如果该看涨期权的交易价格低于模型所产生的价值，即 0.65，那么我们应该买入该期权。

像任何波动率交易策略一样，买入该看涨期权的交易者需要构建一个 Delta 中性头寸。根据合成关系，如果看涨期权是被低估的，那么相同行权价格下的看跌期权也会是被低估的。因此，一个合理的交易策略可能会买入平值跨式期权。这会使得交易者可以同时买入被低估的看涨期权与被低估的看跌期权。如果市场价格出现缺口，那么交易者就能获利。

理论上，所有的波动率交易策略，包括临近到期跨式期权，都应该进行不定期的调整从而保持 Delta 中性。但是，如果剩余到期时间很短，理论模型不但难以计算出准确的理论价值，也难以确定准确的 Delta 值。在难以准确确定 Delta 值的情况下，交易者不太可能会做出一个正确的调整。由于这个原因，买入临近到期的跨式期权的交易者通常会放弃保持 Delta 中性的想法，仅仅持有头寸至到期。理论上这种做法并不正确，但考虑到临近到期时理论估值的不确定性，这是较为现实的一个选择。

即使交易者认真选择了一个临近到期的跨式期权，绝大多数时间内都不会出现市场价格缺口。在任何单次交易中，交易者很可能会遭受损失。但是，交易者主要关心的并不是单次交易的盈亏情况⊖，而是**长期**交易的结果。回顾第 5 章所举的轮盘赌例子，平均来讲，在轮盘上某一数字押注的玩家在 38 次打赌中只能赢 1 次。但是，如果每次打赌的理论价值是 95 美分，而每次的赌资小于 95 美分，那么长期来讲就可以获利。如果每次赌资很低，如 50 美分，那么玩家在 38 次打赌中仍旧要输 37 次。但是，此时的打赌就变得非常吸引人。因为即使玩家 38 次中只能赢 1 次，可这 1 次的获利要远远大于 37 次的微小损失。同样的逻辑也适用于临近到期跨式期权。交易者在获利之前可能会损失多次。但是，一旦获利，交易者的获利水平就会远远超过以前多次损失的总和。

平值跨式期权可能相对便宜一些，这并不意味着交易者就应该大量买入这些跨式期权。这样的交易策略可能会造成损失而不是获得盈利，所以一个明智的交易者应该投资他可以负担得起损失的数额。但是，当市场条件有利时，交易者应敢于做出投资。即使交易者会连续损失许多次，但是长期来讲交易者会在市场中遇到价格缺口或者波动率大幅上升的情况，该跨式期权策略就会非常有利可图。

23.6 波动率与标的合约价格大小无关假设

当交易者将波动率输入到理论定价模型中时，无论标的合约价格是涨还是跌，波动率都定义了在期权存续期内任意时点的 1 倍标准差的价格变化。如果当前标的合约的价格为 100，且我们假设波动率为 20%，那么 1 倍标准差的价格变化总是基于 20% 的波动率的。在期权存续期内的某一时间，标的合约的价格应该会上涨到 125 或下降到 75，有效的波动率仍旧被假定为是 20%。

然而，在很多市场中，这种假设与大部分交易者的经验不符。如果问股票指数交易者他们所在市场的价格波动是在上涨时大还是下降时大，通常得到的答案是在价格下降时波动率更大。另一方面，如果问商品交易者同样的问题，通常会得到相反的答案，即在价格上涨时市场波动率更大。换句话说，市场波动率与标的合约的价格是无关的。相反地，波动率水平依赖于标的合约的价格变动方向。在某些情况下，市场的波动率在价格下降时变大、在价格上涨时变小；在其他情

⊖ 当然，这会假设交易者能够承受损失且可以长期在市场中生存。

况下，市场的波动率在价格上涨时变大、在价格下降时变小。

因为某些市场的波动率似乎依赖于标的合约价格变动的方向，所以布莱克-斯科尔斯模型的进一步变形已经被提出。**常弹性方差模型**（constant-elasticity of variance model，CEV 模型）⊖是基于当标的合约价格变化时，波动率也会变化的假设关系的。在 CEV 模型中，依然假设价格的变化是随机的，但是对于波动率来说，价格变化的大小是随着标的合约价格的变化而变化的。

就像跳跃-扩散模型一样，CEV 模型在数理上是复杂的且需要额外的输入变量，这些变量表示标的合约波动率与标的合约价格变动之间的数理关系。考虑到这些困难，CEV 模型并未在期权交易者中得到一个广泛的应用。

23.7 到期时标的合约价格呈对数正态分布

在现实世界中，到期时标的合约的价格是对数正态分布的吗？我们可能会通过询问价格变动百分比是如何分布的来尝试回答这个问题。如果价格变动百分比的分布是正态的，那么价格变化的连续复利可能会导致价格呈现出一个对数正态分布。

图 23-8a 描述的是 2003～2012 年间标普 500 指数每日价格变动频数分布图。柱状图中每个柱子代表约 25% 价格变动所发生的次数。正如预期，绝大多数价格变动都非常小且接近于 0。从 0 值向两边延展，我们会发现价格变动发生的频数越来越小。这一分布具有正态分布的特征。但它是不是确切的正态分布呢？如果不是，差异又在哪里呢？

如果频数分布完全符合正态分布，那么柱状图中每根柱子的顶端应与正态分布曲线重合。为了确认这一点，计算出 10 年内 2 535 个日间价格变动的均值（+0.029 6%）和标准差（1.31%）。根据均值和标准差，在柱状图中做出正态分布曲线。虽然频数分布与正态分布相似，但是二者存在很多明显的差异。因为价格微小变化的柱子远高于正态分布曲线，所以价格微小变化的数量远超正态分布预期。还存在几个巨大的价格变动，或**异常值**（outliers），其数值超出正态分布极端尾部的数值，虽然它们不是很明显。这些异常值表明频数分布图中价格大幅

⊖ 关于 CEV 模型的信息详见：John C. Cox and Stephen A. Ross, "The Valuation of Options for Alternative Stochastic Processes," *Journal of Financial Economics* 3 (March): 145-166, 1976; Stan Beckers, "The Constant Elasticity of Variance Model and Its Implications for Option Pricing," *Journal of Finance*, June 1980, pp. 661-673; Mark Schroder, "Computing the Constant Elasticity of Variance Option Pricing Model," *Journal of Finance* 44 (1): 211-219, 1989; and Espen Gaarder Haug, *The Complete Guide to Option Pricing Formulas*, 2nd ed. (New York: McGraw-Hill, 2006).

波动的次数要大于正态分布的预期。最后，在峰值与极端尾部之间的中间部分，发生次数要小于正态分布的预期。

图23-8a中标普500频数分布与正态分布之间的差异，可能被读者归结为标普500指数的独特特征或所考察10年内的特征，这期间包括了2008年的金融危机。但是，几乎所有标的合约市场的价格变动都呈现出与标普500指数价格分布类似的特征。与正态分布相比，价格微小变动的天数更多、价格大幅波动的天数更多、中间部分价格变动的天数更少等。一些其他的柱状图表明了在相同时间段内现实世界与理论分布的差异：原油（见图23-8b）、欧元（见图23-8c）以及欧洲债券（见图23-8d）。

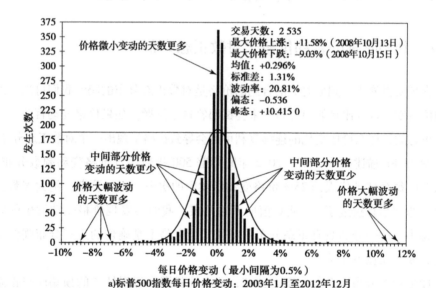

图 23-8

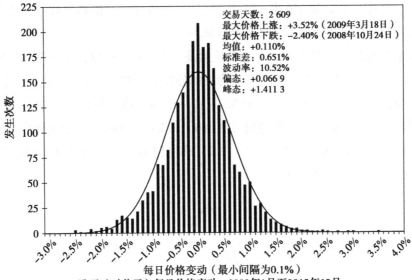

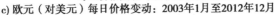

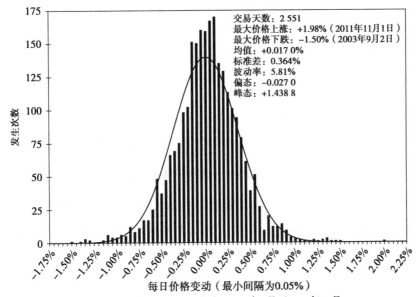

图 23-8 （续）

23.8 偏度与峰度

从图 23-8a 到图 23-8d 中的分布都近似于正态分布，但与正态分布存在着一定的差异。如果交易者想要根据分布特征来做出投资决策，那么交易者需要了解实际分布与正态分布之间存在着哪些差异。一个完美的正态分布可以依靠均值与标准差来进行一个全面的描述。但是，另外两个指标，即**偏态**与**峰态**，经常被用来描述实际频数分布与正态分布间的差异。㊀

分布的偏态（见图23-9）可以被认为是分布的倾斜程度，或分布一端尾部长于另一端尾部的程度。在一个偏态值为正的分布中，右尾长于其左尾。（图6-7展示的对数正态分布是一个右偏的分布。）在一个偏态值为负的分布中，左尾长于其右尾。一个完美的正态分布的偏态值为0。图23-8c（欧元）中频数分布的偏态值是正的，而图23-8a（标普500）、图23-8b（原油）以及图23-8d（欧洲债券）中的频数分布的偏态值是负的。

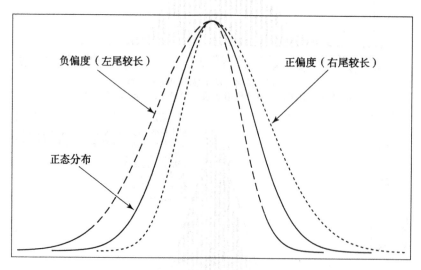

图23-9　偏度——一尾长于另一尾的程度

分布的峰态（见图23-10）是用来表示分布曲线峰值部分的形态是高耸的还是扁平的。如果分布曲线峰态值为正，那么曲线峰值部分的形状是又高又尖的（**尖峰态**（leptokurtic））；如果分布曲线峰态值为负，那么曲线峰值部分的形状是又低又平的（**低峰态**（platykurtic））。一个完美的正态分布的峰态值为0（**常峰态**（mesokurtic））。㊁

初看起来，峰态值为正的分布曲线与低标准差的分布曲线是相似的，因为它们的分布都是又高又尖的。但低标准差的分布尾部很短，而峰态值为正的分布尾部很长。交易者可能会将峰态值为正的分布曲线看成一个正态分布曲线，且正峰

㊀ 偏态与峰态函数都包含在了最常用的电子表格中。它们的计算公式可以在统计或概率的教科书中找到。

㊁ 从数学的角度来看，一个真正的正态分布的峰态值为3。但是，我们通常会从峰态值中减去3，因此一个真正的正态分布的峰态值为0。

态值的分布在峰值和尾部之间的中间部分更窄，且挤向里侧。图23-8a到图23-8d中的频数分布图具有相同的正峰态值，其他大多数标的合约市场也具有类似特征。与正态分布相比，这些频数分布图中具有更高的峰值（价格微小变动天数更多）、更细长的尾部（价格大幅波动天数更多）及更狭窄的中间部分（价格中等变动天数更少）。有时，交易者称这些分布为"厚尾"分布。

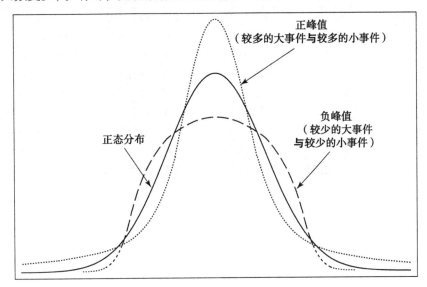

图23-10　峰度——高峰值与宽尾的程度

标普500分布曲线有一个不太寻常的大的峰态值，即10.415。为了观察分布出现不寻常厚尾的程度，我们用标准差的倍数来表达最大的上涨与下跌的百分比，然后考虑在正态分布的假设条件下，这些变动发生的可能性。在10年内，标普500最大的上涨值为11.58%。当标准差为1.31%时，这就会转化成8.84倍的标准差。出现这种情况的概率大约为2 000 000 000 000 000 000（对于计数的交易者来说，这代表着2 000 的6次幂）分之一。在10年内，标普500最大的下跌值为9.03%，这会转化成6.75倍的标准差，出现这种情况的概率大约为350 000 000 000（3500亿）分之一。简单地说，出现这些事件的可能性是很小的，以至于它们可能都不会发生。⊖

对于原油、欧元以及欧洲债券来说，它们的峰态值并不像标普500那么引人注目。但是，即使是在正态分布的假设下，在这些市场中我们也会预期在数以百万计的事件中会发生一次最大的上涨与下跌的情况。需要记住的是，通过观察覆

⊖ 纳西姆·塔勒布将这些不太可能发生的事件称为"黑天鹅。"参见 Nassim Nicholas Taleb, *The Black Swan*：*The Impact of the Highly Improbable*（New York：Penguin Books, 2008）。

盖2 500~2 600天期间的数据，我们可以知道在现实世界中发生巨大变动的频率与正态分布所预测的概率的对比情况。图23-11展示了在我们的样本分布中，与最大变动相对应的概率

产　品	1倍标准差	以百分比为单位的最大的变动	以标准差为单位的最大的变动	概　率
标准普尔500	1.31%	上涨11.58%	上涨8.84标准差	不可能计算
		下跌9.03%	下跌6.89标准差	358 000 000 000分之一
原油	2.25%	上涨14.27%	上涨6.34标准差	8 700 000 000分之一
		下跌10.80%	下跌4.80标准差	1 260 000分之一
欧元	0.651%	上涨3.52%	上涨5.41标准差	31 700 000分之一
		下跌2.40%	下跌3.69标准差	8 900分之一
欧洲债券	0.364%	上涨1.98%	上涨5.40标准差	30 000 000分之一
		下跌1.50%	下跌4.10标准差	48 000分之一

图23-11　与最大的上涨与下跌相对应的概率

第24章

Option Volatility and Pricing

波动率倾斜

很显然，传统理论定价模型的运用中会遇到一些现实问题：市场并不是无摩擦的、价格并不总是遵循扩散过程、在期权的存续期内波动率可能会变动以及在现实世界中合约价格可能并不服从对数正态分布。在这些不足之下，有人可能会想知道理论定价模型是否有任何的实际价值。事实上，大多数交易员已经发现虽然该模型不完美，但在期权市场中，定价模型对于决策而言仍然是很有价值的工具。即使该模型不是完全有效，但是交易员发现即使运用有缺陷的模型，通常情况下也比不使用模型要好。

尽管如此，想要做出最好可能决策的交易员不能忽略理论定价模型中的缺陷。因此，想要使用定价模型的交易员应该寻求方法，来减少这些缺陷所引起的潜在定价错误。交易员可以从寻找一个更好的理论定价模型入手。如果这样的模型存在，当然就值得用新模型替换旧模型。但是"更好"（better）是一个相对概念。一个模型更好可能只意味着稍微提高了理论价值的精确度。但如果新模型非常复杂且难用，或是要加入一个交易员不能确定的输入变量的话，那么新模型就只是用新问题替代了老问题。考虑到大多数交易员都不是理论家，更为实际的解决方法可能是使用不太复杂模型但可以调制的模型，通过调制使之更为接近市场的实际情况。

试图弥补理论定价模型缺陷的交易员可以假设市场上其他的交易员跟他一样都使用相同的理论定价模型，并思考市场会如何处理该模型中的缺陷。这与计算隐含波动率的方法有些类似。在我们计算隐含波动率时，假设市场参与者都使用相同的定价模型、期权价格已知、市场参与者对除波动率外的其他所有输入变量均无异议。在这些假设之下，我们能够确定标的合约的隐含波动率。我们可以运用同样的方法，从市场的角度来考虑理论定价模型的隐含缺陷有哪些。

图 24-1 显示的是 2012 年 3 月 16 日在伦敦国际金融交易所（London International Financial Exchange）上市交易的、2012 年 6 月到期的具有不同行权价格的 FTSE100 指数⊖期权的隐含波动率。在每个交易日结束时，可通过布莱克-斯科尔斯模型从买卖价的均值计算出隐含波动率。显然由于行权价格的不同，计算得出的隐含波动率也随之不同。如果我们假定行权价格、到期时间、标的价格和利率都是已知的，那么由布莱克-斯科尔斯模型得出的期权理论价值，就仅仅取决于该期权存续期内标的合约价格的波动率。当然，只有期权到期时我们才能知道波动率是多少，在到期日那天我们可以回过头来算从 3 月 16 日至到期日 6 月的 13 周内的历史波动率。但是在整个时间段中 FTSE100 指数只有 1 个波动率。因为所有期权的标的指数合约都相同，所以在完美的布莱克-斯科尔斯世界中不同行权价格的期权合约具有不同的隐含波动率是说不通的。如果市场中的行为都是每个人都相信布莱克-斯科尔斯模型有效性的结果，那么卖出被高估的期权和买入被低估的期权的行为最终会导致每个期权都有相同的隐含波动率。但是在任何市场中这几乎都不会发生。

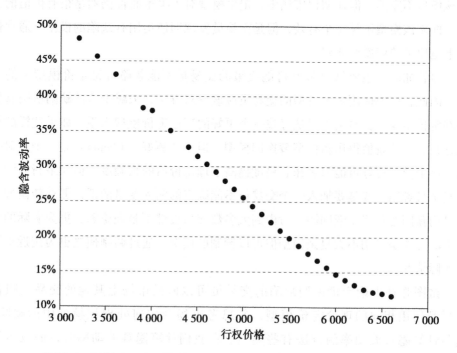

图 24-1　2012 年 6 月到期的 FTSE100 隐含波动率（2012 年 3 月 16 日）

⊖ 富时 100 指数（即 FTSE100）是跟踪英国股价最全面的指数。

不同行权价格下的隐含波动率的分布通常被称作**波动率倾斜**（volatility skew），根据该倾斜的形状，也可能被称作**波动率微笑**（volatility smile）或**波动率假笑**（volatility smirk）。造成隐含波动率形态特征的一种可能性解释是与如何使用期权进行对冲的方式有关。在股票市场中，大多数投资者是股票多头[一]，因此会担心股票价格的下跌。在第 17 章中，我们讲述了两种最常用的保护标的头寸多头的对冲策略，即为买入保护性看跌期权和卖出备兑看涨期权。

如果一个股票投资者决定买入一个保护性看跌期权，那他会选择哪一个行权价格呢？一个虚值看跌期权的成本会低于一个实值看跌期权，但是其对价格下跌的保护性也会更低。然而，如果一个投资者非常担心价格下跌以至于他需要一个实值看跌期权进行保护时，那他不需要期权，仅需要卖出该股票就可以了。这就会导致多数保护性看跌期权会在低行权价格时被买入。

如果投资者决定卖出一个备兑看涨期权，他几乎总会卖出更高行权价格的备兑看涨期权。相较于卖出一个实值看涨期权，这提供的保护性更少，但是投资者持有该股票应该是因为他相信股价会上升。如果股价确实上升了，他会至少想要获得价格上升的部分潜在收益。如果股价上升且投资者已卖出 1 份实值看涨期权，那该股票很快就会被用于看涨期权的履约，这就限制了上涨的盈利。这就会导致多数备兑看涨期权会在更高行权价格被卖出。

作为对冲行为的结果，股票期权市场会有买入更低行权价格看跌期权（买入保护性看跌期权）和卖出更高行权价格看涨期权（卖出备兑看涨期权）的压力。这会造成更低行权价格的隐含波动率会上升，而更高行权价格的隐含波动率会下降。如图 24-1 所示，这样的倾斜有时被称作**投资倾斜**（investment skew）。在人们可自由投资的市场中会出现这种情况，其中股票市场最为明显。交易员有时将投资倾斜描述为"向看跌期权倾斜"，这意味着该看跌期权的隐含波动率是过高的。但是看跌-看涨平价要求如果看跌期权的价格是过高的，那同一行权价格的看涨期权的价格也一定是过高的，因此更为准确的说法应该是"向下倾斜"。

当股票市场中的投资者担心股票价格下跌时，其他市场中的对冲者却可能担心价格上涨。在商品市场中常有这样的情况：商品的终端消费者会尝试通过买入更高行权价格的备兑看涨期权或卖出更低行权价格的保护性看跌期权来免受价格

[一] 当然，市场中会有持有股票空头的投资者和交易员，但是相比持有多头的人而言，他们相对较少。

上涨的影响。由于**需求**（demand）或**商品倾斜**（commodity skew）（存在对商品的需求），更低的行权价格的期权就会有更低的隐含波动率，而更高的行权价格的期权就会有更高的隐含波动率。当然，商品生产者（比如农场、采矿公司和探油公司）可能会担心商品价格下降，因此在多头（商品生产者）和空头（终端消费者）间应该有相同的对冲活动。但是在很多市场中，终端消费者倾向于占主导，这可能是因为更高的商品价格会伴随通货膨胀的压力，而这被认为会对整个经济产生负面影响。而且在一些国家中，政府有农业产品的价格支持项目，因此相较于终端消费者对价格上升的担忧而言，种植者对农业商品价格下降的担忧会更少。

最后，还有一些市场是多头和空头都一样担心价格。假设一个美国的公司要在欧洲购买商品，就必须在未来某个日期以欧元支付。该公司显然会担心欧元相对美元上涨。同时，一个欧洲的公司可能需要在美国买入商品，就必须以美元支付。如果这两个公司都选择在外汇期权市场上对冲它们的风险，那这样的对冲活动就会引起一个**平衡倾斜**（balance skew），即较低行权价格或较高行权价格的隐含波动率都未占明显的主导。这并不意味着隐含波动率会形成**不倾斜**（flat skew），而是隐含波动率会在当前标的合约价格附近形成对称分布。图24-2是3种常见的倾斜类型。

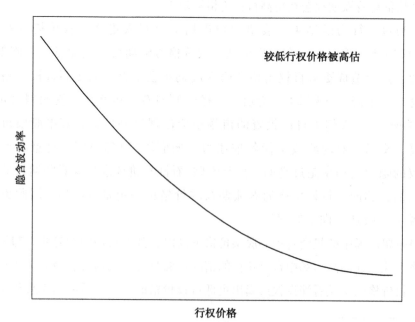

图 24-2

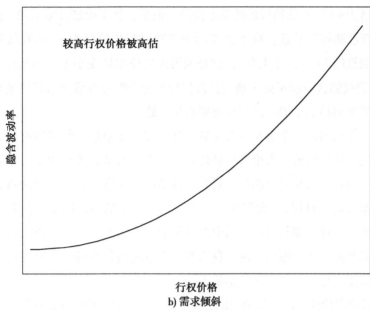
b) 需求倾斜

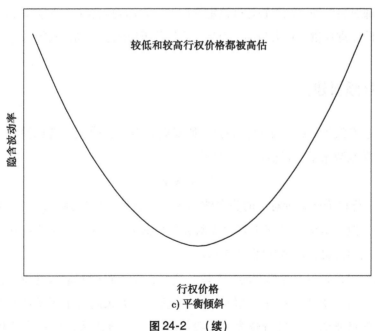
c) 平衡倾斜

图 24-2　（续）

除了对冲活动造成的扭曲，从第 23 章我们还知道很多模型有其内在的缺陷。例如，大多数交易员相信股票市场在下跌时波动率更大，而上涨时波动率更小。我们还知道平值期权对波动率的变动最为敏感（其有最高的 Vega 值）。如果标的股票的交易价为 100 且市场开始下跌时，行权价格为 95 的看跌期权的 Vega 值会上升，因为它变得趋于平值了。由于股价的下跌，市场波动更大了，这将会增加该行权价格为 95 的看跌期权的波动率价值。但是，如果市场开始上涨，行权价格为 105 的看涨期权的受益程度不会等同于下跌时行权价格为 95 的看跌期权（即使该看涨期权的 Vega 值在上升），这是因为市场波动性变小了。因此行权价格为 95 的看跌期权隐含波动率高于预期且行权价格为 105 的看涨期权隐含波动率低于预期的结果是预料之中的。这与投资倾斜相一致。

市场整体如同每一个单独的交易员一样，都试图通过已知的所有信息尽可能有效地对期权进行估值。无论交易员是否相信市场有效，他至少认为市场是尽可能有效的。通过对几乎每个期权市场隐含波动率的考察后，我们有理由相信市场并不认为布莱克-斯科尔斯模型是完全有效的。不幸的是，确定该无效的来源也许是不可能的。这可能与对冲策略中期权的运用方式有关，也可能与理论定价模型中的缺陷有关。无论原因如何，我们都假定市场相信在任何时刻期权定价都是有效的，即使该价格与模型计算结果不同。

使用理论定价模型的交易员可能会关注在波动率倾斜中包含的决策过程中的有用信息。通过将波动率倾斜视作理论定价模型的附加输入变量，该倾斜为理论价值形成和风险管理提供了重大帮助。而且，倾斜分析形成了不同期权策略的基础。

24.1 对倾斜建模

如果想在波动率模型中包含倾斜，那我们就需要在模型中考虑倾斜。人们通常使用数学函数来最好近似波动率倾斜。

$$f(x) = y$$

y 是每一个行权价格 x 所对应的隐含波动率。交易员可以选择任何一个近似效果好的函数，但很多交易员使用多项式函数的形式 $a + bx + cx^2 + dx^3 + \cdots$。图 24-1 中隐含波动率的最佳函数如图 24-3 所示。

如果我们将倾斜视为模型的一个输入变量，那么跟所有输入变量一样，我们需要思考该输入变量的变动会如何影响一个头寸。如果随着市场条件的变动我们能够对倾斜可能的变动进行建模，那我们将会更好地评估与期权头寸相关的风险。特别地，随着市场条件变动，我们会想要对倾斜的位置和形状进行建模。

当然，我们也许会认为该波动率倾斜的位置和形状都保持固定不变。在这个**黏性行权价格**（sticky-strike）的假设之下，无论市场条件如何变化，当前倾斜决定了每个行权价格下的隐含波动率。

不幸的是，黏性行权价格下的倾斜（即每个行权价格下的波动率不受标的价

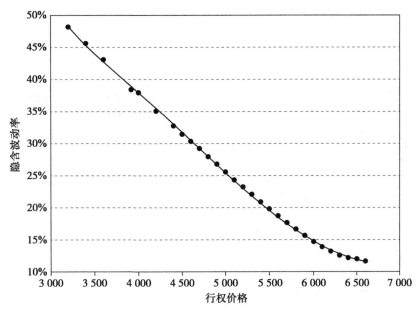

图 24-3 2012 年 6 月到期的 FTSE100 隐含波动率（2012 年 3 月 16 日）

格变化的影响）与观察到的市场动态并不一致。在大多数的期权市场中，倾斜会随着标的价格或隐含波动率的变动而移动。另一种方法是使用**浮动倾斜**（floating skew），即整体倾斜随着标的价格的上涨或下跌水平移动，或随着隐含波动率的上升或下降垂直移动。移动的程度等于价格或波动率变动的数值。如果标的价格上涨 5 个点，则该倾斜向右移动 5 个点。如果隐含波动率下降了 2 个百分点，则该倾斜向下移动 2 个百分点。这种倾斜如图 24-4 所示。

如果交易员相信不管市场条件如何变动，该倾斜的形状都不会发生改变，那整体移动倾斜也许就是一个合理的方法。但这可能么？不同行权价格下的隐含波动率似乎取决于市场如何看待标的合约价格移动会更大或更小的可能性。但是所有的移动都是相对于标的价格和到期时间而言的。在相对的概念下，价格变动 10.00 对标的价格为 100（10% 的变动）而言，比对标的价格为 200（5% 的变动）的更剧烈。同样地，在一周内变动 10% 比在一个月内变动 10% 更剧烈。

使用价格变动的相对量进行调整的第一步是将 x 轴上每个行权价格都以**价内程度**（moneyness）表示——标的价格每变动 1%，行权价格实值或虚值的程度。行权价格为 90、标的价格为 100 时，其价值状况为 0.90。这与行权价格为 180、标的价格为 200 的期权价内程度相同。我们可以用自然对数的形式 $\ln(X/S)$ 表示每个行权价格的价内程度来进一步提高精确度，其中 S 是标的价格或即期价格，而 X 是行权价格。这与标的价格呈对数正态分布的假设相一致。

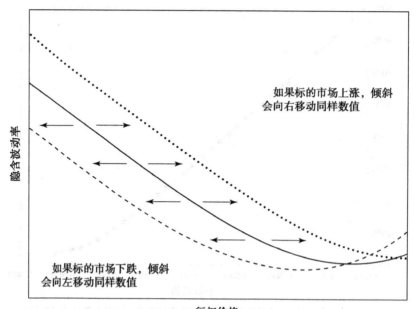

a) 随着标的价格变动的简单浮动倾斜

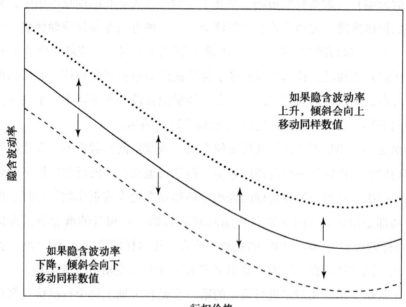

b) 随着隐含波动率变动的简单浮动倾斜

图 24-4

时间的流逝会如何影响倾斜的形状呢？考虑一个行权价格为 90、标的合约交易价格为 100 的看跌期权。随着时间推移，该看跌期权相对变得更加虚值。在投资倾斜中，随着期权变得更加虚值时，其隐含波动率会上升。在某种意义上来讲，它是"向上倾斜"。这会造成倾斜会随着时间流逝变得更加严重，较低的行权价格对应逐渐更高的隐含波动率。更高的行权价格也可能受时间流逝的影响，因为虚值看涨期权的程度可能更深。倾斜的形状以及行权价格所落入的位置决定了其隐含波动率是上升、下降还是保持不变。如果不需要做调整，那时间流逝对FTSE100 倾斜的影响如图 24-5 所示。

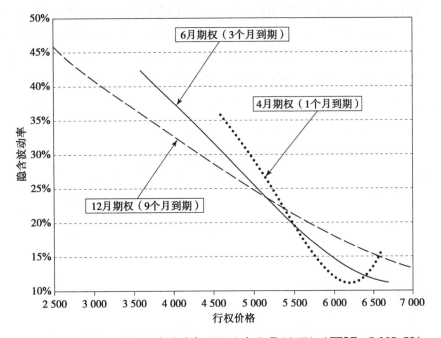

图 24-5　FTSE100 期权隐含波动率（2012 年 3 月 16 日）（FTSE = 5 965.58）

为了比较不同到期日波动率的倾斜，我们需要确定一个期权理论上实值或虚值的程度。也许最简单的方式就是将每一个行权价格表示为距离平值期权的标准差。回想到时间和波动率的平方根关系以及用自然对数的衡量方式，我们可以得到每个行权价格下实值或虚值的标准差数值为

$$\frac{\ln(X/S)}{\sigma\sqrt{t}}$$

平值期权[⊖]的标准差为 0。到期日为 2012 年 3 月 16 日的 FTSE100 期权的不同到期

⊖ 理论上更为准确的方法是用远期价格 F 代替即期价格 S，即
$\frac{\ln(X/F)}{\sigma\sqrt{t}}\left(\text{原书为}\frac{\ln(X/S)}{\sigma\sqrt{t}}, \text{认为是原书打字错误。——译者注}\right)$
在本例中，行权价格为远期价格的期权的标准差为 0。

时间下的倾斜如图 24-6 所示。当以这种形式表示时，倾斜有时被称作**黏性 Delta**（sticky-Delta）倾斜，因为 Delta 值是期权实值或虚值程度的近似值。

如图 24-6 所示的各种倾斜形态看起来相似，但是它们明显又不同。迄今为止对 x 轴的所有调整（改变 x 轴的标度）都是为了更方便地比较行权价格。但是我们可能还需要对 y 轴（波动率）进行调整。当一个交易员提及市场中整体的隐含波动率时，他很可能指的是平值期权的隐含波动率。在任一行权价格处的隐含波动率的高低取决于其与平值期权隐含波动率相比的高低关系。因此，很多交易员将 y 轴的标度改为在某一行权价格处其隐含波动率与平值期权的隐含波动率的相对关系。因此我们可以将 y 轴表示为平值期权的隐含波动率与每个行权价格下的隐含波动率的差值。如果平值期权的隐含波动率为 20（％）且在某一行权价格下的隐含波动率为 25（％），那么 y 值为 $20-25=-5$。如果在另一个行权价格下的隐含波动率为 18（％），则该点的 y 值为 $20-18=2$。

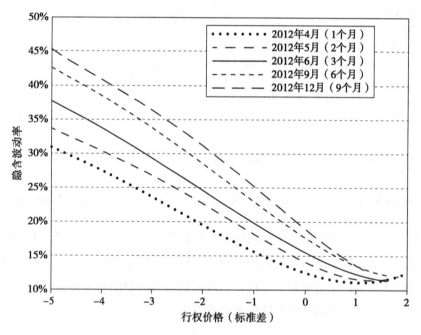

图 24-6　FTSE100 隐含波动率（2012 年 3 月 16 日）

如果隐含波动率保持相对稳定，那这种方法可能是令人满意的。但是假如平值期权的隐含波动率从 20% 翻倍到了 40%，我们可能也会期望每个行权价格下的隐含波动率翻倍。某一行权价格下之前的隐含波动率为 25%，现在就会变成 50%，而某一行权价格下之前的隐含波动率为 18% 的，现在就会变成 36%。我们最好是将 y 轴表示为每个行权价格下隐含波动率相对平值期权隐含波动率的百分比。当平值期权的隐含波动率为 20% 时，25% 的隐含波动率就会被表示为 25/20 = 125%。18% 的隐含波动率就会被表示为 18/20 = 90%。当隐含波动率等于该平值期权的隐含波动率时，就会被表示为 20/20 = 100%。在图 24-7 中，FTSE100 倾斜的示例中的 y 轴标度就用这种方法重新调整过了。

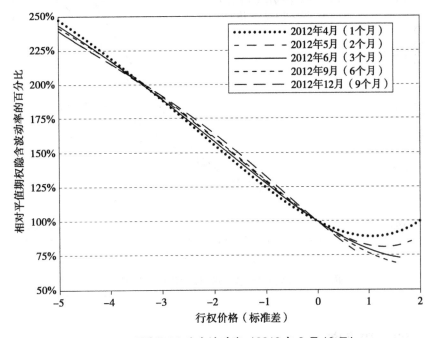

图 24-7　FTSE100 隐含波动率（2012 年 3 月 16 日）

图 24-7 是很多股票指数中的典型，展示了一个很明显的投资倾斜，即相比较高的行权价格而言，较低行权价格的波动率被显著地高估了。另一组小麦期权的倾斜如图 24-8 所示。在这个例子中，倾斜的曲度更大，但同时高行权价格上的波动率被高估的程度却越深，这通常出现在需求或商品倾斜中。相较 FTSE100 而言，该倾斜在不同到期月份下表现出的一致性更差。不同到期月份下，金融产品的倾斜趋于相似，而商品市场的倾斜会因为到期时间的不同而有所不同。这可能是因为对季节性波动的考虑或短期供求的不平衡。

上述倾斜建模的方法被很多交易员所使用，但并不意味着这种方法就是权威的。为了避免模型生成不合逻辑的波动率或理论价值，还需要对其经常调整。例如，当我们降低波动率时，虚值期权会变得更加虚值，这是因为距离标的价格的标准差更大了。但是在投资倾斜中，当一个看跌期权变得更加虚值时，其波动率会上升，即"沿着倾斜攀升"。如果该倾斜足够陡峭，那波动率的上升事实上可能会造成看跌期权的理论价值上升。而这并没有内在逻辑性，因为如果我们降低波动率，则意味着我们期望所有期权价值都会下降。

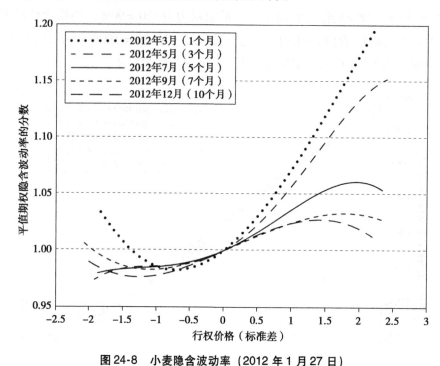

图 24-8 小麦隐含波动率（2012 年 1 月 27 日）

24.2 偏度和峰度

倾斜的形状不是一成不变的。随着市场条件的改变，期权价格也会改变，通常就会造成倾斜形状的改变。常见的两种倾斜的变化与翘起和曲率有关。翘起定义了较低行权价格下隐含波动率与较高行权价格下隐含波动率的差异程度，通常也被称作**偏度**（skewness）。这在逻辑上遵从了第 23 章中对偏度的定义（见图 23-10）。如果概率分布有更长的左尾（负的偏度），那就有更大的下降可能性，而这会引起对较低行权价格的需求。如果概率分布有更长的右尾（正的偏度），那就有更大的上升可能性，因此对较高行权价格有更多的需求。正、负偏度的示例如图 24-9 所示。

曲率或**峰度**（kurtosis）定义了相较平值期权的隐含波动率而言，较高行权价格与较低行权价格期权的隐含波动率被高估的程度。这也在逻辑上遵从了第 23 章中的定义（见图 23-11）。如果概率分布有"厚尾"，两端波动率大幅向上移动的可能性就更大。因此，对虚值期权的需求就更大（正峰度）。正峰度上升的示例

如图 24-10 所示。[⊖]

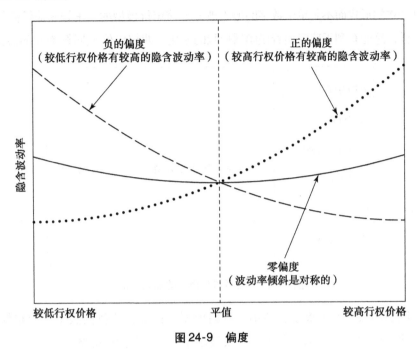

图 24-9　偏度

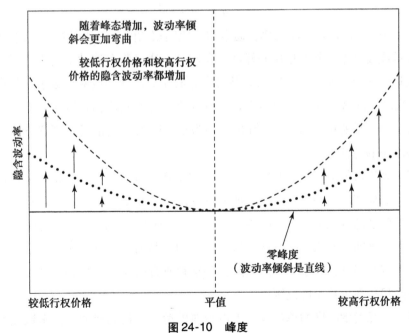

图 24-10　峰度

⊖ 因为所有交易所市场似乎都显示出正峰态，所以我们忽略负峰态倾斜。

我们也许会将倾斜认为是理论定价模型的一个输入变量（见图24-11）。但是倾斜是以公式的形式而不是单个数字的形式被输入该定价模型的。正如其他任何的输入变量一样，这能有利于确定随着该倾斜形状的变化，期权价值或期权头寸的敏感性。

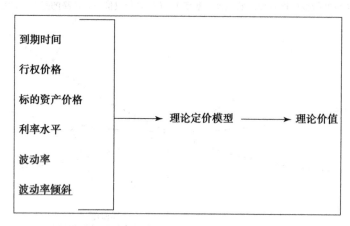

图24-11　倾斜作为模型的输入变量

对倾斜的敏感性取决于所使用的倾斜模型。比如，让我们假定一个很简单的二元多项式模型如下所示，其中 y 代表波动率，x 代表行权价格：

$$y = a + bx + cx^2$$

在该模型中，a 值是基础波动率，通常用平值期权的隐含波动率表示。b 值和 c 值分别表示该波动率倾斜的偏度和峰度。我们可以通过隐含波动率的上升或下降来提高或降低 a 值。而且我们还能够提高或降低 b 值来增加或减少偏度，提高或降低 c 值来增加或减少峰度。较高或较低行权价格是否被高估可以决定 b 是正值还是负值。对交易所市场而言，c 值几乎都为正，因为这些市场的概率分布总表现得有些厚尾的特征。

期权理论价值对于偏度和峰度变动的敏感性会取决于随着 b 值和 c 值的上升或下降其如何变动。如果将 b 值增加1单位，会造成期权价值下降0.15，那么该期权的偏度敏感性就是 -0.15。如果将 c 值增加1单位，会造成期权价值增加0.08，那么该期权的峰度敏感性就是0.08。对于持有很大期权头寸的活跃交易员而言，偏度和峰度代表了重要的风险，并且和所有的风险一样必须被控制以保证这些风险保持在可接受的范围内。

偏度和峰度敏感度的单位取决于该倾斜模型是如何构建的。大多数交易员会选择一个能表示偏度和峰度值常见变动的单位。比如，如果 b 值通常在0.20到0.40间变动，那么 b 值逻辑上的单位就应该是0.01。如果该单位值是一个不简便的数字，那么可以通过乘数对该值进行调整。如果 b 值的单位值为0.001，但是

我们希望将单位值以整数的形式表达，那么我们可以使用乘数 0.001 以便单位值为 1，则该模型会被表示为

$$y = a + 0.001bx + cx^2$$

如果我们将倾斜值 b 提高 1，我们实际上只提高了 0.001。同样的方法也可以用来简化 c 值的单位值。⊖

在大多数倾斜模型中，平值期权行权价格扮演着中心点的角色，因此平值期权的偏度和峰度的敏感性都是 0。实值或虚值期权有正的或负的偏度敏感性。如果我们增加偏度的输入变量，较高行权价格的波动率会上升，而较低行权价格的波动率会下降。因此，较高行权价格会有正的偏度敏感性值，而较低行权价格会有负的偏度敏感性值。如果我们增加峰度输入变量，较高和较低行权价格期权的波动率都会上升。因此，任何非平值的期权都会有正的峰度敏感性。

哪一种期权对偏度和峰度的变动最敏感呢？这里并没有确切的答案，因为这取决于市场的波动率特征和使用的倾斜模型。但是在很多倾斜模型中，Delta 值为 -25 的看跌期权和 Delta 值为 +25 的看涨期权倾向于有最大的偏度敏感性。基于这个原因，偏度的常见度量方式就是 Delta 值为 -25 的看跌期权和 Delta 值为 +25 的看涨期权隐含波动率的差值。而对峰度而言并没有类似的基准，但是在很多模型中，Delta 值约为 -5 的看跌期权和 Delta 值为 +5 的看涨期权对峰度变动的敏感性倾向于最大。

24.3　倾斜风险测度

我们如何对波动率倾斜建模也会影响到模型生成的风险测度值——Delta 值、Gamma 值、Theta 值和 Vega 值。再看看图 24-4a：浮动倾斜随着标的价格的上升向右移动或随着价格的下降向左移动。如果倾斜移动了，那某行权价格下的波动率会上升，而其他行权价格下的波动率会下降。相较没有倾斜的情况，这种波动率的变动会或多或少引起期权价值和其风险敏感性的变动。

例如，考虑一个 Delta 值为 -20 的虚值看跌期权。忽略 Gamma 值，如果标的价格上升 1.00，那么我们预期期权价值会下降 0.20。但是在投资倾斜中，比如在图 24-4a 中，随着标的价格上升，虚值看跌期权的波动率会上升，因为它更加虚值了。

⊖ 当交易员使用术语**偏度**（skewness）和**峰度**（kurtosis）（或简写的 skew 和 kurt）时，有可能是指该理论定价模型中的输入变量（在我们的例子中就是 b 值和 c 值），也有可能是指期权价值对这些输入变量变动的敏感性。一般来说，交易员会将敏感性称作期权的偏度或峰度。或者交易员指的是其偏度和峰度头寸：他整个头寸对偏度或峰度输入变量单位变动的敏感性。

如果期权的 Vega 值为 0.10 并且倾斜的移动造成该期权的隐含波动率上升了 0.5%，那么更高的波动率会使期权价值上升 0.50 × 0.10 = 0.05。因此，期权会只下降 0.15，该下降是由标的价格的变动引起的 0.20 的下降和隐含波动率的上升引起的 0.05 的上升的组合效应。该期权的**倾斜**（skewed）或**调整** Delta **值**（adjusted Delta）为 -15。

在定价模型中加入波动率倾斜会影响期权风险测度的计算，并且会削弱交易员的风险管理能力。对很多交易员来说，简单最好，因此可能在使用倾斜模型生成理论价值的同时还会使用传统模型计算 Delta 值、Gamma 值、Theta 值和 Vega 值。对于持有大量期权头寸的活跃交易员而言，精确计算倾斜敏感性就变得重要得多，因为该头寸总价值会随着市场条件的变动而迅速变动。专业期权交易公司的金融工程师通常会负责开发通过使用波动率倾斜模型来精确计算理论价值和风险敏感性的方法。但是即使是最精密的模型也不可能在所有市场条件下都生成确切的模型期权价格。模型可以有所帮助，但它始终有自己的局限性。

通过将不同到期日下的波动率期限结构和波动率倾斜组合起来，我们可以得到**波动率曲面**（volatility surface）。当有时难以想象时，波动率曲面就可以让交易员能够更简便地看清期权市场基本的波动率特征。给出的行权价格和到期日越多，该波动率曲面就更加精确。FTSE100 期权和小麦期权的样本波动率表面如图 24-12 和图 24-13 所示。在那时，FTSE100 指数交易值为 5 966，并且近月的小麦期货合约的交易价为 647。

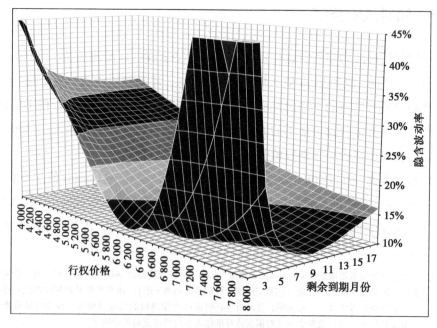

图 24-12　FTSE100 波动率曲面（2012 年 3 月 16 日）

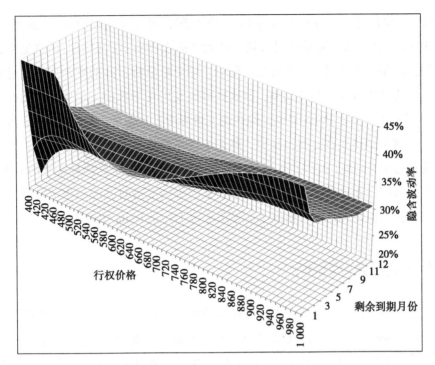

图 24-13　小麦波动率曲面（2012 年 1 月 27 日）

24.4　波动率的移动

交易员早就已经注意到在很多期权市场中，当标的合约价格改变时，隐含波动率趋向于改变。在有些市场上，标的价格的变动和隐含波动率的改变有着直接关系：当标的价格上升时，隐含波动率就上升；当标的价格下降时，隐含波动率就下降。这种是有需求倾斜的典型市场，比如农业产品和能源产品。其他市场可能会表现出相反的关系：当标的价格上升时，隐含波动率就下降；当标的价格下降时，隐含波动率就上升。这种是有投资倾斜的典型市场，比如股票和股票指数市场。

出于期权估值和风险管理的目的，很多交易员会试图将这种特征加入到期权定价模型中。一种可能的解决方法是在第 23 章中提到过的 CEV 模型。但该模型数学计算复杂而且还需要输入额外的变量，这些都使得其难以应用。另一种情况是很多交易员就仅仅使用"自行研发"的模型，在这个模型中波动率的上升和下降与所观察到的市场波动率特征相一致。然而，没有模型能在所有市场条件下都生成一个精确的值，这是因为隐含波动率的时常改变即使对最好的模型也是一种挑战。

波动率的移动还能影响与头寸相关的风险。考虑一个交易员买入了 1 份平值的跨式期权。忽略利率因素并对数正态分布进行细微调整，该交易员的头寸是近似为 Delta 中性的：该看涨期权的 Delta 值为 50，而看跌期权的 Delta 值为 -50。但是 Delta 中性意味着交易员对市场变动的方向没有特殊的偏好。而这是符合现实的吗？如果该头寸是建立在股指市场中，那交易员对下降的变动实际上是有偏好的，因为他更偏好高的波动率，而这更可能发生在下跌的市场中。虽然在理论世界中该头寸可能为 Delta 中性，但在现实世界中，该头寸 Delta 值为负。另一方面，如果该头寸建立在商品市场中，那么市场在价格上升时波动率更大，因此交易员会持有 Delta 为正的头寸。当然，要在真实世界中确定这两种头寸的 Delta 值可能是困难的。而这种难易程度取决于当标的价格变动时，波动率上升或下降的速度有多快。但是在这两种情况下，该头寸都不会是 Delta 中性的。

24.5 偏度与峰度策略

正如交易员会对市场变动方向（Delta 策略）、隐含波动率或已实现的波动率（Vega 和 Gamma 策略）有自己的看法一样，交易员对波动率倾斜的形状也有着自己的看法。在图 24-14 中基于倾斜的类型以及交易员对倾斜斜率（更陡峭还是更平坦）的预期，交易员会想要买入较低行权价格的期权，卖出较高行权价格的期权，反之亦然。而这种策略中最常选择的是虚值期权，一般为 Delta 值为 25 的看涨期权和 Delta 值为 -25 的看跌期权，因为这些期权对倾斜斜率的变动最为敏感。

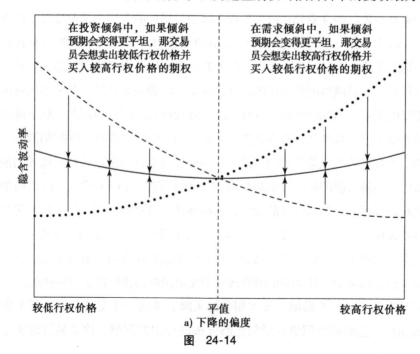

a) 下降的偏度

图 24-14

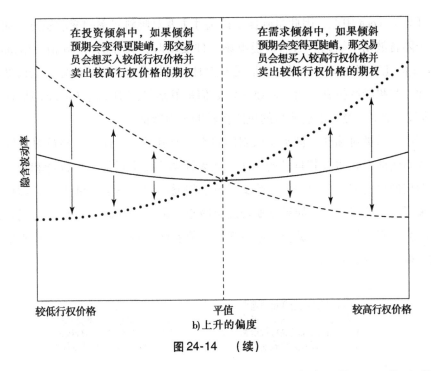

图 24-14 （续）

　　如果一个倾斜交易没有被对冲，那么该头寸明显会有正的 Delta 值（看涨期权多头和看跌期权空头）或负的 Delta 值（看跌期权多头和看涨期权多头）。一个想要仅"买入倾斜"或"卖出倾斜"的交易员一定会抵消该 Delta 头寸，通常会用在标的合约上建立相反 Delta 头寸来抵消。当抵消完成时，整个策略被称为**风险反转**（risk reversal）。当标的合约交易价接近 100 时，如下所示为典型的风险反转（括号里为 Delta 值）：

+10 6 月 95 看跌期权（-25）

-10 6 月 105 看涨期权（+25）

+5 标的合约

或

-30 12 月 90 看跌期权（-15）

+30 12 月 110 看涨期权（+15）

-9 标的合约

　　在这些例子中，看涨期权与看跌期权有相同的 Delta 值，但这不是必要条件。更多的情况下，会选择有相同 Vega 值的看涨期权和看跌期权。⊖ 这就确保了该头

⊖ Vega 中性的风险反转会倾向于 Gamma 中性，虽然情况并不总是如此。因此在该风险反转中，交易员可能不得不决定是 Vega 中性更重要还是 Gamma 中性更重要。

寸一开始为 Vega 中性，因此也确保了该头寸主要对倾斜斜率的变动敏感，而不是对整个隐含波动率敏感。当然，当市场条件变动时，头寸的 Delta 值、Gamma 值和 Vega 值几乎都会变动。当这种情况发生时，交易员将不得不决定是否继续持有该头寸，如果继续持有的话，还要决定如何最好地管理 Delta、Gamma 和 Vega 风险。第 21 章中已经讨论过典型的风险反转的风险特征。

正如交易员对偏度（波动率倾斜的斜率）有其看法一样，交易员对峰度（波动率倾斜的曲率）也有其自己的看法。如果预期峰度会增加，那较低和较高行权价格期权的价格都将会增加。因此交易员会想通过购买虚值看涨期权和虚值看跌期权来买入宽跨式期权。如果预期峰度会减小，那较低和较高行权价格期权的价格都将会下降。因此交易员会想通过卖出虚值看涨期权和虚值看跌期权来卖出宽跨式期权，如图 24-15 所示。

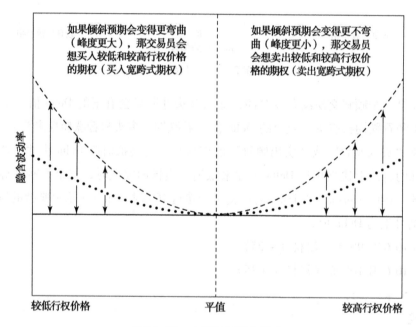

图 24-15　上升和下降的峰度

如果交易员通过购买宽跨式期权来"买入"峰度或通过卖出宽跨式期权来"卖出"峰度，那么该头寸也会对波动率整体的变动敏感，因为该头寸会有显著为正或负的 Vega 值。即使交易员对峰度的评估是正确的，该头寸也会受到隐含波动率整体变动的负面影响。如果交易员希望只关注峰度，他会需要在不改变头寸峰度的条件下将其 Vega 头寸中性化。因为平值期权是峰度中性的，交易员可以在平值跨式期权中建立抵消 Vega 值的头寸来实现峰度中性。假定选中的宽跨式期权和跨式期权是 Delta 中性的，那整个头寸也将会是 Delta 中性的。当标的合约交易价接近 100 时，如下所示为典型的峰度头寸（括号里为 Vega 值）。

宽跨式期权多头：+35 6 月 90 看跌期权（0.11）
　　　　　　　　+35 6 月 110 看涨期权（0.12）
跨式期权空头：−20 6 月 100 看涨期权（0.20）
　　　　　　　−20 6 月 100 看跌期权（0.20）

或

宽跨式期权空头：−26 12 月 80 看跌期权（0.08）
　　　　　　　　−26 12 月 120 看涨期权（0.09）
跨式期权多头：+10 12 月 100 看涨期权（0.22）
　　　　　　　+10 12 月 100 看跌期权（0.22）

如果一个峰度头寸由一个 Vega 值恰好为跨式期权 Vega 一半的宽跨式期权构成，那么一个 Vega 中性头寸会由 2 份宽跨式期权和 1 份跨式期权组成。当以 2×1 的比率构建头寸时，该头寸有时被称作**蜻蜓期权**（dragonfly）。

关于偏度和峰度的看法也可以加入到其他策略中。考虑图 24-16 中标的物相同但到期月份不同的倾斜，如果交易员不知道两个倾斜中哪一个倾斜是被错误定价的，但却认为这两个倾斜对彼此而言都是错误定价的，那么一个合乎逻辑的策略就是建立一个到期月份的倾斜头寸和另一个到期月份的相反倾斜头寸。例如，一个交易员买入 6 月的虚值看跌期权并卖出 3 月的虚值看跌期权。同时，该交易员可能会卖出 6 月的虚值看涨期权并买入 3 月的虚值看涨期权。实际上该交易员就是买入了看跌期权的日历价差并卖出了看涨期权的日历价差。如果只考虑斜率（交易员对隐含波动率的高低没有意见），那么交易员将会试图通过选择近似相同 Vega 值的日历价差来建立 Vega 中性的头寸。任何多余的 Delta 值可以通过标的合约对冲掉。

如果除了对倾斜的看法以外，交易员对不同到期月份下的相对隐含波动率也有看法，那么在选择策略时，他也可以将这纳入考虑之中。如果一个交易员认为 6 月的隐含波动率相对 3 月会更低，那么交易员会考虑买入日历价差——买入 6 月期权并卖出 3 月期权。如果与此同时，该交易员还认为该倾斜对彼此而言都是错误定价的（如图 24-16 所示），那么他会选择同时考虑这两种关系的日历价差。现在他会想买入看跌期权日历价差——买入 6 月虚值看跌期权并卖出 3 月虚值看跌期权。这样，该交易员可以同时利用隐含波动率和倾斜的优势。值得注意的是交易员会避免使用看涨期权的日历价差，这是因为这样一来波动率和倾斜将倾向于相互抵消。6 月的看涨期权就倾斜而言太过昂贵，但 3 月的看涨期权就隐含波动率而言太过昂贵。如果交易员认为 6 月的隐含波动率相较 3 月而言更高，那么现在他会选择卖出看涨期权的日历价差，因为就隐含波动率和倾斜而言 6 月的看涨期权都太过昂贵了。

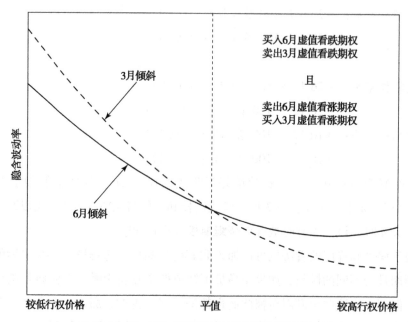

图 24-16　买入并卖出不同到期月份的倾斜

当在两个不同到期月份的峰度被错误定价时，如图 24-17 所示，也可以使用同样的方法。现在一个交易员考虑买入 6 月的宽跨式期权并卖出 3 月的宽跨式期权。如果这是单一月份的简单峰度策略，那么就有必要通过购买平价跨式期权来抵消 Vega 值。但是交易员为了简便会选择有近似相同 Vega 值但不同到期月份的宽跨式期权。这确保了整个策略仅对峰度的变动敏感。如果与此同时 6 月的隐含波动率相较 3 月的更低，那么该策略就有额外的好处。对波动率和峰度而言，6 月期权都比 3 月的期权更便宜。

24.6　隐含分布

在完美的布莱克-斯科尔斯世界中，标的合约的价格在到期日被假定为服从对数正态分布，并且具有相同到期日的期权应该有一样的隐含波动率。而事实上不同行权价格的期权的隐含波动率不同，这也就意味着市场认为在到期日标的合约价格的分布不是对数正态分布。那市场暗指的到期日标的合约确切的概率分布是什么呢？通过观察市场中蝶式期权的价格，我们能够估计该隐含分布。

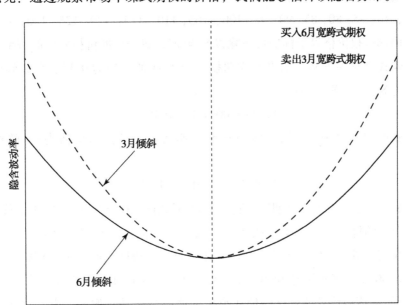

图 24-17　买入并卖出不同到期月份的峰度

在到期日，如果标的价格在翅膀处或翅膀外，那蝶式期权有最小值 0，如果标的价格恰好在蝶式期权的身体处或其中点处，那蝶式期权就达到其最大值即 2 个行权价格之间的差值。在到期日，95/100/105 的蝶式期权（即买入 1 份 95 的看涨期权、卖出 2 份 100 的看涨期权并买入 1 份 105 的看涨期权）当标的价格在 95 及以下或 105 及以上时，有最小值 0，如果标的价格恰好为 100 时，有最大值 5.00，如果标的价格在 95 到 100 或 100 到 105 之间时，蝶式期权价值为 0 到 5.00 之间的某个值。

假定行权价格以 5 点为间隔从 0 扩展到无穷大：

…，70，75，80，85，90，95，100，105，110，115，120，125，130，…

如果我们每隔 5 个点就买入蝶式期权，那在到期日该头寸价值会是多少呢？

… +1 70 看涨期权 +1 75 看涨期权… +1 115 看涨期权 +1 120 看涨期权…
… -2 75 看涨期权 -2 80 看涨期权… -2 120 看涨期权 -2 125 看涨期权…
… +1 80 看涨期权 +1 85 看涨期权… +1 125 看涨期权 +1 130 看涨期权…

无论到期日标的价格为多少，整个头寸的价值总和恰好为 5.00。因此，如果我们将所有蝶式期权的价格加总所得到的总价值就一定为 5.00。⊖

⊖　如果我们考虑利率因素，并且该期权适用股票型结算方式，那么总价值会是 5.00 的现值。

假定到期日可能的价格是与行权价格相同的价格

…，70，75，80，85，90，95，100，105，110，115，120，125，130，…

在内部行权价格等于标的价格除以 5.00 时，每个标的价格发生的概率一定会等于该蝶式期权的价格，如果蝶式期权 75/80/85 的价格为 0.15，那么到期日标的价格为 80 的概率一定是

$$0.15/5.00 = 0.03(3\%)$$

如果蝶式期权 90/95/100 的价格为 0.50，那么到期日标的价格为 95 的概率一定是

$$0.50/5.00 = 0.10(10\%)$$

图 24-18 列出了一系列看涨期权价值以及我们给出的行权价格下蝶式期权的价值。[注]

每个标的价格下的概率取决于该蝶式期权价值与所有蝶式期权总价值的比值，而我们知道总价值一定为 5.00。（读者可能希望确认所有蝶式期权价值总和确实为 5.00 以及该概率总和为 1.00 或 100%。）标的价格和其对应的概率如图 24-19 所示。值得注意的是这些值所形成的概率分布是右偏的。由于这些值都来自布莱克-斯科尔斯模型，而该模型假定标的价格是对数正态分布，因此这个结果并不让人意外。

行权价格	75	80	85	90	95	100	105	110	115	120	125	130	135
看涨期权价值	25.00	20.04	15.20	10.71	6.88	3.98	2.06	0.95	0.39	0.15	0.05	0.01	0
蝶式期权价值	0.04	0.12	0.35	0.66	0.93	0.98	0.81	0.55	0.32	0.14	0.06	0.03	0.01
价格概率	0.008	0.024	0.070	0.132	0.186	0.196	0.162	0.110	0.064	0.028	0.012	0.006	0.002

图 24-18　蝶式期权价值与概率

当然，图 24-19 的分布只是近似分布，因为其所包含的标的价格的数目是很有限的。一个更精确的分布需要我们考虑越来越多的行权价格，而我们可以通过减少蝶式期权的宽度来实现。我们可以用 2.00、1.00 或 0.50 的增量来替代 5.00 的增量。的确，如果我们使用无限小的增量，蝶式期权价值能让我们构建一个连续的概率分布。图 24-20 展示了行权价格间增量减少为 0.10 的概率分布。在如此小的增量下，该分布几乎就是连续的了。

期权价格的隐含分布与传统的对数正态分布有什么不一样呢？隐含分布会随着期权价格的变动而改变，因此在所有的市场条件下不可能只有一个隐含分布。但是我们可以使用由波动率倾斜生成的蝶式期权价格来推导出一个分布，并将之

⊖ 图 24-18 中的值几乎与布莱克-斯科尔斯模型中当标的价格为 100、剩余 3 个月到期、波动率为 20% 时得出的值一致。

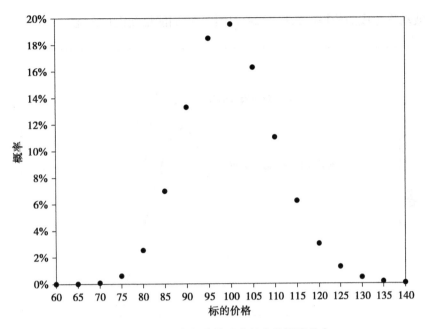

图24-19　蝶式期权价格隐含的离散概率分布

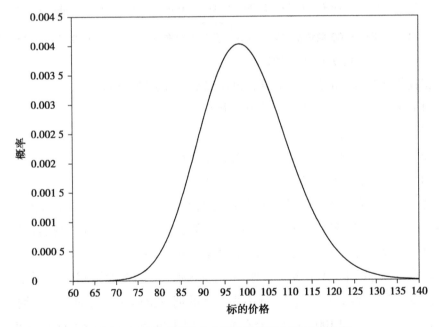

图24-20　蝶式期权价格隐含的连续对数概率分布

与固定波动率下布莱克-斯科尔斯分布对比，如此一来我们也许能够了解市场的隐含分布。在图24-21中，我们采用了图24-3中FTSE100期权的波动率倾斜，并且创建了2个分布，一个源于该倾斜所生成的价格而另一个源于每个行权价格下固定波动率生成的价格。那从图 24-21 中，我们能推断出什么呢？

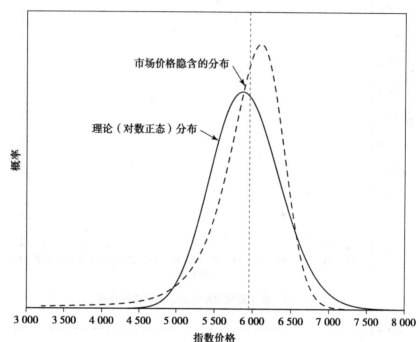

图 24-21　FTSE100 期权价格隐含的 3 个月价格分布（2012 年 3 月 16 日）（FTSE 100 指数 =5 965.58）

相较传统的对数正态分布而言，市场似乎隐含着如下信息。
(1) 高于中间值的小幅向上变动的概率更大。
(2) 大幅向下变动的概率更大。
(3) 低于中间值的小幅向下变动的概率更小。
(4) 大幅向上变动的概率更小。

这个隐含分布是大多数股票指数市场的典型分布，并且其中很多点都与图 23-8a 中的标准普尔 500 的直方图一致。与理论分布的预测相比，现实世界中似乎有更多小幅波动，并且大幅向下的变动也会更多，但从中间值向下的变动会更少。但是该直方图也表现出更多大幅向上的变动，这与隐含分布并不一致。

图 24-22 是 2012 年 1 月 27 日小麦期货的期权价格所隐含的 3 个月期分布。该隐含分布较以 FTSE100 为例的分布而言，似乎更加接近理论上的对数正态分布。但是，较真实的对数正态分布而言，市场还是隐含着更多的小幅变动，从中间值略微更多的向上变动以及更多的大幅向上的变动。

当然，图 24-21 和图 24-22 是市场某一瞬间的快照，并且从这些例子就得出任何普遍性的结论也是不明智的。尽管如此，将自己对概率分布的看法与市场价格的隐含分布进行对比,通常对交易员还是有用的。如果这两者存在明显的不一致,那就是指出了潜在盈利策略的方向。

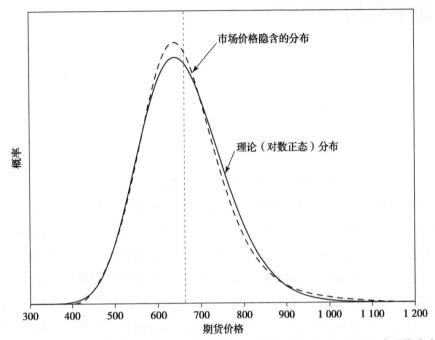

图24-22 小麦期权价格隐含的3个月价格分布(2012年1月27日)(3个月期小麦期货为661.75点)

第25章
Option Volatility and Pricing

波动率合约

波动率合约是衍生品市场上的重大成功。它们使得市场参与者能够将之前不可能实现或者即使在最优条件下也难以执行的策略得以实现。但是波动率合约有着不同寻常的特征，因此任何想要充分利用这些合约的交易员都必须充分熟悉这些特征。

在引进期权和期权定价模型之前，还没有有效的途径让交易员能捕捉波动率价值或者从市场对波动率的错误定价中盈利。但一旦引进挂牌期权，使用期权市场上的隐含波动率来确定市场如何对波动率定价便成为可能。在第8章中，我们展示了交易员可以通过买入或卖出期权来捕捉波动率的错误定价及如何在期权存续期内动态对冲头寸的过程。

所有这一切在理论上听起来都很完美，但是在现实中，事情并非如此简单。即使我们能以某种方式调查未来并且确定了在期权存续期内标的合约的真实波动率，任何单一动态对冲策略的实际结果很大可能与理论定价模型预测的结果会不同。这通常归咎于传统理论定价模型的缺陷，而在第23章中我们也提到过很多。

价格变动发生的顺序会影响动态对冲策略的结果。

如果标的价格存在缺口，那么在动态对冲过程中就不可能以一致的价格买入或卖出标的合约。

标的合约的收益可能不是呈正态分布的。

除了模型的缺陷外，动态对冲的成本也是重要的。每次对头寸再对冲时，交易员也许不得不放弃买卖价差，但经纪费用和交易费用还是存在的。这些成本肯定会减少甚至可能抵消所有的期望收益。

即使有人对交易波动率有兴趣，但动态对冲方法的缺陷通常也会让使用期权交易波动率的交易员望而却步。为了克服这一阻碍，交易员找到了更简单的方法来实现波动率策略。这使得波动率合约得以发展，让交易员能够持有波动率的头寸而无须经历复杂且高成本的动态对冲过程。在到期日，这些合约的价值仅仅取决于相对直接的波动率的计算。

两种主要的波动率类型是已实现的波动率和隐含波动率。因此，波动率合约的类型就有两种。**已实现的波动率合约**（realized volatility contracts）指在一定时期内标的合约的实际波动率。**隐含波动率合约**（implied volatility contracts）指在某一日期标的上的期权合约的隐含波动率。

25.1 已实现的波动率合约

在到期日，已实现的波动率合约的价值等于合约存续期内对数价格收益的年化标准差。该收益一般是由合约交易的主要交易所的日常结算价计算而来。这意味着年化的因素会取决于具体交易所一年中交易日的天数。如果一年有 252 个交易日，则结算波动率会是

$$\sqrt{252 \sum_{i=1}^{n} \frac{\ln(x_i)^2}{n}}$$

其中每个数据点 x_i 都等于每日价格回报 p_i/p_{i-1}（今天的结算价除以昨天的结算价），并且 n 是计算期内交易日的天数。

这里有两点需要特别注意。第一点，到期价值代表的是计算期内的真实波动率而不是估计的波动率。因此我们使用的是总体标准差而不是样本标准差，即除以的是 n 而不是 $n-1$。第二点，波动率计算独立于价格趋势。因此我们假定均值为 0，用 $\ln(x_i)$ 而不是 $\ln(x_i) - \mu$ 来表示每个数据点。在大多数已实现的波动率合约中这样的计算转换是非常普遍的。

对于 1 份已实现的波动率合约而言，在到期日其盈利或损失将取决于初始那笔交易达成的价格、交易的名义金额和到期日合约的价值。如果已实现的波动率合约的买家在波动率为 20% 时进入交易，交易协议的名义金额为每波动率点 1 000 美元，并且计算期间的已实现的波动率确定为 23.75% 时，那么该买家的盈利会是

$$1\ 000 \times (23.75 - 20.00) = 3\ 750(美元)$$

如果已实现的波动率结果是 18.60%，那该买家会有损失

$$1\ 000 \times (18.60 - 20.00) = -1\ 400(美元)$$

已实现的波动率合约通常在场外市场中交易，一般由银行和专门的交易公司扮演着做市商的角色。㊀ 已实现的波动率合约的报价一般包括以波动率点数报价的价格

㊀ 当合约在没有交易所充当中介的私人部门之间交易时，一方不履行其义务的可能性会给该交易增加额外的风险维度。对手方风险是在场外市场中需要考虑的重要因素。

和以**名义 Vega**（notional vega）值表示的波动风险。一个做市商为已实现的波动率提出的报价是 19.50~20.50，为名义 Vega 值提出的报价是 10 000 美元，这表示他愿意以 19.50%的波动率买入合约且以 20.50%的波动率卖出合约，其中每个波动率点位的价值是 10 000 美元。同样地，客户开出订单想以 30 买入 25 000 美元的名义 Vega 值，即为该客户准备支付 30%的波动率，其中每个波动率点位价值 25 000 美元。

在这些例子中，波动率合约的报价和结算都是以波动率点数的形式。实际上，大多数已实现的波动率合约都以**方差点数**（variance points）结算，其中方差等于波动率的平方。

$$方差 = 波动率^2 \text{ 且相反地}, 波动率 = \sqrt{方差}$$

基于这个原因，已实现的波动率合约通常被称为**方差合约**（variance contract），更常见的叫法是**方差互换**（variance swaps）。

为什么以方差点数而不是以波动率点数来结算波动率合约呢？稍后我们将看到，为了对冲波动率合约的风险，复制方差头寸要比复制波动率头寸容易得多。除此之外，读者可能还能回想到第 20 章中有关远期波动率的讨论——方差有着与时间成比例的理想特性。如果某时间段 t_1 内的方差等于 σ_1^2，且紧接着第 2 个时间段 t_2 内的方差等于 σ_2^2，那么在该组合时间段内的方差为

$$\frac{(t_1 \times \sigma_1^2) + (t_2 \times \sigma_2^2)}{t_1 + t_2}$$

这意味着方差合约可以被容易组合来覆盖任何连续时间段的方差，即便这些时间段的长度并不相同。

比如，如果在 2 个月的时间段内年化波动率为 25（表示为波动率点的形式）且接下来 1 个月的时间段内的年化波动率为 22，那么在整个 3 个月的时间段内的年化方差为

$$\frac{(2/12) \times 25^2 + (1/12) \times 22^2}{3/12} = \frac{(2/12) \times 625 + (1/12) \times 484}{3/12} = 578$$

如果波动率合约在名义 Vega 数额下以波动率点位报价，但以方差点位结算，那每个方差点数价值多少呢？不深究数学，按照惯例每个方差点等于名义数额除以波动率价格的两倍

$$每方差点的价值 = \frac{名义\ Vega\ 值}{2 \times 波动率价格}$$

如果波动率合约的买家为 10 000 美元名义 Vega 值支付 20，但是合约以方差点位结算，那每个方差点价值为

$$10\,000/2 \times 20 = 250(美元)$$

如果已实现的波动率在合约的存续期内结果为19%，那么该买家会损失

$$250 \times (19^2 - 20^2) = 250 \times (361 - 400) = -9\,750(美元)^{\ominus}$$

如果已实现的波动率在合约的存续期内结果为23%，那么该买家会盈利

$$250 \times (23^2 - 20^2) = 250 \times (529 - 400) = 32\,250(美元)$$

因为方差是波动率的平方，如果合约以方差点结算，那么结算价值会在较高的波动率下迅速逐步上升。如果单个戏剧性事件的发生会导致标的合约出现预期外的大幅变动，那就会造成计算期内的波动率变为50，则在我们的例子中该买家的盈利为

$$250 \times (50^2 - 20^2) = 250 \times (2\,500 - 400) = 525\,000(美元)$$

当然，该卖家就会有等值的损失。的确，方差互换的卖家可能不会愿意承担由一次戏剧性事件造成波动率猛然上升的风险。因此很多方差互换都会有上限来限制合约的到期价值。如果合约的交易价为20且波动率上限为40（等同于方差为1 600），那么无论波动率变得多高，买家的盈利与卖家的风险都永远不会高于

$$250 \times (40^2 - 20^2) = 250 \times (1\,600 - 400) = 300\,000(美元)$$

上限对个股的方差互换是最常见的，因为一次性事件会造成波动率剧烈上升。上限对基于广泛基础指数的方差互换更不常见，因为一次性事件对指数整体波动率的影响不可能会像对指数成分股的影响那么大。当然，方差互换主要是场外产品。互换合约的买卖双方可以自由商议合约的细则包括上限，进而达成一致。

25.2　隐含波动率合约

在期权定价中已实现的波动率是一个重要的考虑因素，但是它不能直接观察得到，至少不能随时观察得到。当期权交易员谈论波动率时，他们通常指的是隐含波动率，而隐含波动率是可以被直接观察到的。市场参与者对隐含波动率的看法是一致的，都源于市场上期权的价格，这也将会是未来某一时期内标的合约的波动率。因为期权的价格在任何时候都能够被观察到，也就是说隐含波动率也能被随时观察到。

在场内期权发展初期，隐含波动率的概念也许不能被很好地理解，至少对大多数非职业交易员是这样。但是，随着期权交易普及度的提升，所有市场参与者

$\ominus$ 原文为9 750美元，打印错误。——译者注

（包括职业和非职业的交易员）都开始密切关注期权市场上的隐含波动率。为了更好地理解期权，以协助交易员和终端使用者，交易所开始公布隐含波动率的数据。随着公众对期权的兴趣增加，隐含波动率出现在金融新闻报道中的频率也开始增加了。

当然，隐含波动率有很多种类。因为不仅标的市场的种类多样，而且即使对同一标的，其行权价格和到期月份也有很多种。交易所期望的是能够有一个反映总体隐含波动率环境的数字。而这就导致了芝加哥期权交易所（CBOE）关注的是隐含波动率的宽基指数，特别是交易最活跃的产品，即期权交易指数，其交易代码为 OEX。在 1993 年，CBOE 开始公布波动率指数（VIX）的价值，即从 OEX 的期权价格中计算出的 30 天的隐含波动率的理论值。VIX 最终发展成了公认的金融指数，不仅适用于期权市场也适用于一般的金融市场。其他交易所也效仿着创造了自己的波动率指数，但是 VIX 依然是最广为人知的隐含波动率指数。

随着 VIX 的公认度的提高，CBOE 开始考虑创造基于 VIX 的可交易合约。而这需要指数有两个重要的改变。第一个必须是标的合约的改变。最初的时候，CBOE 所公布的 VIX 值来源于 OEX 的期权价格。但是 CBOE 随后推出了基于标准普尔（S&P）500 指数的期权，交易代码为 SPX，而且这些产品最终代替 OEX 成为交易所内最活跃的可交易指数产品。由于 S&P 500 是比 OEX 覆盖面更为广泛的跟踪指数，因此从 2003 年开始交易所将计算 VIX 的期权价格从 OEX 期权更替为 S&P 500 期权。

第二个必需的改变是计算方法。最初的 VIX 是运用涵括指数价格的两种不同行权价格的看涨期权和看跌期权计算出来的，这些期权基本上是平值期权。对给定的到期月份，每个行权价格下看涨期权和看跌期权的隐含波动率会被平均，然后用这些行权价格和指数价格的差值来算出该到期月份下每个行权价格平均隐含波动率所占的权重。为了确定 30 天隐含波动率的理论值，将由两个临近的到期月份期权加权平均后推出一个最终值。⊖一个例子可能对阐明该方法论会有所帮助。

假定指数价格为 863.40 且涵括该指数价格的两个行权价格为 860 和 870。还假定最近的期权合约为月份 1，其剩余到期日为 14 天，而且第 2 个期权合约为月份 2，剩余到期日为 42 天，则每个月这两个行权价格的隐含波动率如下所示：

⊖ 最初的 VIX 方法论的描述见 Robert Whaley 的 "Derivatives on Market Volatility: Hedging Tools Long Overdue", *Journal of Derivatives*, Fall 1993, pp. 71-84。

	月份1		月份2	
	860	**870**	**860**	**870**
看涨期权	22.16	21.48	20.13	19.93
看跌期权	22.21	21.44	20.17	19.94

对每个到期月份下每个行权价格的平均隐含波动率为

月份1：860　（22.16＋22.21）／2＝22.185

　　　　870　（21.48＋21.44）／2＝21.46

月份2：860　（20.13＋20.17）／2＝20.15

　　　　870　（19.93＋19.94）／2＝19.935

每个到期月的隐含波动率是通过两个行权价格间隐含波动率内插计算得出的，其中内插值法下隐含波动率的权重为它们距指数价格的距离。离指数价格更近的行权价格的权重更大：

月份1：　22.185×（870－863.40）／10＋21.46×（863.40－860）／10

　　　　＝22.185×0.66＋21.46×0.34＝14.6421＋7.2964

　　　　＝21.9835

月份2：　20.15×（870－863.40）／10＋19.935×（863.40－860）／10

　　　　＝20.15×0.66＋19.935×0.34＝13.299＋6.7779

　　　　＝20.0769

VIX值是两个到期月份间内插值的隐含波动率，其中隐含波动率的权重取决于它们的到期日离30天有多近。离30天更近的权重更大。因为剩余到期日为14天和42天，所以最终的VIX值为

$$20.0769 \times \frac{30-14}{28} + 22.2785 \times \frac{(42-30)}{28}$$

$$=20.0769 \times 0.5714 + 22.2785 \times 0.4286$$

$$=11.4725 + 9.5479 = 21.0204$$

交易所公布的最终VIX值是计算得到的VIX值经四舍五入保留两位小数后的值，在本例中即为21.02。

当交易所开始计划交易VIX相关的产品时，在初始计算方法中有两个主要的目标。第一，任何场内交易产品都必须有公认且意义明确的价值。如果对合约价值有显著的分歧，特别是在到期日时，那么一些交易员就会觉得自己没有被公平对待。而这明显会抑制该产品的交易，甚至在一些情况下还会导致对交易所的诉讼。初始VIX的计算需要理论定价模型来决定隐含波动率。而这本身就会引起分歧。应该使用哪一个模型呢？布莱克-斯科尔斯模型么？二项式模型么？还是一

些更奇异的模型呢？（回想第 22 章中提到的 OEX 是美式期权，其持有人有权提前执行的情形。）即使对适合的模型达成了共识，但是对模型的输入变量可能仍有分歧。利率应该使用哪一个值？股利的假定应该如何？因此交易所推断如果想要推出 VIX 相关的交易产品，就有必要改进现存的计算方法。

第二个目标就是解决只有平值期权会用来计算 VIX 值的问题。随着交易员越来越了解期权，在描述波动率形态和决定适合的策略时，波动率倾斜或微笑也变得越来越重要。因此交易员希望隐含波动率指数不仅包含平值期权的隐含波动率还能包含更大范围行权价格的隐含波动率。

最终在高盛 1999 年发表的研究论文中 VIX 旧的计算方法被新的所替代。[⊖]这篇论文实质上问了一个这样的问题：有可能构造一个能在所有可能波动率情景下捕捉到标的合约真实波动率的期权头寸吗？

从理论上讲，如果我们想持有一个波动率头寸，我们可以买入期权（波动率多头头寸）或卖出期权（波动率空头头寸），然后就将该头寸动态对冲至到期日。比如，我们可能会通过购买一个或多个平值期权来持有波动率多头头寸并且卖出使头寸保持 Delta 中性数额的标的合约。[⊖]通过定期再对冲以保持头寸 Delta 中性，我们会捕捉到标的合约的波动率价值。

这所有一切在理论上听起来都很好，但是基本不会如预期般完全奏效。也许该策略最大的缺陷就是标的市场的波动风险（通过 Vega 值度量）在整个策略期内会发生变化。当期权是平值时，其 Vega 值最大，但是即使我们一开始买入的是平值期权，该期权基本上也不会一直保持平值的状态。随着标的价格的上升或下降，该期权会变为实值或虚值，并且该头寸的 Vega 值会下降。这在第 9 章中已经做过讨论，而在图 25-1 中又再度被提及。

如果我们想要构建一个波动率的多头头寸，那么不论标的合约价格如何改变，我们都希望波动风险是稳定不变的。我们可能会通过购买大范围行权价格的期权来实现这一点。在这种情景下，如图 25-2 所示，有一个行权价格下的期权将始终是平值状态。不幸的是，这同样不会形成固定不变的 Vega 暴露值，这是因为较高行权价格的平值期权比较低行权价格的平值期权有更大的 Vega 值。如果我们将图 25-2 中每个标的价格下的 Vega 值都加总，较低标的价格下的总 Vega 值会较低而较高标的价格下的总 Vega 值会较高。

⊖ Kresimir Demeterfi, Emmanuel Derman, Michael Kamal, and Joseph Zou, "More than You Ever Wanted to Know about Volatility Swaps," Goldman Sachs Quantitative Strategies Research Notes, New York, March 1999.
⊖ 这等价于买入平值的跨式期权。

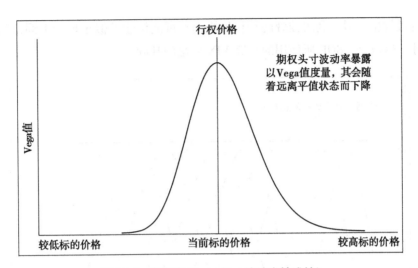

图 25-1　期权的 Vega 值（波动率敏感性）

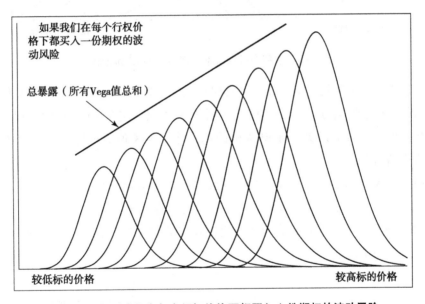

图 25-2　如果我们在每个行权价格下都买入 1 份期权的波动风险

为了实现固定不变的波动风险，我们需要买入更多较低行权价格和更少较高行权价格的期权。那每个行权价格下我们应该买入多少期权呢？为了构建有固定不变波动风险的头寸，每个行权价格下期权合适的比例是与行权价格的平方成反比的：

$$1/X^2$$

这样做的结果如图 25-3 所示。

当然，为了准确地复制波动率头寸，我们不得不以正确的比例买入每一个可能行权价格的期权——基本上就是无限数量的期权。但是交易所只会挂牌有限数量的行权价格。但是利用挂牌的行权价格仍有可能构建近似于理论上固定波动率的头寸。这就是 CBOE 所使用的计算 VIX 方法的基础。

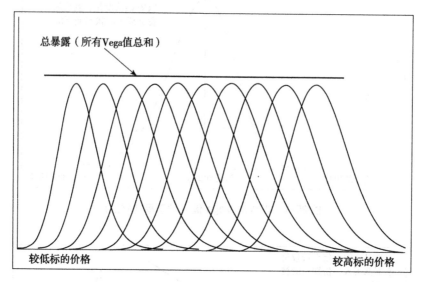

图 25-3　在每个行权价格下都买入 $1/X^2$ 份期权

实质上，VIX 值就是购买任一可实现行权价格期权的成本。因为 VIX 代表的是 30 天隐含波动率，所以 VIX 值源于两个按月到期（包含 30 天）的期权。这些值的权重取决于每个到期日与 30 天的距离。除了 VIX 值的推导过程，⊖还有一些重要方面值得关注。

（1）VIX 值源于标的指数期权的波动率价值（时间价值），而不是其内在价值。因此，只使用虚值期权的价格（相较远期价格而言）。

（2）指数的（隐含）远期价格是运用最接近市价的行权价格的看跌–看涨平价关系式来确定的。

（3）每个行权价格下的期权价值是买卖报价的平均值。

（4）当发生两个行权价格是非零的报价时，计算中不包含更低行权价格的看跌期权和更高行权价格的看涨期权了。

（5）因为可获得的行权价格的数量是有限的，VIX 计算中每个期权的贡献度会基于连续行权价格间的距离而调整。行权价格的间距越大，特定期权在指数中的权重就越大。

值得注意的是 VIX 值的计算只取决于期权价格——不需要任何理论定价模

⊖　VIX 计算方法的细节描述，可见芝加哥期权交易所波动率指数。http：//www.cboe.com/micro/vix/vixwhite.pdf 可获取。

型。除了期权价格外，仅需要的输入变量是利率。利率是决定在看跌-看涨平价关系式下指数远期价格和购买期权的利率成本的必需因素。由于这个原因，CBOE 使用无风险利率——期限与期权到期日最接近的美国国库券的利率。另外，VIX 值的计算相对直接。

因为 VIX 值代表的是 30 天隐含波动率的理论值，所以 VIX 交易合约一般到期比计算 VIX 价值时所用的到期日早 30 天，通常是上个月的第 3 个周三。1 月份 VIX 合约比 2 月份 SPX 期权提前 30 天到期；2 月份 VIX 合约比 3 月份 SPX 期权提前 30 天到期，等等。

因为 SPX 期权的剩余到期日恰好是 30 天，所以在到期日的 VIX 值只由到期月份 SPX 期权的价格所决定。基于结算的目的，VIX 到期值用到期日周三 SPX 期权真实的开盘价格计算，而不再用买卖报价的平均值。交易价格通过**特殊的开盘循环报价**（special opening rotation）所决定：买卖订单自动撮合来决定一个期权的开盘价格。如果期权没有发生交易，那该期权的价格就会是买卖报价的平均值。这一过程有时会导致到期日 VIX 值异常的跳动。如果所有期权在开盘时以**卖出价交易**（buy print），那其到期价值可能会高于预期。如果所有期权在开盘时以**买入价交易**（sell print），那其到期价值可能会低于预期。在 VIX 到期价值通过特殊开盘循环报价决定后的瞬间，就会回到使用买卖报价差平均值的普通方法来计算 VIX 值。

VIX 值的一些特征

虽然理论上波动率与标的合约变动方向独立，但交易员很早就发现在现实世界中随着标的价格上升，一些市场会变得更加波动，而随着标的价格下降，另一些市场会变得更加波动。大家普遍认为股票指数市场表现出后一种特征。因此，VIX 值通常与 S&P 500 指数负相关并非意料之外。当指数下降时，VIX 值倾向于上升；当指数上升时，VIX 值倾向于下降。2003～2012 年 10 年间 S&P 500 的变动和 VIX 值的变动之间的负相关关系如图 25-4 和图 25-5 所示。图 25-4 证实了 S&P 500 的价格变动趋势与 VIX 值的价格变动趋势是相反的。图 25-5 展示了两个指数值的百分比变动之间有强负相关值 -0.744 4。图 25-5 还包含一条两组值的最优拟合线：VIX 值的百分比变动大约是 S&P 500 百分比变动的 5.7 倍，但方向相反。

考虑到 S&P 500 指数和 VIX 值之间明显的负相关性，有人可能想知道这种关系是否能被市场数据所支持。如果 VIX 值上升，S&P 500 指数的波动性会增大吗？

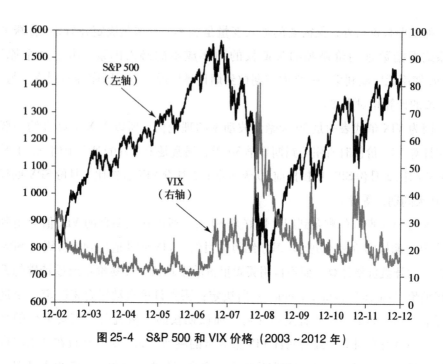

图 25-4 S&P 500 和 VIX 价格（2003~2012 年）

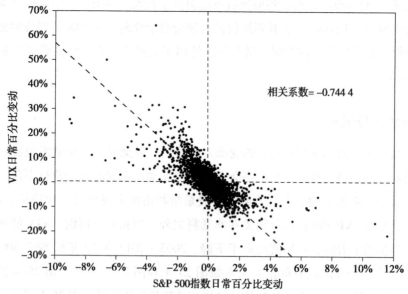

图 25-5 S&P 500 指数日常变动 vs. VIX 日常变动（2003~2012 年）

如果 VIX 值下降，S&P 500 指数的波动性会减小吗？因为 VIX 值代表的是 30 天的隐含波动率，如果市场是正常的，只要 VIX 值上升时，未来 30 天的波动性会大于过去 30 天，而只要 VIX 值下降时，未来 30 天的波动性会小于过去 30 天。VIX 值上升或下降得更多，已实现的波动率就会变动得更多。样本期 10 年内的实际结果如图25-6所示。

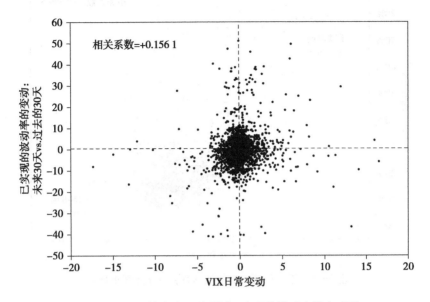

图 25-6　VIX 的变动可以预测已实现的波动率的变动吗

如果 VIX 值变动与已实现的波动率的变动之间存在相关性，那从数据来看也是不明显的。VIX 值有时上升而有时又会下降，但在接下来 30 天的波动率却没有明显的上升或下降。（两者间存在小且不显著的正相关系数 +0.156 1。）因此，有人会推断 VIX 值不能预测已实现的波动率的上升或下降。也许推导出 VIX 值的不是未来已实现的波动率的预期值，而是在下跌股票市场中买入保护的意愿。在下跌市场中，越多套保者进入市场，在不考虑已实现的波动率的情况下，他们通常愿意为保护性期权支付更高的价格。他们被市场进一步下跌的恐惧所驱使这样做。基于这个原因，VIX 值有时被称为**恐惧指数**（fear index）。

我们还注意到市场普遍认为：在标的价格下降时，股票指数市场的波动性会变得更强，而在标的价格上升时，股票指数市场的波动性会变得更弱。我们也许会问这个假设是否能被可获得的数据所证实。图 25-7 展示了相较于同一时期内已实现的波动率，30 天内 S&P 500 指数价格的变动。如果这个推测是对的，那么更多的数据点应该落到左上方（下降的指数有着较高的波动率）和右下方（上升的指数有着较低的波动率）。

这里有一些理由去相信较上涨的股票市场而言，下跌的股票市场确实有更大波动性的倾向。从样本期（2003~2012 年）中我们能看到更多高波动率发生在 0 线的左侧，更多低波动率发生在 0 线的右侧。两者间有适度的负相关性 –0.389 5。

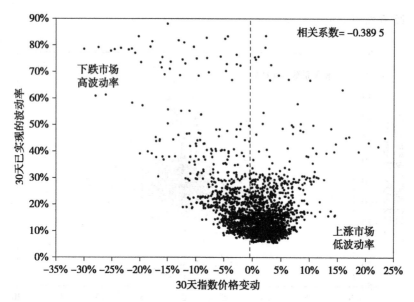

图 25-7　下跌股票市场的波动性会高于上涨市场吗

25.3　交易 VIX

跟所有指数一样，VIX 由多部分组成，且指数中每部分有各自的权重

$$\sum(权重_i \times 成分_i)$$

通常以正确比例买入所有或大量指数成分可以复制指数。这种做法通常用于股指市场上构建跟踪指数的投资组合或作为套利策略的一部分。但不同于股票指数的是复制 VIX 值并不容易。当期权变成实值和虚值时，指数的成分和其在指数中的权重会一直变动。对大多数交易员而言，买入或卖出 VIX 值唯一实际的方法就是通过其衍生产品：期货、期权或者与这些产品相关的合约。因为 VIX 值本身不能被轻易买入或卖出，所以 VIX 值衍生品也不会总跟踪指数或如预期般表现，而且新交易员经常会被与 VIX 值相关策略的结果所震惊。

25.3.1　VIX 期货

芝加哥期权交易所（CBOE）在 2004 年开始交易 VIX 期货合约（交易代码为 UX 或 VX，具体取决于报价的供应商）。期货合约习惯于用在到期日周三开盘交易的 VIX 的价值，而且每个波动率点的价值为 1 000 美元。

相较更传统的期货市场而言，VIX 期货有一些不同寻常的特性，而且初次进入 VIX 期货市场的交易员通常会感到惊讶，还时常会对 VIX 期货策略的结果失望。其原因主要有两个。第一，VIX 期货显示出的期限结构会在市场条件变动时影响期货价格的变动。第二，不同于其他期货市场上的头寸，VIX 的标的头寸不能被轻易复制。在股票指数期货市场中，交易员可以通过买入或卖出成分股来复制标的指数头寸。在实际的商品期货市场中，交易员可以通过购买商品来复制标的头寸的多头。但是对大多数交易员而言，直接使用计算指数的期权来复制标的 VIX 头寸通常不是一个现实的选择。

VIX 期货反映了在第 20 章中讨论过的（如图 20-13 所示）S&P 500 隐含波动率的期限结构。通常来说 VIX 期货展现出升水（上升型）的关系，即长期的价格会高于短期。对于 2012 年 8 月的期货而言，其 VIX 典型的升水结构如图 25-8 所示。虽然很少见，但 VIX 期货也会有贴水（下降型）的关系。比如一年前 2011 年 8 月期货价格的结构就是如此，如图 25-9 所示。图 25-10 展示了在 2008 年下半年金融危机期间，VIX 从升水变为贴水的情况。

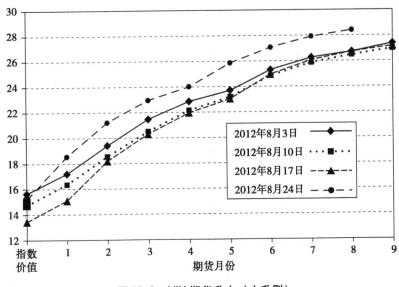

图 25-8　VIX 期货升水（上升型）

当 VIX 期货是正常的升水关系时（见图 25-8），如果市场条件不变，随着时间流逝，期货合约会沿着期限结构曲线向下移动，价值逐渐降低。而这会如何影响 VIX 期货市场上的交易决策呢？

从逻辑上讲，当交易员相信期货价格会上升时他会买入期货合约，而当他相信期货价格会下跌时，则会卖出期货合约。大多数交易员假定当标的指数上升

（下降）时，该指数的期货合约也会上升（下降），而对 VIX 也是如此——当指数上升时，VIX 期货上升；当指数下降时，VIX 期货下降。大多数交易员还假定当指数上升（下降）时，期货价格会上升（下降）大致相同的数额。但是 VIX 期货价格反映了市场对期货合约到期日 SPX 的隐含波动率的看法。指数价值反映的隐含波动率在今天可能是高的或低的。但是如果市场相信从今天到期货合约到期日期间隐含波动率会变动，那相应地期货合约也会被重新定价。如果交易员买入 VIX 期货合约后，看见指数上涨却发现期货价格并没有相应上涨，那他的确会失望。

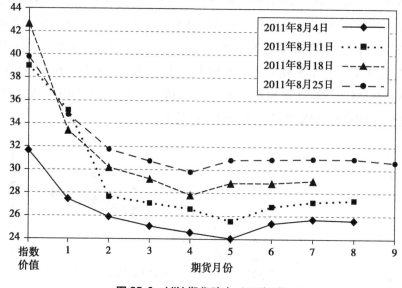

图 25-9　VIX 期货贴水（下降型）

假定 VIX 期货在正常的升水关系中，而且交易员相信近期 VIX 的价值可能会上涨。如果他买入期货合约而且预期的 VIX 上升确实发生了，那结果会是什么呢？交易员可能会假定期货价格会与指数上涨同样的数额，但这并不必然为真。如果 VIX 的增加正好发生在期货合约到期前，那期货价格的上升可能比指数价格的上升少很多。这种情况如图 25-11 所示。在 2011 年 7 月的 4 天里，指数价值大约从 19.4 上升到 23.7，增加了 4.4 个指数点。但是在同一时期，到期月份为 8 月的期货合约大约还剩 3 周到期，合约价格从 19.3 上升到 21.3，仅增加了 2.0。实际上，在最后两天里，尽管指数价值从 23.0 上升到 23.8，期货价格几乎没有改变。持有 8 月份期货合约的交易员会因为期货价格的上升而出现盈利。但是 VIX 值上升的同时期货价格却没有类似的增加，交易员肯定会对这个结果失望。

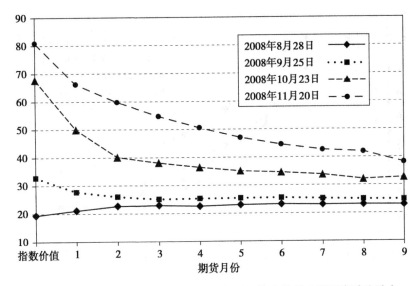

图 25-10　在 2008 年年末金融危机期间 VIX 期货从升水剧烈变动为贴水

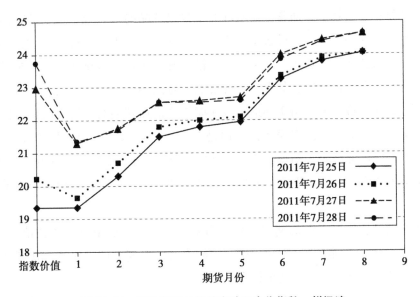

图 25-11　VIX 期货价格的变动不会像指数一样迅速

如果 VIX 期货是贴水结构且指数开始下跌时，类似的情况也会发生。图 25-12 是在 2008 年 12 月 4 天的时间里 VIX 价格的变动。在这段时期内，VIX 从大约 52.4 下降到 44.9，下降了 7.5 个指数点。但是到期月份为 1 月的期货价格仅从 52.4 下降了 5.0 个点到 47.4。卖出 1 月份期货的交易员同样也会对此结果失望。

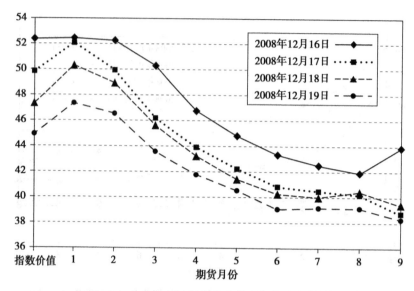

图 25-12 VIX 期货价格的变动不会像指数一样迅速

在传统期货市场上，通常会持有标的指数或商品的多头或空头头寸，因此期货价格的变动应该大致与标的价格的变动率相同。如果不是这样，那就会存在套利机会。在股票指数市场中，如果期货价格上升得比指数价格快，交易员就会卖出期货合约，买入成分股；如果指数价格上升得比期货价格快，交易员就会买入期货合约，卖出成分股。由于知道指数和期货价格在到期时一定会收敛，因此交易员就能将两个头寸都持有至到期。但是 VIX 不能像股票指数一样的容易交易。因此，VIX 期货价格的变动率不会与指数的一样。如果指数价格上涨（下跌），VIX 期货可能不会上升（下降）相同的数额。实际上，期货价格或许根本就不会改变。

在到期日，如果不考虑期限结构，VIX 期货合约的价格就是指数值。因此，越接近期货合约的到期日，期货价格对指数值的任何变动就越敏感。在到期日指数值的变动会立即反映在期货价格中。

基于上述的讨论，在选择一个简单的期货策略时，交易员应将以下内容铭记于心。

（1）当 VIX 期限结构是升水时，由于时间流逝不会改变指数价值，所以 VIX 期货价格会不可避免的下降。

（2）VIX 期货合约的价格的变动决不会像指数价格的变动一样迅速。

（3）期货价格和指数价格在期货到期日一定会收敛。

（4）对大多数交易员而言，复制指数不是一个现实的选择。因此，期货价格的估计一定会独立于指数价格。

因为 VIX 期货非同寻常的特性，所以交易 VIX 期货听起来会比较复杂。但是 VIX 期货并不一定比其他期货市场更复杂。它们截然不同，而交易员也必须意识到这些差异。如果交易员认为指数值会上升（特别是在接近到期日时上升），买入 VIX 期货合约会盈利。又或如果交易员认为指数值会大幅增加的话，也许会导致期限结构曲线从升水变为贴水。同样地，如果交易员认为在接近到期日时指数值会下降，卖出 VIX 期货合约会盈利。又或如果交易员认为指数值会大幅下降的话，也许会导致期限结构曲线从贴水变为升水。但是在这两种情况下，在知道期货价格的变动总会小于指数价格变动时，交易员都必须抑制其期望。

不同于简单买入或卖出单一月份的期货，交易员还可以考虑期货价差——买入一个月份的期货再卖出一个不同月份的期货。跟单个期货一样，VIX 期货价差对期货市场的期限结构会敏感。在像期限结构为固定斜率的直线这样不可能的情形下，不论期货价格上涨还是下跌时，价差的价值都会保持不变。即使两个期货合约的价值都随着时间流逝而减小（升水的期限结构）或随着时间流逝而增加（贴水的期限结构），它们之间的关系还是保持不变。而且它们价值增加或减少的速率也完全相同。但是在更常见的情形下如果期限结构是曲线，那短期期货合约比长期期货合约价值变动更加迅速。在这些条件下，如果期限结构的形状保持不变，那么在升水市场中买入长期期货合约并卖出短期期货合约就会盈利，而在贴水市场中买入短期期货合约并卖出长期期货合约就会盈利。在升水市场中的示例如图 25-13 所示。

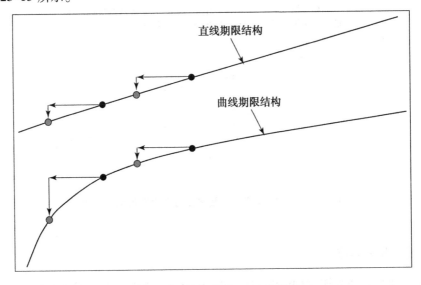

图 25-13　升水市场中的期货价差

当然，期限结构保持不变是不可能的。当市场条件改变时，期限结构会在升水和贴水之间变动，而每种期限结构的曲率都不相同。因为短期期货合约总是比长期合约变动得更迅速，所以如果交易员认为升水的期限结构的曲率会变小或变为贴水结构时，那卖出期货价差（即卖出长期买入短期）就有可能盈利。如果交易员认为是贴水结构的曲率会变小或变为升水结构时，那买入期货价差（即买入长期卖出短期）就有可能盈利。这两种情景如图 25-14 和图 25-15 所示。

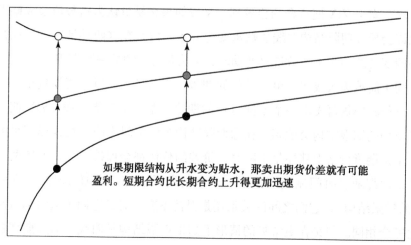

图 25-14　当期限结构从升水变为贴水时的期货价差

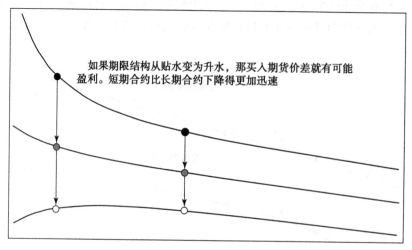

图 25-15　当期限结构从贴水变为升水时的期货价差

25.3.2　VIX 期权

芝加哥期权交易所（CBOE）从 2006 开始交易 VIX 期权。这些期权为欧式期权（不能提前执行）而且期货合约习惯于用在到期日周三开盘交易的 VIX 的价值，每个波动率点的价值为 100 美元。

相较其他金融指数而言，VIX 指数具有高波动性。从图 25-4 中明显可以看出，在短时间内 VIX 的价格可以变为两倍甚至三倍。图 25-16 中从 2003～2012 年的 50 天和 250 天的波动率证实了 VIX 波动性的特质。在 10 年的样本期内，50 天的波动率偶尔可以高达 200%，但却很少低于 50%。因为隐含波动率反映了指数高波动的特性，所以交易员会假定 VIX 会相应地被重新定价。如果有人会用 VIX 指数对 VIX 期权头寸套保那这就是真的。但是因为指数本身不能被轻易地买卖，所以用来对冲 VIX 期权头寸的最常见的工具是 VIX 期货合约。但是由于期货价格的变动率会小于指数价格的变动率，所以 VIX 期货的波动性会小于指数的波动性。图 25-17 是 VIX 指数 50 天的波动率与期货前 3 个月的 50 天波动率的对比。近月的期货合约基本上不会像指数那样波动，而且，远月的波动性会逐渐变小，反映出指数收敛的期限结构。

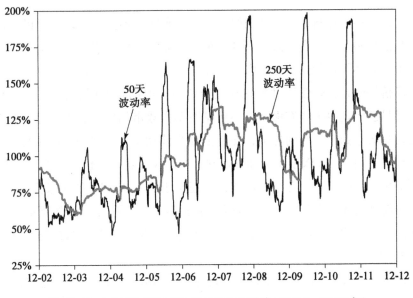

图 25-16　VIX 50 天和 250 天的历史波动率（2003～2012 年）

正如 VIX 期货交易员可能会因为期货合约的变动会小于指数而感到失落一样，VIX 期权的交易员也可能因期权价值没有完全反映出指数的波动性而感到失落。对于遵从动态对冲过程的理论派交易员而言，对 VIX 波动率的预期应该专注于用来对冲期权头寸的期货合约的波动率上，而不是指数的波动率。

不仅是 VIX 期权的隐含波动率要低于从指数波动率中预期的隐含波动率，而

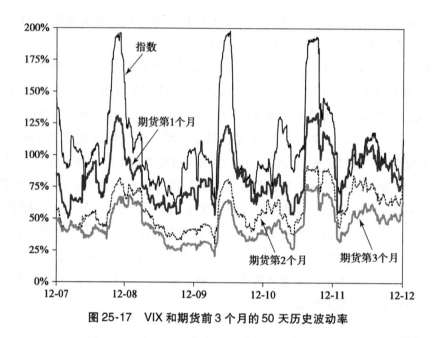

图 25-17　VIX 和期货前 3 个月的 50 天历史波动率

且其隐含波动率的分布也与其他期权市场的分布明显不同。从理论上讲，传统股票或商品的价格上涨没有上限。而且，在长期来看都会预期很多可交易股票和商品会升值，时间越长就升值得越多。这就是长期投资背后的哲学。但是不同于股票或商品价格的是：隐含波动率在任一给定期间内都有不可能逾越的实际界限。无论交易员已经观察市场有多久，当看见股票指数市场的隐含波动率下降到 5% 以下时还是会感到惊讶。同样地，在看见隐含波动率上升到 100% 以上时，交易员也会惊讶。而且，VIX 指数的价值会受波动率回复平均值的特性所影响。当 VIX 处于很低的水平时，有很大可能性它还会上升；当 VIX 处于很高的水平时，有很大可能性它还会下降。因此，VIX 价格的预期会不同于对传统标的合约价格的预期。这些预期会反映在波动率倾斜（各行权价格下 VIX 期权的隐含波动率的分布）当中。

2012 年 3 月 19 日的 VIX 期权的波动率倾斜如图 25-18 所示。这些倾斜的形状与典型的股票或商品的倾斜完全不一样。由于一些变动，在大多数股票和商品期权市场中，行权价格与当前标的价格差距很远的期权会有越来越高的隐含波动率——术语**波动率微笑**（volatility smile）由此而来。但是对 VIX 期权而言，较低行权价格的隐含波动率会下降得非常快。虽然较高的行权价格会有较高的隐含波动率，但增加到一定程度就会停止然后倾向于平坦。与其说是微笑，该倾斜的形状更应该被描述为是一半皱眉的。

VIX 期权似乎隐含了与传统的股票或商品所不同的价格分布。通过期权价格和第 24 章中所描述的蝶式方法，我们可以构造 VIX 的隐含价格分布。图 25-19 所示的是剩余到期时间还有大约 3 个月的 2012 年 3 月 19 日期权的分布。那时，6 月 VIX 期货的交易价为 23.95。与传统的对数正态分布相比，左尾要小得多，这反映出市场认为在到期日 6 月 VIX 几乎不可能低于 10.00。右尾也要小得多，这也许反映出市场认为大幅上涨的可能性要小于对数正态分布时的情形。虽然从图像上很难看出来，但市场似乎也暗示在右尾的远端巨幅向上的可能性略大。

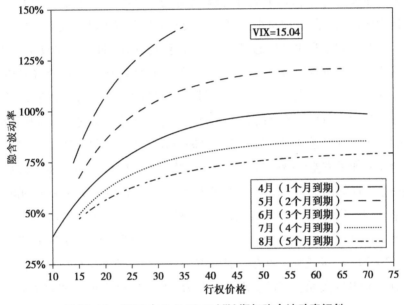

图 25-18　2012 年 3 月 19 日 VIX 期权隐含波动率倾斜

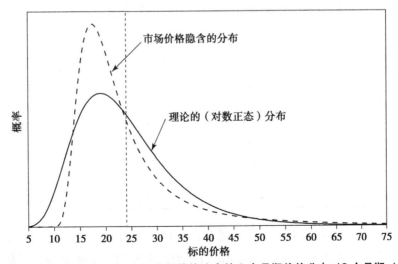

图 25-19　2012 年 3 月 19 日 VIX 期权价格隐含的 3 个月期价格分布（3 个月期（6 月）期货交易价为 23.95）

25.4 复制波动率合约

虽然复制已实现的方差或 VIX 头寸对大多数交易员来说不是一个现实的选择，但是理论上仍有构建这样头寸的可能。那该如何实现呢？

假定交易员卖出波动率为 20（%）的已实现的方差合约，相当于方差为 $20^2 = 400$。如果在合约存续期内实际波动率超过了 20%，交易员将会有损失；如果在合约存续期内实际波动率小于 20%，交易员将会有盈利。交易员应该如何对冲这个头寸呢？方差头寸可以通过买入所有行权价格的期权（期权条）来复制。为了构建固定方差风险敞口的头寸，就有必要每种期权都买入 $1/X^2$（其中 X 为行权价格）份。然后为了在方差互换的存续期内保持 Delta 中性可以通过动态对冲整个头寸来实现，而且该策略的总价值恰好与方差合约已实现的方差相匹配。

我们似乎还可以通过同样的方式来复制波动率头寸。但波动率为方差平方根的事实意味着如果方差风险敞口是常数，那波动率风险敞口不可能为常数。让我们回到一个之前的例子中：以 20 的价格买入 Vega 值敞口为 10 000 美元的已实现的波动率合约。我们可以比较这两种情况下的结果。在第 1 种情况下，合约以方差点结算，每个点对应的价值为名义的 Vega 值除以波动率价格的两倍：$10\,000/(2 \times 20) = 250$ 美元。在第 2 种情况下，合约以波动率点结算，且每个点对应的价值为 10 000 美元。当已实现的方差为 400（即已实现的波动率为 20）时，方差的 P&L 和波动率的 P&L 是相同的。但是由于合约方差价格 400（波动率价格是 20）和已实现的方差的差值增大了，方差的 P&L 和波动率的 P&L 的差值也会增大。

已实现的方差	方差的 P&L（美元）	已实现的波动率	波动率的 P&L（美元）
250	−37 500	15.81	−41 900
300	−25 000	17.32	−26 800
350	−12 500	18.71	−12 900
400	0	20	0
450	+12 500	21.21	+12 100
500	+25 000	22.36	+23 600
550	+37 500	23.45	+34 500

以 $1/X^2$ 的正确比例买入的期权条会产生固定的方差风险敞口。但是相同的期权条并不会产生固定的波动率风险敞口。当已实现的波动率上升或下降时，使用期权条对冲波动率头寸的交易员并不能确定这些期权能完全抵消掉自己的头

寸。这种不确定性使得对冲波动率的风险敞口很困难，因此这种合约一般以方差点位结算。

在我们的例子中，如果交易员能够以 19（%）的价格复制波动率的多头头寸来构建对冲，那他就能以套利的形式得到确定的收益。该交易员以 20（方差为 400）的价格持有波动率的空头头寸且以 19（方差为 361）的价格持有方差的多头头寸，如果该合约以方差点位结算，那么他一定会有盈利为 39 × 250 = 9 750 美元。

如果交易员为了实现固定的方差风险敞口而买入整条期权，那他应该如何确定该期权条的波动率价值呢？他是买入波动率为 19%、20% 还是 21% 又或其他波动率的期权条呢？芝加哥期权交易所（CBOE）使用的计算 VIX 方法本质上是将期权条的成本转换成波动率价值。这种方法类似于使用期权的价格并将其转化为隐含波动率。VIX 的方法就是使用所有期权条的价格并将这些价格转化为具有固定方差风险敞口的隐含波动率头寸。

在到期日，VIX 合约的价值由在 30 天后到期的单个 SPX 期权条决定。但是 VIX 代表的是固定的 30 天期隐含波动率，而且在到期日前没有期权会恰好在 30 天到期。因此，包含 30 天到期的两条期权被用于 VIX 的计算，而给每条期权赋予合适的权重后能得出一个 30 天期的隐含波动率。理论上，每条期权必须被动态对冲以保持 Delta 中性。但是复制 VIX 需要买入一条期权并卖出一条期权，并且每条期权的 Gamma 值可以大致抵消。当总的 Gamma 值接近 0 时，就不需要进行 Delta 中性再对冲了。该头寸可以持有至 VIX 合约的到期日，此时以期权市场价格平仓的长期条式期权将决定 VIX 的到期价值。

不幸的是，该策略中还有一些问题。当长期期权条被平仓时，交易员也会想将短期期权条平仓。但是，当长期期权条在 VIX 到期日周三以特殊开盘循环报价平仓时，短期期权条会在 VIX 到期前最近的周五或到期后最近的周五被平仓。如果组成短期期权条的期权在 VIX 到期日周三后的周五到期，那么交易员可以试着在到期日周三自己将短期期权条平仓。但是为了这样做，他将会放弃每个期权的买卖价差，这代价是巨大的。如果组成短期期权条的期权在 VIX 到期日周三前的周五到期，交易员就必须多持有该长期期权条的裸头寸 5 天。这代价也是巨大的。交易员应该如何处理短期和长期期权条到期日不相同的风险呢？不幸的是，没有好的方法来解决这个问题，这也是 VIX 难以复制的原因之一。

另一个问题产生的原因是因为 VIX 的计算源于虚值期权的价格。如果交易员通过买入一个期权条并卖出另一个期权条来复制 VIX，那一些之前是虚值的期权在期权条的存续期内将很可能变为实值。为了构建一个在到期日与 VIX 价值相等的头寸，实值期权一定会被转化成虚值期权。从合成中我们知道用标的合约对冲的实值期权与相反类型的虚值期权等价。因此，对于每 1 份实值期权，交易员必要时可以买入或卖出 1 份标的合约。当整个头寸（包含标的合约）接近到期日时，其价值会刚好等于 VIX 到期日的价值。这种方法唯一的问题就是交易 SPX 期权的标的并不容易，因为该标的由构成 S&P 500 的一揽子 500 只股票组成。如果存在与 VIX 同时到期的 S&P 500 的期货，该期货就可以被用作标的合约的代理。否则，交易员就不得不创造一个代理的标的，也许是以与短期期权条同时到期的组合的形式（即行权价格相同的看涨期权多头/看跌期权空头或看涨期权空头/看跌期权多头）。

虽然有时候一个专业的衍生品交易公司在期权市场上力图复制一个已实现的方差或 VIX 合约，但是鉴于复杂性，对大多数交易员而言复制这些合约是没有现实可能性的。

25.5 波动率合约运用

当然 VIX 和方差合约最常被用来推测波动率。对已实现的波动率上升或下降持有看法的交易员可以通过买入或卖出方差互换来进行推测。对隐含波动率上升或下降持有看法的交易员可以通过买入和卖出 VIX 合约来进行推测。在第 2 种情况下，交易员可以直接通过交易 VIX 期货推测出隐含波动率或通过交易 VIX 期权来推测出 VIX 波动率。

波动率合约也可被用作套保工具。做市商和对冲基金经理在市场交易活动中有时会也许是无意地得到了波动率头寸。如果他们想对冲掉其中一些波动率风险，那方差合约或 VIX 合约可以提供简单的方式来实现。持有已实现的波动率头寸的交易员，无论 Gamma 值为正或为负，他都可以通过交易方差合约来对冲掉其已实现的波动率风险。持有隐含波动率头寸的交易员，无论 Vega 值为正或为负，他都可以通过交易 VIX 合约来对冲掉其隐含波动率风险。

除了对冲波动率头寸之外，VIX 合约有时也被用于对冲市场头寸，尤其是近似于宽基投资组合的市场头寸。由于股票市场的变动和波动率的变动是负相关的（见图 25-4 和图 25-5），所以持有股票多头的投资组合经理可能会通过买入 VIX 期货、买入 VIX 看涨期权或卖出 VIX 看跌期权来建立 VIX 多头头寸。如果股票价格下降，预期隐含波动率会上升，就会引起 VIX 头寸价值上升，从而至少会抵消股票市场的部分损失。

尽管波动率合约通常是用于直接解决波动率问题，但市场参与者有时还是会持有间接的波动率头寸，其中该头寸的隐含波动率并不立刻显现。例如，期权做市商一般从较高的交易量中获利。但是高交易量通常是高波动率的结果。当波动率更高时，期权的需求量也更高。正是如此，交易员就间接持有波动率多头头寸。他希望波动率增加不是因为他有意持有了波动率多头头寸，而是因为更高的波动率会给他带来更高的收益。为了对冲这种间接的波动率多头头寸，做市商有时会持有 1 份波动率合约的空头头寸，最常见的是 VIX。当然，做市商实际上对冲的是交易量，而且他不应该持有如此大量的 VIX 头寸而致使他的注意力从主要的做市活动中转移出来。

在另外一种典型的间接波动率头寸中要求投资组合经理定期调整投资组合。调整过程是存在成本的，并且当买卖价差的宽度加大时高波动率头寸的这种成本通常会高数倍。投资组合的经理因此就持有波动率空头头寸来进行定期调整。他可以在 VIX 中持有波动率多头头寸来对冲波动率空头风险。

最后，在期权市场上还有一些头寸，它们有波动率的含义却不被当作波动率头寸。最常见的期权套保策略是备兑看涨期权，卖出看涨期权来对冲标的多头头寸风险。考虑一个卖出指数看涨期权来对冲宽基股票投资组合的投资组合经理。他的目标是什么呢？首先，他希望自己投资组合的价值增加。其次，他希望投资组合胜过衡量其投资表现的基准指数，也许是一个宽基指数，例如 S&P 500。

如果投资组合经理卖出看涨期权来对冲持有的投资组合风险和市场上升的风险，那他将实现第 1 个目标，因为投资组合的价值将增加。但是，如果市场上升太多，最终卖出的看涨期权会被执行，这样限制了上升的潜在收益。如果市场继续上升，他将无法实现第 2 个目标，因为基准指数最终会胜过投资组合。

如果投资组合经理卖出看涨期权来对冲投资组合风险和市场下行风险，他将实现第 2 个胜过指数的目标，因为他已经通过卖出看涨期权获得了权利金。但是，如果市场下降太多，他将无法实现第 1 个目标，因为备兑看涨期权只能对冲部分市场下降的风险。

从投资组合经理的角度看，备兑看涨期权是表现最好的策略，并且当市场不发生变动或变动很小时他能同时实现两个目标。卖出备兑看涨期权获得的权利金会使投资组合的价值增加。并且投资组合会胜过仅由股票组成的基准指数。如果投资组合经理希望市场保持不变，他将持有波动率空头头寸。他可以通过持有 VIX 多头头寸（通常是买入 VIX 期货）来对冲部分波动率空头头寸风险。

写 在 最 后

　　由于在使用理论定价模型时需要交易者根据模型中的输入变量和模型假设条件的可靠性做出不同的决策，期权交易新手可能会觉得做出正确的决策是一件不可能完成的任务或者只是出于运气。的确，交易者在使用模型时难免会出错，尤其是模型中的输入变量，毫无疑问短期内运气占据了很大的成分。但是长期来看花费精力了解模型机制（包括模型的优势和劣势）的交易者通常占据了上风。即使考虑到模型存在的所有问题，有经验的交易者也明白在大部分情况下使用模型仍然是期权评估和风险管理的最好办法。

　　不管模型简单还是复杂，使用模型的交易者都需要对模型充满信心。不然，为什么要使用模型呢？事实上，对那些并不精通数学计算的交易者而言使用模型通常会让他们的信心高涨。但对模型有信心不代表着盲目、无条件地坚信。如果模型得出的结果明显有悖于常理，或者市场条件飞速变化导致使用当前形式的模型已不切实际，这时交易者可能就要考虑是否要对模型做出调整（如果可能的话）或者更简单的办法就是停止使用模型。虽然我们强调模型的重要性，但是交易既是艺术也是科学。有经验的交易者知道有时将模型放在一边，基于自己的直觉、"市场感觉"或者经验、又或者根据其他无形资产来做决策或许是最好的办法。盲目使用模型做所有决策的交易者将会面临灾难。只有充分了解模型能够做到什么和不能够做到什么的交易者才能让模型为其服务而不是被模型主宰。

附录 A
Option Volatility and Pricing

期权术语表与相关专有名词

该词汇表包括了最常用的期权相关术语。不过，读者应该意识到期权术语非完全一致。交易者有时可能会用相同的术语指代不同的策略或期权特征，也可能用不同的术语指代相同策略或期权特征。

A

All Or None，AON　足额执行指令　该指令下单后如果能被完全执行就执行，否则就不执行。

American Option　美式期权　到期前任何时间都可以被行权的期权。

Arbitrage　套利　买入或卖出不同市场中的同一种产品或密切相关的产品，利用两个市场的定价失衡获利。

Asian Option　亚式期权　同平均价格期权（Average Price Option）。

Assignment　指派/被行权　期权卖方被通知买方要求执行期权的过程。如果看涨期权行权，卖方会被要求持有标的的空头，如果看跌期权行权，卖方会被要求持有标的的多头。

At the Forward　平值远期　行权价格等于标的合约远期价格的期权。有时被称作平价远期（At-the-Money Forward）。

At the Money　平值期权　行权价格等于标的合约当前价格的期权。在期权交易所中，该术语通常被用来指行权价格近似等于标的合约当前价格的期权。

Automatic Exercise　自动行权　除非期权持有者提交特别的反向指令，否则清算所在期权到期时自动执行实值期权。

Average Price Option　平均价格期权　到期时价值取决于特定时间区间内标的资产平均价格的期权。也被称为亚式期权（Asian Option）。

B

Backspread　反向比率套利　这是一种 Delta 中性价差，其中买入的期权数量大于卖出的期权数量，所有期权的类型及到期时间均相同。

Backward　远期贴水　近月合约价格高于远月合约的期货市场。

Barrier Option　障碍期权　这是一种奇异期权。如果标的资产在到期日前，以等于或超出预定的价格进行交易，那么该期权将生效或者不复存在。

Bear Spread　熊市价差　标的合约价格下跌时，理论上价值上涨的价差。

Bermuda Option　百慕大期权　只能在到期日前的预定时期或窗口执行的期权。该期权又称中大西洋期权（Mid-Atlantic Option）。

Binary Option　二元期权　到期时，如果是实值期权，支付预定金额的期权。该期权又称数字期权（Digital Option）。

Box 盒式套利 同时持有相同行权价格的看涨期权多头和看跌期权空头，和另一行权价格的看涨期权空头和看跌期权多头。所有期权的标的合约、到期时间均相同。

Bull Spread 牛市价差 标的合约价格上涨时，理论上价值上涨的价差。

Butterfly 蝶式组合 卖出（买入）两个相同行权价格的期权，同时买入（卖出）一个更低行权价格的期权和一个更高行权价格的期权。所有期权类型相同、标的合约相同、到期时间相同。不同行权价格间是等距的。

Buy/Write 买入开立策略 买入标的合约，同时卖出1份基于此标的合约的看涨期权。

C

Cabinet Bid 微值交易 期权的价格小于正常允许的最低价格。在某些交易所中，允许买入报价低于最小报价单位，便于想要在深度虚值期权上平仓的交易者之间进行交易。

Calendar Spread 日历价差 买入（卖出）某个到期日的期权、同时卖出（买入）另一个到期日的期权。通常两个期权的类型、行权价格、标的资产都相同。又称时间价差（Time Spread）或水平价差（Horizontal Spread）。

Call Option 看涨期权 买卖双方签订的合约，买方有权利但无义务，在特定时间或在特定时间前以固定价格买入指定标的合约。卖方在买方愿意执行期权的前提下，有义务为买方交割标的合约。

Cap 利率上限期权 浮动利率资金的借入方与借出方签订的合约，合约约定借入方对借入资金所支付的利息不会超过某个最大利率。这类似于一个以借入资金利率为标的的看涨期权。

Charm 期权 Delta 值对时间流逝的敏感度。

Chooser Option 选择人期权 这是一种跨式期权，持有人在约定日期前必须选择持有看涨期权或看跌期权。

Christmas Tree 圣诞树形期权 这种价差涉及3个行权价格。在最低（最高）行权价格上买入1份或多份看涨期权（看跌期权），同时在较高（较低）的两个行权价格上卖出1份或多份看涨期权（看跌期权）。所有期权到期时间相同、类型相同、标的合约相同。也称为梯式期权（Ladder）。

Class 期权分类 相同到期时间、相同标的资产的同种类所有期权合约。

Clearinghouse 清算所 保证交易所内所有交易都得到执行的组织。

Clearing Member 清算会员 交易所的会员，由清算所授权对客户的交易进行处理，通过收取保证金和变动保证金来保证客户交易的执行。

Collar 领子期权 多头（空头）标的头寸由虚值看跌期权多头（空头）和虚值看涨期权空头（多头）来对冲。所有期权合约到期日均相同。也称圆筒期权（Cylinder）、篱式期权（Fence）、范围远期（Range Forward）。

Color 期权 Gamma 值对时间变化的敏感度。

Combination（Combo）组合 难以进行有效归类的双边期权价差组合。通常用来指共同构成标的合约合成头寸的看涨期权多头与看跌期权空头，或看涨期权空头与看跌期权多头。

Compound Option 复合期权 买入期权的期权。

Condor 鹰式套利 卖出（买入）两份不同行权价格的期权、同时买入（卖出）更低行权价格的期权与更高行权价格的期权。所有期权类型相同、标的合约相同、到期时间相同。不同行权价格间是等距的。

Contango 远期升水 远月合约价格高于近月合约价格的期货市场。

Contingency Order　条件指令　一种只有满足提前约定条件时才有效的指令。

Conversion　转换套利　标的头寸多头和合成标的头寸空头之间的转换。合成头寸由看涨期权空头和看跌期权多头组成，同时所有期权具有相同的行权价格和到期时间。也称正向转换套利（Forward Conversion）。

Covered Write　持保立权　持有标的合约多头（空头）的同时，卖出看涨期权（看跌期权）。

Cylinder　圆筒期权　同领子期权（Collar）。

D

Delta（Δ）　Delta 值　期权理论价值对标的合约价格变动的敏感度。也被称为套保比率（Hedge Ratio）。

Delta Neutral　Delta 中性　头寸中所有 Delta 值之和近似为0。在当前的市场条件下，所持头寸对标的市场的变动方向没有偏好。

Diagonal Roll　对角展期　同时间盒式套利（Time Box）。

Diagonal Spread　对角价差　持有1份期权的多头，同时持有 1 份不同行权价格、不同到期时间的期权空头。所有期权的类型相同。这种价差类似于使用不同行权价格的日历价差。

Digital Option　数字期权　同二元期权（Binary Option）。

Dragonfly　蜻蜓期权　持有1份多头（空头）跨式期权，同时持有 2 份相同行权价格的空头（多头）跨式期权。所有期权的到期时间相同、标的合约相同。跨式期权的行权价格通常接近于宽跨式期权行权价格的中点。

Dynamic Hedging　动态对冲　为保持市场中的理想头寸，一种周期性买入或卖出标的合约的过程。动态对冲常被用来保持 Delta 中性的期权头寸。

E

Efficiency　效率　表示一个期权策略相关风险和回报的数字。总 Gamma、Theta 和 Vega 值常常用来表示风险和回报。一个敏感度除以另一个敏感度，可以得出效率。

Elasticity　弹性　期权价值百分比变化随标的资产价值百分比变化的敏感度。有时也被称为期权的杠杆值（Leverage Value）。弹性有时用希腊字母 Lambda（Λ）表示。

Eurocurrency　欧洲货币　存入货币发行国以外的银行的货币。

Eurocurrency Rate　欧洲货币利率　将货币存入货币发行国以外的银行而得到的利率。

European Option　欧式期权　只能在到期日行权的期权。

Exchange Option　互换期权　持有者有权以一种资产换取另一种资产的期权。

Ex-Dividend　除息　在除息日之后的股票交易中，买入股票的投资者不再享有该次股息的收益权。

Exercise　行权　看涨期权情况下，期权买方通知卖方，要求按行权价格买入标的资产的过程；看跌期权情况下，期权买方通知卖方，要求按行权价格卖出标的资产的过程。

Exercise Price　行权价格　期权行权时，标的合约交割的固定价格。也称作敲定价格（Strike Price）。

Expiration（Expiry）　到期日　合约期限的终止日和时间。

Exotic Option　奇异期权　非标准化合约规格的期权。有时被称作第二代期权（Second-Generation Option）。该期权常在场外交易（非交易所）市场交易。

Extrinsic Value　外在价值　同时间价值（Time Value）。

F

Fair Value　合理价值　同理论价值（Theoretical Value）。

Fence　篱式期权　同领子期权（Collar）。

Fill Or Kill，(FOK) 立即全部成交否则撤销指令 所有委托除非被马上执行，否则将被自动取消。

Flex Option 灵活期权 一种交易所交易的期权合约。买方和卖方可以对期权合约的条款进行协商。通常可以改变的条款包括：行权价格、到期时间、执行条件（欧式期权或美式期权）等。

Floor 利率下限期权 浮动利率资金的借入方和借出方签订的合约。借出方得到保证至少能收到借出资金的约定最低利率。这类似于标的资产为利率的看跌期权。

Forward Contract 远期合约 合约约定买卖双方在将来某时刻以约定价格买入或卖出标的资产。在合约到期时，买卖双方有义务进行交割。

Forward Conversion 正向转换套利 同 Conversion。

Forward Price 远期价格 远期合约的买方同意在合约到期日支付的价格。

Forward Start Option 远期开始期权 只有在将来预定的某时刻有效的期权。

Front Spread 正面价差 这通常是一种 Delta 中性价差，其中卖出的期权数量大于购入的期权数量，所有期权的类型及到期时间均相同。

Fugit 假设所有市场的条件不变，美式期权最优提前行权时点的期望剩余时间。

Futures Contract 期货合约 在交易所交易的远期合约。

Futures-Type Settlement 期货型结算 商品期货交易所通常使用这种清算模式，要求存入初始保证金，但不需要买方向卖方立即支付现金。每个交易日末，根据初始交易价格（或前日结算价）和当日结算价决定最终现金结算额。

G

Gamma（Γ） Gamma 值 期权 Delta 值对标的合约价格变动的敏感度。

Good'til Canceled (GTC) 撤销前有效指令 除非指令被客户执行或撤销，否则它一直保持有效。

Guts 交叉跨式价差 跨式期权的一种，构成价差的看涨期权和看跌期权都是实值期权。

H

Haircut 抵扣 在股票期权交易所中，专业交易者为了覆盖风险头寸，被要求在他的账户中保留一定的资金。抵扣要求通常由管理机构决定，同时交易所在管理机构的监管之下运作。

Hedge Ratio 套保比率 同 Delta。

Hedger 套保者 交易者进入市场的主要目的是保护已持有的标的合约头寸。

Horizontal Spread 水平价差 同日历价差（Calendar Spread）。

I

Immediate or Cancel (IOC) 立即成交否则撤销指令 如果委托单未被立即成交，则会被自动取消。IOC 委托不必是全部成交。

Implied Volatility 隐含波动率 在其他条件已知的情况下，输入到理论定价模型的波动率，它使得计算出的期权理论价值等于期权市场实际交易价格。

In-Option 敲入障碍期权 障碍期权的一种。只有标的资产价格到期前达到约定水平时，期权才自动生效。也称为敲入期权（Knock-In Option）。

In-Price 敲入价格 敲入障碍期权生效前，标的资产必须进行交易的价格。

In the Money 实值期权 指内在价值大于零的期权。行权价格低于（高于）当前标的合约价格的看涨期权（看跌期权）。当与标的合约的远期价格进行比较时，如果期权的内在价值大于零，那么期权也可以被称为实值远期（In the Money Forward）。

Index Arbitrage 指数套利 试图从相关的期

权、期货合约以及构成交易指数的成分股票的错误定价中获利的策略。

Intermarket Spread 市场间价差 由两个及以上不同标的证券或商品的相反头寸构成的价差。

Intrinsic Value 内在价值 对于实值期权而言,内在价值是指行权价格和标的价格的差异。虚值期权没有内在价值。当期权价格等于它的内在价格时,该期权被称为平价期权（Parity）。

Iron Butterfly 铁蝶式组合 跨式期权多头（空头）与宽跨式期权空头（多头）的组合。所有期权到期时间相同、标的合约相同。跨式期权的行权价格通常接近于宽跨式期权行权价格的中点。

Iron Condor 铁秃鹰组合 更狭窄的行权价格的宽跨式期权多头（空头）与更宽阔的行权价格的宽跨式期权空头（多头）组合。所有期权到期时间相同、标的合约相同。更窄宽跨式期权的行权价格在更宽宽跨式期权的行权价格中间。

J

Jelly Roll 卷筒式套利 同筒式期权（Roll）。

K

Kappa（K） Kappa 值 同 Vega,希腊字母有时被用作表示为期权的行权价格。

Knock-In Option 同敲入障碍期权（In-Option）。

Knock-Out Option 同敲出障碍期权（Out-Option）。

L

Ladder 梯式期权 同圣诞树形期权（Christmas Tree）。在期权存在时间内,标的合约经过一系列预定价格或梯级时,该期权的最低价值会依次增长的一种奇异期权。

Lambda（∧） Lambda 值 同弹性（Elasticity）。

LEAPS（Long-Term Equity Anticipation Security） 长期期权 一种长期（通常长于1年）在交易所交易的股票期权。

Leg 腿 价差头寸中的一侧（端）。

Leverage Value 杠杆值 同弹性（Elasticity）。

Limit 涨跌幅限制 交易所交易合约在特定时间内所允许的最大价格变动幅度。

Limit Order 限价指令 只有在指定价格水平或更有利的价格水平上,指令才能被执行。

Local 自营经纪人 一个独立的在商品交易所交易的交易者。自营经纪人在所在市场上发挥的作用类似于股票或股票期权交易所内的做市商。

Locked Market 锁定的市场 由于价格已经触及交易所允许的涨跌幅限制而停止交易的市场。

Long 多头 买入合约所生成的头寸。该术语还被用于标的资产价格上涨（下跌）时头寸理论价值上涨（下跌）的情形。注意,看跌期权的多头（空头）是看空（看多）市场。

Long Premium 多头溢价 指在标的资产的价格大幅波动或隐含波动率上升时理论价值随之上涨的头寸。这种头寸在标的资产价格波幅很小时,理论价值将有所降低。

Long Ratio Spread 比例价差多头 一种买入期权多于卖出期权的价差。

Lookback Option 回望期权 对于看涨期权而言,行权价格等于期权存续期内标的资产价格的最小值；对于看跌期权而言,行权价格等于期权存续期内标的资产价格的最大值的奇异期权。回望期权也可以有一个固定的行权价格,对于看涨期权而言,到期日的期权价值由期权存续期内标的资产价格的最大值决定；对于看跌期权而言,到期日的期权价值由期权存续期内标的资产价格的最小值决定。

M

Margin 保证金 交易者为保证交易的执行

而存放在结算所的资金。

Market-If-Touched，MIT 目标市场价指令 条件指令的一种,指在市场价格达到或超过指定价位时,以市场指令形式进行操作的指令。

Market Maker 做市商 独立交易者或专业交易公司,通常由交易所指定,准备在特定市场同时买卖合约,同时给出特定合约的买入与卖出报价。

Market-On-Close，MOC 收盘市价指令 在交易日临近收盘时,以当前市场价格执行的指令。

Market Order 市价指令 以当前市场价格立即执行的指令。

Mark-to-Market 逐日盯市 一种基于组成头寸的所有期权合同的现有市场价格来评估头寸的方法。

Married Put 配对看跌期权 看跌期权多头(空头)与标的资产多头(空头)头寸组合。

Mid-Atlantic Option 中大西洋期权 同百慕大期权(Bermuda Option)。

Midcurve Option 中期曲线期权 在期货期权市场中,该期权是指在长期期货合同上的短期期权。常应用于欧洲货币期货市场,如欧洲美元和欧元银行间同业拆借利率。

N

Naked 裸头寸 没有反向头寸保护的多头头寸或空头头寸。

Neutral Spread 中性价差套利 价差头寸关于某些风险测度是中性的,通常是 Delta 中性的。价差也可以是数量中性的,即同类合约的多头合约数量与空头合约数量相同。

Not Held 市场无责任指令 交易者将指令提交给经纪商后,经纪商有权决定何时执行、如何执行指令。

O

Omega（Ω） Omega 值 表示期权弹性的希腊字母,是 Λ 的一个替代。

One-Cancels-the-Other，OCO 二择一指令 同时提交两个指令,两个都可执行。如果其中一个已被执行,另外一个则自动取消。

Order Book Official，OBO 订单薄处理人员 负责为公众执行市价指令或限价指令的交易所人员。

Out of the Money 虚值期权 没有内在价值的期权。看涨期权（看跌期权）是虚值期权的条件是行权价格高于（低于）标的合约当前市场价格。当与标的合约的远期价格比较时,没有内在价值的期权也可以称为虚值远期。

Out-Option 敲出障碍期权 障碍期权的一种,到期前当标的资产价格达到某个约定价格水平时,期权自动作废。也被称为 Knock-Out Option。

Out-Price 敲出价格 敲出障碍期权失效前,标的资产必须进行交易的价格。

Out-Trade 未成交订单 由于交易双方向交易所报送的信息不匹配,结算所不能处理的交易。

Overwrite 覆盖策略 针对现有标的合约头寸卖出期权的做法。

P

Parity 平价 见内在价值(Intrinsic Value)。

Phi（ϕ） Phi 值 对于外汇期权来说,期权价值对国外利率变化的敏感度。有时被指做 Rho_2。

Pin Risk 大头针风险 对于期权卖方而言,到期时期权正好是平价期权的风险。此时,期权卖方不知道期权是否会被执行。

Portfolio Insurance 投资组合保险 通过连续调整标的资产数量来复制期权特征的过程。这类似于用来捕捉一个错误定价期权的价值的 Delta 中性动态套保过程。

Position 头寸/持仓 交易者在特定标的市场上持有的所有未平仓合约数量。

Position Limit 持仓限额 交易所或结算所设定的一个单独的交易者或者公司可以持有的同一标的市场上最大未平仓合约数量。

Premium 权利金 期权价格。

Program Trading 程序化交易 指一种套利策略。在买入或卖出股指期货合约的同时，在指数成分股上持有相反头寸。

Put Option 看跌期权 买卖双方签订合约，买方有权利但无义务以固定价格在指定时间或在指定时间前卖出指定标的合约；卖方在买方愿意执行期权的前提下，有义务接受买方交割标的合约。

R

Range Forward 远期范围合约 见领子期权（Collar）。

Ratchet Option 棘轮期权 一类奇异期权，该期权的最小价值是由期权存续期内的一系列预定时间间隔的标的资产价格决定的。

Ratio Spread 比例价差 价差中，多头市场合约（标的合约多头、看涨期权多头或看跌期权空头）数量与空头市场合约（标的合约空头、看涨期权空头或看跌期权多头）数量不相等。

Ratio Write 比例立权 对于持有的标的合约头寸，卖出多份期权合约。

Reversal 反转 同 Reverse Conversion。

Reverse Conversion 反向转换套利 标的合约空头头寸与合成标的合约多头头寸的组合。合成头寸包括看涨期权多头和看跌期权空头，这两份期权的行权价格和到期日均相同。也称作一个反转（Reversal）。

Rho（ρ） Rho 值 期权理论价值对利率变化的敏感度。

Risk Reversal 风险反转套利（风险转换套利） 1份标的资产多头（空头）、1份虚值看跌期权多头（空头）及 1 份虚值看涨期权空头（多头）的组合。所有期权的到期日必须相同。也称作分离敲定转换（Split-Strike Conversion）。相当于 1 份领子期权（Collar）的头寸。

Roll 筒式期权 相同到期日的看涨期权多头和看跌期权空头，与不同到期日的看涨期权空头和看跌期权多头的组合。这 4 份期权的行权价格、标的资产均相同。在行话中，有时被称作卷筒式套利（Jelly Roll）。

S

Scalper 转手倒卖者 交易所内交易池交易员的一种。在特定市场中通过连续以买入报价买入和以卖出报价卖出来获利。他们通常会在交易日交易结束前平掉所有仓位。

Second-Generation Option 第二代期权 见奇异期权（Exotic Option）。

Serial Option 系列期权 在期权交易所，指没有相应的期货到期日的期权。系列期权的标的合约是指最接近超过期权到期日的期货合约。

Series 系列 所有期权的标的合约、行权价格和到期日均相同。

Short 空头 卖出合约所导致的头寸。该术语还被用于标的合约价格下跌（上涨）时头寸理论价值上涨（下跌）的情形。注意，看跌期权的空头（多头）头寸是看多（看空）市场头寸。

Short Premium 空头溢价 这是指在标的合约价格波幅很小时理论价值随之上升的头寸。这种头寸在标的市场大幅波动时理论价值降低。这个术语也可以指隐含波动率下降时头寸价值上升。

Short Ratio Spread 比例价差空头 一种卖出期权多于买入期权的价差。

Short Squeeze 逼空 股票期权市场会出现的情况，指的是通常由于部分收购要约等原因，做空者无法借到股票来维持一个股票空头头寸。如果交易者作为看涨期权的卖方被指派，即使看涨期权头寸依然具有一些剩余时间价值，他也可能被迫提早履约看涨期权来完成他的交割义务。

Sigma（σ） 通常用来表示标准差。波动率通常用标准差来表示，因此它也用来指波动率。

Specialist 专家（做市商） 被交易所授予特有权限的做市商，在指定合约或一组合约上进行做市。他可以为其自有账户买卖，也可以充当其他客户的经纪商。反过来，专家（做市商）要维持市场的公平和有序。

Speculator 投机者 希望利用标的合约价格上涨或下跌获利的交易者。

Speed Speed 值 期权 Gamma 值对标的资产价格变化的敏感度。

Spread 价差 市场多头头寸与对应的市场空头头寸的组合，通常，但并不一定是相同标的合约市场。

Split-Strike Conversion 可转换价差套利 同风险反转套利（Risk Reversal）。

Stock-Type Settlement 股票型结算 这种清算模式中合约的买方需要向卖方即时全额支付。交易的收益或损失要到头寸平仓时才能获得。

Stop-Limit Order 限价止损指令 条件指令的一种。当合约价格到达指定价格时，止损限价指令变为限价指令。

Stop（Loss）Order 止（损）指令 条件指令的一种。当合约价格到达指定价格时，止损指令变为市价指令。

Straddle 跨式组合 看涨期权的多头（空头）与看跌期权的多头（空头）的组合，所有的看涨期权和看跌期权具有相同的标的合约、到期日与行权价格。

Strangle 宽跨式组合 看涨期权的多头（空头）与看跌期权的多头（空头）的组合。所有的看涨期权和看跌期权具有相同的标的合约、到期日，但具有不同的行权价格。

Strap 带式组合 两份看涨期权多头（空头）和1份看跌期权多头（空头）的组合头寸的古老术语。所有期权的标的合约、到期日、行权价格都相同。

Strike Price（Strike） 敲定价格 同行权价格（Exercise Price）。

Strip 条式组合 这是指1份看涨期权多头（空头）与2份看跌期权多头（空头）的组合头寸的古老术语。所有期权的标的合约、行权价格、到期日相同。还指：在欧洲货币市场中，用来复制长期利率头寸特征的一系列期货合约或期货期权合约。

Swap 互换 交换现金流的一项协议。常见的互换涉及支付变动利率与支付固定利率的交换。

Swaption 互换期权 在将来某时可以进行现金流交换的一种期权。

Synthetic 合成头寸 具有近似特征的不同合约的组合。

Synthetic Call 合成看涨期权 标的资产多头（空头）头寸与看跌期权多头（空头）头寸组成的交易策略。

Synthetic Put 合成看跌期权 标的资产空头（多头）头寸与看涨期权多头（空头）头寸组成的交易策略。

Synthetic Underlying 合成标的资产 由看涨期权多头（空头）与看跌期权空头（多头）组合而成的交易策略。所有期权的标的合约、到期时间、行权价格均相同。

T

Tau（τ） Tau 值 通常指剩余到期时间。一些交易者也用它来指期权理论价值对波动率变化的敏感度（等同于 Vega 值）。

Term Structure 期限结构 在同一标的资产市场中不同到期月份的隐含波动率的分布。

Theoretical Value 理论价值 在给定期权合约条款、标的合约特征、利率水平等前提下，由数理模型计算出的期权价值。也称作公平价格（Fair Value）。

Theta（Θ） Theta 值 期权理论价值对剩余

到期时间变化的敏感度。

Three-Way 三向式期权 类似于转换套利或反转套利的头寸,但标的合约多头或空头由深度实值看涨期权或看跌期权所代替。

Time Box 时间盒式套利 相同行权价格和到期日的看涨期权多头和看跌期权空头,与另一行权价格和到期日的看涨期权空头和看跌期权多头的组合。其实是不同行权价格下的卷筒式套利。也被称作对角线筒式期权(Diagonal Roll)。

Time Premium 时间权利金/时间溢价 同时间价值(Time Value)。

Time Value 时间价值 等于期权价格减去内在价值。虚值期权的价格仅包括时间价值。也称外在价值(Extrinisic Value)或时间溢价(Time Premium)。

Time Spread 时间差价 同日历价差(Calendar Spread)。

Type 类型 将期权分为看涨期权和看跌期权的归类。

U

Underlying 标的资产 期权行权时用来交割的资产。

V

Vanilla Option 香草期权 与奇异期权相反,该期权是一种通常在交易所交易的有标准化和传统合约条款的期权。

Vanna Vanna值 期权的Delta值对波动率变化的敏感度。

Variation 变动保证金 每日由期货合约结算价变化所产生的现金流。

Vega Vega值 期权理论价值对波动率变化的敏感度。也称Kappa。

Vega Decay Vega衰减 期权的Vega值对时间的敏感度。

Vertical Spread 垂直价差 买入1份期权合约的同时卖出另1份期权合约。这两份期权合约的类型相同、标的合约相同、到期时间相同,但行权价格不同。

Volatility 波动率 某段时间内标的资产价格波动的程度。

Volatility Skew 波动率倾斜 不同行权价格期权在不同隐含波动率交易的趋势。也称作波动率微笑(Volatility Smile)。

Volatility Smile 波动率微笑 同波动率倾斜(Volatility Skew)。

Volga Volga值 期权Vega值对波动率变动的敏感度。也作Vomma。

Vomma Vomma值 见Volga。

W

Warrant 权证 一种长期看涨期权。权证到期日期在特定情况下可能会被发行者延迟。

Write 立权 卖出期权。

Z

Zero-Cost Collar 零成本领子期权 一种买入期权价格等于卖出期权价格的领子期权。

Zomma Zomma值 期权Gamma值对波动率变动的敏感度。

附录 B
Option Volatility and Pricing

一些有用的数学知识

本书中的数学函数和相关计算几乎被包含在所有通用的数据表中，对于大多数的交易者，并不需要确切地知道计算是如何进行的，更重要的是分析解释计算结果的能力。

对于感兴趣的读者，可以从其他优秀的统计或金融教材中找到针对这些数学概念的详细论述。为方便起见，我们提供了关于这些概念和应用的一个概述。

收益率的计算

利率是最常见的收益率。总利息可以通过单利、复利和连续复利三种方式进行计算。假设

r = 年利率

t = 到期时间，以年为单位

n = 每年进行复利计算的次数

PV = 投资现值

FV = 投资终值

$\ln(x)$ = 自然对数

$e^x = \exp(x)$ = 指数函数[（注意自然指数函数和自然对数是相反的关系，即，$\ln(e^x) = e^{\ln(x)} = x$）]

那么，对于单利，

$$FV = PV \times (1 + r \times t)$$
$$PV = FV/(1 + r \times t)$$
$$r = (FV/PV - 1)/t$$
$$t = (FV/PV - 1)/r$$

对于复利，

$$FV = PV \times (1 + r \times t)^{nt}$$
$$PV = FV/(1 + r/n)^{nt} = FV \times (1 + r/n)^{-nt}$$
$$r = [(FV/PV)^{1/nt} - 1] \times n$$
$$t = [\ln(FV/PV)/\ln(1 + r/n)]/n$$

对于连续复利，
$$FV = PV \times e^{rt}$$
$$PV = FV/e^{rt} = FV \times e^{-rt}$$
$$r = \ln(FV/PV)/t$$
$$t = \ln(FV/PV)/r$$

因为波动率是一种连续性复合收益率，我们能用指数和对数函数对波动率进行近似计算。令

t = 到期时间，以年为单位

$F = t$ 时期后的远期价格

σ = 年波动率或标准差

X = 期权的行权价格

那么 n 倍标准差的价格范围是

$$F \times e^{-n\sigma\sqrt{t}} \quad (n \text{ 倍标准差的价格下限})$$
$$F \times e^{n\sigma\sqrt{t}} \quad (n \text{ 倍标准差的价格上限})$$

被要求达到行权价格的标准差数是

$$\ln(X/F)/\sigma\sqrt{t}$$

正态分布和标准差

假设

x_i = 各个数据点

n = 数据点的数量

σ = 标准差或波动率

μ = 平均数或均值

那么均值或平均数 μ 是

$$\mu = \frac{1}{n}\sum_{i=1}^{n} x_i$$

当计算总体标准差时，σ 是

$$\sigma = \sqrt{\frac{1}{n}\sum_{i=1}^{n}(x_i - \mu)^2}$$

当估计总体数据中的一个样本标准差时，σ 是[一]

$$\sigma = \sqrt{\frac{1}{n-1}\sum_{i=1}^{n}(x_i - \mu)^2}$$

正态分布曲线 $n(x)$ 是

$$n(x) = \frac{1}{\sigma\sqrt{2\pi}}e^{-(x-\mu)^2/2\sigma^2}$$

在标准正态分布中，$\mu=0$ 且 $\sigma=1$。

许多与分布有关的测度都从一组称为"**矩**"（moments）的数字中衍生而来。一般来讲，一个均值 μ 的分布的第 j 阶矩 m_j 是[二]

$$m_j = \frac{1}{n}\sum_{i=1}^{n}(x_i - \mu)^j$$

由第二、第三和第四阶矩，我们能够计算出一个分布的偏度和峰度

$$偏度 = \frac{m_3}{m_2\sqrt{m_2}}$$

$$峰度 = \frac{m_4}{m_2^2}$$

一个完美的正态分布的偏度为 0，峰度为 3。为了标准化峰度使其值为 0，通常将峰度减去了

$$峰度 = \frac{m_4}{m_2^2} - 3$$

图 B-1 展示了图 6-2 中的弹球游戏分布的均值和标准差的计算。计算偏度和峰度的步骤需要大量的空间。然而，与计算偏度和峰度相关数值，包括前 3 个矩，是

$$m_2 = 9.029\ 1 \quad m_3 = 1.109\ 5 \quad m_4 = 222.764\ 0$$

$$偏度 = 1.109\ 5/(9.029\ 1 \times \sqrt{9.029\ 1}) = +0.040\ 9$$

（这个分布的右尾比左尾稍长一点。）

$$峰度 = (222.764\ 0/9.029\ 1^2) - 3 = -0.267\ 5$$

（这个分布的峰顶稍低，尾部比一个真正的正态分布稍短。）

[一] 样本标准差有时用 s 表示（来代替 σ）。

[二] 我们可以通过除以 $n-1$ 来计算一个样本的标准差，同样地，我们也可以通过除以 $n-1$ 而不是除以 n 来计算样本矩。

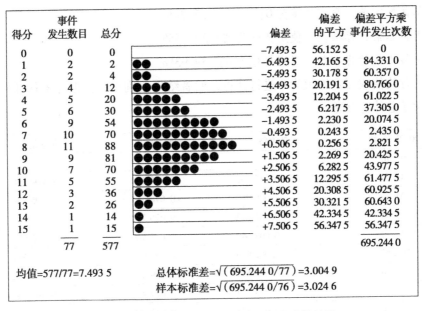

图 B-1 图 6-2 中的分布的均值和标准差的计算

波动率

波动率通常被作为样本标准差来计算。通常也假定均值为 0。那么年化波动率的估计值为

$$\sigma = \frac{\sqrt{\dfrac{1}{n-1}\sum_{i=1}^{n}(x_i)^2}}{\sqrt{t}}$$

在这里,$x_i = \ln(p_n/p_{n-1})$ = 现价 p_n 除以前期价格 p_{n-1} 的自然对数,t = 两个价格变化的时间间隔(以年为单位)。

如果标的物是一只股票,理论上,资本收益 x_i 应该被调整以反映每个时间段的远期价格 p_{n-1}。然而,使用实际价格而非远期价格通常不会显著改变结果,除非利率非常高或者出现股票分红。

图 B-2 展示了图 8-1 中的股票期权例子的波动率计算。因为统计价格变化的时间间隔是 7 天($t = 7/365$),为了计算年化波动率,我们有必要除以 $\sqrt{7/365}$。计算结果为总体标准差(除以 n 而不是 $n-1$),并且是基于价格变化的实际均值得来的。我们可能也要假定均值为 0 或用样本估计标准差来计算。不同的计算结果如下:

总体标准差,使用实际均值:37.62%

总体标准差，假定均值为 0： 37.88%
用样本估计标准差，使用实际均值：39.65%
用样本估计标准差，假定均值为 0： 39.93%

使用实际均值或假定均值为 0 进行计算，两者结果差别很小。但样本估计标准差总是大于总体标准差。

股票价格	对数收益率	偏差	偏差的平方
97.70			
99.50	0.018 256	0.012 152	0.000 148
92.75	−0.070 250	−0.076 355	0.005 830
95.85	0.032 877	0.026 773	0.000 717
96.20	0.003 645	−0.002 460	0.000 006
102.45	0.062 946	0.056 842	0.003 231
93.30	−0.093 555	−0.099 660	0.009 932
91.15	−0.023 314	−0.029 419	0.000 865
95.20	0.043 473	0.037 369	0.001 396
102.80	0.076 805	0.070 701	0.004 999
103.85	0.010 162	0.004 058	0.000 016
	收益合计		偏差平方和
	0.061 045		0.027 140
平均收益 = 0.006 105			

图 B-2　图 8-1 中的股票期权例子的波动率计算

$$\text{年化波动率} = \sqrt{(0.027\ 140/10)} / \sqrt{7/365}$$
$$= 0.052\ 096 / 0.138\ 485$$
$$= 0.376\ 2 (37.62\%)$$

译 后 记

2017年3月31日，国内首个商品期权品种——豆粕期权在大连商品交易所上市。它标志着我国商品衍生品市场翻开新的篇章，对建设多元开放、功能完善的国内衍生品市场具有划时代的重要意义。金融衍生品定价和投资领域向来被认为是智者的游戏，期权独特的属性和风险特征要求投资者具备较强的专业知识、专业投资能力和风险承受能力。为了让市场参与各方进一步了解期权工具及风险特征，始终关注和持续推进市场培育及投资者教育工作，大连商品交易所组织翻译了一系列与期货、期权等衍生品相关的书籍，与其他各类期权培训班一道形成了大连商品交易所市场培育及业务推广的"组合拳"。目前《零和博弈》《期权波动率交易策略》《走进期权》《期权波动率交易》均已出版。在商品期权成功上市之际，推出业界期待已久的本书的第2版中文版，将为我国市场投资者带来久旱逢甘露的专业养料。

本书作者谢尔登·纳坦恩伯格是世界公认的波动率专家、"交易者名人堂"获奖者。他从1982年开始交易生涯，起初是作为芝加哥期权交易所（CBOE）个股期权的独立做市商。从1985年开始，他涉足商品期权的交易，并作为芝加哥期货交易所（CBOT）的独立交易池交易员。做交易的同时，纳坦恩伯格先生还是一名资深的培训师，是芝加哥交易公司的培训总监，同时也是国内外专业培训研讨会中深受欢迎的讲师。他帮助过很多国际顶尖机构投资者、公募基金经理以及经纪分析师，指导他们更好地理解波动率，并利用波动率为各类期权估值和定价。

自20世纪80年代末本书第1版出版以来，由于对期权定价原理清楚的解释及对交易策略深入的分析，《期权波动率与定价》已经成为全球期权交易者最广泛阅读的书籍，被投资者视为"期权圣经"。第1版书在出版后的20年中，经久不衰，不断刊印，广受欢迎，市场对该书的再版期待和呼声很高。第2版作为该书面世20年后的首次更新，引起期权业内的极大关注和欢迎。新版对书中主要内容进行了更新，以反映期权市场中产品和交易策略的最新发展与趋势。本书几乎涵盖了与期权相关的所有方面，包括定价模型、波动率考量、初级与高级交易策略、风险管理技术等。用非专业的语言介绍了概率的基本原理，以及如何利用期权定价模型计算得到期权的理论价值。以此为基础，读者可以了解到模型如何帮助交易员在各种市场条件下构建交易策略，以及如何根据交易员的市场观点与风险容忍度选择最合适的策略。与本书实务期权交易策略相匹配，作者特别强调风险管理的重要性，讨论了如何利用 Delta、Gamma、Theta、Vega 等指标测度风险，以及这些指标如何随市场条件变化而变化。最后还进一步讨论了波动率的特性及波动率合约，期权交易被呈现为一个动态而非静态的过程。

大连商品交易所曾多次邀请纳坦恩伯格先生来我所授课和交流，老先生给予了豆粕期权业务和研究工作耐心和专业的指导，他深厚博大的专业积累、深入浅出的授课方式、专注敬业的工作态度都让我们肃然起敬、难以忘怀。从 2013 年得知此书第 2 版即将面世，我们就一直希望能将此书引入中国，通过我们的专业积累为投资者介绍这本经典专业好书，让投资者能够在期权的世界中畅游，不断学习提高，成为专业的投资者。这本书的面世也让我们的这一梦想得以实现。

大连商品交易所交易部的陈安平、肖家曦、王涛、赵芸、傅晓、付瑛雯，在繁忙的工作之余完成了本书的翻译、校译和统稿工作，其中陈安平翻译校对了前言及第 1~6 章，王涛翻译校对了第 7~9 章及第 13 章，赵芸翻译校对了第 10~12 章，傅晓翻译校对了第 14~17 章及附录，付瑛雯翻译校对了第 18~21 章，肖家曦翻译校对了第 22~25 章，译者相互之间也进行了多轮交叉校对。交易部总监陈安平统筹组织了整个翻译及统校工作，北京大商所期货与期权研究中心有限公司总经理孙大鹏以及梁晶、李萌等相关同事为本书的翻译提供了积极的支持并组织开展了大量基础性工作。

大连商品交易所丛书编委会李正强、王凤海、朱丽红、夏耘、许强、刘志强等所领导在本书的翻译过程中给予了特别的关心和支持，使本书的出版成为可能。

在翻译过程中，我们本着严谨专业的精神，对原文的逻辑错误、印刷错误等都与作者一一进行了确认，并以脚注的形式进行了标记，以方便读者对比原版阅读。但受时间、精力及能力所限，翻译还难免存在疏漏之处，敬请读者不吝指正，也期待和欢迎您与我们交流，邮箱为：trade@dce.com.cn。我们真诚地希望本书的出版能够为国内商品期权市场的发展贡献绵薄之力。

期权投资策略

书名	作者	ISBN	价格
散户的优势：期权场内交易策略	（美）丹·帕萨雷里	978-7-111-73544-1	79.00元
期权交易仓位管理高级指南	（美）尤安·辛克莱	978-7-111-72619-7	79.00元
期权投资策略（原书第5版）	（美）劳伦斯 G. 麦克米伦	978-7-111-48856-9	169.00元
期权波动率与定价：高级交易策略与技巧（原书第2版）	（美）谢尔登·纳坦恩伯格	978-7-111-58966-2	128.00元
麦克米伦谈期权（原书第2版）	（美）劳伦斯 G. 麦克米伦	978-7-111-58428-5	120.00元
波动率交易：期权量化交易员指南（原书第2版）	（美）尤安·辛克莱	978-7-111-56517-8	69.00元
期权波动率交易策略	（美）谢尔登·纳坦恩伯格	978-7-111-48463-9	45.00元
高胜率期权交易心法	蒋 瑞	978-7-111-67418-4	49.00元
期权入门与精通（原书第2版）：投机获利与风险管理	（美）W. 爱德华·奥姆斯特德	978-7-111-44059-8	49.00元
走进期权(原书第2版)	（美）迈克尔·辛西尔	978-7-111-50652-2	59.00元
商品交易之王	（美）凯特.凯利	978-7-111-50753-6	59.00元
奇异期权	张光平	978-7-111-47165-3	200.00元
期权交易实战一本精	陈松男	978-7-111-51704-7	59.00元

推荐阅读

  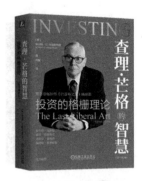

序号	中文书名	定价
1	股市趋势技术分析（原书第11版）	198
2	沃伦·巴菲特：终极金钱心智	79
3	超越巴菲特的伯克希尔：股神企业帝国的过去与未来	119
4	不为人知的金融怪杰	108
5	比尔·米勒投资之道	80
6	巴菲特的嘉年华：伯克希尔股东大会的故事	79
7	巴菲特之道（原书第3版）（典藏版）	79
8	短线交易秘诀（典藏版）	80
9	巴菲特的伯克希尔崛起：从1亿到10亿美金的历程	79
10	巴菲特的投资组合（典藏版）	59
11	短线狙击手：高胜率短线交易秘诀	79
12	格雷厄姆成长股投资策略	69
13	行为投资原则	69
14	趋势跟踪（原书第5版）	159
15	格雷厄姆精选集：演说、文章及纽约金融学院讲义实录	69
16	与天为敌：一部人类风险探索史（典藏版）	89
17	漫步华尔街（原书第13版）	99
18	大钱细思：优秀投资者如何思考和决断	89
19	投资策略实战分析（原书第4版·典藏版）	159
20	巴菲特的第一桶金	79
21	成长股获利之道	89
22	交易心理分析2.0：从交易训练到流程设计	99
23	金融交易圣经II：交易心智修炼	49
24	经典技术分析（原书第3版）（下）	89
25	经典技术分析（原书第3版）（上）	89
26	大熊市启示录：百年金融史中的超级恐慌与机会（原书第4版）	80
27	敢于梦想：Tiger21创始人写给创业者的40堂必修课	79
28	行为金融与投资心理学（原书第7版）	79
29	蜡烛图方法：从入门到精通（原书第2版）	60
30	期货狙击手：交易赢家的21周操盘手记	80
31	投资交易心理分析（典藏版）	69
32	有效资产管理（典藏版）	59
33	客户的游艇在哪里：华尔街奇谈（典藏版）	39
34	跨市场交易策略（典藏版）	69
35	对冲基金怪杰（典藏版）	80
36	专业投机原理（典藏版）	99
37	价值投资的秘密：小投资者战胜基金经理的长线方法	49
38	投资思想史（典藏版）	99
39	金融交易圣经：发现你的赚钱天才	69
40	证券混沌操作法：股票、期货及外汇交易的低风险获利指南（典藏版）	59
41	通向成功的交易心理学	79

推荐阅读

序号	中文书名	定价
42	击败庄家：21点的有利策略	59
43	查理·芒格的智慧：投资的格栅理论（原书第2版·纪念版）	79
44	彼得·林奇的成功投资（典藏版）	80
45	彼得·林奇教你理财（典藏版）	79
46	战胜华尔街(典藏版)	80
47	投资的原则	69
48	股票投资的24堂必修课（典藏版）	45
49	蜡烛图精解:股票和期货交易的永恒技术（典藏版）	88
50	在股市大崩溃前抛出的人：巴鲁克自传（典藏版）	69
51	约翰·聂夫的成功投资（典藏版）	69
52	投资者的未来（典藏版）	80
53	沃伦·巴菲特如是说	59
54	笑傲股市（原书第4版.典藏版）	99
55	金钱传奇：科斯托拉尼的投资哲学	69
56	证券投资课	59
57	巴菲特致股东的信：投资者和公司高管教程（原书第4版）	128
58	金融怪杰：华尔街的顶级交易员（典藏版）	80
59	日本蜡烛图技术新解（典藏版）	60
60	市场真相：看不见的手与脱缰的马	69
61	积极型资产配置指南：经济周期分析与六阶段投资时钟	69
62	麦克米伦谈期权（原书第2版）	120
63	短线大师：斯坦哈特回忆录	79
64	日本蜡烛图交易技术分析	129
65	赌神数学家：战胜拉斯维加斯和金融市场的财富公式	59
66	华尔街之舞：图解金融市场的周期与趋势	69
67	哈利·布朗的永久投资组合：无惧市场波动的不败投资法	69
68	憨夺型投资者	59
69	高胜算操盘：成功交易员完全教程	69
70	以交易为生（原书第2版）	99
71	证券投资心理学	59
72	技术分析与股市盈利预测：技术分析科学之父沙巴克经典教程	80
73	机械式交易系统：原理、构建与实战	80
74	交易择时技术分析：RSI、波浪理论、斐波纳契预测及复合指标的综合运用（原书第2版）	59
75	交易圣经	89
76	证券投机的艺术	59
77	择时与选股	45
78	技术分析（原书第5版）	100
79	缺口技术分析：让缺口变为股票的盈利	59
80	预期投资：未来投资机会分析与估值方法	79
81	超级强势股：如何投资小盘价值成长股（重译典藏版）	79
82	实证技术分析	75
83	期权投资策略（原书第5版）	169
84	赢得输家的游戏：精英投资者如何击败市场（原书第6版）	45
85	走进我的交易室	55
86	黄金屋：宏观对冲基金顶尖交易者的掘金之道(增订版)	69
87	马丁·惠特曼的价值投资方法：回归基本面	49
88	期权入门与精通：投机获利与风险管理（原书第3版）	89
89	以交易为生II：卖出的艺术（珍藏版）	129
90	逆向投资策略	59
91	向格雷厄姆学思考，向巴菲特学投资	38
92	向最伟大的股票作手学习	36
93	超级金钱（珍藏版）	79
94	股市心理博弈（珍藏版）	78
95	通向财务自由之路（珍藏版）	89

巴芒投资学

分类	译者	书号	书名	定价
坎宁安作品	王冠亚	978-7-111-73935-7	超越巴菲特的伯克希尔：股神企业帝国的过去与未来	119元
	杨天南	978-7-111-59210-5	巴菲特致股东的信：投资者和公司高管教程（原书第4版）	128元
	王冠亚	978-7-111-67124-4	巴菲特的嘉年华：伯克希尔股东大会的故事	79元
哈格斯特朗作品	杨天南	978-7-111-74053-7	沃伦·巴菲特：终极金钱心智	79元
	杨天南	978-7-111-66880-0	巴菲特之道（原书第3版）	79元
	杨天南	978-7-111-66445-1	巴菲特的投资组合（典藏版）	59元
	郑磊	978-7-111-74897-7	查理·芒格的智慧：投资的格栅理论（原书第2版·纪念版）	79元
巴菲特投资案例集	杨天南	978-7-111-64043-1	巴菲特的第一桶金	79元
	杨天南	978-7-111-74154-1	巴菲特的伯克希尔崛起：从1亿到10亿美金的历程	79元